Europa im 17. Jahrhundert
Ein politischer Mythos und seine Bilder

Europa im 17. Jahrhundert

Ein politischer Mythos und seine Bilder

herausgegeben von
Klaus Bußmann
und Elke Anna Werner

Franz Steiner Verlag 2004

Bibliographische Information der Deutschen Bibliothek
Die Deutsche Bibliothek verzeichnet diese Publikation
in der Deutschen Nationalbibliographie; detaillierte
bibliographische Daten sind im Internet über
<http://dnb.ddb.de> abrufbar.
ISBN 3-515-08274-3

ISO 9706

Jede Verwertung des Werkes außerhalb der Grenzen
des Urheberrechtsgesetzes ist unzulässig und strafbar.
Dies gilt insbesondere für Übersetzung, Nachdruck,
Mikroverfilmung oder vergleichbare Verfahren sowie
für die Speicherung in Datenverarbeitungsanlagen.
© 2004 by Franz Steiner Verlag Wiesbaden GmbH,
Sitz Stuttgart.
Gedruckt auf säurefreiem, alterungsbeständigem
Papier. Druck: Rheinhessische Druckwerkstätte,
Alzey.
Printed in Germany

Inhalt

Klaus Bußmann, Elke Anna Werner
   Vorwort 7

Elke Anna Werner
   Einführung 9

Europa als politische Konstruktion

Silvia Serena Tschopp
   Gegenwärtige Abwesenheit. Europa als politisches Denkmodell im
   17. Jahrhundert? 25

Marie-Louise von Plessen
   Idee Europa. Entwürfe zum „Ewigen Frieden". Eine Ausstellung als
   Historiographie 37

Hans-Martin Kaulbach
   Europa in den Friedensallegorien des 16.–18. Jahrhunderts 53

Mustafa Soykut
   Das Osmanische Reich und das Papsttum im Prozeß der europäischen
   Identitätsbildung. Ein politikgeschichtlicher Blick auf das Zeitalter
   des Westfälischen Friedens 79

Heinhard Steiger
   Recht zwischen Europa und Asien im 16. und 17. Jahrhundert? 95

Universitas christiana und Nationalstaatlichkeit

Georg Schmidt
   Das Reich und Europa in deutschsprachigen Flugschriften.
   Überlegungen zur räsonierenden Öffentlichkeit und politischen Kultur
   im 17. Jahrhundert 119

Gerd Dethlefs
   Schauplatz Europa. Das *Theatrum Europaeum* des Matthaeus Merian
   als Medium kritischer Öffentlichkeit 149

Josef Imorde
   Ohnmachtsgesten. Päpstlicher Anspruch und politische Wirklichkeit
   im barocken Rom 181

Robert von Friedeburg
Universitas christiana und Konfessionskonflikt. Vaterland und Kirchennation in England, den Niederlanden und den protestantischen Territorien im Reich, 1570–1660 203

Gabriele Scheidegger
Ein Ost-West-Konflikt der Vormoderne. Rußland und das Abendland im 17. Jahrhundert 231

Europa-Bilder

Wolfgang Schmale
Europa, Braut der Fürsten. Die politische Relevanz des Europamythos im 17. Jahrhundert 241

Sabine Poeschel
Europa – Herrscherin der Welt? Die Erdteil-Allegorie im 17. Jahrhundert 269

Karl Schütz
Europa und die vier Erdteile bei Jan van Kessel 289

Elke Anna Werner
Peter Paul Rubens und der Mythos des christlichen Europa 303

Europäische Identitäten

Fanny Cosandey
Europäische Konstruktion oder Familienstrategien? Die Heiratspolitik der französischen Herrscher 323

Tanja Michalsky
Die Natur der Nation. Überlegungen zur „Landschaft" als Ausdruck nationaler Identität 333

Janis Kreslins
Neubestimmung der Europa-Idee: Eine Geographie regionaler Identität 355

Sebastian Olden-Jørgensen
Dänemark, das Reich und Europa. Europa-Praxis und Europa-Vorstellungen in Dänemark im späten 17. Jahrhundert 369

Karin Hellwig
Die spanischen Künstler des *Siglo de Oro* und Europa 375

Autoren 387

Bibliographie 393

Bildnachweise 437

Vorwort

In Münster und Osnabrück wurde 1998 das 350jährige Jubiläum des Westfälischen Friedens mit einer großen internationalen Ausstellung gefeiert. Die Bedeutung dieses Ereignisses für die europäische Geschichte wurde nicht nur durch die Verleihung des ehrenvollen Titels einer „Europaratsausstellung" durch den Europarat, sondern auch durch die Teilnahme von 20 europäischen Staatsoberhäuptern an der feierlichen Eröffnung der Ausstellung gewürdigt. Nach dem Erfolg der Ausstellung und dem Beginn einer intensiven wissenschaftlichen Auseinandersetzung mit dem Thema in den verschiedenen Disziplinen war es dem Westfälischen Landesmuseum in Münster eine wichtige Pflicht, der Erforschung dieser Epoche auch künftig weitreichende Impulse zu vermitteln.

So konnte mit dem im Juni 2001 veranstalteten internationalen Kolloquium zu den Europa-Vorstellungen im 17. Jahrhundert an die wissenschaftlichen Tagungen, die begleitend zur Europaratsausstellung stattfanden, angeknüpft werden. Wir freuen uns, mit dem nun vorliegenden Sammelband die Forschungsergebnisse dieses Kolloquiums der Öffentlichkeit vorstellen zu können. Nach dem Historikerkongreß 1996[1] und dem kunstgeschichtlichen Kolloquium 1998 in Kooperation mit dem Pariser Louvre[2] diskutierten während der Tagung 2001 Historiker und Kunsthistoriker, Literatur- und Kulturwissenschaftler, Rechtshistoriker und Osteuropa-Experten aus sieben verschiedenen Ländern nun unmittelbar miteinander. Die überaus lebhaften und ergebnisreichen Diskussionen sowie das große Interesse des Publikums bewiesen einmal mehr, wie ertragreich und zukunftsweisend die Beschäftigung mit dem Dreißigjährigen Krieg und Westfälischen Frieden sein kann. Begleitend zur Tagung wurde im Landesmuseum eine Studioausstellung mit Gemälden, Druckgraphiken, Büchern und Medaillen gezeigt, um eine Auswahl einflußreicher Europa-Bilder des 17. Jahrhunderts im Original studieren zu können. Das Museum mit seinen genuinen Möglichkeiten erwies einmal mehr sich als idealer Ort für interdisziplinäre Forschungen.

Allen Beteiligten, die zum Gelingen der Tagung, der Ausstellung und der Buchpublikation beigetragen haben, sei hier herzlich gedankt: Den Autoren, daß sie ihre Manuskripte für den Druck zur Verfügung gestellt und überarbeitet haben. Den Diskussionleitern Prof. Dr. Franz-Josef Jakobi (Stadtarchiv Münster), Prof. Dr. Ronald Asch (Universität Osnabrück), Prof. Dr. Hans-Ulrich Thamer (Universität Münster), Dr. Thomas Lentes (Universität Münster), Dr. Philine Helas (Universität Trier) und den beiden Verfassern der Schlußkommen-

---

[1] Heinz Duchhardt (Hg.), Der Westfälische Friede: Diplomatie – politische Zäsur – kulturelles Umfeld – Rezeptionsgeschichte, München 1998 (Historische Zeitschrift: Beihefte; N.F., Bd. 26).

[2] 1648 – Westfälischer Friede. Die Kunst zwischen Krieg und Frieden, Paix de Westphalie. L'Art entre la guerre et la paix, Paris, Münster 1999

tare, Prof. Dr. Gerhard Wolf (Kunsthistorisches Institut Florenz) und Prof. Dr. Johannes Burkhardt (Universität Augsburg), daß sie mit großem Sachverstand und Engagement den guten Geist der Veranstaltung geprägt haben. Ihre Beiträge sind nicht in diesem Band enthalten, ebenso fehlen die Vorträge von Prof. Dr. Achatz von Müller, Prof. Dr. Rudolf Preimesberger und Dr. Angelica Francke/ Michael Haacke, die an anderer Stelle publiziert werden. Dafür wurde der Aufsatz von Dr. Joseph Imorde zur St.-Peter-Fassade in Rom neu dazugenommen. Auch haben wir uns entschieden, alle Beiträge in deutscher Sprache zu publizieren, da der Vertrieb des Bandes sich vorwiegend auf den deutschsprachigen Raum beschränken wird. Aus diesem Grund übersetzte Birgit van der Avoort die Texte von Dr. Mustafa Soykut und Dr. Janis Kreslins vom Englischen ins Deutsche und Dr. Michael Müller übersetzte den Beitrag von Dr. Fanny Cosandey aus dem Französischen ins Deutsche.

Zu großem Dank verpflichtet sind wir den Leihgebern, dem Stadtmuseum Münster, dem Stadtarchiv Münster, der Herzog August Bibliothek in Wolfenbüttel und der Universitätsbibliothek Köln, die mit ihren Leihgaben die Studioausstellung ermöglichten. Für die Publikation des Sammelbandes besorgte Dr. Jörg Kirchhoff (Berlin) mit großer Fachkenntnis das wissenschaftliche Lektorat. Dr. Marcus Weidner als wissenschaftlicher Volontär und Ines Kalka als studentische Hilfskraft waren in Münster während der gesamten Vorbereitungsphase unentbehrlich, Ines Kalka hat auch wesentlich an der Veröffentlichung dieses Sammelbandes mitgewirkt. Herrn Dr. Schaber und Herrn Hoppen vom Steiner-Verlag sei für die gute Zusammenarbeit bei der Drucklegung des Sammelbandes gedankt.

Schließlich gilt unser ganz besonderer Dank der Freiherr von Oppenheim-Stiftung und dem Verein für Geschichte und Alterumskunde Münster, ohne deren großzügige finanzielle Unterstützung die Durchführung der Tagung und die Publikation der Beiträge nicht möglich gewesen wäre.

Klaus Bußmann, Elke Anna Werner   Münster/Hamburg, im November 2003

Einführung

ELKE ANNA WERNER

Die Geschichte Europas kann aus vielerlei Perspektiven betrachtet werden, und je nach Standort fällt die Antwort auf die Frage, was Europa eigentlich ist und wodurch es sich konstituiert, unterschiedlich aus. Der polnische Historiker Krzysztof Pomian hat die historische Veränderlichkeit Europas hervorgehoben und darauf hingewiesen, daß dieser Kontinent sich weder durch festgelegte Grenzen noch durch gleichbleibende religiöse, ökonomische, ethische oder kulturelle Inhalte auszeichne.[1] Dieses Phänomen und die Tatsache, daß in die Beschäftigung mit der Geschichte Europas auch die jeweils eigene politische Situation miteinfließt, wie die zahlreichen Publikationen in den 1950er Jahren,[2] geprägt von der Europabegeisterung der Nachkriegszeit, und erneut seit dem Fall der Mauer 1989 zeigen,[3] haben sicherlich dazu beigetragen, daß die Schriften zur Geschichte und zum Wesen Europas inzwischen ganze Bücherregale füllen.

Wenn im vorliegenden Band nun die Frage nach den Europa-Vorstellungen im 17. Jahrhundert behandelt wird, so wurde bewußt ein kleiner Ausschnitt dieses umfangreichen Themenkomplexes fokussiert. Dieser umfaßt in etwa die Zeit vom Ausbruch des Dreißigjährigen Krieges bis zum Ende der Herrschaft Ludwigs XIV., der aber von den Autoren in einzelnen Beiträgen durch Rückgriffe in das 16. Jahrhundert und Ausblicke in das 18. Jahrhundert partiell erweitert wird. Das 17. Jahrhundert ist für die europäische Geschichte insofern von besonderer Bedeutung, als sie durch tiefgreifende Veränderungen geprägt ist. Im Zeitalter des Dreißigjährigen Krieges und Westfälischen Friedens waren große Teile des Kontinents von kriegerischen Auseinandersetzungen betroffen, die in bisher nicht gekanntem Maße Not und Elend, wirtschaftlichen Niedergang und

---

[1] Krzysztof Pomian, Europa und seine Nationen, Berlin 1990, S. 7.

[2] Stellvertretend seien die Arbeiten genannt von: Heinz Gollwitzer, Europabild und Europagedanke. Beiträge zur deutschen Geistesgeschichte des 18. und 19. Jahrhunderts, München 1951; Denis de Rougemont, Europa. Vom Mythos zur Wirklichkeit, München 1961; nicht vergessen sei auch die für unsere Fragestellung wichtige Arbeit von Werner Fritzemeyer, Christenheit und Europa. Zur Geschichte des europäischen Gemeinschaftsgefühls von Dante bis Leibniz, München, Berlin 1931 (Beiheft 23 der Historischen Zeitschrift).

[3] Aus der rasch anwachsenden Fülle von Publikationen seit 1989 exemplarisch und nur aus dem deutschsprachigen Raum: Europa – Begriff und Idee. Historische Streiflichter, hrsg. von Hans Hecker, Bonn 1991; Der Europa-Gedanke, hrsg. von August Buck, Tübingen 1992; Europa – aber was ist es? Aspekte seiner Identität in interdisziplinärer Sicht, hrsg. v. Jörg A. Schlumberger und Peter Segl, Köln, Weimar, Wien 1994; Heinz Duchhardt/Andreas Kunz (Hrsg.), „Europäische Geschichte" als historiographisches Problem, Mainz 1997; Heinz Schilling, Geschichte Europas. Die neue Zeit. Vom Christenheitseuropa zum Europa der Staaten. 1250 bis 1750, Berlin 1999; Wolfgang Schmale, Geschichte Europas, Wien, Köln, Weimar 2000; und nicht zuletzt die von Jacques Le Goff initiierte Beck'sche Reihe „Europa bauen" (seit 1999).

politische Unsicherheit zur Folge hatten. Bereits von den Zeitgenossen wurde der Krieg als Zeichen einer umfassenden Krise gedeutet. In der Tat war der Dreißigjährige (bzw. der Achtzigjährige spanisch-niederländische) Krieg Symptom eines Umbruchprozesses, der die gesamten politischen, ökonomischen und kulturellen Verhältnisse in Europa betraf. Als Ursachen sind von der Forschung die frühmoderne Staatsbildung und die als Konfessionalisierung bezeichnete Erneuerung von Kirche und Religion benannt worden.[4] Die Verzahnung dieser beiden, seit dem Ende des Mittelalters wirksamen Entwicklungen und die Komplexität der Zusammenhänge führten im 17. Jahrhundert zu einem Gesamtkonflikt, der das Leben der Menschen in diesem Erdteil grundlegend verändern sollte.

Parallel zu diesem Wandel in Europa läßt sich eine Hochkonjunktur des Europa-Themas in der politischen Publizistik, aber auch in der Literatur und Bildenden Kunst, in der Kartographie und in anderen wissenschaftlichen Bereichen beobachten. Aus dieser Koinzidenz leiten sich die zentralen Fragen dieses Bandes ab: Welche Europa-Vorstellungen, welche politischen Visionen und mentalen Bilder, wurden in dieser Umbruchsituation entwickelt? Hatten diese Ideen Einfluß auf Krieg oder Frieden, wirkten sie kriegstreibend oder friedensstiftend? Bildete sich in dieser Zeit ein europäisches Bewußtsein heraus im Unterschied zu lokalen, regionalen oder den frühen Formen nationaler Identitäten? Wie wurden die Grenzen Europas bestimmt, durch politisch-juristische Festlegung, soziale Praxis oder kulturelle Differenz? Gab es Unterschiede zwischen dem Selbstverständnis der Europäer und dem Blick von außen, also von anderen Ländern und Kontinenten auf Europa? Und schließlich stellt sich im Hinblick auf die häufige Thematisierung Europas in den verschiedenen Medien die Frage, ob die dort entworfenen Europa-Bilder einen Einfluß auf die politische Situation hatten, ob sie die europäische Krise und deren Lösung begleiteten, kommentierten oder verstärkten, oder allgemeiner: welche Rolle materiellen oder mentalen Bildern in gesellschaftlichen Umbruchphasen zukommt?

Aus diesem Fragenkatalog geht hervor, daß hier ein Europa-Begriff verwendet wird, der sich weniger an der Vorstellung eines konkreten Gegenstandes mit fest umrissenen Grenzen als an einer historisch wandelbaren Idee orientiert, die sich unter den jeweiligen Bedingungen im Diskurs formierte, tradierte und veränderte. *Europa* wird also als eine Idee verstanden, die sich zunächst in den Köpfen der Menschen bildete und dann in kulturellen Praktiken niederschlug. Dieser diskursorientierte Ansatz wurde bereits vor mehr als zwanzig Jahren von Peter Burke in die Historiographie Europas eingeführt.[5] Ausgehend von der Frage „Did

---

[4] Johannes Burkhardt, Der Dreißigjährige Krieg, Frankfurt a. M. 1992, S. 20 ff.; Heinz Schilling, Die Konfessionalisierung von Kirche, Staat und Gesellschaft – Profil, Leistung, Defizite und Perspektiven eines geschichtswissenschaftlichen Paradigmas, in: Wolfgang Reinhard/Heinz Schilling (Hrsg.), Katholische Konfessionalisierung. Wissenschaftliches Symposion der Gesellschaft zur Herausgabe des Corpus Catholicorum und des Vereins für Reformationsgeschichte, Gütersloh, Münster 1995.

[5] Peter Burke, Did Europe Exist Before 1700?, in: History of European Ideas 1 (1980), S. 21–29.

Europe exist before 1700?", wertete der Kulturhistoriker die Häufigkeit des Begriffes *Europa* in gedruckten Quellen aus und kam dabei zu zwei Ergebnissen: Die zunehmende Bedeutung der Massenmedien zu Beginn des 18. Jahrhunderts und die häufige Thematisierung Europas in diesen Medien trugen zu einer enormen Verbreitung des Europa-Begriffes bei, so daß man erst von diesem Zeitpunkt an von einem Europa-Bewußtsein in der breiteren Bevölkerung ausgehen könne. In den davorliegenden Jahrhunderten war die Beschäftigung mit Europa auf politische und humanistische Kreise beschränkt geblieben. Bedeutsam für den hier fokussierten Zeitraum ist auch Burkes Feststellung, daß Europa vor 1700 immer nur dann Gegenstand politischer und philosophischer Schriften war, wenn militärische Gewalt die Existenz des Kontinents von außen bedrohte. So zeigt seine Untersuchung zweierlei: Daß es Konjunkturen in der diskursiven Auseinandersetzung mit Europa gab, und daß die Existenz Europas in den Köpfen der Menschen wesentlich durch äußere Faktoren wie politische Krisen oder die Verbreitung der Massenmedien bedingt wurde. Zugleich bietet er damit eine Erklärung für die auffällige Häufung der Europa-Thematik in der Zeit des Dreißigjährigen Krieges.

Wenn man vor diesem Hintergrund *Europa* als ein Konstrukt versteht, das von unterschiedlichsten Bedingungen abhängig ist, dann wird es interessant nach den epochenspezifischen Europa-Vorstellungen und ihren jeweiligen Voraussetzungen, Bedingungen und Ausdrucksformen zu fragen. Der Wiener Historiker Wolfgang Schmale hat in seiner Überblicksdarstellung zur Geschichte Europas auch die Selbstbilder des Kontinents untersucht. Er kommt zu dem Ergebnis, daß diese Selbstbilder, die Vorstellungen von der eigenen Verfaßtheit, sich in „Sedimentierungen", d. h. in konkreten, zu einer bestimmten Zeit verbreiteten Begriffen und Formen verfestigten.[6] In der Frühen Neuzeit war es besonders die Form des weiblichen Körpers, in der die Diskurse über Europa ihren konkreten Ausdruck fanden, so z. B. in den als Frauen stilisierten Europa-Karten.[7]

Die Untersuchungen von Burke und Schmale zum Europa-Bewußtsein bzw. zu den Selbstbildern Europas bildeten die Grundlage für diesen Sammelband zu den Europa-Vorstellungen im 17. Jahrhundert, da sie die Geschichte Europas nicht als Summe der Historiographien von Einzelstaaten verstehen, sondern den Blick auf übergeordnete Strukturen und eine historische Begrifflichkeit richten. Die Autoren dieses Bandes nähern sich dem Europa des 17. Jahrhunderts dabei durchaus aus unterschiedlichen inhaltlichen und methodischen Perspektiven und behandeln ein breites Spektrum von Quellen. Als Vertreter verschiedener wissenschaftlicher Disziplinen und aus verschiedenen Ländern stammend oder aus der Sicht eines bestimmten Landes schreibend, versuchen sie die explizit formulierten oder latent vorhandenen Vorstellungen, Bilder und Ideen von Europa in dieser Zeit zu fassen. Trotz dieser breiten Auffächerung kommen die Einzeluntersuchungen übereinstimmend zu einem Ergebnis: Im 17. Jahrhundert galt immer noch das aus dem Mittelalter tradierte Ideal einer geeinten, friedlichen

---

[6] Wolfgang Schmale, Geschichte Europas, Wien, Köln, Weimar 2000, S. 15 und Kap. 4.
[7] Siehe den Beitrag von Schmale in diesem Band.

Christenheit als die zentrale politische Leitidee für das Zusammenleben in Europa. Die Idee der *christianitas* als die in der Kirche vereinte Gesamtheit aller Gläubigen hatte sich seit dem 4. Jahrhundert in Abgrenzung zu den Nichtchristen entwickelt.[8] Dem Papsttum oblag die Leitung der Gemeinschaft, zu der auch das Friedensgebot oder die Anordnung von Kreuzzügen gehörten, während der Kaiser für den Schutz der Gläubigen zu sorgen hatte. Jeder Fürst war verpflichtet, der römischen Kirche militärisch beizustehen. Demnach beruhte die politische Ordnung in Europa auf den Grundpfeilern von *ecclesia* und *imperium*, auf der Machtbalance zwischen Kirche und weltlicher Herrschaft. Dieses politische Ideal einer im Glauben verbundenen Interessengemeinschaft wurde z. B. von Pierre Dubois 1306 in einer für den französischen König Philipp IV. bestimmten Denkschrift mit dem Titel „De recuperatione terrae sanctae" dahingehend bestimmt, daß die in Europa lebenden Menschen durch ihren Glauben den gleichen Werten verpflichtet seien.[9] Diese Gemeinsamkeit sei die Voraussetzung dafür, allgemeinen Frieden in Europa zu schaffen, der wiederum eine notwendige Bedingung für die Abwehr äußerer Feinde sei. Seine weitergehenden Vorstellungen von der Einberufung eines Konzils und der Einrichtung eines europäischen Schiedsgerichts zur Sicherung des inneren Friedens lassen sich noch in den heutigen europäischen Institutionen wiederfinden.

In der Realität stand dieses politische Konzept einer *universitas christiana* aber immer unter dem starken Druck der divergierenden Interessen einzelner Potentaten. Zudem war mit dem ausgehenden Mittelalter ein Prozeß in Gang gekommen, der im Zuge der frühmodernen Staatsbildung zu einer Verringerung der päpstlichen Gewalt gegenüber den weltlichen Herrschern führte, eine Entwicklung, die von den Habsburgern im 16. und zu Beginn des 17. Jahrhunderts mit ihrem Anspruch auf Universalherrschaft weiter vorangetrieben wurde. Der Dreißigjährige Krieg war nicht zuletzt eine Folge dieser Entwicklung, durch die allmählich die *universitas christiana* durch ein Europa der Nationalstaaten abgelöst wurde. Obwohl sich also im 17. Jahrhundert die Idee der *christianitas* als politisches Ordnungskonzept für die europäischen Staaten in der Realität kaum noch umsetzen ließ, war diese Idee doch offensichtlich immer noch so attraktiv, daß die unterschiedlichsten Akteure sich auf sie beriefen. Ein ungenannter französischer Politiker etwa legte 1631 in einem zunächst auf französisch verfaßten, dann ins Deutsche übersetzten Traktat den „Potentaten der gantzen Christenheit" den gegenwärtigen „ueblen Zustand in Europa" dar. Der flämische Maler und Diplomat Peter Paul Rubens schrieb 1638 in einem Brief an den Florentiner Hofkünstler Justus Sustermans, daß er die Personifikation der Europa auf seinem Gemälde „Die Folgen des Krieges", das in allegorischer Form die zeitgenössischen politischen Umstände thematisiert, als Sinnbild des christlichen Europa verstanden wissen wolle.[10] Und bei zahlreichen Festveranstaltungen wurde von

---

[8] Zur Begriffsgeschichte siehe Othmar Hageneder, Christianitas (populus christianus, respublica christiana), in: Lexikon für Theologie und Kirche, 3. Aufl., Freiburg, Wien 2001, Bd. 11 (Nachträge), S. 46 f.

[9] Siehe Schilling 1999 (Anm. 3), S. 517 f; Schmale 2000 (Anm. 3), S. 37 f.

[10] Siehe das Briefzitat von Rubens in meinem Beitrag in diesem Band.

den Herrschern mit der Darstellung der Europa in allegorischen Bildprogrammen der Anspruch auf Vorherrschaft im christlichen Europa, ein Schutzversprechen gegen die Türken oder die Überlegenheit des christlichen Europa gegenüber den nichtchristlichen Völkern und Kontinenten proklamiert.[11]

Es waren vor allem zwei Aspekte der *res publica christiana*, auf die man sich in Krisenzeiten berief und die sich durch positive Eigenschaften auszeichnen: die Einheit und der Frieden. Während der Gedanke des Zusammenhalts aller Christen Stärke bedeutete und insbesondere zur Mobilisierung der europäischen Fürsten gegen äußere Bedrohungen, z. B. durch die Türken, diente, verdankte sich die Vorstellung von der besonderer Friedensfähigkeit Europas der christlichen Tradition. Die von Augustinus und Thomas von Aquin entwickelte christliche Friedensidee stellte den Frieden als Sinn und Zweck menschlicher Gemeinschaft dar – als Vorstufe des ewigen, nur in jenseitiger Vollendung zu erreichenden Friedens.[12] In welchem Maße das 17. Jahrhundert noch von diesem christlichen Friedensgedanken geprägt war, belegt die Präambel des Westfälischen Friedensvertrages, die den Friedensschluß zwischen Kaiser und Reich und dem französischen König sowie ihren jeweiligen Verbündeten mit den Worten einleitet: „Pax sit christiana ...".[13] Es war die besondere Leistung dieses „christlichen" Westfälischen Friedens mit der faktischen Herabsetzung der kaiserlichen und päpstlichen Macht zugunsten einer Gleichordnung der drei Universalmächte Frankreich, Schweden und dem Reich das alte Ordnungsmodell Europas durch ein neues ersetzt zu haben. Daß dieser Kompromiß am Ende jahrelanger erbitterter Kämpfe doch noch möglich wurde, spricht für die starken Kohäsionskräfte in Europa, zu denen auch der Friedensgedanke zählte.

Wenn im Titel dieses Sammelbandes von *Europa* als einem politischen Mythos gesprochen wird, so ist der Begriff des Mythos in mehrfacher Weise zu verstehen.[14] In einem sehr weitgefaßten Sinne wird der Mythos mit Roland Barthes als eine Idee, ein gedankliches Kosntrukt verstanden, das als positives Leitbild einem politischen Gemeinwesen Orientierung bietet und das Denken und Handeln von Einzelnen oder Gruppen bestimmt.[15] Europa im Sinne eines christlichen Europas war – wie oben gezeigt – im 17. Jahrhundert ein solches politi-

---

[11] Siehe den Beitrag von Schmale in diesem Band.

[12] Geschichtliche Grundbegriffe, Begriff „Friede", Stuttgart 1975, Sp. 546 ff.

[13] Heinhard Steiger, Konkreter Frieden und allgemeine Ordnung. Zur rechtlichen Bedeutung der Verträge vom 24. Oktober 1648, in: Ausst.Kat. 1648 – Krieg und Frieden in Europa, Münster/Osnabrück 1998/99, hrsg. v. Klaus Bußmann und Heinz Schilling, Münster 1998, S. 437; zur Bedeutung des christlichen Friedensgedankens siehe auch Schilling 1999 (Anm. 3), S. 518.

[14] Grundsätzlich kritisch hinterfragte Schmale die Rolle des Mythos für die europäische Identitätsbildung in: Wolfgang Schmale, Scheitert Europa an seinem Mythendefizit?, Bochum 1997; das dort negative Urteil über die Mythenrezeption in der Geschichte Europas hat er inzwischen relativiert zugunsten der Feststellung, daß der antike Europa-Mythos unter bestimmten Umständen doch zur politischen Mythos-Bildung in Europa beitragen kann, siehe dazu sein Beitrag in diesem Band.

[15] Roland Barthes, Mythen des Alltags, Frankfurt/M., 1964; allgemein zum Mythos und zur Mythenrezeption: Mythos und Moderne, hrsg. von Karl Heinz Bohrer, Frankfurt/M. 1983.

sches Leitbild, dessen positive Eigenschaften gerade in der Krise immer wieder zu identitätsstiftenden Bezugspunkten wurden. Europa war aber auch insofern ein Mythos, als die Vorstellung, der Kontinent stelle politisch und kulturell eine Einheit dar, eine Fiktion war. Für das Europa der Frühen Neuzeit galt in besonderem Maße das Prinzip der Einheit in der Vielfalt, wofür die unterschiedliche politisch-administrative, religiöse und kulturelle Verfaßtheit der einzelnen Staaten verantwortlich war.[16] Vergleicht man z. B. das kleinteilige Gebilde des Reiches mit seinen ausdifferenzierten Machtverhältnissen mit der protonationalstaatlichen Situation in Frankreich, so wird die politische Heterogenität dieses Kontinents deutlich. Auch waren die Grenzen Europas fließend und offen, eine Tatsache, die immer wieder zu Überlegungen Anlaß gegeben hat, wo Europa beginne und wo es ende. Die Rede vom politischen Mythos spielt schließlich auch auf die politische Instrumentalisierung des antiken Mythos vom Raub der Europa an. Offensichtlich ist ein Teil der im 17. Jahrhundert im Vergleich zu früheren Jahrhunderten deutlich gestiegenen Zahl der bildlichen und literarischen Darstellungen dieses Themas in einem politischen Kontext zu sehen. So konnte die Entführung der Europa auf dem Stier, dargestellt bei einer Festdekoration anläßlich der Heirat eines Herrschers, durchaus als Brautnahme dieses Potentaten gemeint sein, der mit der symbolischen Vermählung mit Europa seinen Anspruch auf die politische Vorherrschaft visuell vermittelte.[17]

Es ist ein bemerkenswertes Phänomen, daß sich die Europa-Vorstellungen im 17. Jahrhundert in stärkerem Maße als zuvor in bildlichen Formen manifestierten.[18] Bereits im 16. Jahrhundert setzte ein Prozeß ein, der Europa-Bilder in bisher nicht gekanntem Maße in die Öffentlichkeit und in politische Zusammenhänge brachte. Nicht nur auf Tafelbildern, sondern auch in den für eine größere Öffentlichkeit zugänglichen Medien der Druckgraphik, Freskomalerei und auf Tapisserien war das Europa-Thema präsent. Darüber hinaus bedienten sich auch die sprachlichen Diskurse einer bildlichen Metaphorik, die sich an den realen Bildern orientierte. Es besteht immer eine gewisse Schwierigkeit, die Vorstellungs- und Erfahrungswelt historischer Epochen zu ermitteln. In diesem Fall werden die Europa-Bilder neben den schriftlichen Zeugnissen zu wichtigen historischen Quellen, deren Analyse ein Schwerpunkt dieses Sammelbandes darstellt.[19] Darüber hinaus läßt sich feststellen, daß die Dominanz, mit der die Europa-Thematik in dieser Zeit eine visuelle Ausprägung erhielt, ein Hinweis darauf ist, daß die Zeitgenossen mit dem Begriff *Europa* vor allem bestimmte

---

[16] Schilling 1999 (Anm. 3) verweist besonders auf die Heterogenität und innere Zerrissenheit des Kontinents.

[17] Siehe den Aufsatz von Wolfgang Schmale in diesem Band.

[18] Zu Formen und Funktionen der Europa-Bilder siehe Schmale 2000 (Anm. 3), S. 65–76; Mythos Europa. Europa und der Stier im Zeitalter der industriellen Zivilisation, hrsg. von Siegfried Salzmann, Hamburg 1988, darin bes. der Aufsatz von Christiane Wiebel, Mythos als Medium – Zur unterschiedlichen Deutbarkeit früher Europa-Darstellungen, S. 38–55; zur Steigerung der Bildproduktion mit diesem Gegenstand Schmale 1997 (Anm. 14), S. 69–72.

[19] Siehe die Beiträge von Tschopp, Dethlefs, Schmale, Schütz, Poeschel und Werner in diesem Band.

Bilder verbanden. Welche Bilder waren das und welche Inhalte waren mit ihnen verknüpft?

Die Fülle der damals präsenten materiellen oder mentalen Bilder läßt sich in drei ikonographische Gruppen unterteilen, die - und das ist wiederum ein Charakteristikum dieser Zeit – auch gemischt oder abgewandelt werden konnten. Europa tritt zum einen im Bild des antiken Mythos als jugendlich verführerische Königstochter in Erscheinung, die sich bereitwillig auf den Rücken des als Stier verwandelten Zeus setzt und sich nach Kreta entführen läßt, wo sie von ihm den Sohn Minos empfängt, den späteren König Kretas. Welche Bedeutung diese Geschichte der griechischen Mythologie für die Visualisierung bestimmter Europa-Ideen hatte, ist bisher nur ansatzweise untersucht. Sie erlangte wohl nie das Identifikationspotential eines Gründungsmythos für den europäischen Kontinent. Im Unterschied zu einigen Nationalstaaten wurde Europa in der Frühen Neuzeit nie auf einen Mythos, von dem der Ursprung dieses Gemeinwesens abzuleiten gewesen wäre, zurückgeführt.[20] Offensichtlich konnte der Mythos aber im 17. Jahrhundert von politischen Akteuren für ihre Interessen instrumentalisiert werden. Solche Aktualisierungen des antiken Mythos, bei denen die phönizische Königstochter als Personifikation für den Kontinent Europa verstanden wurde, erfüllten ihren Zweck im Kontext konkreter politischer Zusammenhänge. Es bleibt jedoch eine offene Frage, ob den zahlreichen Bildern mit der Entführung der Europa als Sujet auch dann eine politische Bedeutung zugewiesen werden kann, wenn konkrete Hinweise im Bild selbst fehlen und allein der Kontext ihrer Entstehung, ihrer Präsentation oder Verbreitung berücksichtigt werden kann.

Politische Konnotationen treten deutlicher bei der zweiten ikonographischen Gruppe der Europa-Bilder zutage, bei der personifizierenden Darstellung Europas als Erdteil. Die weibliche Personifikation des europäischen Kontinents allein oder in Verbindung mit den anderen Erdteilen ist – mit Rückgriffen auf die Antike – eine Erfindung der Frühen Neuzeit und hängt wohl eng mit der Erweiterung der geographischen Kenntnisse sowie der Entdeckung Amerikas als viertem Kontinent zusammen.[21] Bereits die frühen Darstellungen niederländischer Künstler in der 2. Hälfte des 16. Jahrhunderts zeigen Europa als Königin mit Attributen der imperialen, kirchlichen oder wissenschaftlichen Ikonographie. Als Herrscherin repräsentiert sie alle Staaten und Gebiete ihres Kontinents mit einem Gestus der Überlegenheit gegenüber den anderen Kontinenten Asien, Afrika und Amerika, die meist in huldigender Haltung dargestellt wurden. Diese Vorrangstellung Europas resultierte aus der ethnozentristischen Perspektive der Europäer im Zeitalter der Eroberung Amerikas und der Kolonisationen. Im Umgang mit den fremden Völkern verfestigte sich bei den Europäern der Eindruck, diesen nicht nur militärisch, sondern auch kulturell überlegen zu sein, wodurch ihr Selbstbewußtsein gestärkt wurde. In dieser Auseinandersetzung Europas mit anderen Völkern und Kulturen erhielt das Selbstbild des Kontinents wohl seine deutlich-

---

[20] Schmale 1997 (Anm. 14).
[21] Begriff „Erdteile", in: Reallexikon der Kunstgeschichte, Bd. V, 1967, Sp. 1108–1202, bes. 1168–1171; siehe auch die Beiträge von Poeschel und Schmale in diesem Band.

sten Konturen. Entsprechend wurde in den bildlichen Darstellungen die eigene Überlegenheit militärisch, religiös, wirtschaftlich, politisch und kulturell legitimiert. Aus dieser Überlegenheit leitete sich auch der Anspruch auf Weltherrschaft ab.

Wurde dieses Bild der Königin, der triumphierenden Europa (*europa triumphans*), durch die Begegnung mit außerhalb des eigenen Kulturkreises liegenden Völkern und Ländern geformt, so nimmt das Gegenbild der klagenden Europa (*europa deplorans*) auf die politische Situation im Innern des Kontinents Bezug. Im 16. Jahrhundert vorwiegend in Textquellen, im 17. Jahrhundert dann auch in bildlichen Darstellungen, wird die ehemals schöne und reiche Königin Europa nun als geschundene und verzweifelte Frau geschildert, die den Zuhörer oder Betrachter um Hilfe bittet.[22] Dieser beklagenswerte Zustand der Europa ist als eine Metapher für den drohenden Verlust der politischen Ordnung in Europa oder genauer: der *universitas christiana* zu verstehen. Das Leid, das auf den Bildern dem Körper der Europa zugefügt wird, steht für die Situation des gesamten Kontinents und seiner Bewohner, die in der Folge des Verlusts des politischen Gleichgewichts, der Uneinigkeit der Fürsten und insbesondere des Machtstrebens einzelner unter Krieg, wirtschaftlichem Niedergang und persönlichem Elend litten. So erweist sich die Figur der klagenden Europa, um ein Diktum Jacob Burckhardts aufzugreifen, als das „Titelbild des Dreißigjährigen Krieges".[23]

In enger Verbindung zum Aufkommen der allegorischen Erdteildarstellungen im 16. Jahrhundert steht die Entwicklung der Kartographie, die in einem abstrakteren Modus den Kontinent repräsentierte.[24] Auch in diesem Fall trugen die Entdeckungs- und Eroberungsreisen außerhalb Europas zu einem gesteigerten Interesse am eigenen Kontinent bei. Die Entwicklung der empirischen Naturwissenschaften schuf die Voraussetzungen dafür, daß die Ptolemäischen Karten überarbeitet und mit geographischen Kenntnissen aktualisiert werden konnten. Die vermutlich erste neuzeitliche, auf wissenschaftlichen Erkenntnissen beruhende Europakarte stammt von Martin Waldseemüller und ist 1511 datiert. Bei dieser fehlten ebenso wie bei der 1536 erschienenen „Mappa Europae" von Sebastian Münster noch die skandinavischen Länder, für die es aber früh schon Regionalkarten gab. Es ist nicht uninteressant, daß in der Kartographie, die in der Wiedergabe der Binnenstruktur Europas immer präziser wurde, sowohl die politischen Grenzen zwischen den einzelnen europäischen Ländern als auch die Grenze im Osten zwischen Europa und Asien fehlten. Es kann anhand der Europakarten nicht entschieden werden, ob Rußland oder welcher Teil von Rußland als zu Europa gehörig betrachtet wurde. So detailliert die Kartographie den Kontinent auch visuell repräsentierte, die politischen und kulturellen Fragen der Zugehörigkeit wurden hier nicht entschieden.

---

[22] Siehe die Beiträge von Schmale und Werner in diesem Band.

[23] Jacob Burckhardt, Erinnerungen aus Rubens, hrsg. von Hans Kauffmann, Stuttgart 1938, S. 130, mit Bezug auf die Allegorie „Die Folgen des Krieges" von Peter Paul Rubens, Palazzo Pitti.

[24] Überblick über die Entwicklung der Europa-Karten bei Schmale 2000 (Anm. 3), S. 46–65.

Wie der kurze Überblick über die wichtigsten, im 17. Jahrhundert verbreiteten Europa-Bilder gezeigt hat, waren diese Darstellungen höchst unterschiedlich hinsichtlich ihrer inhaltlichen Botschaft: Die mythologische Königstochter in der Verfügungsgewalt eines männlichen Herrschers und seiner politischen Ansprüche, die triumphierende Europa als Erdteilallegorie mit dem Ausdruck der Überlegenheit gegenüber den andere Kontinenten, die klagende Europa als Sinnbild für die Mißstände im Innern des Kontinents und die Kartographie mit dem Anspruch einer wissenschaftlich wahrheitsgetreuen Wiedergabe der geographischen Binnenstruktur Europas. Darüber hinaus konnte die Figur der Europa in den verschiedensten Situationen und Bildzusammenhängen, wie z. B. in Friedensallegorien, Herrscherapotheosen oder kosmologischen Programmen eingesetzt werden. In solchen Fällen wurde ihre inhaltliche Bedeutung dem jeweiligen Kontext angepaßt. Diese Gleichzeitigkeit verschiedener europäischer Selbstbilder (es handelt sich bei den genannten Typen immer um Selbstbilder und nicht um Europa-Bilder, die aus der Sicht von Nicht-Europäern entwickelt wurden) ist keineswegs widersprüchlich. Sie ist einerseits Beleg dafür, daß die Bedeutung von Bildern kontextabhängig ist, und daher die spezifische Situation, in der die Bilder entstanden sind, oder die gedachten Rezipienten, für die sie gemacht wurden, bei der Interpretation berücksichtigt werden müssen. Andererseits ist sie ein Hinweis darauf, daß die Erfahrungen und Vorstellungen einer Gesellschaft zu einem bestimmten Begriff oder Gegenstand durchaus unterschiedliche Ausprägungen erfahren konnten und daß auch diese von ihren jeweiligen Zusammenhängen abhängig waren.

Allen Bilder gemeinsam ist jedoch die Verkörperung des Kontinents als Frau.[25] Das weibliche Geschlecht ergibt sich zum einen aus dem grammatischen Geschlecht und hat seine Wurzeln in der Antike. Zum anderen fällt aber im Umgang mit dieser weiblichen Erdteilpersonifikation auf, daß die Vorstellung von Europa als Frau durchaus konkret zu verstehen ist. Die *Europa* ist im 17. Jahrhundert für einen männlichen Blick und einen männlichen Adressaten geschaffen, der mit Stolz die Überlegenheit seiner schönen Königin vorführt, dessen Begierde ihn die Königstochter entführen läßt oder der von der verzweifelten und geschändeten jungen Frau um Hilfe gebeten wird. Es würde sich sicher lohnen, der Frage, warum die Körperlichkeit und Geschlechtlichkeit der *Europa* in dieser Zeit so betont und instrumentalisiert wurde, warum also ein politischer Begriff derart in das Geschlechterverhältnis eingespannt wurde, weiter nach zu gehen.

In den letzten Jahren sind in den verschiedenen geistes- und kulturwissenschaftlichen Disziplinen neue Ansätze sowohl zur Untersuchung der Geschichte Europas als auch zur Bedeutung von Bildern im politischen Kontext entwickelt worden. Diese Ansätze, die auch eine kritische Auseinandersetzung mit überkommenen

---

[25] Wolfgang Schmale, Europa – die weibliche Form, in: L'Homme. Zeitschrift für feministische Geschichtswissenschaft 2 (2000), S. 211–233; allgemein siehe auch: Allegorien und Geschlechterdifferenz, hrsg. von Sigrid Schade u. a., Köln, Weimar, Wien 1994.

Begriffen implizieren, werden in diesem Sammelband mit einer Fokussierung auf das Europa des 17. Jahrhunderts, dieser Phase des krisenhaften Umbruchs, exemplarisch vorgestellt. Sie sind nach ihren inhaltlichen Schwerpunkten in vier Kapitel gegliedert: 1. Europa als politische Konstruktion, 2. *universitas christiana* und Nationalstaatlichkeit, 3. Europa-Bilder und 4. europäische Identitäten. Ungeachtet dieser Unterteilung bestehen aber auch vielfältige Bezüge zwischen den einzelnen Beiträgen, so daß in der Zusammenschau dieser Band tatsächlich so etwas wie eine „dichte Beschreibung" Europas bieten kann, zumindest im Hinblick auf die konstruierten Selbstbilder dieser Zeit.

Den Auftakt macht die Literatur- und Kulturwissenschaftlerin Silvia Serena Tschopp mit ihren Überlegungen zu „Gegenwärtige Abwesenheit. Europa als politisches Denkmodell im 17. Jahrhundert?", in denen sie die Historizität des Europa-Begriffes und seine Abhängigkeit vom jeweiligen Kontext herausstreicht. Im 17. Jahrhundert konnte Europa einerseits als Einheit wahrgenommen werden, so Tschopp, wozu so unterschiedliche Phänomene wie die Einrichtung des Postwesens, die Heiratspolitik des europäischen Hochadels oder die Darstellung Europas in der Kartographie beitrugen. Andererseits hatte die gleichzeitig einsetzende ‚Nationalisierung' politischer Strukturen eine gegenläufige Entwicklung zur Folge, in der die Einheit durch die Betonung der nationalen Unterschiede in Frage gestellt wurde. Europäische und nationale Sichtweisen konnten also durchaus nebeneinander bestehen, so ihr Resümee, wie auch das mittelalterliche Konzept der *universitas christiana* nicht ad hoc von einem pluralistischen System abgelöst wurde. So formulierten zunächst einzelne Mächte wie etwa das Haus Habsburg oder die französische Monarchie Universalansprüche für sich, bevor dann mit dem Westfälischen Frieden die Idee eines europäischen Mächtegleichgewichts realisiert wurde.

Die im Jahr 2003 im Deutschen Historischen Museum in Berlin gezeigte Aus-stellung „Idee Europa. Entwürfe zum ‚Ewigen Frieden'. Eine Ausstellung als Historiographie" hatte den Friedensgedanken zur Leitidee erhoben, als Paradigma für den langen Weg Europas zur politischen Einigung. Die Historikerin Marie-Louise von Plessen erläutert in ihren Ausführungen zur Ausstellungskonzeption, wie die Friedensidee von der Antike bis in die Gegenwart die europäische Geschichte nachhaltig prägte. Obwohl die Ausstellung weit über den zeitlichen Rahmen dieses Sammelbandes hinausging und die großen Entwicklungslinien aufzeigte, traten die Besonderheiten des 17. Jahrhunderts deutlich in ihr hervor, zu denen wesentlich die politischen Entwürfe großer Friedensutopien gehörten. Zu nennen wäre etwa der *Große Plan* des Herzogs von Sully (1632), der ein Europa von 15 gleich starken Staaten vorsah, die politisch von einer großen Ratsversammlung geleitet werden sollten.

Mit der Friedensthematik beschäftigt sich auch Hans-Martin Kaulbach, der in seinem Beitrag Europa-Personifikationen in Friedensallegorien untersucht und dabei der Frage nachgeht, ob es Bilder eines ‚europäischen' Friedens gegeben habe. Er kommt zu dem Ergebnis, daß vielen Friedensdarstellungen des 17. Jahrhunderts zwar das Ideal eines überstaatlich organisierten Friedens zugrunde gelegen habe, sie aber dennoch an die Bilateralität der in der Realität geschlossenen Friedensverträge gebunden blieben. Neben den Darstellungen von Friedenskongressen und Friedenstempeln als Bildformeln für zwischenstaatliche Verträge, sei der Friede ebenso wie die Herrschaft über Europa von einzelnen Potentaten für sich beansprucht worden, die sich dann in der Rolle des Friedensstifters verewigen ließen.

Die osmanischen Türken stellten seit dem ausgehenden 14. Jahrhundert aus der Sicht der Europäer die größte Gefahr für den Bestand der *universitas christiana* dar. Der Historiker Mustafa Soykut zeigt am Beispiel zweier bisher unveröffentlichter Manuskripte aus dem Vatikan, wie das Papsttum im 17. Jahrhundert die Idee der Kreuzzüge nutzte, um noch einmal eine Führungsrolle im politisch zerstrittenen Europa zu übernehmen und so vom realen machtpolitischen Niedergang der katholischen Kirche abzulenken. Das Feindbild der Türken erfüllte in dieser Phase der konfessionellen und politischen Zersplitterung Europas die Funktion, die europäische Einheit und Identität zu beschwören.

Der Rechtshistoriker Heinhard Steiger untersucht das Verhältnis zwischen Europa und Asien im 16. und 17. Jahrhundert. Obwohl es seit der Antike Kontakte zwischen beiden Kontinenten gab, war Asien für die Europäer in der Frühen Neuzeit immer noch ein weitgehend unbekannter Raum. Im Zeitalter der Entdeckungen und Eroberungen führte der Wille zur Begründung dauerhafter, vor allem wirtschaftlicher Beziehungen dazu, daß die Europäer an einer rechtlichen Gestaltung der Kontakte zu Asien interessiert waren. Die Art und Weise, wie das Verhältnis zueinander geregelt wurde, ist wiederum aufschlußreich für das Selbstverständnis Europas: Die festigende Struktur der europäischen Ordnung war das Recht, und so wurde dieses europäische Recht auch auf die Beziehungen zu Asien angewendet.

Die Untersuchung des Historikers Georg Schmidt zu den deutschsprachigen Flugschriften und der Frage, welche Vorstellungen vom Reich und von Europa darin vermittelt wurden, gibt neue Einblicke in die politische Kultur während und nach dem Dreißigjährigen Krieg. Zunächst zeigt er, daß die Inhalte der politischen Flugschriften im 17. Jahrhundert eine weit größere Verbreitung fanden als bisher angenommen, da auch die Leseunkundigen durch Multiplikatoren wie Pfarrer, Lehrer oder Wirte über die gedruckten Neuigkeiten informiert wurden, was bedeutet, daß man von einer stärker politisierten Öffentlichkeit ausgehen muß. In den Flugschriften wurden der Bevölkerung des Reiches vor allem nationale Werte in deutlicher Abgrenzung von anderen europäischen Kulturen als Identifikationsangebote vermittelt. Zwar wurde in diesen Medien auch noch das Ideal eines geeinten Europas propagiert, in diesem sollten aber die einzelnen Länder mit ihren nationalen Eigenheiten durchaus eigenständig bestehen.

Das monumentale Geschichtswerk des *Theatrum Europaeum*, das der Frankfurter Verleger Matthaeus Merian und seine Nachfolger zwischen 1633 und 1738 herausgaben, steht im Mittelpunkt des Beitrages von Gerd Dethlefs. Der Historiker untersucht erstmals die Vorworte und Titelkupfer aller 22 erschienenen Bände auf das in ihnen vermittelte Europabild. *Europa* erweist sich darin vor allem als ein Kommunikationsraum, der auf der Grundlage gemeinsamer ethischer und politischer Werte gebildet wurde und in dem sich die national orientierten Öffentlichkeiten der einzelnen Länder gegenseitig wahrnahmen. Innerhalb dieses Raumes wurden sowohl die Abgrenzung gegen die außereuropäische Welt verhandelt als auch die Verständigung auf den Frieden als zentralen innenpolitischen Leitgedanken dieser Gemeinschaft.

Die Kompensation der zunehmenden politischen Ohnmacht des Papsttums durch anspruchs- und bedeutungsvolle Architektur zeichnet der Kunsthistoriker Josef Imorde in seinem Beitrag über die Baugeschichte der Fassade von St. Peter nach. Die von Carlo Maderno unter Paul V. entworfene Fassade war sowohl im geistlichen als auch im weltlichen Sinne zu lesen, sie war Kirchenfassade und nicht zuletzt durch die Benediktionsloggia zugleich auch Palastfassade. In den von dieser Loggia erteilten Benediktionen wurde der weltumspannende Führungsanspruch des Papsttums im Rückgriff auf Christus immer wieder aufs Neue vergegenwärtigt. Religiöse Zeremonie und bauliche Gestalt wurden so Teil einer politischen Geste, die über den Verlust von Macht und Einfluß hinwegtäuschen sollte.

Dem Zerfall der *universitas christiana* und der Entstehung nationaler Kulturen in England, den Niederlanden und den protestantischen Territorien im Reich geht der Historiker Robert von Friedeburg nach. Am Beispiel der unterschiedlichen Bedeutung und des Gebrauchs der Begriffe *natio* und *patria*, denen in den Konfessionskonflikten eine wichtige Rolle zukam, untersucht er die Veränderungen im Umgang mit dem gemeinsamen Kanon europäischer Begriffe und Ideen. Dabei kann er zeigen, daß im 17. Jahrhundert in der Pamphletistik und in der politischen Theorie ein Bewußtsein für die spezifischen Strukturen des eigenen Landes wuchsen und sich so innerhalb einer zunächst kleinen Gruppe von Autoren das Bewußtsein national geprägter Kulturen entwickelte, die das überkommene Ideal der *universitas christiana* im Laufe des 18. Jahrhunderts aushöhlen sollten.

Die Osteuropa-Wissenschaftlerin Gabriele Scheidegger widmet ihren Beitrag dem Verhältnis Rußlands zum Abendland im 17. Jahrhundert und fragt, ob Rußland in dieser Zeit zu Europa gehört habe. Um auf diese Frage eine Antwort zu finden, verweist sie zunächst auf den eurozentristischen Blickwinkel bei der Bestimmung der zu Europa gehörenden Länder. In Rußland herrschten im 17. Jahrhundert noch Denkmuster und Wertvorstellungen vor, die von einer mittelalterlichen, weitgehend religiös bestimmten Kultur geprägt waren. Diese offensichtlichen Unterschiede zum lateinischen Westen resultierten daraus, daß Rußland sich weniger der abendländischen *universitas christiana* verbunden fühlte, diese sogar oftmals als nicht-christlich diffamierte, als vielmehr der orthodoxen Ostkirche. Die Autorin zeigt, wie zwiespältig sich die christliche Definition Europas erweist, wenn dabei die Ostkirche ausgeklammert wird.

In seinem Beitrag „Europa, Braut der Fürsten. Die politische Relevanz des Europamythos im 17. Jahrhundert" widmet sich der Historiker Wolfgang Schmale der politischen Instrumentalisierung des Mythos vom Raub der Europa. Zunächst zeigt er, daß die Europa-Imago, also alle Visualisierungen der Europa-Thematik, schon immer einen politischen Bezug hatte, um dann am Beispiel feierlicher Einzüge anläßlich von Hochzeiten und anderen politischen Ereignissen die Darstellungen der Europa auf dem Stier im konkreten politischen Kontext zu untersuchen. Als interessantes Phänomen eines Kulturtransfers tritt die Vermischung und Adaption verschiedener Traditionen zu Tage: Die antike Mythologie der Entführung der Königstochter wird in der Tradition des mittelalterlichen Frauenraubs rezipiert und in der Frühen Neuzeit dann mit der Vorstellung verbunden, daß der Herrscher sein Königreich zur Frau nehme. Schmales Untersuchung zeigt damit exemplarisch, wie ein antiker Mythos im 17. Jahrhundert politisch instrumentalisiert werden konnte.

Die Kunsthistorikerin Sabine Poeschel zeichnet in ihrem Aufsatz den Wandel der Europa-Darstellungen als Erdteilallegorie im 17. Jahrhundert nach, der eng mit den politischen Veränderungen dieser Zeit verknüpft war. Im Zusammenhang mit der Entdeckung und Eroberung Amerikas hatte sich eine Darstellungskonvention entwickelt, die die Personifikation der Europa als Herrscherin über die anderen Kontinente zeigte. Im 17. Jahrhundert war die Europa-Ikonographie nicht mehr nur an die Kolonisierung gebunden, sondern wurde für verschiedene politische Ziele in Anspruch genommen. So gehörten Europa und die drei anderen Erdteile zum Standardprogramm bei der Ausstattung von Schlössern und Residenzen, mit denen auch politisch unbedeutende Auftraggeber ihren Machtansprüchen Ausdruck verleihen wollten. Auch die katholische Kirche bediente sich dieses Themas und machte sich den Gedanken der europäischen Weltherrschaft für ihre Missionziele zu nutzen. Die triumphierende weltliche Europa wurde zur Religionsstifterin.

Der Antwerpener Maler Jan van Kessel schuf gemeinsam mit Erasmus Quellinus kurz nach 1660 eine Gemäldefolge mit den vier Erdteilen. Diese sehr erfolgreichen Bilder, die in mehreren Versionen bekannt sind, untersucht der Kunsthistoriker Karl Schütz auf die ihnen zugrunde liegende Vorstellung von Europa in Abgrenzung zu den anderen Kontinenten. Die Überlegenheit Europas wird hier subtil in doppelter Form hervorgehoben, indem die Personifikation des Erdteils nicht nur als Königin dargestellt, sondern zudem in eine Allegorie des Sehsinnes eingebettet ist, der gegenüber den anderen Sinnen als überlegen galt. Interessant ist die Auswahl der Städtebilder, die das Mittelbild umgeben. Zu europäischen Städten zählen neben den Hauptstädten der damaligen europäischen Königreiche auch Moskau und Konstantinopel, so daß einmal mehr die christliche Religion als das bestimmende Kriterium für die Zugehörigkeit zu Europa gewählt wurde.

In meinem eigenen Beitrag gehe ich der Figur der Europa in der politischen Allegorie „Die Folgen des Krieges" nach, die der flämische Maler und Diplomat Peter Paul Rubens gegen Ende des Dreißigjährigen Krieges für den Florentiner Großherzog malte. Durch die Einordnung dieser dramatisch ausgestalteten Frauenfigur in die Europa-Ikonographie der Zeit wird deutlich, mit welchem Nachdruck Rubens mit dem Medium des Bildes und mit künstlerischen Mitteln für den Frieden warb. Die Kunst galt als ein zentraler Bestandteil der europäischen Kultur und Identität, und so konnte niemand besser als der in ganz Europa hochgeschätzte Maler Rubens mit diesem eindrucksvollen Bild auf die Werte eines christlichen Europas verweisen, die er jedoch durch den lang andauernden Krieg in höchstem Maß gefährdet sah.

Die Historikerin Fanny Cosandey untersucht am Beispiel Frankreichs, auf welche Weise die Heiratspolitik zu einer kulturellen Vereinheitlichung der europäischen Höfe beitrug. Während die französischen Könige mit dem Ziel, ihre eigene Dynastie zu stärken, ausländische Prinzessinnen heirateten und somit europäische Familien schufen, waren sie gleichzeitig das Staatsoberhaupt eines national organisierten politischen Gemeinwesens. Diese für viele europäische Herrscher charakteristische Spannung zwischen ihren international strukturierten Familien und den eher national ausgerichteten Herrschaftsgebieten konkretisierte sich in staatsrechtlichen Regelungen der Thronfolge und von Erbansprüchen, in Heiratsallianzen, bei denen die Beteiligten streng auf das Gleichgewicht der Mächte achteten, und im Zeremoniell des höfischen Lebens.

Die Kunsthistorikerin Tanja Michalsky stellt in ihrem Beitrag „Die Natur der Nation. Überlegungen zur „Landschaft" als Ausdruck nationaler Identität" gezeichnete und gemalte Ansichten der Niederlande vor, die dort insbesondere in der ersten Hälfte des 17. Jahrhunderts in unvergleichlich großem Umfang produziert wurden. Sie richtet ihr Augenmerk auf die Frage, auf welche Weise diese Bilder der noch jungen und über sich selbst reflektierenden niederländischen Nation zu einem eigenen Image verhalfen. Ihre Ergebnisse sind in hohem Maße aufschlußreich für die Herausbildung nationalistischer Selbstenwürfe in der Frühen Neuzeit, die sich europaweit auch an der Entstehung neuer Formen der Karthographie, einer nationalen Historiographie und an landessprachlichen Literaturen beobachten läßt.

Der Literaturwissenschaftler Janis Kreslins plädiert dafür, die historischen Königreiche und ehemaligen Großmächte Dänemark, Schweden und Polen nicht isoliert, sondern als zusammengehörige Region im Ostseeraum zu betrachten, so wie sie auch durch den Westfälischen Frieden als eine von drei europäischen Großregionen behandelt wurde. Als verbindendes Element dieses Gebietes mit seinen wechselnden geographischen, politischen und kulturellen Grenzen sei die Religion anzusehen, so sein Ergebnis, die Dank einer literarischen Gattung, der zu wenig beachteten Erbauungsliteratur, über starke Kohäsionskräfte verfügte. Indem die Erbauungsliteratur zwischen den verschiedenen religiösen Traditionen in dieser Region vermittelte und bis in die entlegensten Winkel dieses Gebietes und von allen sozialen Schichten gelesen wurde, trug sie wesentlich zur Entwicklung einer regionalen Identität im Ostseeraum bei.

Das Europabild der Dänen wurde im 17. Jahrhundert vor allem von zwei Erfahrungen geprägt, wie der Historiker Sebastian Olden-Jørgensen ausführt. Einerseits subsumierte man unter dem Begriff *Europa* die internationale Politik und die zahlreichen Kriege dieses Jahrhunderts, andererseits sammelte die politische Elite des Landes persönliche Eindrücke auf ihren Studien- und Bildungsreisen durch Europa, die aber erst nach der absolutistischen Revolution 1660 zu einer gewissen Europäisierung der politischen Institutionen und des Rechts in Dänemark führten.

Anhand der spanischen Traktatliteratur des 17. und frühen 18. Jahrhunderts setzt sich die Kunsthistorikerin Karin Hellwig mit der Frage auseinander, wie die spanischen Künstler ihre eigene Kunst im Verhältnis zu anderen europäischen

Ländern sahen und wie die Künstler im übrigen Europa die spanische Kunstproduktion dieser Zeit wahrnahmen. Diese Frage erhält ihre besondere Relevanz vor dem Hintergrund, daß die Spanier aufgrund ihrer politischen Vormachtstellung in Europa sich den anderen Ländern gegenüber überlegen fühlten, das Ausland aber als Reaktion auf diese Haltung eine heftige Spanienkritik, die sogenannte „leyenda negra" konstruierte. Die Untersuchung kann zeigen, daß die spanischen Künstler und Kunsttheoretiker das Vorurteil von der schlechten spanischen Kunst dazu nutzten, die Qualität der eigenen Kunstproduktion zu verbessern, indem man sich an der führenden italienischen Kunst orientierte, zugleich aber auch die eigenen Stärken wie etwa die Porträtkunst hervorhob und damit die kulturelle Identität Spaniens stärkte.

Es ist das Anliegen dieses Bandes, neue Ansätze für die Erforschung der europäischen Geschichte vorzustellen. Insbesondere aus der Interdisziplinarität der Beiträge ergeben sich neue Perspektiven auf den Gegenstand, die auch für die weiteren politischen Schritte zur europäischen Einheit von Interesse sein könnten.

Gegenwärtige Abwesenheit. Europa als politisches Denkmodell im 17. Jahrhundert?

Silvia Serena Tschopp

I.

Als „eng verbundenes System wissenschaftlicher und kultureller Weltdeutung" hat Winfried Schulze jüngst das frühneuzeitliche Europa bezeichnet.[1] In der Tat gibt es eine Reihe von Indikatoren, die nicht nur auf einen regen Austausch zwischen den europäischen Ländern, sondern auch auf das Vorhandensein eines europäischen Bewußtseins schließen lassen. Die Heiratspolitik des europäischen Hochadels, die adlige Kavalierstour, die Mobilität der Gelehrten, welche im Lauf ihrer *peregrinatio academica* an unterschiedlichen europäischen Universitäten studierten und unterrichteten und ein weitgespanntes Netz brieflicher Korrespondenz unterhielten, die, Ausbildungszwecken dienend, oft weiträumige Wanderschaft der Handwerkergesellen belegen beispielhaft das Ausmaß grenzüberschreitender Kontakte innerhalb Europas. Der kontinuierliche Ausbau der Verkehrswege und die Einrichtung eines Postsystems, das die rasche Zirkulation von Nachrichten ermöglichte, begünstigten nicht nur den ökonomischen, sondern auch den kulturellen Transfer. Mit dem Latein als *lingua franca* stand außerdem ein Instrument zur Verfügung, das die Kommunikation über sprachliche Grenzen hinweg erleichterte; eine bemerkenswert lebendige Übersetzungskultur schließlich erlaubte die Rezeption fremdsprachiger Werke.

Innereuropäische Kohäsion manifestiert sich nicht nur in den vorgängig genannten verbindenden Elementen; sie kann sich auf ein historisch begründetes ideelles Fundament stützen, das die Einheit Europas erklärt und legitimiert: *ecclesia* und *imperium,* christliche Kirche und das im antiken Rom präfigurierte Reich als politische Struktur bilden ungeachtet ihres universalen Anspruchs die Grundpfeiler einer zunächst spezifisch europäischen Ordnung und einer Vorstellung Europas, welche seit dem 16. Jahrhundert an Bedeutung zu gewinnen scheint. Für das hier postulierte Interesse an Europa gibt es mehrere Indikatoren: Zum einen kommt der Darstellung Europas in der Kartographie immer größeres Gewicht zu. Gerhard Mercators berühmte Europakarte von 1554, welche die ältere Tradition eines Martin Waldseemüller (*Carta itineraria Europae*, 1511) oder eines Alessandro Zorzi (*Vera descriptio totius Europae*, 1545) kritisch

---

[1] Winfried Schulze, Die Entstehung des nationalen Vorurteils. Zur Kultur der Wahrnehmung fremder Nationen in der europäischen Frühen Neuzeit, in: Menschen und Grenzen in der Frühen Neuzeit, hrsg. von Wolfgang Schmale und Reinhard Stauber, Berlin 1998 (= Innovationen, Bd. 2), S. 23–49, hier S. 30.

reflektierend aufgreift,[2] bildet das Modell für eine Reihe von kartographischen Werken des 17. Jahrhunderts, die verdeutlichen, in welchem Maße sich die räumliche Vorstellung Europas innerhalb weniger Jahrzehnte konkretisiert hat. Des weiteren fällt auf, daß der antike Mythos, dem der Kontinent seinen Namen verdankt, in der Malerei und Skulptur des 17. Jahrhunderts vermehrt gestaltet wird.[3] Ähnlicher Beliebtheit wie die Darstellung Europas und des Stiers erfreuen sich Erdteilallegorien, welche in unterschiedlichen bildlichen Kontexten auftreten.[4] Die gehäufte Verwendung des Begriffs ‚europäisch' in Titeln meist historiographischer Druckwerke seit der Mitte des 17. Jahrhunderts schließlich[5] kann als weiterer Beleg für eine erhöhte Signifikanz des Konzepts ‚Europa' in der Frühen Neuzeit dienen.

Die hier beschriebenen Äußerungen europäischen Bewußtseins sind nun allerdings einem historischen Moment zuzuordnen, in dem die ‚Nationalisierung' der politischen Strukturen und der kulturellen Wahrnehmung mit Entschiedenheit vorangetrieben wurden.[6] Kennzeichnend für die Situation seit dem 16. Jahr-

---

[2] Vgl. Numa Broc, La géographie de la Renaissance. 1420–1620, Paris 1986 (= Comité des Travaux Historiques et Scientifiques: CTHS format, Bd. 1), S. 129. Vgl. auch Michael Wintle, Renaissance maps and the construction of the idea of Europe, in: Journal of Historical Geography 25 (1999), S. 137–165 sowie Wolfgang Schmale, Geschichte Europas, Wien, Köln und Weimar 2000, S. 45–56.

[3] Wolfgang Schmale nennt beeindruckende Zahlen (mindestens 51 nachgewiesene bildliche Darstellungen im 16., 127 im 17. sowie 68 im 18. Jahrhundert) und spricht folgerichtig von einer „Konjunktur" des Europa-Mythos im 17. Jahrhundert (Wolfgang Schmale, Scheitert Europa an seinem Mythendefizit?, Bochum 1997 (= Herausforderungen, Bd. 3), S. 64). Zu Recht verweist er allerdings auch darauf, daß die antike Mythologie zwischen 1400 und 1800 generell einen wichtigen Motivfundus bildete und die Darstellung des Europa-Mythos nicht häufiger als andere mythologische Themen begegnet (ebd., S. 72).

[4] Vgl. Sabine Poeschel, Studien zur Ikonographie der Erdteile in der Kunst des 16.–18. Jahrhundert, München 1985.

[5] Vgl. Titel wie *Theatrum Europaeum, Diarium Europaeum, Mercure historique et politique contenant l'Etat présent de l'Europe, Europäische Staats-Cantzley, Europäische Fama, Europäischer Florus, Europäischer Staats-Sekretarius, Europäische Annalen, Affairs of Europe* oder *L'Europe savante* (Klaus Malettke, Europabewußtsein und europäische Friedenspläne im 17. und 18. Jahrhundert, in: Francia 21/2 (1994), S. 63–93, hier S. 66 f.).

[6] So hat Johannes Burkhardt den Dreißigjährigen Krieg als einen Konflikt beschrieben, in dem es zentral um die Konstituierung frühmoderner Staatlichkeit gegangen sei. Den böhmischen Aufstand, der den Beginn des Dreißigjährigen Krieges markiert, wertet Burkhardt als „gescheitertes Staatsgründungsexperiment" (S. 74), der Westfälische Friede, der den Kampfhandlungen ein Ende setzt, bestätige durch die Anerkennung der neuen Großmächte Frankreich, Schweden und Niederlande die territoriale Neustrukturierung Europas. (Vgl. Johannes Burkhardt, Der Dreißigjährige Krieg, Frankfurt a. M. 1992). Zum Stellenwert der Nation in der Frühen Neuzeit vgl. den Forschungsbericht von Reinhard Stauber, Nationalismus vor dem Nationalismus? Eine Bestandsaufnahme der Forschung zu ‚Nation' und ‚Nationalismus' in der Frühen Neuzeit, in: Geschichte in Wissenschaft und Unterricht 47 (1996), S. 139–165. Vgl. auch Michael Maurer, ‚Nationalcharakter' in der frühen Neuzeit. Ein mentalitätsgeschichtlicher Versuch, in: Transformationen des Wir-Gefühls. Studien zum nationalen Habitus, hrsg. von Reinhard Blomert, Helmut Kuzmics und Annette Treibel, Frankfurt a. M. 1993, S. 45–81 sowie Schulze 1998. Aus der reichhaltigen Forschung zu Nation in der Frühen Neuzeit sollen hier nur noch die Monographien von Wolfgang Reinhard, Geschichte der Staatsgewalt. Eine vergleichende Verfassungsge-

hundert ist demnach die Parallelität von europäischem und nationalem Diskurs, von Entgrenzung und Abschottung. Erhellend ist in diesem Zusammenhang der Europa gewidmete Artikel im 1734 erschienenen achten Band von Johann Heinrich Zedlers *Universal Lexicon Aller Wissenschafften und Künste*:[7] Nachdem der Autor auf unterschiedliche antike Herleitungen des Begriffs ‚Europa' eingegangen ist, bietet er eine geographische Beschreibung des Kontinents, um anschließend dessen politische Struktur zu thematisieren. Bezeichnend ist dabei das Spannungsfeld von Einheit und Vielfalt, in dem sich die Darstellung bewegt. Wenn Europa hinsichtlich seiner Ursprungsmythen und seiner geographischen Ausdehnung als ungesichert erscheint, hängt dies nicht nur mit dem kompilatorischen Charakter der Beschreibung, welche die durch die Vielzahl integrierter Quellen zutage tretenden Widersprüche nicht auflöst, zusammen. Die Vielzahl von Staatsformen, Sprachen und Religionen, die der Verfasser einzeln benennt, verweist vielmehr auf eine Heterogenität, die den europäischen Raum als Ganzes kennzeichnet. So wird im Artikel denn auch unterschieden zwischen den Franzosen, welche „von guten Manieren, erfahren, tapffer, aber etwas zu hitzig und unbeständig" seien, den Deutschen, welche im Ruf stünden, „verständig, auffrichtig, tapffer und arbeitsam", jedoch der Trunkenheit zugeneigt zu sein, den „höflich[en] und nett[en], aber darneben eifersüchtig[en] und untreu[en]" Italienern, den „bedachtsam[en] und klug[en] aber [...] hochmüthig[en]" Spaniern sowie den Briten, denen der Autor ein „behertzt[es] und dabey etwas verwegen[es]" Wesen, verbunden mit einem „hohen Geiste" attestiert.[8] Wenn nun allerdings im selben Kontext der Kollektivbegriff „Europäer" verwendet wird und diese als „von sehr guten Sitten, höflich und sinnreich in Wissenschaften und Handwercken" und darin allen anderen Erdteilen überlegen gelobt werden, steht dies in Einklang mit der in der Frühen Neuzeit verbreiteten, kontinentales Bewußtsein indizierenden Vorstellung einer politischen und kulturellen Suprematie Europas. Auch die im Anschluß an die mythologische Erzählung von Europa und dem Stier getroffene Feststellung: „Also hatte doch solche Europa die Ehre, daß von ihr *unser* [Hervorhebung S.S.T.] gantzer Welt-Theil den Namen bekam",[9] verweist durch ihre Formulierung auf die Zusammengehörigkeit der Europäer.

Die hier angesprochene Spannung zwischen nicht nur geographischer Kohäsion einerseits und kultureller Eigenart andererseits gewinnt bereits früh topische Qualität und begegnet in einer Vielzahl von Schriften. So hält – um nur ein Beispiel zu nennen – der Verfasser von *Le Voyageur d'Europe* in der Vorrede

---

schichte Europas von den Anfängen bis zur Gegenwart, München 1999 sowie Georg Schmidt, Geschichte des alten Reiches. Staat und Nation in der Frühen Neuzeit 1495–1806, München 1999 genannt werden.

[7] Grosses vollständiges Universal Lexicon Aller Wissenschafften und Künste, hrsg. von Johann Heinrich Zedler, Bd. 8, Halle und Leipzig 1734, Sp. 2192–2196.

[8] Ebd., Sp. 2195 f. Zu den in der Frühen Neuzeit verbreiteten Völkersterotypen vgl. Schulze 1998, S. 23–49 sowie Europäischer Völkerspiegel. Imagologisch-ethnographische Studien zu den Völkertafeln des frühen 18. Jahrhunderts, hrsg. von Franz K. Stanzel, Heidelberg 1999.

[9] Universal Lexikon 1734 [Zedler], Sp. 2193.

seines ‚Reiseführers' zunächst fest: „En effet, c'est en Europe où les Cesars & les Charlemagnes ont voulu borner leur courage & leurs conquestes: C'est en Europe que les Sciences, les disciplines liberales & les Arts mechaniques triomphent avec le plus d'éclat & de gloire: Aussi estce la beauté & la fecondité de cette mesme Europe, qui me l'ont faite preferer aux trois autres parties du Monde [...]."[10] Die Wahrnehmung Europas als kultureller Entität geht Hand in Hand mit einer Betonung des äußerst vielfältigen Erscheinungsbildes des Erdteils: „[...]vous y verrez des manieres de vivre, des coustumes, & des mœurs tout-à-fait differentes, dans autant differens Royaumes, qui font les parties de l'Europe. Vous y découvrirez une grande diversité d'Estats, de Gouvernemens, de peuples, de Langues, de Religions, d'habits [...]".[11]

Der Entwurf Europas als eines vielgestaltigen Ganzen wirft die Frage auf, wie dessen Bewohner ihren Lebensraum wahrgenommen haben. Dominierte die Erfahrung kultureller, religiöser und politischer Besonderheit, oder wurde die Perzeption durch die Vorstellung europäischer Zusammengehörigkeit geleitet? Die Antworten, welche die Wissenschaft bisher angeboten hat, tragen nicht unbedingt zu einer Klärung des Problems bei. Hatte die ältere Forschung mit Blick auf einige als Antizipation gesamteuropäischer Staatenordnung verstandene Schriften die Existenz eines europäischen Bewußtseins seit dem Mittelalter für evident gehalten, so äußerten in den vergangenen Jahren nicht wenige Historiker ihre Skepsis. So betont Jörg A. Schlumberger mit Blick auf die Antike, daß weder in der klassischen griechischen noch in der spätrömischen Zeit eine umfassende Europa-Idee und ein damit verbundenes kontinentales Bewußtsein nachgewiesen werden könnten,[12] und Peter Segl verneint für das Mittelalter die Existenz einer konsistenten und kontinuierlichen Vorstellung europäischer Identität.[13] Peter Burke schließlich vertrat bereits 1980 in einem Aufsatz mit dem

---

[10] Le Voyageur d'Europe [...]. Par Monsieur A. Jouvin [...], Paris 1672 [„Au lecteur"; unpaginiert]. Zur Wahrnehmung Europas im Spiegel der frühneuzeitlichen Reiseliteratur vgl. Antoni Mączak, The Traveller's View. Perceptions of Europe in the 16th and 17th Centuries, in: ‚Europäische Geschichte' als historiographisches Problem, hrsg. von Heinz Duchhardt und Andreas Kunz, Mainz 1997 (= Veröffentlichungen des Instituts für Europäische Geschichte Mainz. Abteilung Universalgeschichte, Beiheft 42), S. 67–86, der allerdings auf den hier zitierten Reiseführer nicht eingeht.

[11] Le Voyageur d'Europe 1672 [«Au lecteur»; unpaginiert].

[12] Jörg A. Schlumberger, Europas antikes Erbe, in: Europa – aber was ist es? Aspekte seiner Identität in interdisziplinärer Sicht, hrsg. von Jörg A. Schlumberger und Peter Segl, Köln, Weimar und Wien 1994 (= Bayreuther historische Kolloquien, Bd. 8), S. 1–19, hier S. 12.

[13] Peter Segl, Europas Grundlegung im Mittelalter, in: Europa – aber was ist es? 1994, S. 21–43. Schon 1991 hatte Rudolf Hiestand betont, unter den Mediävisten bestehe Konsens darüber, „daß der Begriff Europa – von den geographischen Definitionen abgesehen – im größten Teil des Mittelalters kaum eine Rolle spielte", und die These formuliert, „es gibt keine Europaidee des Mittelalters, die Europaidee löst das Mittelalter ab." (Rudolf Hiestand, ‚Europa' im Mittelalter – vom geographischen Begriff zur politischen Idee, in: Europa – Begriff und Idee. Historische Streiflichter, hrsg. von Hans Hecker, Bonn 1991 (= Kultur und Erkenntnis, Bd. 8), S. 33–48, hier S. 36). Vgl. auch Bernd Schneidmüller, Die mittelalterlichen Konstruktionen Europas. Konvergenz und Differenzierung, in: ‚Europäische Geschichte' als historiographisches Problem 1997, S. 5–24.

programmatischen Titel *Did Europe Exist Before 1700?* die These, europäisches Bewußtsein habe sich erst im 18. Jahrhundert herausgebildet.[14] Optimistischer hat sich jüngst wieder Wolfgang Schmale geäußert, der die zahlreichen Verbalisierungen und Visualisierungen Europas in der Frühen Neuzeit als Beleg für die Etablierung Europas als fester Größe im Bewußtsein zumindest der kulturellen Elite deutet.[15]

Daß die Diskussion um die Reichweite europäischer Perzeption in Mittelalter und Früher Neuzeit kontrovers verlief und immer noch verläuft, dürfte unterschiedliche Gründe haben: Zunächst gilt es, auf begriffliche Schwierigkeiten hinzuweisen. Nicht selten ist von ‚Europa-Idee‘, von ‚europäischer Identität‘ oder von *christianitas* die Rede, ohne daß deutlich würde, wie die genannten Begriffe in einem spezifischen historischen Moment konkret zu verstehen sind. Vereinzelte Bemühungen, terminologische Klärungen herbeizuführen,[16] können nicht darüber hinwegtäuschen, daß die dem semantischen Feld ‚Europa‘ zugehörigen Bezeichnungen noch kaum einer systematischen Reflexion unterzogen worden sind und deshalb meist opak bleiben. Problematisch erscheint nicht nur der Begriffsgebrauch, sondern auch die Tendenz zu empirisch ungenügend fundierten Setzungen. Die Tatsache beispielsweise, daß der europäische Raum über grenzüberschreitende Infrastrukturen verfügt und durch einen regen Austausch von Gütern und Ideen charakterisiert ist, stellt keinen hinreichenden Beleg für die Existenz eines größere Bevölkerungsschichten umfassenden gesamteuropäischen Bewußtseins dar, und diejenigen kollektiven historischen Erfahrungen, die in besonderem Maße geeignet scheinen, europäisches Bewußtsein zu generieren – der militärisch ausgetragene Konflikt mit dem osmanischen Reich und die Eroberung Amerikas –, erweisen sich bei näherer Betrachtung als Beweismittel von durchaus begrenzter Relevanz. Auch wenn im Zuge der Türkenkriege das im Diffusen verbleibende Konzept einer europäischen *christianitas* bemüht wird, sagt die in diesem Zusammenhang gedruckte Publizistik mehr aus über die spezifischen politischen und ökonomischen Interessen ihrer Autoren bzw. Auftraggeber als über ein christlich definiertes Europa als identitätsstiftenden Raum.[17]

---

[14] Peter Burke, Did Europe Exist Before 1700?, in: History of European Ideas 1 (1980), S. 21–29.

[15] Wolfgang Schmale, Geschichte Europas, Wien, Köln und Weimar 2000, S. 15.

[16] Vgl. die exemplarische Studie von Jürgen Fischer, Oriens – Occidens – Europa. Begriff und Gedanke ‚Europa‘ in der späten Antike und im frühen Mittelalter, Wiesbaden 1957 (= Veröffentlichungen des Instituts für Europäische Geschichte Mainz, Bd. 15) sowie Basileios Karageorgos, Der Begriff Europa im Hoch- und Spätmittelalter, in: Deutsches Archiv für die Erforschung des Mittelalters 48 (1992), S. 137–164. Erhellend auch der Beitrag von Winfried Schulze, Europa in der Frühen Neuzeit – Begriffsgeschichtliche Befunde, in: ‚Europäische Geschichte‘ als historiographisches Problem 1997, S. 35–65.

[17] Auf den engen Nexus zwischen Reichsinteressen und Türkenpropaganda haben Johannes Burkhardt und Jutta Schumann hingewiesen (Reichskriege in der frühneuzeitlichen Bildpublizistik, in: Bilder des Reiches, hrsg. von Rainer A. Müller, Sigmaringen 1997 (= Irseer Schriften, Bd. 4), S. 51–95, hier S. 52–58). Wenn, wie dies in der gegen die Politik Ludwig XIV. gerichteten Publizistik üblich wird, der französische Gegner mit den Osmanen identifiziert wird, belegt dies nicht nur die propagandistische Wirksamkeit eines überlieferten Feindbildes, son-

In der Auseinandersetzung mit den neuentdeckten Territorien jenseits des Atlantiks wiederum spiegelt sich weniger ein umfassendes Modell ethnisch-kultureller Zusammengehörigkeit Europas als vielmehr die vielfältigen und durchaus divergierenden Perspektiven der jeweiligen Berichterstatter und ihrer Rezipienten.[18]

Die Einsicht in die Historizität des Europabegriffs und in die Notwendigkeit einer konsequenten Kontextualisierung der je verschiedenen Erscheinungsformen europäischen Denkens bildet die Voraussetzung für einen differenzierten und adäquaten Zugang zu einer Problematik, welche in den vergangenen Jahrzehnten an Aktualität gewonnen hat.[19] Eine den Friedenssehnsüchten des 20. Jahrhunderts zu verdankende Rekonstruktion der Europa-Idee verstellt allerdings den Blick für die vielfältigen und durchaus widersprüchlichen Interessenlagen, denen die Beschwörung Europas in der Frühen Neuzeit dienen konnte. Denis de Rougemonts Studie *Europa. Vom Mythos zur Wirklichkeit* illustriert dies beispielhaft.[20] Nur indem er es versäumt, die Gattungszugehörigkeit und das daraus resultierende Deutungsangebot der für seine Beweisführung herangezogenen Werke zu reflektieren und indem er im Rahmen einer selektiven Betrachtung ausspart, was sich einer harmonisierenden Darstellung der Entwicklung des Europagedankens verweigert, gelingt es de Rougemont, die Herausbildung der Europa-Idee als kontinuierlichen Prozeß zu beschreiben. Bei näherer Betrachtung offenbaren die von de Rougemont als Belege für europäisches Bewußtsein in der Frühen Neuzeit herangezogenen Schriften ihre nur bedingte Überzeugungskraft. Emeric Crucés 1623 erschienener *Le Nouveau Cynée* enthüllt bereits im Titel – er lautet vollständig *Le Nouveau Cynée ou discours d'Estat représentant les occasions et moyens d'établir une paix generale et la liberté du commerce par tout le monde* – seinen globalen Anspruch. Der auf eine Neuordnung des europäischen Staatensystems zielende *Grand Dessein* des Herzogs von Sully bewahrt auch in seiner endgültigen Fassung Züge einer antihabsburgischen Koalition und offenbart dem aufmerksamen Leser seine französischen Interessen dienende Stoßrichtung.[21] Amos Comenius 1666 unter dem Titel *Panegersia* veröffentlichter panso-

---

dern auch den instrumentellen Charakter des im Kontext der Türkenkriege verwendeten Begriffs von *christianitas* (vgl. dazu Jean Schillinger, Les pamphlétaires allemands et la France de Louis XIV, Bern [u.a.] 1999 (= Collection contacts/2, Bd. 27)).

[18] Vgl. Frauke Gewecke, Wie die neue Welt in die alte kam, Stuttgart 1986 sowie zuletzt Renate Pieper, Die Vermittlung einer neuen Welt. Amerika im Nachrichtennetz des Habsburgischen Imperiums 1493–1598, Mainz 2000 (= Veröffentlichungen des Instituts für Europäische Geschichte Mainz, Bd. 163).

[19] Insbesondere Bernd Schneidmüller betont, „daß man mit Europa, seinen Grenzen, seiner Kultur und seiner Geschichte in verschiedenen Phasen des Mittelalters etwas je eigenes verbinden konnte" (Schneidmüller 1997, S. 12). Er weist auch darauf hin, daß „Europa und eine europäische Geschichte [...] im Mittelalter kaum aus sich heraus [existierten], sondern nur aus den Absichten und Zwängen der Menschen, der Gruppen und der politischen Verbände, die Europas, ihres Europas, bedurften" (S. 15).

[20] Denis de Rougemont, Europa. Vom Mythos zur Wirklichkeit, München 1961.

[21] Vgl. Klaus Malettke, Konzeptionen kollektiver Sicherheit in Europa bei Sully und Richelieu, in: Der Europa-Gedanke, hrsg. von August Buck, Tübingen 1992 (= Reihe der Villa Vigoni. Deutsch-italienische Studien, Bd. 7), S. 83–106. Auch Derek Heater, The Idea of European Unity, Leicester und London 1992 stellt heraus, in welchem Maße Sullys Entwurf

phischer Traktat schließlich gründet in religiösen Traditionen, welche durch eine primär politische Lektüre des darin Entworfenen nicht zu erschließen sind. Als Kronzeugen für die Signifikanz europäischen Bewußtseins im 17. Jahrhundert sind die von de Rougemont in Feld geführten Autoren demnach nur bedingt geeignet; die Analyse der Wahrnehmung Europas in der Frühen Neuzeit bedarf anderer – und historisch bewußterer – Zugänge.

II.

Welche Schwierigkeiten sich demjenigen in den Weg stellen, der sich um die Plausibilisierung europäischen Bewußtseins in der Frühen Neuzeit bemüht, dürfte sich aus dem bisher Gesagten erhellen. Daraus zu schließen, eine territoriale Grenzen überschreitende Wahrnehmung kultureller und politischer Zusammengehörigkeit habe es im 17. Jahrhundert nicht gegeben, schiene mir dennoch voreilig. Die sich seit dem Humanismus verstärkende Wahrnehmung nationaler Eigenart schließt, um mit modernen Begriffen zu sprechen, ein Bewußtsein supranationaler Kohäsion nicht aus. Wie Christoph Kampmann überzeugend dargelegt hat, findet das in der Spätantike konstituierte Konzept eines einheitlichen *corpus christianum* in den universalistischen Bestrebungen sowohl des Hauses Habsburg als auch der französischen Monarchie seine Entsprechung,[22] und dies in einem Moment, in welchem der Prozeß der Staatenbildung innerhalb Europas eine markante Beschleunigung erfährt. Das monistische Europakonzept des Mittelalters, von Beginn an eher ideologisches Konstrukt als historische Realität und durch die konfessionelle Spaltung sowie die zunehmende Schwächung der kaiserlichen Zentralgewalt endgültig obsolet geworden, wird nicht nahtlos durch ein pluralistisches Modell europäischer Ordnung abgelöst. Es wirkt vielmehr nach in den politischen Modernisierungsbemühungen, nicht zuletzt in der Idee des europäischen Mächtegleichgewichts, welche als Leitvorstellung die zwischenstaatlichen Beziehungen seit der Mitte des 17. Jahrhunderts dominiert.[23]

Daß nationale und europäische Perspektive sich verschränken können, bedeutet keine Delegitimation der Frage, von der meine Überlegungen ausgegangen waren, sondern offenbart im Gegenteil deren Virulenz. Welche Position im Spannungsfeld von partikularem und universalem Bewußtsein die Menschen im

---

französischen Interessen dient und den Hegemonialanspruch der französischen Krone stützt (vgl. S. 30–38).

[22] Christoph Kampmann, Universalismus und Staatenvielfalt: Zur europäischen Identität in der Frühen Neuzeit, in: Europa – aber was ist es? 1994, S. 45–76. Zur Signifikanz universalistischer Tendenzen im Europa der Frühen Neuzeit vgl. Franz Bosbach, Monarchia Universalis. Ein politischer Leitbegriff der frühen Neuzeit, Göttingen 1988 (= Schriftenreihe der Historischen Kommission bei der Bayerischen Akademie der Wissenschaften, Bd. 32).

[23] Vgl. Klaus Müller, Die Idee des europäischen Gleichgewichts in der Frühen Neuzeit, in: Europa – Begriff und Idee 1991, S. 60–74. Müller betont allerdings, in welchem Maße sich das politische Handeln an den Interessen des souveränen Staats zu orientieren hatte und verortet die Idee des europäischen Gleichgewichts im Anschluß an Friedrich Meinecke im Kontext der Lehre von der Staatsräson (S. 64).

17. Jahrhundert einnehmen, in welchen räumlich-politischen Kategorien sie dachten, soll deshalb erneut zur Diskussion gestellt werden. Dabei richtet sich der Fokus weniger auf die Repräsentanten politischer, kirchlicher und kultureller Institutionen als vielmehr auf jene breitere Bevölkerungsschicht, die noch im 17. Jahrhundert mit dem Begriff des ‚gemeinen Mannes' umrissen wird.[24] Bietet schon der Nachweis eines territoriale Grenzen überschreitenden Bewußtseins innerhalb der europäischen Eliten nicht geringe Schwierigkeiten, so stellt die Frage nach der Vorstellungswelt breiterer Bevölkerungsschichten den Forscher vor kaum überwindbare methodische Probleme. Es dürfte deshalb kein Zufall sein, daß diesem Aspekt in der bisherigen Debatte um die Wahrnehmung Europas in der Frühen Neuzeit keine Beachtung geschenkt wurde.[25] Im Rahmen dieses kurzen Beitrags ist eine systematischen Ansprüchen genügende Analyse der Bedeutung Europas für den Wahrnehmungshorizont einer breiteren Bevölkerung im 17. Jahrhundert nicht zu leisten; der gewählte kasuistische Zugang will nicht mehr sein als eine erste Annäherung an politische Ordnungsvorstellungen, wie sie sich in Medien mit einem vergleichsweise breiten Adressatenkreis artikulieren. Als Textgrundlage habe ich deutschsprachige illustrierte Flugblätter gewählt, die dadurch gekennzeichnet sind, daß sie potentiell ein relativ umfassendes auch illiterates Publikum erreichen konnten. Obwohl deren Verfasser in der Regel den Gelehrten zuzuordnen sind, orientieren sich frühneuzeitliche Einblattdrucke in hohem Maße an den Bedürfnissen ihrer Leserschaft und versprechen damit Aufschluß über den Wahrnehmungshorizont auch derjenigen sozialen Gruppen, welche nicht den kulturellen Eliten zugerechnet werden können.[26]

Die Durchsicht der bisher erschienenen Bände der von Wolfgang Harms betreuten Edition frühneuzeitlicher Bildpublizistik erlaubt einen ersten bemerkenswerten Befund: Es läßt sich kaum ein Flugblatt nachweisen, in dem Europa als Begriff eine Rolle spielt. In einem um 1612 veranlaßten Druck, der eine den Habsburgern gewidmete Ehrenpforte darstellt, erscheinen unter den das Bildprogramm konstituierenden Elementen auch Erdteilallegorien und namentlich Europa.[27] Als Bestandteil eines offiziell in Auftrag gegebenen ephemeren Denkmals,

---

[24] Zum Terminus ‚gemeiner Mann' vgl. Robert H. Lutz, Wer war der gemeine Mann? Der dritte Stand in der Krise des Spätmittelalters, München und Wien 1979.

[25] Klaus Malettke, der ansonsten die Präsenz europäischen Bewußtseins in der Frühen Neuzeit betont, schränkt ein, „daß die Bezugnahme auf Europa und das Nachdenken über Europa alles in allem keine Angelegenheit der breiten Massen gewesen sei", ohne allerdings den Befund zu begründen (Malettke 1994, S. 67). Auch Wolfgang Schmale kommt zum Schluß: „Was die Masse der Bevölkerung von Europa dachte, ob der Europamythos für sie eine Bedeutung besaß, all das sind offene Fragen, die überhaupt nur sehr schwer zu beantworten sind (Schmale, Geschichte Europas, S. 76).

[26] Zu Form und Funktion illustrierter Flugblätter des 16. und 17. Jahrhunderts vgl. Michael Schilling, Bildpublizistik der frühen Neuzeit. Aufgaben und Leistungen des illustrierten Flugblatts in Deutschland bis um 1700, Tübingen 1990 (= Studien und Texte zur Sozialgeschichte der Literatur, Bd. 29) sowie Medienwissenschaft. Ein Handbuch zur Entwicklung der Medien und Kommunikationsformen, hrsg. von Joachim-Felix Leonhard u.a. 1. Teilband, Berlin und New York 1999 (= Handbücher zur Sprach- und Kommunikationswissenschaft, Bd. 15.1), S. 785–824.

[27] Vgl. Deutsche illustrierte Flugblätter des 16. und 17. Jahrhunderts. Bd. 3: Die Sammlung

das in erster Linie der Glorifizierung des Hauses Habsburg dienen und dessen Herrschaftsanspruch veranschaulichen soll, wird man das erstgenannte Flugblatt kaum als Indikator für ein europäisches Bewußtsein breiterer Bevölkerungsgruppen deuten wollen. Dies gilt auch für eine auf das Jahr 1613 datierte, als Einblattdruck veröffentlichte Darstellung einer Meilenscheibe, welche die Distanzen von Nürnberg zu wichtigen europäischen Städten benennt.[28] Die Meilenscheibe als zentrales Bildelement wird umrahmt von in den Ecken angeordneten Erdteilallegorien und bezeugt immerhin eine recht präzise geographische Vorstellung von Europa. Interessanter ist ein 1631 erschienenes Blatt, das die durch den Krieg bewirkte Verwüstung Europas beklagt. Es trägt den Titel *EUROPA QUERULA ET VULNERATA; Das ist/ Klage der Europen/ so an ihren Gliedern vnd gantzem Leibe verletzet/ vnd verwundet ist/ vnd nunmehr Trost vnd Hülffe begehret*; die Radierung läßt sich aufgrund des am unteren Bildrand befindlichen Monogramms Andreas Bretschneider zuweisen; als Verfasser des Textteils gibt sich Elias Rudel zu erkennen.[29] (Abb. 1) Der Bildaufbau ist durch Symmetrie gekennzeichnet. Als Mittelachse dient eine auf einem Felsen stehende Personifikation Europas, welche von in der rechten Bildhälfte befindlichen Soldaten beschossen wird. Die linke Bildhälfte zeigt eine Gruppe ins Gespräch vertiefter Männer im Vordergrund; den Hintergrund bildet die Ansicht einer Stadt. Die Beschreibung der Europa zu Beginn des in Alexandrinerversen verfaßten Textteils steht einerseits in Einklang mit deren graphischer Darstellung und rekurriert gleichzeitig auf zentrale Elemente der Europatradition. Wenn der Dichter Europa als „Königs Tochter" bezeichnet, ruft er den antiken Europamythos in Erinnerung; der Verweis auf Europa als „Haupt der Welt" wiederum knüpft an das Postulat einer politischen und kulturellen Überlegenheit des europäischen Kontinents an. Die Evokation der physischen Bedrängnis der Europa („Ich klage mit dir selbst/ weil mit so vielen falten Verfallen die gestalt/ als die nu soll veralten Vnd lassen ihre Zier/ die vor das Haupt der Welt Vnd aller Länder Pracht") ist ebenfalls nicht originell, sondern findet beispielsweise in einer lateinischen Rede des spanischen Humanisten Andrés de Laguna über Europa einen Vorläufer.[30] Die bereits den Titel des Blattes charakterisierende Körpermetaphorik steht auch im Zentrum der an die Äußerungen des Dichters anschließenden Klage der Europa, die mit petrarkistischen Formeln ihre frühere Schönheit und ihren gegenwärtigen physischen Zerfall beschwört, um gleich anschließend die durch den Krieg verursachten Zerstörungen anzuprangern. Der den militärischen Konflikt generierende

der Herzog August Bibliothek in Wolfenbüttel. Kommentierte Ausgabe: Theologica, Quodlibetica [...], hrsg. von Wolfgang Harms und Michael Schilling zusammen mit Albrecht Juergens und Waltraud Timmermann, Tübingen 1989, Nr. 165.

[28] Ebd., Nr. 239.

[29] Deutsche illustrierte Flugblätter des 16. und 17. Jahrhunderts. Bd. 2: Die Sammlung der Herzog August Bibliothek in Wolfenbüttel. Kommentierte Ausgabe: Historica, hrsg. von Wolfgang Harms zusammen mit Michael Schilling und Andreas Wang, 2., erg. Auflage, Tübingen 1997, Nr. 223.

[30] Vgl. Wolfgang Schmale, Europa – die weibliche Form, in: L'Homme. Zeitschrift für Feministische Geschichtswissenschaft 11 (2000), S. 211–233, hier S. 219–222. Vgl. auch Schmale, Geschichte Europas, S. 65 f.

1. Andreas Bretschneider/Elias Rudel, EUROPA QUERULA ET VULNERATA, 1631, Radierung und Typendruck

Dissens und der Aufruf zu dessen Überwindung bilden das Thema des zweiten Teils des Alexandrinergedichts. Die Häufung von Begriffen wie „Einigkeit", „Vertrawte Nachbahrschafft", „Vereinigung [...] der gemüther" oder „Bund" mahnt jene Haltung an, welche in der Graphik durch die diskutierende Männerrunde als präfiguriert erscheint. Worauf der Appell zielt, ist ein „gerechte[r] Friede", der jenen unheilvollen Krieg ablöst, dem Europa ihren prekären Zustand zu verdanken hat.

Inwiefern nun bietet das hier knapp umrissene Flugblatt Anhaltspunkte für die Klärung der Frage, in welchen räumlich-politischen Dimensionen sich die Wahrnehmung Europas im 17. Jahrhundert auf Reichsgebiet bewegte? Daß die den Bildteil beherrschende allegorische Figuration tradierte Darstellungsmuster Europas inkorporiert, sollte nicht darüber hinwegtäuschen, daß sie für ein Europa steht, das nur einen Teil des Kontinents umfaßt. Der Fokus der Argumentation richtet sich auf das Reich, das, wie der Verfasser der Verse betont, aus Europa „gewachsen" ist. Wenn an anderer Stelle von „das gantze Landt vnd Reich", das wieder in „Einigkeit gesetzt" werden soll, die Rede ist und „der Deutschen Helden" als Repräsentanten von Gerechtigkeit und Verständigung ins Feld geführt werden, verdeutlicht dies, in welchem Maße die Perspektive einer spezifischen historischen Erfahrung verpflichtet ist. Wie bereits Andreas Wang annimmt, dürfte das Blatt anläßlich des Leipziger Konvents im Mai 1631 publiziert worden sein.[31] Der Aufruf zur Einigkeit wäre dann nicht nur ein allgemeiner Appell zur Verständigung, sondern zielte konkret auf die in Leipzig versammelten Vertreter der protestantischen Reichsstände, denen nahegelegt wird, politische Divergenzen innerhalb des evangelischen Lagers zu überwinden, um gegenüber der kaiserlich-katholischen Partei, die in der Figur des Jesuiten im rechten Bildteil verkörpert erscheint, stärker auftreten zu können. Auch wenn nicht bestritten werden soll, daß sich in EUROPA QUERULA ET VULNERATA ein allgemeiner Kriegsüberdruß bzw. eine allgemeine Friedenssehnsucht artikulieren, scheint mir evident, daß das Flugblatt vor allem partikulare reichspolitische Interessen vertritt.

Die Analyse eines einzigen Einblattdrucks erlaubt keine allzu weitreichenden Folgerungen, dennoch läßt sich eine – wenig überraschende – Hypothese formulieren: Zwar kann bei den Angehörigen des Reichs Deutscher Nation durchaus eine durch kulturelle Überlieferung genährte diffuse Vorstellung von Europa vorausgesetzt werden, die Wahrnehmung konzentriert sich jedoch auf das Reich, bzw. die in frühneuzeitlichem Sinne verstandene Nation („Landt vnd Reich", „der Deutschen Helden"). Der politische Impetus des Textes von EUROPA QUERULA ET VULNERATA offenbart eine historisch präzisierbare Intention

---

[31] Vgl. den Kommentar zu EUROPA QUERULA ET VULNERATA von Andreas Wang in: Deutsche illustrierte Flugblätter des 16. und 17. Jahrhunderts. Bd. 2, 1997, S. 392. Für die Zuordnung des Blattes zum Leipziger Konvent spricht nicht nur der Umstand, daß die beiden Urheber – Bretschneider und Rudel – in Leipzig wirkten, wo das Flugblatt auch gedruckt worden sein dürfte, sondern vor allem, daß der Text die Situation im Reich mit jenem Pessimismus beschreibt, wie er vor der durch die militärischen Erfolge der schwedischen Truppen bewirkten politischen Wende in protestantischer Publizistik wiederholt begegnet.

und verrät die patriotische Dimension des Postulierten. Wenn der Blick sich primär auf das Reich und die es kennzeichnenden Konflikte richtet, stellt sich allerdings die Frage, weshalb die Urheber des Flugblatts der Personifikation Europas eine so zentrale Position einräumen. Aufschlußreich dürfte in diesem Zusammenhang die bereits konstatierte Bedeutung der Körpermetaphorik sein. Sie gibt zur Vermutung Anlaß, die sich traditionell im Spannungsfeld von weiblicher Schönheit und physischer Bedrohung bewegende Personifikation Europas habe eine besonders einprägsame Visualisierung aktueller Erfahrung ermöglicht. Als Bestandteil des kulturellen Bildervorrats seit dem 16. Jahrhundert zunehmend populär,[32] stellt die weibliche Figuration ‚Europa' ein assoziationsreiches bildliches Darstellungsmuster zur Verfügung, das in unterschiedlichen Zusammenhängen Verwendung finden kann. Noch entscheidender dürfte allerdings sein, daß die Begriffe ‚Europa' und ‚Reich' nur begrenzte Trennschärfe besitzen. Im vorliegenden Blatt zumindest zeichnet sich eine Konvergenzbewegung ab, welche die Ränder von Europa und Reichsverband bisweilen deckungsgleich erscheinen läßt. Daraus ergibt sich das verwirrende Phänomen einer gegenwärtigen Abwesenheit Europas. Einerseits manifestiert sich in *EUROPA QUERULA ET VULNERATA* ein Bewußtsein, in welchem die seit dem späten Mittelalter diskursiv entworfene, jedoch politisch nie verwirklichte Vorstellung europäischer Einheit anklingt, andererseits wird dieses Bewußtsein durch eine kleinräumigere Vorstellung überlagert, indem sich die Wahrnehmung auf das politisch und geographisch näherliegende Ordnungsmodell „Reich" konzentriert. Die Perzeption des Reichs als Reich ‚teutscher Nation' macht darüber hinaus jene kulturelle Verengung der Perspektive deutlich, welche Frantisek Graus als „Nationalisierung des Reichsgedankens" bezeichnet hat.[33] Das Reich erscheint weniger als Modell supranationaler, i.e. europäischer, Ordnung, sondern der Fokus richtet sich vielmehr auf den politischen Nahraum und dessen Akteure. So gesehen, bestätigt die Analyse des Flugblatts *EUROPA QUERULA ET VULNERATA*, was Wolfgang Schmale mit Blick auf den ersten Band des *Theatrum Europaeum* exemplarisch aufgezeigt hat:[34] Als kollektive Imagination bleibt ‚Europa' im 17. Jahrhundert weiterhin abrufbar, der politische Vorstellungshorizont der Zeitgenossen bewegt sich jedoch in den Grenzen einer zunehmend ‚national' gedachten Reichskonzeption. Damit wird dem mittelalterlichen monistischen Postulat eines christlichen imperialen Europas endgültig der Boden entzogen, zugleich wird das Fundament gelegt für ein neues pluralistisches Verständnis europäischer Zusammengehörigkeit, wie es in der modernen Europadiskussion Gestalt gewinnen sollte.

---

[32] Vgl. Schmale, Europa – die weibliche Form.
[33] Frantisek Graus, Böhmen und das Reich im Mittelalter, in: In Europas Mitte. Deutschland und seine Nachbarn, hrsg. von Heinz Duchhardt, Bonn 1988, S. 71–75, hier S. 74.
[34] Wolfgang Schmale, Das 17. Jahrhundert und die neuere europäische Geschichte, in: Historische Zeitschrift 264 (1997), S. 587–611.

Idee Europa. Entwürfe zum „Ewigen Frieden".
Deutsches Historisches Museum, Pei-Bau, 24. Mai bis 26. August 2003
Eine Ausstellung als Historiographie

MARIE-LOUISE VON PLESSEN

Die Eröffnungsausstellung für den Pei-Bau des DHM verfolgt den Prozeß der Integration Europas von der *pax romana* bis zur Europäischen Union, die nach den Spaltungen infolge des Zweiten Weltkrieges mit Starthilfe der *pax americana* Gestalt angenommen hat. Leitlinie der Konzeption ist die mit der Europavision eng verknüpfte Friedensidee auf dem langen Weg, der zur politischen Einheit Europas führt.

Die unter dem Protektorat der Europäischen Kommission und des Europarats veranstaltete Ausstellung präsentiert in originalen Schriftquellen und Zitaten der Fürsprecher von Einigung und Einheit Entwürfe und Visionen für eine neue Ordnung der europäischen Staatenwelt: als Konvent und Konzil, als Bundesstaat oder Staatenbund. Sie zeigt Stationen der wichtigsten Zeugnisse, die in utopischem und idealem Anspruch ihrer Gegenwart vorauseilten, im Kontrast mit Konflikten, die erstrangige Künstler und Zeitzeugen in allegorischen und realistischen Bildwerken der Klage und Beschwörung, der Hoffnung und Verzweiflung überliefert haben. Sie verdeutlicht zugleich, daß die Bedrohung durch äußere Feinde und die Prägung außereuropäischer Feindbilder die Dramatik des Wandels der Integration und nach den Katastrophen zweier Weltkriege die Einigung bedingten.

Die Idee einer europäischen Union ist nicht im 20. Jahrhundert geboren. Das Ideal einer Gemeinschaft ohne Krieg verknüpfte christliche Versöhnungs- und Einigungsideen; Religionskriege waren zugleich Voraussetzung für die Annäherung der Völker, nationalstaatliche Konflikte, angesichts massenwirksamer Vernichtungswaffen in der zweiten Hälfte des 20. Jahrhunderts, für die europäische Einigung.

Die analytische Verschränkung mit der Idee des Friedens verleiht der Konzeption nicht nur aus dramaturgischen Gründen Anschauungskraft. So zeigt die Ausstellung auch die Geschichte von Friedensperspektiven und ihrem Scheitern: Der trans- und supranationale Wunsch nach Stärkung des inneren Friedens und der äußeren Sicherheit, der Beschränkung von Waffengewalt und Abrüstung vereint politische und diplomatische Konzepte quer durch die Nationen, denn Friede als Konstrukt mußte immer wieder neu erfunden werden.

Somit führt der Ausstellungsweg mit dem Kompaß der Schriftzeugnisse von Eirene, der ersten Friedensgöttin der Griechen, flankiert von der friedensbringenden Siegesgöttin Victoria und ihrer römischen Partnerin der *pax romana* vom

Ara Pacis-Bogen des Friedensdenkmals, das Kaiser Augustus nach siegreicher Schlacht auf das Marsfeld setzen ließ, in die Gegenwart von Maastricht und Nizza. Der Gang durch die europäische Geschichte orientiert sich an Leitmotiven, die wie Wirbelkörper im epochalen Schnitt die Leitlinie der Zeitachse gliedern. Es sind dies scholastische, theologische und philosophische Ansichten des Kontinents Europa, der in den Karten der Geographen territoriale und normative Gestalt annimmt; allegorische Darstellungen der Heldin und ihres Mythos der Antike bis in die Gegenwart; Kriegs- und Friedensallegorien und historische Ereignisbilder, Beurkundung und festliche Begehung wesentlicher Friedensschlüsse; illuminierte und bebilderte Handschriften und Holzschnitte; originale Autografen und Erstschriften von Leittexten der Friedens- und Versöhnungsideen bis in das 20. Jahrhundert, seit dem Ersten Weltkrieg in Ablösung der Schriftquellen Originalreden als Film- und Tondokumente sowie für die jüngste Gegenwart Europadebatten als Video.

Den Weg durch das Raumbild Europa begleiten Kernzitate der Primärquellen zum Europagedanken von seiner Ersterwähnung im sechsten vorchristlichen Jahrhundert. Wie ein Röntgenbild spiegeln sie Krisen und Konfliktherde ihrer Zeit.

Nach der Katastrophe des Ersten Weltkrieges und den territorialen Neugliederungen des Versailler Vertrages fragte Paul Valéry skeptisch: „Wird Europa zu dem werden, was es eigentlich ist, nämlich ein kleines Vorgebirge des asiatischen Kontinents? Oder wird es bleiben, was es scheint, nämlich der edelste Teil des Universums, die Perle der Welt, das Hirn eines großen Körpers?" (1924)

Diesem gequälten Körper, mit Erasmus' Begriff: der Klage Europas, dem Phantombild des geistigen Kontinents geht die Ausstellung in Bild, Kunstwerk und Wort als Genesis des Europagedankens nach. Resigniert konstatiert Erasmus angesichts der Türkenkriege und wechselnder Allianzen, den Islam zu besiegen: „Wenn die Christen Glieder an einem Leibe sind, warum freut sich da nicht jeder am Glück des anderen?" Seine Friedensschrift, die er 1515 als Rat Herzog Karls von Burgund verfaßte, reflektiert über die Tugend des Krieges, die die Sicherheit der europäischen Staaten gefährde und deren eigennützige Interessen fördere, sie richtet über die Türken und die Nationalstaatspolitik als territoriale Ordnungspolitik der christlichen Fürsten, die, Despoten gleich, den Erdkreis aus fadenscheinigen Rechstiteln 'mit Krieg überziehen'. In *Querela pacis*, der Klage des Friedens, die er der Friedensgöttin selbst in den Mund legt, vertritt Erasmus zunächst die Ansicht, daß ein Fürst nur mit Zustimmung des Volkes Krieg führen dürfe, doch 15 Jahre später greift er mit Bezug auf Dantes Universalmonarchie in seiner Schrift *Consultatio de bello turchico* die Idee einer übernationalen Macht auf, um Staaten mittlerer Größe in christlichen Verbänden zu ihrer eigenen größeren Sicherheit zu vereinigen. Die Rede ist ein leidenschaftlicher Appell für den Frieden, gerichtet an die Könige Frankreichs und Spaniens.

Die Ausstellung gliedert sich in folgende Abschnitte:
Einem Auftakt aus den vorderasiatischen Wurzeln der antiken Überlieferung des Europa-Mythos in Stiergestalt folgt:

Mappae mundi: Oriens – Occidens
Das antike Europa: von der Geographie zur Geschichte

Der erste Begriff von Europa bezeichnete die Ausdehnung eines nach Norden hin weitgehend unbekannten Territoriums. Die Griechen gaben dem Kontinent, dessen Ausmaße sie von den „Säulen des Herkules", der Meerenge von Gibraltar, bis zum Schwarzen Meer begriffen, den Namen der von Zeus in Stiergestalt den Phöniziern geraubten Prinzessin. Schon Herodot stellte sich im 6. Jahrhundert v. Chr. die Frage, warum ihr Name einem Territorium verliehen wurde: „Am merkwürdigsten ist, daß die Tyranerin Europa asiatischer Geburt war und niemals auf dieses Land gekommen ist, das die Griechen jetzt Europa nennen" *(Historia VII, 185)*. So entdeckten die Geographen als erste Europa in Abgrenzung von Asien. Die mittelalterliche Entwicklung der Kartographie spiegelt die Weltsicht ihrer Interpreten und die Ordnung, die sie dem Kontinent in dieser Welt gaben, sowie die Deutung von dessen Entstehung nach der biblischen Überlieferung der Völkertafel in Genesis 10, aufgeteilt unter Noahs Söhnen: Sem erhielt Asien, Cham Afrika, Japhet Europa.

Das Römische Reich kannte keine Idee eines gemeinsamen Europa, da es die Barbaren im Norden ausgrenzte. Seine Einheit bildete das Mittelmeer, das *mare nostrum* und nicht das weithin unbekannte Europa nördlich der Alpen. In Unkenntnis der skandinavischen Länder beschrieb der griechische Geograph Strabon die Römer als diejenigen, „die beinahe ganz Europa halten außer der Gegend, die sich jenseits der Donau befindet, und [...den] Gegenden, die den Ozean zwischen dem Rhein und dem Don berühren" *(Geographie II 5,8)*.

Die Spaltung der Reichsbezeichnungen als *Oriens* und *Occidens* im Zwiste der Kirchen der beiden Teile des einen Imperium, der einen *Ecclesia*, die sich seit der Trennung Roms von Byzanz (337 n. Chr. erste byzantinische Teilung unter Kaiser Constantin eingeleitet, 395 n. Chr. unter Kaiser Theodosius in Ost/- und Weströmisches Reich) wechselseitig im Kirchenstreit um die orthodoxe und die lateinische Auffassung der christlichen Religionen als „Heide" und „Häretiker" bezeichneten, vollzog sich bis zur Mitte des 8. Jahrhunderts.

Die eigentliche Einigungsstrategie ist die Christianisierung. Sie manifestiert sich seit Karl Martells Vertreibung der Araber aus Spanien, Süditalien und Gallien in der Schlacht von Poitiers (732) in der mozarabischen Chronik erstmals als kontinentale Gemeinschaft der „europenses" und bezeichnet die Völker nördlich der Pyrenäen und der Alpen. Isidor von Sevilla nennt sie die Koalition der Franken, Kelten, Iberer und Sachsen und bezeichnet sie als „Armee der Europäer". Diese einigungsstiftende Christenheit wurde 1492 durch die spanische Reconquista vollendet.

Kontinent des Glaubens
Orbis christianus: Europa als Heimat der Christenheit

Während der Zeit der Völkerwanderung erwähnt nur Prokop, der Historiograph Kaiser Justinianus, das Wort Europa, nachdem die Hegemonie der *pax romana* im fünften Jahrhundert zusammengebrochen war. Um 400 n. Chr. bezeichnen die Schriftquellen die nördlichen römischen Reichsteile am Mittelmeer, im 6. Jahrhundert dann den gallischen bzw. nordalpinen Raum mit Europa. Als erster christlicher Chronist erwähnte Sulpicius Severus (†410), der Verfasser der Biografie des größten Heiligen der Frühzeit, Martin von Tours, Europa im „Reich des Heils". „Blume ganz Europas" nennt der Ire Columban um 600 n. Chr. Papst Gregor den Großen (590–604) ob dessen Missionstätigkeit. Im 7. Jahrhundert umschreiben die Annalen von Avenches die fränkischen Völker und den Kontinent, den Rhein und Donau bewässern, mit diesem Begriff, und nach Isidor von Sevilla (um 732) zitterten die Völker Europas vor den Angriffen der Goten. Die theologische Integration vollzieht sich jedoch erst durch die arabische Eroberung.

Die Politik der Expansion des Reiches zur Festigung des Christentums von der spanischen Mark bis Pannonien, von der Nordsee bis Mittelitalien betrieb Karl der Große als „Kaiser der Römer, König der Franken und Langobarden" seit seiner Kaiserkrönung durch Papst Leo III. Karls Hoftheologe Alkuin bezeichnet Europa als „Kontinent des Glaubens". Dank des Systems der Grenzsicherung in territorialer Verwaltung der Markgrafen gelingt auch Karls Söhnen und Nachfolgern eine solide Verteidigung der Reichsterritorien. Die Salier und Staufer (Friedrich I. Barbarossa: „Der Kaiser befiehlt über Königreiche, und alle Nationen müssen ihm huldigen. Rom, die Hauptstadt der Welt, ist das Zentrum der Weltkugel") sind abhängig von mächtigen Landesherren, die die Reichsgrenzen sichern und die Interessen der römischen Kurie mit den ihrigen zur Festigung der Reichsterritorien ausgleichen müssen. Universeller Friede in der Ordnung göttlicher Vollmacht widersprach der machtpolitischen Zerrissenheit der irdischen Welt. Auch der Krieger diente Gott, sein Schwert erhob er als Symbol des Kreuzes gegen den Feind der göttlichen Ordnung, auch wenn Augustinus' Schrift *Vom Gottesstaat* den Herrschenden die Verpflichtung zum Frieden auferlegt hatte.

Seit der Karolingerzeit war mit Europa in der Regel das Frankenreich gemeint: So bezeichnete der Verfasser des Paderborner Epos den Frankenherrscher 799 als „Europae cela Pharus", als erhabenen Leuchtturm Europas, als „Europae venerandus apex", als verehrungswürdigen Gipfel Europas, oder gar als „rex pater Europae". Karls Reich besteht aus Gallien, dem nicht musulmanischen Spanien, den Niederlanden, Germanien und Italien. Im 9. und 10. Jahrhundert entgleitet der Sinn von Europa rhetorisch als rein geografischer Begriff. Erst die äußere Bedrohung des Kontinents durch Mongolen und Türken bewirkt das Wiederaufleben der Idee mit der Defensive der nach Einheit und Frieden strebenden Christenheit.

Seit der Regierung Ottos III., der 996 in den Annalen von Quedlinburg als „Herrscher über die Völker ganz Europas" genannt wird, suchten die Kaiser Europa unter der Regierung des Kaisers oder des Papstes zu vereinigen: Trotz Investiturstreit und päpstlicher Bannbullen blieb die Einheit von *Imperium* und *Sacerdotium* unangetastet.

Die erste geschichtliche Bewegung, die ganz Europa vom Ende des 11. bis zum ausgehenden 13. Jahrhundert ergriff, waren die Kreuzzüge zur Befreiung der heiligen Stätten von islamischer Herrschaft im Geist des von Augustinus propagierten „gerechten Krieges" gemäß Papst Urban II. Aufruf zum Kreuzzug 1095: „Kein Christ streite mehr wider den anderen, damit das Christentum selbst nicht untergehe, sondern verbreitet und gefördert werde. Es höre auf Mord und Feindschaft und Bedrückung". Ein zutiefst theologisch begründetes Geschichtsverständnis bezeugt Augustinus' Lehre *Vom Gottesstaat*, in der er die Tugend vom freudigen und gerechten Leben in Gottesfurcht als höchstes Gut der Christenheit beschreibt. In diesem Geist suchte 1241 auch Kaiser Friedrich II. wie die Kreuzfahrer vor ihm alle christlichen Fürsten Europas zu einem Verteidigungsbund gegen die „Schänder des heiligen Grabes" zu vereinen.

Auch der königlich französische Amtsanwalt Pierre Dubois (auch Petrus de Bosco) fordert 1306 in seiner Schrift *De recuperatione Terre Sancte* (über die Wiedergewinnung des Heiligen Landes, Handschrift Vatikan Cod. Nr. 1642) „Reginae Christianae", die Einigkeit der Christenheit in einem gesamteuropäischen Parlament als Staatenbund. Dubois' Vorstellung einer christlichen Republik gründet auf eine Staatenföderation unter Leitung eines Konzils, dennoch soll jede Nation unabhängig *quod temporalia* darin agieren. Als Vorsitzender eines übernationalen Schiedsgerichts soll der Papst Konflikte unter den Fürsten beilegen. Alle Friedensstörer seien in den Orient zu verbannen, wo sie sich im Kampf gegen die Ungläubigen bewähren können, statt mit ihrer Streitlust in Europa den Frieden zu gefährden. Gegen den Krieg empfiehlt er die Einführung von Strafgesetzen zur Sicherung friedlicher Koexistenz und zur Meidung von Anarchie unter den Staaten.

Souveränität und Ordnung der Welt
Protestantismus, Religions- und Türkenkriege in der *res publica christiana*

Nach den Kreuzzügen gegen die Sarazenen sind es nun die Häretiker und die Türken, die die Europäer im Kampf der Kulturen und Religionen einigen. Als Forum der Nationen um die Wahrung des Friedens vermitteln die Kirchenkonzilien in Kontroversen und Konventionen. Das 1431 eröffnete Konzil von Basel, das sich unter dem Humanisten Aeneas Silvius Piccolomini, der 1458 zum Papst Pius II. gewählt werden sollte, der Friedensstiftung unter den Völkern Europas widmete, wird vier Jahre vor der Eroberung Konstantinopels aufgelöst. Als kaiserlicher Kommissar ruft Piccolomini im Oktober 1454 auf dem Reichstag zu Frankfurt zu einer Armee gegen die Türken auf: „Jetzt aber wurden wir in Europa, also in unserem Vaterland, in unserem eigenen Haus, an unserem eigenen Wohnsitz aufs schwerste getroffen". Auch das europäische Haus, der vielgerühmte Perestroikabegriff Michael Gorbatschows und Václav Havels, hat lange Wurzeln! Angesichts der Türkengefahr spricht der portugiesische Poet Camoes vom „armen Europa" gegenüber dem „wilden Ottoman", Torquato Tasso bezeichnet den Kampf gegen die Türken als Kampf gegen Asien, Erasmus fürchtet deren Überlegenheit, wenn das einige Europa sich ihrer nicht erwehrt.

Als Führer einer deutschen *militia christiania* gegen den Islam sieht Wimpfeling Kaiser Maximilian I. Der Böhmenkönig Georg von Podiebrad versucht als Mitglied der Hussitenpartei sogar den Aufstand gegen Kaiser Friedrich III. 1466 wird er von Papst Paul II. exkommuniziert, da er die europäische Macht als „Fürstenbund der Christenheit *(Congregatio concordii)* gegen die Türken" auf der Grundlage einer Staatenassoziation mit nationalem Votum anstrebt. Ludwig XI. von Frankreich schließt am 18. Juli 1464 einen Freundschaftsvertrag mit Podiebrad, dessen „Bruderschaft zum ewigen Frieden" der König wohlwollend empfängt. Podiebrads Unionsvision gründet auf dem Europa der entstehenden Nationen, gegenseitige Hilfeleistung soll Eintracht und Frieden wahren und innerem Zerfall wehren.

Dieser erste Entwurf eines europäischen Staatenbundes von 1464 garantiert der nationalen Souveränität Unabhängigkeit durch eine Bundesversammlung mit einfacher Majorität, Gerichtshof (Konsistorium), internationalem Schiedsgericht, gemeinsamer Heeresmacht und gemeinsamem, aus dem Zehnten der Kirche zu finanzierenden Staatshaushalt, der der Bundesversammlung als Verteidiger des Glaubens zu übergeben sei.

Der in konfessionellen Spaltungen und Glaubenskriegen vollzogene Proceß der Säkularisierung entthront das einheitsstiftende Gebot der Christenheit. Die lutherische Reformation überträgt das absolutistische Prinzip des römischen Papsttums auf die Herrschaft des Landesherrn. Damit siegt die Autarkie der modernen Staatsidee über die Perspektiven einer Einigung durch die Religion. Auf dem Augsburger Reichstag von 1518 kämpft Luther gegen die „römische Tyrannei" und fordert mit der Zerschlagung des Kirchenstaats die Säkularisierung der weltlichen Hierarchie. Calvins *Istitutio* von 1536 strebt nach dem Bund aller christlichen Völker zur Verwaltung des Gottesstaates nach der Idee des *corpus christianum*, der Königsherrschaft Christi in der Lehre und Gemeinschaft der Frommen. Er lehrt die Universalmonarchie als Programm der Gegenreformation.

Anstelle der bisher gültigen Religionseinheit der Christenheit tritt nun die Unabhängigkeit der Staaten, bemüht um Ausgleich der Interessen im ‚Europäischen Konzert'. Beispielhaft dafür ist die dynastische Prinzipientreue der Habsburger: Ihnen gelingt aufgrund des katholischen supranationalen Kosmopolitismus bis zur Regentschaft Maria Theresias die Kontinuität ihrer Herrschaft. Seit Karl V. (reg. 1519–1555) hat sich das Haus Habsburg der europäischen Aufgabe der *respublica christiana* verpflichtet, indem der Universalmonarch *(A.E.I.O.U. = Austria est imperare orbi universo)* neben dem Haus Spanien das Haus Österreich aufbaute, zwei Reiche, „in denen die Sonne nicht unterging".

Doch im Namen der innereuropäischen Souveränität verbündet sich Franz I. mit Sultan Suliman gegen Karl V., um Frieden in Europa zu wahren (Türkenbelagerung Belgrad 1521, Wien 1529). Der Sieg bei Lepanto bringt 1571 für die innere Konsolidierung Europas die große Wende. Der Nachfolger Karls V., Philipp II. (reg. 1556–1598), entfesselte mit Hilfe des Jesuitenordens und der Gegenreformation die Ausdehnung des katholischen Einheitsstaats auf die niederländischen Generalstaaten und damit den Freiheitskampf der niederländischen Provinzen (1579 im Kriegsbündnis von Utrecht Trennung des protestantischen Nordens vom katholischen Süden, in etwa das heutige Belgien, 1581 unter Wilhelm von Oranien Vereinigte Niederlande).

Es sind nunmehr Staatsphilosophen, die den Herrschern Weisung erteilen: Jean Bodin setzt als einziges Gesetz zwischen den Staaten das Prinzip gegenseitigen Respekts. Ihm zufolge mußten die deutschen Vasallen das Reich der Habsburger zerschlagen, um zur Souveränität zu gelangen; für ihn ist „europäisch der Zusammenschluß der christlichen Völker", deren Feinde die nichtchristlichen „Kulturbarbaren" von außen. Seine rationalistische Staatstheorie der Souveränität der Nationalstaaten beruht auf der Lehre von der unteilbaren Staatsgewalt im Dienst der Gerechtigkeit und des Gemeinwohls. Sie ruht auf dem theoretischen Fundament des Absolutismus und der Forderung nach religiöser und politischer Toleranz. Der Fürst als *summa potestas* muß gemäß Bodins ‚geographistorischer' Auffassung die physische, klimatische, historische und ökonomische Beschaffenheit seines Landes berücksichtigen und seine Regierung danach richten: So sei das milde Klima Frankreichs der Monarchie zugetan, der gebirgigen Schweiz dagegen gebühre die republikanische Staatsform. Feudale Rechte gewähren dem absolutistischen Herrscher legitime Freiheiten, die er zum Wohle seiner Untertanen im Rahmen des Gesetzes ausüben darf. Lediglich die Einhaltung oder Brechung der Gesetze mit der ‚Hand der Rechtsprechung' gesteht Bodin den Monarchen zu als Zeichen ihrer Souveränität, als stellvertretender Richter ihres Amtes in göttlichem Auftrag zu walten. Bodin wurde selbst der Häresie angeklagt.

Macchiavelli stellt die Ratio politischen Handelns über den Gedanken der Staatsautonomie und bezeichnet die Päpste als „principi della repubblica christiana" in der Kultureinheit Europas als „imperium mundi". Seine Programmschrift *Il Principe*, die er 1513 nach der Rückeroberung der florentinischen Republik durch die Medici verfaßte, diente ihrer widersprüchlichen Aussagen wegen Jesuiten ebenso wie Häretikern als Leitschrift für eine antikatholische Reform auf der Grundlage neuer Toleranzprinzipien. Einzig die Hugenotten verurteilten seine Schrift aus moralischen Gründen. Anstelle der christlichen Tugenden des Herrschers setzt Machiavelli dessen Fähigkeit, politische Macht zu erwerben. Im Portrait des ‚neuen' Fürsten entwirft er einen ‚organischen Staat', der nur auf solchen Gliedern gründet, die die Durchsetzung seiner Macht befördern.

Gleichgewicht und Konzert der Nationen
Europa in der Neuen Welt

Die Entdeckungen Christoph Columbus' 1492 und Magellans 1519–1522 befördern die horizontale Weltsicht der Eurozentrik. Als Mächte der neuentdeckten Kontinente für den Handel mit Luxusgütern schaffen Portugal, Spanien, die Niederlande und England innereuropäisch eine neue geopolitische Situation. Anstelle des Gleichgewichts unter heterogenen Mächten tritt die Universalgemeinschaft. Machtpolitik wird zum bestimmenden Faktor europäischer Spaltungen. Nach der Devise des *Ius in bello* heißt Wahrung des Friedens jetzt auch Erhaltung des Gleichgewichts der Kräfte, das immer wieder durch Kriege justiert werden muß. Auf die Religionskriege der Christenheit des 15. und 16. Jahrhunderts folgen die Nationalismen nach der Vereinheitlichung der Territorien durch die Landesherren, die ihre Souveranität auf „göttliches Recht" begründen und jetzt die einigungsstiftende Christenheit als souveräne Gemeinschaft leugnen.

Die Idee Europa wird synonym zum realpolitischen Projekt der Versöhnung und des Friedens unter den Herrschern Europas, wie sie der französische Mönch Emeric Lacroix (Crucé) 1623 in seiner Friedensschrift zusammenfaßt: „Quel plaisir serait ce de voir les hommes aller de part et d'autres librement, et communiquer ensemble sans aucun scrupule de pays, de cérémonies d'autres diversités semblables, comme si la terre était, ainsi qu'elle est vraisemblablement une cité comme tous!". Er entwirft eine Generalversammlung mit Bevollmächtigten der Fürsten Europas: „Wir können uns leicht die Bequemlichkeit und den Vorteil vorstellen, mit dem Reisepaß eines beliebigen Landes durch die Staaten Europas zu reisen, wobei dieser Paß durch die Liga des Friedensstaates legitimiert wird".

Leibniz hat dem Abbé de St. Pierre von Crucés erfolglosem Friedensplan berichtet; über Proudhon, Victor Hugo führt er zu Graf Coudenhove, zu Aristide Briand und dem Völkerbund, schließlich zu Churchill und dem Haager Kongress von 1948.

Der Westfälische Frieden vollendet das System der Nationalstaaten: Spanien muß nunmehr die Unabhängigkeit der Niederlande anerkennen. Nicht Papst noch Kaiser garantieren den Frieden, sondern die souveränen Staaten selbst. Der bisher gültige Grundsatz *cuius regio eius religio* wurde durch die Normaljahrsregelung des Friedens eingeschränkt, da nun die Religionswechsel der Obrigkeit von den Untertanen nicht mehr nachvollzogen werden mußten; entscheidend war – von Ausnahmen abgesehen – der Bekenntnisstand von 1624. Hugo Grotius ist der philosophische und juridische Architekt des Vertragswerks: Mit *De iure belli et pacis* verfaßt er 1625 die grundlegende Schrift zum Naturrecht, das er über das göttliche Recht stellt: „On voit qu'il serait utile, et de quelque façon nécessaire, d'établir entre les puissances chrétiennes une sorte de corps, avec ses assemblées, ou leurs litiges seraient jugées par celles d'entre elles qui n'y sont pas interessés, afin de chercher le moyen de forcer les parties se reconcilier sous les conditions raisonnables". Als Ort für den Zentralen Sitz des Rates schlägt er Venedig vor.

Ähnlichen Friedensutopien folgt William Penn 1693 in seinem *Essai pour la paix présente et future de l'Europe par l'établissement d'une Diète européenne, d'un Parlement ou d'Etats* mit dem Entwurf einer Gesellschaft mit festem Kontrakt, die Souveräne Europas nach dem Delegiertenprinzip zu binden, die in lateinischer Sprache debattieren sollen. Als *Grand dessin d'Henri IV (Discours prédites par le roi Henri le Grand)*, auf das sich Winston Churchill 305 Jahre später ausdrücklich 1948 in seiner Europarede von Zürich beruft, präsentiert der Staatsminister Heinrichs IV., Maximilien de Béthune Graf von Sully 1641 die *République très chrétienne*, derzufolge die Deutschen sich nach der Rekonstitution des Reichs Karls des Großen einigen sollen („le nom des Germains, des Gaulois et des Francs n'étant que comme une seule nation sous Charlemagne"), um sodann ihr Reich in 15 „Dominationsgebiete" aufzuteilen: den Heiligen Stuhl, das Heilige Römische Reich, Frankreich, Spanien, England, Ungarn, Böhmen, Polen, Dänemark, Schweden, Lombardei (Mailand und Savoyen), Venedig, Italien, Belgien, Niederlande, Schweiz. Die europäische Armee zur Sicherung des Friedens leitet ein *Conseil trés chrétien* von 40 Mitgliedern, der alle drei Jahre mit wechselndem Amtssitz (Metz, Luxemburg, Nancy, Köln, Mainz, Trier, Frankfurt, Würzburg, Heidelberg, Speyer, Worms, Straßburg, Basel, Besançon) zu erneuern ist. Über die Staaten soll ein in provinzialen Räten gebildeter *Conseil Général* wachen, der sich um die Hauptarterie des Rheines gruppiert. Mit dem Vorschlag einer protestantischen Fürstenallianz gegen die Vormacht Habsburgs wendet Sully sich an den englischen König Jakob I. und schlägt die Bildung von 15 gleich starken Staaten vor: Es sind dies fünf Wahlmonarchien, das Heilige Römische Reich Deutscher Nation, der Kirchenstaat, Polen, Ungarn und Böhmen; sechs erbliche Monarchien: Frankreich, Spanien, England, Dänemark, Schweden und die Lombardei (d.i. Savoyen und Mailand); vier souveräne Republiken: Venedig, Italien, Schweiz, Belgien. Strittige Territorien sollten Mandatsgebiet der europäischen Zentralbehörde werden. Die großen Staaten entsenden vier, die kleineren zwei Abgeordnete aus jeder der christlichen Republiken in den alle drei Jahre wieder zu wählenden vierzigköpfigen Europarat, der aus Delegierten mit Schiedsrichteraufgaben besteht. Randstaaten müßten gegen äußere Feinde, z.B. Ungarn gegen die Türken, verstärkt werden. Rußland dürfe in der christlichen Vereinigung nicht Aufnahme finden. Kardinal Richelieu hingegen erscheint die Idee einer Einigung Europas so utopisch, daß er sie in einem allegorischen Theaterstück *Europa* kurz vor seinem Tod am 4. Dezember 1642 verulken läßt.

Leibniz, der Sullys Projekt kannte, will Europens Einheit und Glück im Glauben herstellen. Als kurmainzischer Berater am Hof Ludwigs XIV. schlägt er 1670 zu diesem Zwecke die Eroberung Ägyptens vor, um die Christianisierung im Land der Ungläubigen zu befördern und Krieg in Europa zu verhindern in der Absicht, ein einziges „christliches Collège universel" unter Aufsicht des Papstes und des Kaisers zu bilden. Seinen erst 130 Jahre später entdeckten *Ägyptischen Plan*, der zugleich den holländischen Überseehandel in die Hände der Franzosen bringen sollte, nutzten Napoleon I. und Louis Philippe von Orléans propagandistisch für ihre Zwecke. In einem Brief an Madame de Brinon vom 29. September 1691 führt Leibniz dazu aus: „L'union s'opère, la catholicité se réforme, la Germanie et la Latinité et l'Angleterre rentrent à leur tour dans une Église à la fois romaine et réformée, et les croyants, tous les croyants, s'opposent aux forces dissolvantes qui menacent leur foi".

Abbé de St. Pierre, von Zeitgenossen „Apotheker Europens" genannt, veröffentlicht 1728 eine Kurzfassung seiner Schrift zum Ewigen Frieden. Sein Projekt stellt er nach Sullys Vorbild – um einiges nachträglich – unter den Schutz Heinrichs IV.: Alle 18 europäischen Souveräne sollten, um Krieg untereinander zu vermeiden und ewigen Handel unter den Nationen zu sichern, einen Unionsvertrag schließen. Sein „europäischer Senat" besteht aus 40 Mitgliedern mit legislativer und juridischer Gewalt mit Sitz in Straßburg oder Dijon. Im Schiedsgericht eines europäischen Bundesrats sollten alle Streitigkeiten nach innen und außen geschlichtet werden. Saint-Pierre will als Bundesrat der europäischen Gesellschaft, bestehend aus 24 Senatoren oder Bevollmächtigten der verbündeten (christlichen) Herrscher, deren jeder nur eine Stimme hat, einen dauernden Kongreß einberufen: „etwa nach dem Muster der dreizehn Schweizer Eidgenossenschaften oder des deutschen Reiches, wenn sie also in einem europäischen Staatenbund gründen, und dazu alles Gute benützen, was in den genannten Staatenbünden, besonders im deutschen Reiche mit seinen über zweihundert souveränen Staaten, so müssen die Schwächeren darin eine hinreichende Sicherheit finden". Jean Jacques Rousseau ist sein eifriger Leser. Doch mißtraut er der Gleichgewichtspolitik der Souveräne und votiert für eine europäische Republik, die die Untertanen emanzipieren soll *(Jugements inachevés, 1761)*. Während der Abbé de St. Pierre den Fürsten die Einberufung eines europäischen Kongresses empfahl, sind es für Rousseau die Völker selbst, die ihren Bund schaffen sollen. In seinem erst 1782 posthum veröffentlichten *Jugement sur le Projet de paix perpétuelle de l'Abbé de St. Pierre* führt er aus, alle Mächte Europas „sollten unter sich eine Art von System bilden, das sie durch ein- und dieselbe Religion, durch ein gleiches Völkerrecht, durch die Sitten, durch die Wissenschaften, durch den Handel und durch eine Art von Gleichgewicht eint". Der britische Sozialreformer Jeremy Bentham, der als aufgeklärter Denker die Durchsetzung des Friedens vom Markt erwartet, schlägt 1788 eine internationale Versammlung vor, um freie Presse, freien Handel und Abrüstung voranzutreiben. Kants Schrift *Zum Ewigen Frieden* von 1795 folgt ähnlichen Vorstellungen wie Rousseau, der einen republikanisch verfaßten Staatenbund propagierte, mit der Idee eines dauerhaften Friedenskongresses, dem Utrechter Vorbild von 1713. Sein als internationaler Vertrag gestalteter Plan beruft sich auf den Baseler Frieden zwischen Preußen und Spanien mit der französischen Republik.

Manifest Europas
Französische Revolution und Nationalitätenprinzip

Nach 1789 gilt nach dem Vorbild der Unabhängigkeitserklärung der Vereinigten Staaten von Amerika von 1776 im revolutionsfreundlichen Europa das Selbstbestimmungsrecht der Völker für alle Staatsrechtsverträge der Zukunft mit kategorischer Wirkung. So schreibt George Washington an General La Fayette: „Je suis citoyen de la grande République de l'humanité. Je vois le genre humain uni comme une grande famille par des liens fraternels. Nous avons jeté une sémence de liberté et d'union qui germera peu à peu dans toute la terre. Un jour, sur le modèle des Etats-Unis d'Amérique se constitueront les Etats/Unis d'Europe. Les Etats-Unis seront le législateur de toutes les nationalités". Das auf der Solidargemeinschaft des Volkes beruhende Nationalitätenprinzip leitet eine neue Epoche ein. Gemäß Edmund Burkes Entwurf der naturrechtlichen Legitimität, nach der „die Menschenrechte das Recht der Souveräne" bedrohen, strebt das Europa der Nationalstaaten nach der Freiheit seiner Völker. Volkssouveränität ersetzt frühere Legitimationsideen. Als Vollstrecker der Revolution der „Kaiser der Volkssouveränität" ist Napoleon für Metternich 1809 der „Souverain de l'Europe", ein „Charlemagne du Jacobisme", der die Seelen der Völker und damit das Nationalgefühl politisch nutzt. In einem Brief an Kardinal Fesch beruft Napoleon sich am 7. Januar 1806 auf die Kaisertradition Karls des Großen: „Je n'ai pas succédé à Louis XIV, mais à Charlemagne, des Lombards et que mon Empire confine à l'Orient." Seinem Vertrauten Las Cases erläutert er im Exil in St. Helena seine hegemoniale Europaidee: „Une de mes grandes pensées avait été l'agglomération, la concentration des mêmes peuples géographiques qu'ont morcelés les révolutions et la politique....J'eusse voulu faire de chacun de ses peuples un seul et même corps de nation."

1815 beginnt nach den Jahrhunderten der Konzilien das Zeitalter der Runden Tische. Der Wiener Kongreß und sein politisches Konstrukt, die Heilige Allianz der Souveräne, die sich nach dem Gesetz der Heiligen Dreieinigkeit auf die wahre Herrschaft Gottes beruft, bemüht sich gegen das Prinzip der Volkssouveränität um restaurative Ordnung der alten Welt. Als Staatsminister will Metternich zugunsten der Stabilität neuen Völkerrechtsgrundsätzen Geltung verschaffen, um Abstimmungen für gemeinsames politisches Handeln als Konsultation der Großmächte dem Frieden zu verpflichten. Mit der Politik der Konferenzen und Konventionen gelang ihm die äußere Wahrung des Friedens für vierzig Jahre (Aachener Konferenz 1818, Troppau 1820 und Laibach 1821).

Josef von Görres, der Begründer und Herausgeber des *Rheinischen Merkur*, verfaßte 1793 eine Flugschrift mit dem Titel *Der allgemeine Frieden*; ein erweitertes Manuskript mit dem Titelzusatz „ein Motiv" sandte er im Juli 1797 an das Pariser Direktorium. Er ist neben Friedrich von Schlegel der politische Denker der Restauration, der in Paris sogar eine Zeitschrift mit dem Titel *Europa* herausgibt. Zunächst schlägt er die Bildung einer internationalen Organisation unter der Führung des republikanischen Frankreich vor; doch unter Napoleon wechselt er zum Lager der Heiligen Allianz und veröffentlicht anonym 1815 im *Rheinischen Merkur* einen Artikel über die *Europäische Republik* unter Führung Deutschlands; 1819 begrüßt er die Allianz als „Stiftung einer europäischen Republik zu den Füßen der Altäre des unbekannten Gottes"; 1821 verurteilt er die Reformation als die zweite Erbsünde und behauptet, sie habe mit anderen Katastrophen die alte Festung Europa zerstört: die Trennung von Byzanz, der Islam, die Aufteilung des Heiligen Römischen Reiches Deutscher Nation, das Aufkommen der Nationalkirchen, die Revolution und das Reich Satans (Napoleon). St. Simons Vision bricht mit den absolutistischen Fürstenbünden seiner Vordenker; statt ihrer propagiert er die Direktwahl europäischer Abgeordneter durch Berufsverbände (Deputiertenkammer), nach dem englischen Vorbild von Ober- und Unterhaus, vereint im großen Parlament, ohne wichtige Entscheidungskompetenzen. Der deutsche Titel der 1814 erschienenen französischen Erstausgabe lautet *Über die Wiederherstellung der europäischen Gemeinschaft, oder über die Notwendigkeit, die Völker Europas in einer einzigen politischen Körperschaft zusammenzufassen, ohne daß sie ihre nationale Unabhängigkeit verlieren.*

Vom Europa der Utopien zum Europa der Nationen
Das Europäische Konzert und seine Allianzen

Gegen das legitimistische Staatsprinzip werben nach dem Völkerfrühling von 1830 militante Pazifisten für die bürgerliche Emanzipation der republikanischen Verfassung im Sinne der Menschheitsideale der Revolution: Im Exil in Marseille wirbt Giuseppe Mazzini 1843 mit dem Manifest *Giovane Europa* für das *Comité révolutionnaire européenne* zur Gründung einer europäischen „Föderation der Republiken" ohne supranationale Institutionen. Der Apostel der italienischen Einheit in der Republik verfaßte den Entwurf eines Bruderschaftsvertrages zwischen den Völkern für die Stammzellen des Jungen Italien, des Jungen Polen und des Jungen Deutschland im Schweizer Exil, nachdem er zunächst gegen die französisch beeinflußte *Carbonaria* die Bewegung *Junges Italien* begründet hatte. Er erweiterte sie durch folgende Gründungen für Deutschland und Polen und bereitete entsprechende für Frankreich und die Schweiz vor. Auguste Comte verfaßt 1848 den *Catéchisme positiviste* für eine *République occidentale* mit Paris als Hauptstadt, die in seinem Entwurf fast alle Staaten der heutigen europäischen Gemeinschaft umfaßt. Auch der Romantiker Lamartine denkt als Außenminister der Zweiten Republik an die „Vereinigten Staaten von Europa" für die Vollendung der Revolution in Freiheit, Gleichheit, Brüderlichkeit *(Manifeste à l'Europe: la raison rayonnante de partout par les frontières des peuples a créer entre les esprits cette grande nationalité internationale qui sera l'achevement de la Révolution française et la constitution de la fraternité internationale sur le globe)*. Victor Hugo spricht 1850 *(12 discours)* als erster von den „Etats Unis de l'Europe, se tendant la main par dessus des mers". 1847 verkündete er auf dem von Mazzini in Paris organisierten Friedenskongreß: „Un jour viendra ou, vous France, vous Russie, vous Italie, vous Angleterre, vous Allemagne, vous toutes nations du continent, sans perdre vos qualités distinctes et votre glorieuse individualité, vous vous fondrez dans une unité supérieure et vous constituerez la fraternité européenne (...) Un jour viendra ou les boulets et les bombes seront remplacées par les votes, par le suffrage universel des peuples, par le vulnérable arbitrage d'un grand Sénat souverain qui sera à l'Europe ce que le Parlement est à l'Angleterre, ce que la Diète est à l'Allemagne, ce que l'Assemblée législative est à la France". Am 14. Juli 1870, dem Tag der Emser Depesche, pflanzt er in seinem Exil in Hauteville House die „Eiche der Vereinigten Staaten von Europa". Der Sozialist Proudhon entwirft 1863 ein Konzept der Föderation von Föderationen zur Verhinderung einer Wiederbelebung der Heiligen Allianz der Monarchien. Sein Schüler Charles Lemonnier gründet 1867 die *Ligue de la Paix et de la Liberté*, für die Garibaldi und Victor Hugo sprechen. Eine transnationale Friedensbewegung erfaßt auf den Wogen des Internationalen Sozialismus und Kommunismus ganz Europa. 1872 leitet Lemonnier zur Propagierung seiner Friedens- und Freiheitsideen ein Journal mit dem Titel *Les Etats-Unis d'Europe*, aus deren Impulsen 1898 die erste Haager Friedenskonferenz hervorgeht.

Das uneinige Konzert der Großmächte und die Blutbäder der Nationalismen haben nach 1870 den Europagedanken zerstört: Während des Berliner Kongresses, der wie sein Wiener Vorbild um eine territoriale Neuordnung Südosteuropas am runden Tisch bemüht ist, behauptet Bismarck zu Recht, daß Unrecht habe, wer weiterhin von Europa spreche. Sein Alptraum der Koalitionen, seine Befürchtung, von übermächtigen Konstellationen eingekreist zu werden, bestimmten seit dem Krimkrieg seine Realpolitik bis nach den deutschen Einigungskriegen.

Völkerbund und Paneuropa-Idee
Vom Mächtekonzert zur Blockbildung

Das Scheitern der Bündnisse als Rückversicherung für Frieden und Machterhalt im Wettrüsten eskaliert im Ersten Weltkrieg: „In ganz Europa gehen die Lichter aus", so der britische Außenminister Sir Edward Grey. Der pazifistische Dichter Romain Rolland bezeichnete im September 1914 den Krieg als Verbrechen gegen Europa. In der Tat waren die Bemühungen um Frieden, Versöhnung und Abrüstung, die die internationale Friedensbewegung 1898 im Ersten Haager Friedenskongreß auf Initiative Nikolaus II. von Rußland vereint hatte, in den Schützengräben zerrüttet. Der Separatfriede von Brest-Litowsk folgte dem Friedensvorschlag, den Trotzki und Lenin am 28. November 1917 unterzeichnet hatten: „Der Friede, den wir beantragt haben, soll ein Volksfriede sein. Er soll ein Ehrenfriede des Einverständnisses sein, der jedem Volk die Freiheit seiner wirtschaftlichen und kulturellen Entwicklung sichert." Woodrow Wilsons 14-Punkte-Programm, das sich auf Kant und Victor Hugo bezieht, reagiert auf Lenins Friedensschrift zur Propagierung des bolschewistischen Sieges von 1917. Dem Friedensschluß von Brest-Litowsk folgen für Deutschland weitere Separatfriedensschlüsse, 1922 in Rapallo, 1925 in Locarno. Wilsons Vorschläge begründen die Idee eines Völkerbundes mit gegenseitigen Garantien politischer Unabhängigkeit und territorialer Integrität auf der Grundlage des Selbstbestimmungsrechts der Völker. Seine Thesen werden als Übereinkunft der Signatarmächte dem Vertrag von Versailles vorangestellt und als *Covenant* in den Gründungstext des Völkerbundes aufgenommen. Der 14. des Wilsonschen Punkte-Programms lautet: „Installierung eines Völkerbundes zum Zweck der Gewährung gegenseitiger Garantien für politische Unabhängigkeit und territoriale Integrität in gleicher Weise für grosse und kleine Staaten". Doch der Völkerbund war zu schwach, um die politische Dynamik zu kanalisieren, die die Pariser Vorortverträge im Friedensvertrag von Versailles nach 1919 freisetzten.

Vier Jahre nach der Auflösung des Habsburgerreiches gründet Graf Coudenhove-Calergi die Paneuropa-Bewegung mit Sitz in der Wiener Hofburg und beginnt mit dem Aufbau eines transnationalen Netzwerks von Delegierten für den Frieden im Namen der Idee Europa. 1929 übernimmt der französische Außenminister Aristide Briand den Vorsitz für die Paneuropa-Bewegung. Seine Friedensrede *Dans la voie de la paix* vor den Delegierten des Völkerbundes im Palais des Nations in Genf für den Aufbau einer supranationalen europäischen Föderation findet jedoch kein Gehör.

Mit einem antibolschewistischen Kreuzzug im Namen des „Neuen Europa" zerrüttet der deutsche Faschismus solche idealistischen Einigungsideen in dem Bestreben, den Kontinent der germanophilen Hegemonie des Dritten Reiches zu unterwerfen. Die NS-Propaganda hatte vor dem Krieg unentwegt ihren Friedenswillen, die Beseitigung der Schmach von Versailles und die deutsche Volkstumspolitik als Ziel beteuert. Goebbels' Propagandaapparat entfaltete die europaweit Frieden verheißende „Neue Ordnung" und propagierte seit Sommer 1941 den „Aufbruch Gesamteuropas gegen den Bolschewismus", der sich mit „Hitler als Heerführer für die gemeinsame Kultur" als Kreuzzug gerierte. Hitler gestattete die Verwendung des Begriffs erst, nachdem er Europa rassisch als erweitertes „Germanisches Reich Deutscher Nation" definiert hatte, das durch Gleichschaltung bzw. Anschluß je nach Zugehörigkeit zum Reichsgebiet zu erreichen sei: „Europa ist kein geographischer, sondern ein blutsmäßig bedingter Begriff", die wirkliche Grenze zwischen Asien und Europa sei die, „die die germanische von der slawischen Welt trennt", weshalb es „unsere Pflicht ist, sie dahin zu legen, wo wir sie haben wollen".

Das andere Europa nach Überwindung des Faschismus entwerfen über religiöse und nationale Grenzen hinweg die Nachkriegspläne der Widerstandsbewegungen (Carl Friedrich Goerdeler und Adam von Trott zu Solz) als ‚Europäischen Kreuzzug gegen den Nazismus'. Der demokratische Wiederaufbau Europas sollte mittels Selbstverwaltung der Länder und Regionen gegen den Totalitätsanspruch des Staates und gegen den zentralisierten Nationalstaat erreicht werden.

Alte Versöhnungskonzepte, die im Namen der Europaidee Deutschland als Verlierer integrieren wollen, setzen auf die Zukunft nach Kriegsende: So spricht Winston Churchill bereits 1943 von der notwendigen Einrichtung eines europäischen Rates für den Neuaufbau Europas.

Baustelle Europa
Von der Europäischen Gemeinschaft zur Europäischen Union

Das Ende des Zweiten Weltkrieges, der zusammen mit dem Ersten Weltkrieg das Zerstörungsausmaß bisheriger Kriege bei weitem übertrifft, eröffnet zur Vermeidung neuer Vernichtungsschläge die Perspektive eines Friedensprozesses. Zunächst jedoch vollzieht sich mit der Blockbildung durch den Eisernen Vorhang die Spaltung Europas im Kalten Krieg. Churchill wiederholt in seiner Zürcher Rede am 19. September 1946 die Forderung nach der Einrichtung eines europäischen Rats zur Schaffung der Vereinigten Staaten von Europa und reflektiert offen über die Westverschiebung Deutschlands als Konsequenz von Jalta. De facto teilten die Alliierten den alten Kontinent in Einflußphären unter sich auf und restituierten das alte Nationalstaatssystem.

Dennoch tagt ein erster Europa-Kongreß vom 27. bis 31. August 1947 in Montreux mit der Idee der ‚Generalstände von Europa' unter Vorsitz von Paul Henri Spaak, de Gasperi, Churchill und Léon Blum sowie des französischen Außenministers Robert Schuman. 1948 wird der Europarat gegründet. Die erste

Sitzung findet 1949 in Straßburg mit 12, später mit 16 Nationenvertretern statt. Der Dollarsegen des Marshallplans fördert mit dem *European Recovery Program* zeitgleich den moralischen und wirtschaftlichen Wiederaufbau in sechs Nationen, die zu Kernländern der späteren Europäischen Gemeinschaft werden. Am 18. April 1951 schufen Jean Monnet und Robert Schuman mit Italien, Benelux, Frankreich und der neugegründeten Bundesrepublik in der Europäischen Gemeinschaft für Kohle und Stahl, dem *nucleus* der EWG und EURATOM, den europäischen Volkswirtschaften einen stabilen Rahmen für Rüstungskontrolle und Interessensausgleich im Kontext der europäischen Integration, wenn auch als Torso der eigentlichen Gesamtidee von Europa als Garant für Frieden gegen die autarke Wiedererrichtung souveräner Nationalstaaten. Zwischen EVG, NATO und Warschauer Pakt leistete das Konzept der strategischen Abrüstung und zugleich der Rüstungskontrolle im Gleichgewicht des Schreckens, realpolitischen diplomatischen Vorbildern und damit den Sicherheitsinteressen der Einzelstaaten folgend, einen gewaltigen Beitrag zur Vermeidung von Krieg in Europa und vermittelte der Gemeinschaft der Europäer transnationale Werte.

Dieser und der letzte Ausstellungsteil präsentiert mit originalen Tondokumenten und Dokumentarfilmbildern die Stationen vom *Mouvement Européen* von 1947 bis in die Turbulenzen der Gegenwart.

Die Vereinigten Staaten von Europa
Idee Europa als Staatenföderation

Der letzte Ausstellungsteil schließt an die historische Thematik die Gegenwart der nach Osten erweiterten Staatengemeinschaft seit 1989/90 an. Die Politik müht sich um Ausgleich der inneren Verfassung des alten Kontinents in einer global agierenden Welt. Wird das Reizwort ‚Föderation', dessen kulturhistorische Wurzeln bis zu Pierre Dubois' Staatenbund der einigen Christenheit im 14. Jahrhundert weisen, in der Debatte um die Verfassung der EU eine für alle Nationen befriedigende Form finden? Jürgen Habermas konstatiert in seiner Hamburg Lecture vom 26. Juni 2001 *Warum braucht Europa eine Verfassung?*: „Im Verlaufe von schmerzhaften und oft schicksalhaften Verstrickungen hat Europa gelernt, mit der Konkurrenz zwischen geistlichen und säkulären Mächten, mit der Spaltung zwischen Glauben und Wissen, mit dem endemischen Streit der Konfessionen, am Ende auch mit der Feindschaft und Rivalität zwischen kriegslüsternen Nationalstaaten fertig zu werden. Das ist uns dadurch gelungen, daß wir die Konflikte nicht etwa aufgelöst, sondern durch Ritualisierung auf Dauer gestellt und zur Quelle von innovativen Ideen gemacht haben."

Je nach Dramaturgie von Krieg und Frieden hat die Idee Europa Fürsprecher, Vordenker und Handlungsstrategen gefunden: Glaubens- und Erbfolgekriege, dynastische Dualismen, Mächtekonzert, Napoleons Europaidee oder Hitlers „Neues Europa", Versailles 1871 und Versailles 1919, Blockbildung und Westbindung haben den Kontinent erschüttert. Der derzeit gültige Kompaß zeigt in Richtung

Integration. Die jüngste Konstellation der globalen Staatenwelt bietet wiederum neue Chancen für kooperative Sicherheitsstrukturen.

Zum Schluß ein Leitspruch von Winston S. Churchill aus der Gründungsschrift des Congress of Europe am 7. Mai 1948 in Den Haag: „We need not waste our time in disputes about who originated this idea of United Europe. There are many famous names associated with the revival and presentation of this idea, but we may all yield our pretentions to Henry of Navarre, king of France, who, with his great minister Sully between the years 1600 and 1607, laboured to set up a permanent committee representing fifteen leading christian States of Europe. This body was to act as an arbitrator on all questions concerning religious conflicts, national frontiers, internal disturbances, and common action against any danger from the East, which in those days meant the Turks. This he called ‚The Grand Design'. After this long passage of time we are servants of the Grand Design."

Europa in den Friedensallegorien des 16.–18. Jahrhunderts

HANS-MARTIN KAULBACH

Vorbemerkungen

Am Anfang unserer Arbeit für die Jubiläumsausstellung von 1998 standen zwei Warnungen, ausgesprochen auf den ersten Tagungen des wissenschaftlichen Beirats: vor einer „Reichsbesoffenheit" und vor einer „Europaseligkeit". Das Heilige Römische Reich nach 1648, vertraglich eingebunden in europäische Systeme der Friedensgarantie, in einer ‚strukturellen Nichtangriffsfähigkeit' „zum Frieden tauglicher als zum Krieg"[1] – das wäre auch ein gar zu schönes historisches Spiegelbild für die Rolle des vereinigten Deutschland im Europa am Ende des 20. Jahrhunderts gewesen. Und aus der Sicht einer gegenwärtig allgemein als positiv empfundenen europäischen Integration sollten die europäischen Qualitäten und Dimensionen des Westfälischen Friedens nicht überbewertet werden.[2] – In der Ausstellung haben wir dementsprechend die europäische Perspektive nur zurückhaltend eingesetzt.

Andererseits: Auf dem Kongreß in Münster und Osnabrück waren letztlich 16 europäische Staaten, 140 Reichsstände, 38 Fürstentümer und zahlreiche weitere Gesandtschaften vertreten,[3] von Polen und Siebenbürgen bis Katalonien und Portugal; in Fritz Dickmanns Worten „außer England, Rußland und der Türkei ganz Europa".[4] Unser Blick blieb begrenzt auf die kriegsbeteiligten und die vertragsschließenden Staaten, obwohl uns auf den vorbereitenden Tagungen die Erwartungen der anderen Teilnehmer teilweise eindringlich nahegebracht worden waren. Auf die Frage, warum „ganz Europa" nach Münster und Osnabrück kam, sind wir in der Ausstellung nicht genügend eingegangen, und auch in den drei Begleitbänden findet sich darauf keine befriedigende Antwort.

Der Katalog und die Textbände zur Ausstellung „1648 – Krieg und Frieden in Europa", Münster/ Osnabrück 1998/99, hrsg. von Klaus Bußmann und Heinz Schilling, sind im folgenden zitiert als „Ausst.Kat. 1648".

[1] Helmut Gabel, Altes Reich und europäische Friedensordnung, in: Krieg und Kultur. Die Rezeption von Krieg und Frieden in der Niederländischen Republik und im Deutschen Reich 1568–1648, hrsg. von Horst Lademacher und Simon Groenveld, Münster u.a. 1998, S. 463 f.; vgl. Heinz Duchhardt, in: Ausst.Kat. 1648, I, S. 47; vgl. Johannes Burkhardt, Der Dreißigjährige Krieg, Frankfurt a. M. 1992, S. 124.

[2] Eine korrekte Einschätzung bei Heinhard Steiger, Ausst.Kat. 1648, I, S. 437. Vgl. den Beitrag von Georg Schmidt in diesem Band.

[3] Claire Gantet, La célébration de la paix de Westphalie, in: Ausst.Kat. 1648 – la paix de Westphalie. Vers l'Europe moderne, Paris 1998, S. 179.

[4] Fritz Dickmann, Der Westfälische Frieden, Münster 1972, 6. Auflage, 1992, S. 199.

Eine solche Antwort ist hier auch nicht angestrebt. Es geht zunächst nur um die Frage: Gab es ein Bild des ‚europäischen' Friedens? Und wer gehörte dazu; wo waren seine Grenzen? Methodisch genauer: Erschien die Personifikation *Europa* in Bildern des Friedens? Wie wurde das Bild des Friedens auf die politische Kategorie ‚Europa' bezogen?

Wenn im folgenden Text *Europa* als „sie" adressiert wird, so bezieht sich dies nicht auf das Genus des Begriffs in der deutschen Sprache, sondern auf das Geschlecht der Personifikation: *Europa* ist, wie alle Landesverkörperungen, weiblich.[5] – Gefragt ist nach der Darstellung Europas in dem, was Johannes Burkhardt die „Bildkultur des Staatensystems" genannt hat.[6] Der Schwerpunkt liegt auf der Situation nach 1648, mit einem kurzen Rückblick auf die Epoche davor.

I. *Pax christiana* im 16. Jahrhundert

Papst Paul III. stiftet „einen allgemeinen Frieden zwischen den Christen, unter besonderem Schutze von Kaiser Carl V. und Franz, dem König von Frankreich, welche beide nach dem Leben gemalt sind. Der Friede verbrennt die Waffen, der Tempel des Janus schließt sich und die Wuth liegt in Fesseln".[7] So beschreibt Giorgio Vasari das Fresko im Palazzo della Cancelleria in Rom, das er 1546 mit seinen Mitarbeitern gemalt hat (Abb. 1).[8] In diesen Worten ist die Eingangsformel des Westfälischen Frieden schon fast wörtlich enthalten: „Pax sit christiana, universalis, perpetua veraque amicitia; es sei ein christlicher, allgemeiner, immerwährender Frieden und wahre und aufrichtige Freundschaft".[9] Diese Formel vom universalen, dauerhaften Frieden zwischen allen christlichen Ländern ist nicht neu. Sie beruht auf der seit dem Mittelalter allgemein verbreiteten Vorstellung einer „res publica christiana", einer Einheit der Christen, in der die universellen Instanzen, Kaiser und Papst, als Richter über die Völker für die Einhaltung des Friedens zuständig sind und ihn durch Schiedsspruch wiederherstellen.[10]

---

[5] Vgl. allgemein: Allegorien und Geschlechterdifferenz, hrsg. von Sigrid Schade, Monika Wagner und Sigrid Weigel, Köln; Weimar; Wien 1994.

[6] Johannes Burkhardt, Auf dem Wege zu einer Bildkultur des Staatensystems. Der Westfälische Frieden und die Druckmedien, in: Heinz Duchhardt (Hrsg.), Der Westfälische Friede. Historische Zeitschrift, Beiheft 26, 1998, S. 81–114.

[7] Giorgio Vasari, Leben der ausgezeichnetsten Maler, Bildhauer und Baumeister. Übersetzt von Ludwig Schorn und Ernst Förster, Stuttgart und Tübingen 1832–1849 (Nachdruck Worms 1988), Bd. VI, S. 261.

[8] Giorgio Vasari und Schüler: Allegorie auf die Friedensvermittlung von Papst Paul III. zwischen Karl V. und Franz I. in Nizza 1538. 1546, Fresko. Rom, Palazzo della Cancelleria, Sala Dei Cento Giorni. Richard Harprath, Papst Paul III. als Alexander der Große. Das Freskenprogramm der Sala Paolina in der Engelsburg, Berlin 1978, S. 43, 69, Abb. 36; Hans-Martin Kaulbach, Das Bild des Friedens – vor und nach 1648, in: Ausst.Kat. 1648, II, S. 593 (mit Lit.).

[9] Instrumentum Pacis Osnabrugense, I; Armin Reese, Pax sit Christiana. Die westfälischen Friedensverhandlungen als europäisches Ereignis, Düsseldorf 1988, S. 130 f.; Dickmann, S. 6.

[10] Vgl. Dickmann (Anm. 4), S. 80 f. Zu den ‚Universalbegriffen' „Monarchie" und „Christenheit" vgl. Burkhardt 1992 (Anm. 1), S. 33 f.

1. Giorgio Vasari und Schüler, Allegorie auf die Friedensvermittlung von Papst Paul III. zwischen Karl V. und Franz I. in Nizza 1538. 1546, Fresko. Rom, Palazzo della Cancelleria

2. Pier Jacopo Alari Bonaccolsi, gen. Antico, Marc Aurel. Bronze, vergoldet. Padua, Museo Civico

Papst Paul III. Farnese ist dargestellt als Friedensstifter in der Rolle der antiken römischen Imperatoren. Der Gestus seiner rechten, nach unten offen vorgestreckten Hand ist vom Reiterstandbild des Kaisers Marc Aurel in Rom entlehnt und wurde von den Zeitgenossen als *atto di pacificatore* verstanden.[11] Der Papst ließ das Standbild 1538 auf das neugestaltete Kapitol versetzen; damit sollte Rom wieder als Zentrum einer *pax romana* mit ihm selbst als Oberherren erscheinen. Das Standbild sei hier wiedergegeben in Form einer kleinen Bronzestatue des Bildhauers Antico (Abb. 2), wie sie damals Medium der Verbreitung und Vergegenwärtigung der antiken Skulpturen war.[12] Mit seiner Geste bewirkt der Papst den Frieden zwischen Karl V. und Franz I., die vor ihren Heeren stehen, sowie die versöhnliche Umarmung der Krieger im Vordergrund. *Pax*, eine der Sänftenträgerinnen des Papstes, entzündet im Vorübergehen die Waffen. Sie personifiziert somit eine Folge des päpstlichen Handelns.

Tatsächlich aber hatten die Päpste ihre Funktion als universelle Friedensstifter im 16. Jahrhundert schon eingebüßt, in dem Maß, in dem sie selbst als Partei an Kriegen beteiligt waren.[13] An Stelle des Schiedsverfahrens traten „diplomatische Mittel der Streitschlichtung", vor allem die Vermittlung durch eine von beiden Seiten akzeptierte, neutrale dritte Partei.[14] Papst Paul III. hatte den Frieden von Nizza nicht gestiftet, sondern als neutraler „Mediator" in getrennten Verhandlungen vermittelt. Zu einem „Gipfeltreffen" der drei Beteiligten ist es dabei gar nicht gekommen.[15] Es ist auch nicht die Aufgabe solcher Allegorien, die Ereignisse abzubilden, sondern in der Verherrlichung des Auftraggebers und seiner Dynastie eine übergreifende, ideale Vorstellung zu formulieren.

II. Die Grenzen des christlichen Friedens

Um 1600 erschien in Köln eines der größten landes- und städtekundlichen Werke der Epoche, der mehrbändige Atlas *Civitates Orbis Terrarum* (in der deutschen Ausgabe *Contrafaktur und Beschreibung von den vornembsten Städten der Welt*) von Georg Braun und Frans Hogenberg. Das allegorische Titelblatt des fünften Bandes zeigt programmatisch dieses humanistische Ideal einer auf Wissen gegründeten und produktiv aufbauenden Gesellschaft (Abb. 3):[16] eine denkmalhaf-

---

[11] Vgl. Harprath 1978 (Anm. 8), S. 68–71.

[12] Pier Jacopo Alari Bonaccolsi, gen. Antico: *Marc Aurel*. Bronze, vergoldet, Höhe mit Sockel: 33 cm. Padua, Museo Civico (Inv.Nr. 200); Kat. Bronzi e placchette dei Musei civici di Padova, 1989, Nr. 19. Vgl. Ausst.Kat. Natur und Antike in der Renaissance. Liebighaus – Museum alter Plastik, Frankfurt a. M. 1985/86, Nr. 53–60.

[13] Vgl. Joycelyne G. Russell, Peacemaking in the Renaissance, Philadelphia, London 1986, S. 23 ff., 37, 47 f.; Dickmann 1992, S. 343. Zur Rolle der Päpste als Friedensstifter im 15. Jahrhundert vgl. Dietrich Kurze, Zeitgenossen über Krieg und Frieden anläßlich der Pax Paolina (röm. Frieden) von 1468, in: Krieg und Frieden im Horizont des Renaissancehumanismus, hrsg. von Franz Josef Worstbrock, Weinheim 1986, S. 69–103.

[14] Dickmann 1992, S. 81.

[15] Russell 1986, S. 39 f.

[16] [Anonym:] Titelbild zu: Georg Braun und Franz Hogenberg: *Contrafactur ūd beschrei-*

te Architektur, mit dem zentralen Durchblick auf den Bau eines Hauses. Daneben stehen die vier Erdteile: links die beiden Kontinente der ‚Kultur', *Europa* als Herrin der Welt mit Krone, Globus, Szepter und Weintraube, im Gespräch mit *Asia* (hinter ihr ein Tapir oder Nashorn).[17] Sie deutet auf eine Feuerschale mit Weihrauch, als wolle sie *Europa* darauf hinweisen, daß die Geschichte der Kulte in Asien begann. Auf der anderen Seite die beiden nackten ‚Naturkontinente', *Amerika* mit ihrem Krokodil und *Afrika* mit Pfeil und Bogen. Darunter sitzen, in friedlichem Dialog, Bürger aller Länder, wobei sich der *Türke* mit dem Turban in einem durchaus heftigeren Disput mit seinen Nachbarn befindet. Gleichwohl: die Türkei gehört dazu, und keineswegs als Feindbild.

In seiner Vorrede würdigt Georg Braun die vielfältigen Formen der „Bürgerlichen gemeinschafft", die die Völker hervorgebracht haben. Auf die Frage, wie sich dabei „ungleiche Leutt" und ihre „unterscheidliche räth und meinungen zusammen bringen" lassen, antwortet er in gut humanistischer Tradition mit einer Metapher Ciceros: Was in der Musik die Harmonie, das Zusammenspiel, „das ist in einem statt regiment der fried und eintracht / die gleich als starckes und festes bandt alle wolfart der statt erhelt / und dieselbig einigkeit / kann ohn die gerechtigkeit keineswegs bestehen." Diese zivilisationsübergreifenden Prinzipien sind oben dargestellt: In der Nische vereinigen sich *Gerechtigkeit* und *Frieden* im Kuß, als oberstes Ziel aller Regierung nach der berühmten Stelle aus Psalm 85, transzendental legitimiert durch die Taube über ihnen.[18] Originell ist das Motiv der beiden Standbilder, rechts der *Hl. Michael* als Sieger über den Satan. Er bewirkt mit einem Fingerzeig, daß das Standbild des Kriegsgottes *Mars* links bricht und stürzt. Der Krieg ist so einerseits Teil des Monuments einer multikulturellen Weltgesellschaft, muß andererseits aber daraus vertrieben werden, damit die Eintracht von *Pax* und *Justitia* nicht gefährdet wird.

Ganz anders ist das Verhältnis von Frieden und den Regierungstugenden zu *Mars* – und zum Osmanischen Reich – in der 1603 für Kaiser Rudolf II. in Prag gemalten Allegorie von Dirck van Ravesteyn (Abb. 4).[19] Der Künstler hat hier zwei bekannte Bildtypen kombiniert, die Vereinigung von *Justitia* und *Pax*, und die Vertreibung des *Mars* durch *Sapientia* zum Schutz von *Frieden* und *Überfluß*,

---

bung von den vornembsten Stätten der Welt, Band 5, 1597/1600. Radierung, 35,5 x 22,7 cm (auch verwendet in der lateinischen Ausgabe). Vgl. die Faksimile-Ausgabe, Stuttgart 1969, Katalog zu Band 5, bearb. von Max Schefold; Hans-Martin Kaulbach, Picasso und die Friedenstaube, in: Georges-Bloch-Jahrbuch des Kunstgeschichtlichen Seminars der Universität Zürich, Band 4, 1997, S. 175 f. – Auf mehreren Titelblättern von Braun-Hogenberg figuriert die Friedenspersonifikation, ebenso auf verschiedenen Ausgaben von Serlios Architektur-Büchern.

[17] Vgl. den Beitrag von Sabine Poeschel in diesem Band.

[18] Zu den Allegorien auf Psalm 85:11 vgl. Rainer Wohlfeil, Pax antverpiensis. Eine Fallstudie zu Verbildlichungen der Friedensidee im 16. Jahrhundert am Beispiel der Allegorie ‚Kuß von Gerechtigkeit und Friede', in: Historische Bildkunde. Probleme – Wege – Beispiele, hrsg. von Brigitte Tolkemitt und Rainer Wohlfeil. Zeitschrift für Historische Forschung, Beiheft 12. Berlin 1991, S. 211–258; Ausst.Kat. 1648, Nr. 19, 532–533, 937–938; Wolfgang Augustyn, in: Pax. Beiträge zu Idee und Darstellung des Friedens. Veröffentlichungen des Zentralinstituts für Kunstgeschichte, München 2003.

[19] Dirck de Quade van Ravesteyn: Allegorie auf die Regierung Kaiser Rudolfs II., 1603. Öl

3. Titelbild zu Georg Braun und Franz Hogenberg, Städteatlas, Band 5, 1597/1600. Radierung

nach einem Stich, dem später auch Rubens in seiner Londoner Friedensallegorie folgte.[20] *Abundantia*, *Justitia* und *Pax* sitzen zärtlich vereint im Vordergrund. *Sapientia* drängt *Mars* zur Seite, und der kaiserliche Adler darüber hält die goldenen Ketten dieser Eintracht in den Klauen. Doch während auf dem Titelkupfer zum Städteatlas, und später bei Rubens, der Krieg völlig verschwinden soll, hat er hier einen Adressaten: den *Türken* mit seinem prächtigen Turban rechts am Rande, der seinerseits *Mars* mit der Hand auf der Schulter ins Bild hineinzudrücken scheint.

Hier stellt sich der seit dem Spätmittelalter verbreitete Topos für die Zweckbindung des Friedens wieder her: Der Friede, sei es einer zwischen den christlichen Ländern, oder, wie hier, der innerhalb des Reiches, ist Voraussetzung für den Krieg gegen das Osmanische Reich. Der *Türke* gehört nicht zu den Figuren, die in das Bild des Friedens hinein dürfen, im Gegenteil, man wünscht ihm, wie es hier die kaiserliche *Weisheit* vorführt, geradezu wortwörtlich ‚den Krieg an den Hals'. Das Bild entstand in Prag während des Krieges, der Böhmen bedrohte; sein Abwehrmotiv war aktuell.[21] Doch auch der Friede (oder Waffenstillstand) von Zsitva-Torok, den der Kaiser 1609 mit Sultan Ahmed schloß, löste keineswegs solche Allegorien mit beiden Partnern im Frieden aus, wie kurz danach der Zwölfjährige Waffenstillstand in den Niederlanden.[22] Begriff und Bilder des Friedens blieben in Europa ‚christlich' bestimmt, und die Türkei gehörte – am Rande – als das notwendige ‚Andere' dazu, mit dem ‚außen und innen', Zugehörigkeit und Ausschluß abgegrenzt werden konnten.

Die Frage nach dem Kontext von Medium und Funktion darf also nicht vernachlässigt werden: Es besteht ein fundamentaler Unterschied zwischen einem an ein internationales Publikum gerichteten Werk der topographischen Gelehrsamkeit und Kunst, wie dem Städteatlas, und einem politischen Auftragsgemälde für einen Herrscher. Beide speisen sich aus dem europäischen Reservoir an literarischen Topoi und ikonographischer Tradition, und kommen doch zu gegensätzlichen Wertungen.

III. „Europäischer" Friede im Absolutismus?

Welche Folgen hatte der Westfälische Friede für das Bild Europas? Die folgenden Passagen stehen unter einen Deutungskonflikt: „Absolutismus" versus „Zwischenstaatlichkeit". Die These des Verfassers im Textband der Jubiläumsausstellung 1998 war, daß

---

auf Holz, 213 x 142 cm. Prag, Nationalgalerie (Inv. Nr. DO 7557). Ausst.Kat. Prag um 1600, Essen 1988, Nr. 140–141; Ausst.Kat. 1648, Nr. 937–938.

[20] Ausst.Kat. 1648, Nr. 755; Kaulbach, in: Bd. II, S. 569 f.; zu diesen Allegorien Hans-Martin Kaulbach, Friede als Thema der bildenden Kunst: ein Überblick, in: Pax, hrsg. von Wolfgang Augustyn (Anm. 18).

[21] Vgl. Ausst.Kat. Im Lichte des Halbmonds. Das Abendland und der türkische Orient, Staatliche Kunstsammlungen Dresden, Albertinum, 1995 / Kunst- und Ausstellungshalle der Bundesrepublik Deutschland, Bonn 1995/96, S. 125–133.

[22] Vgl. Ausst.Kat. 1648, Nr. 27–32.

4. Dirck de Quade van Ravesteyn, Allegorie auf die Regierung Kaiser Rudolfs II., 1603. Öl auf Holz. Prag, Nationalgalerie

sich zwar Bildmuster für die gleichberechtigte Partizipation europäischer Staaten nach 1648 ausprägten, etwa im Bild der Friedenskongresse oder den Allegorien des „Friedenstempels",

daß aber andererseits mit der „Verstaatlichung" des Friedens die Epoche der Herrscherapotheose erst richtig begonnen hatte, der Friede nur aus der Hand *eines* Königs kommen konnte, und jede Andeutung von „Gleichrangigkeit" dabei gerade ausgeschlossen blieb.[23]

Johannes Burkhardt dagegen sieht nach 1648 in der Bildkultur ein „plurales und egalitäres System Europas", eine „geköpfte Pyramide" und „Enthierarchisierung der Landkarte", auf der Frieden nun als gegenseitiges Verhältnis zwischen die Staaten gestellt, und eben nicht mehr einer Universalinstanz untergeordnet wurde.[24]

Betrachten wir zuerst die eine Seite, die kunstgeschichtlich hoch bewerteten Werke der Auftragsmalerei und Schloßdekoration. Gehen wir dafür direkt ins Herz des europäischen Absolutismus, das Schloß von Versailles, und in dessen Zentrum, den Spiegelsaal, und die seitlich anschließenden Salons „de la Guerre" und „de la Paix" mit den Deckenbildern von Charles Le Brun[25] oder, wie im Mercure Galant 1684 zu lesen war: „wo Monsieur Le Brun die Geschichte des Königs gemalt hat, vom Pyrenäenfrieden bis zum Frieden von Nijmegen".[26] Der Pyrenäenfriede brachte den 1648 erhofften, aber nicht geschlossenen Frieden zwischen den beiden führenden katholischen Mächten; zum Frieden von Nijmegen ließ sich Ludwig XIV. auf Medaillen als „Ludwig der Große, Allerchristlichster König" und „Stifter des Weltfriedens" darstellen.[27]

Die Geschichte der politischen, und der angeblich auch militärischen Großtaten des Königs erscheint hier eingespannt zwischen die Enden zweier Friedensschlüsse. Der ‚Salon des Kriegs' führt, entsprechend dem Geschlechterdiskurs der frühen Neuzeit, zu den Appartements des Königs; der ‚Friede' ist weiblich definiert, und der ‚Salon de la Paix' führt zu den Appartements der Königin.[28]

---

[23] Kaulbach, Bild des Friedens, in: Ausst.Kat. 1648, Bd. II.

[24] Burkhardt 1998, S. 112 f.; Johannes Burkhardt, Die entgipfelte Pyramide. Kriegsziel und Friedenskompromiß der europäischen Universalmächte, in: Ausst.Kat. 1648, Bd. I, S. 58 f.; Kaulbach, Bild des Friedens, in: Ausst.Kat. 1648, Bd. II, S. 595 f.

[25] Charles Le Brun: *La France accompagnée de l'Immortalité, de la Paix, de l'Abondance et de la Magnificence*, und *L'Europe chrétienne en paix, accompagnée de la Justice, de la Piété et du génie des Arts*. Deckengemälde in Öl, 1685–1686. Château de Versailles, Salon de la Paix. Gérald Van der Kemp, Versailles, Versailles 1972; Kat. Musée du Château de Versailles. Les Peintures, bearb. von Claire Constans und Jean-Pierre Babelon, 3 Bde., Paris 1995, Nr. 3114 und 3116; Holger Schulten, Französische Deckenmalerei des 17. und 18. Jahrhunderts, Frankfurt a. M. u.a. 1999, S. 164 f., vgl. auch Guiffrey/ Marcel, Inventaire géneral des desssins, Musée du Louvre, Bd. VIII, Nr. 8520–8523; Ausst.Kat. Charles Le Brun 1619–1690. Peintre et Dessinateur, bearb. von Jacques Thuillier und Jennifer Montagu, Versailles 1963, Nr. 39, 146; Ausst.Kat. Zeichen der Freiheit, Bern 1991, Nr. 79, 80.

[26] Mercure Galant, Decembre 1648, zit. bei: Schulten 1999, S. 159, Anm. 102.

[27] Ausst.Kat. De Vrede van Nijmegen 1678–1978, Nijmeegs Museum ‚Commanderie van St. Jan', 1978, Nr. N 39, N 41, N 45 f.; vgl. allgemein: Peter Burke, Ludwig XIV. Die Inszenierung des Sonnenkönigs, Frankfurt a. M. 1995; Heinz Duchhardt, Krieg und Frieden im Zeitalter Ludwigs XIV., Düsseldorf 1987.

5. Sébastien Leclerc nach Charles Le Brun: *L'Europe Chrétienne en paix*. In: Pierre Rainssant, Explication des Tableaux de la Galerie de Versailles et de ses deux Sallons, 1687

Auf dem Deckenbild gibt die in den Himmel erhobene „La France" *Pax* die Anweisung, den Frieden unter den ehemaligen Gegnern im „Christlichen Europa" zu verbreiten, die in den Lünetten dargestellt sind.[29] Zusammengefaßt ist das Thema in der Allegorie *Das Christliche Europa im Frieden* (Abb. 5).[30] Beschrieben sind diese Bilder in der bereits 1687 gedruckten Erläuterung, in der auch die kleinen Stiche von Sébastien Leclerc erschienen:[31]

> „*La France* ... in der Kuppel des Salons, sitzt auf einer Weltkugel, auf einem Wagen von einer Wolke getragen. Etwas darüber ist der *Ruhm*, der sie mit dem Ring der Unsterblichkeit krönt; und der *Friede* erscheint vor ihr, den Merkurstab in der Hand, um seine Ordnungen in Empfang zu nehmen. [...]

[28] Vgl dazu allgemein: Hans-Martin Kaulbach, Weiblicher Friede – männlicher Krieg? Zur Personifikation des Friedens in der Kunst der Neuzeit, in: Allegorien und Geschlechterdifferenz, 1994, S. 27–49.

[29] Schulten 1999, S. 148–165, bes. S. 164.

[30] Sébastien Leclerc nach Charles Le Brun: *L'Europe Chrétienne en paix*. Kupferstich, 6 x 10,6 cm, in: Pierre Rainssant, Explication des Tableaux de la Galerie de Versailles et de ses deux Sallons, Versailles: François Muguet, 1687. H. Jouin, Charles Le Brun et les Arts sous Louis XIV, Paris 1889, S. 604; Daniel Wildenstein (Hrsg.), Les Oeuvres de Charles Le Brun d'apres les gravures de son temps, in: Gazette des Beaux-Arts, Bd. 66, 1965, S. 1–58, hier: Nr. 50; Bibliothèque Nationale: Inventaire du fonds français. Graveurs du XVIIe siècle, Tome 9: Sébastien Leclerc, bearb. von Maxime Preaud, Paris 1980, Bd. II, Nr. 3013.

[31] Rainssant, Explication 1687 (Anm. 30); abgedruckt bei Schulten 1999, S. 736 f. Bereits 1688 erschien ein Nachdruck, jedoch ohne die Kupfer; Württembergische Landesbibliothek Stuttgart (Sign. HBF 3083), S. 86 ff.

Das christliche Europa im Frieden ist das Sujets des Bildes über den Appartements der Königin. Es ist sitzend dargestellt, hält ein Füllhorn und eine Tiara; und die Überreste des ottomanischen Imperiums sind unter seinen Füßen, zum Zeichen, daß der Frieden, den *Frankreich* ihm gegeben hat, es in den Stand setzt, über die Ungläubigen zu triumphieren. Zur einen Seite die *Gerechtigkeit* mit einem Stern über dem Haupt, Symbol ihres Ursprungs [Astraea], und man sieht die Wiederherstellung der Künste, dargestellt durch eine große Zahl kleiner Kinder, die sich mit verschiedenen Übungen beschäftigen, die durch die Unruhen unterbrochen waren. Zur anderen Seite, zum Zeichen, daß die Profanierungen des Krieges beendet sind, ist die *Frömmigkeit* gemalt, die ein Rauchgefäß zum Himmel hebt, und die einem Kind eine offene Börse darbietet. Ein anderes Kind, vor dem Sockel eines antiken Altars kniend, markiert den religiösen Eifer; und man entdeckt einen Tempel im Hintergrund, Bild der Verzweiflung der Klöster, die der Krieg verwüstet zurückgelassen hat, und die der Friede wieder bevölkert."

Hier wird – im Gemälde und seiner publizierten Erläuterung – mit geradezu wünschenswerter Eindeutigkeit das Grundprinzip des europäischen Friedensbildes unter den Vorgaben des Absolutismus formuliert: Die Taten des Königs haben nicht nur seinen Ländern, sondern Europa den Frieden gebracht; darstellbar ist er nur unter der Vorherrschaft Frankreichs, und eben nicht durch eine Eintracht der gleichberechtigten und gleichrangigen europäischen Länder. Sein hauptsächliches Ziel ist der „Triumph über die Ungläubigen"; er bleibt grundsätzlich definiert durch sein ‚Außen'.

Über dem Kamin im ‚Salon de la Paix' wurde 1729 das Gemälde *Louis XV gibt Europa den Frieden* von François Le Moyne angebracht, bereits 1731 im Stich von Laurent Cars publiziert (Abb. 6).[32] Hier führte die Fixierung des Friedens auf die Person des Königs zu dem Punkt, an dem die Friedenspersonifikation verzichtbar scheint.[33] In der Pose eines Staatsporträts steht Ludwig XV. im Mittelpunkt; herablassend überreicht er mit der Rechten den Ölzweig der Personifikation *Europas*, die demütig zu ihm aufblickt. In der Rüstung eines römischen Feldherrn erscheint er als ein neuer *Augustus*; mit dem Schließen des *Janustempels* hat er den höchstmöglichen historischen Rang erreicht. Der Friede kommt allein aus seiner Hand.

Dieses absolutistische Konzept blieb nicht auf die Repräsentationssäle der Schlösser beschränkt. Die Szene findet sich auch in der Öffentlichkeit, etwa auf Denkmälern wie dem für den französischen König Ludwig XIV. von Martin Desjardins, eingeweiht 1686 auf der Places des Victoires in Paris.[34] Vier Bronze-

---

[32] Jean-Luc Bordeaux, François Le Moyne and his Generation, 1688–1737, Neuilly-sur-Seine 1984, S. 114, Nr. P. 76. Laurent Cars nach François Le Moyne: *Louis XV donne la Paix à l'Europe*, 1731. Kupferstich und Radierung, 62,7 x 45,7 cm. Paris. Bibliothèque Nationale (Inv.Nr. Qb 1731, Hennin 8157); Bibliothèque Nationale, Inventaire du fonds français. Graveurs du dixhuitième siècle, Bd. III, Paris 1951, S. 468, Nr. 23.

[33] Vgl. Hans-Martin Kaulbach, Der Friede auf dem Sockel. Öffentliche Friedensbilder seit 1648, in: Ausst.Kat. Friedensengel. Bausteine zum Verständnis eines Denkmals der Prinzregentenzeit, hrsg. von Norbert Götz, Münchner Stadtmuseum, 1999/2000, S. 51 ff.

[34] Martin van den Bogaert, gen. Desjardins: Der Friede von Nijmegen, 1685/86. Bronze, 110 x 158 cm. Sockelrelief vom Denkmal für Ludwig XIV., ehemals Paris, Place des Victoires. Paris, Musée du Louvre (Inv.Nr. M.R. 3380). Lorenz Seelig, Studien zu Martin van den Bogaert, gen. Desjardins (1637–1694), Diss. München 1973 (1980), S. 108–144, 498–501, Nr. XLV/82; Kaulbach, Der Friede auf dem Sockel, S. 51 f., Abb. 7.

6. Laurent Cars nach François Le Moyne, *Louis XV donne la Paix à l'Europe*, 1731. Kupferstich und Radierung

reliefs am Sockel zeigten die Taten des Königs: Die militärischen Erfolge sind nach den Regeln des Historienbildes dargestellt, Ludwig XIV. trägt jeweils zeitgenössisches Kostüm. Im „Frieden von Nijmegen" dagegen steht er im Zentrum einer Allegorie: vor dem geschlossenen *Janustempel* in der Rüstung eines antiken Imperators, doch mit barocker Perücke. Er führt mit der rechten Hand *Pax* herbei, und faßt mit der Rechten die Hand *Europas*, der er den Frieden zuführt. Als Topos des Herrscherlobs war der Vergleich mit Augustus stets geläufig, doch während er zuvor als Analogie verwendet wurde, ist mit der Identifikation im Absolutismus der Gipfel der Verherrlichung erreicht.

Um dieses Bild des alleinigen Friedensstifters konkurrierten die Monarchien im Absolutismus. Ein Monument dafür ist das nach dem englischen Sieg über Frankreich von La Hogue 1692 errichtete Naval Hospital in Greenwich. James Thornhills Deckengemälde, 1707–1726 entstanden, überspannt die gesamte „Painted Hall" mit einer Allegorie auf das englische Königspaar William III. und Mary, die „Europa Frieden und Freiheit bringen" (Abb. 7).[35] Das Königspaar thront auf Wolken, umgeben von zahlreichen Tugenden, vor einem Baldachin, über dem *Apollo* den Sonnenwagen lenkt. William III. setzt seinen Fuß auf den Nacken des besiegten französischen Königs Ludwig XIV., dem *Veritas* das Sonnensymbol abgenommen hat. Zentrale Szene ist die Übergabe des Ölzweigs, den der König aus der Hand der seitlich vor dem Königspaar knienden *Pax* entgegennimmt: Er wird den Frieden Europas in der Hand halten.

Solche monumentalen Darstellungen lassen sich nicht als „universalistische Altlasten und hierarchisierende Rückfälle" verstehen.[36] Sie bieten eine durchaus neue Qualität, im Herrscherkult wie in der Reduktion des Friedens zum Attribut.

IV. Zwischenstaatlichkeit und Europabild nach 1648

Die Lösung der Kontroverse „Absolutismus" versus „Zwischenstaatlichkeit" wäre in der Berücksichtigung der medialen und funktionalen Unterschiede zu suchen. Dabei sind nun wieder die gedruckten Bilder zu betrachten.

Auf den illustrierten Flugblättern zum Westfälischen Frieden figuriert *Europa* nicht. Der *Freüdenreiche Postillion*[37] verkündet den „von den Vornembsten Potentaten der gantzen Christenheit" geschlossenen Frieden. Die Titelallegorie der großen Publikation der Gesandtenbildnisse Anselm van Hulles nennt diese *Pacificatores Orbis Christiani*, Friedensstifter der christlichen Welt.[38] Bezugs-

---

[35] James Thornhill: Glorification of William and Mary, bringing peace and liberty to Europe. Deckengemälde, 1707–1726. Greenwich Hospital, Painted Hall (das heutige Royal Naval College). Edward Croft-Murray, Decorative Painting in England 1537–1837, London 1962, Bd. 1, S. 268 f., Nr. 16. Vgl. die Ölskizze in London, Victoria and Albert Museum (Inv.Nr. 812–1877); Edgar de N. Mayhew, Sketches by Thornhill in the Victoria and Albert Museum. London 1967, S. 13, Nr. 9.

[36] Burkhardt 1998, S. 114.

[37] Ausst.Kat. 1648, Nr. 694.

[38] Pieter de Jode nach Abraham van Diepenbeeck: Allegorie auf den Westfälischen Frieden.

7. James Thornhill, Glorification of William and Mary, bringing peace and liberty to Europe. Deckengemälde, 1707–1726 (Detail). Greenwich Hospital, Painted Hall

punkt des Friedens blieb zunächst die ‚christliche Welt' und nicht ‚Europa'. Auch in den Flugblättern zu den folgenden Friedensschlüssen wird *Europa* zwar gelegentlich angesprochen, aber kaum einmal dargestellt – zumindest nicht im 17. Jahrhundert. Nicht allen diesen Friedensschlüssen wurde eine europäische Dimension zugemessen, sondern im Wesentlichen nur:
– dem Pyrenäenfrieden von 1659 und der anschließenden Hochzeit Ludwigs XIV. mit der spanischen Infantin Maria Theresia, als dem noch ausstehenden, 1648 noch nicht geschlossenen Frieden zwischen den führenden katholischen Mächten,[39]

und den jeweils auf einem europäischen Kongreß geschlossenen Frieden
– von Nijmegen 1678/79,
– von Rijswijk 1697,
– und von Utrecht 1713/14.

Ein Nürnberger Flugblatt zum Frieden von Nijmegen, Kopie nach Romeyn de Hooghe, spricht *Europa* an, ohne sie zu zeigen:[40]

> „Nun bring ich den Frieden, den Frieden von oben /
> nach welchem Europa so sehnlich getracht;
> der Fürsten Gemüther sind itzo erhoben /
> Sie haben die Spieße zu Sicheln gemacht.[41]
> Europa! erfreue dich / trockne die Zähren /
> der Friede kann alles aufs bäste gewähren."

Kupferstich, 32,2 x 26,4 cm Platte. Frontispiz zu: Pacificatores Orbis Christiani, Rotterdam: Pieter van der Slaart, 1697. Ausst.Kat. 1648, Nr. 790; Gerd Dethlefs, Friedensboten und Friedensfürsten. Porträtsammelwerke zum Westfälischen Frieden, in: Graphische Porträts in Büchern des 15. bis 19. Jahrhunderts. Wolfenbütteler Forschungen, Bd. 63, 1995, S. 96, 102 f., Abb. 5–6; Gerd Dethlefs, Die Friedensstifter der christlichen Welt, in: Heinz Duchhardt, Gerd Dethlefs u. a., „.... zu einem stets währenden Gedächtnis". Die Friedenssäle in Münster und Osnabrück und ihre Gesandtenporträts, Bramsche 1996, S. 137, 142 f., Abb. 60, 62; zuletzt Burkhardt 1998, S. 91 f.; Hans-Martin Kaulbach, „Pax fovet artes": Kunst als Thema in Allegorien auf den Westfälischen Frieden, in: 1648. Paix de Westphalie. L'art entre la guerre et la paix / Westfälischer Friede. Die Kunst zwischen Krieg und Frieden, hrsg. von Jacques Thuillier und Klaus Bußmann, Paris 1999, S. 412 f.

[39] Lucas Schnitzers Stich zur Hochzeit von Ludwig XIV. und Maria Theresia 1660 etwa bezieht den durch das „Vereinte Paar" symbolisierten Pyrenäenfrieden auf „Fast gantz Europa" (Hollstein 178).

[40] „Durch Gottes Güt / Erfolgter Fried. Das ist: [...] eigentliche Vorstellung Des [...] Höchsterfreulichen Friedens". Nürnberg: Wolf Eberhard und Johann Jonathan Felsecker, 1679. Flugblatt: Radierung, Kupferstich und Typendruck, 21,8 x 31,9 cm Platte, 30 x 73,8 cm Blatt. Nürnberg, Germanisches Nationalmuseum, Inv.Nr. 21710, Kapsel 1220. – Kopie nach der Radierung von Romeyn de Hooghe: „Tafereel van de Vreede" (Allegorie auf den Frieden von Nijmegen), 1678. Flugblatt: Radierung und Typendruck (Muller 2638; Atlas van Stolk 2679; Hennin 4971); John Landwehr, Romeyn de Hooghe the Etcher, Leiden 1973, S. 121¹; Ausst.Kat. Nijmegen 1978, Nr. H 12; – Zu Nennung *Europas* auf dem Flugblatt von Paulus von Somer zum Frieden von Rijswijk vgl. Kaulbach, Bild des Friedens, in: Ausst.Kat. 1648, Bd. II, S. 596, Abb. 2.

[41] Zu den Allegorien nach Jesaja 2,4: „Schwerter zu Pflugscharen" und „Spieße zu Sicheln" vgl. Reinhold Baumstark, Ikonographische Studien zu Rubens Kriegs- und Friedensallegorien, in: Aachener Kunstblätter, Bd. 45, 1974, S. 125–234; Rainer und Trudl Wohlfeil, Jan Brueghel d.Ä. und Hendrick van Balen d. Ä.: Die Weissagungen des Propheten Jesaias, in: Friedensgedan-

Angesprochen wird *Europa* dabei als die verletzte, klagende und weinende, so wie sie auf dem Flugblatt aus dem Dreißigjährigen Krieg und von Rubens auf seiner großen Allegorie in Florenz dargestellt worden war.[42] Nun soll sie ihre Tränen trocknen – und gerade darin bleibt sie leidend, wortwörtlich ‚passiv'. Eine aktive Rolle, etwa beim Herbeiführen eines Friedensschlusses, hat *Europa* dabei im 17. Jahrhundert zunächst nicht.

Es ist naheliegend, die Darstellung der europäischen Dimension des Friedens von den Bildern der europäischen Friedenskongresse nach 1648 zu erwarten. Zum Frieden von Rijswijk 1697, der den Pfälzischen Krieg Ludwigs XIV. beendete, erschien auf einem 1698 in Amsterdam gedruckten Flugblatt – sozusagen ‚endlich' – das gesuchte Bild mit *Europa* und *Pax* (Abb. 8).[43] Es zeigt, entsprechend den nach 1648 etablierten Standards für Bildberichte von Friedenskongressen, Ansichten des Verhandlungsorts Schloß Rijswijk und den Verlauf des Kongresses bis zum abschließenden feierlichen Feuerwerk. Zur Deutung ist ein ‚Friedens-Sinnbild' als gerahmtes Gemälde eingefügt, erläutert im zweisprachigen Text:

> „*Pax* (der Friede), vom Himmel herabkommend, auf der Weltkugel sitzend, begleitet von der *Gerechtigkeit*, der *Eintracht* und der *Nächstenliebe*, schenkt *Europa* ihre urspüngliche Freiheit zurück und den *Merkurstab*, schüttet mit vollen Händen das Füllhorn aus und tritt das Schwert mit den Füßen, während *Mars*, entwaffnet von der Klugheit, in Ketten liegt."

Hier figurieren nun *Pax* und *Europa* gemeinsam, *Pax* sogar in der Position, daß sie selbst – und nicht einer der Könige – *Europa* den Ölzweig überreicht. Zum Frieden von Utrecht 1713 wurde dieses Bild wieder aufgelegt, wobei lediglich oben die Ansicht durch Utrecht ersetzt und die Erklärung des „Zinnebeelds" in das Bildfeld eingestochen wurde.[44]

John Elliott hat eine der positiven Folgen des Westfälischen Friedens so benannt: Selbst wenn Europa kriegerisch blieb – „Eine der bedeutendsten dieser Veränderungen war das Aufkommen eines neuen kollektiven Sinnes für Europa selbst", vor allem in der Presse.[45] Der Befund zeigt allerdings, daß erst 50 Jahre

---

ke und Friedensbewahrung am Beginn der Neuzeit. Wissenschaftliche Beiträge der Karl-Marx-Universität Leipzig, Reihe Gesellschaftswissenschaften, Leipzig 1987, S. 60–83; Hans-Martin Kaulbach, „Schwerter zu Pflugscharen" – Abrüstung und Rüstungskonversion in der Kunst, in: Detlef Bald (Hrsg.), Rüstungsbestimmte Geschichte und das Problem der Konversion in Deutschland im 20. Jahrhundert. Jahrbuch für Historische Friedensforschung, 1. Jahrgang 1992, S. 113–142; Beispiele in Ausst.Kat. 1648, Nr. 653 f.

[42] Siehe den Beitrag von Elke Anna Werner in diesem Band.

[43] Lorenz Scherm: „Gedenk-Tekenen Van De Eeuwige Vreede/ Memoires De La Paix" (Der Friede von Rijswijk 1697). Amsterdam: Carel Allard 1698. Flugblatt: Kupferstich mit Radierung und Typendruck. Amsterdam, Rijksmuseum, Rijksprentenkabinett; Muller 2974). – Eine Friedensallegorie mit Pax in der Mitte erscheint schon auf einem vergleichbaren Flugblatt zum Frieden von Nijmegen über den Gesandten; Muller 2637 a; Ausst.Kat. Vrede van Nijmegen 1978, Nr. H 7.

[44] Abraham Allard, Amsterdam (Verleger): „Lust-Park van de Vreede" (Der Friede von Utrecht, 1713). Radierung, 49,5 x 57 cm. Amsterdam, Rijksprentenkabinett. Muller 3490; Atlas van Stolk 3431; Hennin 7449; Ausst.Kat. 1648, Nr. 733; Bd. II, S. 601, Abb. 8.

[45] John Elliott, Europe after the peace of Westphalia, in: „1648. Paix de Westphalie. L'art

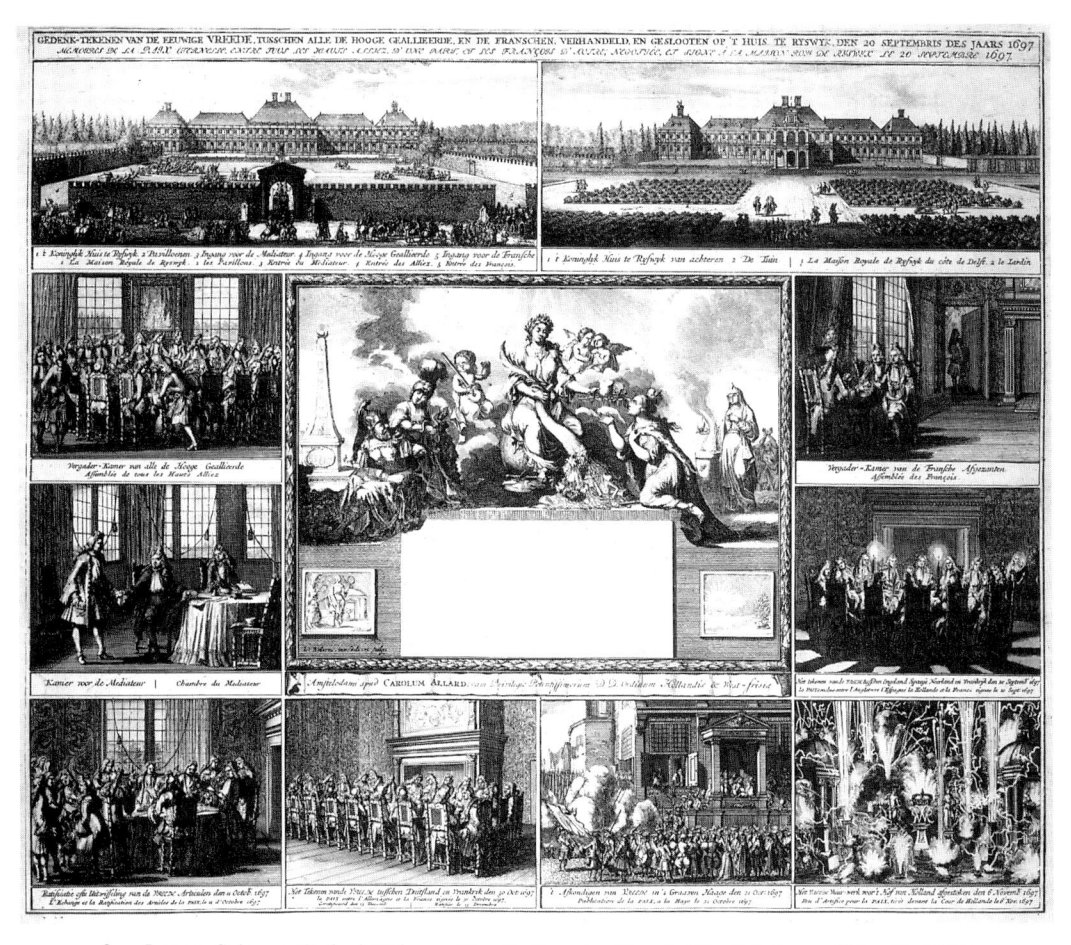

8. Lorenz Scherm, *Gedenk-Tekenen Van De Eeuwige Vreede* (Der Friede von Rijswijk 1697). Amsterdam, Carel Allard 1698. Flugblatt, Kupferstich mit Radierung und Typendruck

nach dem Westfälischen Frieden, um die Wende zum 18. Jahrhundert, ‚Europa' in der politischen Bildpublizistik zur Adressatin des Friedens wurde.[46]

entre la guerre et la paix / Westfälischer Friede. Die Kunst zwischen Krieg und Frieden", hrsg. von Jacques Thuillier und Klaus Bußmann, Paris 1999, S. 548.

[46] Vgl. den Beitrag von Gerd Dethlefs in diesem Band. – Auch das Flugblatt „Theatrum Pacis Risvicanum" von 1697 (Muller 2975, Atlas van Stolk 2980; Kat. „Es muß nicht immer Rembrandt sein ...". Die Druckgraphiksammlung des Kunsthistorischen Instituts der Universität München, hrsg. von Robert Stalla, Haus der Kunst, München 1999, Nr. 95) zeigte als Ausblick hinter der Eintracht der europäischen Länder rechts den vor seinem Rüstungspotential herbeieilenden *Türken* mit Turban, Schwert und Kriegsfackel, der den Ölzweig mit Füßen tritt und die Völker ins Elend stürzt – Bedingung und Perspektive des Friedens zwischen den europäischen Ländern bleibt der ‚Türkenkrieg'. – Bei der Wiederverwendung dieser Druckplatte zum Frieden von Aachen 1748 (Muller 3956; Hennin 8616) wurden der *Türke* durch *Mars* ersetzt, die Halbmonde auf dem Schild an der Waffentrophäe durch französische Lilien: Thomas R. Kraus, „Europa sieht den Tag leuchten ...". Der Aachener Friede von 1748, Aachen 1998 (Beiheft der Zeitschrift des Aachener Geschichtsvereins, Band 5), S. 88, m. Abb.

Mit dem Motiv des Friedenstempels als imaginärem Ort, an dem die Länder ihrer Pflicht zum Frieden nachkommen, sei nochmals beim Westfälischen Frieden angesetzt. Der Tempel des Friedens, im antiken Rom auf dem Höhepunkt der Verehrung von *Pax* unter Kaiser Vespasian 75 nach Christus errichtet, war aus Erwähnungen in der antiken Literatur bekannt.[47] „Friede war von den Alten für eine Göttin gehalten/ und hatte zu Rom den schönsten und herrlichsten Tempel/ also daß die ausländischen Völcker denselben zu besuchen Hauffenweis zulieffen", schrieb Joachim von Sandrart in seiner *Iconologia Deorum*.[48]

Wenn das Motiv des Friedenstempels in literarischen und künstlerischen Werken seit dem Spätmittelalter verwendet wurde, dann transportierte es – ebenso wie die beiden anderen Friedensmotive der römischen Kaiserzeit, die Figur des Marc Aurel als Friedensstifter und das Schließen des Janustempels unter Kaiser Augustus – stets mehr als die Feier eines aktuellen Friedensschlusses: Es mobilisierte die Vorstellung eines epochalen universellen Friedens und stellte damit auch die Frage, wie weit diese Vorstellung gegenwärtig realisiert sei.

Der Rekurs auf den Friedenstempel spielte schon während des Friedenskongresses in Münster und Osnabrück eine Rolle. Der Berichterstatter Johann Cools setzte als Titel über seine ab 1646 gedruckten literarischen Kurzporträts der Gesandten *Templi Pacis Architecti* – die Gesandten erschienen damit nicht nur als Unterhändler von Verträgen, sondern als „Baumeister des Friedenstempels".[49] Es scheint, als habe die antikische Tradition das Motiv von den Belastungen der Konfessionalisierung freigehalten. Die von dem eben zitierten Joachim von Sandrart als Allegorie auf den Westfälischen Frieden 1648 gemalte „Friedensmadonna" integriert das antike Motiv in das christliche Bild der Versöhnung im „Friedenskuß".[50] Sie stützt ihre linke Hand, in der sie einen Ölzweig hält, auf einen als ‚Tempel des Friedens' bezeichneten antikischen Rundtempel, der so zum Attribut des gottgewollten Friedens wird.

---

[47] Vgl. Erika Simon, Eirene und Pax. Friedensgöttinnen in der Antike, Stuttgart 1988, S. 75 f.

[48] Joachim von Sandrart, Iconologia Deorum, oder Abbildung der Götter, Nürnberg, Leipzig 1680, S. 112.

[49] Dethlefs, Friedensboten, 1995 (Anm. 38), S. 91; Gerd Dethlefs, Kunst und Literatur während der Verhandlungen um den Westfälischen Frieden, in: Städte und Friedenskongresse, hrsg. von Heinz Duchhardt. Köln, Weimar, Wien 1999, S. 51 ff.; Ausst.Kat. Der Westfälische Frieden. Krieg und Frieden. Stadtmuseum Münster, 1988, S. 120–123, Nr. 77–78; Ausst.Kat. 30jähriger Krieg, Münster und der Westfälische Frieden, Stadtmuseum Münster 1998, Bd. 2, S. 32 (m. Lit. und Abb.).

[50] Joachim von Sandrart: Mutttergottes mit Kind und Johannesknaben (Allegorie auf den Westfälischen Frieden), 1648. Öl auf Leinwand, 112,5 x 89,5 cm. Westfälisches Landesmuseum für Kunst und Kulturgeschichte, Münster. Christian Klemm, Joachim von Sandrart. Berlin 1986, Nr. 74; Ausst.Kat. 1648, Nr. 762 (m. Farbabb.); vgl zuletzt: Christian Klemm, L'itinéraire de Joachim von Sandrart, in: 1648. Paix de Westphalie. L'art entre la guerre et la paix / Westfälischer Friede. Die Kunst zwischen Krieg und Frieden, hrsg. von Jacques Thuillier und Klaus Bußmann, Paris 1999, S. 337. – Beispiele für ‚Friedenstempel' in den Festinszenierungen in Nürnberg 1650: Ausst.Kat. Von teutscher Not zu höfischer Pracht 1648–1701, Germanisches Nationalmuseum, Nürnberg 1998, Nr. 17–18; vgl. Hartmut Laufhütte, Das Friedensfest in Nürnberg 1650, in: Ausst.Kat. 1648, II, S. 347–357.

Das erste Bild, das diesen Friedenstempel nicht als Attribut, sondern als Ort darstellt, an dem ein Friedensschluß stattfindet, sich die Länder zusammenfinden, erschien aus Anlaß des Pyrenäenfriedens in Paris 1660 als Frontispiz zu einem langen Lobgedicht auf Kardinal Mazarin, mit der Widmung „Tempel des dauerhaften Frieden, den Kardinal Mazarin errichtet hat" (Abb. 9).[51] Auch hier stellt sich die Frage nach dem Verhältnis des anscheinend realisierbaren dauerhaften Friedens in Europa zu seinen Grenzen – die auch in der Kunst barocker Theatralik spannungsvoll dargestellt ist. Der offene Tempel, zwischen dessen Säulen Tugendpersonifikationen stehen, hat eine Statue der *Pax* als zentrales Kultbild. Auf den Stufen davor stehen im Gespräch die gekrönten Personifikationen der Länder, die den Frieden schließen: *Frankreich* und *Spanien*. Wollen sie sich im Händedruck verbinden, in Umarmung versöhnen oder argumentieren sie darüber, wer als erste den Tempel betritt?[52] Die Türkei gehört einerseits mit ins Bild: Links im Vordergrund stehen Türken mit Turban; sie gehören, um Sandrarts schon zitierte Formulierung zu gebrauchen, zu den ausländischen Völkern, die dem Friedenstempel „hauffenweise zuliefen". Aber sie können in den Tempel offenbar nicht mit hinein, denn *Mars* hat sich zwar von den friedensschließenden Ländern abgewendet, stürmt die Stufen herab und rennt dabei seine Laster über den Haufen. Doch er wendet sich nach links, wo die Türken stehen. Diese wiederum bemerken mit Erschrecken und Gesten der Abwehr, daß sie die nächsten Opfer des *Mars* sein könnten. Der Friede innerhalb Europas schafft den Krieg nicht ab, sondern lenkt ihn um – nicht anders als in der Allegorie von 1603 (Abb. 4).

Solche programmatischen Titelkupfer stellen ein politisches Problem, auch in seiner offensichtlichen Ungelöstheit, vielfach präziser dar als die Hauptwerke der Deckenmalerei. Es ist kein Zufall, daß die bedeutendste, als Musterbild angelegte Allegorie des Friedenstempels von Bernard Picart 1726 als Titelbild des *Corpus des Völkerrechts* von Jean Dumont verwendet wurde, einer monumentalen und noch heute benutzten Edition von Friedensvertragstexten.[53]

Für die Zeit zwischen dem Frieden von Utrecht 1714 und der Französischen Revolution war in der Druckgraphik das allegorische Standardmodell für einen Friedensschluß die Szene, in der sich die Landespersonifikationen vor dem offenen Friedenstempel oder dem geschlossenen Janustempel zusammenfinden, um gewissermaßen ihrer höheren Pflicht zur friedlichen Vereinigung kultisch zu huldigen. Solche Szenen setzen das Bild einer Institutionalisierbarkeit des Frie-

---

[51] Gabriel Le Brun: Allégorie de la Paix des Pyrenées. 1659. Kupferstich, 36,8 x 23,7 cm. Titelblatt zu: A. Amalteo, Il Tempio della Pace. Paris: Claude Cramoissy, 1660. Paris, Bibliothèque Nationale. Ausst.Kat. 1648, Nr. 725 (m. Abb.); II, S. 600.

[52] Zu einer solchen Konstellation und Gestikulation in Honoré Daumiers berühmter Karikatur „Après Vous! ..." von 1868 vgl. Kaulbach, „Schwerter zu Pflugscharen" (Anm. 41), 1993, S. 125, Abb. 5.

[53] Bernard Picart: Traitez de Paix, 1726. Radierung, 36,9 x 22,3 cm Platte. Amsterdam, Rijksprentenkabinett. Ausst.Kat. 1648, Nr. 637; Bd. II: Kaulbach, Bild des Friedens, S. 600 f.; Hans-Martin Kaulbach, Der Beitrag der Kunst zum Verschwinden des Friedens, in: Thomas Kater, Albert Kümmel (Hrsg.), Der verweigerte Friede, Bremen 2003, S. 100 ff., Abb. 16.

9. G. Le Brun, Allégorie de la Paix des Pyrenées. Kupferstich. Titelblatt zu A. Amalteo, Il Tempio della Pace, Paris 1660

dens durchaus gegen die politische Realität ab; in ihnen trat die „Bildlichkeit des Staatensystems" mit ihren allegorisch darstellbaren, realpolitisch aber nicht eingelösten Prinzipien vor Augen.

Der Stich auf den Frieden von Paris 1763, den größten Erfolg Englands im Kolonialkrieg mit Frankreich (Abb. 10), trägt als Motto „Der Europa zurückgegebene Friede im Jahr 1763".[54] Auf den Stufen vor dem Janustempel, der geschlossen wird, steht rechts *Europa*, in einer der *Minerva* vergleichbaren Gestalt.[55] Sie tauscht Ölzweige mit den vertragsschließenden Landespersonifikationen aus, wobei – so subtil können solche Stiche sein – *Frankreich* mit dem Lilienschild ihren Ölzweig offen bietet, als die aktive erscheint, während *England*, die Hand auf dem Herzen, sich trotz aller freundlichen Zuwendung noch zu bedenken scheint, ob sie den Ölzweig aus *Europas* Hand annehmen wird. Von links eilt mit wehendem Kleid *Pax* hinzu, und wendet sich zugleich, um *Krieg* und *Zwietracht* des Platzes zu verweisen.

Ein frühes Bild, in dem die Türkei ‚gleichberechtigt' in dieses Modell aufgenommen wird, ist eine Rötelzeichnung von François Roëttiers mit einer Allegorie auf den 1739 geschlossenen Frieden von Belgrad zwischen der Türkei einerseits, dem Heiligen Römischen Reich und Rußland andererseits (Abb. 11).[56] Die Zeichnung ist der Entwurf einer Ereignismedaille. Vor dem geschlossenen Tempel sitzt, in entspannter Haltung, *Europa* und bietet ihre Ölzweige dar. Das *Reich* und *Rußland* stehen dem Tempel des ‚europäischen' Friedens näher, und die *Türkei*, eine hübsche junge Frau mit dekorativ gewundenem Turban, tritt – sichtlich als ‚Newcomer' – vom linken Rand her dazu, mit dem Wappenschild des Halbmonds, und sogar der Hermelinmantel eines Kaiserreichs ist ihr hier zugestanden.

Im Begleitbuch der Pariser Ausstellung zum Westfälischen Frieden, das den bezeichnenden Untertitel trägt *vers l'Europe moderne* (hin zum modernen Europa), findet sich die These, daß sich nach 1648 eine neue Gesellschaft in Europa bildet, mit der Tendenz, die christliche mittelalterliche Gesellschaft zu erset-

---

[54] Jean Baptist Tilliard nach Monnet: Pax Europae Reddita, 1763. Paris, Bibliothèque Nationale (Hennin 9163; Le Blanc IV, S. 40, Nr. 11).

[55] Vgl. den Beitrag von Sabine Poeschel in diesem Band.

[56] François Roëttiers: Allegorie auf den Frieden von Belgrad, 1739. Rötel, 26,9 x 24 cm. Paris, Musée du Louvre, Cabinet des Dessins (Inv.Nr. 32.735); vgl. Hans-Martin Kaulbach, Die Idee von Europa in den Allegorien des Friedens, in: Le cheminement de l'idée européenne dans les idéologies de la paix et de la guerre, hrsg. von Marita Gilli; Paris 1991, S. 464. Die ausgeführte Medaille wich von diesem Entwurf ab und setzte bezeichnenderweise *La France*, die den anderen Ländern Ölzweige reicht, ins Zentrum vor den Friedenstempel. G. R. Fleurimont, Medailles de Regne de Louis XV (verschiedene Ausgaben; im Exemplar des Westfälischen Landesmuseums Münster Nr. 58 unter 1739). Dank an Gerd Dethlefs im Westfälischen Landesmuseum Münster für diesen Hinweis. Er bereitet den Katalog einer Sammlung von Medaillen zur europäisch-türkischen Geschichte vor, in dem auch solche Darstellungen von Friedensschlüssen erfaßt werden. Vgl. Gerd Dethlefs, Die Anfänge der Ereignismedaille. Zur Ikonographie von Krieg und Frieden im Medaillenschaffen, in: Medaillenkunst in Deutschland von der Renaissance bis zur Gegenwart. Vorträge zum Kolloquium im Schloßmuseum Gotha am 4. Mai 1996, Dresden 1997, S. 19–37.Vgl. allgemein: Ausst.Kat. Im Lichte des Halbmonds, 1995/6 (Anm. 21).

10. J. B. Tilliard nach Monnet, *Pax Europae Reddita*, 1763. Kupferstich

11. F. Roëttiers, Allegorie auf den Frieden von Belgrad, 1739, Rötel. Paris, Musée du Louvre, Cabinet des Dessins

zen.⁵⁷ Dies stimmt sicherlich mit den auch in diesem Band ausgebreiteten Befunden überein. Hinsichtlich des Bildes des Friedens ist aber festzustellen, daß seine Bezugsgröße die ‚Christenheit' erst im 18. Jahrhundert nicht mehr war. Erst mit dem Frieden von Belgrad, 90 Jahre nach dem Westfälischen Frieden, setzte sich ein die traditionellen religiösen Deutungsmuster relativierender Blick durch, löste sich der säkularisierte Mächte-Frieden von den alten Grenzen der *pax christiana*, und ‚Friede' wurde zur Frage der realen politischen und militärischen Machtverhältnisse der Staaten und ihrer Ambitionen. Ein neuer Schlüsselbegriff scheint das ‚europäische Gleichgewicht' (oder auch ‚Konzert der europäischen Mächte') zu sein.

Johannes Burkhardt folgend läßt sich Europa nach dem Westfälischen Frieden geradezu als ein Staatensystem beschreiben, das ständig Kriege ‚hegt' und hervorbringt, sie zugleich begrenzt und zu beherrschen versucht, um seine Struktur und sein ‚Gleichgewicht' zu reproduzieren.⁵⁸ Dieses ‚Gleichgewicht' rechtfertigte Krieg und garantierte den ‚europäischen' Frieden nicht. Wenn im 18. Jahrhundert schließlich auch die Türkei aus europäischer Sicht ‚friedensfähig' wird, auch als gleichberechtigte Partnerin in die Friedensbilder der Flugblätter oder Medaillen eintreten darf, so äußert sich darin eben nicht nur eine ‚aufgeklärte' kulturelle Relativierung, sondern ebenso ein gewichtender Blick auf die realen Machtverhältnisse.⁵⁹

Die Szene der Zusammenkunft der Länder zum Friedensschluß vor dem Tempel bot immerhin ein Modell, in das auch die zuvor Ausgeschlossenen nun eingeführt werden konnten. Im ‚Europäischen Konzert' waren, wie im Pariser Katalog richtig festgestellt wurde, nach 1648 nicht nur die Türkei, sondern auch die Staaten Osteuropas zunächst abwesend.⁶⁰ Diese – bisher Abwesenden – sind vor dem Tempel vereint auf einer in Berlin als Gedenkblatt gedruckten Radierung von Bernhard Rode anläßlich des russisch-türkischen Friedens von Kütschük-Kainardscha 1774 (Abb. 12).⁶¹ Der Janustempel ist geschlossen; groß und erhaben steht die Weisheitsgöttin *Pallas Minerva* auf den Stufen eines Denkmals, in ihrer von antiken Münzen bekannten Rolle als friedensstiftende *Minerva Pacifera*.⁶² *Rußland* und die *Türkei* sind eher passiv dargestellt, im Begriff, die

---

⁵⁷ Georges Livet, La France, l'Alsace et les traités de Westphalie, in: Ausst.Kat. Paris 1998, S. 174; vgl. Gabel 1998, S. 476 ff.; auch zum folgenden.

⁵⁸ Vgl. Burkhardt 1992, S. 203 ff.

⁵⁹ Zur Frage der Türkei in Völkerrecht und Friedensdiplomatie im 18. Jahrhundert vgl. Heinz Duchhardt, Friedenswahrung im 18. Jahrhundert, in: Historische Zeitschrift 240, 1985, S. 274 f. Vgl. allgemein Dieter Mertens, Europäischer Friede und Türkenkrieg im Spätmittelalter, in: Heinz Duchhardt (Hrsg.), Zwischenstaatliche Friedenswahrung in Mittelalter und Früher Neuzeit, Köln, Wien 1991, S. 45–90.

⁶⁰ Livet 1998, S. 174.

⁶¹ Bernhard Rode: *Pallas Rutheniae Pacifera*, 1774. Radierung, 30 x 22 cm Platte. Staatsgalerie Stuttgart, Graphische Sammlung. Nagler 187; Renate Jacobs, Das graphische Werk Bernhard Rodes (1725–1797), Münster 1990, S. 206 f., 328, Nr. 205–206; Kaulbach, Europa, 1991, S. 464.

⁶² Zur *Minerva Pacifera* vgl. allgemein: Rudof Wittkower, Der Wandel des Minerva-Bildes in der Renaissance, in: Allegorie und der Wandel der Symbole in Antike und Renaissance, Köln

Europa in den Friedensallegorien des 16.–18. Jahrhunderts 77

12. B. Rode, *Pallas Rutheniae Pacifera*, 1774, Radierung

Ölzweige aus *Minervas* Hand entgegenzunehmen. Für beide Staaten nahm Rode hier die Personifikationen der Erdteile, vorne *Asia*, auf ihr Dromedar gelehnt, davor liegt als Kennzeichen der Türkei ein mit dem Halbmond verzierter Turban auf dem abgelegten Pfeilköcher. Auf ihre Schulter stützt sich *Europa*, schon weiter erhoben, mit dem Pferd dahinter. Der bärtige Mann mit Pelzmütze dahinter steht wohl für das russische Volk.

Der – in der europäischen Geschichtsschreibung nicht besonders berühmte – Friedensschluß von Kütschük-Kainardscha als Bild eines Friedens zwischen *Asien* und *Europa*, gestiftet von der Göttin der *Weisheit*? Eine solche, frei und duftig gestrichelte Radierung für den Markt der Graphiksammler macht nochmals die Differenz zwischen dem ästhetisch Möglichen und der historischen Realität sichtbar.

Um die Ergebnisse thesenhaft zusammenzufassen:

1. Es gibt – auch nach dem Westfälischen Frieden – kein Bild des ‚europäischen' Friedens, sondern allenfalls verschiedene Bildmuster für ein ‚befriedetes Europa'.
2. Die ‚Verstaatlichung' des Friedens seit 1648 führte, je nach Gattung und Funktion, einerseits zum ‚absolutistischen' Bild eines Herrschers als ausschließlichem ‚Friedensstifter',[63] andererseits zu Mustern der Zwischenstaatlichkeit, etwa in den Bildern der Friedenskongresse und den Allegorien mit dem ‚Friedenstempel'.
3. Der Bezugsrahmen für den Frieden verlagerte sich erst im 18. Jahrhundert von der ‚Christenheit' auf ‚Europa'. Entscheidend dabei war der europäische Blick auf das osmanische Reich bzw. die Türkei, die auch nach 1648 eine definitiv notwendige Außengrenze des Friedens blieb und erst im Verlauf des 18. Jahrhunderts unter der Metapher des ‚Gleichgewichts der europäischen Mächte' auch ikonographisch ‚friedensfähig' wurde.
4. Es gibt kein Bild des ‚europäischen Friedens', weil es diesen Frieden nie gab. Die Friedenskongresse waren europäisch, die Verträge blieben bilateral. Die Bilder transportieren zwar Ideale einer überstaatlichen Institutionalisierbarkeit des Friedens, aber eingelöst wurden sie nicht.
5. Elke Werners These im Konzept dieses Kolloquiums: „Der Westfälische Friede [...] wäre nicht ohne die Vision eines neuen und friedlichen Europa zustande gekommen", erscheint nach diesen Befunden als ebenso sympathisch wie – gelinde gesagt – übertrieben. Eher sollten wir fragen, ob der Westfälische Friede solche Visionen ausgelöst hat, und die Antwort darauf wäre ernüchternd genug.

Solche zusammenfassenden Thesen sind als vorläufig zu verstehen. Ihnen fehlt noch immer das notwendige Korrektiv, vor allem der Blick ‚von außen' auf Europa. Dieses Kolloquium bot dafür zumindest Ansätze.

1984, S. 246–270; Ruprecht Pfeiff, Minerva in der Sphäre des Herrscherbildes, Münster 1990; Kaulbach (Anm. 20).

[63] Johannes Burkhardt (in der Diskussion) zufolge sollte dieses Konzept besser als ‚Universalismus' bezeichnet werden; ‚Absolutismus' sei demgegenüber ‚innenpolitisch' zu begreifen.

Das Osmanische Reich und das Papsttum im Prozeß der europäischen Identitätsbildung
Ein politikgeschichtlicher Blick auf das Zeitalter des Westfälischen Friedens

Mustafa Soykut

In der Geschichte Europas hat es eine größere Zahl fremder (d.h. nicht-europäischer) Überfälle auf Europa gegeben, die die politische und militärische Struktur des Kontinents bedrohten. Die bedeutsamsten waren die Einfälle der Hunnen, der Mongolen, der Araber und der Türken. Von ihnen nahmen jedoch nur die Hunnen, die gegen Ende des 4. Jahrhunderts in Europa auftauchten, den christlichen Glauben an und integrierten sich in den kommenden Jahrhunderten in das allgemeine europäische Völkergemisch. Die Mongolen, die Osteuropa durchquerten, wurden in der Folgezeit im 13. und 14. Jahrhundert in die Turkvölker Rußlands, wie Tataren und Kiptschaken, integriert. Die Araber begannen ihre Eroberung Europas auf der iberischen Halbinsel, und ab dem 8. Jahrhundert – als die gesamte Halbinsel in ihrer Hand war, obgleich sie in den folgenden Jahrhunderten teilweise wieder zurückerobert wurde – hatte der große Einfluß der arabisch-islamischen Kultur Bestand bis zur endgültigen *reconquista* der Halbinsel mit der Eroberung von Granada im Jahre 1492. Dieses Datum fiel zufällig mit der Entdeckung Amerikas und der Vertreibung der Juden durch Königin Isabella von Kastillien zusammen; derselben Juden, die später im Osmanischen Reich unter der Herrschaft von Sultan Bayezid II., dem Sohn Mohammeds, dem Eroberer Konstantinopels, Zuflucht fanden.

Ein paar Jahrhunderte zuvor traten die seldschukidischen Türken als bedeutende Macht gegenüber dem Byzantinischen Reich auf. Ihr Siegeszug auf byzantinischem Boden begann mit dem Sieg über Kaiser Romanus Diogenes in der Schlacht von Mantzikert im Jahre 1071. Innerhalb von nicht einmal hundert Jahren hatten die Seldschukiden einen Großteil des byzantinischen Anatoliens in ihren Besitz genommen und die Byzantiner in den Westen zurückgedrängt. Zufälligerweise eroberten im folgenden Jahr, 1072, die Normannen die letzte arabische Bastion in Sizilien, Palermo, und beendeten auf der größten Insel des Mittelmeeres die arabisch-islamische Präsenz, die zwei Jahrhunderte lang Bestand gehabt hatte.

Von diesen bedeutsamen nicht-europäischen Völkern hinterließen die osmanischen Türken, die die europäische Bühne Ende des 14. Jahrhunderts betraten, eine unauslöschliche Spur im kulturellen, politischen und militärischen Leben Europas, die bis zum Beginn des 20. Jahrhunderts bestehen bleiben würde – ihr Schicksal teilten sie mit ihrem jahrhundertealten Feind, den Habsburgern. Ihre Herrschaft endete 1923 mit der Proklamation der neuen türkischen Republik. Bis zur Renaissance betrachtete Europa, das sich selbst durch das Christentum und die *pax romana* definierte, all diese Völker ausländischer oder fremdländischer Herkunft als Bedrohung *par excellence* der *christianitas*. Kenneth Setton zufolge entstand die besondere Position, die die Osmanen im Vergleich zu den Völkern fremdländischer Herkunft einnahmen, dadurch, daß „seit dem späten 14. bis zum Beginn des 20. Jahrhunderts die Europäer dazu neigten, den Islam mit dem Osmanischen Reich gleichzusetzen"[1]. Das Papsttum, der offizielle Vertreter der Christenheit – zumindest bis zur Reformation –, unternahm verschiedene Versuche, um der Anwesenheit dieser Fremden in Europa ein Ende zu setzen. Diese Anstrengungen wurden durch eine Reihe heiliger Kriege institutionalisiert, die wir die Kreuzzüge nennen.

Dieser Text soll ein Bild von den Ideen dieser späten Kreuzzüge im 17. Jahrhundert zeichnen, die während des Dreißigjährigen Krieges und nach den westfälischen Friedensvereinbarungen vom Heiligen Stuhl gegen die Osmanen organisiert wurden. Die hier angeführten Vorhaben oder vielmehr Aufforderungen, Krieg gegen die *Türken* zu führen, basieren auf zwei bisher unveröffentlichten Manuskripten des Vatikans. Die Verfasser dieser Manuskripte sind zwei führende, wenngleich auch wenig bekannte, Vertreter des Heiligen Stuhls, und zwar Monsignor Marcello Marchesi und Angelo Petricca da Sonnino. Die Bedeutung dieser Männer – zusammen mit dem späteren Manuskript eines gewissen Mönches, Paolo da Lagni (Paul de Lagny, ursprünglich ein französischer Kapuzinermönch), das Papst Innozenz XI. 1679 vorgestellt wurde[2] – liegt darin begründet, daß sie, angefangen mit Marchesi, die Verfasser einer Reihe von „kriegerischen Ermunterungsschriften" im 17. Jahrhundert sind, die den Heiligen Stuhl inspirierten, die Verteidigung des Christentums gegenüber den Türken zu übernehmen – und nicht nur zu übernehmen, sondern auch zu finanzieren wie im Falle Polens[3] –, was in der Verteidigung Wiens im Jahre 1683 gipfelte.

Das erste Manuskript aus der vatikanischen Bibliothek gehört zu Marcello Marchesis erstem Brief an Papst Paul V. (16. Mai 1605 – 28. Januar 1621).[4] Es

---

[1] „From the late fourteenth century to the beginning of the twentieth, Europeans tended to identify Islam with the Ottoman Empire." Kenneth M. Setton, Western Hostility to Islam and Prophecies of Turkish Doom, o. Ort, American Philosophical Society, 1992, S. 17.

[2] Fra Paolo Da Lagni, Memoriale di frà Paolo da Lagni cappuccino al pontefice Innocenzo XI nel quale si dimostra la necessità de' Principi Cristiani di prevenire il Turco col dichiarargli la guerra, 1679, Città del Vaticano: Biblioteca Apostolica Vaticana: Vat. Lat. 6926.

[3] Siehe Gaetano Platania, Venimus, vidimus et Deus vicit. Dai Sobieski ai Wettin. La diplomazia pontifica nella Polonia di fine seicento, Cozena: Edizioni Periferia, 1992; Platania, „Innocent XI Odescalchi et 'esprit de 'croisade'", in: XVIIe Siècle. La Reconquête Catholique en Europe Centrale, o. Ort, Société d'Etude du XVIIe Siècle, April – Juni 1998; Platania, „Diplomazia e guerra turca nel XVII secolo. La politica diplomatica polacca e la 'lunga guerra turca' (1673–1683)", in: I Turchi, il Mediterraneo e l'Europa, hrsg. v. Giovanna Motta, Mailand: Franco Angeli s.r.l., 1998; Platania, „Santa Sede e sussidi per la guerra contro il turco nella seconda metà del XVII secolo", in: Il Buon Senso o la Ragione. L'Università degli Studi della Tuscia, Viterbo: Sette Città, 1997.

[4] Monsignor Marcello Marchesi, Fünf Abhandlungen über „Der Krieg gegen die Türken", 17. Jahrhundert: 1) Alla Santità di nostro Signore Papa Paolo Quinto Beatissimo Padre; 2) Alla Maestà del Re Catholico Filippo III. Sacra Catholica Maestà; 3) All'Illustrissimo et Eccellentis-

gibt kaum Informationen über Marchesi, was seiner Bedeutung nicht gerecht wird, wenn man bedenkt, daß er im 17. Jahrhundert einer der Hauptarchitekten päpstlicher Kreuzzugspläne gegen die Osmanen war. In seiner *Hierarchia Catholica Medii et Recentioris Aevi* berichtet C. Eubel, daß Marchesi in Varzi geboren wurde, einer Provinz der norditalienischen Stadt Pavia. Er war Bischof von Senj in Kroatien und führte das Büro „eines Archivschreibers der Curia Romana". Er war Priester mit Doktorwürden in *utroque jure* (sowohl im Zivil- als auch im kanonischen Recht) und war protonotarischer Apostoliker[5] (Mitglied des höchsten Prälaten-Kollegs der Römischen Kurie) und apostolischer Sekretär. Er starb am 1. August 1613.[6] Aus dem zweiten Brief in dem von Marchesi verfaßten Manuskript an den spanischen König Philipp III. wird deutlich, daß Marchesi bei den Schlachten von Keresztes (Kerestis) im Jahre 1596 und Kanizsa (Canisia) im Jahre 1601 in Ungarn zugegen war. In seinem Brief an Papst Paul V. berichtet Marchesi detailliert über viele Einzelheiten dieser Schlachten, einschließlich einiger sehr interessanter Kommentare über das militärische Versagen der europäischen Staaten gegenüber den Osmanen. Er behauptet, daß die christlichen Staaten unfähig gewesen seien, alternative Strategien im Kampf gegen die Türken zu entwickeln, als sie mit den vollkommen andersartigen Militärstrategien der osmanischen Armeen konfrontiert waren.

„Nur aus diesem einzigen Grund haben wir schlichtweg verloren und werden auch am Ende gegen die Türken verlieren, da wir die Art zu kämpfen eines solchen Feindes nicht kennen; eines Feindes, dessen Kavallerie – leichte Kavallerie in den meisten Fällen – in der Überzahl ist und der seinen Gegner ohne jegliche erkennbare Ordnung und Struktur – scheinbar ständig auf der Flucht und von hinten – bereits in weiter Entfernung einkrist, ohne sich selbst angreifen oder ergreifen zu lassen; völlig verschieden von der Art der Römer oder unserer, sodaß wir nicht wissen, wie wir sie schlagen sollen, ob wir nun im Kampf besiegt werden oder nicht, sie bleiben in jedem Fall Herr der Feldzuges."[7]

simo Signore Duca di Lerma; 4) Alla Maestà del Re d'Ungheria Mathia II. Sacra Maestà; 5) Del detto quinto trattato proemio, divisione, et ordine, Città del Vaticano: Biblioteca Apostolica Vaticana: Barb. Lat. 5366.

[5] Ein „protonotarischer Apostoliker" ist ein „Mitglied des höchsten Prälaten-Kollegs der Römischen Kurie und auch einer der angesehensten Prälaten, denen der Papst diesen Titel und die damit verbundenen Privilegien verliehen hat. Im Spätaltertum gab es in Rom sieben Regionalnotare, die während der weiteren Entwicklung der päpstlichen Verwaltung und der damit verbundenen Zunahme der Zahl der Notare oberste Palastnotare der päpstlichen Kanzlei blieben (*notarii apostolici* oder *protonotarii*). Im Mittelalter waren die Protonotare hohe päpstliche Beamte und wurden häufig direkt von diesem Amt ins Kardinalat erhoben. Sixtus V. (1585–90) erhöhte ihre Zahl auf zwölf. Ihre Bedeutung nahm nach und nach ab, und zur Zeit der Französischen Revolution war das Amt fast vollkommen verschwunden. Am 8. Februar 1838 setzte Papst Gregor XVI. das Kolleg der Pronotare mit sieben Mitgliedern, das sich „pronotarii de numero participantum" nannten (weil sie die Einkünfte unter sich aufteilten), wieder ein. The Catholic Encyclopedia, s. unter „protonotary apostolic" in http://www.newadvent.org/cathen/12503a.htm.

[6] C. Eubel, Hrsg., Hierarchia Catholica Medii et Recentioris Aevi, Bd. IV, Regensburg: Sumptibus et Typis Librariae Regensbergianae Monsterii: 1935, S. 309.

[7] Marcello Marchesi, op. cit., 10 Verso (V): „Adunque questa è la causa particolare e propria per cui noi per l'ordinario habbiamo perduto con Turchi, et al fine sempre perdiamo, ciò è per non sapere l'arte da combattere con nemici simili, li quali et abondano di cavalleria per lo

Marchesis Absicht in seinem Brief an Papst Paul V. bestand darin, für einen allgemeinen Krieg des Christentums gegen die Osmanen zu werben. Sein Manuskript an den Papst ist das Werk eines erfahrenen Militärstrategen als auch das eines hochrangigen Geistlichen des Heiligen Stuhles. Das Datum des Manuskripts ist unbekannt, doch wenn man die vorher erwähnten Daten berücksichtigt, muß es zwischen 1606 und 1613 verfaßt worden sein, nur wenig später als 1606, nachdem der Frieden zwischen den Österreichern und den Osmanen nach dem langen Krieg in Ungarn geschlossen wurde (Frieden von Zsitvatorok). Das Manuskript gibt dem Leser nicht nur ein militärisches, kulturelles und religiöses Bild der Türken, sondern liefert auch eine Selbsteinschätzung des Christentums aus katholischer Sicht. Marchesi beginnt seinen Brief an Papst Paul V. mit folgenden Sätzen:

> „Es steht außer Frage, daß die Entschiedenheit und Anstrengung, die von christlichen Regenten zu Land und zu Wasser zu unterschiedlichsten Zeiten gegen die Türken ins Feld geführt wurden, erstaunlich sind, jedoch ist die Kette unglücklicher Ereignisse nicht weniger erstaunlich, durch die die Türken letztendlich immer überlegen waren und durch die sie in kürzester Zeit ein derart großes Reich erworben haben. Für ihren Wohlstand und unser Unglück können mehrere Gründe angeführt werden."[8]

Marchesi ist höchst unzufrieden mit dem europäischen Adel und betrachtet ihn mit großer Geringschätzung. Seiner Ansicht nach ist der Adel in den Vergnügungen höfischen Lebens versunken und interessiert sich nicht für die wirklichen Belange wie die des Militärs. Überdies glaubt er, daß „keine Armee – wenn überhaupt eine – viel Disziplin besitzt und daß Bescheidenheit, Besonnenheit und Gehorsam fehlen. Zudem werden Strapazen und körperliche Beschwerden nur schwer ertragen, und es ist kaum eine Aussicht auf Belohnung erkennbar."[9] Im Vergleich zu Petricca da Sonnino – dem Verfasser des zweiten Manuskripts – betont Marchesi viel stärker die kulturellen und religiösen Aspekte des Versagens gegenüber den Türken. Obgleich sowohl Marchesi als auch da Sonnino den Standpunkt der katholischen Kirche vertreten, sollte da Sonninos Manuskript im Kontext militärischer und politischer Rhetorik zur „türkischen Frage" gelesen werden. Auch wenn Marchesi an militärischen Aspekten äußerst interessiert ist, da er selbst auf den Schlachtfeldern des Krieges in Ungarn zugegen war, bietet der Brief, den er an Papst Paul V. schrieb, ein Selbstporträt des Christentums, wie es von einem führenden Mitglied der katholischen Kirche im frühen 17. Jahrhundert gesehen wird, wobei die Religion nicht mehr der alleinige Faktor war, der die

più leggera, et combattono attorniando, et senza ordine, et per lo più da lontano, instabilmente, et alla sfuggita, et all'indietro, senza attaccarsi, ne lasciarsi arrivare; modo diverso dal Romano, et dall'usato tra noi; col quale non potendo ò non sapendo noi vincerli, ò ristiamo sconfitti in battaglia, ò in ogni modo rimangono essi sempre padroni dilla campagna (...)".

[8] Marcello Marchesi, op. cit., 1 Recto (R): „Grandi non è dubbio et maravigliose sono state le risolutioni e gli sforzi, fatti in diversi tempi da Prencipi christiani, per terra et per Mare per la guerra contra Turchi, ma non meno maravigliosa è stata sempre l'infelicità degli eventi essendo i Turchi alfine prevalsi sempre, et havendo acquistato in così poco tempo un così grande Imperio. Dilla qual prosperità, et nostra infelicità varie cagioni sono state addotte (...)".

[9] Marcello Marchesi, op. cit., 2V.

Geschicke der Politik bestimmte, zu einer Zeit, als die Bedeutung des Papsttums stetig abnahm – als Folge einer religiösen Zersplitterung in Europa. Es war eine Zeit, als die katholische Kirche gewissermaßen die Gelegenheit für die alte Rhetorik von einem Kreuzzug oder eines „gerechten Krieges" gegen die abtrünnigen Türken nutzte, um die Aufmerksamkeit von der weiterhin bestehenden religiösen Zersplitterung am Vorabend des Dreißigjährigen Krieges abzulenken.

Marchesi widerlegt gleich zu Anfang den Standpunkt, daß das Christentum als Religion verantwortlich sei für den fehlenden Erfolg im Kampf gegen die Türken. Seine Polemik gegenüber Luthers Position, wie noch im Folgenden zu sehen, reflektiert nicht nur den Glauben der katholischen Kirche an die Legitimität eines „gerechten Krieges" gegen die Türken, sondern spiegelt auch die katholische Abneigung gegenüber den Protestanten im Geist der Gegenreformation wider. Tatsächlich wurde von Anbeginn der Auseinandersetzung mit der neu aufkommenden Weltreligion Islam und der Reformationsfrage der Kampf gegen die „Ungläubigen" und gegen die „Häretiker" vom theologischen Standpunkt aus als legitim angesehen und unter der Vorstellung eines „gerechten Krieges" institutionalisiert. Marchesi schreibt:

> „Vor allem haben einige Häretiker den Christen die Legitimation abgesprochen, einen Krieg zu führen, von dem Krieg gegen die Türken ganz zu schweigen. Dabei predigte Luther besessen, man solle nur keinen Krieg gegen die Türken führen und ihnen keinen Widerstand leisten, um sich nicht dem göttlichen Willen zu widersetzen, da Gott uns durch sie geißelt. Andere Häretiker tun es ihm nach oder beziehungsweise so behaupten Atheisten – was der Adel längst behauptet hat –, daß die christliche Religion, die der Galanterie des Altertums ein Ende gesetzt habe [als Folge des Ruins des Römischen Reiches], eine Bedrohung für die Republik und den weltlichen Staat darstelle."[10]

In seinem Disput mit Luther schreibt er weiter:

> „... und dieser gesichtslose Luther sollte sich schämen, wie er es später auch getan hat, daß er sich so sehr dem Haß auf den Papst hingegeben hat, daß er wünschte, die gesamte Christenheit möge den Türken unterliegen, und daß er den Namen des Papstes vernichtet sehen wollte. Daher predigte er, man möge den Türken keinen Widerstand leisten, um sich der göttlichen Geißelung nicht zu widersetzen, um keine Gegenmittel gegen mögliche Plagen, Hungersnöte oder andere öffentlichen Geißelungen finden zu müssen ..."[11]

Hiermit meint er die vorausgegangene Äußerung Luthers, ein Krieg gegen die Türken sei Sünde, da er sich dem göttlichen Willen entgegensetze. Luther glaubte, daß die Türken eine von Gott auferlegte Strafe für die Sünden der Christenheit

---

[10] Marcello Marchesi, op. cit., 1V: „Primieramente alcuni heretici hanno negato esser lecito a christiani di far guerra, tampoco à Turchi; anzi Luthero pazzamente predicò benche poi si ritrattò, non solo non dover noi far guerra à Turchi, ma ne anco resistenza, per non opporsi alla Divina volontà, perche Iddio per mezzo loro ci flagilla. Et altri anzi Athei che Heretici, dicono, come già dissero i Gentili, la christiana religione esser pernitrosa alla Republica, et allo stato temporale, haver estinta l'antica grandezza d'animo, haver rovinato l'Imperio Romano (...)".

[11] Marcello Marchesi, op. cit., 6R: „ancorche sfacciatissimo Luthero, come pur poi si vergognò di lasciarsi tanto trasportare dall'odio contra il Papa, che desiderasse di veder più presto tutta la Christianità andar sotto al Turco, che non veder estinto il nome dil Papa, predicando perciò non doversi resistere al Turco, per non opporsi al divino flagillo; quasi che contra la peste, contra la fame, et altri publici flagilli non habbiamo da cercare il rimedij".

seien. Jedoch änderte Luther nach der ersten Belagerung Wiens durch Süleyman den Großen im Jahre 1529 seine Aussage und forderte die deutschen Fürsten auf, gegen die Türken zu kämpfen.

Die Aristokratie wird von Marchesi als lasterhaft und unmäßig beschrieben. Ihre Vernachlässigung militärischer Angelegenheiten führte seiner Meinung dazu, daß Europa von den Türken heimgesucht wurde. Der Autor betrachtet die Juristen und Intellektuellen mit der gleichen Verachtung und sieht in ihnen ein Hindernis, den Sieg über die Türken zu erringen. Sie sind mitverantwortlich dafür, daß man sich in zahllosen intellektuellen Debatten verstrickt, die nur eine reine Zeitverschwendung intellektueller Eitelkeit darstellen. Er glaubt, daß „die Jurisprudenz sich zu zahllosen Satzungen und Kommentaren ausgewachsen hat und allzu viele Winkelzüge fördere gegen den Plan unseres Gesetzgeber Christus, der uns Moralvorstellungen und Zeremonien übertragen hat, jedoch nicht die göttliche Gerichtsprechung."[12] Wenn er ebenso die Kodifizierung der bis dahin bestehenden Gesetze des Kaisers Justinian (527–565) lobt, verbunden mit seiner Abneigung gegen die Intellektuellen, spürt man förmlich Marchesis Verlangen nach Autoritarismus. Er schreibt:

> „Die Mehrheit der Christen verbringt ihre Zeit mit törichten Dingen, mit Spielen, bloßen Zeitvertreiben und verschiedenen Handarbeiten, die großteils unnütz und übertrieben sind, in der Öffentlichkeit und im privaten Kreis, und sie verschwendet dort unnötig ihre Zeit und ihr Vermögen [...] Darüber hinaus beschäftigt sich bei den Christen ein großer Teil der Leute mit nutzlosen oder sogar schädlichen Wissenschaften und Schriften, so unter anderem mit dem Juristen- oder Richterberuf. [...] Diese Personen lenken die unbegrenzte Begeisterung der Debattierer auf sich, die in großem Maße ursprünglich selbst die Akteure und Gestalter nicht enden wollender Debatten sind [...] Was die Kluft zwischen Königreichen und christlichen Staaten aufgrund von Uneinigkeiten untereinander angeht, obgleich sie sich im Kampf gegen die Türken vereinen, so kehren sie nichtsdestotrotz zu dieser Uneinigkeit zurück, weil sich ihre Ziele und Interessen unterscheiden. Gar nicht zu reden von den vielen Fürsten und Herren und auch Nationen, die sich weder untereinander noch mit anderen vereinen können, wegen ihrer verschiedenen Religionen und Sekten, die sie gegenseitig verabscheuen. Zudem rauben Zölibat und Monogamie, welche nach christlichem Gesetz bestehen, der Republik eine Vielzahl von Personen, die diese hervorgebracht hat."[13]

---

[12] Marcello Marchesi, op. cit., 8V.

[13] Marcello Marchesi, op. cit., 2R-3R: „Onde fra christiani la maggior parte degli huomini attende cose otrose, à giuochi, à passatempi, à varij artifitij di mano, gran parte non necessarij, ne giovevoli al publico, ne al privato, spendendo in quilli il tempo, et le facoltà, come in fabriche non necessarie (...) Di più fra christiani una gran parte attende à scienze et à lettere inutili, o anco dannose, come fra l'altre alla profissione legale, giuditiaria (...) tirando seco costoro l'infinita turba dei litiganti, come quilli che in gran parte dill'origine et immortalità dille liti sono gli autori e gli artefici. Oltre alla divisione dei Regni, et dei stati Christiani con le discordie, che per ciò sono fra loro. Quali benche talvolta s'uniscano per quest'impresa contra Turchi, non di meno per i fini, et interessi diversi che tra loro sono, facilmente ritornano alla disunione. Senza che molti Prencipi, et Potentati, et nationi unir tampoco non si possono ne tra loro, ne con gli altri; per la varietà dille religioni, et sette, etiandio tra loro repugnanti, nille quali vivono. Oltre che per il celibato, et per la monogamia, che la Christiana legge induce, si priva la Republica di quel più numero di gente, che si generaria."

Im Gegensatz dazu zeichnet Marchesi ein diametral entgegengesetztes Bild vom Osmanischen Reich:

> „Diejenigen, die [in die Türkei] gingen, berichten, daß die Situation bei den Türken eine ganz andere sei. Da sie eine einzige Religion, einen einzigen Herrscher und eine einzige Regierung haben, und da sie nur selten im Zölibat leben und die Polygamie praktizieren, vermehren sie sich stark. Sie haben auch keine Künstler oder Bewohner, die sich überflüssigen nutzlosen Beschäftigungen hingeben und sich auch nicht übermäßig für die bloße Betrachtung von Arbeit und für Eitelkeiten interessieren und ebenso wenig für Prunk oder Essen und Trinken. (3V) Sie haben keine Schriftgelehrten oder Advokaten oder andere ähnliche Gelehrten. Und selbst unter denen finden nur wenige und kurze Debatten statt. Jedoch verschreiben sie sich vollkommen der Kunst des Krieges und investieren hier Zeit und Geld."[14]

Dieses idealisierte Bild vom Osmanischen Reich als einer gigantische Kriegsmaschinerie war unter den Italienern seit Beginn der Renaissance stark verbreitet. Auch bei Marchesi findet man Beispiele aus dem Altertum, wieder im humanistischen Geist, wie es zu seiner Zeit gebräuchlich war. Er verglich die zivilisierte Welt mit den Römern und die Türken mit den Hunnen, den Parthern und den Sarazenen und kritisierte die Römer für ihr Unvermögen, ihre Militärstrategien dem „chaotischen" und „undisziplinierten" Kampfstil der Barbaren anzupassen.[15] Es war ein beliebtes Thema bei Schriftstellern der Renaissance – das sich bis in die nächsten Jahrhunderte fortsetzte –, die zivilisierte Welt (d. h. Europa) mit den Griechen und Römern gleichzusetzen und die Barbaren mit den ewigen Feinden der Griechen, den Persern. Eine Gleichsetzung der Barbaren und der fremdartigen „Anderen" mit den Arabern gab es seit dem 8. Jahrhundert und mit den Türken (d. h. den Osmanen) seit dem 15. Jahrhundert, wobei hier die Eroberung von Konstantinopel am 29. Mai 1453 den entscheidenden Wendepunkt markiert.

Marchesi bietet seine ganze Überredungskunst auf, um den Leser zu überzeugen, daß aufgrund der großen Kreuzzüge der Vergangenheit ein offensiv geführter Krieg gegen die Türken die einzige Lösung sei, um Europa vor diesen Barbaren zu retten. Marchesi bestätigt nicht nur die bis dahin bestehenden notwendigen militärischen und taktischen Vorschläge zur Verteidigung gegen die Osmanen, sondern zeigt dem Leser auch ein bezeichnendes Selbstbildnis des europäischen Adels und dessen mangelndes Interesse an einer gemeinsamen Aktion gegen ihren Hauptfeind. Es ist in gewisser Weise schon eigenartig, daß fast alle Quellen dieser Zeit die Vermutung nahelegen, hinter der Rhetorik von den „barbarischen Türken" nehme die Feindschaft unter den christlichen Herrschern selbst gegenüber der Bedrohung durch die Ungläubigen einen höheren

---

[14] Marcello Marchesi, op. cit., 3R–3V: „Andando, dicono, fra Turchi le cose al contrario. Però che hanno una sola religione, un solo Prencipe, et una sola forma di governo, et per esser tra loro pochi celibi, et più per la poligamia abondano di gente, ne hanno tanti artisti, et operaij di cose inutili, et soverchie. Ne mettono tanta cura, ne tanto studio nille fabriche, nilla supelletille, nille pompe, nil mangiare et bere. Ne hanno studiosi di lettere, ne Causidici, ne professori simili. Onde sono tra loro pochissime liti e brevissime. Ma universalmente si danno alla militia, et in questa impiegano il tempo, et le spese."

[15] Marcello Marchesi, op. cit., 10R–10V.

Stellenwert ein. In dieser Hinsicht ist Marchesis Manuskript nicht nur eine Quelle der Selbstkritik, sondern auch eine Darstellung des sich verändernden politischen Milieus im Europa des 17. Jahrhunderts, in dem die aufkommenden Religionskriege, verbunden mit der allgegenwärtigen osmanischen Bedrohung, die politische Agenda Europas kennzeichneten. Und tatsächlich wird, ungefähr zwei Jahrzehnte nach Marchesi, Petricca da Sonnino, Repräsentant der *Propaganda Fide,* dieselben Punkte in einem etwas geänderten politischen Jargon formulieren. Zusammen mit da Sonnino im Jahre 1640 und Fra Paolo da Lagni im Jahre 1679 verfolgten Marchesi und seine Nachfolger innerhalb des päpstlichen Milieus die Idee einer möglichen christlichen Allianz gegen die Türken, wie sie unter der Schirmherrschaft Papst Innozenz XI. in der Verteidigung Wiens im Jahre 1683 dann vollzogen wurde.

Unser zweiter Repräsentant der päpstlichen Türken-Politik im 17. Jahrhundert ist Angelo Petricca da Sonnino. Informationen zur Person des Angelo Petricca da Sonnino beziehen sich vor allem auf das Amt, das er als „Apostolischer Vikar" in Istanbul bekleidete, und zwar als Repräsentant der *Propaganda Fide* im Osmanischen Reich. *La Congregazione di Propaganda Fide*, was so viel heißt wie „Kongregation zur Verbreitung des Glaubens", war eine päpstliche Einrichtung, die das Ziel verfolgte, alle katholischen Weltmissionen unter die Oberhoheit Roms zu bringen. Es gab zwei Gründe für die Einrichtung der *Congregazione di Propaganda Fide*: Erstens sollte sie als Vertreter in der Gegenreformation auftreten, und zweitens sollte sie ein Gegengewicht bilden zur Autorität der anderen katholischen Monarchen (d. h. Spanien und Portugal) über die katholischen Missionen auf der Welt. Sie war von Papst Gregor XV. (1622–1623) im Jahre 1622 unter dem Namen „Heilige Kongregation zur Verbreitung des Glaubens" gegründet worden. Da sie sich zu einer der effizientesten Einrichtungen des Heiligen Stuhls entwickelte, unterstanden ihr alle katholischen Missionsgebiete im Osmanischen Reich, abgesehen von den Gebieten in Albanien und den griechischen Inseln.[16] Die „Apostolischen Vikare" (*vicario apostolico*), wie man sie nannte, waren direkt dem Papst verantwortlich und bekämpften den Einfluß der Monarchen auf die unter ihrem Schutz stehenden Missionen und somit die von ihnen geschützten nationalen Interessen. Die Kongregation war in dem Bewußtsein gegründet worden, daß es vorteilhafter war, sich in Europa missionarisch zu engagieren als in der Peripherie Amerika. Damit wollte man eine Annäherung der katholischen Bevölkerung an den protestantischen und orthodoxen Glauben erreichen und ebenso den Schutz der Maroniten und Armenier im Osmanischen Reich.[17] Vorrangiges Ziel der *Propaganda Fide* im osmanischen Land war dann auch die Bekehrung der Armenier und der orthodoxen osmanischen Bevölkerung sowie anderer östlicher Glaubensrichtungen zum Ka-

---

[16] Charles A. Frazee, Catholics and Sultans. The Church and the Ottoman Empire. 1453–1923, Bristol: Cambridge University Press, 1983, S. 88.

[17] Giovanna Motta, Presenza ottomana tra Mediterraneo e centro-Europa: contrasti e reciproche influenze, in: L'Europa centro-orientale e il pericolo turco tra sei e settecento. Atti del convegno internazionale, Viterbo, 23–25 Novembre 1998, hrsg. v. Gaetano Platania, Viterbo: Sette Città, 2000, S. 21 f.

tholizismus. Auf diese Art wollte man den Einflußbereich der katholischen Kirche in Ländern, in denen die Autorität des Papstes nicht anerkannt wurde, ausdehnen und die christlichen Häretiker wieder dazu bewegen, den Grundsatz des *primatu papo* anzuerkennen. Zudem wollte man sich für den Fall eines eventuellen Krieges auch Verbündete innerhalb des Osmanischen Reiches sichern.

Petricca da Sonnino, der dem Franziskanerorden angehörte – einem der einflußreichsten Orden im Osmanischen Reich –, verweilte zwischen 1636 und 1639 in Istanbul. Charles A. Frazee bezieht sich auf einen von da Sonnino 1639 geschriebenen Bericht, in dem dieser „behauptet, daß [Sultan] Murad IV. [1612–1640] die Kontrolle über die Streitkräfte verloren hatte und daß die Möglichkeit für ein vereintes christliches Europa bestand, die Türken nach Asien zurückzudrängen."[18] Diese Berichte beziehen sich wahrscheinlich auf die Sammlung von *relazioni*, die während seines Aufenthalts in Istanbul verfaßt wurden, und wahrscheinlich mündeten die *relazione* in die vorliegende Abhandlung, die hier unser Thema ist und die er Kardinal Antonio Barberino[19] – selbst einer der wichtigsten Verfechter der Kreuzzugsidee – ein Jahr später, im Jahre 1640, vorlegte. Da Sonnino widmete seine vom 10. Mai 1640 datierte Abhandlung *Trattato del modo facile d'espugnare il Turco, e discacciarlo dalli molti Regni che possiede in Europa* (Abhandlung über einen einfachen Weg, den Türken zu schlagen und ihn aus mehreren von ihm besetzten Königreichen in Europa zu vertreiben) dem Kardinal Antonio Barberino.[20]

Da Sonnino gründet seine Abhandlung auf vier Hauptargumenten: Der erste Punkt bezieht sich auf die Tatsache, daß die Osmanen die meisten Burgen in den von ihnen besetzten Gebieten zerstört hatten, so daß die christliche Armee einen großen Vorteil hätte, da sie die Burgen der Türken nicht belagern und einnehmen müsse. In gewisser Weise zeichnet er das Bild, daß der marschierenden christlichen Armee der Weg nach Istanbul offen stehe, ohne auf großen Widerstand der Osmanen zu treffen. Der zweite Punkt, den da Sonnino stark betont, ist die Präsenz von Christen im Osmanischen Reich. Offensichtlich sieht da Sonnino die Christen des Osmanischen Reiches als potenzielle Verbündete, auf die man zählen könne. Denn er führt aus, daß „die Väter sich mit den konvertierten Söhnen, die in der türkischen Armee dienen, verbünden würden", wenn es zu einem Krieg zwischen Christen und Osmanen käme.[21] Er schreibt:

---

[18] Frazee, op. cit., S. 97. Folgender Bericht wird erwähnt: G. B. Cervellini (Hrsg.), Relazioni da Constantinopoli del Vicario Patriarcale Angelo Petricca, 1636–39, Bessarione, XXVIII (1912).

[19] Kardinal Antonio Barberino gehörte zur einflußreichen Familie Barberini aus Rom und hatte selbst in jungen Jahren eine Abhandlung über den Krieg gegen die Türken verfaßt.

[20] Angelo Petricca da Sonnino, Trattato del modo facile d'espugnare il Turco, e discacciarlo dalli molti Regni che possiede in Europa. Composto dal padre Maestro Angelo Petricca da Sonnino Min: Conven: già Vicario Patriarcale di Constantinopoli, Commissario gn-le in Oriente, e Prefetto de Missionarij di Valacchia, et Moldavia. 10 Maggio 1640, Città del Vaticano. Biblioteca Apostolica Vaticana: Barb. lat. 5151.

[21] Da Sonnino, op. cit., 5V.

„Der zweite Punkt, der gleichfalls näherer Betrachtung bedarf, ist die Tatsache, daß viele Christen im türkischen Staat leben, wie ich bereits oben erwähnt habe, und obgleich sie meiner Erfahrung nach Schismatiker sind – d. h. ungehorsam gegenüber dem hohen römischen Pontifikat –, sind dieses Schisma und dieser Unterschied in unserer Zeit nur auf die griechischen Prälaten beschränkt. Da das Volk nun dumm und ungebildet gehalten wird und nicht die Fragen des *primatu papo*[22] erkennen kann und es nur das Kreuz auf den Bannern der Armeen sieht und daher weiß, daß diese Armeen sich unter dem Namen Christi versammeln, würde es herbeieilen und sich mit ihnen verbünden."[23]

Doch der allgemeine Ton des Manuskripts legt nahe – was da Sonnino später noch einmal deutlich erklärt –, daß er es vorgezogen hätte, wenn die Christen im Osten zum katholischen Glauben übergetreten wären, und er schließt in diesen Wunsch nicht nur die Christen im Osten, sondern unrealistischerweise auch die Türken ein.[24]

Der dritte Punkt betrifft die Festigung des Christentums nach der Eroberung des osmanischen Gebietes. Da Sonnino schlägt hier den Wiederaufbau von Kastellen in dem von den Türken eroberten Gebiet vor, um so den Sieg zu festigen. Er schlägt vor, den Christen in den besiegten Gebieten keinen Schaden zuzufügen und die Bevölkerung wie Brüder zu behandeln – im Gegensatz zu vergangenen Beispielen bei der römischen Eroberung des Byzantinischen Reiches, wie etwa im vierten Kreuzzug im Jahre 1204, als die römische Armee Konstantinopel eroberte und plünderte. Gerade dieser Fall gehörte zu den zentralen Ereignissen, die zum Antagonismus zwischen Byzanz und dem Westen beitrugen, und darauf beruht auch der berühmte Ausspruch in Konstantinopel: „Wir sehen in der Stadt lieber türkische Turbane als römische Helme!"

Der vierte und vielleicht wichtigste Punkt der Abhandlung ist da Sonninos Einladung an alle christlichen Herrscher in Europa, gegen die Türken in den Krieg zu ziehen. Eine Ablehnung betrachtet da Sonnino als größten strategischen und politischen Fehler den Ungläubigen gegenüber. Ein Angriff aus verschiedenen Richtungen, auf dem Land- und dem Seeweg gleichzeitig, ist seiner Meinung nach die einzige Möglichkeit, den Sultan zu schlagen, um dessen Streitmächte zu spalten und ihn davon abzuhalten, persönlich auf dem Schlachtfeld zu erscheinen, so daß seine Soldaten durch seine Abwesenheit demoralisiert würden.[25] Der wichtigste Aspekt dieses Schachzuges wäre seiner Meinung nach die Geschlossenheit der christlichen Herrscher zumindest in der Zeit des Dreißigjährigen Krieges. Er führt den historischen Fall des vierten Kreuzzuges, als die Franzosen und Venezianer sich der Eroberung Konstantinopels anschlossen, als Beispiel für

---

[22] Die Anerkennung des Primat des Papstes durch andere Kirchen und Autoritäten des Christentums.

[23] Da Sonnino, op. cit., 5R–5V: „Il secondo ponto degno di consideratione per quest'istess'effetto, è che'l stato Turchesco hà molti Christiani, come hò detto di sopra, e benche siano scismatici cioè disobedienti al Sommo pontefice Romano, fò sapere, come hò esperimentato, che questo scisma, e questa differenza si reduce in questi tempi solo ne Prelati Greci, perche il popolo hora fatto rozzo, et ignorante, che non sà discernere queste questioni de Primatu Papo, vedendo solo una Croce nell'Insegne degl'Esserciti, e sapendo che sono Esserciti radunati sotto il nome di Christo correrebbono ad unirsi con loro (...)".

[24] Da Sonnino, op. cit., 18R.

[25] Da Sonnino, op. cit., 9R–9V.

die Überwindung der Unterschiede zwischen christlichen Nationen an. Ironischerweise wurde dieser Kreuzzug gegen ein anderes christliches Land geführt. Hier findet sich ein deutlicher Bezug zum noch andauernden Dreißigjährigen Krieg, zumal da Sonnino wenig später den kriegführenden christlichen Herrschern den Vorschlag unterbreitet, wenn schon keinen Frieden, dann zumindest einen Waffenstillstand zu schließen und diesen Waffenstillstand sinnvoll zu nutzen, um die Türken anzugreifen.[26]

Wenn man die Vorstellungen überdenkt, die sich in da Sonninos Werk finden, sowohl die realistischen als auch die unrealistischen, gelangt man zu zwei Schlußfolgerungen: Entweder war da Sonnino zu unwissend, was die strategischen und militärischen Fakten hinsichtlich des Osmanischen Reiches angeht, oder zu optimistisch hinsichtlich der politischen Wirklichkeit. Oder aber man muß die ganze Abhandlung in einem völlig anderen Licht betrachten. Es ist dabei zu bedenken, daß sich der Heilige Stuhl kurz vor Mitte des 17. Jahrhunderts und in der Mitte des Dreißigjährigen Krieges, nach dessen Ende fast die Hälfte Europas an die Protestanten verloren ging, in einer besonderen politischen Situation befindet. Die Jahre nach dem Erscheinen von da Sonninos Abhandlung sind gekennzeichnet durch den Westfälischen Frieden von 1648 und die Stärkung der protestantischen Staaten. In dieser Zeit behauptete auch Frankreich wieder seinen Platz im europäischen politischen System, ein Staat mit einer überwiegend katholischen Bevölkerung, der aber selten mit dem Heiligen Stuhl in Einvernehmen stand, ein Staat, der auch nicht zögerte, sich mit dem protestantischen Schweden zu verbünden, um ein Gegengewicht zur katholischen deutschen Präsenz in Europa zu bilden. Unter diesen Bedingungen reflektiert der politische Jargon da Sonninos auch die Politik Papst Urbans VIII., der vergeblich versuchte, die Feindschaft zwischen Frankreich und Spanien beizulegen und sie als Verbündete gegen die Protestanten im Dreißigjährigen Krieg zu gewinnen. Laut Eamon Duffy war „das Versagen des Papstes, Frieden zwischen den katholischen Gruppen im Dreißigjährigen Krieg zu stiften, ein beredtes – und für den Papst ein Unheil verkündendes – Zeichen für die zunehmend unbedeutende Stellung der Kirche in den politischen Entscheidungsprozessen Europas."[27]

Da Sonninos Bemühungen, die christlichen Herrscher gegen die osmanischen Ungläubigen zu einen – auch wenn sie sich im Dreißigjährigen Krieg als Mißerfolg erwiesen –, waren langfristig von Erfolg gekrönt, war er doch den zukünftigen Geistlichen und Papst Innozenz XI. mit gutem Beispiel vorangegangen. Tatsächlich waren mehr als zweieinhalb Jahrhunderte intensiver Anstrengung nötig, um die politische und intellektuelle Grundlage zu legen für den gemeinsamen Kampf gegen die Osmanen bei der Verteidigung Wiens. Einer der Ersten, der sich in dieser Angelegenheit engagierte, war der byzantinische, im Exil lebende Humanist Cardinal Bessarion von Trebisond (1399/1408? – 1472), ein Zeitgenosse von Papst Pius II. (1458–1464).[28]

---

[26] Da Sonnino, op. cit., 11R.

[27] Eamon Duffy, Saints and Sinners. A History of the Popes, Yale University Press 1997, S. 184

[28] Siehe Scipione Ammirato, Orazioni del Signor Scipione Ammirato a diversi principi

Eines der Argumente, das gegen die Wahl Bessarions zum Papst im Jahre 1455 (er verlor die Wahl mit acht zu fünfzehn Stimmen der Kardinäle) ins Feld geführt wurde, war der Umstand, daß er noch immer einen Bart trug, obwohl er zum katholischen Glauben übergetreten war, und weiterhin darauf bestand, seinen griechischen Habit zu tragen, was Zweifel an der Ernsthaftigkeit seiner Bekehrung aufkommen ließ.[29]

Jedoch lag es in Zeiten der Religionskriege in da Sonninos Absicht, die Aufmerksamkeit vom gegenwärtigen Krieg in Europa auf die Osmanen zu lenken, um so eine völlig andere Kriegsfront zu schaffen. So hätten drei Ziele erreicht werden können: die Beendigung der Feindschaft unter den Christen, der Sieg und die Eroberung osmanischer Gebiete und somit ihrer Reichtümer und schließlich die Wiedereinsetzung der einigenden und hochgestellten traditionellen Rolle der Mutter Kirche, in einer Zeit, zu der das Europa der Neuzeit sich einem anderen politischen System zuwandte, das nicht mehr so sehr an einer religiösen Einheit interessiert war, wenn es seinen Interessen nicht half. Anders ausgedrückt, während bis dahin Religion unweigerlich als Einheit des Christentums gegenüber den Ungläubigen verstanden worden war, bekam sie nun eine stärkere nationale Färbung, und die religiöse Vielfalt unter den europäischen Staaten resultierte eher aus politischen Rivalitäten als aus reinen theologischen Fragen.

Insofern als Marchesis und da Sonninos Manuskripte unsere Aufmerksamkeit auf die „Türkische Frage" und die Identität eines „Europäertums", das um die Christentum und die europäische Einheit herum errichtet wurde, lenken, müssen die folgenden Bemerkungen zur Rolle des Papsttums in bezug auf das Osmanische Reich im Europa des 17. Jahrhunderts gemacht werden:

Es existieren zwei Konfrontations- und/oder Kooperationsformen zwischen den italienischen Staaten und den Osmanen, nämlich Handel und Krieg. Venedig ging es vor allem darum, seine Handelsbeziehungen zu den Osmanen aufrechtzuerhalten. Als allgemeine Regel kann man festhalten, daß in Zeiten, in denen der Krieg einen größeren Profit als der Handel versprach, Venedig sich nicht scheute, in einen Krieg einzutreten, und sich dann als glühendster Verfechter des Krieges zeigte, so wie bei der Seeschlacht von Lepanto (Naupaktos) im Jahre 1571. Gewöhnlich überwog jedoch der Wunsch der Venezianer nach einer freundlichen Koexistenz mit den Osmanen, da Handel und Krieg meist nicht Hand in Hand gingen. Der venezianisch-osmanische Frieden von 1479 und die Eroberung von Otranto durch die Osmanen im darauffolgenden Jahr waren solche Beispiele, trotz eines gefürchteten osmanischen Angriffs auf Rom.

---

intorno ai preparimenti che s'avrebbono a farsi contra la potenza del Turco. Aggiuntioni nel fine le lettere & orazioni di Monsignor Bessarione Cardinal Niceno scritte a Principi d'Italia, Fiorenza: Per Filippo Giunti, 1598. Città del Vaticano: Biblioteca Apostolica Vaticana: Ferraioli. IV. 1794.

[29] Kenneth M. Setton, The Papacy and the Levant (1204–1571). Bd. II., Philadelphia: The American Philosophical Society 1978, S. 162. Siehe auch Marino Zorzi, Cenni sulla vita e sulla figura di Bessarione, in: Bessarione e l'Umanesimo, hrsg. v. Gianfranco Fiaccadori, Napoli: Vivarium, 1994, S. 2.

Eine wichtige Quelle zum Bild der Türken in dieser Zeit sind die *relazioni* der venezianischen Botschafter, die dem Historiker eine etwas andere Sichtweise der militärischen Seite des Osmanischen Reiches vermitteln als die Quellen der Geistlichen in Rom. Dies liegt an den deutlich unterschiedlichen Auffassungen Venedigs und Roms hinsichtlich des Osmanischen Reiches. So verstanden die Venezianer – so ist aus den *relazioni* des venezianischen Botschafters Alvise Contarini, der in Istanbul als venezianischer *bailo* residierte, als da Sonnino dort weilte, zu schließen – die Türken als politische und militärische Gruppe, mit der man so gut wie möglich ohne große Verluste diplomatisch auskommen wollte und der gegenüber man so weit möglich einen Krieg vermeiden wollte. Vorrangiges Ziel der Venezianer war die Maximierung ihrer Handelsprofite. Für Rom hingegen stellten die Türken eine Gruppe dar, gegen die man um jeden Preis Krieg führen wollte, obwohl dieses Ziel ironischerweise nie realisiert werden konnte. Es war der venezianische Botschafter in Rom, Paolo Paruta, der 1594 gegen Klemens VIII. (1592–1605) opponierte, als dieser gegen die Osmanen in den Krieg ziehen wollte. Klemens VIII. wollte seinen Vorteil aus der angeblich – im Vergleich zu dessen Vorgängern – geschwächten Stellung des Sultans Murad III. (1574–1595) und den das Land schwächenden Auswirkungen des langen türkisch-persischen Krieges (1578–1590) ziehen. Eben weil die Osmanen als Sieger aus dem türkisch-persischen Krieg hervorgegangen waren, vertrat Paruta, übereinstimmend mit der venezianischen Sichtweise, die Auffassung, daß Persien seine Rolle als Gegengewicht verloren habe und daß es politisch am besten sei, eine abwartende Haltung einzunehmen, statt einen neuen Kreuzzug zu unternehmen, der den Interessen der Italiener diametral entgegenstand.[30]

Obwohl da Sonnino weder ein Diplomat noch ein erfahrener Militärstratege war, hat es den Anschein, als habe er genug gesunden Menschenverstand besessen, um zu verstehen, daß das Bild, das er in seinen Abhandlungen vom Osmanischen Reich zeichnete, nicht vollkommen der Realität entsprach. Das überzeichnete Bild von den militärisch schwachen Osmanen, das er seinen Lesern präsentierte, läßt sich auf seine ideologische Überzeugungsarbeit zurückführen, auf seinen Willen, sich in einer Zeit katholisch-protestantischer Konflikte in Europa für einen Kreuzzug gegen die Osmanen einzusetzen. Es klingt daher fast paradox, von einem katholischen Kirchenoberen in der Mitte des Dreißigjährigen Krieges politisch begründete Plädoyers für einen Kreuzzug zu vernehmen. Jedoch macht es aus ideologischer Sicht durchaus Sinn, sich für einen Krieg gegen die Ungläubigen einzusetzen, um so die Aufmerksamkeit von der *protestantischen* Frage auf die *Ungläubigen*-Frage zu lenken und so das zweifache Ziel zu erreichen, einen im Grunde europäischen Krieg in eine geographisch entlegene Gegend zu tragen, und wieder die Rolle als eine einigende Kraft, die in der europäischen Politik ein Mitspracherecht besitzt, einzunehmen. Diese Stellung hatte der Papst als Folge der Reformation verloren, nachdem er für Jahrhunderte das hohe Ansehen des Papsttums als geistiger und teilweise auch als weltlicher Führer des Christentums

---

[30] Giovanni Pillinini, Un discorso inedito di Paolo Paruta, in: Archivio Veneto, LXXIV, (1964), S. 7 f.

repräsentierte. Daher fand der Versuch, einer europäischen Identität durch das Christentum wieder Geltung zu verschaffen, seinen Ausdruck im 17. Jahrhundert, als das Papsttum sich anschickte, die türkische Frage als verbindenden Faktor zu gebrauchen. So sehr, daß die Gleichsetzung der Ungläubigen-Frage mit der Häretiker-Frage und die vorbehaltlose Legitimität eines solchen „gerechten Krieges" im Sinne Marchesis schon siebzig Jahre vor seiner Zeit von einem Humanisten wie Erasmus von Rotterdam in dessen *Consultatio de bello Turcis inferendo* bestritten wurde.[31]

Man kann leicht zu der Annahme gelangen, daß – wenn der Kreuzzug erst einmal in die Tat umgesetzt wurde – der „Krieg gegen die Türken" dem Christentum die einmalige Gelegenheit bot, nicht nur Wohlstand und Landbesitz, sondern auch eine zeitliche politische Einheit zu gewinnen, sowie zumindest einen Waffenstillstand mitten im Dreißigjährigen Krieg durchzusetzen. Hierzu äußert sich da Sonnino folgendermaßen: „Möge Gott es zulassen, daß die christlichen Waffen sich gegen die Türken vereinen. Um so mehr, wenn ich nicht irre, als dies der einfachste Weg wäre, ihm einen Waffenstillstand zu diktieren – wenn nicht sogar einen Frieden –, so daß die Herrscher zumindest für einige Jahre Frieden schließen können, ohne die Waffen zurückzulassen."[32]

Die Durchführbarkeit dieser Aufgabe illustriert da Sonnino an dem historischen Beispiel der Eroberung Konstantinopels durch die Kreuzritter im vierten Kreuzzug im Jahre 1204. Dazu schreibt er:

> „Einige werden fragen, ,wer denn nach einem Sieg über die Türken eine Einigung unter den Machthabern herbeiführen wird.' ,Sie werden gegeneinander kämpfen, und es wird niemals einen Frieden geben.' Ich würde ihnen antworten: ,Derjenige, der auch die Einigung zwischen Franzosen und Venezianern brachte, als sie, wie die Geschichte berichtet, Konstantinopel und das griechische Reich einnahmen.' Im völligen Frieden blieben die Franzosen die Herren über Konstantinopel und übergaben das Patriarchat über die *terra ferma* an die Venezianer mitsamt den Inseln und der anderen Provinzen. Die Herrschaft der Franzosen in Konstantinopel dauerte sechzig Jahre. In der Zukunft könnten viele Königreiche, die von den Türken in Europa besetzt sind, so handeln."[33]

So gesehen sind da Sonninos überdeutliche Betonung der Ähnlichkeiten zwischen Griechen und Römern aus religiöser Sicht und seine bewußte Vernachlässigung der Protestanten, was die religiöse Verschiedenheit angeht, die vorrangi-

---

[31] Erasmus von Rotterdam, hrsg. v. A. G. Weiler, Utilissima consultatio de bello Turcis inferendo, in: Opera omnia Desiderii Erasmi Roterodami (Amsterdam, New York, Oxford und Tokio, 1969–), III, 1–8, auf S. 52–56, 68–71, 74, 81–82, in: Norman Housley (Hrsg. u. Übers.), Documents on the later crusades 1274–1580, London 1996, S. 178–183.

[32] Da Sonnino, op. cit., S. 11R.

[33] Da Sonnino, op. cit. S. 8V-9R: „Alcuni potrebbono dire, e chi accordarebbe poi gli Prencipi Christiani, quando havessero espugnato il Turco? S'azzuffarebbono fra di loro, e non vi saria mai pace, et io rispondo, chi accardò gli Francesi, e Venetiani, quando pigliarono Constantinopoli, e l'Imperio de Greci, come l'Historie dicono, pur si legge, che con somma pace, li Francesi restarono Sig.ri di Constantinopoli, e di Terra ferma con concedere il Patriarcato à Venetiani con l'Isole dell'Arcipelago, et altre Provincie e durò l'Imperio de Francesi in Constantinopoli da 60 anni in circa: così potrebbono fare anco per l'avenire, sono tanti gli Regni, ch'occupa il Turco in Europa (...)".

gen Mittel, um die Aufmerksamkeit von innereuropäischen Problemen auf eine andere geographische Region zu lenken. Fast könnte man meinen, die Türken dienten gewissermaßen als Ventil für derlei Äußerungen, da sie entweder als die „Anderen" angesehen oder aber mit Mißbilligung betrachtet wurden. Zur Bedeutung dieses neuen Interpretationsansatzes im 17. Jahrhundert schreibt Norman Housley:

> „Bis vor einigen Jahren hätten die meisten Historiker die Auffassung vertreten, daß die Berücksichtigung von Ereignissen des 16. Jahrhunderts in einem Buch über die späten Kreuzzüge bestenfalls überflüssig sei und schlimmstenfalls töricht. Sie hätten argumentiert, daß das populäre und öffentliche Engagement für einen Kreuzzug gegen die Türken bis 1500 unbedeutend war und daß Aufrufe zu einem solchen Kreuzzug, egal, wie häufig oder nachdrücklich sie von einzelnen Enthusiasten oder der päpstlichen Kurie vorgebracht wurden, daher anachronistisch waren und nur eine ernsthafte Untersuchung durch Altertumsforscher verdienten. Zudem würde die Schilderung der großen Auseinandersetzungen, die im 16. Jahrhundert zwischen den Osmanen und ihren westlichen Feinden, und hier besonders den Habsburgern, auftraten, im Sinne eines Religionskrieges genauso irreführend sein, als übertrüge man diese Beschreibung beispielsweise auf den Feldzug der Alliierten gegen die türkische Armee im Ersten Weltkrieg. Es ist das Verdienst von Professor K. M. Setton, zu zeigen, wie unrichtig diese Sichtweise war.[34] (...) Indem er lediglich eine Beschreibung der Ereignisse lieferte, zeigte Professor Setton, daß diese Beziehungen, obgleich sie viele neue Merkmale enthielten, die charakteristisch für ein Zeitalter tiefgehender Veränderung waren, zugleich eine Fortsetzung der Kreuzzugsgeschichte bildeten, sowohl was grundlegende Ideen und Institutionen als auch eine bestimmte Terminologie anging. Keine großen Gräben trennten die Welt König Philips II. von Spanien und Papst Pius V. von der Welt Philips des Guten von Burgund und Pius II.; die eine entwickelte sich aus der anderen, und beiden waren viele Merkmale gemein."[35]

Die Schlacht von Nikopolis gegen die Osmanen in Bulgarien am 25. September 1396 stellte für die Kreuzritter einen Wendepunkt dar, an dem die große Begeisterung in der Vergangenheit für die Zurückeroberung des Heiligen Landes und Osteuropas für immer schwand.[36] Die Eroberung von Konstantinopel ließ die Europäer eine Tatsache erkennen, die allmählich, aber unaufhaltsam in Osteuropa Gestalt annahm: daß nämlich die Osmanen fast den gesamten Balkan in ihrem Besitz hatten. Die verschiedenen Einfälle der Osmanen ins nordöstliche Italien nach Friaul in den späten 1460er und 1470er Jahren, genau ins Herzland der Serenissima, gefolgt von der Eroberung Otrantos im Jahre 1480, machten den Italienern mehr als deutlich, daß es dringend notwendig war, wenigstens ihre eigene Heimat zu verteidigen. Für Rom war die Zeit nach der Eroberung Konstantinopels bis zur Reformation im 16. Jahrhundert eine Epoche, in der mehrere Versuche unternommen wurden, Kreuzzüge gegen die ungläubigen Türken zur Rettung des Christentums zu organisieren. Angefangen mit der Reformation, gefolgt vom Dreißigjährigen Krieg, sollte die türkische Frage gemeinsam mit der

---

[34] Zu den hier erwähnten Thesen Settons, siehe Kenneth M. Setton, The Papacy and the Levant (1204–1571). Bd. II., Philadelphia: The American Philosophical Society 1978.
[35] Norman Housley, The Later Crusades. From Lyons to Alcazar. 1274–1580, Oxford: Oxford University Press, 1992, S. 118.
[36] Aziz S. Atiya, Crusade, Commerce and Culture, Bloomington: Indiana University Press 1962, S. 110.

protestantischen Frage gelöst werden. Entweder in der Form, daß man die Protestanten gezielt aufforderte, Krieg gegen die Türken zu führen, wie es sich in Marchesis Manuskript zeigt, oder aber in Form einer Rhetorik, die die „Einheit des Christentums" propagiert, um so militärisch vereint mit den Protestanten gegen die Türken vorzugehen. Dadurch wollte man den andauernden Militärkonflikt zwischen Protestanten und Katholiken auf osmanisches Gebiet verlagern, wie da Sonninos Manuskript es nahelegt. Wie Aldobrandino Malvezzi in seinem Buch *L'Islamismo e la Cultura Europea* dokumentiert, schreibt Dupreau 1605: „In dieser unserer Zeit wurde der Mohammedanismus von Luther und seinen Jüngern restauriert." Und Lodovico Maracci schreibt 1689: „Kalvinisten und Sakramentalisten sind beide Söhne und Jünger der Mohammedaner."[37]

Erst nach 1683 wurde für die Europäer offensichtlich, daß die Türken nicht mehr die Entschlossenheit und auch nicht die militärischen Fähigkeiten besaßen, um zu einer Eroberung Gesamteuropas aufzubrechen oder gar zu einer Eroberung Roms, um sich zu Herren einer *Roma caput mundi* aufzuschwingen, was am Vorabend des Jahres 1683 immer noch die herrschende Auffassung der Italiener war, die mit einem bevorstehenden Angriff der Türken auf Rom rechneten. Eine internationale Politik, die sich mit den Osmanen befaßte, fand nach 1683 durch die innere Schwäche der Osmanen teilweise ein Ende. Das neue europäische Gleichgewicht der Kräfte und die relative Stabilität des westfälischen Systems, das 1648 nach Jahrzehnten des protestantisch-katholischen Konflikts erreicht worden war, verband sich mit der Festigung der Macht alter Nationalstaaten wie Frankreich und England. Zudem öffnete die Ausbreitung der europäischen Oberherrschaft auf die neu eroberten Kolonien außerhalb Europas nach und nach die Tür zu einer Epoche, in der die europäischen Fragen in die ganze Welt transportiert und dort ausgefochten wurden. Dies bereitete nicht nur den Boden für ein positiveres, romantisches Bild der Türken im Zeichen der Aufklärung, sondern schaffte auch eine spürbare Änderung der europäischen Haltung zur türkischen Frage. Der „Türke" stand im Zeitalter der Aufklärung nach wie vor im Gegensatz zur europäischen Zivilisation. Es ist kein Zufall, daß die Geburtsstunde des Orientalismus im heutigen Sinne in diese Zeit fällt und teilweise zu dem Orientbild der damaligen Zeit beitrug. Tatsächlich wurde die osmanische Frage ab dem Beginn des 18. Jahrhunderts niemals zu einer Frage des „totalen Kreuzzuges des Christentums", auch wenn es immer wieder einzelne militärische Zusammenstöße zwischen dem Osmanischen Reich und den europäischen Mächten gab. Erst am Vorabend des Ersten Weltkrieges kehrte diese Frage in einem anderen politischen Jargon auf die Tagesordnung zurück, nicht mehr unter dem Namen „Kreuzzug", sondern unter der Rhetorik des „kranken Manns am Bosporus". Es war eine Zeit, in der man der Kämpfe der europäischen Mächte in den Kolonien außerhalb Europas überdrüssig geworden war und eine nicht lange währende Periode, in der erneut der bekannte Refrain von der „zivilisierten Welt" gegen die alten „Despoten" gesungen wurde.

(Aus dem Englischen von Birgit van der Avoort)

---

[37] Aldobrandino Malvezzi, L'Islamismo e la Cultura Europea, Firenze: Sansoni Editore, 1956, S. 260.

Recht zwischen Europa und Asien im 16. und 17. Jahrhundert?*

HEINHARD STEIGER**

I. Fragestellung

a. Als Vasco da Gama am 20. Mai 1498 in Calicut an der Westküste Indiens landete, erntete er die Frucht einer fast hundertjährigen Bemühung der portugiesischen Könige um die Entdeckung des Seeweges nach „Indien".[1] Indien stand in jener Zeit nicht nur für den indischen Subkontinent, sondern für den ganzen asiatischen Raum, aus dem die Gewürze, Stoffe, Edelsteine, Gold und andere in Europa heiß begehrte Waren kamen.

Zwar hatte es seit der Antike Kontakte mit und Berichte über Asien gegeben. Alexander der Große war bis an den Indus gekommen. Seit den Reisen Marco Polos im 13. Jahrhundert und weiteren Reisen meist venezianischer Kaufleute waren durch deren Berichte auch neuere Nachrichten nach Europa gedrungen.[2] Asien gehörte anders als West-Indien zur „Alten Welt". Trotzdem waren die Vorstellungen sehr unbestimmt, unklar und in vielem sagenhaft. So war der Glaube an ein Reich des christlichen Erzpriesters Johannes weit verbreitet.[3] Aber vor allem die allgemeinen Kenntnisse über Ausdehnung, Gestalt, Gliederung, Verteilung von Landmasse und Meer, politische Organisation, die Menschen, die gesellschaftlichen, religiösen und allgemein kulturellen, rechtlichen sowie wirtschaftlichen Zustände und Verhältnisse waren nicht entwickelt. So war Asien oder Ost-Indien, wie es für unsere beiden Jahrhunderte im Unterschied zu West-Indien auch hieß, trotz dieser alten Kontakte in Wahrheit ein unbekannter Raum.

b. Der Wille zur Begründung dauerhafter politischer, wirtschaftlicher und kultureller Beziehungen mit dieser alten, aber in der täglichen Wirklichkeit neuen Welt stellte daher grundsätzliche Fragen, wie diese Beziehungen rechtlich zu

---

* Überarbeitete und erweiterte Fassung meines Vortrages.
** Dr. iur. Univ.Prof. em. für Öffentliches Recht und Völkerrecht Justus-Liebig-Universität Gießen.

[1] Dazu Wolfgang Reinhard, Geschichte der europäischen Expansion, Band 1, Die Alte Welt bis 1818, Stuttgart etc. 1983, S. 28 ff.; Dokumente zur Geschichte der europäischen Expansion, hrsg. von Eberhard Schmitt, Band 1, Die mittelalterlichen Ursprünge, München 1986, Band 2, Die großen Entdeckungen, hrsg. von Matthias Meyn u. a., München 1984.

[2] Berichte in: Dokumente Bd. 1 (Anm. 1), Nr. 17–23, 25, S. 103 ff.

[3] Der erste Bericht stammt wohl von Otto von Freising in seinem Chronicon von 1145. Aber die Legende hielt sich lange bis zur endgültigen Entdeckung Ost-Indiens. Dazu auch Ernst Reibstein, Völkerrecht Band 1, Freiburg i. Br, 1957, S. 213 ff. Mit der Entdeckung des christlichen Äthiopiens 1520 glaubte man, das Reich entdeckt zu haben. Literarisch verarbeitet jetzt in Umberto Eco, Baudolino, dt. Frankfurt a. M. 2001.

ordnen seien. Denn solche hatte es bis dahin nicht gegeben. Zwar bestanden in Asien hochorganisierte und durchgebildete, in mancher Hinsicht kulturell sogar überlegene Herrschaftseinheiten, die zum Teil auf eine lange Geschichte zurückblicken. Aber diese standen außerhalb der für Europa durch langes Herkommen auf dessen christlichen Grundlagen geformten rechtlichen Ordnung; sie gehörten nicht zur *respublica christiana*. Ihre Bewohner waren keine Christen, teilten also nicht dieselben Grundsätze und Grundlagen des gemeinsamen auch rechtlichen Lebens. Ihre gesellschaftlichen und politischen Formen und Organisationen waren ganz andere als die europäischen. Waren unter diesen Umständen friedliche, rechtliche Beziehungen mit diesen Mächten möglich? Waren sie für Europäer rechtliche Partner? Konnten mit ihnen verbindliche Verträge geschlossen werden? Waren Reisen dorthin, Handel dort und mit ihnen, gar Missionierung rechtlich zulässig? Gab es ihnen gegenüber vielleicht sogar legitime Gründe für eine Unterwerfung unter europäische Herrschaft, und wenn ja, unter welchen Voraussetzungen?

Europa kannte zwar derartige Fragen schon seit langem in bezug auf den Islam, insbesondere auf das Osmanische Reich. Es war sehr strittig, ob mit diesem echte Rechtsbeziehungen begründet werden könnten. Theorie und Praxis stimmten nicht immer völlig überein.[4] Aber die Frage nach den allgemeinen Grundsätzen, Regeln und Maßstäben für die rechtliche Gestaltung des Verhältnisses zu den asiatischen Herrschern oder Mächten[5] mußte neu beantwortet werden; denn die Verhältnisse und Interessen waren andere. Gewiß war aber, daß das Verhältnis zu Ost-Indien rechtlich zu begründen war. Reine Tatsächlichkeit genügte nicht. Die tragende Grundlage der europäischen Ordnung war die Religion, die festigende Struktur aber war das Recht. Eine Ordnung ohne Recht oder überhaupt ein rechtloser Zustand waren nicht vorstellbar; das wäre das Chaos. Auch der Krieg war in das Recht eingebettet. Er mußte stets ein *bellum iustum* sein, das hieß vor allem, aus einem gerechten oder doch legitimen Grund geführt werden. Politik, d.h. herrschaftliches Handeln mußte sich ethisch/rechtlich rechtfertigen. Das galt sowohl gegenüber den Herrschaftsunterworfenen als auch gegenüber anderen Herrschern, und damit auch gegenüber den ungläubigen, d. h. nicht-christlichen Herrschern Asiens. Daher mußten rechtliche Antworten gefunden werden.

Zwar war das europäische oder doch in Europa entwickelte Recht und Rechtsdenken maßgebend. Ein anderes kannte man nicht. Jedoch bot das europäische Herkommen auch einen Ansatz für die theoretische Antwort in der Lehre vom Naturrecht und vom *ius gentium*. Auf sie ist in Abschnitt III einzugehen. Die Praxis der rechtlichen Beziehungen weicht aber auch hier mehr oder weniger ab.

---

[4] Dazu Jörg Fisch, Die europäische Expansion und das Völkerrecht (= Beiträge zur Kolonial- und Überseegeschichte Bd. 26, hrsg. von Rudolf von Albertini und Heinz Gollwitzer), Stuttgart 1984, S. 185 ff.

[5] Ich verwende den Begriff „Macht" für die politischen Einheiten an Stelle von „Staat". Denn dieser Begriff könnte zu Mißverständnissen über die Struktur der asiatischen Mächte führen, die keine Staaten im modernen Sinne waren. Im übrigen setzte sich die staatliche politische Organisationsform auch in Europa erst in dieser Zeit weitgehend durch.

Sie wird im Abschnitt IV darzustellen sein. Vor den beiden rechtlichen Erörterungen soll die Ereignisgeschichte in Abschnitt II jedenfalls im Überblick skizziert werden. Im letzten Abschnitt V soll der Versuch gemacht werden, einige allgemeine Schlußfolgerungen zu ziehen.

II. Abriß der Ereignisgeschichte

a. Die politische Gliederung Asiens oder Ost-Indiens zur Zeit des Eintreffens der Portugiesen war mannigfaltig. Auf dem Festland lagen von West nach Ost das Kaiserreich Persien, Indien mit mehreren muslimischen und hinduistischen Königreichen und Fürstentümern, die Königreiche Birma, Siam und der indochinesischen Halbinsel, das Kaiserreich China und auf östlich vorgelagerten Inseln Japan, das nominell auch ein Kaiserreich, tatsächlich aber in mehrere Fürstentümer zerfallen war. Waren dies insgesamt großflächige Mächte, so gab es auf Ceylon, der südlichen malaiischen Halbinsel und auf den Inseln Südostasiens, den Molukken, Sumatra, Borneo, Java, Celebes u. a. eine Fülle kleinerer mindermächtiger Könige und Sultane, die zum Teil zu anderen Herrschern in einem Vasalitätsverhältnis standen. Auf den Inseln der später sogenannten Philippinen scheinen keine festeren politischen Strukturen bestanden zu haben. Mit ihnen allen traten die Europäer auf die ein oder andere Weise in Verbindung und mußten diese irgendwie rechtlich regeln.

Die kontinentalen Kaiser- und Königreiche hatten nicht nur unterschiedliche Größen, sie hatten auch jeweils ihre eigene politische Ordnung und Form. In Indien bestanden zu Beginn des europäischen Eindringens im Norden einige muslimische Sultanate und Königreiche und im Süden hinduistische Reiche, unter ihnen das kleine Calicut ebenso wie das größere Vijayanagar.[6] Während unserer Epoche entstand von Norden her ab 1526 das Reich der islamischen Moguls, die bis zum Ende des 17. Jahrhunderts fast ganz Indien unter ihre Herrschaft brachten und so nicht nur die anderen islamischen Sultanate, sondern auch die Mehrzahl der hinduistischen Königreiche beseitigten. Mit Ausnahme Indiens veränderten sich die großen Reiche in diesen beiden Jahrhunderten kaum. Japan fand allerdings in den ersten Jahrzehnten des 17. Jahrhunderts wieder zu einer neuen Zentralregierung.[7] Die zwischen ihnen bestehenden politischen und ökonomischen Beziehungen, Rivalitäten, Konflikte bis zu kriegerischen Auseinandersetzungen sind hier nicht näher zu erörtern. Ihre Reaktion auf das Erscheinen der Europäer, zunächst der Portugiesen und ab dem Ende des 16. und dem Beginn des 17. Jahrhunderts der Niederländer, Engländer und Franzosen war sehr unterschiedlich, änderte sich auch im Laufe der Zeit. Die großen Mächte übten in der Regel größere bis vollständige Zurückhaltung ihnen gegenüber. Grundsätzliche Veränderungen der politischen herrschaftlichen Strukturen brachte das Erscheinen der Europäer und ihre Festsetzung für diese Mächte zunächst nicht.

[6] Ainslie T. Embree u. Friedrich Wilhelm, Indien, Fischer Weltgeschichte Bd. 17, Erstausgabe Frankfurt a. M. 1967, S. 204 ff., 225 ff., 241 ff.

[7] John Whitney Hall, Das Japanische Kaiserreich, Fischer Weltgeschichte Bd. 20, Erstausgabe Frankfurt a. M. 1968, S. 143 ff., 161 ff.

Anders wirkte sich das Eindringen und die Festsetzung der Europäer auf die Entwicklung der kleineren mindermächtigen Königreiche an den Küsten Indiens, auf Ceylon und den Inseln Südostasiens aus. Sie gerieten in starke innere und äußere Abhängigkeiten bis hin zur Errichtung europäischer Oberherrschaft oder Protektorate.

Weite Teile der Region waren zum Zeitpunkt des Erscheinens der Portugiesen bereits islamisch. Der Islam hatte sich von Persien her über Nordindien auf den Handelswegen bis nach Südostasien ausgedehnt.[8] Diese Entwicklung dauerte während der Periode an. In Indien bestand jedoch auch weiterhin der Hinduismus, der mit dem Islam schon damals Konflikte austrug. China, Siam und Japan waren buddhistisch, China mit konfuzianischer Prägung. Auf diese religiöse Strukturen traf die christliche Mission, um sie zu verändern.

Es bestanden lebhafte dichte Handelsbeziehungen in dem gesamten Raum von Osten nach Westen bis in das Osmanische Reich und umgekehrt, aber auch zwischen den südlichen Inseln und den Kontinentalmächten. Eine Drehscheibe war auf der Südspitze der malaiischen Halbinsel in Malacca entstanden.[9] Für die Handelsbeziehungen gab es Regulierungen von seiten der verschiedenen Mächte. Vor allem China scheint dabei relativ strikt verfahren zu sein, zumal auch die Piraterie nicht fehlte. Der Handel war zu großen Teilen fest in moslemisch-arabischer Hand, zumal in Richtung Kleinasien.

Gerade diesen Handel wollten die Portugiesen im 16. und Niederländer, Engländer, Franzosen im 17. Jahrhundert an sich und unter ihre Kontrolle bringen. Die Mittel, die sie anwandten, um dieses Ziel zu erreichen, waren grundsätzlich dieselben. Es lag ihnen in dieser Zeit nicht daran, größere eigene Territorialherrschaft aufzubauen.[10] Sie haben es nicht einmal versucht. Das unterschied ihr Vorgehen grundsätzlich von dem der Spanier und auch dem eigenen in West-Indien. Zu großen Kriegen der Eroberung und Unterwerfung kam es daher nicht. Die europäischen Mächte errichteten – jeder für sich und gegeneinander – vielmehr ein Netz von See- und Handelswegen über die Meere bis nach Japan und die Molukken, das sie an Stützpunkten auf den Küsten des Kontinents und der Inseln verankerten. Um diese errichten zu können, führten sie häufig kleinere kriegerische Auseinandersetzungen gegen lokale Herrscher, oft mit recht großer Brutalität. Auch Eroberungen kleinerer Herrschaften war nicht ausgeschlossen. Der Rechtsstatus dieser Stützpunkte war verschieden. Einige standen unter der souveränen Herrschaft der jeweiligen europäischen Macht. Andere blieben unter der Herrschaftsgewalt des asiatischen Herrschers, waren aber mit sehr unterschiedlichen Rechten und Privilegien zugunsten der europäischen Macht ausgestattet. Grundlage dafür waren ausschließlich Verleihungen des Herrschers, seien sie einseitig oder vertraglich vereinbart. Die chinesischen Positionen waren besonders schwankend, sowohl was die Mission als auch was den Handel anging.

---

[8] Embree/Wilhelm, Indien (Anm. 6), S. 177 ff.; John Villiers, Südostasien vor der Kolonialzeit, Fischer Weltgeschichte Bd.18, Erstausgabe Frankfurt a. M. 1965, S. 258 ff.

[9] Villiers s. S. 265 ff., 274 ff.

[10] Reinhard, Geschichte (Anm. 1), S. 60, nennt es mit Bezug auf die Portugiesen eine „Herrschaft eher über Märkte als über Territorien".

Japan, dessen einzelne Fürsten zunächst sehr großzügigen Zugang auch für die Mission gestattet hatten, schloß sich nach der Einigung 1638 fast völlig nach außen ab.

Manchmal genügte militärischer Druck, um die Einräumung von Niederlassungs- und sonstigen Rechten zu erreichen. Aber gegenüber den „Großen" half das in dieser Periode wenig bis nichts. Hier kam es auf die Ausnutzung politischer Spielräume an, der Gegensätze zwischen den Mächten vor allem in Indien, aber auch auf den Inseln, auf diplomatisches Geschick, auch auf die Bereitschaft zur, wenn auch unter Umständen nur vorläufigen Anpassung an die Verhältnisse. Die Portugiesen mußten viel Lehrgeld zahlen, die Späteren konnten auf deren Erfahrungen aufbauen.

b. Nach der ersten Landung der Portugiesen[11] führten weitere Reisen da Gamas und anderer Beauftragter des portugiesischen Königs zu einer festen Position der Portugiesen. Zentrale Erfolge waren die Eroberung von Ormuz 1507 und die Einnahmen Goas 1510 und Malaccas 1511. Diese eröffneten den Weg einerseits nach China und später Japan und andererseits zu den Molukken und den indonesischen Inseln. Überall wurden Niederlassungen errichtet, wenn auch unter sehr verschiedenen rechtlichen Regimen. Goa, Malacca, Bombay standen unter eigener direkter souveräner Herrschaft Portugals. Die meisten blieben mit einem mehr oder weniger weitreichenden Sonderstatus unter der Gebietshoheit des jeweiligen Herrschers.

Die Indienfahrt wurde von den portugiesischen Königen selbst angeordnet, organisiert und mit staatlichen, finanziellen, personalen und rechtlichen Mitteln, mit königlichen Schiffen, königlichen Offizieren unterstützt. Private Kaufleute waren in dem vom König gesetzten Rahmen daran beteiligt. Der König legte sich nach der Rückkehr da Gamas den Titel eines Herrn *de estado da India* bei. Er setzte zu seiner Vertretung in allen Herrschaftsrechten in Indien einen Vizekönig ein. Daneben wurden andere Repräsentanten des Königs bestellt. Sie alle vertraten den König gegenüber den verschiedenen Herrschern. Die Beziehungen waren also grundsätzlich solche zwischen dem König von Portugal und dem jeweiligen asiatischen Herrscher.

Portugal verfolgte vor allem drei Ziele: Kampf gegen den Islam, vor allem das Osmanische Reich,[12] Mission und Erwerb und Durchsetzung des Handelsmonopols zwischen Europa und „Indien", aber auch in Asien selbst. Sie führten daher heftige Kriege gegen die muslimischen Kaufleute, die den Handel zwischen Indien und Europa durch Kleinasien in der Hand hatten. Sie setzten sich in einem fast zwanzigjährigen Kampf schließlich durch und konnten den Handel für über ein Jahrhundert monopolisieren. Soweit indische Fürsten die muslimischen Kaufleute unterstützten, so vor allem der Zamorin von Calicut, wo Portugal seinen Kampf um Asien begann, wurden sie in die Auseinandersetzungen mit

---

[11] Zu dieser Reise Dokumente (Anm. 1), Bd. 2, S. 126 ff.; Donald F. Lach, Asia in the making of Europe, Bd. 1, The Century of Discovery, 1. Teilband, Chicago 1965, S. 92 ff.

[12] Kavalam Madhava Panikkar, Asien und die Herrschaft des Westens, Zürich 1955, S. 22 ff.

einbezogen.[13] Allerdings gelang es den Portugiesen nicht, Calicut zu erobern und zu unterwerfen.[14]

Die Portugiesen stützten sich rechtlich auf päpstliche Bullen, in denen ihnen die Herrschaft und alle damit verbundenen Rechte über Afrika und die östlich davon gelegenen Gebiete im 15. Jahrhundert verliehen worden waren. Sie sollten dort gegen die Ungläubigen, Sarazenen, Heiden kämpfen, deren Länder besetzen und unterwerfen und sie vor allem zum Christentum bekehren. Zur Finanzierung wurden ihnen ausschließliche Handelsprivilegien eingeräumt und auch Dispense von den kanonischen Handelsverboten mit Ungläubigen erteilt.[15] Grundlage dieses Vorgehens der Päpste war eine Theorie der Weltherrschaft der Päpste, die sich zwar auf deren geistliche Gewalt gründete, aber den weltlichen Raum dafür in Anspruch nahm.[16] Nach dem Eintritt Spaniens in den Wettlauf nach „Indien", der zum Wettlauf um die Entdeckung und Beherrschung neuer Weltteile wurde, wurde die Welt durch Verträge zwischen ihnen weltlich und durch weitere päpstliche Bullen kirchlich geteilt. Den Portugiesen blieb der Osten und damit Asien.[17] Auf diese päpstlichen Verleihungen beriefen sich die Portugiesen noch im 17. Jahrhundert in ihren Auseinandersetzungen mit den Niederländern in einem grundsätzlichen Disput zwischen Hugo Grotius und Seraphim de Freitas über die Freiheit des Zugangs nach Asien.[18] Aus der Sicht der Reformation waren diese Verleihungen keine gültigen Rechtstitel zwischen Europäern. Gegenüber den nicht-christlichen Asiaten entbehrten sie aus deren Sicht jeder Grundlage. Es gab also insoweit keine gemeinsame Rechtsgrundlage zwischen allen Beteiligten.

Die Portugiesen waren zudem bemüht, den päpstlichen Auftrag der Mission zu erfüllen.[19] In den muslimischen Gebieten war Mission von vornherein ausgeschlossen. In den hinduistischen und buddhistischen Gebieten wurde sie jedenfalls zeitweise zugelassen. Einen besonderen Aufschwung erhielt die Mission durch Franz Xaver, einen Mitgründer des Jesuitenordens. Er bereiste ganz Asien, neben Indien und Südostasien auch Japan. China erreichte er selbst nicht mehr,

---

[13] Panikkar ebd. S. 26 ff.

[14] Panikkar ebd. S. 32 f.

[15] Dazu die Bulle Nikolaus V., „Romanus Pontifex" v. 1455, Fontes Historiae Juris gentium, hrsg. von Wilhelm G. Grewe, Bd. 1,1380 v. Chr./B.C. - 1493, Berlin 1995, S. 643 ff.

[16] Siehe Kapitel III.c.

[17] Vertrag v. Alcaçovas 1479, Fontes (Anm. 15), Bd. 2, Berlin 1984, S. 683; Vertrag v. Tordesillas v. 7. Juni 1494, ebd., Band 2, Berlin 1988; Sixtus IV, Bulle Aeterni regis v. 21. Juni 1481, ebd., Bd. 1, S. 649; Alexander VI., Bulle Inter cetera v. 4. Mai 1493, ebd., Bd. 2, S. 103 ff. In den zwanziger Jahren kam es zwischen ihnen zu einer Auseinandersetzung über die Molukken, weil deren Lage zur Teilungslinie strittig war. 1528 gab es einen Vertrag zugunsten Portugals; Reinhard, Geschichte (Anm. 1), S. 70 ff.

[18] Hugo Grotius, De mare libero, 1610, Neuausgabe lat./engl. v. James Brown Scott, Washington 1916; Seraphim de Freitas, De iusto Imperio Lusitanorum Asiatico 1625, dt. Übersetzung v. Jörg P. Hardegen, Über die rechtmäßige Herrschaft der Portugiesen in Asien, Kiel 1976, Kap. VII ff., S.178 ff. Dazu Charles Alexandrowicz, Introduction to the History of the Law of Nations in the East Indies (16th, 17th and 18th centuries), Oxford 1967, S. 61 ff.

[19] Ausführlich Lach, Asia (Anm. 11) Bd. 1, Teilbd. 1, S. 229 ff.

aber den Jesuiten gelang es, ab 1581 durch weitgehende Anpassung an chinesische Lebensweise und Gebräuche und über Theologie hinausgehende Kenntnisse in Mathematik, Astronomie etc. in Peking aufgenommen zu werden, bleiben zu können und Einfluß zu gewinnen. Aber der kircheninterne „Ritenstreit" ging gegen sie aus und zerstörte die Grundlagen jesuitischer Mission in China.[20] Es gab erste Verfolgungen ab 1615. In Japan nahmen einige Fürsten die Missionsbemühungen Franz Xavers und das Christentum zwar positiv auf, andere zeigten sich auch sehr ablehnend. Die Schließung des Landes 1638 verhinderte eine Missionierung überall und zerstörte die bestehenden Gemeinden in heftigen Christenverfolgungen. Auf den Inseln Südostasiens blieb wegen der Vorherrschaft des Islam nur wenig Raum, so vor allem auf den Molukken. Auch hier gab Franz Xaver die Anstöße, auch hier führten andere sein Werk fort.

Am Ende des 16. Jahrhunderts hatte Portugal eine relativ feste Thalassokratie aufgebaut, d. h. ein Netz an Land verankerter See- und Handelswege, die es beherrschte und gegen andere Konkurrenten, vor allem asiatische Kaufleute sichern und kontrollieren konnte. Diese durften nur Handel in der Region betreiben, wenn sie im Besitz eines *cartazes*, eines Geleit- oder Schutzbriefes, waren. Schiffe, die ohne einen solchen Geleitbrief angetroffen wurden, wurden weggenommen.[21] Aber diese Thalassokratie wurde durch europäische Neuankömmlinge, die niederländische, englische und später französische Handelskompanie in Frage gestellt und schließlich größtenteils zerstört. Sogar Dänen und Brandenburger versuchten sich, allerdings ohne bleibenden Erfolg.[22]

c. Die ersten Niederländer erreichten Südostasien im letzten Jahrzehnt des 16. Jahrhunderts. 1601 gründeten niederländische Kaufleute die *Vereenigde Nederlantse Oost-Indische Compagnie*, V.O.C. Diese frühe Form einer Aktiengesellschaft erhielt eine Charter der Generalstaaten, die ihre Statuten mit allen Rechten und Pflichten der Teilhaber festlegte, ein niederländisches Handelsmonopol schuf, d. h. alle anderen Niederländer von der Ost-Indien-Fahrt ausschloß, und vor allem der Kompanie innere und äußere Hoheitsrechte für die Gebiete zwischen dem Kap der Guten Hoffnung und der Magellanstraße übertrug, also Gesetzgebung, Verwaltung, Rechtsprechung, Krieg und Frieden, Gesandtschaftsrecht, Vertragsrecht, Festungsbaurecht etc.[23] Diese V.O.C. trug die niederländische Expansion in Ost-Indien, nicht die Vereinigten Niederlande, deren Generalstaaten oder gar der Statthalter. Nur in seltenen Fällen, so beim Vertrag mit Persien von 1631, wurden die Generalstaaten selbst aktiv. Schon diese Konstruktion zeigt, daß die Niederländer sich allein darauf beschränkten, Handel zu treiben, die Handelswege unter ihre Kontrolle zu bringen, den Handel gegenüber allen Konkurrenten zu monopolisieren und diese Monopolstellung ständig auszubauen und zu verteidigen. Mission war ihre Sache nicht.

---

[20] Johannes Beckmann, Art. Ritenstreit, in: Lexikon für Theologie und Kirche, 2. Aufl., hrsg. von Josef Höfer und Karl Rahner, Bd. 8, Freiburg i. Br. 1963, Sp. 1322 ff.
[21] Alexandrowicz, Introduction (Anm. 18), S. 71 ff.
[22] Reinhard, Geschichte (Anm. 1), S. 150 ff.
[23] Fontes (Anm. 15) Bd. 2, S. 171.

Vertreter der V.O.C. in Ost-Indien war der von der Kompanie ernannte Generalgouverneur. Er hatte seinen Sitz schließlich in Djarkarta, das die Niederländer Batavia nannten.

Es gelang der V.O.C. sehr schnell, ein Netz von Stützpunkten und See- und Handelswegen in Asien aufzubauen, vor allem auf den südostasiatischen Inseln und auf Ceylon, aber auch in Indien, Siam und selbst in Nagasaki.[24] Da die V.O.C. mit ihren Aktivitäten in den von ihr nicht anerkannten portugiesischen Ausschließlichkeitsanspruch einbrach, kam es zwischen beiden zu ständigen kriegerischen Auseinandersetzungen.[25] Die Niederländer verdrängten schließlich die Portugiesen weitestgehend aus deren bisherigen Stellungen, Stützpunkten und Niederlassungen. Sie schlossen dafür häufiger Bündnisse mit einheimischen Herrschern. Diese wurden dann allerdings nicht selten der Oberherrschaft oder dem Protektorat der V.O.C. unterstellt. Insgesamt scheint die V.O.C. eine stärkere eigene Herrschaft in ihren Stützpunkten, Niederlassungen etc. ausgeübt zu haben als die Portugiesen. Es gelang ihr, die Vorherrschaft unter den europäischen Mächten in Ost-Indien zu erlangen.

d. Die Niederländer mußten sich aber auch gegen die Engländer durchsetzen, die ungefähr um die gleiche Zeit den Weg nach Ost-Indien fanden.[26] Auch hatten sie sogar noch vor den Niederländern 1600 die *East-Indian Company* gegründet. Sie war von Königin Elisabeth I. mit einer königlichen Charter ausgestattet worden, die ebenfalls das Statut und ein englisches Handelmonopol enthielt. Es fehlte aber die ausdrückliche Übertragung oder Delegation von Hoheitsrechten, vor allem auch der äußeren Souveränitätsrechte.[27] Das wurde von Karl I. bzw. Cromwell anläßlich notwendiger Neuordnungen nachgeholt.

Die englische Kompanie war im 17. Jahrhundert bei weitem nicht so erfolgreich wie die V.O.C. Auch sie verfolgte wie diese das Ziel, auf Kosten der Portugiesen, aber auch der Niederländer ein monopolistisches Handelsnetz mit entsprechenden Stützpunkten aufzubauen. Es gelang der britischen Kompanie aber nicht, gegen die Niederländer auf den südostasiatischen Inseln Fuß zu fassen. Sie wandten sich daher mehr Indien zu, wo u.a. Karl II. 1661 Bombay als Heiratsgut seiner portugiesischen Frau erhielt. Die Kompanie erwarb ihrerseits noch weitere Stützpunkte. Auch in Siam ließen sie sich jedenfalls vorübergehend nieder.

f. Von den anderen europäischen Mächten gelang es nur den Franzosen zur Zeit Ludwigs XIV. und seines Ministers Colbert dauerhaft Fuß zu fassen.[28] Auch sie gründeten 1664 eine *Compagnie française pour le commerce des Indes orienta-*

---

[24] Reinhard, Geschichte (Anm. 1), S. 108 ff.
[25] Den Beginn machte wohl die Wegnahme des portugiesischen Handelsschiffes „Santa Caterina" durch ein niederländisches Kriegsschiff am 25. Februar 1603, dazu Dirk Van der Cruyssee, Louis XIV et le Siam, Paris 1991, S. 57 ff.
[26] Reinhard, Geschichte (Anm. 1), S. 130 ff.
[27] Fontes (Anm. 15), S. 165.
[28] Cruyssee, Louis XIV (Anm. 25), S. 117 ff.; Reinhard, Geschichte (Anm. 1), S. 146 ff.

les. Ihr Erfolg in Asien selbst war im 17. Jahrhundert noch nicht sehr groß. Aber immerhin konnte sie sich in Siam und an der indischen Ostküste in Pondichery etablieren. Natürlich wirkten sich die französisch-niederländischen Kriege in der zweiten Hälfte des 17. Jahrhunderts ebenfalls in Asien aus.

Diese *Compagnie des Indes* betrieb zwar die französischen Handelsinteressen, aber der politisch aktive Träger war wieder der König selbst. Er ernannte unter anderem auch einen Vizekönig, der ihn persönlich vertrat.

Die Franzosen unterstützten auch wiederum sehr stark die Mission. Sie wurde vor allem von den Jesuiten getragen.[29]

e. Zusammenfassend läßt sich festhalten, daß es in den zwei Jahrhunderten den europäischen Mächten gelungen war, sich in Ost-Indien festzusetzen, den Handel sowohl nach Europa als auch in Asien selbst an sich zu ziehen. Die politische Struktur der großen Reiche blieb unangetastet. Die Europäer integrierten sich nicht in das asiatische System, sondern legten ihre eigenen Netze über die fortbestehenden Strukturen und verankerten sie an bestimmten Punkten, errichteten aber in Teilen eine Art Oberherrschaft. Gelenkt und geleitet wurden diese Netze von Europa aus, wenn auch vor Ort entscheidungsberechtigte Repräsentanten saßen, die zwar sehr weite Entscheidungsspielräume, aber keine Unabhängigkeit besaßen und sich stets in den europäischen Zentralen verantworten mußten.

III. Die europäische Völkerrechtslehre für Übersee

a. Die rechtliche Ordnung des Verhältnisses zu den fernen nicht-christlichen Mächten außerhalb der *respublica christiana*, die nun doch in den Handlungsbereich der Europäer gerückt waren, erschien auf zwei Ebenen, der theoretischen in der Lehre vom Naturrecht und dem *ius gentium* und der praktischen durch die konkreten rechtlichen Regelungen vor Ort. Die erste Ebene wird in diesem, die zweite im folgenden Abschnitt dargestellt.

b. Naturrecht und *ius gentium* gehörten seit der Antike zur europäischen Rechtskultur und -tradition.[30] Sie hatten beide einen menschheitlichen universellen Ansatz, schienen also vorzüglich geeignet, ein theoretisches Fundament für die rechtliche Ordnung des Verhältnisses zu den fremden Mächten zu legen. Aber es waren europäische Konzepte, nicht auch asiatische und damit keine universell

---

[29] Cruyssee, ebd., S. 141 ff.

[30] Karl-Heinz Ilting, Art. Naturrecht in: Geschichtliche Grundbegriffe – Historisches Lexikon zur politisch-sozialen Sprache in Deutschland, hrsg. von Otto Brunner, Werner Conze und Reinhart Koselleck, Bd. 4, Stuttgart 1978, S. 245–313; E. Wolf u. a., Art. Naturrecht in: Historisches Wörterbuch der Philosophie, hrsg. von Joachim Ritter u.a., Bd. 6, Basel 1984, Sp. 560 ff.; zum ius gentium/Völkerrecht und seinem Zusammenhang mit Naturrecht: Ernst Reibstein, Völkerrecht I, Freiburg i. Br. 1957; Heinhard Steiger, Art. Völkerrecht, in: Grundbegriffe, Bd. 7, Stuttgart 1992, S. 97–140, S. 108 ff.

anerkannten Konzepte. Das gilt es zu beachten.[31] Trotzdem wirkten sie sich positiv aus, weil sie aus europäischer Sicht die Begründung konkreter Rechtsbeziehungen dem Grunde nach eröffneten.

Die frühmoderne naturrechtliche Völkerrechtslehre ging, mit wenigen Ausnahmen, von dem Konzept der einen, wenn auch in Nationen oder *gentes* gegliederten Menschheit aus.[32] Das *ius gentium* war in dieser Sicht das auf das Verhältnis der *nationes, populi, gentes, civitates* angewandte universelle Naturrecht. Es wird daher auf die gesamte Menschheit, alle Völker/Staaten (*gentes/ nationes*), alle Menschen, alle Fürsten etc. bezogen.

Die Naturrechtslehre wie die Lehre des *ius gentium* war in unserer Periode zunächst geprägt durch die scholastische, also eine theologische Lehre, vor allem durch Thomas von Aquin.[33] Im Lauf der Zeit wurde sie zu einer philosophisch-juristischen Lehre.[34] Dieser Übergang hatte zwar bestimmte Konsequenzen, vor allem in der Lehre vom Kriege. Aber eine strenge Trennung dieser drei Ansätze hatte es in Europa bis dahin nie gegeben, und sie setzte sich auch in unserer Epoche nicht endgültig durch. Sie trat erst später ein.

So waren es zuerst Theologen, die spanischen Spätscholastiker, die die hier zu entscheidenden Fragen aufnahmen, allerdings in bezug auf die Indianer. Sie anerkannten zum einen die Rechtssubjektivität aller Menschen unabhängig davon, ob sie gläubige Christen seien oder nicht, denn auch die *barbari* hätten das besondere Kennzeichen des Menschen gegenüber dem Tier, den Gebrauch der Vernunft. Sie seien daher grundsätzlich Eigentümer ihrer Sachen und Herrscher über ihre Länder.[35] Diese Rechte hätten sie auch nicht verloren, nicht durch Verfügung der Päpste, die nicht Herren der Welt seien, und nicht auf andere

---

[31] Auf die europäische Tradition und Bedingtheit der universell konzipierten Lehre des Hugo Grotius hat nachdrücklich hingewiesen der japanische Völkerrechtshistoriker Onuma Yasuaki, A normative approach to war, hrsg. von demselben, Oxford 1993, Introduction S. 4 ff., und Appendix S. 371 ff. Allerdings schließt das nicht aus, daß die naturrechtliche Völkerrechtslehre universalisierbar war, weil sie auf dem Grundprinzip der Gleichheit aller Völker und Staaten beruhte.

[32] Franciscus de Vitoria, Relectio de Indis, in: ders., Vorlesungen II (Relectiones), Völkerrecht Politik Kirche, lat./dt., hrsg. von Ulrich Horst, Heinz-Gerhard Justenhoven, Joachim Stüben (= Theologie und Frieden, Band 8), S. 370–541, Sect. Tertia, Primus Titulus, S. 461 f.; Franciscus Suarez, De legibus ac Deo legislatore, 1612, Neuausgabe hrsg. von James Brown Scott, lat./engl. 2 Bände (= The Classics of International Law, Band 20), Oxford 1944, Lib. I, cap. XIX, § 9; Hugo Grotius, De iure belli ac pacis, Paris 1625, dt. von Walter Schätzel, Vom Recht des Krieges und des Friedens (= Die Klassiker des Völkerrechts, Band 1), Tübingen 1950, Vorrede §§ 7 ff., S. 32 ff.; Samuel Pufendorf, De iure naturae et gentium libri octo, 16, dt.: Acht Bücher vom Natur- und Völcker-Rechte, Frankfurt a. M. 1711, ND Hildesheim 1998, 2 Bde., Buch II, Kap. 2, Bd. 1, S. 259 ff.; Gottfried Wilhelm Leibniz, Codex Juris Gentium Diplomaticum, Hannover 1693, Praefatio (keine Seitenzählung).

[33] Thomas v. Aquin, Summa Theologia II–II Art. 2nd ff., Die Deutsche Thomasausgabe, lat./dt., hrsg. von Albertus Magnus Akademie Walberberg, Bd.18, Heidelberg etc. 1953, S. 6 ff.

[34] Es seien zwei Hauptwerke aus dieser Zeit genannt: Grotius, De iure belli (Anm. 32); Pufendorf, De iure naturae (Anm. 32).

[35] Vitoria, De Indis (Anm. 32), S. 370 ff.; Franciscus Suarez, De triplici virtute theologica, fide, spe, et charitate, 1621, Neuausgabe (Anm. 32), Disp. XIII De bello, Sect. V.

Weise. Ein Recht der Spanier, gegen sie Krieg zu führen, ihre Länder zu besetzen und zu unterwerfen, die Menschen zu Sklaven zu machen, bestehe also nicht von Anfang an. Auch der Unglaube der Indianer berechtige dazu nicht. Es bedürfe vielmehr besonderer Gründe, um gegen sie Krieg führen und sie unterwerfen zu dürfen. Auch von der philosophisch-juristischen Naturrechtslehre wurde diese Position geteilt.[36] Das gilt mutatis mutandis auch für Asien. Auch Freitas stellte die ursprünglichen eigenen Herrschaftsrechte der asiatischen Herrscher nicht in Frage, bejahte aber Verfügungsrechte der Päpste.[37] Praktisch stellten sich die Probleme allerdings für die asiatischen Verhältnisse nicht in derselben scharfen Weise wie in West-Indien.

c. Aus dem Konzept der einen Menschheit folgte aber auch, daß alle überall zu den Gütern der Welt freien Zugang haben und freien Handel mit allen Regionen der Welt treiben können sollten, wenn das nicht mit Schaden für die dort lebenden Menschen einhergehe. Das folge aus dem durch die Vernunft zwischen den Menschen und Völkern festgesetzten *ius gentium*.[38] Das gilt theoretisch für alle, ist ein gegenseitiges Recht der Europäer wie der Asiaten und Indianer. Daneben trat ein zweites Recht, das aus dem Auftrag Christi hergeleitet wurde: „Gehet hin in alle Welt und lehret alle Völker und taufet sie im Namen des Vaters und des Sohnes und des Heiligen Geistes..." (Math. 28,19). Das war ein „Sonderrecht" der Christen gegenüber den Nicht-Christen.[39] Eine Gegenseitigkeit war dafür prinzipiell ausgeschlossen. Die christliche Mission in Übersee war auf Grund des päpstlichen Auftrags für Spanier wie Portugiesen bindende Verpflichtung. Sie bildete eine tragende Rechtfertigung ihres Vorgehens in den neuentdeckten Weltteilen. Die Äußerungen in diese Richtung sind zahlreich. Wir greifen im Hinblick auf die Zeit des Spätmittelalters und der Frühen Neuzeit bis in das 17. Jahrhundert hinein zu kurz, wenn wir diese Bindung an den christlichen Glauben, die Pflicht und Sorge für seine Ausbreitung und die entsprechenden Aktivitäten als vordergründig, vorgeschoben und bloße Verschleierung höchst weltlicher Interessen einschätzen. Die religiösen Motivationen des politischen Handelns waren in dieser Epoche tragend. Zwar ist es angesichts der Art und Weise, wie Mission teilweise erfolgte, wie sie sich auch mit Handel verknüpfte, berechtigt, daran Kritik zu üben. Aber das geschah bereits damals, und nicht ganz ohne Erfolg.[40]

Wurden diese beiden Rechte nicht gewährt, d.h. wurden die Europäer am freien Zugang zum Handel oder an der Niederlassung gehindert und wurde die

---

[36] Grotius, De mare libero (Anm. 18), Cap. II, S. 11 ff.

[37] Freitas, Herrschaft (Anm. 18), Kap. III, § 4, S. 95, weshalb er ein Recht der Portugiesen aus Entdeckung, das nur an herrenlosem Gebiet möglich ist, verneint.

[38] Vitoria, De Indis (Anm. 32), Sect. tertia, §§ 1 ff., S. 460 ff.; auch Grotius vertritt ein sehr weitgehendes Durchzugsrecht zum Zwecke des Handels, De iure belli (Anm. 32), Lib. 2, cap. XIII, S. 152 ff.

[39] Fisch, Expansion (Anm. 4), S. 183 ff.

[40] Insbesondere durch den Dominikanermönch Bartolomé de las Casas, der sogar Karl V. zu bestimmten Schutzmaßnahmen zugunsten der Indianer veranlassen konnte, dazu Fisch, Expansion (Anm. 4), S. 231. Literarisch verarbeitet von Reinhold Schneider, Las Casas vor Karl V.

Mission untersagt, wurden gar bereits gläubig gewordene Christen verfolgt, dann lagen im Rechtssinn der überkommenen Lehre vom *bellum iustum* Rechtsbrüche vor, die *iustae causae* für einen Krieg gaben. Dieser konnte bis zur Unterwerfung führen, wenn dies notwendig war, um die Rechte durchzusetzen. Der erste Rechtsgrund wurde auch in der vernunftbegründeten Naturrechtslehre ohne weiteres aufrechterhalten.[41] Der zweite Grund machte eine gewisse Veränderung zu einem religiös – zivilisatorischen Argument durch.[42]

d. Gegen diese gegenüber den nicht-christlichen Mächten in Übersee grundsätzlich offene naturrechtlich-völkerrechtliche Konzeption standen zwei auch praktisch relevante Konträrpositionen.

Eine seit dem Mittelalter geläufige Theorie vertrat die Auffassung, daß mit dem Erscheinen Christi die Herrschaft ganz allgemein von den Ungläubigen genommen und auf die Christen, und das hieß letztlich in die Verfügung des Papstes übergegangen sei.[43] Gerade dagegen hatte sich zwar Vitoria gewandt, wobei er sich auf Innozenz IV. berufen konnte. Aber darauf beruhte der rechtlich-politische Anspruch der Portugiesen und der Spanier in ihrer Auseinandersetzung mit den anderen europäischen Mächten um deren Begehren auf Zugang zu den Gebieten in Übersee bis in das 17. Jahrhundert hinein.[44] Das war also nicht nur ein theologisch-theoretischer Streit. Allerdings erledigte er sich dann doch durch die Entwicklung ab dem Ende des 16. Jahrhunderts.

Anders war es hingegen mit einer allmählichen Abwandlung des religiösen Arguments in ein zivilisatorisches. Es stützte sich nicht zuletzt auf die Auffassung des Aristoteles, daß es natürlicherweise Sklaven und Herren gebe, die Thomas von Aquin aufgenommen hatte. Daher hatten sich die Spätscholastiker nicht prinzipiell dagegen gewandt, es aber für die Indianer ausdrücklich abgelehnt, da diese keine natürlichen Sklaven seien. Hingegen räumte der spanische Theologe Sepulveda auf Grund der allgemeinen und besonders der religiösen Sitten wie Menschenopfer und Menschenfresserei der *barbari* den Spaniern ein Recht ein, gegen diese vorzugehen und sie ihrer Herrschaft zu unterwerfen.[45] Auch wurde von einigen Autoren, anders als noch von Vitoria, ein Krieg gegen diejenigen für erlaubt gehalten, die sich gegen Gott, die Natur und das Naturrecht vergingen, u. a. durch Atheismus, also völlige Religionslosigkeit, Menschenfresserei, Menschenopfer, Verehrung von Dämonen, Matriarchat, Herrschaft von Sklaven u. a., also ein Strafkrieg.[46] Francis Bacon erklärte derartige Völker zu

---

[41] Grotius, De iure belli, Buch II, Kap. II (Anm. 32), S. 146 ff.

[42] Dazu im folgenden Abschnitt d.

[43] Heinrich von Segusio, gen. Hostiensis, zit. bei Fisch, Expansion (Anm. 4) S. 189 ff. mit weiteren Darlegungen zu dieser Diskussion.

[44] Freitas (Anm. 18).

[45] Juan Gines de Sepulveda, Démocrates Segundo o de las justas causas de la guerra contra los indios, 1533, Neuausgabe lat./span., hrsg. v. Angel Losada, Madrid 1984, S. 37 f.

[46] Albericus Gentilis, De iure belli libri tres, 1598, Neuausgabe 2 Bde. lat./engl., hrsg. von Coleman Phillipson (= The Classics, oben Anm. 32, Band 16), Oxford 1930, Lib. 1 cap. 25; Grotius, De iure belli (Anm. 32), Buch 2, Kap. 20, Sect. XL; S. 354 ff.; Richard Zouche, Iuris Fecialis sive iuris inter gentes, Oxford 1650, Neuausgabe lat./engl. 2 Bde. (= The Classics, oben

„no nations in right but multitudes only, and swarms of people". Sie seien „outlawed peoples und occupants de facto and not de jure of their territories in respect of the nullity of their policy or government". Diese Nationen könnten, ja sollten durch Nationen unterworfen werden, „that had only policy and moral virtue".[47] Damit waren ihre Gebiete herrenlos im Rechtssinne und dem freien Okkupationsrecht durch die Europäer zugänglich. Diese Position wurde von Pufendorf durch den Vergleich zwischen europäischen und asiatischen Völkern und Mächten einer heftigen Kritik unterzogen.[48] Er tadelt Griechen, Römer und ausdrücklich auch die europäischen Völker seiner Zeit für die Einbildung, andere Völker als „Barbaren" aus dem Recht ausgrenzen zu wollen.

Das Zivilisationsargument hatte zwar gegenüber den Reichen Asiens keine Relevanz. Ihre politische und kulturelle Gleichrangigkeit, wenn nicht Überlegenheit war zu offensichtlich. Aber für noch unentdeckte Räume, z. B. Australien und Neuseeland, bekam es schon in dieser Zeit Aktualität.[49]

e. Gab es nach der naturrechtlichen Auffassung keine grundsätzlichen rechtlichen Unterschiede der Völker, Nationen, *civitates*, so wich die Praxis davon doch erheblich ab. Den Weg dazu ebneten einerseits die Sonderrechte. Andererseits anerkannten die meisten Autoren der naturrechtlichen Völkerrechtslehre ein *ius gentium positivum*, *secundarium* oder *voluntarium*. Auf Einzelheiten der sehr unterschiedlichen Theorien ist hier nicht einzugehen. Aber die Unterscheidung ist gerade auch für das Verhältnis der europäischen zu den asiatischen Mächten von erheblicher praktischer Bedeutung. Denn es war anerkannt, daß das konkrete positive, d.h. vor allem vertragliche Völkerrecht von dem allgemeinen naturrechtlichen Völkerrecht abweichen konnte. So galt zwar alles, was die naturrechtliche Völkerrechtslehre an Grundsätzen für das Verhältnis der Völker, Fürsten oder *civitates* untereinander entwickelte, bis hin zur gleichen Souveränität, in der universellen Ausrichtung auch für die ungläubigen Herrscher, Völker, Staaten Asiens. Aber in der Praxis konnte vieles über das vorrangige positive Recht anders geregelt werden, weil die Wahrnehmung der Sonderrechte verknüpft mit dem Prinzip der Souveränität dazu die rechtlich-politischen Spielräume eröffnete.

Anm. 32, Band 1) Washington 1911, Pars II, Sect. 7, §§ 1, 2, S.120; i. e. Fisch, Expansion (Anm. 4), S. 245, 247 f. Eine gewaltsame Sicherung und Durchsetzung der Mission lehnen diese Autoren aber ab.

[47] Francis Bacon, Advertisement Touching an Holy ware, London 1629, in: The works of Francis Bacon (hrsg. v. James Spedding u. a.), London 1861, ND Stuttgart 1963, Bd. 7, S. 9 ff., S. 31 ff.; er nennt i. ü. ausdrücklich die Inkas. Dazu Fisch, Expansion (Anm. 4), S. 253 ff.

[48] Pufendorf, Acht Bücher (Anm. 32), Buch II, Kap. III, § 7.

[49] Seine eigentliche Karriere machte das Zivilisationsargument im 19. Jahrhundert, Fisch, Expansion (Anm. 4), S. 290 ff.; Wilhelm G. Grewe, Epochen der Völkerrechtsgeschichte, 2. Aufl. Baden-Baden 1988, S. 520 ff.

IV. Die europäische Praxis in Ost-Indien

a. Die Praxis der Begründung konkreter rechtlicher Beziehungen der Europäer mit asiatischen Herrschern bediente sich zweier Instrumente, einseitiger Akte dieser Herrscher und zweiseitiger Verträge.

Dabei wird der Unterschied zwischen großen und mindermächtigen Herrschern deutlich. Von den Großmächten hat nur Persien 1631 einen Vertrag mit den Niederlanden abgeschlossen.[50] Weder die Mogule Indiens noch die Kaiser Chinas oder Japans bzw. dessen Teilfürsten traten mit einer der europäischen Seemächte in Asien in vertragsrechtliche Beziehungen. China hat lediglich mit dem Nachbarn Rußland Verträge geschlossen.[51] Ein Vorvertrag englischer Kaufleute mit zwei indischen Gouverneuren 1612 erhielt trotz eines fürsprechenden Briefes Jakobs I. an den Mogul nicht dessen Zustimmung.[52] Er erteilte lediglich einseitige Firmane zugunsten der Kaufleute. Das waren Anweisungen an seine Gouverneure und andere Beamte, den Engländern bestimmte Privilegien und Vorteile für den Handel einzuräumen und dafür gewisse Höchstsummen an Abgaben zu erheben. Sie waren also offenbar nicht einmal an die Kaufleute, d. h. an die Kompanie selbst gerichtet. Auch China und oft auch Persien erteilten solche oder ähnliche einseitige Bewilligungen, Privilegien. So gingen sie keine gegenseitigen Rechtsbindungen ein und behielten sich die Verfügungsgewalt darüber vor. Sie konnten wohl beliebig widerrufen, eingeschränkt aber auch erweitert werden. Aber es ist auch anzunehmen, daß diese Herrscher für eine vertragliche Bindung keine hinreichende Rechtsgrundlage sahen. Es könnte in ihren Augen an einer gemeinsamen Rechtsordnung gefehlt haben. Sie wandten nur ihr Recht gegenüber den Fremden an. Hingegen schlossen die Könige von Siam einige Verträge mit den europäischen Ankömmlingen.[53]

Die Masse der Verträge aber betraf die mindermächtigen Könige an den Küsten Indiens, Ceylons, der südostasiatischen Inseln, Sumatra, Java, Borneo, der Molukken.[54] Das zeigt bereits ein Machtgefälle an, das sich bei der Analyse der Verträge bestätigt. Es werden im folgenden aber nicht die jeweiligen ver-

---

[50] Vertrag v. 7. Februar 1631, in: Corps Universel Diplomatique du Droit des Gens contenant un Recueil des Traitez, hrsg. von Jean Dumont, 8 Bände in je zwei Teilbänden und 3 Supplemente, Amsterdam 1728 ff., Bd. VI, Teil 1. Amsterdam 1730, Nr. II, S. 2.

[51] So z. B. Friedens- und Grenzvertrag 1689, in: Nouveau Recueil Général des Traités etc., hrsg. von Georg Friedrich Martens, Bd. I, S. 17 ff.

[52] Charles Umpherston Aitchison, Collections of Treaties, Engagements and Sanads relating to India and neighbouring Countries, 5th ed., 14 Bde., Calcutta 1933, Bd. 6, für Surat, S. 217 ff. Zu dieser Praxis Alexandrowicz, Introduction (Anm. 18), S. 179 Note G.

[53] Mit Portugal 1516; in: Judice Biker, Colecçao de Tradados e concertos de pazes o Estado da India Potugueza fez com os Reis e Senhores.... 14 Bde., Lissabon 1881 bis 1887; Bd. 1; Niederlande/V.O.C. 1636, 1664, 1688, in: Corpus Diplomaticum Neerlando-Indicum, 1907 (1931) hrsg. von J. E. Heeres, Teil I 1602 bis 1650 und Teil II 1650–1700, S. 281, 473; Frankreich vom 10. Dezember 1685, in: Corps (Anm. 50), Bd. VII, Teilband 2, Nr. LXIII, S. 120, und 1687 (2).

[54] Es liegen außer den genannten weitere Sammlungen dieser Verträge der einzelnen europäischen Mächte vor, die allerdings über unseren Zeitraum weit hinausreichen: siehe Alexandrowicz, Introduction (Anm. 18), S. 248 f.

traglichen Beziehungen als solche analysiert. Sondern es geht um die Erfassung der allgemeinen Struktur der Verträge. Es wird die in Europa zu dieser Zeit praktizierte Struktur zugrundegelegt, um auf diese Weise Übereinstimmungen und Abweichungen besser feststellen zu können.

b. Allerdings wurde in Europa nach wie vor die Frage erörtert, ob Verträge mit Ungläubigen rechtsverbindlich seien.[55] Diese Frage zielte traditionell und praktisch vor allem auf Verträge mit islamischen Mächten. Aber zum einen waren viele Mächte in Ost-Indien islamisch oder wurden es. Zum andern betraf die Debatte prinzipiell alle Verträge mit nicht-christlichen Ungläubigen, also auch mit Hindus und Buddhisten. Nach kanonischem Recht waren solche Verträge allgemein nicht zulässig. Aber die Diskussion wurde immer differenzierter in den Unterscheidungen der Inhalte und Zielrichtungen eines Vertrages. Einen gewissen Durchbruch in der Praxis, der allerdings auch heftig kritisiert wurde, brachte der Vertrag des französischen Königs Franz I. mit Sultan Suleiman 1535.[56] Aber die Portugiesen brauchten sich in der Praxis nicht zu sorgen. Denn sie hatten in den päpstlichen Bullen Dispens von allen Verboten erhalten. In der späteren Literatur wurden Handelsverträge generell als zulässig angesehen. Probleme machten bis in das 17. Jahrhundert Bündnisverträge von christlichen mit nicht-christlichen Mächten gegen andere christliche Mächte. Solche gab es aber in Ost-Indien auf allen Seiten in großer Zahl.

c. Die europäischen Mächte schlossen grundsätzlich mit allen Herrschern in Asien Verträge, die sich dazu anboten. Die Portugiesen schlossen Verträge mit dem König von Siam ebenso wie mit Königen oder Sultanen an der Küste Indiens, z. B. von Cochin, einem Vasallen des Königs von Calicut,[57] mit diesem selbst,[58] mit den Königen von Cambaia/Sultanat von Gujerat,[59] mit dem vorher unterworfenen König von Ormuz[60] sowie mit Herrschern auf den südostasiatischen Inseln. Die Niederländer, die eine wesentlich ausgedehntere Vertragspraxis hatten, schlossen Verträge nicht nur mit dem Schah von Persien und dem König von Siam, sondern ebenso mit den Königen bzw. Sultanen in Indien,[6] auf Ceylon, und den Inseln Südostasiens, wo es eine Unzahl kleiner Herrscher gegeben hat.[62] Die englische und die französische Vertragspraxis war im 17. Jahrhundert noch nicht so ausgedehnt. Viele dieser Könige oder Sultane standen jedoch in Vasalitätsverhältnissen zu anderen Herrschern. Aber das scheint ihre

---

[55] Dazu Alexandrowicz, ebd. S. 83 ff.
[56] Fontes (Anm. 15), Bd. 2, S. 71.
[57] Lach, Asia (Anm. 11), Bd. I, Teilbd. 1, S. 352.
[58] 1559, Colecçao (Anm. 53), Bd. 1, S. 88.
[59] Z. B. 1539 und 23. Dez. 1543, Colecçao (Anm. 53), Bd. 1, S. 86 und 103.
[60] 1. September 1507, Biker, Colecçao (Anm. 53), Bd. 1, S. 1; Fontes (Anm. 15), Bd. 2, S. 62.
[61] Z. B. Vertrag mit dem König v. Cochin, v. 20. März 1663, Corps (Anm. 50) Bd. VI, Teilbd. 2, Nr. 183, S. 454 ff., Corpus (Anm. 53), sowie Nr. 223, S. 243 ff.
[62] Eine erste Übersicht der in Corpus (Anm. 53) in beiden Bänden enthaltenen Verträge ergab an die 600.

Vertragsfähigkeit für die Europäer nicht beeinträchtigt zu haben.[63] Die Frage scheint ernsthaft erst im 18. Jahrhundert eine Rolle gespielt zu haben. Da auch in Europa selbst im 16. und noch im 17. Jahrhundert grundsätzlich jeder selbständige Herrscher Verträge etc. mit auswärtigen Mächten abschließen konnte, volle Souveränität noch kein allein maßgebliches Kriterium dafür bildete, war das für die Portugiesen im 16. und die Engländer und Niederländer im 17. Jahrhundert wohl kaum problematisch.

d. Auf seiten der Europäer waren die Vertragspartner sehr unterschiedlich. Für die Portugiesen war der König in einigen Fällen selbst Vertragspartner, in anderen Fällen war es der Vizekönig.[64] Abgeschlossen wurden die Verträge durch die Vizekönige oder andere Bevollmächtigte.

Bei den Niederländern hing es vom asiatischen Vertragspartner ab.[65] Vertragspartner des Vertrages mit Persien waren die Vereinigten Niederlanden, abgeschlossen wurde er von den Generalstaaten und dem Statthalter. Auch viele Herrscher auf den südostasiatischen Inseln legten Wert darauf, mit den Niederlanden bzw. den Generalstaaten und dem Statthalter abzuschließen, allerdings immer über die V.O.C. bzw. deren Generalgouverneur. Aber mehr und mehr wurde vor allem im Falle der mindermächtigen Könige die V.O.C. selbst Vertragspartner. Abgeschlossen wurden die Verträge durch die Generalgouverneure oder deren Bevollmächtigte.

Die Franzosen wählten, ähnlich den Niederländern, beide Wege. Mit bedeutenderen Herrschern, so dem König von Siam 1685 und 1687 schloß Ludwig XIV. durch Bevollmächtigte die Verträge.[66] Sonst handelte der Gouverneur von Pondichéry.

e. Für die innere Struktur der Verträge übernahmen die Europäer zumeist die herkömmliche europäische Vertragsform. Fast alle portugiesischen Verträge beginnen mit der Anrufung des allmächtigen Gottes.[67] In den niederländischen fehlt sie in der Regel. Es folgt eine Präambel mit den Namen der Vertragsunterhändler und Vertragsparteien, auch mit Bezugnahme auf Vollmachten, die teilweise mitüberliefert sind. Die operativen Teile beginnen öfter mit einer Friedensklausel, verbunden mit einer Freundschafts- und Bündnisklausel. Die weiteren Bestimmungen betreffen sehr verschiedene Inhalte. Das Inkrafttreten wird sehr unterschiedlich geregelt und hängt von den Partnern und der Art des Vertrages ab. Das gilt auch für die Notwendigkeit der Ratifikation. In einigen portugie-

---

[63] Alexandrowicz, Introduction (Anm. 18), S. 15 ff.
[64] Alexandrowicz, ebd. S. 165; so wurde der Vertrag von Ormuz (Anm. 60) nur von dem portugiesischen Indien-Admiral Alfonso de Albuquerque geschlossen.
[65] Beispiele bei Alexandrowicz, Introduction (Anm. 18), S. 32 ff.
[66] Den Vertrag von 1685 schloß der bevollmächtigte Gesandte Chevallier de Chaumont; zum Ablauf der Gesandtschaft im Herbst 1685 insgesamt Cruyssee, Louis XIV (Anm. 25), S. 335 ff.
[67] Z. B. Vertrag mit den Königen von Bisnagua Goa v. 19. Sept. 1547, von Cambia v. 23. Dez. 1543, Colecçao (Anm. 53) Bd. 1.

sischen Verträgen ist die Beeidigung durch beide Seiten vorgesehen, die ihn jeweils nach ihren religiösen Vorschriften beschwören.[68] In den Verträgen der V.O.C. waren manchmal Eide nur auf seiten der asiatischen Partner vorgesehen. Diese hatten auch mitunter Geiseln zu stellen.[69] Bemerkenswert ist, daß die meisten der portugiesischen Verträge offenbar in Persisch, Arabisch oder einer anderen Sprache des Landes abgefaßt sind.[70] Die Verträge der V.O.C. sind hingegen überwiegend in niederländisch und in der jeweiligen asiatischen Sprache abgefaßt.[71] Die Bestimmungen sind entweder in Artikelform, in Absätzen eines Fließtextes oder in einem äußerlich ungegliederten Fließtext dargestellt. Das mag aber auch an der Druckwiedergabe liegen.

Die Übertragung europäischer Vertragsformen auf die Vertragsschlüsse mit den asiatischen Herrschern war aber nicht immer möglich. Abweichende Formen asiatischer Herkunft finden sich verschiedentlich. Beispielsweise wurde der französisch-siamesische Vertrag von 1685 in einer in Asien gebräuchlichen Form von Bitten, die der französische Gesandte vortrug, und gnädigen Gewährungen, die der König aussprach, geschlossen.[72] Ob man von gleichen oder ungleichen Verträgen ausgehen muß, entscheidet sich aber an den Inhalten.

f. Inhalte von Verträgen bestimmen sich nach den Zielen und Zwecken ihrer Partner und nach deren politischem Gewicht und Geschick, sie durchzusetzen. Da die Initiative für alle Verträge grundsätzlich bei den Europäern lag, solche in ihrem Interesse, auf ihre Veranlassung und manchmal unter ihrem Druck zustande kamen, standen ihre Ziele und Zwecke im Vordergrund. Das zentrale Ziel aller Europäer war, ihre Handelsinteressen in Asien selbst und zwischen Asien und Europa durchzusetzen, auszubauen, zu sichern und andere Konkurrenten vom Handel auszuschließen. Daran richteten sich die Inhalte der Verträge aus.[73]

Zugang zu Handel setzt die Begründung eines festen, konkreten, rechtlich geregelten Zustandes voraus. Anfangs fehlte es überall an einem solchen. Er mußte als „Frieden" hergestellt werden, auch wenn kein Krieg stattfand, also ein allgemeiner, aber doch sehr instabiler Frieden bestand. Da allerdings in der ersten Phase häufig kriegerische Auseinandersetzungen stattfanden und auch später solche immer wieder ausgetragen wurden, war auch zumeist deswegen ein formeller ausdrücklicher Friedensschluß notwendig. So beginnen sehr viele Verträge mit einer Friedens- und Freundschaftsklausel nach europäischem Muster. Die

---

[68] Z. B. Vertrag mit König v. Cambia ebd. „segundo seu custume".

[69] Beispiele bei Alexandrowicz, Introduction (Anm. 18), S. 166 ff.

[70] Das gilt selbst für den Vasallitätsvertrag von Ormuz (Anm. 60), der in persischer und arabischer Sprache formuliert wurde. Zum Sprachproblem Alexandrowicz, Introduction (Anm. 18), S. 164.

[71] Z. B. Bündnis und Protektoratsvertrag der V.O.C. mit Paducca, Sultan von Tello (Makassar), Corps (Anm. 50), Bd. VII Teilband 1, Nr. XXIX, S. 76 ff.

[72] Oben Fußnote 53. So auch der Vertrag der V.O.C. mit dem König von Siam 1688 (Anm. 53). Weitere Beispiele bei Alexandrowicz, Introduction (Anm. 18), S. 163.

[73] Sie sind ausführlich analysiert von Alexandrowicz, Introduction (Anm. 18), S. 97 ff. Ich werde mich daher im Folgenden mit Beispielen begnügen.

Formulierungen waren an die europäischen Verträge angelehnt. Versprochen werden fester, dauerhafter Frieden, Eintracht, Freundschaft und Vertrauen.[74] Es finden sich sowohl in den portugiesischen als auch in den niederländischen Friedensverträgen auch Amnestieklauseln für die Vergangenheit.[75]

Vielfach wurden vor allem mit kleineren, lokalen Herrschern Bündnisse abgeschlossen. Auch dafür werden europäische Begriffe benutzt: Freundschaft, Bündnis, Allianz etc. In den portugiesischen Verträgen findet sich dabei fast stets die damals bereits über tausend Jahre alte Formel, Freund der Freunde, Feind der Feinde des Partners zu sein.[76] Da die Bündnisse vor allem der Sicherung der Handelsmacht des europäischen Partners gegen einheimische wie vor allem europäischer Mitbewerber galten, legten sie überwiegend einseitige Pflichten des asiatischen Partners zugunsten des europäischen Partners fest.

Die Europäer versuchten immer, sich die asiatischen Herrscher möglichst zu unterwerfen. Dabei zeigt sich eine bemerkenswerte Modernisierung. Die Portugiesen bedienten sich in einigen Fällen noch des älteren Instituts der Vasallität mit Tributzahlungen.[77] In den niederländischen Verträgen wurden Bündnisse nicht selten in das anscheinend hier entstehende modernere Institut des Protektorats umgeformt. Die Vereinigten Niederlande oder die V.O.C. werden als „beschemheer", „schut- en schem heer"[78] oder „protector"[79] angenommen. Der Vertrag mit dem König von Tello ist zwar ein extremes, aber doch sehr einprägsames Beispiel.[80] Der Text beginnt mit einer langen einseitigen Erklärung des Königs. Er bittet, in die Allianz und die väterliche Protektion der V.O.C. aufgenommen zu werden. Er stellt für den Fall seines Todes seine Kinder unter die Vormundschaft und Protektion der V.O.C. Ein Nachfolger soll nicht ohne die Zustimmung der Kompanie gewählt werden.[81] In einer Gegenerklärung nimmt die V.O.C. den Sultan in die Allianz auf. Der Sultan wird unter ihren Gehorsam gestellt. Er muß Geiseln stellen. Etwas später schließen sich andere Herrscher des

---

[74] Z. B. Vertrag Portugal mit dem König v. Cambia (Anm. 67) „paaz e concordia firme", mit König von Calicut (Anm. 53) „paaz e amizidade"; V.O.C. Verträge mit Siam (Anm. 53), Kambodscha v. 1. Febr. 1656, Corpus (Anm. 53), Teil II, Nr. CCXIX, S. 93; Vertrag mit König von Cochin v. 20. März 1663 (Anm. 61) „eeuwigduijrende vrede, liefde, endragt ende vertrouwelijkheit", Corpus (Anm. 53), Nr. 228, S. 242 ff.

[75] Z. B. Vertrag der V.O.C. mit dem König v. Cananoor (Küste v. Malabaar) v. 26. März 1663, Corpus (Anm. 53) Teil II, Nr. CCLXXIV, S. 246. Zum Zusammenhang von Amnestie und Frieden in Ostasien: Jörg Fisch, Krieg und Frieden im Friedensvertrag, Stuttgart 1979, S. 150 ff., S. 167 ff., S. 180 f.

[76] Z. B. Vertrag mit dem König v. Bisnagua (Anm. 67). Das Bündnis richtete sich gegen Perser, Araber, Türken. 1615 schlossen die Portugiesen eine Reihe von Bündnissen gegen die Niederländer, Colecçao (Anm. 53), Bd. 1, S. 189.

[77] So mit Ormuz (Anm. 60), mit Aden 1530, Colecçao (Anm. 53), Bd. 1, S. 54.

[78] Z. B. Verträge mit dem König von Ternate v. 26. Mai 1607, Fontes (Anm. 15), Bd. 2, S. 64 und v. 30. März 1667, Corpus (Anm. 53), Nr. 313, S. 356 ff.; Vertrag der V.O.C. mit dem König v. Tidor v. 29. März 1667, Corpus (Anm. 53), Nr. 311, S. 348–351.

[79] Z. B. Art. 3 Verträge mit dem König v. Cochin (Anm. 61).

[80] Oben Anm. 71.

[81] So z. B. auch die in Anm. 78 genannten Verträge mit den Königen von Tidor und Ternate.

Königreiches Maccassar mit denselben Bedingungen an.[82] Die einheimischen Herrscher blieben meistens in ihrer Position, aber in gewisser Weise von Gnaden der Kompanie. So wird, wenn Aufstände oder Ähnliches vorausgegangen waren, einerseits die schwere Schuld der asiatischen Seite festgestellt und andererseits die Gnade der Kompanie hervorgehoben.[83] Wenn die Niederländer, wie die anderen europäischen Mächte, auch keine eigene direkte Territorialherrschaft anstrebten, so errichteten sie doch auf diese Weise in vielen Teilen Südostasiens, an der Küste Malabaars, aber auch auf Ceylon eine Art Oberherrschaft, unter der zwar die lokalen Herrscher weiter regierten, aber in weitgehender Abhängigkeit von der V.O.C. nach außen und nach innen standen. Es wurde oft vereinbart, daß der König, seine Vasallen, seine Untertanen mit niemanden Kontakt aufnehmen und Handel treiben durften, der keine entsprechende Erlaubnis der Kompanie vorweisen konnte. Nicht einmal Gesandte durfte der ein oder andere König ohne Genehmigung der Kompanie ins Land lassen.[84]

Zur Aufnahme, Abwicklung, Organisation, Sicherung ihrer Handelsaktivitäten benötigten alle europäischen Handelsmächte feste Stützpunkte. Diese konnten nur durch Eroberung oder durch Überlassung erworben werden. Soweit sie nicht unter eigener Souveränität standen, sondern unter der jeweiligen Gebietshoheit blieben, sollten sie mit möglichst weitreichenden Sonderrechten und Privilegien der Selbstverwaltung ausgestattet und, wenn möglich, sogar durch eigene Festungen gesichert werden.[85] Diese Plätze, Orte, Gebiete und Sonderrechte wurden zwar häufig durch einseitige Weisung zugewiesen. Das konnte wie im Falle Macaos, das 1557 den Portugiesen vom chinesischen Kaiser zugewiesen wurde, dauerhaft sein.[86] Aber wenn möglich, sollten diese Rechte durch einen rechtlich verläßlicheren Vertrag festgelegt werden. Auch dies waren einseitige Vorgänge zugunsten der Europäer. Nur den Persern wurde für ihre Niederlassung in Amsterdam eine entsprechende Stellung in Europa eingeräumt.[87]

Die eigentlichen Handelsregelungen selbst waren ebenfalls im Hinblick auf die genannten Ziele normalerweise höchst einseitig zugunsten der Europäer ausgerichtet. In den portugiesischen Verträgen richteten sich diese Regelungen vor allem auf Ausschluß der Araber und Türken.[88] In den niederländischen Verträgen richteten sie sich gegen alle anderen Europäer, an erster Stelle gegen die Portugiesen, aber auch gegen Engländer, Franzosen, Dänen sowie mosle-

---

[82] Corps (Anm. 50), Bd. VII, Teilband 1, Nr. XLVIII, S. 114.
[83] Dazu ausführlich Fisch, Krieg (Anm. 73), S. 169 ff.
[84] Z. B. Absatz 4 Vertrag der V.O.C. mit dem König v. Tidor (Anm. 78) sowie mit dem König v. Ternate v. 30. März 1667, Corpus (Anm. 53), Nr. 313, S. 356 ff.. Das stellt eine erhebliche Verschärfung gegenüber dem ersten Vertrag vom 26. Mai 1607, Fontes (Anm.15), Bd. 2, S. 64, dar, in dem es eine solche Bestimmung noch nicht gab.
[85] Art. 4 Vertrag Portugal-Ormuz (Anm. 60); Art. 3 Vertrag der V.O.C. mit dem König v. Ternate, ebd.; Art. VI Vertrag mit dem König von Cochin (Anm. 61).
[86] Cruyssee, Louis XIV (Anm. 25), S. 29. Es blieb bis in das 19. Jahrhundert unter chinesischer Oberhoheit, kam dann unter volle portugiesische Souveränität und fiel 1976 an China zurück.
[87] Vertrag von 1631, dazu Alexandrowicz, Introduction (Anm. 18), S. 119 ff.
[88] Art. 2 und 6 Vertrag mit Bisnagua (Anm. 67).

mische und andere Händler.⁸⁹ Die asiatischen Partner verpflichteten sich, nur den jeweiligen Vertragspartner zum Handel zuzulassen und nur an ihn ihre Waren zu verkaufen oder sonst zu überlassen.⁹⁰. Insoweit waren diese Verträge diskriminierend, was damals aber zulässig war.⁹¹ Auch entsprechende Pflichten des europäischen Partners in Europa werden nicht eingeräumt. Gegenleistungen bestanden in Geldzahlungen, evtl. auch in der Lieferung von europäischen Waren, z. B. Waffen.⁹² Nur die Perser konnten in dieser Hinsicht Gegenseitigkeit erreichen. Die V.O.C. strebte ganz offenbar in bezug auf den Handel vollständige Kontrolle über ihre Vertragspartner an. Allerdings läßt sich aus der Zahl einander folgender Verträge mit demselben Partner entnehmen, daß das nicht immer ohne weiteres gelang. Die Niederländer versuchten den Handel mit bestimmten Gewürzen auch durch Anbaubeschränkungen zu steuern.⁹³

In selteneren Fällen wurden, u.a. von der französischen Kompanie, auch Verträge mit Meistbegünstigungsklauseln abgeschlossen.⁹⁴ Das hing wiederum von der Stärke des asiatischen Partners ab, ob es ihm gelang, hinreichend unabhängig zu bleiben, um mit mehreren oder allen europäischen Mächten Handel zu treiben.

Mit der Niederlassung christlicher Europäer auf dem Gebiet nichtchristlicher Mächte stellte sich das Problem, wer über sie die Gerichtsbarkeit in Straf- und Zivilsachen ausüben solle. Das war aus dem Verhältnis zum Osmanischen Reich bekannt und über die Kapitulationen gelöst worden. Ähnliche Regelungen wurden auch in den Verträgen mit ostasiatischen Herrschern gefunden.⁹⁵ Die Europäer erhielten normalerweise entweder durch einseitigen Akt oder durch Vertrag eine weitgehende eigene Gerichtsbarkeit über ihre Untertanen. Das war in jener Epoche noch keineswegs so diskriminierend wie im 19. Jahrhundert. Auch vor der Ankunft der Europäer war es in asiatischen Ländern üblich, fremden Kaufleuten und ihren Niederlassungen ihr eigenes Recht, ihre eigene Rechtsprechung etc. zu gewähren. Das sogenannte Kapitulationsregime war allerdings sehr verschieden gestaltet. So etwa mußten Lösungen für die Fälle, gerade der Zivilgerichtsbarkeit, gefunden werden, an denen auch Einheimische beteiligt waren. Auch hier war China am zurückhaltendsten. Außer für Persien stellte sich

---

⁸⁹ Z. B. Vertrag mit dem König v. Ternate (Anm. 83), S. 356. In den sechziger Jahren gelang es der V.O.C. offenbar, derartige Klauseln allgemein in den Verträgen mit den Herrschern in Südostasien durchzusetzen. Auch der innerasiatische Handel wurde so monopolisiert, z. B. der Handel zwischen Kambodscha und Japan, Art. 4 Vertrag v. 8. Juli 1656 (Anm. 74).

⁹⁰ Z. B. Art. IV Vertrag mit dem König von Cochin v. 20. März 1663 (Anm. 61) in bezug auf Pfeffer und Zimt.

⁹¹ Allgemein zu dieser Praxis Alexandowicz, Introduction (Anm. 18), S. 129 ff.

⁹² Vertrag Portugal mit Siam 1516, Cruyssee, Louis XIV (Anm. 25), S. 29.

⁹³ In einem Vertrag mit dem König von Tidore von 1657, Corpus (Anm. 53), Nr. 212, S. 102, wurde die Vernichtung von Anpflanzungen von „nagelen ende notebomen" und ein Verbot ihrer Wiederanpflanzung vereinbart; dieses Verbot wurde im Vertrag von 1667 (Anm. 83) erneuert. Ähnliche Bestimmungen finden sich in anderen Verträgen mit Herrschern auf den Gewürzinseln.

⁹⁴ Beispiele bei Alexandrowicz, Introduction (Anm. 18), S. 140 f.

⁹⁵ Dazu Alexandrowicz, Introductio (Anm. 18), S. 97 ff.

das Problem der Gegenseitigkeit für europäische Niederlassungen nicht. Die Perser konnten 1631 Gegenseitigkeit für ihre Niederlassung in Amsterdam durchsetzten. Die französische Kompanie erreichte in einem Vertrag mit Siam 1687 ein recht differenziertes System, in dem der König von Siam die Rechtsprechung zwischen Angehörigen der Kompanie und anderen Beteiligten ausübte.[96] Je enger die Abhängigkeit des asiatischen gegenüber dem europäischen Vertragspartner war, desto mehr war den lokalen Richtern die Rechtsprechungsgewalt entzogen.

Da die Asiaten die europäisch-christliche Auffassung über den freien Zugang der Missionare nicht teilten, gleichgültig ob sie islamisch, hinduistisch oder buddhistisch ausgerichtet waren, bedurfte es jedenfalls der Erlaubnis und damit der Regelungen. In jedem Fall aber begünstigten die Gewährungen des Rechtes zur Mission, sei es durch einseitige Akte, sei es durch Vertrag, strukturell die Europäer, da eine Gegenseitigkeit prinzipiell ausgeschlossen war. Diese waren jedoch sehr verschieden. Viele asiatische Herrscher waren, wie bereits gezeigt, sehr zurückhaltend bis ablehnend. Sie gestatteten Mission allenfalls einseitig und damit ständig widerrufbar. Siam gewährte das Recht zur Mission in seinen Verträgen mit Portugal und Frankreich.[97] Aber auch die Ausübung der Religionsfreiheit durch die europäischen wie durch die neu gewonnenen Christen war Gegenstand vertraglicher Regelung.[98] Allerdings waren häufig nichtchristliche Herrscher toleranter gegenüber Christen als Christen untereinander. Nach der Übernahme portugiesischer Gebiete durch die niederländische V.O.C. gab es unterschiedliche Behandlungen der Katholiken. In einigen Fällen wurden sie unter Schutz gestellt, in anderen vertrieben.[99]

g. Die Verträge der europäischen Mächte mit den asiatischen Mächten im 16. und 17. Jahrhundert bieten kein einheitliches Bild. Zwar werden die asiatischen Herrscher, ob groß oder klein, als Vertragspartner angenommen. Aber von Gleichheit und Gegenseitigkeit kann allenfalls für Persien und vielleicht für Siam die Rede sein. Gegenüber den „kleinen" Herrschern handelt es sich in jeder Hinsicht strukturell um „ungleiche Verträge", da sie ihnen schon vom Ansatz und von der Zweckrichtung einseitig Pflichten auferlegten, denen keine halbwegs angemessenen Gegenleistungen entsprachen.[100] Es bestand weithin keine Gegenseitig-

---

[96] Oben Anm. 53, dazu auch Alexandrowicz, Introduction (Anm. 18), S. 114 ff.
[97] Verträge von 1516 bzw. 1685 (Anm. 53), Alexandrowicz, ebd., S. 114.
[98] Die Verträge der V.O.C. mit Königreichen auf den Molukken enthielten die Regelung, daß Christen nicht zum islamischen Glauben geführt werden dürfen, z. B. die Verträge mit den Königen von Tidore und Ternate (Anm. 83). In dem französisch-siamesischen Vertrag von 1685 (Anm. 53) war die Mission ausschließlicher Regelungsgegenstand.
[99] Z. B. Vertrag v. 1. Oktober 1664 mit dem König v. Teckencour, Corpus (Anm. 53), Nr. 289, S. 290. Nur die ansässigen Thomas-Christen durften bleiben. Gem. Art. XIV im Vertrag mit dem König von Cochin (Anm. 61) durften sich in dessen Herrschaftsgebiet keine Katholiken ohne Erlaubnis der V.O.C. aufhalten; Jesuiten und andere Priester waren auf „eeuwigen dage" verbannt.
[100] Dazu Alexandrowicz, Introduction (Anm. 18), S. 149 ff., der allerdings die Ungleichheit unter Berufung auf die Lehre der Zeit verneint. Er übersieht jedoch die prinzipielle strukturelle Ungleichheit.

keit. Der europäische Vertragspartner war generell begünstigt, der asiatische belastet. Das gilt für die Bündnispflichten, die Verpflichtungen in bezug auf die Niederlassungen und schließlich für den Handel. Die Partner wurden, wenn immer es ging, durch die Verträge in eine zum Teil sehr weitgehende Abhängigkeit gebracht. Die in der Theorie behauptete Gleichheit aller Völker, Herrscher bzw. Staaten war in der positivrechtlichen Vertragspraxis weitgehend nicht verwirklicht.

V. Folgerungen

Was folgt aus dem hier Dargelegten für das Bild Europas in seinem Verhältnis zu Asien im 17. Jahrhundert? Es läßt sich allenfalls eine Facette festhalten; das erörterte Material ist keineswegs hinreichend für ein auch nur annähernd vollständiges Bild weder in rechtlicher, geschweige denn in allgemeiner Sicht. Dazu müßte auch auf andere Quellen mit allgemeinen und besonderen rechtlichen Inhalten eingegangen werden, um herauszufinden, wie Europa seine Position gegenüber Asien in dieser Zeit rechtlich verstand.[101]

Die rechtliche Grundposition Europas gegenüber Asien war ambivalent. Zum einen gehörte Asien gemäß der naturrechtlich-universellen Völkerrechtslehre dem Grunde nach mit den Europäern zu einer universellen, und das heißt gemeinsamen Rechtsordnung. Die zu dieser Ordnung gehörenden prinzipiell allgemeinen und gegenseitigen Rechte auf freien Zugang zu Handel und nicht-schädigender Niederlassung eröffneten jedoch zum anderen den europäischen Mächten rechtlich den Zugang nach Asien auch gegen den Willen der dortigen Völker und ihrer Herrscher. Da diese allgemeinen Rechte noch durch die Inanspruchnahme besonderer europäischer Rechte religiös-zivilisatorischer Art ergänzt wurden, war der Weg zu einer einseitigen europäischen politisch-rechtlichen Praxis grundsätzlich konzeptionell eröffnet. Diese rechtliche Konzeption war allen europäischen Mächten gemeinsam, mochte auch jede für sich und gegen alle anderen in Asien agieren.

Diese Ambivalenz der rechtlichen Grundposition der europäischen Mächte hatte ihren Grund in der eurozentrischen Weltsicht der Zeit. Eine andere war wohl auch gar nicht möglich. Sie wäre allenfalls durch einen echten gegenseitigen Austausch mit Asien aufzubrechen gewesen. Aber dieser fand nicht statt. Die Initiative für die europäisch-asiatische Begegnung und die Begründung dauerhafter Beziehungen ging ausschließlich von den europäischen Mächten aus und war nur an ihren Interessen und Erwartungen orientiert. Das änderte sich während der ganzen Zeit nicht. Asien war lediglich passiv bis abwehrend beteiligt. Gewiß waren die Europäer an einem solchen gegenseitigen Verkehr nicht interessiert und schlossen ihn durch die Gestaltung der Verträge ausdrücklich aus, wenn sie es durchzusetzen vermochten. Aber von Asien selbst ging keine Gegenbewegung aus. Die Tendenz ging eher auf Abschließung. Selbst die kulturellen Einflüsse,

---

[101] Ausführliche Darstellungen an Hand von Berichten bei Lach, Asien (Anm. 11), in beiden Bänden.

die im Laufe der Zeit aus Asien nach Europa einströmten, wurden durch Europäer, vor allem die Jesuiten, oder durch die importierten Waren vermittelt, nicht durch die Asiaten selbst. Auch sie vertraten gegenüber Europa und den Europäern eine asienzentrierte, wenn nicht sogar, wie vor allem China, eine jeweils machtzentrierte Sicht, gerade auch des Rechts. So blieb aus europäischer Sicht Asien ein Bereich außerhalb einer bestehenden konkreten gemeinsamen Rechtsordnung. Da sich gleichzeitig in Europa selbst das „Europäische Völkerrecht" herausbildete, das die Grundsätze der Gleichheit, der Souveränität eines jeden Staates, des Rechtes der Selbstbestimmung auch für die mindermächtigen europäischen Staaten, durch ein System vertraglicher Regelungen allmählich umsetzte, entstand so trotz der universellen naturrechtlichen Grundsätze positivrechtlich eine zweigeteilte Welt, Europa einerseits, Übersee und darin Asien andererseits. Zwar gelang es den europäischen Mächten nicht, ganz Asien ihrer Vorherrschaft zu unterwerfen. Die kontinentalen asiatischen Großmächte konnten im Gegenteil ihrerseits die Rechtsbeziehungen zu den Europäern einseitig nach ihrem Recht gestalten. Aber bestimmte Regionen fielen unter europäische Dominanz. Mit dem Protektorat wurde sogar ein neues spezifisches Rechtsinstitut geschaffen.[102]

So ist also keine allgemeine gemeinsame Rechtsordnung zwischen asiatischen und europäischen Mächten entstanden. Es reichte nur zur Begründung jeweils besonderer konkreter Rechtsbeziehungen, sei es durch einseitige Regelung seitens der asiatischen Macht, sei es durch vertragliche Vereinbarungen, die überwiegend strukturell einseitig zugunsten des jeweiligen europäischen Partners gestaltet waren. Aber diese konkreten Rechtsbeziehungen verweisen auf eine normative Metaebene. Denn beide Seiten setzten die Geltung von Recht für sich und bei dem anderen voraus. Sie anerkannten also gegenseitig die Rechtlichkeit des Partners und waren bereit, auf dieser Grundlage rechtliche Verbindlichkeiten ihm gegenüber einzugehen. Das wird greifbar in der Anerkennung des jeweiligen Eides nach der jeweiligen Gewohnheit des Partners.[103] Da jede Seite für sich den eigenen Eid als unverbrüchlich ansah, erwartete sie das auch von dem Eid des Gegenüber. Also nicht aus der Annahme einer gemeinsamen verbindlichen normativen und rechtlichen Grundlage, sondern in der gegenseitigen Anerkennung der Verschiedenheit aus der je eigenen Rechtlichkeit wird eine konkrete rechtliche Bindung möglich. Das war nicht neu. Schon im Alten Orient beschworen die Herrscher der Hethiter und Ägyptens ihre Verträge bei ihren Göttern. 811 schlossen die christlichen Franken und die noch heidnischen Dänen an der Eider einen Vertrag, den jede Seite durch Eide gemäß ihrer Sitte (*secundum ritum ac morem suam*) beschwor.[104]

Allerdings ließ sich dieser Zustand auf Dauer nicht halten. Je einseitiger die Verträge zwischen den europäischen Mächten und asiatischen Herrschern wur-

---

[102] In der Regel wird dieses Institut erst im 19. Jahrhundert angesiedelt. Aber die Verträge der V.O.C. benutzen nicht nur den Begriff, sondern enthalten auch die grundsätzliche Struktur des Protektorates.
[103] Oben IV.e.
[104] Reichsannalen auf das Jahr 811.

den, desto mehr setzte sich das europäische Sonderrecht durch. In der Unterwerfung unter die Oberherrschaft der Europäer war auch die Unterwerfung unter deren Recht enthalten. Das sollte für weite Teile Ost-Indiens drei Jahrhunderte dauern, hundert Jahre länger als für den größten Teil West-Indiens.

Das Reich und Europa in deutschsprachigen Flugschriften. Überlegungen zur räsonierenden Öffentlichkeit und politischen Kultur im 17. Jahrhundert

Georg Schmidt

1656 gerieten in einem Frankfurter Wirtshaus die Diener eines vornehmen katholischen Gesandten „in ein Craqueel" mit etlichen „SchmidtKnechten". Erstere hatten aus einer Wiener Zeitung von einer schweren schwedischen Niederlage berichtet, woraufhin letztere „andere Contrari-Zeitungen herfür[zogen], und gabens den beeden zu Lesen."[1] Der sprichwörtliche „kleine Mann" besaß Zugang zu politischen Nachrichten und engagierte sich für einen Krieg, in den zwar der Kurfürst von Brandenburg, nicht aber das Reich verwickelt war.[2] Streit über Politik gehörte im 17. Jahrhundert zu den mehr oder weniger alltäglichen Erfahrungen: Die deutsche Bevölkerung war „nicht unpolitisch. Sie interessierte sich für die Probleme des Landes, für die Regierungsweise der Fürsten und die Fragen der internationalen Politik."[3] Das Bedürfnis nach Neuigkeiten verband alle Schichten und Milieus: „Sitzen doch Lakeyen/ Stallknecht/ Kalfacter/ Gärtner und Torhüter beysammen/ und halten ihr Gespräch aus den Avisen."[4]

Auch wer nicht lesen konnte, war vom Nachrichtenstrom keineswegs abgeschnitten. Lieder berichteten von politischen Neuigkeiten, soziokulturellen Mißständen, Freunden und Feinden.[5] Ihre Texte wurden – häufig mit eingängigen

---

[1] Zit. n. Margot Lindemann, Geschichte der deutschen Presse, Bd. 1: Deutsche Presse bis 1815, Berlin 1969 (= Abhandlungen und Materialien zur Publizistik, Bd. 5), S. 49.

[2] Zum historischen Kontext vgl.: Heinz Duchhardt, Altes Reich und europäische Staatenwelt 1648–1806, München 1990 (= Enzyklopädie deutscher Geschichte, Bd. 4); Volker Press, Kriege und Krisen. Deutschland 1600–1715, München 1991 (= Neue Deutsche Geschichte, Bd. 5); Karl Otmar Freiherr von Aretin, Das Alte Reich 1648–1806, Bd. 1: Föderalistische oder hierarchische Ordnung (1648–1684), Stuttgart 1993; Heinz Schilling, Höfe und Allianzen. Deutschland 1648–1763, Berlin ²1994, S. 198–214; Georg Schmidt, Geschichte des Alten Reiches. Staat und Nation in der Frühen Neuzeit 1495–1806, München 1999, S. 213–227; Klaus Zernack, Das Zeitalter der Nordischen Kriege von 1558–1809 als frühneuzeitliche Geschichtsepoche, in: Zeitschrift für Historische Forschung 1, 1974, S. 55–79; Helmut Gabel, Wilhelm III. von Oranien, die Niederlande und das Reich – Beobachtungen zu den mentalen und verfassungspolitischen Voraussetzungen der Koalitionsbildung gegen Ludwig XIV., in: Oranien-Nassau, die Niederlande und das Reich. Beiträge zur Geschichte einer Dynastie, hrsg. von Horst Lademacher, Münster 1995 (= Niederlande-Studien 13), S. 69–95.

[3] Andreas Gestrich, Absolutismus und Öffentlichkeit. Politische Kommunikation in Deutschland zu Beginn des 18. Jahrhunderts, Göttingen 1994 (= Kritische Studien zur Geschichtswissenschaft, Bd. 103), S. 132.

[4] Kaspar Stieler, Zeitungs Lust und Nutz, ND Bremen 1969 (zuerst 1695), S. 79.

[5] Vgl. Die historischen Volkslieder der Deutschen vom 13. bis 16. Jahrhundert, Bde. 1–4, hrsg. von Rochus von Liliencron, Leipzig 1865–1869; Die Lieder des Dreißigjährigen Krieges

Bildern versehen – nicht nur in vergleichsweise hohen Stückzahlen gedruckt, sondern auch von sogenannten Zeitungssingern gegen Geld vorgetragen. Neben den ökonomischen Interessen aller Beteiligten sind es oft Regierungen, die diese fast immer tendenziöse Informationsvermittlung initiierten[6], um ihre Vorstellungen zu verankern und die Liebe der Bevölkerung zu gewinnen. Dies war auch in einer ständischen Gesellschaft wichtig, weil sich die Beziehungen zwischen Obrigkeiten und Untertanen nicht auf die simple Dichotomie von „Befehl und Gehorsam" beschränkten. Wer die Lieder sang oder ihre Texte tradierte und wie sie individuelle oder kollektive Haltungen beeinflußten, ist kaum mehr festzustellen. Wenn jedoch 1648 Kirchenlieder gedruckt wurden, die vorab Bestimmungen des Westfälischen Friedens memorierten[7], so sollte damit das dringende Bedürfnis nach Neuigkeiten befriedigt und eine bestimmte Bewertung durchgesetzt werden. Wer auch immer den Druck veranlaßt hatte, war davon überzeugt, daß er damit Geld verdienen bzw. Stimmungen und Haltungen beeinflussen konnte.

1. Flugschriften und Meinungsmarkt

Der oft postulierte gemeine Mann nahm schon im 17. Jahrhundert Anteil am politischen Geschehen, das weit über seinen konkreten Erfahrungshorizont hinausging. Viele Bauern und Bürger hörten in Predigten, Gebeten und durch gedruckte Neuigkeiten von Vorgängen in entfernten Gebieten. Kriege und Türkensteuern tangierten ihre Lebenswelten. Sobald sich die Regierungsmandate vervielfachten, Kontributionen oder gar Plünderungen und Brandschatzungen erlitten werden mußten, stellte sich die Frage nach Freunden und Feinden, Eigenem und Fremdem. Der Wunsch nach Informationen wurde dann zur Chance für Verleger, Autoren, Buchhändler und Hausierer, die vom Geschäft mit Neuigkeiten lebten. Sie schrieben, druckten und verbreiteten massenhaft Gerüchte, seriöse Nachrichten und spekulativ-orientierende Texte. „Multiplikatoren" wie Pfarrer, Lehrer, aber auch einzelne Wirte, Bauern und Handwerker sorgten dafür, daß zumindest theoretisch jeder das erfahren konnte, was in gedruckter Form vorlag. Dieses selektive und perspektivierte „Wissen" verknüpfte auch der gemeine Mann mit den ihn unmittelbar tangierenden Folgen – Steuern, Zeugenverhöre, Bußpredigten, Gebete, Brandschatzungen –, um heimlich oder öffentlich, unter Nachbarn und im Wirtshaus, über Gott und die Welt zu räsonieren. Insbesondere die Wirte erweisen sich neben den Posthaltern als Informationszentralen für Neuigkeiten: „Es bringen auch Zeitungen zuweilen einem armen Schlucker ein

---

nach den Originalen abgedruckt, hrsg. von Emil Weller, Basel 1855; Rolf Wilhelm Brednich, Die Liedpublizistik im Flugblatt des 15. bis 17. Jahrhunderts, Bde. 1–2, Baden-Baden 1974–75.

[6] Gestrich 1994, S. 141 ff.

[7] Konrad Repgen, Evangelisches Kirchenlied als Mittel zur Popularisierung des Friedensvertrags von Osnabrück im Sommer 1648, in: Formen internationaler Beziehungen in der Frühen Neuzeit. Frankreich und das Alte Reich im europäischen Staatensystem. Festschrift für Klaus Malettke, hrsg. v. Sven Externbrink und Jörg Ulbert, Berlin 2001 (= Historische Forschungen, Bd. 71), S. 431–439.

stück Brots zuwege/ indem die Wirte/ sonderlich in den Dörfern/ der neuen Zeitungen so begierig seyn/ daß sie einem/ der eine gedruckte Avise bey sich hat/ und selbige lesen lässet/ oft freyen Wirt ansagen ..."[8]

Wie die politisierenden Gespräche in Arbeitspausen oder im Gasthaus zu beurteilen seien, blieb unter den selbsternannten Anwälten des Volkes strittig. Der in schwarzburgischen Diensten stehende Pietist Ahasver Fritsch wetterte 1675 gegen Landleute, die Zeitungen lasen oder sich vorlesen ließen.[9] Christian Thomasius ließ in seinen Monatsgesprächen die Ansicht vertreten, daß die über Politik räsonierenden Schriften im Gegensatz zu entsprechenden Gesprächen dem gemeinen Wesen und dem Staat eher schadeten: Geheimhaltung sei das Wesen der Staatsräson, und offenbar gewordene Absichten würden ohnehin geändert. Hinzu komme, daß „die Gelehrten bey dieser Bewandnüß gar selten ohne Gnädigste Erlaubnüß oder Befehl und Censur ihrer Obern/ sich solcher Bücher zu schreiben/ unterfangen dürfen/ auch über dieses die Gelegenheit des Römischen Reiches teutscher Nation es nicht leidet/ was hauptsächliches und sinnreiches privata autoritate auszuarbeiten." Solche Schriften nutzten den Privatpersonen nur insofern, als sie deren Inhalt in Gesellschaften wiederholen könnten „und nicht wie die bloßen Jaherren dabey sitzen."[10] Kaspar Stieler bewertete 1695 die Zeitungslektüre grundsätzlich positiv, Knechte und Mägde, aber auch Bauern und Handwerker dürften darüber jedoch ihre eigentliche Arbeit nicht vernachlässigen. Zudem gäben Zeitungen „einen guten Anlaß zum Discurs bey Gesellschaften und Gastereyen."[11] Führende Pädagogen empfahlen eine gemeinsame Zeitungslektüre in den Schulen.[12] Dies schien ihnen nötig, weil Zeitungsmeldungen weitgehend auf einordnende Kommentare verzichteten, um Objektivität und Seriosität zu signalisieren. „Denn man lieset Zeitungen darüm nicht/ daß man daraus gelehrt und in beurteilung der Sachen geschickt werden/ sondern daß man allein wissen wolle/ was sich hier und dar begiebet."[13] Die Flugschriften produzierten hingegen das ergänzende Orientierungswissen und erreichten weite Teile der deutschen Bevölkerung. „Man stehe nur eine kleine Weile in einem Buchladen in der Messe/ oder kurtz hernach/ so wird man sehen/ wie einer nach dem andern den Catalogum duchblättere/ und immer nach etwas Neues frage [...] wollen nun die Herren Buchhändler Geld haben/ müssen sie sehen/ daß immer etwas Neues vorhanden seye [...] und daher kömbts/ daß da vor

---

[8] Stieler 1969, S. 106.

[9] Ahasver Fritsch und seine Streitschrift gegen die Zeitungs-Sucht seiner Zeit. Die lateinische Originalausgabe (Jena 1676) mit Übersetzung, Kommentaren und Erläuterungen v. Walter Barton, Jena 1999 (= Blätter des Vereins für Thüringische Geschichte 8), S. 17 ff.

[10] Christian Thomas[ius], Freymüthige und Ernsthaffte jedoch Vernunfft- und Gesetz-Mässige Gedancken oder Monats-Gespräche über allerhand/ furnehmliche aber Neue Bücher, Halle 1690, hier Januar-Gespräch 1688, S. 107–111, Zitate S. 111 und 108.

[11] Vgl. Stieler 1969, S. 41, 65 und 99 ff.; Zitat ebd., S. 155.

[12] Martin Welke, Gemeinsame Lektüre und frühe Formen von Gruppenbildungen im 17. und 18. Jahrhundert. Zeitungslesen in Deutschland, in: Lesegesellschaften und bürgerliche Emanzipation. Ein europäischer Vergleich, hrsg. von Otto Dann, München 1981, S. 29–53, hier S. 31 ff.

[13] Stieler 1969, S. 27.

diesem grosse Folianten und Quartanten gedrucket/ itzund nur kleine Tractätgen an den Tag komen ..."[14] Um ihre Neuigkeiten abzusetzen, entwickelten die Verleger sogar neue Vertriebsformen: den Postversand an die Buchhändler mit Rückgaberechten für unverkauft gebliebene Exemplare. Einen Eindruck von den Größenordnungen bietet eine beim Leipziger Rat aktenkundig gewordene gelehrte Polemik, die in einer Auflage von 1500 Exemplaren erschien, von denen 160 nach Jena versandt wurden.[15] Bei aktuellen politischen Flugschriften dürften die Zahlen eher größer gewesen sein. Die Basler Buchhändler machten 1696 jedenfalls gegenüber der Zensur geltend, daß ihnen die inkriminierten Traktate unaufgefordert „pro novitate entweders in commission oder für Unser proprium zugesandt worden" seien.[16]

Wenn auch nur wenige der Deutschen, die im 17. Jahrhundert halbwegs fließend lesen konnten – dies waren wohl mehr als die häufig vermuteten zehn Prozent, die aber auch etwa anderthalb Millionen Leser ergäben[17] –, politische Flugschriften rezipierten, dürften deren Inhalte einigen Tausenden, häufig sogar Zehn- oder gar Hunderttausenden bekannt geworden sein. Diese manchmal mehr als hundert Seiten starken Druckschriften wollten Handeln oder Überzeugungen beeinflussen[18] und wandten sich an Diplomaten, Politiker und Gelehrte, aber auch an den gemeinen Mann – als Leser oder Hörer.[19] Mit ihnen versuchten nicht nur die Regierungen oder ihr nahestehende Autoren, sondern auch „unabhängige" Publizisten, eigene Vorstellungen zu lancieren. Die relativ billigen Broschüren richteten sich meinungsbildend an alle, die lesefähig und in der Lage waren,

---

[14] Continuatio Des Raisonablen Staats-Protocolls, 1686. Zit. n. Alexander Schmidt, Die Intensivierung des nationalen Diskurses als politischer Reflex auf die Expansionskriege Ludwigs XIV. in deutschen Flugschriften der Jahre 1670 -1697, Magisterarbeit Jena 2000, S. 13.

[15] Alexander Schmidt 2000, S. 15.

[16] Rudolf Meyer, Die Flugschriften der Epoche Ludwigs XIV. Eine Untersuchung der in Schweizerischen Bibliotheken enthaltenen Broschüren (1661–1679), Basel, Stuttgart 1955, S. 16.

[17] Alphabetisierung und Literalisierung in Deutschland in der frühen Neuzeit, hrsg. von Ernst Hinrichs und Hans E. Bödecker, Tübingen 1999 (= Wolfenbütteler Studien zur Aufklärung, Bd. 26); Ernst Hinrichs, Lesen, Schulbesuch und Kirchenzucht im 17. Jahrhundert, in: Mentalitäten und Lebensverhältnisse, Rudolf Vierhaus zum 60. Geburtstag, Göttingen 1982, S. 15-33: Die Studie belegt zum einen erstaunlich hohe Schulbesuchsraten in Norddeutschland, zeigt zum anderen aber anschaulich, daß nicht jeder Schüler lesen lernte. In Bardewisch konnten dennoch 1662 offensichtlich mehr als zehn Prozent der männlichen und mehr als fünf Prozent der weiblichen Einwohner lesen. Ebd., S. 21.

[18] Vgl. Hans-Joachim Köhler, Die Flugschriften. Versuch der Präzisierung eines geläufigen Begriffs, in: Festgabe für Ernst Walter Zeeden zum 60. Geburtstag, hrsg. von Horst Rabe u.a., Münster 1976 (= Reformationsgeschichtliche Studien und Texte, Supplementbd. 2), S. 36–61; Olaf Mörke, Pamphlet und Propaganda. Politische Kommunikation und technische Innovation in Westeuropa in der frühen Neuzeit, in: Kommunikationsrevolutionen. Die neuen Medien des 16. und 19. Jahrhunderts, hrsg. von Michael North, Köln u.a. 1995 (= Wirtschafts- und sozialhistorische Studien, Bd. 3), S. 15–32, bes. S. 16 ff.

[19] Meike Hollenbeck, Die Türkenpublizistik im 17. Jahrhundert – Spiegel der Verhältnisse im Reich? In: Mitteilungen des Instituts für österreichische Geschichtsforschung 107, 1999, S. 111–130, hier S. 113.

sie in Buchläden oder bei fliegenden Händlern zu erwerben.[20] Sie wurden von Leser zu Leser weitergereicht und in Gesellschaft gelesen und besprochen – eine grundlegende Form frühneuzeitlichen sozialen Handelns. Nicht nur in fürstlichen Ratsstuben und städtischen Magistraten, sondern auch unter Nachbarn und in Gaststuben wurde über Krieg und Frieden, Verfassungsverhältnisse und Staatsräson geurteilt.[21] Die Flugschriften erreichten Gruppierungen und Milieus, die bisher weit entfernt von allen Formen einer politisierenden Öffentlichkeit vermutet wurden. Der seit 1689 in mehreren Folgen erschienene *Europäische Mercurius, oder Götter-Both* startete mit einem Titelkupfer, das ein Publikum um einen mit Neuigkeiten gedeckten Tisch zeigt. Neben Merkur sitzen – durch Attribute kenntlich gemacht – ein Pfarrer, ein Bauer, ein Landsknecht, ein Schmied, ein Gelehrter etc.[22] Diesen in vielen Broschüren selbstreferentiell eingesetzten Verweis auf politische Neuigkeiten diskutierende Zirkel unterschiedlicher soziokultureller Zusammensetzung bestätigt Kaspar Stieler: „Bey Gastereyen und Zusammenkünften finden sich vornehme und Geringe ... Nicht einem jeden stehet ohn Unterscheid an/ straks mit den Zeitungen heraus zu platzen ..."[23] Es gab mithin politisierte Öffentlichkeiten, die ständische Grenzen tendenziell überwanden. Sie diskutierten dezentral gleiche oder ähnliche Probleme, wobei neben den Zeitungen vor allem die Flugschriften mit ihren Bewertungen der Neuigkeiten für die Vernetzung sorgten.

Sozial distinktiv wirkte die Sprache: Lateinische oder französische Texte wandten sich an die Eliten in ganz Europa. Die erfolgreichsten unter ihnen wurden jedoch in mehrere Volkssprachen übersetzt, wie die 1677 erstmals in Köln veröffentlichte Schrift *L'Europe Esclave Si L'Angleterre ne rompt ses fers* des französischen Oppositionellen Jean Paul, Comte de Sardan. Sie sah bis 1682 mindestens vier französische Auflagen, zudem noch im Erscheinungsjahr eine niederländische, 1678 eine deutsche, 1681 eine englische sowie eine undatierte deutsch-französische Ausgabe.[24] In der Gegnerschaft zu Ludwig XIV. waren große Teile Europas publizistisch geeint – zumindest lasen sie die gleichen, leicht variierten und auf nationale Gegebenheiten angepaßten Texte.[25] Berichte über Mißstände oder Widerstand in Frankreich festigten das Feindbild, wurden aber gefährlich, sobald Leser und Hörer diese auf ihre eigene Lage bezogen. Hermann Conrad Freiherr zu Friedenberg warnte 1620 Könige und Fürsten mit Blick auf

---

[20] Berechnungen zu den Verkaufspreisen bei Lindemann 1969, S. 40–43.

[21] Welke 1981; Monika Rössing-Hager, Wie stark findet der nicht-lesekundige Rezipient Berücksichtigung in den Flugschriften? in: Flugschriften als Massenmedium der Reformationszeit. Beiträge zum Tübinger Symposion 1980, hrsg. von Hans-Joachim Köhler, Stuttgart 1981 (= Spätmittelalter und frühe Neuzeit, Bd. 13), S. 77–137.

[22] Johannes Weber, Götter-Both Mercurius: die Urgeschichte der politischen Zeitschrift in Deutschland, Bremen 1994, S. 125 ff. Vgl. auch Alexander Schmidt 2000. Seine Magisterarbeit hat mich auf diese Darstellung aufmerksam gemacht.

[23] Stieler 1969, S. 113.

[24] Klaus Malettke, Europabewußtsein und europäische Friedenspläne im 17. und 18. Jahrhundert, in: Francia 21, 1994, S. 63–93, hier S. 77. Die französisch-deutsche Ausgabe findet sich: ThULB Jena, 4 Hist., III, 19.

[25] Meyer 1955, S. 178.

die Niederlande und Böhmen davor, daß die monarchischen zugunsten der demokratischen und aristokratischen Regimente aufgegeben werden könnten. Ursache des niederländischen Aufstandes sei nicht die Religion, sondern die Machtgier der Untertanen gewesen. Er kam zu dem Schluß: „Wer den Außländern/ wann sie ihre Obrigkeit schänden/ gutwillig zuhöret/ der eröffnet daheym den Seinigen Thür und Thor/ Auffruhr anzurichten."[26] Diese Zusammenhänge waren bekannt und führten dazu, daß Zensurbehörden manchmal auch dann tätig wurden, wenn mit Ludwig XIV. die monarchische Staatsform generell in die Kritik geriet.[27]

An ausgewählten Beispielen soll im folgenden gezeigt werden, wie deutschsprachige Flugschriften über das Reich und andere Staaten berichteten und welche Bilder und Perspektiven sie für Europa entwarfen. Da es trotz unterschiedlicher Sammlungen und Internetpräsentationen in Deutschland keinen auch nur annähernd verläßlichen Überblick zum meinungsbildenden Schrifttum gibt, sind die hier zitierten Texte kontingent. Mit der gebotenen Vorsicht läßt sich beim derzeitigen Forschungsstand lediglich feststellen, daß „Europa" als Raum politisch-aktueller und historischer Informationen, des herbeigesehnten Friedens und entsprechender Appelle an die Dynasten vor und während des Dreißigjährigen Krieges ein wichtiges Thema der Flugschriften ist, daß diese aber erst seit den sechziger Jahren ein Staateneuropa im Zustand des Gleichgewichtes zu generieren beginnen, in dem dynastische Ambitionen als Störfaktoren erscheinen. Johannes Burkhardt spricht deswegen vom „europäischen Staatsbildungskrieg" als einem Movens des Dreißigjährigen Krieges.[28] Die Flugschriften bestätigen zudem die nicht mehr ganz neue, bei der Stilisierung des Westfälischen zum europäischen Frieden 1998 aber meist vergessene These Konrad Repgens: „Das europäische Gleichgewicht als normatives Prinzip der politischen Organisation Europas war nicht die Voraussetzung, sondern wurde nach 1648 eine mögliche, nicht die notwendige Folge des Westfälischen Friedens."[29] Er schloß ein wirklich

---

[26] Wolmeinde Erinnerung/ Von Behauptung des Königs/ und Fürsten Standts, auch Ursachen/ der Kriege in Europa/ Durch/ Hermann Conraden Freiherrn zu Friedenberg, Rittern unnd Comitem Palatium/ ... 1620. Zit. n. Alexander Wilckens, Quellenautopsie „Hermann Conrad Freiherr zu Friedenberg (1620)", in: Europabegriffe und Europavorstellungen im 17. Jahrhundert. Web-Projekt, Wolfgang Schmale (Dir.). http://www.univie.ac.at/igl.geschichte/europaquellen/quellen17/friedenberg1620.htm.

[27] Vgl. Wolfgang Wüst, Censur als Stütze von Staat und Kirche in der Frühmoderne. Augsburg, Bayern, Kurmainz und Württemberg im Vergleich, München 1998 (= Schriften der Philosophischen Fakultäten der Universität Augsburg, Bd. 57).

[28] Johannes Burkhardt, Das größte Friedenswerk der Neuzeit, in: Geschichte in Wissenschaft und Unterricht 49, 1998, S. 592–612, Zitat S. 594.

[29] Konrad Repgen, Der Westfälische Friede und die Ursprünge des europäischen Gleichgewichts, in: ders., Von der Reformation zur Gegenwart: Beiträge zu Grundfragen der neuzeitlichen Geschichte, hrsg. v. Klaus Gotto und Hans-Günter Hockerts, Paderborn 1988 (zuerst 1986), S. 53–66, Zitat S. 55. – Zum Gedanken eines europäischen Gleichgewichts im 17. Jahrhundert: Werner Hahlweg, Barriere – Gleichgewicht – Sicherheit, in: Historische Zeitschrift 187, 1959, S. 54–89; Heinz Duchhardt, Westfälischer Friede und internationales System im Ancien Régime, in: Historische Zeitschrift 249, 1989, S. 529–543; Ders. 1990; ders., Reich und europäisches Staatensystem seit dem Westfälischen Frieden, in: Alternativen zur Reichsverfassung in der Frühen Neuzeit?, hrsg. v. Volker Press (= Schriften des Historischen Kollegs, Kolloquien 23), München 1995, S. 179–187.

monarchisch regiertes Reich verfassungsrechtlich aus, so daß von Deutschland aus – solange diese Konstellation nicht überwunden wurde – keine universalmonarchischen Ambitionen mehr drohten. Da die Kriege in Europa nach 1648 aber weitergingen, kam es – aus deutscher Sicht und um den deutschen Frieden zu erhalten – darauf an, die anderen Konflikte zu beenden, um deren Übergreifen auf das Reich zu verhindern. Dazu sollte ein Staatengleichgewicht etabliert werden, das vor allem den Status quo in Deutschland zu garantieren hatte, denn – so die Überlegungen – jede monarchische Machtübernahme im Reich führe unweigerlich zu einer europäischen Hegemonie des betreffenden Herrschers. Um Veränderungen in der Mitte auszuschließen, wurde die ältere Vorstellung von regionalen Gleichgewichten auf ganz Europa ausgedehnt.

Vor diesem Hintergrund ist danach zu fragen, an wen sich die deutschsprachigen Flugschriften richteten, wie sie rezipiert wurden und was das von ihnen aufbereitete und verbreitete „Wissen" bewirkte. Welche Rolle spielten sie für das, was sich als Öffentlichkeit umschreiben läßt, und findet man über diese Texte Zugang zur frühneuzeitlichen politischen Kultur?[30] Damit soll ein vergleichsweise stabiler, möglicherweise aber durch Medien wie die Flugschriften veränderbarer Rahmen markiert werden, der festlegt, welche Normen, Werte und Haltungen in einer bestimmten Gesellschaft als richtig oder falsch, gut oder böse, positiv oder negativ eingeschätzt werden, was als schön, häßlich, fremd oder vertraut empfunden wird, wer als Feind oder als Verbündeter zu gelten hat. Obwohl Abweichungen oder unterschiedliche Deutungen im einzelnen möglich sind, sollten doch (fast) alle Mitglieder einer politischen Kultur bestimmte Grundannahmen teilen: Sie geben einer Großgruppe Identität, machen sie unterscheidbar von anderen und erlauben allen, neue Konfigurationen in vergleichbarer Weise zu beurteilen.

2. Der Reichs-Staat und das europäische Gleichgewicht

Die meisten Flugschriften, die politische Stimmungsbilder aus dem Dreißigjährigen Krieg vermitteln, sind konfessionell geprägt[31]: Die protestantischen geben den Spaniern, dem von ihnen abhängigen Kaiser sowie den Katholiken die Schuld an der allgemeinen Misere, die katholischen dem das Reich spaltenden Verhalten der evangelischen Stände. Verfassungsfragen werden in diesem Hori

---

[30] Karl Rohe, Politische Kultur und ihre Analyse, in: Historische Zeitschrift 250, 1990, S. 321–346; Ders., Politik. Begriffe und Wirklichkeiten, Stuttgart u.a. ²1994, bes. S. 162–174; Politische Deutungskulturen. Festschrift für Karl Rohe, hrsg. von Othmar Nikola Haberl/ Tobias Korenke, Baden-Baden 1999; Birgit Schwelling, Politische Kulturforschung als kultureller Blick auf das Politische. Überlegungen zu einer Neuorientierung der politischen Kulturforschung nach dem „cultural turn", in: Zeitschrift für Politikwissenschaft 11, 2001, S. 601–629.

[31] Anton Schindling, Das Strafgericht Gottes. Kriegserfahrungen und Religion im Heiligen Römischen Reich Deutscher Nation im Zeitalter des Dreißigjährigen Krieges. Erfahrungsgeschichte und Konfessionalisierung, in: Das Strafgericht Gottes. Kriegserfahrung und Religion im Heiligen Römischen Reich Deutscher Nation im Zeitalter des Dreißigjährigen Krieges. Beiträge aus dem Tübinger Sonderforschungsbereich „Kriegserfahrung, Krieg und Gesellschaft in der Neuzeit", hrsg. von dems./ Matthias Asche, Münster 2001, S. 11–51.

zont gedeutet: Die evangelischen Schriften plädieren für die mit dem Stichwort „deutsche Freiheit" umschriebenen ständischen Rechte, die katholischen eher für kaiserliche Prärogativen. Die schlimmsten Befürchtungen der Protestanten, ein „absolutes Dominat" des Kaisers, schien für ihre Publizistik nach dem Sieg der Habsburger bei Nördlingen 1634 und dem Prager Frieden 1635[32] nahezu verwirklicht. Auch in Frankreich steigerte sich das seit den Tagen Karls V. vorhandene Einkreisungssyndrom beträchtlich.[33] Ludwig XIII. erklärte 1635 jedoch dem spanischen König, nicht dem Kaiser und schon gar nicht dem Reich den Krieg. „Denn menschlich gesehen" – so der schwedische General Gustav Horn – „gerät sonst sein Staat wie die Teutsche Freiheit in große Gefahr." Letztlich bekämpfe Frankreich auf Reichsboden die „spanische Sklaverei".[34] In Deutschland wurde der Widerstand gegen die drohende habsburgische Universalmonarchie[35] zum wichtigen Legitimationsmuster und prägte den Europadiskurs der folgenden Jahre.[36] Die 1640 anonym erschiene Flugschrift *De praesenti Europae statu oratio, ad principes populosque Europaeos* zeigt die neue Qualität der Habsburger. Das „Imperium Romanum, quod iam penes Germanos est", sei nur zu behaupten, wenn die Deutschen die in ihrer Verfassung angelegte Freiheit gemeinsam schützten.[37]

Das Argumentationsmuster, nicht der Begriff „teutsche Libertät" trägt auch den Westfälischen Frieden, der als Reichsgrundgesetz die monarchischen Ambitionen des Kaisers blockierte, ohne die deutschen Reichsstände zu souveränen Mächten zu machen.[38] Sie waren auf das Reich angewiesen, das ihnen Rückhalt

---

[32] Georg Schmidt, Der Dreißigjährige Krieg, München ⁵2001; Ders., „Absolutes Dominat" oder „deutsche Freiheit". Der Kampf um die Reichsverfassung zwischen Prager und Westfälischem Frieden, in: Widerstandsrecht in der frühen Neuzeit. Erträge und Perspektiven der Forschung im deutsch-britischen Vergleich, hrsg. von Robert von Friedeburg, Berlin 2001(nachfolgend: Georg Schmidt 2001a) (= Zeitschrift für historische Forschung, Beiheft 26), S. 265–284.

[33] Michael Kaiser, Der Prager Frieden von 1635. Anmerkungen zu einer Aktenedition, in: Zeitschrift für Historische Forschung 28, 2001, S. 277–297. – Auch zum folgenden Georg Schmidt, 2001a.

[34] Zit. n. Günter Barudio, Der Teutsche Krieg 1618–1648, Frankfurt a. M. 1982, S. 467; vgl. Peer Schmidt, Spanische Universalmonarchie oder „teutsche Libertet". Das spanische Imperium in der Propaganda des Dreißigjährigen Krieges, Stuttgart 2001 (= Studien zur modernen Geschichte, Band 54).

[35] Franz Bosbach, Monarchia Universalis. Ein politischer Leitbegriff der frühen Neuzeit, Göttingen 1988 (= Schriftenreihe der historischen Kommission bei der Bayrischen Akademie der Wissenschaften, Bd. 32); Anthony Pagden, Lords of all the World. Ideologies of Empire in Spain, Britain and France 1492–1830, New Haven, London 1998.

[36] Vgl. Michael Maurer, Europäische Geschichte, in: Aufriß der Historischen Wissenschaften, Bd. 2: Räume, hrsg. von dems., Stuttgart 2001, S. 99–197, bes. S. 99–141; Wolfgang Schmale, Das 17. Jahrhundert und die neuere europäische Geschichte, in: Historische Zeitschrift 264, 1997, S. 587–611; ders., Geschichte Europas, Wien u.a. 2001; Winfried Schulze, Europa in der Frühen Neuzeit – Begriffsgeschichtliche Befunde, in: „Europäische Geschichte" als historiographisches Problem, hrsg. von Heinz Duchhardt und Andreas Kunz, Mainz 1997 (= Veröffentlichungen des Instituts für Europäische Geschichte Mainz, Beiheft 42), S. 35–65.

[37] De praesenti Europae statu oratio, ad principes populosque Europaeos, 1640, unpaginiert. ThULB Jena, 4 Diss. Jur. 11 (14).

[38] Georg Schmidt, Der Westfälische Frieden – eine neue Ordnung für das Alte Reich?, in:

und Sicherheit geben sollte.³⁹ In diesen deutschen Verfassungsentscheidungen liegt die europäische Dimension von 1648, denn ohne „absolutes Dominat" über Deutschland keine Universalmonarchie in Europa. Der auf der Weltkugel thronende Kaiseradler hat – so das Titelkupfer einer gegen die antihabsburgischen Vorstellungen des Hippolithus a Lapide gerichteten Schrift von 1652 – mit seinen Blitzen Spanier, Schweden und Franzosen aus Deutschland und vom Kaisertum vertrieben.⁴⁰ Wenn das Reichsoberhaupt auf Bildern, die bereits im Titel vom „hocherwünschten teutschen Frieden" sprechen, anderen Königen übergeordnet wird, dann ist dies die stolz gedeutete Wirklichkeit eines Friedens, der das Kaisertum den Deutschen gelassen, die damit verbundenen (universal)monarchischen Risiken aber minimiert hatte.⁴¹ Die einschlägigen deutschsprachigen Broschüren gehen daher von einem Europa aus, in dem jedes Land seine Vorstellungen auch mit Hilfe von Kriegen durchsetzen will.

Eine im schwedisch-polnischen Krieg 1657 erschienene Flugschrift beginnt: „Teutschgesinnter lieber Leser/ Ich weiß/ daß du gerne etwas neues hast/ ... Denn wo deiner zweene oder drey zusammen kommen/ so ist gewiß dieses das vierdte Wort: Was hat man neues?" Der Autor berichtet, daß er seine Einschätzungen nicht frei erfunden habe, sondern die Taten, die sich seit dem jetzigen polnischen Krieg zugetragen hätten, „als ein Perspectiv gebrauchet/ mit welchem er in die Gemüther der Potentaten in Europa und dem benachbarten Asia hinein gesehen." Die Gedanken des Reichs sind bei diesem angeblich schwedischen Autor darauf gerichtet, daß es sich nicht einmischen solle.⁴² Dieser Flugschrift wurde noch im gleichen Jahr eine ganz ähnliche zur Seite gestellt. Die „Europa" beklagt hier ihren traurigen Zustand. Sie sei ihren Schwestern Asien, Afrika und Amerika stets überlegen gewesen, doch wo sie nun hinblicke, habe sie „gnugsame Ursa-

---

Wendemarken in der deutschen Verfassungsgeschichte, hrsg. von Reinhard Mußgnug, Berlin 1993 (= „Der Staat", Beiheft 10), S. 45–83; ders., Die „deutsche Freiheit" und der Westfälische Friede, in: Frieden und Krieg in der Frühen Neuzeit. Die europäische Staatenordnung und die außereuropäische Welt, hrsg. von Roland G. Asch u. a. München 2001, S. 323–347; Helmut Gabel, Altes Reich und europäische Friedensordnung. Aspekte der Friedenssicherung zwischen 1648 und dem Beginn des Holländischen Krieges, in: Krieg und Kultur. Die Rezeption von Krieg und Frieden in der Niederländischen Republik und im Deutschen Reich 1568–1648, hrsg. von Horst Lademacher und Simon Groenveld, Münster 1998, S. 463–479; Derek Croxton, The Peace of Westphalia of 1648 and the Origins of Sovereignty, in: The International History Review 21, 1999, S. 569–591.

³⁹ Dazu aufschlußreich Meike Hollenbeck, Und wo bleibt Europa? Kategorien politischen Handelns mindermächtiger Reichsstände am Beispiel der Braunschweiger Frankreichpolitik nach dem Westfälischen Frieden, in: Externbrink/Ulbert 2001, S. 367–377.

⁴⁰ Vgl. Bernd Roeck, Titelkupfer reichspublizistischer Werke der Barockzeit als historische Quellen, in: Archiv für Kulturgeschichte 65, 1983, S. 329–370, hier S. 344.

⁴¹ Ausst.Kat. 1648 – Krieg und Frieden in Europa, hrsg. von Klaus Bußmann und Heinz Schilling, Münster/Osnabrück 1998, S. 248.

⁴² Sonderliche und wunderliche Gedanken/ Welche sich die vornehmsten Potentaten und Herrschaften in Europa/ und dem benachbarten Asia/ über den Schwedischen Kriege in Pohlen gemacht haben/ anfänglich zu Uxsal in Schweden Lateinisch beschrieben/ Anietzo aber wegen listigen und lustigen Anschläge/ sinnreiche Politischen Anmerkungen/ und allerhand nachdenklichen Begebenheiten ins Teutsche übersetzt, 1657. ThULB Jena, Jur. XXV (3).

che, Seufzer zu schiessen/ Thränen zu giessen". In ihrem königlichen Palast, dem Römischen Reich, seien mit Kaiser Ferdinand III. und Kurfürst Johann Georg von Sachsen die beiden stärksten Säulen gestorben und dadurch das ganze Gefüge baufällig geworden. Stütze man es nicht bald mit einem neuen Kaiser, werde sie „sampt demselbigen ein[en] schweren Fall thun." Die Europa wandert dann in ihren Lustgarten Italien und ihre Sommerlaube Portugal, sieht aber überall nur Krisen und Kriege. Ihr Zeugmeister Spanien wolle über ihre neu erbaute Galerie Frankreich herrschen. In England gehe es wunderlich zu und in Holland, ihrer Kunstkammer, versagten die besten Uhrwerke ihren Dienst. In ihrem Seehafen Dänemark rede man vom, in ihrer Vormauer Polen herrsche Krieg. Frieden könne sie nur in Deutschland finden, doch Gott wisse, wie lange noch. Nach der Europa reflektieren einzelne Länder und Kronen ihre Lage. Das „deutsche Kaisertum" ermahnt die beiden Reichsvikare, nicht in Polen einzugreifen, „denn was habe ich (das deutsche Kaisertum, G.S.) mit Pohlen zu thun?" Deutschland solle sich in keinen Krieg ziehen lassen, der seine Interessen nicht berühre. Nur gegen die Türken soll der Kaiser europäische Koalitionen schmieden, aber nicht, weil sie der europäische Erbfeind, sondern eine Gefahr für Deutschland sind.[43] Der Kaiser wird auf die deutsche Staatsräson verwiesen.

Insgesamt entwirft diese Broschüre ein Bild, das bereits von illustrierten Flugblättern bekannt ist[44]: das friedliche Deutschland und ein kriegerisches Europa. Der Friede ist das höchste Gut, aber nur unter Beachtung der deutschen Staatsräson zu bewahren. Geboten wird im übrigen so etwas wie eine Funktionsbeschreibung des Staateneuropa. Im Zentrum stehen „Kaiser und Reich" – nicht, weil sie Europa dominieren sollen, sondern weil ihnen die geostrategische Lage, die lange Tradition und die schiere Größe Deutschlands eine solche Rolle zuweisen. Wer Deutschland monarchisch beherrscht, regiert Europa. Um dies zu verhindern, benötigt Europa eine klare Aufgabenverteilung: Doch Italien und Portugal können aufgrund innerer Probleme nur der Erbauung dienen und wie England oder die Niederlande nichts zur Stabilisierung des Kontinents beitragen. Spanien gilt noch immer als die erste Militärmacht, die im Krieg versucht, den neuen Führungsanspruch Frankreichs („Galerie") abzuwehren. Polen als traditionelle Vormauer der Christenheit befindet sich – unterstützt von Dänemark – im Krieg mit Schweden. Österreich hat seinen Bündnisvertrag mit Polen erneuert, ist aber nach dem Tod Kaiser Ferdinands III. nur bedingt handlungsfähig. Um den großen

---

[43] Vollführung Der Sonderlichen und wunderlichen Gedanken/ Welche sich die vornehmsten Potentaten und Herrschafften in Europa/ wie auch in dem benachbarten Asia/ über dem Pohlnischen Kriege Theils getragen/ Theils noch tragen/ darinnen nicht allein der heutige Zustand der meisten Europäischen Länder kürtzlich zu ersehen/ sondern auch allerhand listige und lustige Anschläge/ sinnreiche Politische Anmerkungen/ und nachdenkliche Begebenheiten zu finden sind, 1657. ThULB Jena, Jur. XXV (4). Vgl. Hollenbeck 1999.

[44] Deutsche illustrierte Flugblätter des 16. und 17. Jahrhunderts, hrsg. v. Wolfgang Harms, Bde. 1–4 und 7, Tübingen 1985–1997; Michael Schilling, Bildpublizistik der frühen Neuzeit. Aufgaben und Leistungen des illustrierten Flugblattes in Deutschland bis um 1700, Tübingen 1990 (= Studien und Texte zur Sozialgeschichte der Literatur, Bd. 29); Andreas Wang, Illustrierte Flugblätter im 17. Jahrhundert, in: Philobiblon 21, 1977, S. 184–210.

europäischen Krieg zu verhindern, darf das Reich sich auf keinen Fall in Polen einmischen. Die gleiche Botschaft bietet 1657 Mercurius, „der Götter General Postmeister", der von französischen Drohungen gegen die Wahl eines Habsburger Kaisers und von Übergriffen des Münsteraner Bischofs sowie des Kölner Erzbischofs auf ihre Städte berichtet. Zudem informiert er moralisierend über die Verschwendungssucht des Papstes und der weltlichen Fürsten, die ihre Untertanen auspreßten, um dann Kriege zu führen – wie der schwedische König Carl Gustav.[45]

Die *Relation von den Liebesneigungen der Allerhöchsten Princessin Europa* unterrichtet 1660 über Entstehen und Zustand des Staateneuropa. Die Europa habe nach ihrer Liaison mit Karl dem Großen beschlossen, sich nicht mehr zu vermählen, sondern ihre Länder ihren Kindern und Enkeln zu lassen. Dennoch hätten einzelne immer wieder versucht, über andere zu herrschen. Es habe vieler Kriege bedurft, bis die Prinzen den Gedanken einer allgemeinen Herrschaft aufgegeben hätten. Der Westfälische Friede zeige den Weg zu einem konföderierten europäischen Gemeinwesen, das gemeinsam die Türken abwehren könne. Dem Adlerprinzen, also dem Kaiser, gebühre dabei allerdings traditionell der Vorrang.[46]

Die schwedischen Kriegszüge nahm 1660 der Anonymus Reinhold Warner von Grund zum Anlaß seiner Behauptung, nicht der Kaiser, sondern die Schweden hätten den „Teutschen Frieden" gebrochen, „und das billich der Rom. Kayser und das gantze Heil. Römische Reich/ auch weme billich die Ehr und Wolstand seines Vaterlandes samt desselben Freyheit lieb ist, vim vi repelliren, und den ungehorsamen Vasallen ... bestraffen."[47] Mit dem Kriegsaufruf gegen einen Reichsstand wird auch im protestantischen Teil Deutschlands ein Meinungsumschwung manifest, der sich bereits in einer kurbrandenburgischen antischwedischen Flugschrift 1658 angekündigt hatte.[48] Sie ist unter dem sich auf den letzten Satz der Vorrede beziehenden Titel *Gedencke, daß du ein Teutscher bist* bekannt geworden. Die Schweden erscheinen nicht mehr als Verbündete gegen einen katholischen Kaiser, sondern als nationale Feinde – eine Vorstellung, die Ferdinand II. 1635 noch nicht hatte durchsetzen können. In den Flugschriften rangiert die nationale nun wenigstens gleichberechtigt neben der konfessionellen Solidarität.

---

[45] Consilium Rationis status. Oder Geheimer Trewllcher Rathschlag, under den Himmlischen Influentz Göttern, uber jetzigen Zustand in Europa ... Mercuriopoli 1658, Zitat S. 3. Flugschriftensammlung Gustav Freytag, 5868.

[46] [Michael Praun], Relation von den Liebesneigungen Der Allerschönsten Princession Europa ...", in: Alexander Wilckens: Quellenautopsie „Michael Praun (1660)", in: Europabegriffe und Europavorstellungen im 17. Jahrhundert. Web-Projekt, Wolfgang Schmale (Dir.). http://www.univie.ac.at/igl.geschichte/europaquellen/quellen17/praun1660.htm.

[47] Reinhold Warners von Grund Außführungen auß dem Westphalischen Friedens-Istrument; ob der Kayser oder Schweden den Teutschen Frieden gebrochen an den Friedensliebenden doch im Krieg streitbaren Allemann, 1660. Flugschriftensammlung Gustav Freytag 5903.

[48] Churbrandenburgischer/ An die königliche Mayestät von Schweden abgelassener Gesandtschafft/ Verrichtung, Hamburg 1658. Zit. n. Martin Wrede, Der Kaiser, das Reich und der deutsche Norden: Die publizistische Auseinandersetzung mit Schweden im Ersten Nordischen und im Holländischen Krieg, in: Asch 2001, S. 348–373, hier S. 353.

Die Politik Schwedens in den Hansestädten oder in Vorpommern wird heftig attackiert.

Das in den Flugschriften im Umfeld des Nordischen Krieges konzipierte Europabild ist überraschend einheitlich: Der Kaiser soll sich auf seinen zeremoniellen Vorrang beschränken. Das als Staat gedachte Reich muß im Inneren einig sein, um seine Interessen wahren zu können. Sobald Kaiser und Stände sich gegenseitig ergänzen und gemeinsam agieren, erscheinen sie handlungsfähig wie andere Staaten – der Forschungsbegriff komplementärer Reichs-Staat bringt dies zum Ausdruck.[49] Er paßt in ein frühneuzeitliches Staateneuropa, das nicht mehr von Dynastien, sondern von Staaten gegen universalmonarchische Ambitionen gesichert wird. Die Deutschen sollen zwar stolz auf das Kaisertum sein, doch die Habsburger daran hindern, in anderen Ländern Macht anzustreben. Die deutschsprachigen Flugschriften formulieren keinen Führungsanspruch, sondern ergänzen die staatlich, national und konfessionell differenzierte Vielfalt um ein übergeordnetes Konstrukt „Europa". Das Reich als organisierter und institutionalisierter Staat der deutschen Nation wird im publizistischen Diskurs distinkt: Es soll seine Staatsräson verfolgen.

Die Flugschrift *Letzte Posaun über Deutschlandt* versteht sich 1664 als Weckruf an die deutschen Reichsstände. Sie sollen ganz im Sinne seiner häufig postulierten Schlüsselrolle erkennen, daß Deutschland Troja sei, „und die schöne Helena darinn/ umb welcher willen alle umbliegende Nationes sich samlen ihr mächtig zu werden". Der Autor appelliert auf dem Titelblatt an die „in dem Deutschen Jerusalem/ Regensburg" versammelten Stände, gegen die vom türkischen Erbfeind drohenden Gefahren Vorkehrungen zu treffen. Die Katholiken freuten sich, wenn sich die Protestanten gegenseitig aufrieben. Noch vor hundert Jahren habe hingegen ein Sprichwort gelautet: „Türcken Krieg ist der Christen Fried". In Münster, Osnabrück und Nürnberg habe man acht Jahre gebraucht, um den Krieg in Frieden zu verwandeln – „und zwar mit zuthun fast der gantzen Europa." Wenn jetzt der Türke angreife sei ungewiß, „ob andere in Europa uns zu cooperiren Zeit haben werden".[50]

Das meinungsbildende Schrifttum zeichnet in den sechziger Jahren, um die Verteidigungsanstrengungen zu forcieren, das Bild einer allseitigen Bedrohung:

---

[49] Zur Diskussion um die Staatlichkeit des Reiches: Georg Schmidt 1999; ders., Das frühneuzeitliche Reich – komplementärer Staat und föderative Nation, in: Historische Zeitschrift 273, 2001 (nachfolgend: Georg Schmidt 2001b), S. 371–399; ders., Das frühneuzeitliche Reich – Sonderweg und Modell für Europa oder Staat der deutschen Nation?, in: Imperium Romanum – Irregulare Corpus – Teutscher Reichs-Staat, Mainz 2002, S. 247–277. – Dagegen: Heinz Schilling, Reichs-Staat und frühneuzeitliche Nation der Deutschen oder teilmodernisiertes Reichs-System. Überlegungen zu Charakter und Aktualität des Alten Reiches, in: Historische Zeitschrift 272, 2001, S. 377–395.

[50] Letzte Posaun über Deutschlandt. Die in Verdammliche Sicherheit versunckene Welt vom Sünden-Schlaff auffzuwecken/ und dadurch entweder der nicht auffs new herbey weltzenden Sündfluth zu entgehen, oder ja die Seele vor ewigem Untergang zuretten, Von einem heimlich seuffzenden Jeremia I. C. an die samptliche in dem Deutschen Jerusalem/ Regenspurg/ versamlete Chur- und Fürsten/ ja alle Reichs Stände und Städte gesandt, 1664, Zitate S. 3, 19 f., 23, 27, 29 und 38. Flugschriftensammlung Gustav Freytag 5918.

Türken, Schweden und Franzosen blicken begehrlich nach Deutschland – insbesondere die universalmonarchischen Ambitionen Ludwigs XIV. werden mehr und mehr beargwöhnt.[51] Die deutschen Entwürfe für ein europäisches Staatensystem sind von der Angst vor einer Universalmonarchie, keineswegs nur vor einer Vorherrschaft[52], gekennzeichnet. Sie war mit Ludwig XIV. und der gegen ihn für notwendig erachteten Rüstungen, die den Kaiser zwangsläufig stärken mußten, als doppelte Gefahr zurückgekehrt.[53] Pufendorf machte die militärische Schwäche 1667 zur Sicherheitsgarantie: Das Staateneuropa werde verhindern, daß ein anderer König Deutschland erobere, eine Reichsarmee sei unnötig und stärke nur den Kaiser.[54] Wie Pufendorf argumentiert die 1668 erschienene Broschüre *De publica securitate imperii*: Ludwig XIV. werde das Reich nie angreifen, weil er sonst einer Koalition europäischer Staaten gegenüberstehe. Dennoch könnten die Reichsstände ihre stehenden Heere zu einer Reichsarmee unter Oberbefehl eines vierköpfigen Kriegsrates zusammenfassen.[55] Diesen Gedanken greifen auch Leibniz und Boyneburg zwei Jahre später auf: Da jeder den anderen und alle die Habsburger beargwöhnten, und der Kaiser „perpetuus dictator oder ein absoluter monarch" werde, falls er allein über ein stehendes Reichsheer verfüge, müsse man eine „neue Alliance teütscher stände" bilden, die „sich in nichts weiter als was das Reich angehet zu mischen" habe.[56] Die deutschen Verfassungs- und

---

[51] Hans von Zwiedineck-Südenhorst, Die öffentliche Meinung in Deutschland im Zeitalter Ludwigs XIV., 1650–1700, Stuttgart 1888; Johannes Haller, Die deutsche Publizistik in den Jahren 1668–1674. Ein Beitrag zur Geschichte der Raubkriege Ludwigs XIV., Heidelberg 1892; Georg Mentz, Die deutsche Publizistik im 17. Jahrhundert, Hamburg 1897; Paul Schmidt, Deutsche Publizistik in den Jahren 1667–1671, in: Mitteilungen des Instituts für österreichische Geschichtsforschung 28, 1907, S. 576–630; Meyer 1955; Winfried Dotzauer, Der publizistische Kampf zwischen Frankreich und Deutschland in der Zeit Ludwigs XIV., in: Zeitschrift für Geschichte des Oberrheins 122, NF 83, 1974, S. 99–123; Franz Bosbach, Der französische Erbfeind. Zu einem deutschen Feindbild im Zeitalter Ludwigs XIV., in: Feindbilder. Die Darstellung des Gegners in der politischen Publizistik des Mittelalters und der Neuzeit, hrsg. von dems., Köln u.a. 1992 (= Bayreuther historische Kolloquien, Bd. 6), S. 117–139; Malettke 1994; Jean Schillinger, Les Pamphlétaires Allemands et la France de Louis XIV, Bern 1999.

[52] Vgl. Johannes Burkhardt, Imperiales Denken im Dreißigjährigen Krieg, in: Imperium – Reich – Empire. Ein Konzept politischer Herrschaft im deutsch-britischen Vergleich, hrsg. von Franz Bosbach und Hermann Hiery, München 1999 (= Prinz Albert Studien, Bd. 16), S. 59–68, hier S. 64

[53] Georg Schmidt, Angst vor dem Kaiser? Die Habsburger, die Erblande und die deutsche Libertät im 17. Jahrhundert, in: Reichsständische Libertät und Habsburgisches Kaisertum, hrsg. von Heinz Duchhardt und Matthias Schnettger, Mainz 1999 (= Veröffentlichungen des Instituts für Europäische Geschichte Mainz, Beiheft 48), S. 329–348.

[54] Harry Bresslau, Severinus von Monzambano (Samuel von Pufendorf), Ueber die Verfassung des Deutschen Reiches, Berlin 1870. – Eine neuere Übersetzung: Samuel von Pufendorf, Die Verfassung des Deutschen Reiches, hrsg. und übersetzt von Horst Denzer, Frankfurt a. M. 1994 (= Bibliothek des deutschen Staatsdenkens, Bd. 4)

[55] Vgl. Paul Schmidt 1907, S. 598.

[56] Gottfried Wilhelm Leibniz, Bedenken, welcher Gestalt Securitas publica interna und externa im Reich auf festen Fuß zu stellen (1670), in: Staatslehre in der Frühen Neuzeit, hrsg. von Notker Hammerstein, Frankfurt a. M. 1995, S. 933–983, Zitate S. 940 und 946. – Vgl. Kirsten Hauer, „Securitas Publica" und „Status Praesens". Das Sekuritätsgutachten von Gottfried Wilhelm Leibniz (1670), in: Externbrink/Ulbert 2001, S. 441–466.

Sicherheitsprobleme werden auch vom kaiserlichen Diplomaten Franz Paul Freiherr von Lisola in seiner Flugschrift *Bouclier d'Estat ...* [57] zu europäischen Fragen umgewertet. „Europa" erscheint – wie überall – auch in Deutschland als bloße Funktion „nationalstaatlicher Diskurse".[58] Vor diesem Hintergrund sind solche Flugschriften zu sehen, die über geheime französische Angriffspläne berichten.

Prägnant greift eine Broschüre 1671 auf das Posaunenmotiv zurück: „Stehet auf ihr Todten, kommt zum Gerichte, der Franzos laßt die Todten-Posaun blasen: der Freiheit letzten Tag laßt der Franzos den Niderländischen Reich und dem ganzen Europa ansagen."[59] Die *Politische[n] Betrachtungen über den gegenwärtigen Zustand des gantzen ietzo lebenden Europae ...* versuchen 1672, den Krieg Frankreichs gegen die niederländische Republik mit innenpolitischen Motiven zu erklären. Alle europäischen Mächte wollten Frieden, nur Ludwig XIV. nicht, weil seine Untertanen unruhige Köpfe seien, „und wo man ihnen außwärtig nichts zu schaffen machte/ so fiengen sie daheim unruhige Händel an." Während England Frankreich unterstütze, stehe Spanien auf seiten Hollands. Der Kaiser habe sich noch nicht festgelegt, der Kurfürst von Brandenburg schwanke, und die Reichsstände wollten nur Zuschauer sein „und stellen Gott und dem Glück anheim/ was auß so großer Kriegs-Unruhe dem Vaterland für Gutes oder Böses entstehen könne". Der Krieg sei aber nur zu beenden, wenn alle Konflikte an „eine allgemeine Versammlung in gantz Europa gebracht würden" und die europäische Kriegs- und Eroberungslust auf andere Erdteile umgelenkt werde.[60]

Bei dem in Delft 1672/73 entstandenen Flugblatt *Ausländisch-Europäische, wie auch Französisch-Holländische Staats-Eröffnung* sitzt das Staateneuropa um einen Tisch und spielt Karten. Frankreich eröffnet gegen Holland und fragt, wer sich widersetzen wolle. Holland kämpft, Spanien hilft, England koaliert mit Frankreich, Deutschland laviert: „So wird Teutschland wohl kein Feind anzugreifen sich erkühnen/ So wird Teutschland mit recht heissen aller Länder Preiß und

---

[57] Dazu Alfred F. Pribram, Franz Paul, Freiherr von Lisola, 1613–1674, und die Politik seiner Zeit, Leipzig 1894; Markus Baumanns, Das publizistische Werk des kaiserlichen Diplomaten Franz Paul Freiherr von Lisola (1613–1674). Ein Beitrag zum Verhältnis von absolutistischem Staat, Öffentlichkeit und Mächtepolitik in der frühen Neuzeit, Berlin 1994 (= Historische Forschungen, Bd. 53); Meyer 1955, S. 132–139.

[58] Schmale 2001, S. 88.

[59] Zu denen H. Römischen-Reichs Fürsten Abgesandter Frantzösischer Wahrsager, 1671. Zit. n. Zwiedineck-Südenhorst 1888, S. 22 f.; Haller 1892, S. 93 ff.

[60] Politische Betrachtungen über den gegenwärtigen Zustand des gantzen ietzo lebenden Europae und derer darinnen herrschenden Kaysers/ Pabsts/ Könige und anderer Potentaten/ Samt Erwegung dero Zuneigungen zum Friede oder Krieg ... Auß dem Italiänischen und Lateinischen in die Teutsche Sprache übersetzt, 1672, Zitate S. 5, 16 und 26. ThULB Jena, Hist. un. III, 19 (13). – Eine Schrift mit ähnlichem Titel und wohl auch ähnlichem Inhalt: *Politische Betrachtungen/ über den gegenwärtigen Zustand Europä. Oder ein Bedenken. Von den Ursachen der uns ob dem Halß schwebenden Kriegen/ und dannenhero entsprungenen Gemüths-Bewegung ...*, Haller, Publizistik, S. 106 ff. Vgl. Klaus Malettke; Ludwigs XIV. Außenpolitik zwischen Staatsräson, ökonomischen Zwängen und Sozialkonflikten, in: Rahmenbedingungen und Handlungsspielräume europäischer Außenpolitik im Zeitalter Ludwigs XIV., hrsg. v. Heinz Duchhardt (= Zeitschrift für Historische Forschung, Beiheft 11), Berlin 1991, S. 43–72.

Kron/ So wird ihr Haubt siegreich sitzen auf dem festgestellten Thron". Weil es militärisch schwach ist und von ihm keine Gefahr ausgeht, bleibt das Kaisertum Deutschland und das Gleichgewicht in Europa erhalten.[61] Der *Wahrsagerische Welt-Spiegel* – eine Reaktion auf die Flugschriften *Frantzösischer Wahrsager* sowie der *Verweiß- Abmah- und Warnung An den Frantzösischen Wahrsager* von 1671[62] – spielt dagegen 1673 auf die deutschen Rüstungsbemühungen an: Er hoffe, daß auch die bisher Neutralen dafür sorgen, „daß der Frantzösische Hahn aus dem Nest des Adlers vollständig verstoßen und vertilgt werde."[63]

Die *Eröffnete Frantzösische geheime Raths-Stube* – ein angeblich belauschtes Gespräch Ludwigs XIV. mit seinen engsten Beratern – beginnt mit der Einschätzung, „daß der König in Franckreich alles seinem Willen nach verlanget zu thun/ und seine Räthe nur dazu gebrauchet/ wie sein Willen am besten erfüllet werden möchte." Dagegen müsse der Kaiser Fürsten und Stände zu Rate ziehen. Es folgen Hinweise auf den drohenden allgemeinen Aufruhr in Frankreich. Mit solchen Zuweisungen soll in Deutschland Zuversicht verbreitet werden. Dies gilt ebenso für den Einwand eines Ministers, der Kaiser sei nicht so schwach, „wie Ihn die Kriegsbegierige/ und etliche Teutsche Frantzosen/ die ihre Wissenschafft aus den Büchern ohne Erfahrenheit haben/ beschrieben." Er habe viele deutsche Fürsten – selbst Brandenburg – an seine Seite gezwungen. Höchstes Ziel französischer Politik müsse Prestige und Nutzen des Königs sein. Dafür könne er „wol leiden/ daß seine Ratio Status eine Türckey genennet werde ..." Die königlichen Berater befürchteten, daß Frankreich nur von wenigen seiner Verbündeten unterstützt werde. Den italienischen Republiken und Herren müsse man die volle Souveränität und die „völlige Freyheit von dem Teutschen Reich" versprechen. Polen stehe auf der Seite des Kaisers, dennoch sei dafür zu sorgen, daß es mit den Türken Frieden schlösse, damit diese die Habsburger angreifen könnten. Schweden sei gegen Bremen zu unterstützen, um Kaiser und Reich zu Hilfsleistungen zu zwingen. „Es sey und bleibe doch wahr/ daß die Teutsche plumpe Leute sind/ sie stehen Ihnen selbst vor dem Liecht/ daß Sie nicht diesem König sich submittiren wollen/ welcher doch unter allen der Würdigste ist/ daß die gantze Welt von seiner Tapferkeit und Verstand regiret/ und in rechte Einigkeit gebracht werde: Sie wollen lieber arme Sclaven ihrer Freyheit seyn/ als unter eines Königes sannten Guberno reiche Herren werden/ die für keine Kriegs-völcker hinfüro zu sorgen hätten/ dann sie aller dergleichen Beschwernüssen/ die sie unter ihre Lands Fürstliche Obrigkeit rechnen/ befreyet/ und in der glücklichen Stand der schutzreichen Unterthänigkeit/ wie wir andere Frantzosen/ gebracht würden." Diese für das französische Herrschaftsmodell scheinbar werbenden Passagen

---

[61] Jutta Schumann, Das politisch-militärische Flugblatt in der zweiten Hälfte des 17. Jahrhunderts als Nachrichtenmedium und Propagandamittel, in: Das illustrierte Flugblatt in der Kultur der Frühen Neuzeit, hrsg. von Wolfgang Harms und Michael Schilling, Frankfurt a. M. u.a. 1998 (= Mikrokosmos, Bd. 50), S. 227–258, hier S. 245 ff.

[62] Vgl. Haller 1892, S. 23 f. und S. 93–98. Seine Wertungen erscheinen heute allerdings befremdlich.

[63] Wahrsagerischer Welt-Spiegel/ Seiner Königlich Mayest. In Franckreich/ Stat einer Antwort heimgeschicket ... 1674. Flugschriftensammlung Gustav Freytag 5944.

helfen, die Illusion des belauschten Gespräches zu wahren, denn der Autor weiß, daß seine Leser diese „Sklaverei" ablehnen. Damit keine Zweifel entstehen, werden dann wieder französische Pläne erörtert: Um Deutschland zu unterwerfen, müsse man die bestehende Uneinigkeit forcieren, die elsässischen Städte verderben und in Speyer die Kameralakten „zur unaufhörlichen Confusion der Teutschen" zerstreuen. „Wann endlich alles nichts helffen wollte/ so müste Franckreich seinen grossen Kettenhund zu Constantinopel loß lassen/ und denselben an den Kaiser in Hungarn hetzen ..."⁶⁴

Die hier zitierten Flugschriften zeigen, wie verbreitet die Vorstellung eines nicht mehr von Dynasten, sondern von Staaten gebildeten Europa bereits um die Mitte des 17. Jahrhunderts war. Frieden und Sicherheit sollte ein Balancesystem garantieren, das niemand mehr stören konnte, weil er sich sonst übermächtigen Koalitionen gegenübersah. Dieses Staateneuropa brauchte aber als Basis souveräne Staaten mit fixierten Grenzen. Deutschland mußte daher – so die Flugschriften – alle fremden Mächte zurückdrängen, die seine Gebiete sukzessive entfremdeten, weil dies nicht nur seiner Staatsräson, sondern auch dem europäischen Gleichgewichtsgedanken widerspreche. Niemand sollte sich Hoffnung auf eine Vergrößerung seines Staatsgebietes machen können.

3. *Der Verkleidete Götter-Both/ Mercurius/ Welcher durch Europa wandert ...*

Paradigmatisch erscheint die 1674 anonym erschienene Flugschrift: *Der Verkleidete Götter-Both/ Mercurius/ Welcher durch Europa wandert ....* Sie war so erfolgreich, daß von ihr vier Fortsetzungen binnen zwei Jahren publiziert wurden.⁶⁵ Mercurius will – wie es im Titel weiter heißt - über „Discoursen, Muthmassungen und Meynungen" aus Deutschland und anderen Ländern informieren, die er unter „vornehmen und geringen Standes-Personen vernommen" und berichten, wie „die Leute ins gemein schwätzen".⁶⁶ Er kommentiert spärlich, um

---

⁶⁴ Eröffnete Frantzösische geheime Raths-Stube/ Worinnen die Consilia über jetzigen Zustand zusammen getragen worden/ wie die Cron Franckreich bey schweren Conjuncturen sich zu verhalten/ damit Sie aus dem Labyrinth mit Manier kommen möchte, 1673. Flugschriftensammlung Gustav Freytag 5933.

⁶⁵ Weber 1994, S. 7–20.

⁶⁶ Der Verkleidete Götter-Both/ Mercurius/ Welcher durch Europa wandernd/ einige wichtige Discoursen, Muthmassungen und Meynungen/ so bey denen Teutschen/ als Benachbarten dieses Welt-Theils begriffenen/ und in ietzigen Krieg mit interessierenden Höffen und Ständen/ unter vornehmen und geringen Standes-Pershonen vernommen/ warhafftig der Welt zum Nachricht endecket/ und verlässet, 1674, S. 87 f. Flugschriftensammlung Gustav Freytag 5939; Weber 1994, S. 39–52. Vgl. auch Andreas Gestrich, Krieg und Öffentlichkeit in der zweiten Hälfte des 17. Jahrhunderts, in: „Das Wichtigste ist der Mensch", Festschrift für Klaus Gerteis zum 60. Geburtstag, hrsg. v. Angela Giebmeyer und Helga Schnabel-Schüle, Mainz 2000 (= Trierer Historische Forschungen, Bd. 41), S. 21–36, hier S. 33 f.; Rolf Felbinger: Quellenautopsie „Anonym (1674) Goetter=Both", in: Europabegriffe und Europavorstellungen im 17. Jahrhundert: http://www.univie.ac.at/igl.geschichte/europaquellen/europa17/anonym1674-goetter=both.htm.

diese Illusion nicht zu zerstören. Da aber „die Leute bey itzigen Zeiten also geartet [sind]/ daß sie mehr von den Meynungen/ als Warheit halten wollen", werde er nur die belauschten Gespräche wiedergeben. Wer es nicht glaube, solle selbst in die betreffenden Orte reisen. Bereits in der Vorrede wendet er sich gegen Schweden, dessen Verhalten von einer anderen Flugschrift falsch eingeschätzt werde: „Die affection so Schweden vor diesem in Teutschland gehabt/ ist bei weitem so groß nicht mehr als damahls: Die Stände des Reichs seynd zur Genüge gewitziget/ und sehen mit verklärten Augen/ daß Schweden unter dem Religions-Mantel/ die Regiones an sich gezogen ..."[67]

Seine europäische Rundreise beginnt Mercurius in Holland, wo er in einen Volksauflauf gerät. Er flüchtet in eine Herberge, die sich als Bordell entpuppt. Dieses Detail ist unterhaltend, aber zugleich eine Spitze gegen die allzu selbstgerecht erscheinenden, sich als auserwähltes Volk verstehenden niederländischen Calvinisten. In ein angesehenes Hotel gewechselt und nach jetziger Mode gekleidet, bewegt sich der mithin „verkleidete Götter-Both" unauffällig und erfährt beim Abendessen, daß der Frieden mit England erreicht sei. Einer der Niederländer erklärt: Nur wegen der Statthalterschaft des Oraniers müsse man nicht „schon unter dem Frantzösischen Joch" seufzen. Ein anderer relativiert: „Mein Herr die Freyheit/ so wir bißhero unter den Herrn Staaden genossen würden wir allererst erkennen, wenn ein souveräner Monarch uns beherrschete." Die Diskussion spitzt sich auf die Frage zu, ob man den Prinzen zum Souverän machen solle: „Wäre es dem ganzen Vaterlande nicht anständiger/ von einem Haubt/ als von vielen eigennützigen Köpffen/ und Vatterlands Verräthern regiret zu werden?" Es frage sich, wie viele Millionen unsere Regenten in Venedig und an anderen Orten besitzen.[68]

Das Gespräch ist auch für deutsche Leser unmißverständlich: Eine Republik wird von innen durch korrupte Regenten und von außen durch Angriffe mächtiger Monarchien bedroht. Vernünftig ist – so die unterschwellige Botschaft – eine gemäßigte Verfassung, die Freiheit und Mitbestimmung mit einer anerkannten und beliebten dynastischen Führung verbindet. Dieses Grundmotiv durchzieht die ganze Flugschrift. In England, der nächsten Station, scheint Mercurius die Freude über den Frieden noch größer, denn das Volk ist mit der Kriegspolitik seines Königs an der Seite Ludwigs XIV. unzufrieden, doch auch der als Konkurrent betrachtete niederländische Kriegsgegner ist nur mäßig beliebt. So hört der Götterbote: „Seeland hätte auffs wenigste unser seyn/ und die Ost-Indische Handlung/ wo nicht gantz/ dennoch die Helffte zu unsers Landes Wolfahrt gedeihen sollen." Diese Meinung wird jedoch zurückgewiesen: „Die fürnehmste Wolfahrt unseres geliebten Vatterlandes besteht erstlich in der Behaltung unserer Freyheit/ andertheils in Fortsetzung des Handels und Wandels." Der ganze Krieg habe nur Frankreich genutzt, das ihn auch bezahlt und König Karl II. Hoffnung gemacht habe, „einsten zu der wahren im Hertzen lang-gesuchten Souveränität seines Volckes zu gelangen ... Schlaven wären wir gewest/ wie die Ja-Herrn in Franckreich, deren Parlament nicht seinen vorigen Schatten führet ... Wo währe

---

[67] Der Verkleidete Götter-Both, Vorrede.
[68] Ebd., Zitate S. 4, 5 und 6 f.

die Freiheit geblieben ..." Mercurius scheint es, als sei die königliche Gunst dem Redner gleichgültig, „weil er solches so frey in dem gantzen Kreyß heraus redete". Als das Gespräch auf einen angeblichen Brief des Königs kommt, mit dem dieser Ludwig XIV. weitere Hilfen zugesagt haben solle, habe jemand in den Kreis geschrien, „und auf diese Art kan mans Ihm wohl machen wie seinen Vorfahren/ es giebet noch Beile genug in Engelland ... Es gieng ein Gemurmel/ Schmähen/ Dräuen/ Fluchen durch einander/ daß ich vermeinete/ es gebe diese Stunde einen Auffruhr."[69]

Der anonyme Autor greift in England erneut die Verfassungsfrage – nun aber aus einer anderen Perspektive – auf: Wenn sich König Karl dem Parlament widersetzt, droht massiver Widerstand. Die englische Republik und die Enthauptung Karls I. sind offensichtlich noch in guter Erinnerung. Das Parlament trägt die gegen Ludwig XIV. gerichtete (Außen)Politik. Die Gespräche wirken glaubhaft, weil die Ressentiments gegen die niederländische Kaufleute-Republik nicht verschwiegen werden, sondern nur in der Frontstellung gegen Frankreich aufgehoben erscheinen: Da Ludwig XIV. sein Land despotisch regiert, ist er eine Gefahr für die Freiheit aller Nationen. Dies bestätigt sich in Frankreich.

„So grosse Freude ich in Holland und Engelland unter dem gemeinen Mann verspüret/ so viel Unlust und Widerrede muste ich hie vernehmen." In einer Gesellschaft von Deutschen und Franzosen prahlen letztere, ihr König könne fünf Armeen aufstellen und sei alleine stark genug, um zehn Kaisern zu widerstehen. Der Deutsche berichtet von den zum Rhein gezogenen kaiserlichen Soldaten und von einer Reichsarmee, während Frankreich seine Soldaten unter Zwang rekrutieren müsse, nachdem Deutschland seinen Werbern verschlossen sei. Dagegen erläutert der Franzose, er „glaube festiglich/ daß unser König eher auff den Römischen Stuel zu sitzen werde kommen/ eher die Stände inmüthiglich wider Franckreich die Waffen zuergreiffen beschlissen werden." Sein König sei der größte „Welt-Monarch/ den niemand bezwingen noch überwinden kan." Er werde auch dafür sorgen, „damit den Englischen Parlamentern die Flügel mit der Zeit beschnitten werden. Sie haben den König zum Frieden gezwungen/ und damit an den Tag gegeben/ daß sie einen gebundenen König/ der nicht weiter tantzen darff/ als sie singen/ auf dem Throne sitzen haben." Im Louvre hört Mercurius, daß der Kurpfalzgraf sich kaiserlich erklärt habe „und wider die Frantzosen ein offentliches Placat in seinen gantzen Churfürstenthumb/ Sie zuerschießen und nirgend einen Pass zuverstatten anschlagen lassen." Die folgenden Flüche der Franzosen kommentiert er: „Leichte kunte ich abnehmen/ daß die Frantzosen den Teutschen Staat gar wenig gesehen/ vielweniger erfahren ..." Auf dem Rückweg erfährt Mercurius, der König habe befohlen, Mannheim und Heidelberg einzunehmen. Seines Erachtens sollte der Kurfürst über die Residenzpforte schreiben lassen: „je weiter/ je lieber von Franckreich." Damit wird auf die aktuelle Kriegssituation angespielt, denn der von der kaiserlichen Armee unter Montecuccoli ausmanövrierte und im Herbst 1673 zum Rückzug über den Rhein gezwungene Turenne verheerte mit seinen Truppen die Pfalz. Die Pariser erzählen Mercurius noch, daß das Volk gegen den Krieg sei, weil es die Lasten nicht mehr tragen könne.[70]

---

[69] Ebd., Zitate S. 12 ff., 16 und 18.
[70] Ebd., Zitate S. 18, 20 f., 23, 29, 31 f.

Ein Franzose hat es offen ausgesprochen: Ludwig XIV. strebt den Kaisertitel an und ist der größte Weltmonarch, weil ihn niemand besiegen kann. Das eigene Herrschaftssystem mit einem absolut regierenden König wird von Franzosen zwar nicht offensiv verteidigt, aber doch indirekt gerechtfertigt, indem man den englischen König gegen das Parlament unterstützen will. Die Bewertungen sind subtil und durchdacht. Der von der despotischen Regierungsweise und den „bösen" Absichten Ludwigs XIV. längst überzeugte deutsche Leser erfährt nun, daß auch die Franzosen ihren König lieben und stolz auf ihn sind. Man bewundert seine Erfolge, stöhnt aber unter den Lasten. Deshalb ist in Frankreich auch keine Rede von Freiheit oder Vaterlandsliebe. Die Gegenpositionen muß ein Deutscher markieren, denn im Gegensatz zu den Niederlanden oder England scheinen öffentlich geäußerte konträre Meinungen in Frankreich unbekannt. Das geht sogar soweit, daß vor dem Gespräch die Diener fortgeschickt werden und man sich Vertraulichkeit zusichert, um quasi im Geheimen offen zu reden. Wenn die deutschen Adressaten ihre Lage mit derjenigen in Frankreich vergleichen, erkennen sie die Vorzüge der Reichsverfassung. Die von der Einigkeit im Reich überraschten Franzosen zeigen Furcht – auch dies soll die Stimmung in Deutschland heben.

In Spanien stößt Mercurius auf unverhohlene Revanchegelüste gegen Frankreich. Auf der Schiffsreise nach Konstantinopel gibt er sich als Deutscher aus, „weil ich in Franckreich erfahren/ daß keine Nation mehr als diese die Länder-Besehung und Reisen achtete." Sein spanischer Gesprächspartner zeigt sich erstaunt über die mit großen Unkosten und Gefahren verbundene Reiselust der Deutschen. Nach dieser Spitze gegen die auch in Deutschland heftig umkämpften Kavaliersreisen läßt der Autor den Spanier den Beistand rühmen, den dessen Krone den Niederlanden geleistet habe, obwohl diese sich doch von Spanien losgerissen hätten. „Es siehet Spanien nuhmero auch lieber/ daß ein jedes Königreich und Staat in seiner Bilance hangen bleibe/ weßwegen es sich Holland annehmen müsse". Lothringen sei jedoch ein warnendes Beispiel. „Franckreich war Ihn zu enge/ derowegen stuncke Ihn die Nase nach der universal Monarchie und Kayser-Stuel."[71] Hatte man in Deutschland bisher mit den spanischen Habsburgern vor allem „servitut" verbunden und ihnen universalmonarchische Ambitionen unterstellt, so wird dem Leser nun erklärt, daß sie ebenfalls für ein europäisches Balancesystem eintreten. Davon kann in Konstantinopel keine Rede sein. Hier erfährt Mercurius von neuen französischen Intrigen, die den Sultan zum Frieden mit Polen bewegen sollen, damit dieser den „Teutschen Kayser" in Ungarn bekriege „und denen daselbst schier gedemütigten Rebellen den Arm" stärke. „Im summa es schnaubte alles nach Krieg. Die Unfreundlichkeit selbiger Nation wolte mir nicht lange anstehen", so daß der Götterbote nach „Teutschland" reist, um zunächst aus Wien zu berichten.

Vor der Hofburg belauscht er zwei „spatzirende ansehnliche Herren" im Gespräch über den Verrat des Straßburger Bischofs Wilhelm Egon von Fürstenberg. Dieser war im Februar 1674 von kaiserlichen Soldaten während des Kölner

---

[71] Ebd., Zitate S. 34, 36 und 38.

Friedenskongresses gefangen genommen und nach Wien gebracht worden: Er habe – so einer der Spaziergänger – „sein Vaterland einem unterthänigen Joche" unterwerfen wollen. Schweden setze sich für ihn ein, doch – ungeachtet seiner Reichsstandschaft – sei es Kaiser und Reich weniger verbunden als Frankreich. Man müsse aber behutsam sein, um einen Zweifrontenkrieg zu vermeiden. Sein Gesprächspartner verlangt, das Reich solle sich nun von Frankreich und Schweden losreißen, „denn so lange diese beyden interess-Sucher einen Fuß auf Teutschen Boden behalten/ werden wir im Reiche nimmer des Friedens sicher seyn ... Es ist nur zuverwundern/ daß die reichs-Stände endlich nicht wollen Augen bekommen/ da Sie sehen/ wie der Frantzoß einen Stand und Churfürsten nach dem andern übern hauffen zuwerffen sich bemühet ..." Der Kurpfalzgraf sei bereits auf die Seite des Kaisers getreten, man solle ihm die Städte Speyer, Landau und Worms überlassen, zudem müsse das den Franzosen gehörige „Ratzennest Phillipsburg" geschleift werden. Während Holland dem einen als unsicherer Kantonist gilt und er die „undanckbahren Pfeffersäcke und Käßkrämer" angreifen will, damit aus der „Zertrennung ihrer Provintzien/ auch Auffhebung der Republik/ jeder interessirender Potentat seine Satisfaction suchete", widerspricht der andere, denn es wisse, wer es gerettet habe. Jetzt könne Frankreich in seine Schranken gewiesen werden: „Die Frömmigkeit unsers gnädigen Kaysers hat den Hochmuth des Hahnens erhoben/ daß er im gantzen Reich gekrähet/ und Unglück angekündiget/ aber die Überschattung des Treu-eyferigen Adlers wird diß roht-verkammte und stoltze Thier wieder auff seinen eigenen Mist bringen." Selbst Kurbrandenburg begreife, auf welcher Seite es zu kämpfen habe. Die dortigen Räte ließen sich nur zu stark von französischem Geld leiten: „Ich kenne noch manchen redlichen Teutschen Patrioten an selbigen Hofe/ die keine Lust und Gefallen haben/ wegen der Geld-Sucht/ ihres Landes-Fürsten Wolfahrt zuvergessen." Der alte tapfere Soldat Derfflinger solle gesagt haben: „Die Frantzosen hätten keine Noth oder Gefahr/ so lange die Frantzösischen Pistolen auf den Tischen in Berlin klüngen/ so lange würde keine im Felde gelöst werden." Dagegen sei der kurpfälzische Hof absolut integer, weil hier der Kurfürst selbst regiere. Der Brandenburger lasse sich hingegen leicht lenken und besitze zudem wenig bares Geld.[72]

Es bestätigt sich, Deutschland ist von Feinden umzingelt. Den Wienern scheint die Gelegenheit günstig, die beiden Mitgaranten des Westfälischen Friedens in die Schranken zu weisen. 1674 gilt die Sorge nicht mehr den monarchischen und rekatholisierenden Absichten der Habsburger, die noch Pufendorf und Leibniz intoniert hatten, sondern den auswärtigen Feinden. Auch gegenüber den unbeliebten Holländern wiederholt der Autor seine Argumentation: Die Interessen des europäischen Staatensystems verhindern die Zerschlagung ihrer Republik. Mercurius macht danach in Regensburg Station, „weil ich allhie des gantze Reich in einem compendio beysammen hatte". Er logiert bei einem Ratsherrn, der ihm von der Ausweisung des französischen Gesandten Gravel berichtet. „Gott gebe sagte der gute redliche Mann/ daß mit diesem Manne/ all unser Unglück und

---

[72] Ebd., Zitate S. 39 ff., 47 und 50 f.

Frantzösische Gefahr aus dem Lande fort sey." Die Macht Frankreichs müsse gebändigt werden, doch zwinge man Ludwig XIV. zu einem Verlustfrieden, werde dieser nur auf Revanche sinnen: Man müsse ihn daher „samt seinen gewaltigen Ländern in einer zu friedenen Bilantz halten". Das Einfuhrverbot für französische Waren sei jedoch strikt zu beachten, um den König zu ruinieren und von weiteren Kriegen abzuhalten. Die Deutschen müßten auf das eine oder andere, insbesondere auf die vielen Auslandsaufenthalte verzichten, damit das Geld im Land bleibe und die Leute nicht verdürben. Wäre dies durchgesetzt: „wie manchen schönen Vaterlands Patrioten und Beschützer hätten wir im Lande/ wie mancher gekrümbter und filouischer Frantzose bliebe von unsern Höffen ..." Die Flugschrift wird hier zum patriotischen Lehrstück: Der Autor weiß, daß die Alamode-Kritik von vielen Lesern geteilt wird, die glauben, Deutschland könne ohne die geldverschlingenden Kavaliersreisen, ohne die französischen Heiraten, Luxusprodukte, Kleidung und Sprachfetzen auskommen. Doch statt Revanchegelüste zu schüren, setzt der Autor das Ziel, Frankreich auf den Status quo ante bellum zurückzuführen.

Mercurius zieht weiter nach Straßburg, wo er feststellt, daß die Stadt sich zwar rüste, aber niemand die Courage besitze, um etwa die Rheinbrücke zu reparieren. Die französischen Durchzüge prägten das Bild im Elsaß, doch man habe ihm berichtet, daß oft dieselben französischen Soldaten mehrmals vorbei marschierten. Aus Speyer weiß er über endlos dauernde Prozesse zu berichten und daß sich jemand gewünscht habe, die Franzosen mögen alle Akten verbrennen, um manchen Streit zu beenden.[73] Der vermißte patriotische Eifer könnte Straßburg retten, denn auch die französische Militärmacht scheint anfällig. Was Mercurius bereits in Frankreich erfahren haben will, wird nun durch den Augenschein bestätigt: Es fehlen dem König Soldaten.

In Heidelberg ist der Kriegswille ungleich größer. Der Wirt, Rittmeister einer Bürgerkompanie, erzählt von verheerenden französischen Durchzügen. Die Wut richtet sich vor allem gegen die französische Festung Philippsburg, die nach dem Vorschlag zweier Holländer überschwemmt werden solle. Zwei Offiziere liefern zudem einen Grund für die Uneinigkeit: Weil Kurpfalz sich für den Kaiser erklärt habe, werde Mainz die französische Partei ergreifen, da beide um das Amt Böckelheim stritten. Unterdessen behaupten „zwey Schnaphahnen", zwei „Frantzosen caput gemacht" zu haben. Mercurius fragt, ob dies erlaubt sei. Ein Offizier antwortet, den armen Bauern bleibe nichts anderes übrig, zumal öffentliche Plakate sie dazu auffordern, „alle und jede herumbstreiffende Frantzosen zu fahen/ oder niederzuschiessen." Einer der Offiziere ergänzt, daß man dies schon früher hätte tun sollen, weil die Odenwälder Bauern dann dafür gesorgt hätten, daß kein Franzose durchgekommen wäre. Beim Abendessen schimpft der Wirt weiter, sagt aber mit Blick auf die Pensionen auch: „Die Frantzosen müssen Ihnen ja einbilden/ daß die Teutsche Fürsten nur ihre Sclaven und Unterthanen seyen."[74]

---

[73] Ebd., Zitate S. 53, 55 und 57.
[74] Ebd., Zitate S. 63 f.

Dem Leser werden nun am Beispiel der sich unter Anleitung Kurfürst Karl Ludwigs, der 1674 sogar den französischen Feldherrn Turenne zum Zweikampf forderte[75], obwohl seine Tochter mit dem Bruder Ludwigs XIV. verheiratet war, besonders patriotisch erweisenden Kurpfalz Verhaltens- und Handlungsmöglichkeiten erschlossen: sich für das Reich engagierende Fürsten und gegen die französischen Soldaten wehrende Bauern, holländische Wasserbautechniker sowie Einigkeit untereinander. Wieder werden Themen aufgegriffen, die in dieser Flugschrift bereits angesprochen wurden und nun wie der Kampf der Bauern gegen die Besatzer quasi ihre Bestätigung finden. Diese interne Stimmigkeit läßt den Text glaubhaft erscheinen, zumal er Verhaltensweisen anspricht, die dem gemeinen Mann vertraut erscheinen: die Wut gegen fremde Soldaten, die langwierigen Prozesse in Speyer, der Streit unter Reichsständen und der französische Einfluß in Deutschland.

Als sich Mercurius in Frankfurt neue Stiefel machen läßt, erfährt er beiläufig, wie sehr sein Schuster und andere Handwerker von den französischen Durchzügen profitierten. Wegen Böckelheim will der Mainzer Kurfürst scheinbar tatsächlich die französische Seite wählen. Als Mercurius nach Köln kommt, ist der Friedenskongreß nach Fürstenbergs Verhaftung gesprengt. Er eilt „an Ort und Stelle/ wo man zusammen kommet/ Zeitungen zu erfahren." Am Rathaus nimmt er viele römische Inschriften, Tafeln und Kaiserbilder wahr und „vermeinete/ ich wäre nicht mehr in Teutschland." Dann aber belauscht er ein Gespräch zweier Jesuiten, die davon ausgehen, daß der Kaiser und die spanische Krone den Frieden erzwingen werden. Nach Ansicht des Mercurius wird sich Ludwig XIV. jedoch zu wehren wissen. In Münster erfährt er, daß der Bischof wegen des Friedens verärgert sei, in Bremen provoziert ein Oberst die Gesellschaft mit der Frage, „ob sie es nicht besser hätten/ wenn sie unter der Cron Schweden/ als unter einem Haubte sich ergeben/ den von so vielen eingesinnigen/ auch dabey ihres eigenen Profites in Acht nehmenden Rahtherren regieret zu werden." Ein Kaufmann erwidert: „Ach Gott bewahre uns vor das Schwedische Joch". In Hamburg erzählt ihm sein Wirt, daß der Konflikt zwischen Bürgerschaft und Rat von einem kaiserlichen Kommissar beigelegt worden sei, obwohl die dänische Krone dies nicht gerne sehe und auch viel Bitternis in der Stadt bleibe. Während über Dänemark im folgenden kontrovers diskutiert wird, ist man sich in der Feindschaft gegen Schweden einig: „Diß ist/ sagt ein ander/ eine Maxim/ das Land mit Schweden zu besetzen/ und die wahren Landes-Kinder heraus zubeissen/ damit allmählich das Land vom Reiche gäntzlich ab/ und zu Schweden als natürlich incorporiret werde." Die kurze Relation aus Berlin thematisiert Kriegsvorbereitungen und einen prächtigen Hof. In Danzig zeigt man sich über den brandenburgischen Kriegszug in Ostpreußen geschockt und bedauert, das milde Regiment des polnischen Königs aufgegeben zu haben.[76]

---

[75] Volker Press, Zwischen Versailles und Wien. Die Pfälzer Kurfürsten in der deutschen Geschichte der Barockzeit, in: Zeitschrift für die Geschichte des Oberrheins 130, 1982, S. 207–262, hier S. 227.

[76] Der Verkleidete Götter-Both, Zitate S. 72, 76 und 83.

Der letzte Teil der Reise bestätigt eigentlich nur Bekanntes – entscheidend sind die Details. Bezeichnenderweise bringen zwei Jesuiten die Achse Wien-Madrid ins Spiel, wobei gegen diese Übermacht Ludwig XIV. gebraucht wird, um das europäische Gleichgewicht zu bewahren. Die Gespräche in Bremen und Hamburg zeigen, daß inzwischen auch im Norden Deutschlands die Vorteile des Reichssystems geschätzt werden, wobei Schweden immer stärker in die Rolle eines nationalen Feindes gedrängt wird, weil es deutsche Gebiete entfremden will.

Der Bericht über die zweite, ebenfalls 1674 erfolgte Reise des Mercurius ist am Erfolg der ersten orientiert und verfolgt letztlich auch die gleichen Ziele: Der Frieden ist nur in einem europäischen Gleichgewichtssystem, das allen Staaten gerecht wird, dauerhaft zu sichern.[77] Dem Autor geht es um die Meinungsbildung in Deutschland. In den ausländischen Gesprächsrunden werden mit vielen Anspielungen auf aktuelle Vorgänge gemäßigte Verfassungsformen, kaiserliche und protestantische Positionen propagiert. Die Flugschrift war erfolgreich, weil sie die Grundregeln der Gattung – Neuigkeiten glaubhaft und stimmig kommentieren, Erfahrungen bestätigen, Leser und Hörer weder unter- noch überfordern – beispielhaft beherzigte. Der *Verkleidete Götter-Both* ist zudem in einzelne Relationen untergliedert, die an einem Abend bequem diskutiert werden konnten. Er bietet klare Perspektiven, indem sich die zitierten Meinungen immer wieder, aber aus unterschiedlichen Blickwinkeln gegen die Universalmonarchie und für ein Gleichgewicht unter den europäischen Staaten aussprechen. So werden beispielsweise der in England geäußerte Verdacht des königlichen Verrats von Franzosen, die Kampfbereitschaft der Odenwälder Bauern in Frankfurt und der Streit um Böckelheim in Mainz scheinbar verifiziert. Durch die geschickte Verpackung seiner wenigen Grundthesen sorgt Mercurius für Wiedererkennungseffekte, die das Geschriebene stimmig erscheinen lassen.

Die gleiche verkaufsfördernde Absicht darf hinter den Milieuschilderungen und Einschätzungen vermutet werden, die dazu dienen, Vorwissen und Vermutungen, Werte und Haltungen, aber auch die Vorurteile der Leser und Hörer zu bestätigen. Hierzu gehören neben den Gesprächen in Gasthäusern und mit den Wirten als Informationszentren der an den Soldaten verdienende Handwerker, die mehrfach durchziehenden Soldatenkolonnen, die sich bereichernden Regenten und vieles andere mehr. All dies deckt sich mit tatsächlichen oder geglaubten Erfahrungen der Rezipienten. Auch das Fremde und Andere mußte von ihnen mit ihren lebensweltlichen Wahrnehmungen in eine Verbindung zu bringen sein, um daraus räsonierend eigene Schlüsse ziehen zu können. Johannes Weber hat wahrscheinlich gemacht, daß der verkleidete Götterbote als Flugschriftenautor und ein unverkleidetes Pendant, das Zeitungsnachrichten zusammenfaßte, aus dem glei-

---

[77] Des neulich-verkleideten ietzo abermahl in die Welt verschickten Götter-Bothen Mercurii fortgesetzte Erzehlung/ Worinnen Er/ nach durchgewanderter Welt/ die wichtigsten Discoursen/ Muthmassungen/ und Meynungen/ so bey denen Teutschen/ als Benachbarten des Welt-Theils Europae begriffenen/ und in ietzigen Krieg mitinteressirenden Höffen und Ständen/ unter vornehmen und geringen Standes-Personen vernommen/ der Welt zum Nachricht abermehl endecket/ und verlässet, 1674.

chen Druckhaus in Nürnberg kamen.[78] Die These einer komplementären Lektüre von Zeitungen bestätigt die Flugschrift auch intern, denn sie nennt häufig Zeitungsmeldungen als Ausgangspunkt der belauschten Gespräche, die dann eine gefällige Umsetzung gängiger politischer Theorien und Diskurse bieten. Das viele Schreiben – so der Autor in der zweiten Lieferung selbstkritisch – zwinge jedoch die Feinde Deutschlands nicht zum Frieden, könnte aber „einigen Gemütern weitern zu befürchtenden Schaden für Augen stellen ..."[79] Die nicht mehr beargwöhnte, sondern als national bewunderte kaiserliche Armee oder das neu produzierte Feindbild „Schweden" sind gute Beispiele für die mediale Macht in Bereichen, die in der Frühen Neuzeit eigentlich als Domänen der Regierungen galten.

4. Räsonierende Öffentlichkeit und politische Kultur

In den Vorreden der Flugschriften findet sich reichhaltiges Material zu Absichten, Verbreitung und Rezeption. Mercurius begründet als Ich-Erzähler die Verzögerungen bis zur Drucklegung mit zwei anderen aktuellen Flugschriften, dem *Reformirten Friedens-Curirer*[80] und der oben angeführten *französischen Ratstube*, auf die er habe reagieren müssen. Erstere antwortete ihrerseits auf den 1673 erschienen *Neue[n] Friedens-Curier*[81] und bestritt, daß Frankreich einen Religionskrieg führe. Es wolle seine Grenzen ausdehnen, sein Vorgänger müsse seine entgegengesetzten politischen Weisheiten „in einer Bauer-Schenke" erhalten haben. Auf diesem heftig umstrittenen Markt mußte sich auch der Mercurius behaupten. Da lag es nahe, andere Broschüren kritisch zu sichten und sich von ihnen zu distanzieren. Dazu wählte er eine fiktive „vornehme Zusammenkunfft" in Auerbachs Keller, wo der reformierte Friedenskurier von einem Doktor als „valde stulta" abqualifiziert wird. Zudem habe die Runde festgestellt, daß die „Reformirung einer ziemlichen wieder Reformirung erforderte" und auch bei einer zweiten Lektüre nichts über die im Titel versprochenen Gefährlichkeiten und Unwahrheiten zu Tage gefördert habe.

---

[78] Weber 1994, bes. S. 48.
[79] Des neulich-verkleideten ...., Vorwort, S. 2.
[80] Reformirter/ Friedens-Curirer/ oder / Betrachtung/ über den/ unzeitigen/ neuen/ Friedens-Curirer/ In/ welchem erwiesen wird/ daß der sich intitulirende/ neue Friedens-Curirer/ noch zur Zeit unzeitig/ auch obglich/ er in vielen getroffen/ in vielen aber Gefährliches von sich schreibe/ viel oder auch mehr als zu wahr sey. Doch bleibt ihm sein Wille zu/ urtheilen vor allem nach Gefallen/gewiß aber ists/ daß er/ mehr ein Herr der Post/ als ein Curirer ist, 1674. – Im gleichen Jahr erschien eine um einen Bericht über das englische Parlament ergänzte Fassung. Zit. n. Meyer 1955, S. 318. – Offensichtlich weitere Ausgaben: Germanstadt 1674 und Verona 1674. Haller 1892, S. 119.
[81] Neuer/ Friedens-Curier/ Ins Teutsche übersetzet/ Welcher fürbringet/ was allenthalben in Teutschland/ Franckreich/ Spanien ... und der Schweiz von den/ gegenwärtigen Kriegs-Händeln discurriret wird/ und wessen/ man sich dabey zuversehen, 1673. Zit. n. Meyer 1955, S. 308 f. – Text bei Haller 1892, S. 117 ff.

In der ersten Relation der Fortsetzung schildert Mercurius zu Beginn eine ähnliche Szene in einem holländischen Kaffee- und Teehaus, wo sich am Morgen eine illustre Gesellschaft beim Tabakrauchen die Zeit vertreibt. Als der Wirt die „Couranten" auf den Tisch wirft, fängt ein Schiffer an vorzulesen. Nach jedem Artikel diskutiert die Gesellschaft. Mit Vergnügen wird beispielsweise vernommen, daß aus Frankfurt die Nachricht kommt, der Prinz von Oranien wolle nun endlich seine Armee mit derjenigen der Spanier zusammenschließen. Einer sagt: „Es ist eben gut/ daß sie es von Teutschland herein schreiben/ den wir wüsten es sonsten/ und villeicht der Printz selber nicht". Über die folgenden erregten Diskussionen kann nun der neulich-verkleidete Mercurius berichten.[82] Die Fiktion der in Gesprächen geborenen Meinungen und Haltungen, die einer räsonierenden Öffentlichkeit lediglich zugänglich gemacht werden, bleibt gewahrt.

Die Flugschriften vernetzten demnach die getrennt und dezentral räsonierenden Öffentlichkeiten. Welche Wirkungen von ihnen ausgehen konnte, zeigen beispielhaft die *Holländische[n] Minen/ Wider die eröffnete Frantzösische Geheime Raht-Stube verfertiget/ und zu derselben wolaufgesonnenen Staats-Consilien Hintertreibung manierlich aplliciret* von 1674.[83] Ihr unbekannter Autor reflektiert einleitend die ideologische Kriegführung und verweist auf die Funktion des gemeinen Mannes im europäischen Mächtespiel. „Man machts doch heute zu Tage also in der Welt; man nimmt nicht nur Städt und Schlösser mit den Waffen, sondern auch die Gemüther mit Dinten/ Federn und Papier ein; welche letzte Einnehmung dan viel importirlicher zu seyn scheint/ als jene erste/ weil Stadt und Schlösser ja gantze Länder von den Gemüthern am meisten regiret werden. Wer dann nun die Gemüther hat/ der hat auch alles das jenige/ was davon regiret wird/ mithin Länder, Städt und Schlösser." Jeder General lasse seine Sache so als gerechte darstellen, daß sie geliebt werden müsse. Das gemeine Sprichwort sage: „Für das Vaterland solle ein ieder streiten", der eine mit Geld, der andere mit Waffen, wieder ein anderer mit klugem Rat, wie „auch diejenige/ die dergleichen Sachen publiciren/ wodurch die Gerechtigkeit einer Sache weiter erschallen möchte." Doch sei es deswegen erlaubt, „den Feind zu verunglimpfen und verhasset zu machen, es sey auf was Weis und Wege es immer wolle?" Zwar dürften Poeten dichten, um ihre Leser zu belustigen, doch gelte dies auch bei politischen Angelegenheiten? „Dann was geschieht/ das geschieht dem jenigen zum Besten/ dem alle getreuen Patrioten rechtschaffen anhangen sollen ... Also ist öffter geschehen/ daß durch dergleichen impressiones entweder grosse Auffruhren erwecket/ oder gestillet worden/ nachdeme man entweder einen Herrn gegen seine Untergebene verhasst oder beliebt gemacht/ ... und mithin eine gemein Neuerung außgestreuet/ daß durch sein Vorhaben der gemeine Nutz/ die belibte Freyheit/ die edle Ruhe/ die erwünschte Sicherheit/ anderseits aber der eigen Nutz/ die verworffene Sclaverey/ die schändliche Widerwärtigkeit/ und verhasste Furchtsamkeit gesuchet werde ... Solcher Gestalten ist der Buchdrucker

---

[82] Des neulich-verkleideten ...., Zitat S. 5.
[83] Holländische Minen/ Wider die eröffnete Frantzösische Geheime Raht-Stube verfertiget/ und zu derselben wolaufgesonnenen Staats-Consilien Hintertreibung manierlich aplliciret, 1674. Dutch pamphlets 1486–1853, Leiden 1997, Nr. 11165.

oder Buchführer/ der dergleichen aufleget oder verkauffet/ wie auch die Obrigkeit/ die dergleichen zulässet/ gantz nicht zu verdencken/ wann man gemein werden lässet/ was alle ins gemein angehet." Dem Friedenskurier, einer anderen Flugschrift, sei es gelungen, daß nun auch der gemeine Mann die These vom Religionskrieg glaube. Zudem habe sie ein „gar gutes Vertrauen zwischen dem Kayser und vielen Ständen gepflanzt". Bisher hieß es, der Kaiser breche den Frieden, da er eine solche Macht gegen Frankreich aufbiete, doch nun bewundere jeder die kaiserliche Armee und seine Reichsverteidigung. Es spiele daher keine Rolle, wie der Blick in die französische Ratsstube zustande gekommen, wohl aber, wie er aufgenommen worden sei.

Die veröffentlichte Meinung konnte kriegsentscheidend sein. Zwar regieren nicht Haltungen und „Gemüter", doch sie formieren ein Meinungsklima, das darüber entscheidet, wer als Freund oder Feind wahrgenommen wird. Erst nachdem es – möglicherweise einer aus Wien gesteuerten Publizistik – gelungen war, nationale Stimmungen auf- und die Angst vor den Habsburgern abzubauen, ließ sich der französische König zum einheitsstiftenden Feindbild machen. Nach Ansicht des „holländischen" Autors konnten die Medien sogar Widerstand und Aufruhr herbeischreiben. Auch der Kaiserhof nahm anläßlich der aufsehenerregenden Verhaftung Fürstenbergs 1674 Rücksicht auf die öffentliche Meinung: Selbst über die „allerbillichsten Handlungen" der hohen Häupter werde heute übel geredet. Obwohl sie eigentlich nur dem Urteil Gottes unterworfen und niemandem Rechenschaft geben müßten, „jedoch damit sie sich vor der Welt/ um ihre Reputation/ alß die eine gewaltige Stütze ihrer Macht und ansehen ist/ zubeschützen/ entschuldigen; sind sie manches mal gezwungen/ solches offentlich zuthun."[84]

Offensichtlich gab es im 17. Jahrhundert bereits eine politisierende Öffentlichkeit, die ständische Grenzen tendenziell überwand und über Zeitungsnachrichten und Flugschriftendiskurse die lokalen Öffentlichkeiten nationsweit integrierte. Für die Habermassche Festlegung des Entstehens einer bürgerlichen, über Politik räsonierenden Öffentlichkeit ins spätere 18. Jahrhundert spricht fraglos, daß sich nun „Staat" und „Gesellschaft" langsam trennten und sich innerhalb der Zivilgesellschaft eine vom Privaten geschiedene öffentliche Sphäre institutionalisierte, deren Kritik kontrollierend wirkte. Davon zu unterscheiden ist die ältere öffentliche Kontrolle von Herrschaftsakten – an vielen Stellen und in unterschiedlichen Formen. Diese plebejischen Öffentlichkeiten hatte Habermas aber nicht gemeint. Ihm ging es um den Gegenpol zu Regierung und Staat, um ein nationsweit agierendes Publikum. Die Flugschriften beweisen jedoch am Beispiel der ansonsten als *arcana imperii* behandelten innen- und außenpolitischen Geschehnisse, daß es schon im 17. Jahrhundert eine politisierende Öffentlichkeit gab, die ganz wesentlich von Flugschriften konstituiert und zusammengehalten wurde.[85]

---

[84] Die Gerechtfertigte Verhaftung/ Printz Wilhelmen/ Von Fürstenberg, (1674), S. 3. Zit. n. Meyer 1955, S. 36.

[85] Jürgen Habermas, Strukturwandel der Öffentlichkeit. Untersuchungen zu einer Kategorie

Johann Frischmann, französischer Resident in Straßburg, veröffentlichte 1662 anonym *Deß Aller Christlichsten Königs Fridhaltendes Gemüth mit den Ständen des Teutschen Reichs*. Darin erläutert er, in Frankreich seien nur ganz wenige Personen über politische Vorgänge informiert, aber viele redeten mit. „Belangend das gemeine Volck im Königreich/ so weiß jedermann dessen Unfähigkeit in dergleichen wichtigen Händel ... Die Benachbarten halten vielleicht die Inwohner deß Königreichs in des Königs Staatssachen eben so berichtet/ als wie ihre Burger in ihren Republic Geschäfften oder wie die Herren Eydgenossen/ und Holländer in ihrer Regierung/ daran viel Theil haben/ und fast jedermann weiß/ was da vorgeht. Hierinnen thun sie ihnen zwar ein Ehr an/ die sie doch nicht verdienen ..."[86] Die aggressiven Vorstellungen französischer Texte werden, weil sie das politische Konzept Ludwigs XIV. zu stören drohten, als Gerede heruntergespielt. Die Frage lautet: gegenüber wem? Sollte diese Botschaft den Regierungen übermittelt werden, dann muß der französische Resident davon ausgegangen sein, daß die (ver)öffentlich(t)e Meinung deren politisches Handeln beeinflussen konnte. Er erklärt französische Flugschriften, im Unterschied zu denjenigen in Holland, Deutschland oder der Schweiz, pauschal für uniformiert, weil hier kaum jemand an politischen Entscheidungen beteiligt sei. Dem Leser werden dabei die Unterschiede zwischen monarchischen und republikanischen Staatsformen so eindringlich beschrieben, daß sich daraus wiederum eine – beabsichtigte? – Handlungsanleitung gegen die ihre Stände und Untertanen aus der politischen Mitverantwortung drängenden deutschen Fürsten herauslesen läßt.

Die Flugschriften haben die Angriffe der Türken, Franzosen oder Schweden nicht erfunden, deuten sie aber nicht nur als Expansionsabsichten, sondern auch als gegen Grundwerte der politischen Kultur in Deutschland gerichtet. Dazu zählen die deutsche Freiheit und die nicht-monarchische Reichsregierung. Um beides zu bewahren, akzentuieren die hier herangezogenen Flugschriften beispielsweise Stimmungen gegen tatsächliche oder angebliche universalmonarchische Pläne Ludwigs XIV. und präsentieren ein die deutschen Verhältnisse schützendes europäisches Balancesystem. Kein Herrscher oder Land sollte anderen seine Bedingungen diktieren können. Die Angst davor hatte sich zunächst gegen die Habsburger gerichtet und war mit Hilfe der Publizistik auf Ludwig XIV. gelenkt worden. Vor diesem Hintergrund mutierte Leopold zur nationalen Inte-

---

der bürgerlichen Gesellschaft, Neuwied [6]1974; Gestrich 2000, S. 22 f.; ders. 1994, bes. S. 28–33; Ester-Beate Körber, Öffentlichkeiten der Frühen Neuzeit. Teilnehmer, Formen, Institutionen und Entscheidungen öffentlicher Kommunikation im Herzogtum Preußen von 1525 bis 1618, Berlin/New York 1998 (= Beiträge zur Kommunikationsgeschichte, Bd. 7); Harold Mah, Phantasies of the Public Sphere. Rethinking the Habermas of Historians, in: The Journal of Modern History 72, 2000, S. 153–182. Klug abwägend zum Thema frühneuzeitliche Öffentlichkeit: Peer Schmidt 2001, bes. S. 84–94.

[86] [Johann Frischmann], Deß Aller Christlichsten Königs Fridhaltendes Gemüth mit den Ständen des Teutschen Reichs. Allen wiedrigen Argwohn/ Reden und Schriften entgegengesetzt, 1662, Zitat S. 7 f. Flugschriftensammlung Gustav Freytag 5905.

grationsfigur – eine Vorlage, die dieser nahezu perfekt nutzte.[87] Die Strategie, das Kaisertum von allen abendländischen Vorstellungen zu entlasten und das Reich auf die Rolle eines *primus inter pares* im europäischen Staatensystem festzulegen, erwies sich schnell allen konfessionalistischen Deutungen überlegen. Ähnliches zeigt sich bei der zielstrebigen Diffamierung Schwedens zum nationalen Feind. Nationale Stimmungen überwanden die konfessionellen und verfassungsrechtlichen Bedenken gegen den eigenen Kaiser. Die Lösungsstrategien der Flugschriften waren denkbar einfach: Einigkeit untereinander, damit die wahren Feinde – die Türken und der mit ihnen zusammenarbeitende Ludwig XIV. – erfolgreich bekämpft werden können. Fällt das Reich Deutscher Nation an die Türken oder an den französischen König – vom Kaiser ist in den siebziger Jahren keine Rede mehr –, teilen diese es untereinander auf, und die restlichen Staaten verlieren gegen diese Machtkonzentration ihre Unabhängigkeit: Stände, Bürger und Untertanen werden in beiden Herrschaftssystemen zu Sklaven, vor allem weil ihre Eigentumsrechte der absoluten Gewalt des Herrschers weichen müssen.

Bereits in seiner Entstehungsphase wird das europäische Mächtesystem auch in Deutschland durch eine nationale Brille wahrgenommen und beurteilt, der Kaiser auf die deutsche Staatsräson verwiesen. Da der französische König jedoch beinahe überall in Europa beargwöhnt wurde, brauchten die für nationale Märkte produzierten Texte nur geringfügig angepaßt zu werden, um auch in anderen Ländern auf Zustimmung zu stoßen. Obwohl zahlreiche Broschüren transnational die Stimmungen gegen Ludwig XIV. schürten, beriefen sie sich nicht auf eine gemeinsame europäische Kultur. Das geeinte Europa war ein propagiertes Ziel, in dem Selbständigkeit und nationale Eigenarten der einzelnen Länder erhalten bleiben sollten. Die deutschsprachigen Flugschriften setzten auf nationale Werte und beschleunigten dadurch die Nationalisierung eines Reiches, das ihnen längst ein deutsches geworden war. Mit ihren Kommentaren haben sie Einschätzungen erzeugt und Stimmungen verstärkt, die den Regierungen ein entsprechendes politisches Handeln erleichterten oder überhaupt erst ermöglichten. Die Macht der gedruckten Meinung darf auch im 17. Jahrhundert nicht unterschätzt werden. Die Publizistik lieferte das zunächst vor allem von den Eliten geteilte Orientierungswissen sowie perspektivische Deutungen des politischen Geschehens und schuf so die Parameter einer politischen Kultur.

Es muß also „Experten" geben, die einerseits über mehr und bessere Informationen, andererseits über das technische „Know how", Ansehen und/oder das symbolische Kapital verfügen, um die leitenden Wertvorstellungen immer wieder neu zu vermitteln, sie distinkt zu anderem und Fremden zu halten und sie dennoch permanent aktuellen Erfordernissen anzupassen. Mit den Flugschriftenautoren sowie ihren als Multiplikatoren auftretenden Lesern ist ein wesentlicher Teil dieser Orientierungswissen bereitstellenden Deutungselite identifiziert. Sie

---

[87] Volker Press, Die kaiserliche Stellung im Reich zwischen 1648 und 1740 – Versuch einer Neubewertung, in: Stände und Gesellschaft im Alten Reich, hrsg.von Georg Schmidt, Stuttgart 1989 (= Veröffentlichungen des Instituts für Europäische Geschichte Mainz, Beiheft 29), S. 51–80.

schrieb zuerst für ihresgleichen. Allein die vielen Regierungen in Deutschland benötigten informierte Räte, Juristen und Amtleute. Die in Kriegs- und Krisenzeiten anschwellende Flut von Veröffentlichungen war jedoch keineswegs nur für den internen Gebrauch der Politiker bestimmt, sondern wurde frei verkauft. Die Flugschriften waren das Medium, das die lokal und ständisch fragmentierten Öffentlichkeiten erreichte und miteinander verband. Erst die meinungsbildenden Druckmedien haben das Entstehen einer nationalen politischen Kultur ermöglicht, weil die von ihnen propagierten Werte und Muster schon aus kommerziellen Gründen weder lokal noch territorial distinkt sein konnten. Von daher berichteten sie über den Druck des Erzbischofs auf Köln anders als über denjenigen Schwedens auf Bremen. Die Staatsformen oder die politischen Kulturen werden dabei kontrovers und mit eindeutigen Sympathien diskutiert, ohne aber auch nur die Grundlagen der absoluten Monarchie prinzipiell in Frage zu stellen. So wurde stets von neuem ausgelotet, welche politischen Vorstellungen artikuliert werden konnten, ohne obrigkeitliche – in Form der Zensur – oder gesellschaftliche Sanktionen – durch massive Kritik in anderen Broschüren und auf dem Absatzmarkt – befürchten zu müssen.

Die Flugschriften signalisierten jedoch auch umgekehrt den Regierungen, wann und warum ihre Politik auf Unverständnis stieß. Bereits am Hof, in den städtischen Magistraten oder in den Regierungen waren auch Schreiber und subalterne Bedienstete an diesen Gesprächen beteiligt, die Freunde und Bekannte informieren konnten. Die paradigmatische Unterscheidung zwischen einer allen zugänglichen modernen, prinzipiell nationsweit über die gleichen politischen Themen räsonierenden und einer frühneuzeitlichen Öffentlichkeit - „punktuell, ereignisbezogen und ständisch differenziert"[88] – verflüchtigen sich im Flugschriftendiskurs.

Entgegen der gängigen Vorstellung, der Gesichtskreis der Bauern und Handwerker habe die Grenzen ihres Dorfes oder ihrer Stadt nicht wesentlich überschritten, interessierten sie sich für die Hintergründe und Zusammenhänge des politischen Geschehens im Reich und in den europäischen Staaten. Gelehrte und Pfarrer sowie das politisch partizipierende Stadtbürgertum, aber auch Bauern und Wirte bildeten einen Leserkreis, der vom Buchmarkt mehr forderte als religiöse Traktate und belehrende Anweisungen. Sie lasen politische Texte und berichteten darüber in eher inhomogenen Gesprächsrunden. Die Schreiber, Leser, Hörer und Kommentatoren politisierender Texte konstituierten eine frühneuzeitliche Öffentlichkeit, die im Ansatz durchaus kontrollierende Funktionen wahrnahm, weil ihre Haltung darüber entscheiden konnte, was an herrschaftlichen Zumutungen akzeptiert wurde oder auf Ablehnung und Widerstand stieß. Diese potentielle politische Kraft der durch die Flugschriften zu einer Öffentlichkeit vernetzten räsonierenden Gruppen mußten alle Regierungen in ihr politisches Kalkül einbeziehen. Ob die Bevölkerung in französischen, schwedischen oder habsburgischen Soldaten Feinde oder Freude sah, war keineswegs unerheblich. Es entschied über logistische und strategische Unterstützung oder aktiven Widerstand. Die Publizi-

---

[88] Gestrich 2000, S. 36.

stik sorgte jedenfalls dafür, daß große Teile der deutschen Bevölkerung mit Ludwig XIV. kein blühendes französisches Wirtschafts- oder ein attraktives Herrschaftssystem verbanden, sondern universalmonarchische Absichten, Bündnisse mit den Türken, Eroberungssucht, Despotie und „Sklaverei".

Der Blick auf die geringen politischen Partizipationsmöglichkeiten der Untertanen im frühneuzeitlichen Reich hat die Augen für die Wirksamkeit der über publizistische Diskurse verbreiteten Vorstellungen getrübt. Die heute nur noch an wenigen Beispielen glaubhaft zu machenden Veränderungen im Meinungsklima zeigen jedoch, welche Bedeutung die räsonierende Öffentlichkeit haben konnte. Die Regierungen nahmen die kommunizierten Einschätzungen ernst und versuchten, sie in ihrem Sinne zu beeinflussen. Dies gelang am besten, wenn Verhaltensweisen und Ressentiments lanciert wurden, die auf eine hohe Zustimmungsbereitschaft stießen wie konfessionelle Werte, nationale Haltungen oder entsprechend zu deutende Emotionen. Die politische Kultur veränderte sich in Deutschland in der zweiten Hälfte des 17. Jahrhunderts nicht zuletzt aufgrund entsprechender Flugschriftendiskurse, die mit Blick auf ein friedliches europäisches Staatensystem und eine erfolgreiche Verteidigung der eigenen Staatsräson gegen die auswärtigen Feinde alle politischen, konfessionellen und sozialen Fragmentierungen im Sinne einer nationalen Integration zu überwölben versuchten. Mehr noch als die Türken wirkte das Feindbild „Ludwig XIV. und Frankreich" als Katalysator und führte in Deutschland zur Bereitschaft, die kaiserliche Armee trotz konfessioneller und verfassungspolitischer Bedenken als Teil einer nationalen Mobilisierung zu bewundern. Der komplementäre Reichs-Staat war mit den Erfolgen des Kaisers gegen die Türken und der zu Beginn der siebziger Jahre erkennbaren Bereitschaft, sich der französischen Bedrohung zu stellen, ein wichtiger Teil der antiludovizianischen Koalitionen und des europäischen Gleichgewichts.

Schauplatz Europa. Das *Theatrum Europaeum* des Matthaeus Merian als Medium kritischer Öffentlichkeit

GERD DETHLEFS

Eine vielzitierte Bild- und Textquelle für das Europabild des 17. Jahrhunderts ist das monumentale Geschichtswerk *Theatrum Europaeum*, das die Zeitgeschichte Europas zwischen 1619 und 1718 darstellt.[1] Herausgegeben von Matthaeus Merian in Frankfurt und seinen Erben zwischen 1633 und 1738 in 21 Bänden, habe es das Bild, das man sich von Europa machte, ebenso gespiegelt wie geprägt. Dabei sei der dort verwendete Europabegriff – so der jüngste Interpret Wolfgang Schmale – keineswegs einheitlich: Die fast jedem Band beigegebene Karte zeige den historischen Einzugsbereich der von jüdisch-christlicher und antiker Tradition geprägten europäischen Kultur einschließlich des Mittelmeerraumes, während der Globus auf dem Titelkupfer des ersten Bandes durch die Lichtführung ein „Europa der Nationen" fokussiere, nämlich die ab 1618 in Deutschland kriegführenden Staaten.[2] Eingehendere neuere Analysen des Gesamtwerkes fehlen noch. Merians Vorstellungen von Europa sollen hier vor allem anhand der gestochenen Vortitel untersucht werden,[3] die nicht nur für das Buch werben, sondern zugleich eine bildliche Verdichtung des Inhaltes mit verweisendem und auch deutenden Charakter bieten sollten.[4]

---

[1] Heinz Gollwitzer, Europabild und Europagedanke. Beiträge zur deutschen Geistesgeschichte des 18. und 19. Jahrhunderts, München 1951, S. 59; Winfried Schulze, Europa in der Frühen Neuzeit – begriffsgeschichtliche Befunde, in: „Europäische Geschichte" als historiographisches Problem, hrsg. von Heinz Duchhardt und Andreas Kunz, Mainz 1997, S. 35–65, hier S. 51; Wolfgang Schmale, Scheitert Europa an seinem Mythendefizit?, Bochum 1997, S. 64 f. (im folgenden zitiert als Schmale 1997a); ders., Das 17. Jahrhundert und die neuere europäische Geschichte, in: Historische Zeitschrift 264 (1997), S. 587–611, hier S. 588–596 (zitiert als Schmale 1997b).

[2] Schmale 1997b, S. 589–596.

[3] Abbildungen der gestochenen Vortitel und der Titelblätter aller 21 Bände bei Lucas Heinrich Wüthrich, Das druckgraphische Werk von Matthaeus Merian d. Ä. Bd. 3: Die großen Buchpublikationen I, Hamburg 1993, Abb. 83-135, im folgenden nicht mehr einzeln nachgewiesen.

[4] Zur Funktion des Titelblattes in Büchern des 16. und 17. Jahrhunderts vgl. Annette Frese, Barocke Titelgraphik am Beispiel der Verlagsstadt Köln (1570–1700). Funktion, Sujet, Typologie, Köln, Wien 1989 (Dissertationen zur Kunstgeschichte 31), S. 1–13; Jutta Breyl, „Nichtige Äußerlichkeiten"? Zur Bedeutung und Funktion von Titelbildern aus der Perspektive des 17. Jahrhunderts, in: Wolfenbütteler Barock-Nachrichten 24, 1997, S. 389–422.

1. Matthaeus Merian?, Vortitel zum Theatrum Europaeum, Bd. 1, 1635. Kupferstich

I.

Der erste Band des *Theatrum* behandelt das erste Jahrzehnt des Dreißigjährigen Krieges und dessen Vorgeschichte von 1609 bis 1629. Erschienen 1635, zwei Jahre nach dem Band über die Jahre von 1629 bis 1633, zeigt sein gestochener Vortitel (Abb. 1) auf einem mehrstufigen Podest die Verkörperung der Europa, thronend als Herrscherin mit einer Krone, deren aufgesetztes Kreuz ihren Herrschaftsanspruch religiös legitimiert.[5] Ihr huldigen links Afrika, rechts Asien und Amerika – wie sie seit etwa 1570 auf den Titelblättern von Atlanten und Publikationen zu finden sind, die bewußt die ganze Welt behandeln.[6] Doch hier erscheinen die Erdteile in die göttliche Weltordnung eingebunden: Baldachin und Wolken trennen die himmlische Sphäre ab, wo das strahlende Auge Gottes Europa auf der Erdkugel erleuchtet. Hände aus Wolken mit einer Rute und einem Ölzweig zeigen göttlichen Lohn und Strafe an, durch Krieg (Bellona) rechts und Frieden (Pax) links. Einerseits ist damit Europas Schicksal in Krieg und Frieden gemeint, andererseits aber auch das christliche, auf das göttliche Gebot verpflichtete und von Gott in die Freiheit entlassene Europa. Auf die Offenheit des Geschichtsprozesses verweist die Fortuna am rechten Bildrand, während die Fama links den Ruhm Europas verkündet und zugleich das Geschehene dokumentiert und publik macht, für Nachwelt und Zeitgenossen.

Dem Buchtitel entsprechend – *Warhafftige Beschreibung aller und jeder denckwürdiger Geschichten/ so sich hin und wider in der Welt/ fürnämlich aber in Europa/ und Teutschen Landen/ so wol im Religion als Prophan-Wesen/ vom Jahr Christi 1617 biß auff das Jahr 1629 ... zugetragen* –, sind Europa und die Welt verbildlicht, die Religion durch Gottes Auge (ein überkonfessionelles Symbol), die Politik durch Pax, Bellona und Fortuna. Dem Herrschaftsanspruch der Europa entsprechend bietet der Text die Geschichte der europäisch beherrschten Welt (einschließlich des Osmanischen Reiches).[7] Weltgeschichte wird reduziert

---

[5] Vgl. den von Joachim Sandrart entworfenen Titelkupfer der 1638 von Merian verlegten *Neeuwe Archontologia Cosmica* („Herrschaftskunde der Welt"). Dort sind als Attribute der Europa die christliche Religion, der Merkurstab für den Handel und die Posaune der Fama für ihre Überlegenheit verknüpft. Abb. im Ausst.Kat. Unsterblich Ehren-Gedächtnis zum 400. Geburtstag des Matthaeus Merian des Aelteren ..., Museum für Kunsthandwerk Frankfurt am Main und Kunstmuseum Basel 1993/1994, Frankfurt a. M. 1993, S. 234; vgl. Ulrike Valeria Fuss, Matthaeus Merian der Ältere. Von der lieblichen Landschaft zum Kriegsschauplatz – Landschaft als Kulisse des 30jährigen Krieges, Frankfurt a. M. u.a. 2000, S. 103–108; Sabine Poeschel, Studien zur Ikonographie der Erdteile in der Kunst des 16.-18. Jahrhunderts, Diss. (Münster) München 1985, S. 118, 160, 207, 404–405.

[6] Vgl. Ausst.Kat. Bayerische Staatsbibliothek München: Vierhundert Jahre Mercator – Vierhundert Jahre Atlas, hrsg. von Hans Wolff, Weißenhorn 1995, S. 40 (Abraham Ortelius: Theatrum orbis terrarum, Antwerpen 1570), 48 (Gerhard Mercator: Atlas Minor, Amsterdam 1607), spätere Beispiele S. 50 (1658), 56 (1635), 69 (1757), 70 (1785), 83 (1720); Lucas Heinrich Wüthrich, Das druckgraphische Werk von Matthaeus Merian d. Ä., Bd. 2: Die weniger bekannten Bücher und Buchillustrationen, Basel 1972, Abb. 82; vgl. Poeschel 1985, S. 70 u.ö.

[7] Das Osmanische Reich galt als Teil Europas, selbst in genealogischen Sammelwerken, z.B. Tobias Wagner, Limina genealogica in praecipuas magnatum Europae familiarum, Ulm 1653; vgl. Christianus Gastelius, De statu publico Europae ... tractatus, Nürnberg 1675, Titelkupfer.

auf europäische Geschichte. Übrigens tritt die Personifikation der Europa bei den späteren 20 Titelblättern nur ausnahmsweise, nämlich zweimal auf.

Der Verleger war der reformierte, aus Basel stammende Matthaeus Merian (1593–1650),[8] ein gelernter Kupferstecher. Er übernahm 1623/26 den auf illustrierte Bücher spezialisierten Verlag seines Schwiegervaters Theodor de Bry († 1623) und siedelte sich in der Buchhandelsstadt Frankfurt am Main an. Das Verlagsprogramm war geprägt von dem Bemühen um akribische, exakte Darstellung der Welt in naturwissenschaftlicher, geographischer und historischer Dimension.[9] Ansichtenwerke wie die ab 1638 erschienene *Neeuwe Archontologia Cosmica* mit Veduten aus aller Welt und die seit 1642 erschienenen Topographien der deutschen Landschaften werden bis heute mit Merians Namen verbunden. Als Anhänger spiritualistischer Gedanken distanzierte Merian sich von konfessionellen Orthodoxien und betonte die ethische Verantwortung des einzelnen vor Gott. Vernünftiges Handeln basierte für ihn auf der Erkenntnis von Gott und der Welt; Merian sah sich in der Pflicht, umfassendes Wissen zu vermitteln, seine Zeitgenossen zu informieren, auch durch Flugblätter und politisches Tagesschrifttum. Er wollte mithandeln als Publizist und damit seinen Zeitgenossen nutzen.[10] Darin steht er geistesgeschichtlich zwischen Humanismus und Aufklärung.

Eines seiner ersten Projekte war eine illustrierte Weltgeschichte. Johann Ludwig Gottfrieds *Historische Chronik* vom Anfang der Zeiten bis 1619 erschien in acht Folgen von 1629 bis 1634 und umfaßte 3000 Seiten mit rund 330 Kupferstichen.[11] Merian ließ das Werk bis in seine Gegenwart fortsetzen: Als *Historischer Chronicken Continuation* gab er schon 1633 die Darstellung über die Jahre 1629 bis 1633 heraus – sie firmierte in der Neuauflage 1637 als zweiter Band des *Theatrum Europaeum*. Autor war ein früherer Frankfurter Schulmeister, Johann Philipp Abelin (1600–1634), der auch den ersten, 1635 dann unter dem Titel *Theatrum Europaeum* publizierten Band über die Jahre von 1619 bis 1629 (mit

---

[8] Fuss 2000, S. 23–36 mit einer kommentierten Bibliographie; hier wichtig Wüthrich 1972, Bd. 2, S. 8–15; Wüthrich 1993, Bd. 3, S. XIV–XX; Wüthrich, Bd. 4: Die großen Buchpublikationen II: Die Topographien, Hamburg 1996. Zur Biographie s. Lucas Heinrich Wüthrich, Matthaeus Merian d.Ä. Biographie, in: Ausst.Kat. Frankfurt a. M./Basel 1993/1994, S. 5–19.

[9] Vgl. Stefan Soltek, Matthaeus Merian – Verleger seiner Zeit, in: Ausst.Kat. Frankfurt a. M., Basel 1993, S. 276–282. Merians Bemühen um Darstellung von Realität entspricht Tendenzen in den Niederlanden; in den von „fundamentalistischen Protestanten" kalvinistischer Prägung dominierten Niederlanden z.B. zeigten offizielle Medaillen keine Allegorien, sondern Pläne und Ansichten, s. Marjan Scharloo, Images of War and Peace 1621–1648. The Dutch Medals, in: The Medal 33 (Autumn 1998), S. 23–38, hier S. 36–37.

[10] Theatrum Europaeum Bd. 1 (1635), hier zitiert 2. Aufl. 1643, Vorrede an den Rat von Frankfurt a. M., S. (2); ebd. Bd. 2 (1633), hier zitiert nach der 3. Aufl. (1646), Vorrede an den Leser, S. (1)–(2).

[11] Lucas Heinrich Wüthrich, Der Chronist Johann Ludwig Gottfried, in: Archiv für Kulturgeschichte 43 (1961), S. 188–216; Wüthrich 1993, S. 63–112. – Vorbild war vermutlich die lateinische, aus katholischer Sicht geschriebene Weltchronik von Petrus Opmeer und Laurentius Beyerlinck, Opus chronographicum orbis universi a mundo exordio usque ad annum M.DC.XI., Antwerpen: Verdussen, 1611. Die Vorrede betont den Nutzen der Geschichte für den Unterricht der Jugend (vgl. die „Historia" auf dem Vortitel zu Bd. 2 des Theatrum Europaeum).

Rückblicken bis 1609) verfaßte.¹² Der große Erfolg, der wesentlich der reichen und qualitätvollen Illustrierung zu verdanken war, machte mehrere Neuauflagen erforderlich und zugleich weitere Fortsetzungen lohnend. 1738 erreichte das Werk schließlich im 21. Band das Jahr 1719 und wurde dann eingestellt. Es richtete sich an jedermann, an den historisch interessierten, vor allem auch politisch aktiven Leser – an Adelige und bürgerliche Stadträte ebenso wie an Fürstenhöfe und fürstliche Verwaltungen. Das Werk ist in fast jeder älteren Fürstenbibliothek, in vielen Adelshäusern und reichsstädtischen Bibliotheken zu finden. Damit ist eine weite Verbreitung der hier zu besprechenden Bilder gesichert. Die politischen Akteure zumindest im Heiligen Römischen Reich dürften sie gekannt haben.

Theatrum – damals übrigens kein seltener Titel für Bücher¹³ – meint in der Begrifflichkeit Merians zunächst den „Schawplatz der Geschichten".¹⁴ Der Autor Abelin äußert zu Beginn seines Textes, die 1618 entstandene „merckliche Bewegung" habe „noch viel andere mehr Monarchien und Königreiche zeitlich mit eingeflochten/ daß wir diese weit aussehende Commotionem wol pro Europaea halten unnd sie also nennen mögen".¹⁵ Europa wird also wahrgenommen nicht nur als eine geographische Einheit, sondern auch als ein Schauplatz politischer Aktionen, die einen inneren Zusammenhang aufweisen. Am Beginn eines jeden Bandes stehen in der Regel jeweils eine Europa- und eine Deutschlandkarte.

Die reiche Bebilderung mochte den Namen des *Theatrum* zusätzlich evoziert haben: Die Akteure und ihr Handeln werden vorgestellt wie auf einer Schaubühne. Das Theater war eine verbreitete Metapher für menschliches Leben überhaupt, ja eines der wichtigsten Paradigmata von Kommunikation in der Barockzeit.¹⁶ Der bühnenartige Aufbau des Vortitels ist nicht zufällig. Indem Merian seine Tätigkeit als Verleger in der Widmungsvorrede zum zweiten Band mit folgenden Worten beschrieb: „Diejenigen, welche gute Bücher an daß Tageslicht bringen/ unnd gleichsam auff das offentliche Theatrum der Welt produciren wollen", verwies er zurück auf das Publikum. „Welttheater" ist ein Vorläuferbegriff des seit dem späten 18. Jahrhundert verwendeten Wortes „Öffentlichkeit" und meint nicht buchstäblich die ganze geographische Welt, sondern die Unabgeschlossenheit des Publikums.¹⁷ Allerdings sind die Adressaten in erster Linie

---

¹² Fuss 2000, S. 138–143; vgl. die ausführliche Würdigung bei Hermann Bingel, Das Theatrum Europaeum, ein Beitrag zur Publizistik des 17. und 18. Jahrhunderts, München 1909 (Repr. Wiesbaden 1969), S. 10–41, sowie Wüthrich 1961; Nachweis der Auflagen bei Wüthrich 1993, S. 115–145, mit oft unrichtiger Beschreibung der gestochenen Vortitel.

¹³ Vgl. die OPAC-Kataloge der Herzog August Bibliothek Wolfenbüttel und der Bayerischen Staatsbibliothek München mit Hunderten von Titeln zwischen 1565 und 1730.

¹⁴ Johann Philipp Abelin, Theatrum Europaeum ..., Bd. 1, Frankfurt a. M. 1635, hier benutzt 2. Aufl. 1643, Vorrede des Verlegers, S. [1].

¹⁵ Abelin, Theatrum Europaeum Bd. 1, 1635 (auch 2. Aufl. 1643), S. 1.

¹⁶ Vgl. Wilfried Barner, Barockrhetorik. Untersuchungen zu ihren geschichtlichen Grundlagen, Tübingen 1970, S. 86–131.

¹⁷ Vgl. Lucian Hölscher, Die Öffentlichkeit begegnet sich selbst. Zur Struktur öffentlichen Redens im 18. Jahrhundert zwischen Diskurs- und Sozialgeschichte, in: Öffentlichkeit im 18. Jahrhundert, hrsg. von Hans-Wolf Jäger, Göttingen 1997 (= Das achtzehnte Jahrhundert. Sup-

Merians deutsche Landsleute, was nicht zuletzt die Verwendung der deutschen Sprache belegt. Das *Theatrum Europaeum* vermittelt so den Blick auf die europäische Geschichte seiner Zeit, doch aus dem deutschen Blickwinkel, genauer: aus der Sicht eines deutschen Protestanten.

II.

Der Text der ersten beiden Bände verfolgte eine dezidiert proschwedische, antikaiserliche und antikatholische Tendenz.[18] Immerhin war Frankfurt damals, von 1631 bis 1635, schwedisch besetzt, und die Erleichterung der Protestanten über ihre Befreiung von katholischer Bedrückung durchweht den ganzen Text. Gleichwohl erhebt das Werk den Anspruch auf Objektivität und sucht sich vom politisch tendenziösen Tagesschrifttum abzuheben – als ein wissenschaftliches Geschichtswerk. So zeigt der Vortitel zum zweiten Band die Aufgabe der Geschichtsschreibung (Abb. 2): die Historia als *Magistra vitae* und die nackte, leuchtende Wahrheit, wie sie mit der Fackel das auf der Schrifttafel Geschriebene beleuchtet. Oben erscheint Chronos mit dem geflügelten Hirsch als Symbol der Zeit,[19] begleitet von den Posaunen der Fama und dem Auge Gottes – als Ursprung aller Wahrheit. Unten in einer Höhle die Gegenbilder: Lüge bzw. Verstellung, Unwissenheit und das Vergessen. Die im Titel angesprochenen „jetzund schwebenden Kriegsläufften" sind ebensowenig verbildlicht wie Europa als geographischer und politischer Rahmen der Erzählung. Der zweite Band erlebte schon 1637 eine zweite Auflage in inhaltlich überarbeiteter Form – die antikaiserliche Tendenz war gemildert worden.[20]

Auch der dritte, 1639 und schon 1644 in zweiter Auflage gedruckte Band gibt Europa nur im Titel an. Wieder thematisiert das Titelbild die Rolle der Geschichtsschreibung und damit das Selbstverständnis der Herausgeber (Abb. 3): Von einem Geschützturm herab bläst Fama die Nachrichten – quasi den auf der Schrifttafel angezeigten Bericht –, flankiert von Mars und Bellona (als den beiden Facetten der Kriegführung – Kampfeswut und Kriegskunst). Der Turm wird begleitet von zwei allegorischen Frauengestalten: links die strahlende *Nuda veritas* mit Mauerkrone, Szepter und einem Buch mit der Aufschrift *Historia vitae* [vielleicht zu ergänzen mit *magistra*], rechts die *Compta affectuum licentia* (die geordnete, beherrschte Willkür der Leidenschaften). Im Vordergrund stellt ein gekrönter Poet aus den Berichten sein Buch zusammen. Eine Nachricht wird ihm gerade noch gebracht – ein Verweis auf die Aktualität. Begleitet wird der Historiker von einer gefesselten Frau *Verum cum datebris delituit diu Emergit* – das lange verborgene Wahre, das nun an den Tag kommt – und einer sitzenden

---

plementa, Bd. 4), S. 11–31, hier S. 22. Kriterium für diesen Begriff von Öffentlichkeit ist eben vor allem ihre (theoretische) Unbeschränktheit, s. ebd. S. 18, 30.

[18] Bingel 1909, S. 18–22.

[19] Vgl. Emblemata. Handbuch zur Sinnbildkunst des XVI. und XVII. Jahrhunderts, hrsg. von Arthur Henkel und Albrecht Schöne, Stuttgart 1967, S. 474–475.

[20] Bingel 1909, S. 17–20. Dasselbe galt für die Neuauflage des ersten Bandes 1643.

2. M. Merian? nach Johann Hülsmann, Vortitel zum Theatrum Europaeum, Bd. 2, 1633. Kupferstich

3. M. Merian?, Vortitel zum Theatrum Europaeum, Bd. 3, 1639 Kupferstich.

nackten Frau, die das Streben nach einfacher Wahrheit (*Simplicis Veritatis Studium*) verkörpert.

Merians Berufung auf die Geschichtsschreibung und auf den im Buchtitel wiederholten Anspruch, ohne Parteilichkeit[21] der nackten Wahrheit zu folgen, der gefesselten Wahrheit an das Tageslicht zu verhelfen und über die politisch-militärischen Ereignisse das Wahre einfach, auf das Wesentliche konzentriert, zu berichten, folgt zeitgeschichtlichen Werken wie den prokaiserlichen Aktenpublikationen und Darstellungen des böhmischen Aufstandes seit 1621, in denen Geschichtsquellen unter dem rhetorischen Vorwand veröffentlicht wurden, der Nachwelt ein zuverlässiges Bild der eigenen, bewegten Zeit zu überliefern[22] – tatsächlich ging es um die Kriegsschuldfrage.[23] Bahnbrechend für diese Art der Zeitgeschichte und Vorbild für das *Theatrum Europaeum* waren die in Köln und Frankfurt fast periodisch erschienenen *Relationen* des Spanisch-Niederländischen Krieges des Michael von Eitzing (um 1530–1598),[24] die verschiedene Autoren unter dem Titel *Mercurius Gallobelgicus* in Köln ab 1594 (wohl auch für den niederländischen Markt) und in Frankfurt a. M. von 1605 bis 1654 im Zwei- bzw. Halbjahresrhythmus in lateinischer Sprache fortsetzten, unter ihnen auch Johann Ludwig Gottfried und Johann Philipp Abelin (Bd. XIX, 1632).[25]

Der dritte, 1639 erschienene Band zeigte ebenso wie die 1637 bzw. 1643 gedruckten überarbeiteten Neuauflagen der ersten beiden Bände eine neutralere Haltung.[26] Indem die zeitgeschichtliche Publizistik als eigentliches Publikum die Nachwelt, weniger die eigenen Zeitgenossen ansprach, versuchte man Angriffsflächen zu verringern und die eigene Glaubwürdigkeit zu vergrößern.

---

[21] So heißt es auf der Titelseite „Auß überschickten glaubwürdigen Schrifften und Documenten mit grossem Fleiß und sonderbahrer Trew gantz unpartheyisch und ohne Affection gestellet, zusammen getragen und beschrieben".

[22] Caspar Lundorp, Acta publica, Frankfurt a. M. 1621 (mit jährlichen Ergänzungen bis 1626 und einer erweiterten Gesamtausgabe Frankfurt a. M. 1627), welche die Publizistik seit dem sog. Anhaltinischen Kanzleistreit 1620/21 um die Kriegsschuldfrage resümierte; Nicolaus Bellus, Österreichischer Lorbeerkrantz, Frankfurt a. M. 1625, Neuauflage 1627; Caspar Enß, Fama Austriaca, Köln 1627.

[23] Vgl. Konrad Repgen, Kriegslegitimationen in Alteuropa, in: Historische Zeitschrift 241, 1985, S. 27–49; ders., Krieg und Kriegstypen, in: ders., Dreißigjähriger Krieg und Westfälischer Friede. Studien und Quellen, hrsg. von Franz Bosbach und Christoph Kampmann, Paderborn u.a. 1998, S. 3–20, hier S. 9–14 über Kriegslegitimationen im Dreißigjährigen Krieg.

[24] Über Eitzing, sein Werk und die Fortsetzungen s. Johannes Arndt, Das Heilige Römische Reich und die Niederlande 1566 bis 1648, Köln, Weimar, Wien 1998 (= Münstersche Historische Forschungen 13), S. 219–227; einer der Fortsetzer war Caspar Enß, ein anderer Caspar Londorp (ebd. S. 285 f.).

[25] Der Titel des in Köln und Frankfurt verlegten Periodikums war (mit kleinen Variationen) „Mercurii Gallobelgici Sleidano succenturiati, sive rerum in Gallia et Belgia potissimum ... vicinisque Europae regnis et provinciis ... gestarum historicae narrationis continuatae Tomus ...". Es trat damit als Fortsetzung des Geschichtswerkes von Johannes Sleidanus über europäische Geschichte im Zeitalter Karls V. (Erstausgabe 1556) auf. – Die Bände bis 1654 befinden sich in der Bayerischen Staatsbibliothek München; angeblich gab es noch Fortsetzungen bis 1660.

[26] Vgl. Bingel 1909, S. 21–23; Ausst.Kat. Frankfurt a. M., Basel 1993, S. 26.

Der Anspruch, objektive Geschichte zu bieten, legitimierte die Aufdeckung fürstlicher Arcana, um Hintergründe politischer Aktionen aufzuzeigen: In der Widmungsvorrede zum dritten Band an Landgraf Georg von Hessen-Darmstadt dankte der Verfasser, der Landgraf habe aus Wahrheitsliebe Akten aus dessen Archiv zugänglich gemacht. Das Geheimhaltungsprinzip, das die Orientierung der Politik an einer säkularisierten „Staatsräson" und die Durchsetzung fürstlicher Interessen vor allem gegen rein konfessionelle Politik bezweckte und das inzwischen zentrales Medium der Herrschaftspraxis geworden war,[27] konnte mit Hinweis auf den didaktischen und wissenschaftlichen Nutzen der Historie unterlaufen, die wahren Beweggründe der Handelnden aufgedeckt und um ihrer Lehrhaftigkeit willen einer öffentlichen Kritik unterzogen werden – nach politischen wie überkonfessionellen moralischen Kriterien und Kategorien, etwa bei der Bewertung von Kriegsgreueln oder diplomatischen Aktionen.[28]

Obwohl die deutsche Sprache eben nicht die der lateinisch schreibenden Gelehrtenrepublik war,[29] betonte der Verleger den wissenschaftlichen Anspruch auf Wahrheit: Merian forderte angesichts lückenhafter „Berichte" die Leser auf, ihm Verbesserungen mitzuteilen.[30] Das war zwar ein Topos der Widmungsvorreden gelehrter Werke,[31] doch hier konnte jeder, der die Ereignisse erlebt hatte, mitreden. Die Bereitschaft zum Dialog mit dem Publikum stellt bereits eine Vorstufe räsonierender Öffentlichkeit im Sinne von Jürgen Habermas dar, der damit die öffentliche Diskussion über politische Entscheidungen durch die davon Betroffenen meint.[32] Diese Öffentlichkeit ist eine ebenso europäische wie deut-

---

[27] Michael Stolleis, Arcana Imperii und Ratio Status. Bemerkungen zur politischen Theorie des frühen 17. Jahrhunderts, in: ders., Staat und Staatsräson in der Frühen Neuzeit, Frankfurt a. M. 1990, S. 37–72; Johannes Kunisch, Absolutismus und Öffentlichkeit, in: Öffentlichkeit im 18. Jahrhundert 1997, S. 33–49, hier S. 34–37.

[28] Abelin leitet seinen Bericht mit dem Hinweis auf den Nutzen der Geschichte ein: er wolle „unserer werthen lieben Posterität zur Gedächtnuß/ Erinnerung/ unnd Vermahnung/ den Verlauff unserer Welt-Actionen beschreiben ../ darauß zu ersehen/ warumben wir sie angefangen/ wie wir sie geführt/ auch ohngefehr zu wissen/ auß was für Ursachen/ unnd vermittelst welcher Occasionen/ wir Land und Leuth so jämmerlich verderbet/ verwüstet/ ruiniret und devastiret haben ..." (Theatrum Europaeum I, 1635, S. 1). Er kritisiert die „Excesse" der aufständischen Böhmen (S. 26) und der Kaiserlichen (S. 55, 64); zu den gegenseitigen Vorwürfen schreibt er, es solle sich jeder Leser sein eigenes „Judicium" bilden (S. 63).

[29] Vgl. Heinrich Bosse, Die gelehrte Republik, in: Öffentlichkeit im 18. Jahrhundert 1997, S. 51–76, hier v.a. S. 52 f., 59–62.

[30] Theatrum Europaeum Bd. 2, 3. Aufl. 1646, Vorrede „An den Leser", S. (2); vgl. Wüthrich Bd. 3, 1993, S. 124.

[31] Vgl. z.B. Martin Jansonius, Mercurii gallobelgici ... ab anno 1594 .. usque ad annum 1596 gestarum ..., Köln 1596, Vorrede S. (4).

[32] Jürgen Habermas, Strukturwandel der Öffentlichkeit. Untersuchungen zu einer Kategorie der bürgerlichen Gesellschaft, 5. Aufl., Neuwied, Berlin 1971, S. 69–73 über literarische und politische Öffentlichkeit; zur Kritik vgl. Öffentlichkeit im 18. Jahrhundert 1997, mit den Beiträgen von Lucian Hölscher, Johannes Kunisch, Heinrich Bosse und Johannes Weber. - Die Möglichkeit einer Antwort war indes nur theoretisch. Anders als bei einer periodischen Zeitschrift, bei der die Richtigstellung dasselbe Publikum erreichte, war eine Diskussion hier nur in Form einer Gegenschrift denkbar, die sich auf dem Buchmarkt behaupten mußte.

sche, denn ihre Voraussetzung ist eine dezentrale politische Grundstruktur, d.h. die Existenz gleichberechtigter, konkurrierender Herrschaftsträger, die unterschiedliche politische Aussagen zulassen und fördern – während ein Monarch in seinem Land durch Zensur die öffentliche Meinung steuern kann und im Interesse der Staatsräson Propaganda treiben soll.[33] Gerade politische Konflikte konnten ein Nährboden für die Entstehung kritischer Öffentlichkeit sein. Die Flut von Karikaturen und Flugschriften auf den Böhmischen Aufstand zeigt eindrucksvoll, daß sich diese qualifizierte öffentliche Meinung spätestens um 1619/20 etablierte und den Krieg zu einem „Medienereignis" machte.[34] Die Entscheidung über Krieg und Frieden betraf und interessierte jeden Menschen, den „gemeinen Mann" wie Herrschaftsträger von Gutsherren und Stadträten bis hin zu Offizieren und forderte zur Stellungnahme heraus.

Die Selbstverortung des *Theatrum Europaeum* in der Geschichtsschreibung ist mehr als nur eine Schutzhaltung: Es spiegelt, was die Tagespublizistik hervorgebracht hatte, wenn auch im deutlichen Bemühen um kritische Würdigung und Auswertung, um eine zusammenhängende Geschichtserzählung, die eben auch Kausalitäten erörtert. Aber die publizistischen Medien waren die Quellen[35] wie Flugschriften und die seit 1605 und 1609 gedruckten ersten regelmäßig erscheinenden, durchnumerierten Zeitungen. Halbjahresberichte waren bereits seit 1583 von zahlreichen Verlegern zur Frankfurter Messe herausgegeben worden, die sogenannten Meßrelationen, die von Anfang an übrigens auch die europäischen Staaten und Europa als Bezugrahmen nennen.[36] Die wöchentlichen Zeitungen berichteten über Ereignisse in ganz Europa und in der europäisch beherrschten Welt, also West- und Ostindien und nannten diese Länder oft im Titel einzeln; erst ab 1655 erscheint der Begriff Europa/europäisch in den Titeln, bis 1700 bei zwölf Zeitungen.[37]

---

[33] Vgl. Weber 1992, S. 276 ff.

[34] Vgl. das Material bei Roger L. Paas, The German Political Broadsheet 1600–1700, bisher 7 Bde. (1600–1648), Wiesbaden 1985–2002 und Paul Hohenemser, Flugschriftensammlung Gustav Freytag, Frankfurt a. M. 1925; Johannes Burkhardt, Der Dreißigjährige Krieg, Frankfurt a. M. 1992, S. 225–232.

[35] Vgl. Margot Lindemann, Deutsche Presse bis 1815 (= Geschichte der deutschen Presse I), Berlin 1969; Ausst.Kat. Deutsches Postmuseum Frankfurt 1994: Als die Post noch Zeitung machte. Eine Pressegeschichte, S. 12–25, 32–39; Markus Baumanns, Das publizistische Werk des kaiserlichen Diplomaten Franz Paul Freiherr von Lisola (1613–1674). Ein Beitrag zum Verhältnis von Absolutistischem Staat, Öffentlichkeit und Mächtepolitik in der frühen Neuzeit, Berlin 1994, S. 24–28; Johannes Weber, Deutsche Presse im Zeitalter des Barock. Zur Vorgeschichte öffentlichen politischen Räsonnements, in: Öffentlichkeit im 18. Jahrhundert 1997, S. 137–149.

[36] Ausst.Kat. Historisches Museum Frankfurt am Main: Zeitungsstadt Frankfurt am Main. Zur Geschichte der Frankfurter Presse in fünf Jahrhunderten, hg. von Alfred Estermann, Frankfurt a. M. 1994, S. 32f.

[37] Vgl. Else Bogel und Elger Blühm, Die deutschen Zeitungen des 17. Jahrhunderts. Ein Bestandsverzeichnis, 2 Bde., Bremen 1971, Bd. 1 S. 141, 146 f., 151, 163 f., 180, 191, 198, 206–211 (Europäische Relation ab 1676, Europäische Fama, Altona ab 1683), 233, 246, 252 f.; Nachtragsband, hrsg. von Elger Blühm u.a., München u.a. 1985, S. 102.

Die Bildformel für diese „Öffentlichkeit der Information"[38] – auch in den Titeln der Zeitungen – konnten der Postreiter und Merkur sein; bei Merian ist es die Personifikation der Fama oder die Fanfare als ihr Attribut, die auf kaum einem Titelkupfer fehlt. Fama bedeutet übrigens nicht nur die Nachricht an sich, sondern auch ihre Bewertung: ursprünglich das Gerücht, also die unzuverlässige Nachricht, dann aber auch mit den möglichen Werten gut und böse.[39] Mit dem „Nachruhm" steht sie auch für die Öffentlichkeit in Gegenwart und Zukunft, die die Nachrichten zur Kenntnis nimmt und über die Geschichte urteilt.[40] Fama wird auch in manchen Fürstenspiegeln behandelt, wo es um den Ruf eines Fürsten, also um seine Selbstbehauptung im öffentlichen Urteil geht.[41]

Über eine Titelvignette hinaus hatten Zeitungen und Meßrelationen aber keine Merians Titelkupfern vergleichbaren programmatischen Illustrationen. Die Meßrelationen enthielten nur gelegentlich Ereignisdarstellungen oder auch einmal eine Karikatur. Das *Theatrum Europaeum* aber wollte das Destillat des für die Nachwelt als wichtig Erachteten sein – seine Titelbilder machen diese publizistischen Strukturen sichtbar und bewußt.

Die Entstehung von Zeitungen in den Jahrzehnten nach 1610 ist ein europaweites Phänomen. Auch in anderen europäischen Staaten lassen sich mit nur geringer Verzögerung vergleichbare Zeitungen nachweisen wie der Amsterdamer *Courant* 1618, die *Gazette de France* ab 1631 usw., die nach demselben Muster aus ganz Europa berichteten.[42] Der Schauplatz Europa war ihr gemeinsamer Bezugsrahmen. Ihr Publikum aber war jeweils national eingeschränkt. Eine europäische Öffentlichkeit gab es nur insofern, als alle von verschiedenen Per-

---

[38] Vgl. dazu Esther-Marie Körber, Öffentlichkeiten der Frühen Neuzeit. Teilnehmer, Formen, Institutionen und Entscheidungen öffentlicher Kommunikation im Herzogtum Preußen von 1525 bis 1618, Berlin / New York 1998, S. 17 f.

[39] So bei Cesare Ripa, Iconologia, hier benutzt die Ausgabe Rom 1603, Reprint Hildesheim, New York 1970, S. 142 ff., und Iconologie of Uytbeeldinghe des Verstandes, hrsg. von Dirck Pieterszon Pers, Amsterdam 1644 (Reprint Doornspijk, Soest 1971), S. 66, 160 ff., 307.

[40] Zur Fama auf Zeitungsköpfen, so in Kopenhagen ab 1676 und in der Altonaer Zeitung *Europäische Fama* ab 1683, vgl. Bogel und Blühm 1971, Bd. 1, S. 206–211, Bd. 2, S. 226 ff., 242 f. Von 1702 bis 1735 erschien in Leipzig die Zeitschrift „Die Europäische Fama, Welche den gegenwärtigen Zustand der vornehmsten Höfe entdecket" mit kritischen Kommentaren zur europäischen Außenpolitik. – Der Maler Gerard de Lairesse empfahl 1707 die Fama als für jedes Titelblatt geeignet, nicht nur da sie „Lob und Ehre des Authors" andeute, sondern allgemeines Sinnbild für die Publikation durch den Druck sei, vgl. Breyl 1997, S. 403.

[41] Vgl. Fürstenspiegel der frühen Neuzeit, hrsg. von Hans-Otto Mühleisen, Theo Stammen, Michael Philipp, Frankfurt a. M., Leipzig 1997, S. 428, 444 f. (über das „gute Geruecht", um das sich der Fürst bemühen soll, bei Jean Chokier: Thesaurus Politicus, Nürnberg 1624), vgl. S. 472. – Das Bedeutungsspektrum von Fama / Infamia als Gerücht, öffentlicher Ruf / Nachrede, Nachricht bis zur Beleidigung wurde ab 1640 in juristischen Dissertationen erörtert, auf der Grundlage von Marquard Frehers Buch *De Fama publica* (Frankfurt a. M. 1588 und Basel 1591), vgl. einen Sammelband der Herzog August Bibliothek Wolfenbüttel (Re 219) mit den Dissertationen *De fama* von Adam Scheller (Jena 1640), Georg Christoph Schefer (Altdorf 1659) u.a.; vgl. Dietrich Kornexl, Studien zu Marquard Freher (1565–1614). Leben, Werke und gelehrtengeschichtliche Bedeutung, Diss. (Freiburg) Bamberg 1967, S. 42 f., 109.

[42] Lindemann 1969, S. 90; Bogel und Blühm 1971, Bd. 1, S. VIII.

spektiven aus auf dieselbe Bühne schauten. Europa wurde einerseits als Aktionsraum wahrgenommen, andererseits als ein Raum, in dem man voneinander Kenntnis nahm.

III.

Das „europäische Theater" ist auch in anderen Medien, so in der Karikatur thematisiert worden: das *Groß Europisch Kriegs Ballett* (Abb. 4) erschien im Frühjahr 1645 als Beilage zu einer Frankfurter Meßrelation und somit parallel zum Beginn der Verhandlungen in Münster und Osnabrück.[43] Auf der Bühne Europa führen die Kriegsgegner links und rechts einen Kontretanz auf. Die Leiche Gustav Adolfs ist rechts präsent, wo Ludwig XIV., Juan de Braganza, Friedrich Heinrich von Oranien sowie der schwedische General Torstenson stehen, ihnen gegenüber Ferdinand III., Philipp IV. von Spanien, Maximilian von Bayern und der Dänenkönig. Die deutschen Kurfürsten von Brandenburg, Mainz und Köln, die Herzöge von Savoyen und Lothringen schauen von hinten zu, Johann Georg von Sachsen versucht die Zankäpfel einzusammeln, die die Discordia von oben herabwirft, während die Pax Ölzweige streut. Die Musik zum Ballett spielen hinten Papst und Kardinäle. Zuschauer sind auch die Schweizer vorn, die italienischen Fürsten links, und vorn rechts als lachende Dritte – so die Beischrift – der Fürst von Siebenbürgen und der Sultan. Im Hintergrund streiten Karl I. von England und die Presbyterianer unter Essex. Europa als Ballsaal und zugleich als Bühne; Europa als ein Raum, der den kritischen Blicken einer Öffentlichkeit ausgesetzt ist. Der Text beginnt:

> „Kompt her ihr New=Zeitungsleute
> Schawt an / was getantzt wird heute
> > In einem Fürstlichen Ballet/
> > Welchs der Neyd eynsetzen thet.
> Seht wir Christen Potentaten
> Einander hassen/ verrahten
> > Land und Leut alles drauff geht
> > umb zu tantzen diß Balet.",

und es endet mit dem Appell des „Straff drohenden Engel"

> „Halt o Fürsten last Euch rahten
> Ihr wühlt nach ewrem eygnen Schaden
> > Da wofern Ihr nicht aufhört
> > Bring ich Hunger Pest un[d] Schwerd.

---

[43] Vgl. Ausst.Kat. Stadtmuseum Münster 1988: Der Westfälische Frieden. Krieg und Frieden, Greven 1988, S. 152 f. Nr. 194; 1648 – Krieg und Frieden in Europa, hrsg. von Klaus Bußmann und Heinz Schilling, Ausstellungskatalog, Münster/Osnabrück 1998, Nr. 1145. Das Blatt ist enthalten in Jacobus Francus, Relationis Historicae Semestralis continuatio ... zwischen nechst verwichener Franckfurter Herbstmesz 1644 biß auff die Ostermesz des 1645. Jahrs ..., Frankfurt: Latomus Erben, 1645; es gab zwei Auflagen mit je anders gesetztem Typendruck-Text (Paas VII, 2002, Nr. P-2174-P-2175) und zwei niederländische Kopien, davon eine mit drei Varianten (Paas VII, 2002, Nr. PA-376-PA-379).

4. Flugblatt "Groß Europisch Kriegs-Balet", um 1644/45. Kupferstich und Typendruck

> Laßt den Fried wider zunehmen
> Thut euch allens zanckens schämen
>   Jeder sey mit dem vergnügt,
>   Was ihm Gott hat zugefügt.
> Dann wird jeder Mensch in Frewden
> Voll vergnügt/ ruhen/ weyden
>   Denn das wütend Schwerd verschlingt
>   was der heilige Fried gewinnt."

Damit wird der Blick zurück von der Bühne auf das mitgedachte Publikum geleitet, das seine Erwartungen an die Akteure hier – mit der Stimme des göttlichen Engels – formuliert. Es ist der politische Blick der außenstehenden, unbeteiligten, hilflosen, aber vom Krieg betroffenen Zuschauer. Die moralisierende Argumentation ist typisch für publizistisch, künstlerisch und literarisch formulierte Friedensappelle dieser Zeit, die keine konkreten Wege aus politischen Konflikten weisen, also keine Kompromisse vorschlagen, sondern ethische Maßstäbe für politische Aktionen aufzeigen und damit die Handelnden unter Zugzwang setzen wollen.[44]

Europa ist also ein Handlungsraum, der insofern inhaltlich gefüllt ist, als für die christlichen Potentaten das göttliche Gebot gilt.[45] Europa ist ein Kommunikationssystem mit gemeinsamen ethischen Normen, deren Beachtung die – eben dadurch „kritische" – Öffentlichkeit einfordert. Diese Normen schreiben nicht konkretes Handeln vor, sondern geben Beurteilungskriterien an: In dieser unfriedlichen Zeit blieb Frieden immer Handlungsziel. Heinz Schilling hat dies die „strukturelle Friedensfähigkeit" Europas genannt.[46] Die entsprechenden Wurzeln liegen einerseits im konfessionell unumstrittenen christlichen Friedensgebot, andererseits in humanistischen Gedanken, wie sie Erasmus schon 1517 in seiner *Querela Pacis* formuliert hat. Aus dem Bemühen um die Einhaltung ethischer Normen zwischen souveränen Staaten entstand das Völkerrecht,[47] das jedoch keine Sanktionen kannte, sondern politisch etwa mithilfe der Friedenspublizistik durchgesetzt werden mußte.

---

[44] Prüfstein für Politik ist damit die Friedenswilligkeit der Akteure, vgl. Gerd Dethlefs, Kunst und Literatur während der Verhandlungen um den Westfälischen Frieden, in: Heinz Duchhardt (Hrsg.), Städte und Friedenskongresse, Köln, Wien 1999, S. 33–67, hier S. 57 f.

[45] Dem entspricht ein Flugblatt von 1636/1645 *Seuffzer nach dem Guldinen Friden / Allen Christlichen Potentaten ... zu bedencken*, in dem Christus selbst ein überkonfessionelles Friedensgebot in den Mund gelegt wird, s. Ausst.Kat. 1648, S. 181 f., Nr. 512; Paas VII, 2002, Nr. P-2039, P-2173 (1645), P-2191 (1647), PA-338 (1636).

[46] Heinz Schilling, Krieg und Frieden in der werdenden Neuzeit – Europa zwischen Staatenbellizität, Glaubenskrieg und Friedensbereitschaft, in: 1648. Krieg und Frieden in Europa, hrsg. von Klaus Bußmann und Heinz Schilling, Aufsatzband 1, Münster/Osnabrück 1998, S.13–22; vgl. Burkhardt 1992, S. 11–15.

[47] Vgl. Werner Fritzemeyer, Christenheit und Europa. Zur Geschichte des europäischen Gemeinschaftsgefühls von Dante bis Leibniz, München, Berlin 1931 (= Historische Zeitschrift, Beiheft 23), S. 77, 86, 92–108; Dieter Wyduckel, Recht, Staat und Frieden im Ius Publicum Europaeum, in: Heinz Duchhardt (Hrsg.), Zwischenstaatliche Friedenswahrung in Mittelalter und Früher Neuzeit, Köln, Wien 1991 (= Münstersche Historische Forschungen 1), S. 185–204,

Die Friedenswünsche der Öffentlichkeit für den politischen Raum Europa – übrigens ebenso die für das Gebiet des Reiches – spiegeln sich in nicht wenigen Flugschriften und Flugblättern des Dreißigjährigen Krieges sogar in Frankreich;[48] erinnert sei nur an das Leipziger Flugblatt EUROPA QUERULA von 1631 und eine Schrift *Scena Europea*, in der sich europäische Potentaten äußern und die personifizierte Europa den Krieg beklagt: Sie sei einst von einem Stier entführt worden, der sie geliebt habe; nun aber werde sie von der Kriegsfurie vergewaltigt.[49] Eine als Monatszeitung begonnene Flugschrift *Fama Mundi Oder Welt Trommeter / Welcher Allerhandt newe und wunderliche Historien und Geschicht / so sich ... in der Welt / bevor Europäischen theils ... zugetragen*, die ein unter dem Pseudonym Johann Philipp Cuspinian schreibender Autor in dem fingierten Druckort „Warpurg" bei „Johann Verimann" 1620 drucken ließ, beurteilte die Politik nach deren Friedensliebe.[50] Ganz ähnlich zeigt eine Medaille des damals in Danzig tätigen Medailleurs Sebastian Dadler zum westfälischen Friedenskongreß 1644 Bellona und Pax im Ringkampf; die Umschrift formuliert ausdrücklich: „Europa wünscht, der Friede möge glücklich siegen."[51] Auch hier ist der Bezugsraum Europa nur textlich eingebracht, aber als eine politische Öffentlichkeit gedacht, die Frieden wünscht. Dem entsprechen Flugschriften, die sich direkt an die „Europäer" wenden.[52]

Die moralisierende Beurteilung von Kriegspolitik durch eine kritische Öffentlichkeit sowohl der Akteure wie der Zuschauer steht nur scheinbar im Widerspruch zur Vorstellung von einer im Zeitalter der Staatsräson erfolgten Entkonfessionalisierung und Entmoralisierung der Politik, wie sie der Macchiavellismus

---

hier S. 192; grundsätzlich Heinhard Steiger, Konkreter Friede und allgemeine Ordnung – Zur rechtlichen Bedeutung der Verträge vom 24. Oktober 1648, in: Ausst.Kat. Münster/Osnabrück 1998, Aufsatzband I, S. 437–446, hier S. 440–445.

[48] Vgl. Ausst.Kat. 1648, S. 178 Nr. 503, wo die Friedensgöttin in den für die Nationen stehenden Personen ganz Europa anspricht und den Frieden ankündigt – Zur „wechselseitigen Durchdringung von Friedens- und Reichssymbolik" im 17. Jh., vgl. Johannes Burkhardt, Jutta Schumann, Reichskriege in der frühneuzeitlichen Bildpublizistik, in: Rainer Müller (Hrsg.), Bilder des Reiches (= Irseer Schriften 4), Sigmaringen 1997, S. 51–95, hier S. 76–80.

[49] Vgl. Wolfgang Harms (Hrsg.), Deutsche Illustrierte Flugblätter des 16. und 17. Jahrhunderts Bd. II,1: Herzog August Bibliothek Wolfenbüttel, Tübingen 1980, S. 392 f.; Paas V, 1996, Nr. P 1306–1308; in diesem Sammelband abgebildet im Aufsatz Tschopp; Johann Thuille, Scena Europaea, personis suae instructa: praecipuas Regum, Principum, Rerum publicarum, virtutes, consilia et actiones, ac totius Europae praesentem et futuram statum repraesentans, Stralsund: Saxo 1631 (84 S.), hier S. 19 f. (Hohenemser 1925, Nr. 5481); eine Abschrift der Rede der Europa verdanke ich Dr. Anett Lütteken, Zürich, nach HAB Wolfenbüttel, 219.1. Quod. (2).

[50] Exemplar in der HAB Wolfenbüttel, 69.12 Polit. (6). In der Vorrede schreibt der Herausgeber, die monatlichen Nachrichten dienten dazu, daß „ein jeder verständiger in dieser schwierigen Zeit nichts mehr desideriret und begehrt/ als daß er erfahret/ wie doch dieses unfriedliche Wesen werden möge/ und könne zu einem friedtlichen Stand gerichtet werden".

[51] Ausst.Kat. 1648, S. 181 f., Nr. 519; Dethlefs 1999, S. 33 f.

[52] Hasupha Warschawer, Des 1644sten Als Jahrs von sonder-wichtigen Veraenderungen An die gesampte Voelcker beruemtesten Erdtheils Europae ... nun zum drittenmahle abgefertigter Herold ..., Warburgk: Friedhoff, 1644 (Autor und Druckort fingiert), hier benutzt das Exemplar der HAB Wolfenbüttel, Xb 3798 (9).

5. Werkstatt M. Merian, Vortitel zum Theatrum Europaeum, Bd. 4, 1643. Kupferstich

und der Tacitismus propagierten und die auf das Geheimnis, die Nicht-Öffentlichkeit der monarchischen Entscheidungen abzielten.⁵³ Die Rechtfertigung „unmoralischen" Handelns der Fürsten zur Selbsterhaltung ist aber wohl eher die Reaktion auf moralische Kriterien, wie sie seit Erasmus in der humanistischen Staatstheorie und in Fürstenspiegeln zu finden waren. Arkanpolitik bedarf schließlich zu ihrer Entstehung einer Öffentlichkeit als Gegenpol. Die theoretische Verbindlichkeit des politischen Normengerüstes zeigte sich gerade dort, wo man sich seiner bediente, um Verstöße dagegen zu verschleiern.⁵⁴

Die ersten drei Titelkupfer des *Theatrum Europaeum* müssen gelesen werden als publizistische Selbstverortung, während die Vortitel der folgenden Bände stärker den Inhalt, den europäischen Krieg kommentieren und zum Frieden mahnen. Das Bild zum vierten Band von 1643 bietet eine Huldigung an den Kaiser (Abb. 5): Vor einem gesprengten Giebel, der von dem Adler, der Fama und zwei Putten mit der Krone Rudolfs II. und einem Szepter besetzt ist, steht die Büste des Kaisers, von zwei Frauen bekränzt, die einen Vogel bzw. einen Ölzweig tragen: Personifikationen des Friedens,⁵⁵ während vorn Waffen zwischen gefallenen Kriegern liegen. Anders als das Titelbild des auch in Frankfurt publizierten Werkes *Caesar Victoriosus sive Theatrum Historiae universalis Catholico-Protestantium* über die deutschen Glaubenskriege seit 1517 (Abb. 6), das 1641 erstmals erschien und bis 1647 vier Fortsetzungen erlebte⁵⁶ und das als prokaiserliches Manifest Kaiser Ferdinand III. als Sieger und seine Vorgänger auf österreichischen Fahnen mit Religio und Fama auf einer Triumpharchitektur zeigt. Merian thematisiert nicht die Siege der kaiserlich-katholischen Seite. Ferdinand III. wird vielmehr von Merian als Friedensstifter dargestellt, der den Krieg beenden soll, und gerade darin soll sein Nachruhm bestehen. Schließlich referiert der Band auch den Regensburger Reichstag 1641 und die Vorverhandlungen in Hamburg und Frankfurt zum späteren westfälischen Friedenskongreß. Merian beobachtet das Kriegsgeschehen und den Friedensprozeß und drückt mit dem Friedenswunsch die Erwartungen der Öffentlichkeit aus. Damit verbildlicht Merian eine weitere selbstgewählte Funktion: Öffentlichkeit nicht nur herzustellen, sondern sich zum Sprecher der Öffentlichkeit zu machen und der Politik ein Ziel anzugeben – gegenüber der anonym erschienenen Karikatur des *Kriegs-Balets* ist dieser in der Verantwortung des Verlegers vorgetragene Appell eine weitere Vorstufe zur „räsonierenden Öffentlichkeit".⁵⁷ In dem Bericht über den

---

⁵³ Vgl. Stolleis 1990, S. 7, 37–55; Gestrich 1994, S. 16 über die Legitimität von Herrschaft im Absolutismus.

⁵⁴ Vgl. Stolleis 1990, S. 65 f.

⁵⁵ Vgl. Ripa 1603, S. 375 f.; Ripa 1644, S. 568 f.

⁵⁶ Nicolaus Helwig, Caesar Victoriosus sive Theatrum Historiae universalis Catholico-Protestantium, Frankfurt a. M.: Schönwetter, 1641; das Werk war die aktualisierte Fortsetzung von Nicolaus Bellus, Österreichischer Lorbeerkrantz (1625 bzw. 1627). Sehr ähnlich das Titelbild des parallel erschienenen Aktenbandes, der Neuauflage von Caspar Londorp, Actorum publicorum tomi IV, Frankfurt a. M.: Schönwetter, 1641.

⁵⁷ Vgl. Ansgar Häfner, An Niemand, den Kundbaren. Bemerkungen zur Entstehung der Öffentlichkeit, in: Ausst.Kat. Frankfurt 1994: Als die Post noch Zeitung machte, S. 71–76.

6. Vortitel zu Nicolaus Helwig, Caesar Victoriosus sive Theatrum Historiae universalis catholico-protestantium, Frankfurt/M. 1641. Kupferstich

7. Werkstatt M. Merian, Vortitel zum Theatrum Europaeum, Bd. 5, 1647. Kupferstich

Krieg drückt er die Hoffnung aus, daß der Frieden zurückkehren möge. Schon im ersten Band war die Fortsetzung des Werkes bis zum Friedensschluß angekündigt worden.[58] Das *Theatrum Europaeum* ist von der pazifistischen Grundstimmung durchzogen, die Merians Werk zunehmend bestimmte[59] und zugleich seine Neutralität zu beweisen vermochte.

Bemerkenswert ist in der Vorrede zum vierten Band der Hinweis, daß die Kämpfe in England und Irland besonders ausführlich dargestellt sind, weil „beyde innerliche Kriege/ mit den Teutschen eine gleichförmige Gestalt haben und auff gleichförmiges Ende/ nicht ohne sein gerechtes Poenitere hinauß lauffen werden." So ist es zwar nicht gekommen. Die strukturelle Vergleichbarkeit der politischen Prozesse aber, der Streit zwischen König und Ständen bzw. Parlament und der zwischen Kaiser und Reichsfürsten – und später der Fronde mit dem König in Frankreich –, wurde bereits damals als eine europäische politische Gemeinsamkeit wahrgenommen.

Merian trug im Sinne einer kritischen Öffentlichkeit auf den folgenden Titelkupfern des *Theatrum Europaeum* Kriegskritik vor: Der fünfte Band, erschienen 1647, zeigt auf dem Vortitel (Abb. 7) Mars auf dem Löwen, Herkules und Bellona, unten die Zwietracht, wie sie das weltliche und kirchliche Regiment bedrückt und würgt und mit dem Drachen Altäre umstürzt – rechts liegt ein Kruzifix. Mit der Anspielung auf die Kriegsschrecken wird für den Frieden geworben. Der Vortitel zum sechsten Band, den nach dem Tode Matthaeus Merians (1650) seine Erben 1652 herausgaben und der den Abschluß des Westfälischen Friedens beschrieb, stellt Krieg und Frieden dar mit der Victoria, die endlich der Pax den Sieg zuerkennt, oben Chronos und die Verkörperung der Memoria. Stärker als bei der Fama ist hier die Nachwelt, für die der Sieg des Friedens von großer Bedeutung ist, in den Blick genommen.

IV.

Die Vortitel der nächsten drei Bände des – aufgrund des verlegerischen Erfolges von Merians Söhnen fortgesetzten – Werkes zeigen Europa in den Personen derjenigen Monarchen, die die Politik bestimmten und verantworteten. Die „vornehmsten Personen" einer Geschichtserzählung auf den Titelkupfer zu setzen, hatte schon 1646 der Nürnberger Literat Georg Philipp Harsdörffer empfohlen.[60] Der Vortitel zu Band 7 über die Jahre 1651 bis 1658 greift den Friedenswunsch in Form eines Memento mori auf: Die Büste des 1657 verstorbenen Kaisers Ferdinand III. mit dem Todesgenius steht im Zentrum, um ihn herum vier verstorbene Fürsten. Der Vortitel zum achten Band zeigt das befriedete Europa: Chronos

---

[58] Theatrum Europaeum Bd. 1, S. 3.

[59] Vgl. Bruno Weber, Merians Topographia Germaniae als Manifestation „von der hiebevorigen Glückseligkeit", in: Ausst.Kat. Frankfurt/Basel 1993, S. 202–207; vgl. ebd. S. 275.

[60] Breyl 1997, S. 397 f.; wegen der fehlerhaften Kurzbeschreibungen der Allegorien auf den Titelblättern bei Wüthrich 1993, S. 133–140 werden die Vortitel der Bände 7 bis 15 im folgenden kurz beschrieben; vgl. ebd. Abb. 106–123.

krönt den 1658 gewählten Kaiser Leopold und den 1660 zurückgekehrten englischen König Karl II. Über allen schweben Putten mit dem Schriftband PAX, verweisen auch mit Ölzweigen auf den Frieden und krönen so Ludwig XIV. und Philipp IV., die Partner des Pyrenäenfriedens von 1659. Der Titelkupfer zum Band 9 personifiziert den Türkenkrieg von 1663/64 in den Figuren von Kaiser und Sultan.

Die folgenden Titelblätter charakterisieren dagegen in Allegorien die Prinzipien der Politik stärker als die Akteure bzw. den Schauplatz Europa. Auf dem Vortitel zu Band 10 (über die Jahre 1665–1671) geht es um die *Securitas publica*. Die fürstliche Herrschaft erscheint in Form eines Obelisken, auf Schwert und Szepter und Lorbeerkranz ruhend, durch die Tugenden „heroische Tapferkeit", „unerschütterte Standhaftigkeit" und „weise Beratung" gestützt (also auf Militär, Religion und Rechtswissenschaft), und ist zwischen Krieg und Frieden gestellt. Der Frieden bedeutet den Sieg über Neid und Zank; Politik und Moral in Form der Tugenden sind eng verwoben, der Monarch bedarf der Tugenden und der bewaffneten Macht.

Die Verbildlichung eines Hauptprinzips der europäischen Außenpolitik, nämlich der Sicherheit, deren Ziel – Frieden – aber nur mit bewaffneter Macht hergestellt werden kann, ist zugleich ein Hinweis darauf, daß nun, eine Generation nach dem Westfälischen Frieden, nach institutionalisierten Formen einer Konfliktbewältigung gesucht wurde, wie sie innerhalb des Reiches der Regensburger „immerwährende Reichstag" für das Reich darstellte.[61] Nicht Europa, aber Strukturprinzipien europäischer, auf Kriegsvermeidung und Konfliktlösung auszurichtender Politik kommen also zur Anschauung und Darstellung.

Der Vortitel zu Band 11 zeigt Herkules, bekrönt von Honor und belohnt von Bellona, am Boden Waffen und oben Symbole der Memoria – Anspielung auf den großen Krieg zwischen Frankreich, Spanien, den Niederlanden und dem Reich zwischen 1672/74 und dem Frieden von Nimwegen 1679; auf dem Vortitel zu Band 12 flieht die von der Kriegsfurie und Bellona vertriebene Pax, so daß Gewerbe, Künste und Wissenschaften leiden, ohne daß der Krieg näher bestimmt oder verortet wird; in Band 13 wirbt die Germania (Attribut Adler) mit einem Buch um die Rückkehr der Astraea und des Merkur, während Herkules die bösen Mächte – Neid, Knechtschaft und Lüge – in Schach hält und die Historia alles getreu aufzeichnet.

Der 14., 1702 erschienene Band über den europäischen Krieg gegen Ludwig XIV. 1691 bis 1695 zeigt auf seinem Titelkupfer (Abb. 8) das von Mars und Poseidon beherrschte und umkämpfte Europa als Landkarte auf der Erdkugel umgeben von den Tierverkörperungen der europäischen Mächte, wie sie vor allem im Niederländischen seit etwa 1580 verbreitet waren. Im Hintergrund erscheint

---

[61] Vgl. Johannes Burkhardt, Verfassungsprofil und Leistungsbilanz des immerwährenden Reichstags. Zur Evaluierung einer frühmodernen Institution, in: Heinz Duchhardt (Hrsg.), Reichsständische Libertät und habsburgisches Kaisertum, Mainz 1999, S. 151–183, hier S. 171; Leopold Auer, Konfliktverhütung und Sicherheit. Versuche zwischenstaatlicher Friedenswahrung in Europa zwischen den Friedensschlüssen von Oliva und Aachen 1660–1668, in: Duchhardt 1991, S. 153–183.

8. Vortitel zum Theatrum Europaeum, Bd. 14, 1702. Kupferstich

9. Vortitel zum Theatrum Europaeum, Bd. 15, 1707. Kupferstich

die Personifikation der Europa mit Diadem und Szepter, die zur Verteidigung ihrer Freiheit aus dem Himmel ein Schwert empfängt, während eine Hand aus Wolken einen Lorbeerkranz über ihren Kopf hält. Europa rüstet sich zu seiner Verteidigung gegen den vom gallischen Hahn gerufenen Kriegsgott.

Auf dem Vortitel zu Band 15 von 1707 über die Jahre 1696 bis 1700 (Abb. 9) erscheint mit der Kreuzfahne die christliche Europa als bekränzte Siegerin, die auf den zerbrochenen türkischen Halbmond tritt – Anspielung auf den für den Kaiser, Venedig und Rußland erfolgreichen Frieden von Karlowitz, während Chronos im Hintergrund den Kriegsgott fesselt. Der Friedenskuß von Pax und Justitia nach Psalm 85,11 verdeutlicht das Ideal, Europa solle der Inbegriff von Frieden und Gerechtigkeit sein. Es ist die Vision der deutschen und europäischen Öffentlichkeit – jedenfalls als Wunschvorstellung der Publizisten, die die Kämpfe ihrer Zeit mit Kriegsklagen und Friedenswünschen begleiteten.

Matthaeus Merian war einer der ersten, die dies bewußt taten, nicht anonym, sondern im Schutz der Zeitgeschichtsschreibung. Er behandelte den Schauplatz Europa als einen auf Einhaltung christlicher und humanistischer Normen verpflichteten Raum, der auf Frieden angelegt sein sollte und in dem er als kritischer Zeitgenosse „Öffentlichkeit herstellt". Die Titelblätter seines Werkes thematisieren diese selbstgewählte Aufgabe. In ihnen „begegnet sich die Öffentlichkeit selbst", wie Lucian Hölscher kritische, bürgerliche Öffentlichkeit am Ende des 18. Jahrhunderts charakterisierte,[62] auch wenn nicht das gesamte Spektrum des bis 1800 stark ausgeweiteten staatlichen Handelns bei ihm behandelt wird.

V.

Erscheint Europa bei Merian und seinen Erben als eine Bühne für die „Staatenbildungskriege" der europäischen Fürsten bzw. Nationen, so wird das Geschehen doch nur aus nationaler Perspektive, von national gebundenen Öffentlichkeiten wahrgenommen. Wie aber funktioniert die Kommunikation zwischen diesen, gab es Ansätze einer europäischen Öffentlichkeit, war diese mehr als die theoretische Unabgeschlossenheit des Publikums? Die Übersetzungen politischer Flugschriften – Lisolas antifranzösischer Traktat *Bouclier d'éstat* erschien ab 1667 in sechs Sprachen[63] – dokumentieren zunächst die Kommunikation zwischen den politisch Handelnden, können aber auch Indizien einer europäischen Öffentlichkeit sein.

In den Niederlanden, dessen republikanische Verfassung eine kritische Öffentlichkeit entstehen ließ, die allerdings wegen ihrer Prägung während des Kampfes gegen die spanische Monarchie weniger pazifistische als – nach außen hin – kämpferische Züge trug, wurde eine dem *Theatrum* Merians vergleichbare zeitgeschichtliche Chronik über die Kriege gegen Ludwig XIV. 1664–1672 – Petrus Valckeniers Werk *Het verwerde Europa* – 1677 ins Deutsche übersetzt.[64]

---

[62] Hölscher 1997, S. 31.
[63] Vgl. Baumanns 1994, S. 165, 358 ff.
[64] Petrus Valckenier, Das Verwirrte Europa. Oder Politische und Historische Beschreibung

10. Vortitel zu Petrus Valckenier, Das verwirrte Europa, Bd. 1, Amsterdam 1677. Kupferstich

Der gestochene Vortitel (Abb. 10) zeigt eine von ihrem Thron gestürzte Frau, auf ihrer Brust den Reichsadler, auf ihrem Bauch den Wappenlöwen der niederländischen Republik. Ein Mann mit Lilienpanzer – Ludwig XIV. – versucht ein Netz überzuwerfen. Von links eilen zwei Geharnischte, nämlich Wilhelm III. von Oranien und Kaiser Leopold zu Hilfe. Vorn liegen Füllhorn und Merkurstab als ihre Attribute: Ist es nun die Pax, oder ist es Europa? Die Figur erinnert an die Landkartenpersonifikation Europas nach Matthaeus Quad 1587.[65] Im Hintergrund erscheint die allegorische Darstellung des Staates als Rundtempel; in der Bekrönung Gottvater zwischen Obelisken mit Symbolen des weltlichen bzw. geistlichen Regiments, zwischen Mars und Pax.

Das Titelbild wird verständlich durch den Buchinhalt. Das Eingangskapitel behandelt „Das allgemeine und besondere Staats-Interesse eines jeden Potentaten und Republick in Europa" und das zweite Kapitel insbesondere die Politik der Franzosen und deren Versuch, die allgemeine Monarchie in Europa zu errichten. So charakterisiert der Autor die spezifischen Ausformungen der Staatsräson in den europäischen Staaten, das französische und früher spanische Streben nach Vorherrschaft und die Balance zwischen beiden Ländern. Europa ist ein Korpus vieler widerstreitender Staaten – einschließlich des Sultans. Valckenier plädiert dabei für den Frieden als höchstes Gut, weil die eigentliche Wohlfahrt der Staaten nicht durch Krieg, sondern durch Handel und Wandel zu erreichen sei – eine typisch niederländische Haltung.

VI.

Aus französischer Sicht war die europäische Öffentlichkeit die Summe der Öffentlichkeiten der Nachbarländer, die man z.B. durch Medaillen erreichen wollte. Diese wurden ein offizielles Medium, das die Politik Ludwigs XIV. außerhalb der Grenzen Frankreichs propagieren sollte. Im *Theatrum Europaeum* wurden derartige Medaillen sogar besprochen, und in den Niederlanden gab es spätestens ab 1690 antifranzösische satirische Medaillen, die das Bildvokabular aufgriffen.[66]

Ludwig XIV. hatte die Medaillenprägung monopolisiert und schuf 1663 die *Académie des Inscriptions et Belles Lettres*, die sogenannte *Petite Académie*, die Inschriften und Bildprogramme für Medaillen auf die Regierungstaten entwerfen sollte.[67] Um die Deutung festzulegen und gegen Mißverständnisse zu wappnen,

---

Der in Europa, fürnehmlich in dem Vereinigten Niederlande/ und in dessen Nachbarschafft seither dem Jahre 1664 entstandenen und durch die gesuchte allgemeine Monarchie der Frantzosen verursachten blutigen Kriege, 3 Bde., Amsterdam 1677–1681; vgl. Baumans 1994, S. 27.

[65] Ausst.Kat. Regensburg 2000: Bavaria Germania Europa – Geschichte auf Bayerisch, Augsburg 2000, S. 260.

[66] Mark Jones, Medals of the Sun King, London 1979, S. 12–18.

[67] Zusammenfassend mit weiteren Hinweisen s. Hans Galen (Hrsg.); Gerd Dethlefs und Karl Ordelheide (Bearb.), Der Westfälische Frieden – Die Friedensfreude auf Münzen und Medaillen. Vollständiger beschreibender Katalog, Greven 1987, S. 62–86; Jean-Paul Divo, Catalogue des Médailles de Louis XIV, Zürich 1982.

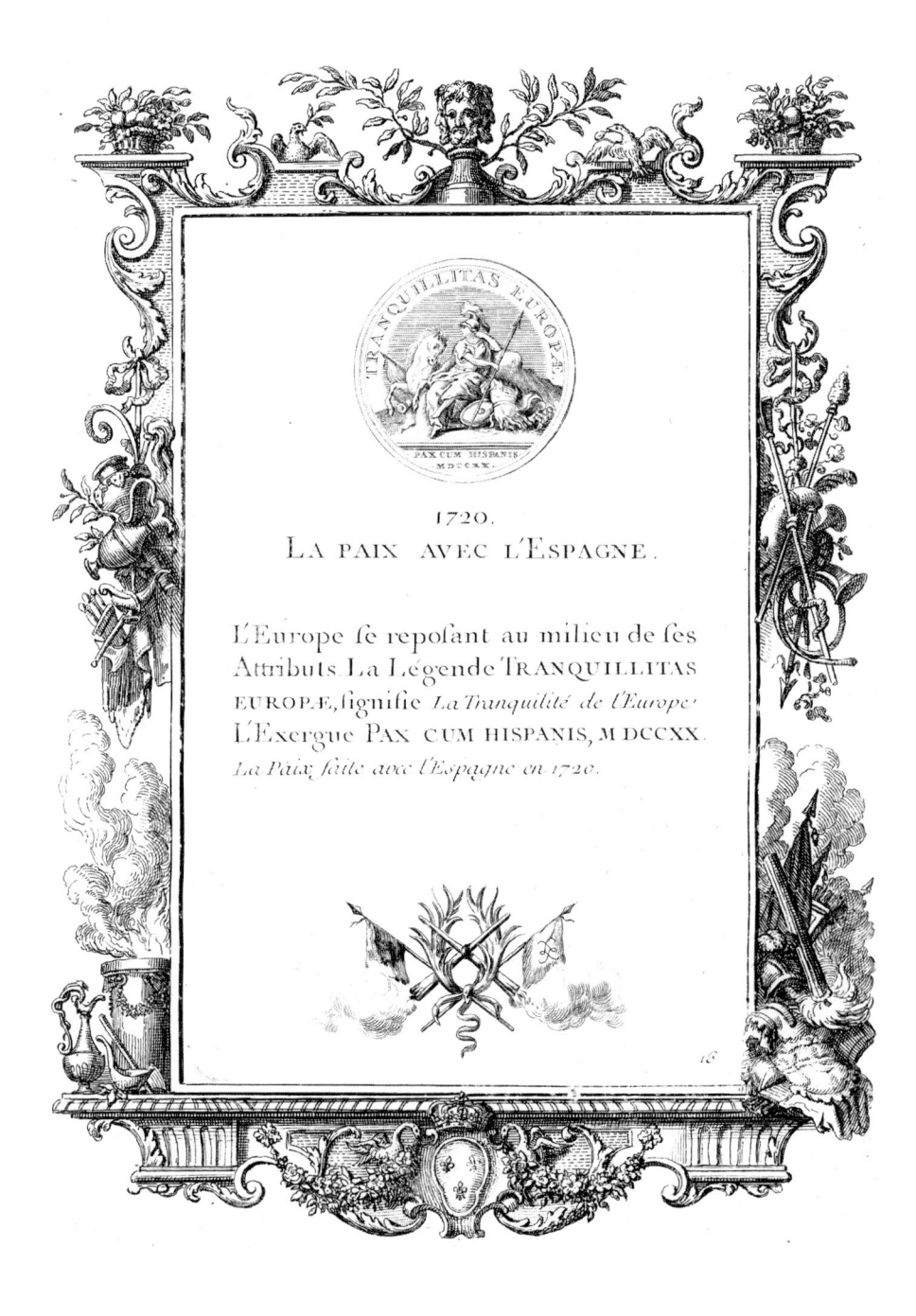

11. König Ludwig XV. von Frankreich, Medaille auf den Frieden mit Spanien 1720 (aus G.R. Fleurimont, Médailles du règne de Louis XV, o.O.o.J (um 1750), Taf. 16. Kupferstich

publizierte man 1702 das Buch *Les Principaux Evènements du Règne de Louis le Grand*, das große Resonanz in Europa fand, auch in Raubdrucken und Übersetzungen. Die Medaillen aus unvergänglichem Metall sollten den Ruhm des Königs verewigen. Vorbild waren die römischen Kaisermünzen: Die Vorderseite trägt immer das Bildnis des Königs, die Rückseite eine Allegorie mit Devise als Überschrift, während das Ereignis im Abschnitt genannt ist.

Europa indes findet sich nur in den Texten zweier Medaillen zum Frieden von Rijswijk 1697:[68] VIRTUS ET AEQUITAS – PACATA EUROPA – die Tugend und die Gerechtigkeit des französischen Königs befrieden Europa. Eine zweite Medaille war überschrieben SALUS EUROPAE – das Heil Europas liegt im Frieden – über dem Bild der Pax, die einen Waffenhaufen anzündet, mit der antiken Münzen entlehnten Friedensformel PAX TERRA MARIQUE PARTA. Hier wurde der Friede zu Lande und auf den Meeren, also überall, mit dem Heil Europas verknüpft – aber aus französischer Sicht. Europa war nicht mehr als der Bezugsrahmen französischer Politik, innerhalb dessen der Ruhm Ludwigs verbreitet werden sollte.

Erst für Ludwig XV. schuf die Akademie 1720 eine Medaille mit dem Bild der Europa, und zwar auf den Frieden mit Spanien unter dem Motto TRANQUILLITAS EUROPAE – die Ruhe Europas, nach der Beschreibung „L'Europe se reposant au milieu de ses Attributs", Europa als Minerva mit dem Pferd und Waffen.[69] Wenn Europa auftritt, wird sie propagandistisch mit dem Frieden verknüpft.(Abb. 11)

VII.

Wie sehr Europa als ein öffentlicher Raum verstanden wurde, in dem Nationen in ein Konkurrenzverhältnis traten, zeigt ein Beispiel aus der europäischen „Gelehrtenrepublik". In Tübingen veröffentlichte der Rhetoriker Thomas Lansius (1587–1657) 1613 die *Beratung über die Vorrangstellung zwischen den Provinzen Europas*[70]. Das Titelblatt verbildlicht die Widmung an Kaiser Matthias, dessen Brustbild oben erscheint, zwischen dem Ruhm des Hauses Österreich und der Verkörperung des Heiligen Römischen Reiches, unten der österreichische Kaiseradler zwischen Frauen mit Siegespalmen, während sich beiderseits des Titels ein Krieger – Mars in der Rüstung jener Zeit – und die Weisheit gegenüberstehen, zu deuten als die militärische Stärke und Überlegenheit Europas bzw. die Weisheit Europas: *victae barbaries*, die über die Barbaren siegt. So ist hier der Weltherrschaftsanspruch der Europa dargestellt.

---

[68] Divo 1982, Nr. 272 ff.

[69] G. R. Fleurimont, Médailles du règne de Louis XV., 3. Aufl., o.O. um 1749/50 (78 Tf.; Expl. im Westfälischen Landesmuseum für Kunst und Kulturgeschichte Münster), Taf. 16.

[70] Friedrich Achilles Herzog zu Württemberg / Thomas Lansius, Consultatio de principatu inter provincias Europae, Tübingen 1613. Als Autor wird der Herzog Friedrich Achilles zu Württemberg genannt; Lansius dürfte aber der eigentliche Redakteur und Verfasser sein.

Der Traktat – ein dickes Buch von 700 Seiten – enthält als Rahmenhandlung ein akademisches rhetorisches Streitgespräch zwischen deutschen Adeligen über die Frage, welcher der europäischen Provinzen – interessanterweise wird der Nationenbegriff synonym gebraucht – der Vorrang gebühre. Die Redebeiträge behandeln in dieser Reihenfolge Deutschland, Frankreich, Spanien, Großbritannien, Polen, Ungarn, Italien. In seinem Schlußwort betont der Herzog von Württemberg, alle Nationen hätten ihre Vorzüge, die sie in Teilen über andere erheben, doch spricht er schließlich den Deutschen – und damit dem Kaiser – den ersten Platz zu.

Dieser Traktat behandelt nun nicht nur die jeweilige politische und rechtliche Verfassung, sondern auch Wirtschaft, geographische Vor- und Nachteile, Volkscharaktere, Geschichte. Es ist praktisch ein Lehrbuch zur europäischen Geographie, das alles Wissenswerte über die Einzelstaaten enthält. Und die rhetorische Klammer dieser Informationen ist die Konkurrenz und damit ein Prinzip auch der europäischen Politik.

Der lateinische Traktat erlebte bis 1678 in Tübingen sechs – bis 1655 immer erweiterte und revidierte – Auflagen sowie einen Nachdruck in Amsterdam 1637. An Übersetzungen ist nur eine englische zu nennen, die der royalistische Vielschreiber James Howell 1653 unter dem Titel *The Balance of Europe*[71] herausgab. Das Ergebnis – also das Schlußwort – fällt hier allerdings anders aus: Kein Staat habe den Vorrang; jede Nation habe ihre Vorzüge, und so wird aus dem Vergleich der Nationen die typisch englische Vorstellung einer *Balance of Europe* begründet, lange bevor sie sich als Prinzip der europäischen Politik durchsetzte.[72]

Aber daß solche Literatur übersetzt wurde und nicht nur eine Nation erreichte – und dies ist beileibe kein Einzelfall, sondern gilt auch für wichtige geographische Sachbücher (vgl. Pierre Davitys ebenfalls 1613 in Erstauflage in Paris erschienenes Werk *Les états du monde*[73]) –, ist bezeichnend für die europäische Öffentlichkeit. Man war übereinander informiert.

---

[71] James Howell, A German Diet, or the Balance of Europe, London 1653, hier das Nachwort S. 51: „Everey nation hath a particular aptitude to somthing more then another, and this by the common decree of Nature, who useth to disperse her benefits, and not owre them all together upon any one people." James Howell (1594?–1666) amtierte in London ab 1661 als Königlicher Historiograph, vgl. Dictionary of National Biography X, Oxford 1921, S. 109–114.

[72] Vgl. James Howell, Instructions for Forreine Travell, [London] 1642, hrsg. von Edward Arber, London 1869 (= English Reprints 4,3, New York 1966), S. 45: „How the power of the North-East part of the European World is balanced between the Dane, the Swede, and the Pole, etc. And the rest between great Britain, France, and Spaine; as for Germany and Italy, their power being divided, twixt so many, they serve only to balance themselves, who if they had one absolute Monarch a piece, would prove terrible to all the rest." Es folgt eine Diskussion der Stärken und Schwächen Spaniens und Frankreichs und der Niederlande, wobei die Vereinigung der drei Länder die politischen Interessen Englands und dessen „security" angeblich bedrohen würde. Zur Genese der Vorstellung vom europäischen Gleichgewicht vgl. Schulze 1997, S. 54 ff.

[73] Vgl. Wüthrich Bd. 3, 1993, S. 309–312.

Fassen wir die Ergebnisse zusammen:
1. Merians *Theatrum Europaeum* versteht Europa sowohl als Schauplatz für die Austragung der zwischenstaatlichen Konkurrenzen wie auch als einen Kommunikationsraum, in dem die Konflikte der europäischen Mächte wahrgenommen werden, in Zeitungen wie in historischen Werken. Man ist gegenseitig informiert, ist unterrichtet, über Aktuelles wie über Strukturen.
2. Merian wendet sich an eine über Krieg und Frieden räsonierende, nationale Öffentlichkeit, die über – aus der gemeinsamen christlichen und humanistischen Tradition entwickelte – europäische ethische und politische Normen verfügte, mit denen die Politik der europäischen Staaten beurteilt werden konnte. Merians Zeitgeschichtsschreibung diente auch der Durchsetzung dieser Normen.
3. Als Raum des politischen Zusammenlebens der Nationen und Monarchen sollte Europa ein *idealiter* friedlicher Raum sein.
4. Eine europäische Öffentlichkeit, zunächst eine in der nötigen Unabgeschlossenheit des Publikums angelegte literarische Fiktion, entwickelte sich aufgrund von Übersetzungen z.B. von Zeitungen, Flugschriften, politischen und geographischen Werken im Laufe des 17. Jahrhunderts. Es scheint, daß auch künstlerische Äußerungen – etwa auf Medaillen und Schaumünzen – europaweit wahrgenommen wurden.

Europa als Kommunikationsraum, als Raum einer kritischen, Frieden wünschenden europäischen Öffentlichkeit, war im Dreißigjährigen Krieg noch eine Vision – und ist bis heute ein Desideratum.[74] Und vermutlich eine wichtigere und lohnendere Aufgabe als die Konstruktion europäischer Mythen.

---

[74] Vgl. Gerd G. Kopper (Hrsg.), Europäische Öffentlichkeit: Entwicklung von Strukturen und Theorie, Berlin 1997.

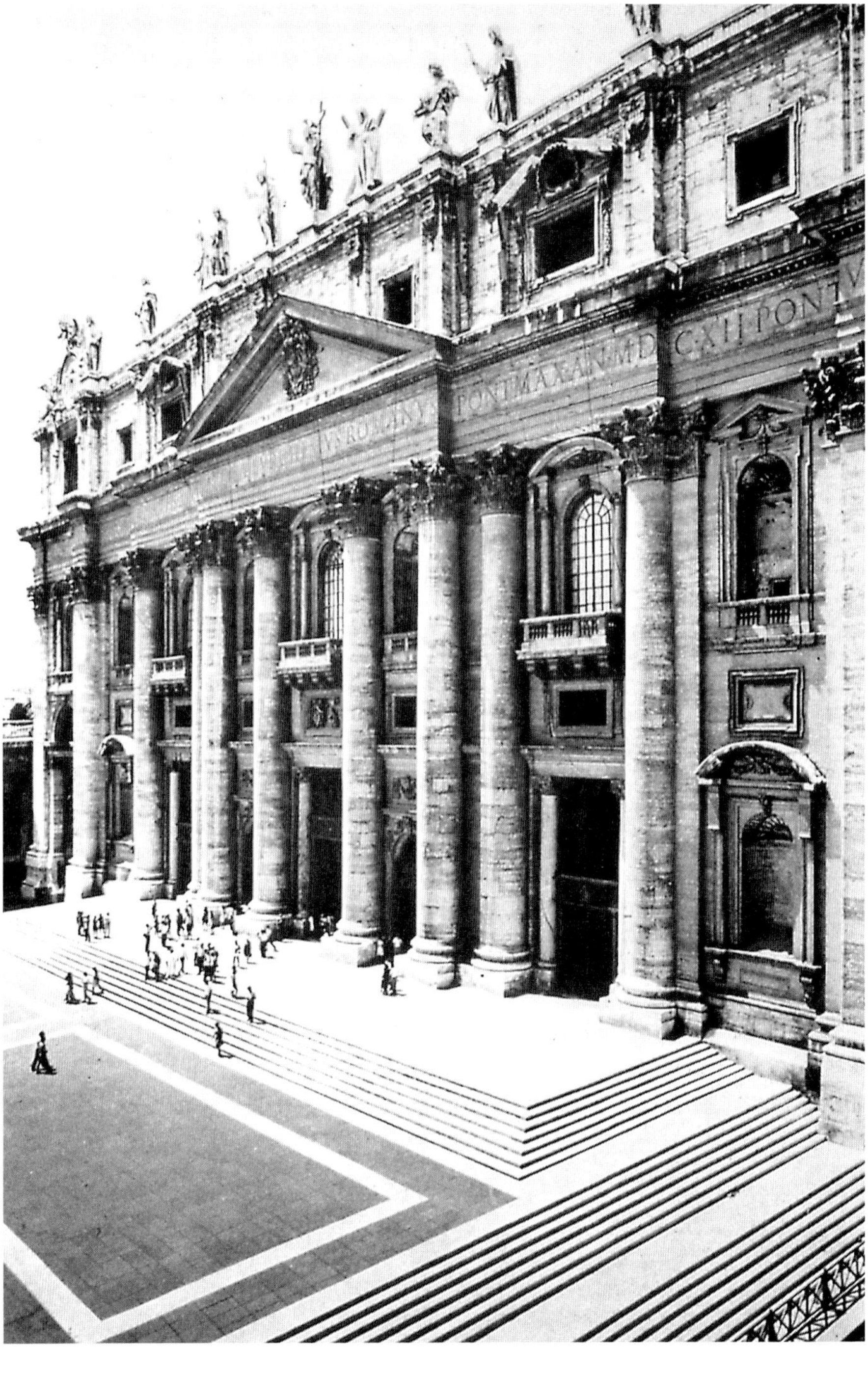

Ohnmachtsgesten.
Päpstlicher Anspruch und politische Wirklichkeit im barocken Rom

JOSEPH IMORDE

Die Kunst des römischen Barock wurde schon häufiger als Kompensationsleistung charakterisiert, als großsprecherische Geste uneingestandener Ohnmacht klerikaler Auftraggeber gegenüber den weltlichen Potentaten Europas.[1] Und natürlich hatte die Tatsache, daß die weitreichenden Ziele der katholischen Kirche in Zeiten einer fortschreitenden Konfessionalisierung nicht mehr zu erreichen waren, nicht deren glaubensgewisse Formulierung gehemmt, sondern im Gegenteil das vor allem künstlerische Bemühen um die Darlegung der geistlichen und weltlichen Vorherrschaft des Papsttums in der Welt eher noch befördert. Das Bewußtsein vom Schwinden des eigenen politischen Einflusses – so wußte es Richard Krautheimer von Alexander VII. (Chigi) zu sagen – sei von diesem unterbewußt verarbeitet worden und zwar dahingehend, ein neues Rom errichten zu wollen, allein dazu verschönert, alle anderen Residenzstädte Europas in den Schatten zu stellen. Ziel war es, die immer weiter zunehmende Schar der Fremden und Pilger nachhaltig zu beeindrucken.[2] Ähnliche Pläne hatten vorher schon andere Kirchenfürsten verfolgt.

Mit der großmaßstäblichen Ausgestaltung der ewigen Stadt war bekanntlich vom zupackenden Sixtus V. begonnen worden. Eine überhitzte religiöse Phantasie habe, so sah es Leopold Ranke, dem Franziskaner Felice Peretti den Plan eingegeben, „Rom zu einer regelmäßig, nach Verlauf bestimmter Jahre, aus allen Ländern, selbst aus Amerika zu besuchenden Metropole der Christenheit" zu erheben.[3] Das gelang im Zeichen symbolischer Überwindung antiken Heidentums erstmals triumphal, als man unter den Augen hochgestellter Gäste und ungezählter Berichterstatter fremder Nationen vor Sankt Peter den vatikanischen Obelisken neu platzierte.[4] Nichts auf der Erde habe großartiger sein können, als

---

[1] Werner Weisbach, Gegenreformation, Manierismus, Barock, in: Repertorium für Kunstwissenschaft 49 (1928), S. 16–28.

[2] Richard Krautheimer, The Rome of Alexander VII, 1655-1667. Princeton, New Jersey 1985, S. 141: „The awareness of Rome's and his own political importance would rankle, unacknowledged though it was. Jointly with the compensatory exalted view held of the Church and himself it became one of, if not indeed the primary motivating element in Alexander's drive to remap and to create a new Rome, equal to that of antiquity. He felt the need to reside in a capital that would outshine all royal capitals as had Imperial Rome."

[3] Leopold Ranke, Die römischen Päpste, ihre Kirche und ihr Staat im sechzehnten und siebzehnten Jahrhundert. Zweite Auflage. Berlin 1839, II, S. 203.

[4] Eine Beschreibung bei Ludwig von Pastor, Geschichte der Päpste seit dem Ausgang des

diese mit dem Kreuz geschmückte Steinnadel, so meinte ein Zeitzeuge namens Pietro Angelo Barga.[5] In seinem *Commentarius* zum Ereignis wußte er auch von der Bedeutung des Obelisken zu sprechen: Durch seine vierseitig pyramidale Gestalt verstrahle er das Licht der Evangelien in alle Weltgegenden.[6] Die Deutung des Obelisken als versteinerter Sonnenstrahl war zu der Zeit philologisches Gemeingut, und auch die christologische Überhöhung dieses Motivs forderte von den Dichtern kein langes Elaborieren. Torquato Tasso konnte davon sprechen, daß die „raggi del sole" nun dem Zeichen des Kreuzes geweiht seien. Und so wie die Ägypter dem Sohn der Sonne jene Obelisken hätten widmen können, bezeichne das Kreuz nun die intelligible Sonne, die durch die Menschlichkeit Christi dem Gläubigen erst sichtbar werde.[7] In Christus kam der „Deus abscondi-

Mittelalters. Freiburg 1928, X, S. 458–462. Vgl. Rudolf Preimesberger, Obeliscus Pamphilius. Beiträge zur Vorgeschichte und Ikonographie des Vierströmebrunnens auf Piazza Navona, in: Münchner Jahrbuch der bildenden Künste 25 (1974), S. 77–162, hier S. 100 f. Preimesberger summiert dort frühere Planungen unter Nikolaus V., Paul II., Julius II., Paul III. und Gregor XIII..

[5] Petri Angelii Bargaei commentarius de obelisco ad sanctissimum et beatissimum dominum nostrum dominum Xistum V. pont. max. Huc accesserunt aliquot poetarum carmina quorum partim ad idem argumentum, partim ad eiusdem summi pontificis laudem pertinent, Roma 1586, S. 73 f.: „Nam cum eo die sol tertiam Librae partem peragret, e signo, quod ad nos pertinet, obiectissimo, ipse omni dignitate spoliatus crucem adorare supplex et potuit et debuit in summo illo obelisco positam, quem sibi a Pherone Sesostridis f. Heliopoli, recepto visu dicatum, deinde Augusto et Tiberio Caesaribus Romae a Caligula consecratum meminisset, mirandae scilicet antiquitatis molem, quam tum in media Vaticani area atque ante eius templi vestibulum, quo nullum est in toto terrarum orbe magnificentius, statui eiusque vertici crucem imponi iussit Xystus V Pont. Max. ut quemadmodum depulsae caecitatis caussa ab aegyptio rege olim statuta fuerat, ita in futurum diffusae a Christo crucifixo evangelicae lucis testis esset et a superstitione hominum animos ad christinae pietatis cultum avocaret." Zitiert nach Giovanni Cipriani, Gli Obelischi Egizi. Politica e cultura della Roma barocca. Firenze 1993 (= Accademia Toscana di Scienze e Lettere Studi CXXXI), S. 39. Vgl. Pastor, 1928, X, S. 462: „Petrus Angelus Bargäus".

[6] Petri Angelii Bargaei commentarius de obelisco ad sanctissimum et beatissimum dominum nostrum dominum Xistum V. pont. max., S. 62 f.: „Quemadmodum enim radii solares eo latius diffunduntur et patescunt quo longius a sole absunt, coeunt autem in unum quasi punctum cum in auctorem et parentem suum solem desinunt; ita obeliscus cuius quatuor latera, quatuor totius orbis terrarum partes significant, cum ab infima parte sui parte late pateat, paulatim gracilescit donec acutissimo apice terminetur." Zitiert nach Cipriani, 1993, S. 38. Vgl. Andreas Haus, Der Petersplatz in Rom und sein Statuenschmuck – Neue Beiträge. Diss. Freiburg 1970, S. 87 f. Dort auch der Hinweis auf Giovanni Severano, MEMORIE SACRE DELLE SETTE CHIESE DI ROMA, E de gl'altri luoghi, che si trouano per le strade di esse . PARTE SECONDA. IN CVI SI TRATTA Del modo di visitar le dette Chiese. COMPOSTE DA GIOVANNI SEVERANO Da S. Seuerino, Prete della Congregatione dell'Oratorio di Roma. In ROMA, Per Gicaomo Mascardi M. DC.XXX., S. 10 f.: „QVando si arriuarà alla Piazza di S. Pietro, doue si vede la Croce sopra la Guglia, già dedicata al Sole in Egitto … dedicata più propriamente al vero Sole di giustitia, che è l'istesso Christo Figliuol di Dio."

[7] Torquato Tasso, Il Conte o vero L'imprese (1594), in: Torquato Tasso, Dialoghi a cura di C. Guasti. Firenze 1859, III, S. 365–444, hier S. 369: „Ma questa figura fu giudicata misteriosa da gli Egizi, e simile a quella de' raggi del sole; anzi, con questo nome stesso, cioè raggi del sole, solevano da quella nazione esser nominati, e da' re de l'Egitto al sole furono consacrati, o al figliuolo del sole (cosi fur chiamati ne l'età seguente gli uomini illustri). Ora sono consacrati a la croce, ne la quale il Sole intelligibile parve eclissarsi per interposizione de la sua umanità …."

tus"⁸ ans Licht, er war das „lumen de lumine", erst durch ihn konnte der Mensch die Überhelle des „lux inaccessibilis" (1 Timotheus 6, 16) überhaupt ertragen. Die Sockelinschriften ließen keinen Zweifel daran, daß mit der christologischen eine politische Aussage auf das Engste verbunden war. Hier formulierte sich der päpstliche Anspruch auf Weltgeltung in unzweideutiger Weise: Gegen jede feindliche Macht werde sich das Kreuz durchsetzen, Christus immer siegen, regieren, herrschen und zudem alles Übel von seinem Volke abwenden.⁹ Natürlich trug der Papst als Vikar Christi dieses Triumphkreuz, das hier an das Labarum Konstantins gemahnen mußte, freudig und kraftvoll mit. Als Repräsentant der göttlichen Vorsehung hatte er unterhalb des maßgeblichen Passionswerkzeugs seine heraldischen Zeichen recht bedeutungsheischend anbringen lassen. Über den vatikanischen Hügeln sollte der Stern des Felice Peretti auf ewig das Licht der Welt verstrahlen.¹⁰ Das platzgreifende Anspruchsdenken des Papsttums war damit

Zitiert nach William S. Heckscher, Bernini's Elephant and Obelisk, in: The Art Bulletin 29, 2 (1947), S. 155–182, hier S. 178, Anm. 124. Siehe auch Preimesberger 1974, S. 109.

⁸ Cornelius a Lapide, COMMENTARIA IN QVATVOR PROPHETAS MAIORES. Auctore R. P. CORNELIO CORNELII A LAPIDE, è Societate IESV, olim in Louaniensi, post in Romano Collegio Sacrarum Litterarum Professore. Postrema editio et recognita. Antverpiae, Apud HENRICVM & CORNELIVM VERDUSSEN. MD CC. III. EX BIBLIOTHECA VATICANA., [Commentaria in Isaiam Prophetam. Cap. XLV. Vers. 15.] S. 379 1 A: „VERE TV ES DEVS ABSCONDITVS] Primò, vocatur Deus, quia natura sua inuisibilis est, fugitque aciem angelorum aequè ac hominum, & *lucem habitat inacceßibilem*. vnde Mosi, Salomoni, & alijs passim apparuit tectus nube & caligine. […] [379 1 D] Mysticè, haec verba aptè conueniunt Eucharistiae. ibi non tantùm deitas, sed & humanitas Christi ascorditur sub specie panis & vini: ibi omnes sensus falluntur, excepto auditu, visus videt colorem panis, gustus gustat saporem panis, odor odoratur odorem panis, tactus tangit figuram orbiscularum, & laeuitatem panis: solus auditus verum audit, scilicet, *Hoc est corpus meum*. Hîc ergo mysticè impletur illud Isaaci de Iacobo se pellibus hispidis Esau tegente: *Vox quidem, vox Iacob est; sed manus, manus sunt Esau*, Genes. 27. 22. Sic enim hîc manus tangit accidentia panis, sed vox est vox Christi, qui fallit, aut fallere nequit, aitque: *Hoc est corpus meum*. De Eucharistiae ergo verè dicitur, *Tantùm in te est Deus*, putà Christus, non panis, non alia, substantia. *Verè tu* (ô Christe in Eucharistia) *es Deus absconditus, Deus Israel saluator*."

⁹ Pastor 1928, X, S. 463: „Sehet an das Kreuz des Herrn! / Weichet, ihr feindlichen Mächte! / Gesiegt hat der Lowe von Judas Stamm!". Und: „Christus siegt, / Christus regiert, / Christus herrscht, / Christus schirme sein Volk vor allem Übel." Die lateinischen Inschriften und eine Deutung auf Sixtus V. bei Cipriani 1993, 34–36.

¹⁰ Haus 1970, S. 91 f., zitiert Cosimo Gaci, Dialogo dell' Obelisco, Roma 1586, S. 54–58, wo im Rekurs auf Ezechiel 37 häufiger von den „monti d'Israele" die Rede ist, womit Gaci unter anderem „il grembo della Catt. Chiesa", oder „la Chiesa universale" anzusprechen beabsichtigt. Aus der Stelle in der Vulgata (Ez. 37, 21–24) war in der Tat der universelle Anspruch der Kirche und damit des Papsttums gut herzuleiten, hieß es doch dort: „haec dicit Dominus Deus ecce ego adsumam filios Israhel de medio nationum ad quas abierunt et congregabo eos undique et adducam eos ad humum suam et faciam eos gentem unam in terra in montibus Israhel et rex unus erit omnibus imperans et non erunt ultra duae gentes nec dividentur amplius in duo regna … et servus meus David rex super eos et pastor unus erit omnium eorum." Der Papst konnte füglich in die Stapfen Davids treten. Erstaunlich, daß Haus daran vorbeisieht, daß die Wendungen „in montibus Israhel" oder, wie bei Gaci, „ne'monti d'Israele" in bezug auf den Petersplatz den „mons vaticanus" bezeichnen mußten, in bezug aber auf den gelobten Papst sicherlich die Wappenmerkmale des Felice Peretti überhöhen sollten.

heilsgeschichtlich fundamentiert und sollte aufgrund der Unverrückbarkeit des Monolithen auch auf die Planungen der Kirche zurückwirken. Ein Stich zur Feier der Konsekration des Monuments am 26. September 1586 zeigte neben der „guglia" dann auch eine visionäre Ansicht des Gotteshauses, welches Sixtus V. in dieser oder einer immerhin ähnlichen Weise zu vollenden gedachte – frei nach Michelangelo (Abb. 1).[11] Bemerkenswert an dem Blatt war die Figur oberhalb der Laterne.[12] Offenbar wollte der Bilderfinder mit den drei vollendeten Kuppeln die „monti" des Felice Peretti anspielungsreich nachbilden, mit dem Salvator aber den Leitstern des päpstlichen Wappenbildes genauer bezeichnen.[13] Was dieser projektiven Idealansicht von Sankt Peter allerdings abging, war jedwede Realistik baulicher Art. So fehlten alle Hinweise auf die päpstliche Residenz, zudem war vom Campanile und auch von dem vielleicht wichtigsten Bauglied weltlicher Repräsentation, der Benediktionsloggia, keine Spur.[14] Fataler-, eher wohl fatalistischerweise, hatte Michelangelo der Nachwelt nur in einer äußerst summarischen Zeichnung und damit ganz schemenhaft die Idee einer möglichen Fassadenlösung hinterlassen.[15] Grund dafür war, daß die rituellen und zeremoniellen Anforderungen an das Raumprogramm ihn nicht bekümmert, ja ihn offenkundig nie besonders interessiert hatten. Das für seine Arbeit Unwichtige gab er den folgenden Generationen zur Lösung auf. Die erfolgreiche Strategie, die der alte Mann am Groß- und Langzeitprojekt Sankt Peter verfolgte, lautete, in einem möglichst kurzen Zeitraum das nachher nicht mehr Veränderliche zu schaffen.[16] Genau das war auch dem betagten Sixtus V. mit der Errichtung des Obelisken gelungen. An dieser Zeichensetzung sollte niemand mehr vorbeikommen, weder die Baumeister, noch die gelehrten Programmautoren späterer Jahrhunderte.

Als sich Carlo Maderno im Pontifikat Pauls V. (Borghese) vor die Aufgabe gestellt sah, das Langhaus und die Fassade in nur wenigen Jahren zu errichten, galt es mit diesen Gegebenheiten umzugehen und auch buchstäblich fertig zu werden, zuerst einmal mit den architektonisch unverrückbaren Tatsachen,[17] dann

---

[11] Christof Thoenes, Studien zur Geschichte des Petersplatzes, in: Zeitschrift für Kunstgeschichte 26 (1963), S. 97–145, hier S. 105. Mit Hinweis auf die Idealansicht von Sankt Peter in der Biblioteca Vaticana.

[12] Haus 1970, S. 86. Auch an diesem Punkt wäre Haus zu erweitern, der glaubt, in den „Fassadenstatuen des Salvators und der Apostel" eine „bescheidene Reduktion des sixtinischen Plans" erkennen zu dürfen. Mir scheint, als habe Maderno und seine Auftraggeber das unter Sixtus V. Erdachte konkretisiert und noch „bedeutend" erweitert.

[13] Die damit evozierte Bedeutung erinnert an das Projekt Leon Battista Albertis, der sich schon viel früher für die Spitze des vatikanischen Obelisken eine vergoldete Bronzestatue Christi gewünscht hatte. Preimesberger 1974, S. 110 f.

[14] Thoenes, 1963, S. 106.

[15] Christof Thoenes, Bemerkungen zur St. Peter-Fassade Michelangelos, in: Munuscula Discipulorum. Kunsthistorische Studien. Hans Kauffmann zum 70. Geburtstag 1966. Herausgegeben von Tilmann Buddensieg und Matthias Winner. Berlin 1968, S. 331–341, hier S. 333.

[16] Diesen Gedanken verdanke ich den verschiedenen Arbeiten von Christof Thoenes. Für Michelangelo ähnlich ausgeführt bei Horst Bredekamp, Sankt Peter in Rom und das Prinzip der produktiven Zerstörung. Bau und Abbau von Bramante bis Bernini. Berlin 2000, S. 81–84.

[17] Die Fabbrica di San Pietro forderte einen engen Anschluß an die Architektur Michelangelos. Vgl. Howard Hibbard, Carlo Maderno and Roman Architecture 1580–1630. London 1971 (= Studies in Architecture X), S. 168: „... per trovar modo di tirar a perfettione la fabrica di s. Pietro conforme al dissegno di Michelangelo."

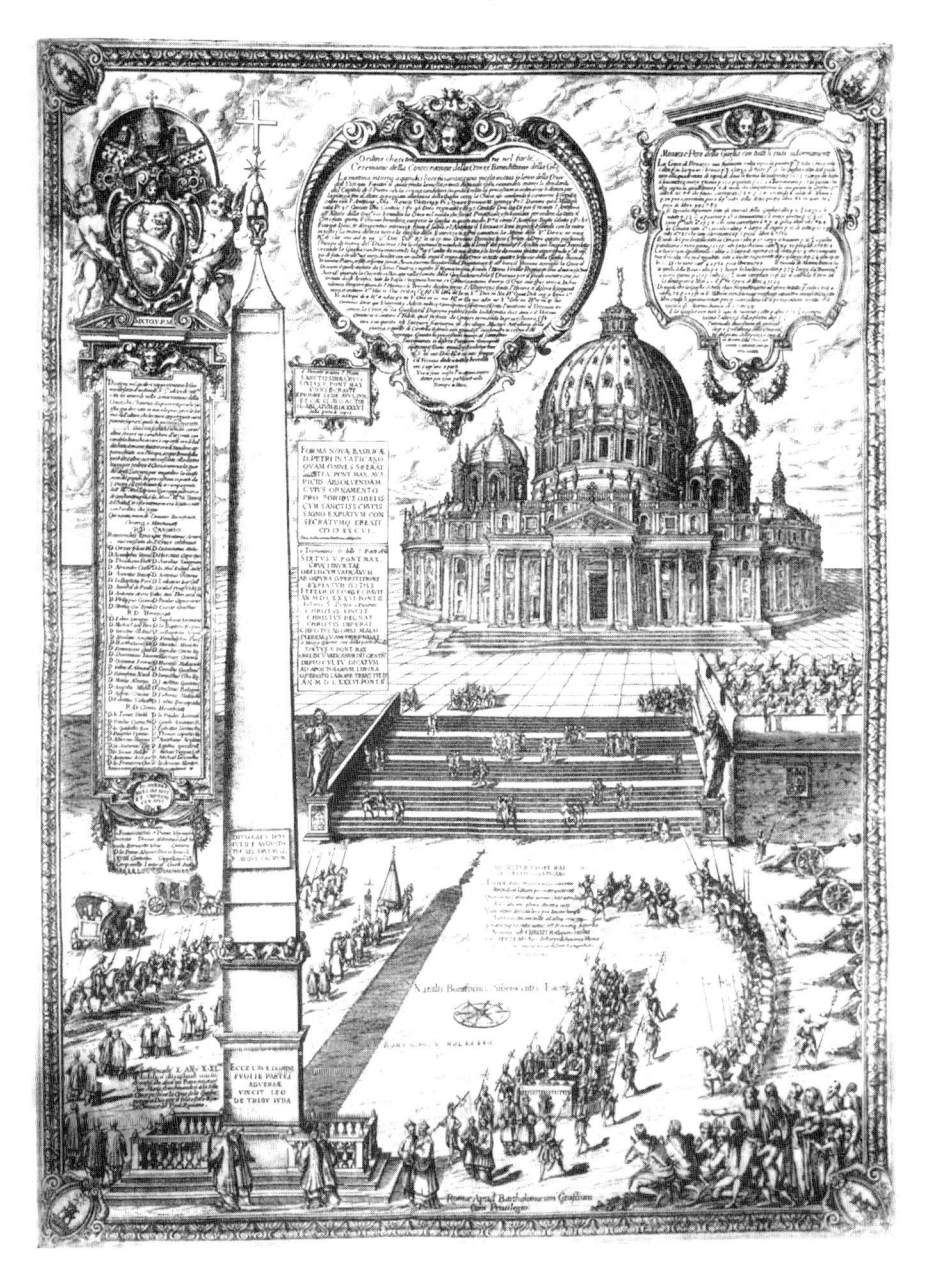

1. Stich zur Konsekration des vatikanischen Obelisken am 26. September 1586

aber vor allem mit den darin grundgelegten Bedeutungsinhalten. Den unausweichlichen Konflikt mit dem sogenannten „Zentralbaugedanken" Michelangelos versuchte Maderno durch enge Anbindung an die schon bestehenden Bauteile Sankt Peters erträglich zu machen. Hier wurde absichtsvoll „Michelangelismo" gegen Michelangelo betrieben. Bezeichnend der Umstand, daß Maderno auf die schon zu Lebzeiten erhobenen Vorwürfe immer mit dem Verweis auf die Wahrung des großen künstlerischen Erbes antwortete. Maderno, so meinte noch Alois Riegl, habe Michelangelo in ein „vorgeschrittenes Barock" übersetzt.[18] Die Kritik entzündete sich deshalb auch nicht zuerst an der formalen Durchgestaltung der Fassade, nicht an der Säulenstellung oder den Ornamenten, kurz dem barokkisierten Michelangelo, sondern an einem der unvermeidlichen Nebeneffekte des Anbaus. Denn trotz der überall betonten Kontinuitäten war verschiedentlich der notwendig respektlose Umgang Madernos mit dem architektonischen Hauptwerk des *architetto divino* bemerkt und als „häretisch" beurteilt worden.[19]

Die Bewunderer Michelangelos, wie auch die Verteidiger des Zentralbaus, wollten und konnten sich einfach nicht damit abfinden, daß durch das Langhaus und die Fassade die Aussicht auf die Kuppel ein für alle mal verloren gegangen sein sollte. So erregte sich kein Geringerer als Maffeo Barberini über die Beeinträchtigung der Sicht auf das so kolossale Werk des Michelangelo. Der Kardinal – bekanntlich ein Mann von hohen Verstandesgaben und sicherem Geschmacksurteil – geriet 1613 darüber in Aufregung, daß Maderno eigenmächtig eine seiner Meinung nach falsche Ansicht von Sankt Peter hatte drucken lassen.[20] In dem Stich des Matthäus Greuter[21] (Abb. 2) wollte er ein „disegno falso", ja „falsissimo", erkennen,[22] denn – so das Argument – auch von den höchsten Stellen der ewigen Stadt, etwa dem Monte Cavallo, bekomme niemand soviel Kuppel zu Gesicht, wie in dem Blatt eingetragen und zu sehen sei.[23] Maffeo Barberini unterstellte dem Architekten üble Absichten und bezichtigte ihn der Anwendung unlauterer Mittel, warf Maderno gar einen publizistischen Täuschungsversuch vor. Dieser Inkriminierung begegnete der Architekt mit einem Brief, den er dem

---

[18] Alois Riegl, Die Entstehung der Barockkunst in Rom. Aus seinem Nachlaß herausgegeben von Max Dvořák. Zweite Auflage. Wien 1923, S. 130.

[19] Teofilo Gallaccini, TRATTATO DI TEOFILO GALLACCINI SOPRA GLI ERRORI DEGLI ARCHITETTI ORA PER LA PRIMA VOLTA PUBBLICATO. IN VENEZIA MDCCLXVII. PER GIAMBATISTA PASQUALI, S. 41 mit kritischen Tönen zur „licenza moderna" und zu „Michelangiolo Buonarrotti detto il Divino".

[20] Grund- und Aufriß Matthäus Greuters werden Maffeo Barberini am 30. Juni 1613 nach Bologna geschickt. Dazu Hibbard 1971, S. 70 Anm. 3 mit Verweisen.

[21] Die Stiche werden mit einem Dedikationsbrief am 16. Mai 1613 dem Papst übergeben. Am selben Tag des Jahres 1605 war Camillo Borghese zum Papst gewählt worden.

[22] Pastor 1928, XII, S. 597 Anm. 7. Pastor zitiert aus Memorie intorno la vita d'Urbano VIII cavate dall'orig. di Msgr. Herrera, BAV Barb. 4901, fol. 49.

[23] Pastor 1928, XII, S. 597, Anm. 7: „Stando il cardinale in Bologna, Carlo Maderno gli mandò la stampa grande del disegno di San Pietro, dove sopra la facciata si fa veder tutta la cuppola grande. Gli ripose che quel disegno era falsissimo, perchè da nessuna parte del piano, diceva, si può vedere tanta cuppola quanta in esso si vuole, nè anche da luoghi alti come da Montecavallo egli per questo era falsario publicando un disegno falso."

2. Madernos Sankt Peter in einem Stich des Matthäus Greuter von 1613

Kardinal nach Bologna sandte – darin: elaborierte Erörterungen zu den gebräuchlichen Darstellungsweisen in der Baukunst. In abgewogenen, aber belehrenden Zeilen setzte Maderno Maffeo Barberini auseinander, wie die einschlägigen Begriffe Vitruvs in diesem besonderen Falle zu verstehen seien. Mit dem Stich habe er nur eine „Ortografia", also einen Aufriß bieten wollen, mit der ein Architekt gewöhnlich Höhen- und Längenmaße genau wiedergebe, nicht aber eine „Sciografia, overo Prospettiva", die mit der Angabe von Schatten und Verkürzungen mehr dem Augenschein als der exakten Proportionierung verpflichtet sei.[24] Mit

[24] Hibbard 1971, S. 70, Anm. 4. Der Rechtfertigungsbrief Madernos datiert vom 10. August

leiser, aber doch wahrnehmbarer Impertinenz wies Maderno den Vorwurf des ambitionierten Kardinals zurück, indem er demütig auf die fehlende Fachkompetenz des Klerikers deutete. Eine ähnlich verhaltene Frechheit ließ sich wohl aus der Schlußwendung des besagten Briefes herauslesen. Denn dort verteidigte Maderno den Greuterstich gerade mit dem Hinweis auf die real gegebene Beeinträchtigung der Kuppelansicht: Müsse man nicht denjenigen, hieß es dort, die das Wunderwerk bis dahin noch niemals gesehen hätten, mit solch „ortografischen" Blättern die wahren Proportionen wie die rechten Maße zu Kenntnis und Wissen bringen, damit diesen Unglücklichen überhaupt die Möglichkeit erhalten bleibe, sich ein rechtes Bild von dem wunderbaren und unvergleichlichen Werk Michelangelos zu machen?[25]

Ganz ausdrücklich versuchte Carlo Maderno hier seine Architektur durch den Verweis auf Michelangelos großartige Leistung vor den rüdesten Anwürfen zu schützen. Und wirklich tat er alles dafür, den Größeren in der Fassade fortleben zu lassen. Sein Langhaus schloß nahezu bruchlos an den Zentralbau an, seine Formen sollten von denen des Meisters nicht zu unterscheiden sein. Denn natürlich hatte er, trotz der komplexen liturgischen und repräsentativen Aufgaben, die dem Langhaus und der Fassade durch Paul V. auferlegt worden waren, einen „retrospektiven" Bau versucht. Die Buchstäblichkeit im Detail erlaubte ihm die Rechtfertigung der großen Planänderung. Die Zitation im Einzelnen sollte die gänzliche Änderung des Konzepts – vom griechischen Kreuz zum *croce latina* – erträglich werden lassen. Sein Entwurf war, um es wiederholend abzuwandeln, michelangelesker als der Michelangelos, oder wie sich ein italienischer Interpret ausdrückte: „Michelangelo schiacciato al bassorilievo".[26] Nicht allein in den Ornamenten und Detailformen, den Nischen und Balkonen, Fensterlaibungen und Gesimsen sollte das entwerferische Bestreben Michelangelos überdeutlich nachwirken, auch in der Pilasterordnung, in den acht kolossalen Frontsäulen[27] wie dem akzentuierten Tetrastylos lebten die Ideen des Meisters, oder was die Zeit dafür hielt, weiter fort.[28] Stärker als seine Mitbewerber und Konkurrenten

---

1613: „... queste doi [Inchinografia und Ortografia] ho fatto stanpare perche spetano al Architeto. L'altra si dice Sciografia, overo Prospetiva, che mostra per forza de onbre et resalti il relievi esporti et le grosezze neli scurzi, si serve più dela ragione optica che dele misure."

[25] Sinngemäße Adaption. Vgl. Hibbard 1971, S. 70, Anm. 4: „Non ho oservato questa per satisfare a quelli che desiderano avere le misure tanto de tutto l'edifitio come de la parte di esso, perche quele che non l'ano visto, sapendo le misure, cognioserano eser cosa meravigliosa, masime l'Altezza dela cupola grande et larghezza, di quella che non ne è altra simile."

[26] Valerio Mariani, Michelangelo e la facciata di San Pietro. Roma 1943, S. 42 und S. 45: „una derivazione michelangiolesca". Vgl. Marcello Beltramme, Il progetto di Carlo Maderno per la facciata e la piazza di San Pietro in Roma, in: Storia dell'arte 56 (1986), S. 31–47, hier S. 39, Anm. 2.

[27] Maderno zitiert etwa den Kapitolspalast. Hibbard 1971, S. 161: „As built, the colossal Corinthian order of the façade shelters a minor Ionic in the three major portals, which imitate Michelangelo's idiosyncratic trabeated openings in the palace of the Capitol."

[28] Vgl. Cornelius Gurlitt, Geschichte des Barockstils in Italien. Stuttgart 1887 (= Geschichte der neueren Baukunst 5), S. 336: „Wie im Inneren, so zeigte sich Maderna auch an der Façade als unter Michelangelo's Einfluß stehend. Sichtlich wirkte dessen Modell, auch bei der Gestaltung dieses Bautheiles nach. In diesem hatte der Altmeister eine Reihe von zehn Säulen und vor die

hatte sich Carlo Maderno um die Harmonisierung der verschiedenen Bauglieder bemüht.²⁹ Immer wieder kehrte er gegenüber der zeitgenössischen Kritik die formale „Werkgerechtigkeit" seines Entwurfs hervor und trat dabei als getreuer Nachlaßverwalter Michelangelos auf, behauptete und wollte glauben machen, daß er Sankt Peter im rechten Sinne, nämlich in dem seines großen Vorgängers vollendet habe.³⁰ Die opportune Strategie des Architekten, die durchaus Lob zeitigen konnte,³¹ bezog sich allerdings nicht allein auf die bauliche Ausgestal-

mittleren vier derselben eine zweite angeordnet, welche letztere einen Giebel tragen sollte. Die Verhältnisse dieser Säulen wären die die riesigsten geworden, denn sie hätten diejenigen der Façade Maderna's entsprechendn müssen, also die Höhe von 27,5 m zu betragen haben.1 [1) Die Säulen des Castortempels am Forum messen 14 Meter, die Trajanssaule 27 Meter, diejenige auf der Piazza Colonna 26,5 Meter Höhe.]" Auch Heinrich Wölfflin, Renaissance und Barock. Eine Untersuchung über Wesen und Entstehung des Barockstils in Italien. Bearbeitung und Kommentar von Hans Rose. Vierte Auflage. München 1926, S. 322: „Man muß gestehen, daß Maderna von den Baugedanken Michelangelos das Beste gerettet hat, nämlich die Großartigkeit. ... Wenn es auch keine Vollsäulen sind: es sind doch Michelangelos Säulen und dazu die Prächtigsten, die seit der Antike gebildet worden sind. Es ist sein Rhythmus, der etwas entstellt noch immer die Mittelgruppe zusammenhält, sein diskreter Flachgiebel der gegen die Attika ankämpft, und schließlich auch seine Attika, die freilich der schlechteren Jochfolge angepaßt und mit häßlichen dekorativen Einzelheiten überladen worden ist." Auch Riegl, Die Entstehung der Barockkunst in Rom, S. 130: „Maderna übernahm diesen Gedanken der Vorhalle, aber er übersetzte ihn in ein vorgeschrittenes Barock."
²⁹ Armando Schiavo, Michelangelo nel complesso delle sue opere. 2 Vol. Roma 1990, S. 878 bringt die Namen der Wettbewerber: „Cesare Bracci, Nicolò Braconio, Giovanni Fontana, Carlo Maderno, Flaminio Ponzio, Girolamo Rainaldi e Ottavio Torrigiani, residenti in Roma; Domenico Fontana, ormai napoletano, e Giovanni Antonio Dosio e Lodovico Cardi da Cigoli, residenti in Firenze." Vgl. dazu Zygmunt Wazbinski, Il cardinale Francesco Maria del Monte e la fortuna del progetto buonarrotiano per la basilica di San Pietro a Roma: 1604–1613, in: An Architectural Progress in the Renaissance and Baroque. Sojourns In and Out of Italy. Essays in Architectural History Presented to Hellmut Hager on his Sixty-sixth Birthday. Edited by Henry A. Millon and Susan Scott Munshower. 2 Vol. University Park, Penn. 1992 (= Papers in Art History form The Pennsylvania State University VIII, 1/2), Bd. 1, S. 147–164, hier S. 152. Wazbinski bringt noch andere Namen ins Spiel.
³⁰ Philippo Bonanni (S. J.), NUMISMATA SUMMORUM PONTIFICUM TEMPLI VATICANI FABRICAM INDICANTIA, Chronologica ejusdem Fabricae narratione, ac multiplici eruditione explicata, Atque uberiori Numismatum omnium Pontificiorum Lucubrationi veluti Prodromus praemissa A PATRE PHILIPPO BONANNI SOCIETATIS JESU. ROMAE, MDCXCVI. Sumptibus FELICIS CAESARETTI, & PARIBENI, sub signo Reginae. Typis Dominici Antonii Herculis, S. 84–85. Bonanni bringt den Brief Madernos an Paul V. vom 30. Mai 1613, hier S. 85: „Hò procurato far diligentemente intagliar in rame l'unione delle due piante, delle quali la punteggiata è il già fatto, secondo l'ordine di Michael'Angelo; il delineato è la parte fatta da me, acciò si publichi al Mondo la Pianta della chiesa, del Portico, della Loggia Pontificia, della Facciata, e degli altissimi Campanili, de'quali al presente si fanno li fondamenti."
³¹ Gasparo Alveri, DELLA ROMA IN OGNI STATO DI GASPARO ALVERI PARTE SECONDA. Nella quale distinta in venti Giornate si tratta del sito di essa più moderna, delle Chiese che per il detto camino si trouano, con le loro fondationi, Altari, Epitassi, Inscrittioni, Pitture, e Sculture in esse esistenti, particolarmente dell'Anno 1660. e nomi de'loro Artefici; delle Strade, loro denominationi, & Edeficij antichi moderni iui fabricati: E finalmente delle famiglie Romane, loro Origine, Dignità, e Parentadi il tutto con proue autentiche, e publici instromenti approuato. Con un Indice copiosissimo di tutte le cose notabili, che si contengono in

tung, sondern erstreckte sich auch auf die weitreichenden päpstlichen Repräsentationsanforderungen, denen nun Gesicht verliehen wurde.

Die für spätere Generationen unverrückbare Leistung Madernos bestand eben darin, daß es ihm gelang, die komplexen rituellen Anforderungen des hohen Klerus mit den nicht weniger vielschichtigen zeremoniellen Ansprüchen des Papsttums harmonisch zu verbinden. Die Fassade von Sankt Peter war funktional mehrdeutig, sie war sowohl im geistlichen wie auch im weltlichen Sinne lesbar. Diese Ambivalenz nahmen Pilger und Reisende sowohl kritisch als auch anerkennend wahr. Das zuerst nur gebildete, später auch aufgeklärte Europa bemerkte immer wieder, daß es sich bei der Schauseite von Sankt Peter nicht um eine reine Kirchen-, sondern nebenher, oder besser wohl darüber hinaus, auch um eine Palastfassade handelte. Ein englischer Tourist, der Architekt Roger Pratt, fand die Fassade 1644 „in a very extraordinary manner" gestaltet, meinte aber anerkennend: „it being taken from nothing ancient, nor, for ought that I have seen, from anything modern, for its outward aspect resembles the outside of some noble palace".[32] In diesem Sinne glaubten viele Rombesucher späterer Jahrhunderte vor einem Wohnpalast zu stehen, so etwa der französische Theoretiker Antoine Chrysôstome Quartremère de Quincey: „Man tadelt, an diesem Portale den Geschmack einer Vorderseite mit großen Fensteröffnungen und sogar mit einer Attika nach Art der Wohnpaläste zu finden; und nichts ist gerechter, als dieser Tadel. Aber man vergesse nicht, daß man bei der Anordnung dieses Gesammtganzen, oben eine Etage zur Errichtung der, für die Ertheilung des päpstlichen Segens bestimmten Loggia anbringen mußte."[33] Dem angesprochenen Obergeschoß der Vorhalle wollte Heinrich Wölfflin – oder war es sein Kommentator Hans Rose gewesen – den „Charakter einer Schloßfassade" zubilligen,[34] wohingegen Howard Hibbard in Madernos Werk dann "a combination of church and palace façade" gewahrte.[35] Mit Blick auf die sich in solchen Urteilen formulierende Doppeldeutigkeit der Architektur hatte schon ein Dilettant namens

questa Seconda Parte. Si vende al Insegna di Genua appresso Giacomo Ant. Celsi Lib. al Coll. Rom. IN ROMA, Nella Stamperia di Fabio di Falco M. DC. LXIV, S. 159 [Sp.1]: „… Carlo Maderno, il quale particolarmente nella facciata maggiore, fece apparire gli vltimi sforzi dell'ingegno, e dell'arte."

[32] The Architecture of Sir Roger Pratt. Charles II's Commissioner for the Rebuilding of London after the Great Fire: Now Printed for the First Time from his Note-Books. Edited by R. T. Gunther Oxford 1928, S. 203 und S. 204: „This building consisted of a double Portico, the one over the other, the uppermost whereof was built for the Popes blessing and cursing the People from thence, showing himself at his Election and Coronation, etc. and in the *sede vacante* for the Cells of many of the Cardinal Electors etc." Der Hinweis auf Pratt bei Johannes Dobai, Die Kunstliteratur des Klassizismus und der Romantik in England. 4 Vol. Bern 1974–1984, I, S. 417, Anm. 282.

[33] Antoine Chrysôstome Quartremère de Quincey, Geschichte der berühmtesten Architekten und ihrer Werke, vom XI. bis zum Ende des XVIII. Jahrhunderts, nebst der Ansicht des merkwürdigsten Gebäudes eines Jeden derselben, von Quartremère de Quincey. Aus dem Französischen übersetzt von Dr. Friedrich Seldmann. Zweiter Band. Darmstadt und Leipzig 1831, S. 115.

[34] Wölfflin 1926, S. 322.

[35] Hibbard 1971, S. 70.

Teofilo Gallaccini in einer um 1626 entstandenen Schrift mit dem bezeichnenden Titel *Gli errori degli architetti* die Fassade Madernos zu einem Musterbeispiel baulicher Fehlerhaftigkeit erhoben. Wenn man sich, so hieß es dort, ein Gebäude als Abbild des menschlichen Körpers vorstelle, so müsse man auch zugeben, daß ein Körper verschiedene Glieder aufweise, Haupt, Schultern, Seiten, Rumpf und Beine. All diesen Gliedmaßen seien ganz bestimmte Ornamente eigen, unstatthaft aber, die Ornamente etwa der Beine, Seiten oder Schultern dem Haupt zuzuordnen, wie dies an der *facciata*, dem Antlitz von Sankt Peter im Übermaß geschehen sei. Gallaccini kritisierte an der Fassade gerade das, was Maderno ihr und vielleicht auch sich selbst zugute gehalten hätte, nämlich die *continuazione*, also die formale und künstlerische Kontinuität, wie den *concorso* der Ornamente, also den Wettstreit der Säulen mit den Pilastern, der Attika mit dem Giebel, kurz: die mehrdeutige Lesbarkeit, noch kürzer den „Michelangelismo", am kürzesten: das Barocke.[36] Einer der unverzeihlichsten Fehler Madernos sei es gewesen, die Fassade von Sankt Peter nicht ganz mit einem Tempelgiebel, zu überfangen, sondern sie mit einer Attika und Balustrade zu bekrönen, auf der man die Statuen, weil „troppo lontano alla vista", nicht einmal richtig erkennen könne. Viel wünschenswerter sei eine Portikus gewesen ähnlich jener vor dem Pantheon.

Doch warum sollte man mit Teofilo Gallacini oder noch Howard Hibbard annehmen, daß sich dieser weltliche Anteil am Bauwerk als Fehler, als ein Irrtum in die Fassadenplanung von Sankt Peter eingeschlichen habe? Mußte es nicht vielmehr den Eindruck erwecken, als habe Paul V. mit der Front auch der heterogenen Baumasse des vatikanischen Palastes eine repräsentative Schauseite verleihen wollen?[37] Verwirklichte Carlo Maderno mit seiner Fassade womöglich eine jener grandiosen baulichen Gesten des politisch ohnmächtigen Papsttums? Sollte die Architektur vielleicht wirklich dazu beitragen, den längst verlorenen Einfluß in Europa zu kompensieren? Wurde hier an einer Residenz gebaut, die alle anderen Herrschersitze des Kontinents an Großartigkeit überbieten sollte? War Maderno doch moderner, als so manch einer wollte?

---

[36] Gallaccini 1767, S. 49 f.

[37] Diese Planungsintention trat spätestens am 2. September 1612 an den Tag, als nämlich der Papst auf die Baustelle kam und zur bösen Überraschung Carlo Madernos die Glockentürme in Auftrag gab – jene ungeliebten Bauglieder, die das Schicksal der Fassade ein für alle mal besiegeln sollten. Daß Paul V. den päpstlichen Palast bis in die Vorhalle der Peterskirche erweitern wollte, hatte – wie wohl der gesamte Bau Madernos – zuerst funktionale Gründe. Nicht umsonst wurde die Vorhalle mit der Scala Regia verbunden und ein Korridor von der Capella Paolina in die „Krönungshalle" des Obergeschosses geöffnet. Vgl. Nina Caflisch, Carlo Maderno. Ein Beitrag zur Geschichte der römischen Barockarchitektur. München 1934, S. 30 mit dem Verweis auf den Bericht eines urbinatischen Gesandten vom 2. September 1612: „Domenica il Pontefice dopo haver celebrata messa letta nella sua capella privata di Monte Cavallo, se ne passò a San Pietro ove restò a pranzo e diede una vista alla fabrica di quella basilica, dando ordine di principare li due campanili disegnati: uno di qua et l'altro di là della facciata, che nella parte inferiore se li potrà passar sotto et faranno parere la facciata più larga et più proporzionata alla grandezza del tempio vecchio, fatto secondo l'architettura di Michelangelo Bonaroti." Nun auch Maria Olimpia Zander, The Loggia of the Benedictions, in: The Basilica of St Peter in the Vatican. Edited by Antonio Pinelli. Modena 2000, (Mirabilia Italiae), S. 307–319, hier S. 313 f.

Leopold Ranke wußte, daß Camillo Borghese von einem „überschwenglichen Begriffe vom Papstthum" durchdrungen war. Er habe nach seiner Wahl die Lehre verkörpert, „daß der Papst der einzige Stellvertreter Jesu Christi, daß die Gewalt der Schlüssel seinem Gutdünken anvertraut, daß er von allen Völkern und Fürsten mit Demut zu verehren sey."[38] Die initiative Bewältigung der baulichen Vollendung Sankt Peters mochte diesem spirituellen Selbstwertempfinden zu danken sein; hinter dem Befehl, zuerst die Fassade zu errichten,[39] stand ohne Zweifel die Strategie der präventiven Verteidigung, also der Wunsch danach, schnell den Status architektonischer Unveränderlichkeit zu erreichen.[40] An Sankt Peter sollte sich der Suprematsanspruch des Papsttums offenbar auf ewig mit dem Namen Paulus Burghesius verbinden. Dieser Wille war mit der Weisung unterstrichen worden, den Segnungsbalkon in die Schaufront der Kirche zu integrieren. Denn die Benediktionsloggia war baulicher Ausdruck weltlicher Repräsentation. Sie gehörte im strengen Sinne nicht zur Kirche, sondern war Teil des Palastes.[41] So wie die Loggia Bonifaz' VIII. am Lateran oder jene Pius' II. bei Alt Sankt Peter[42] war auch Madernos Benediktionsloggia Teil der päpstlichen Residenz. Das hing damit zusammen, daß die feierliche Segensspendung des Kirchenoberhauptes keine liturgische, sondern eine außerliturgische, eine weltlich-private und damit zeremonielle Funktion des Papstes war.[43] Wie meinte der

[38] Ranke 1839, II, S. 325 mit Verweis auf die Relatione di IV ambasciatori: „Conoscendo il pontefice presente sua grandezza spirituale, e quanto se le debba da tutti li popoli christiani attribuir di ossequio e di obedienza, non eccettuando qualsivoglia grandissimo principe."
[39] Bekanntlich befahl der Papst am 11. September 1607, den Bau mit der Fassade zu beginnen und wünschte, daß diese in sechs Jahren vollendet sei. Johannes Albertus Franciscus Orbaan, Der Abbruch von Alt-Sankt-Peter 1605–1615, in: Jahrbuch der preussischen Kunstsammlungen 39 (1919) Beiheft, S. 1–119, hier S. 63 f.: „Nostro Signore ... tornò subito et fu creduto fosse andato a veder quella fabbrica, come camini, ma poi si è scopert, che andò a veder il modello del resto della fabrica, che si ha da fare et della facciata, che mostra una cosa estremamente bella, la quale Nostro Signore vuole prima si facci."
[40] Die Wendung bei Bredekamp, 2000 S. 81. Vgl. Pastor, Geschichte der Päpste, XII, S. 584 mit Verweis auf einen Bericht des Fr. M. Vialardo vom 23. September 1605: „Der heilige Vater ... hegt so große Baupläne, wie sie sich für einen Fürsten ziemen, der mit der höchsten geistlichen Gewalt auch die weltliche verbindet."
[41] Siehe Franz Ehrle (S. J.) und Hermann Egger, Der vaticanische Palast in seiner Entwicklung bis zur Mitte des XV. Jahrhunderts. Città del Vaticano 1935, (Studi e Documenti per la Storia del Palazzo Apostolico Vaticano II), S. 91. Dort wird von einem offenbar nur provisorisch aus Holz ausgeführtem Gang berichtet, der in den Zeiten Martins V. „von den päpstlichen Gemächern über drei Brücken zu der Tribüne der Segenspendungen führte".
[42] Christoph Luitpold Frommel, Francesco del Borgo. Architekt Pius' II. und Pauls II. Teil 1: Der Petersplatz und weitere römische Bauten Pius' II. Piccolomini, in: Römisches Jahrbuch für Kunstgeschichte 20 (1983), S. 107–154, hier S. 144 ff. Vgl. Zander, 2000, S. 308, die selbst den Versuch unterläßt, den Bedeutungsgehalt der Benediktionen in ihre Darlegungen zur Geschichte der Loggia mit einzubeziehen.
[43] Zur Geschichte und Entstehung des päpstlichen Segens außerhalb der Liturgie nur andeutungsweise J. Baudot, Bénédiction, in: Dictionnaire d'Archéologie chrétienne et de Liturgie. Paris 1910, II, Sp. 670– 684; E. Mangenot, Bénédiction, in: Dictionnaire de Théologie catholique. Paris 1923, II,1, Sp. 629–639; Enciclopedia ecclesiastica. Milano / Torino 1942, I, Sp. 427–428 [Benedizione], hier 428; Enciclopedia cattolica. Città del Vaticano 1949, I, Sp. 1300–1304 [Benedizione], hier Sp. 1301. M. Vereno, J. Scharbert, A. Hänggi, Segen, in: Lexikon für Theologie und Kirche. Zweite Auflage. Freiburg 1964, IX, Sp. 589–596.

gelehrte Theologe Johann Christian Wilhelm Augusti in seinen *Christlichen Alterthümern*: „Obgleich auch die ... [feierlichen] Benedictionen im Allgemeinen unter die heiligen Handlungen gezählt werden, so sind sie doch keine eigentlichen zum öffentlichen Gottesdienste gerechneten Funktionen, sondern zunächst nur Privat=Handlungen."[44] Die feierlichen Segnungen herab vom Balkon der Peterskirche hatten ihren festen Platz im Zeremoniell, nicht aber im Ritual. Natürlich waren sie auch wirksames Zeichen geistlicher Macht, gleichzeitig aber und vielleicht noch mehr Zeugnis der weltlichen Gewaltenfülle des Papstes.[45] So war die Segnungsformel für die Stadt und den Weltkreis – das berühmte „urbi et orbi" – weder im Rituale[46] noch im Pontificale Romanum[47] zu finden, und bezeichnenderweise trug der Papst zu den wichtigsten und feierlichsten Segnungen, etwa bei der nach der Krönung,[48] bei der zum *anno santo* oder der großen am Ostersonntag die Tiara, und nicht die Mitra.[49] Der sich in den Benediktionen aussprechende geistliche und weltliche Machtanspruch des Papstes machte sich also einerseits in der baulichen Gestalt der Fassade bemerkbar, trat aber auch an anderer Stelle anschaulich hervor, nämlich im skulpturalen Bauschmuck. Im Relief des Ambrogio Buonvicino unterhalb des mittleren Balkons[50] – dort war die unendlich bedeutungsreiche Schlüsselübergabe Christi an Petrus gezeigt, nach Matthäus 16, 19[51] –, dann aber auch in den *statue gigante-*

---

[44] Johann Christian Wilhelm Augusti, Denkwürdigkeiten aus der christlichen Archäologie mit beständiger Rücksicht auf die gegenwärtigen Bedürfnisse der christlichen Kirche, von D. Johann Christian Wilhelm Augusti. [12 Bände] Leipzig 1817–1831, X, S. 189.

[45] Zur Problematik der Unterscheidung zwischen Ritus und Zeremoniell siehe etwa Louis Carlen, Zeremoniell und Symbolik der Päpste im 15. Jahrhundert. Vorträge der Aeneas-Silvius Stiftung an der Universität Basel XXVIII (Vortrag vom 22. Mai 1991). Freiburg, Schweiz 1993 (Freiburger Veröffentlichungen aus dem Gebiete von Kirche und Staat 39), S. 5 f.

[46] Nicht zu finden im RITUALE ROMANUM PAULI V. PONTIFICIS MAXIMI JUSSU EDITUM; Addita Formula pro benedicendis Populo, & Agris, a Sacra Rituum Congregatione approbata: Ablatis vero Additationibus, juxta Decretum Sacrae Congreg. Indicis sub BENEDICTO PAPA XIII. EMANATUM. PATAVII, Typis Seminarii. MDCCXXXIV. Apud Joannem Manfrè.

[47] Stephan Jakob Neher, Urbi et Orbi, in: Wetzer und Welte's Kirchenlexikon oder Encyklopädie der katholischen Theologie und ihrer Hilfswissenschaften. Zweite Auflage. Freiburg im Breisgau 1901, XII, Sp. 452–453, hier Sp. 453: „Die Bezeichnung Urbi et Orbi für diesen Segen ist übrigens keineswegs officiell, auch das Pontificale kennt dieselbe nicht."

[48] Festbeschreibungen für Innocenz X. und Alexander VII. nachgewiesen bei Maurizio Fagiolo dell'Arco, La festa barocca. Roma 1997, S. 329 f. und 371 f.

[49] Vgl. Francesco Cancellieri, DESCRIZIONE DE' TRE PONTIFICALI CHE SI CELEBRANO NELLA BASILICA VATICANA PER LE FESTE DI NATALE DI PASQVA E DI S. PIETRO. ROMA MDCCLXXXVIII. Nella Stamperia Vaticana, 84–85 [Benedizione Papale alla Loggia della Facciata].

[50] Lavori sulla facciata della basilica di S. Pietro. Eseguiti nel biennio 1985–1986 dalla reverenda fabbrica di San Pietro per la munificenza dell'ordine dei cavalieri di Colombo. A cura degli architetti A. Sperandino, G. Zander, G. B. Zappa. Città del Vaticano 1988, S. 25: „... al posto di quella di mezzo, vi è un bel altorilievo, alto m. 2,38 e lungo m. 3,83, del milanese Ambrogio Buonvicino (1552–1622), rappresentante ,Christo che consegna le chiavi a Pietro'."

[51] Matthäus 16, 19: „Ich will dir die Schlüssel des Himmelreichs geben, und alles was du auf Erden binden wirst, wird auch im Himmel gebunden sein, und alles, was du auf Erden lösen wirst, soll auch im Himmel gelöst sein."

sche, den Kolossen oberhalb der Balustrade.[52] In einem frühen Entwurf (Abb. 3) hatte Maderno für die Bekrönung der Attika nur die elf Apostel und Johannes den Täufer vorgesehen,[53] eingebunden in die Säulen- und Pilasterordnung. Erst später, in einer weiteren Planzeichnung (Abb. 4), kam dann die bedeutend größere Christusfigur hinzu.[54] Diese war auf die Benediktionsloggia bezogen und deshalb genau in die Mittelachse der Fassade gestellt worden. Erst die segnende Figur des Gottessohnes ließ es möglich werden, das Ensemble konkret auf den benedizierenden Papst zu beziehen. Der zu sehende Salvator ging wohl auf die Planungen Sixtus V. zurück.[55] Dabei präfigurierte die Darstellung sinnfällig die sich immer wieder erneuernden Segenshandlungen der Vikare Christi.[56]

Die schriftliche Grundlage für diese päpstlichen Benediktionen fand sich in Lukas 24, 50.[57] Dort hatte Christus die Apostel nach Betanien auf den Ölberg

[52] Lavori sulla facciata della basilica di S. Pietro, 1988, S. 21: „La Facciata della Basilica di San Pietro in Vaticano, larga m. 116,00 ed alta, comprese statue e balaustra, circa m. 53,00, è costituita da una parete di travertino con una superficie di oltre 10.500 mq. di sviluppo, considerate le notevoli sporgenze e rientranze, nelle quali essa si articola con intenti plastici e charoscuriali. ... [Über der Balustrade 13 Figuren] Essa rappresentano: una, il Salvatore (alta metri 6,00) e le altre, gli undici Apostoli e San Giovanni Battista (alte metri 5,65); tutte sono collocate ad un'altezza di m. 46,26 dal livello medio del sagrato, antistante la Basilica Vaticana."

[53] Pastor 1928, XII, S. 595. Im Mai hatte Cardinal Cesi die dreizehn gewaltigen Statuen (Christus, Johannes der Täufer und elf Apostel), welche auf ihrer oberen Balustrade Platz finden sollten, in Auftrag gegeben. Aber erst zwei Jahre nachher konnte dieser Schmuck enthüllt werden. Pastor verweist an dieser Stelle auf Orbaan 1919, S. 112. Die Kardinalskongregation sorgte dafür, daß Modelle aus Gips zur Probe auf der Fassade aufgestellt wurden, um die richtigen Größenverhältnisse zu finden. Ein Brief Madernos weist allerdings darauf hin, daß es doch zwei Planungsphasen gegeben hat. In dem Schreiben an Maffeo Barberini von 30. Juni 1613, abgedruckt bei Caflisch 1934, S. 31, wird davon berichtet, daß „sonno mese sette statue de Apostoli ne restano a meter cinq[ue]." Vgl. Zander 2000, S. 312.

[54] Vincenzo Bricolani, Descrizione della sacrosanta Basilica Vaticana delle sue piazze portici grotte sacristie parti superiori interne ed esterne e loro misure. Edizione quarta accresciuta e corredata di note. Roma: Tipografia di Crispino Puccinelli MDCCCXXVIII, S. 21 f.: „... rappresentanti nel mezzo il Salvatore, alla cui desta S. Giovanni Battista e quindi Undici Apostoli, a riserva di S. Pietro, la cui Statua è, come si è detto, al basso della Scala lateralmente a quella di S. Paolo."

[55] Ennio Francia, Costruzione della Basilica di San Pietro. Il problema delle statue della Facciata, in: Strenna dei Romanisti 47 (1986), S. 181–188, hier S. 187: „Attualmente la teoria delle 13 statue in cima alla facciata, cominciando dal lato sinistro, è la seguente: San Taddeo, San Matteo, San Filippo, San Tommaso, San Giacomo Maggiore, San Giovanni Battista, il Salvatore, Sant'Andrea, San Giovanni evangelista, San Giaomo Minore, San Bartolomeo, San Simone, San Mattia."

[56] Vgl. Karl Ernst Schrod, Segen, in: Wetzer und Welte's Kirchenlexikon, XI, Sp. 68–70, hier Sp. 68: „Segen ist, gemäß der Herkunft des Wortes vom lat. Signum, zunächst das Kreuzzeichen, und ‚segnen' heißt darnach ‚etwas mit dem Kreuze bezeichnen', um es der Erlösungsgnade theilhaft zu machen." Dort der Verweis auf die Beschreibung des apostolischen Segens „urbi et orbi" bei Nicolaus Wisemann, Erinnerungen an die letzten vier Päpste. Köln 1858, S. 68 f.

[57] Ein Beleg findet sich in: Die Wahre Schönheit der Religion in ihrer äußerlichen Verfassung oder gründliche Erklärung der vornehmsten Ceremonien der H. katholischen Kirche, sowohl in, als außer dem Gottesdienste, hergeleitet aus den ächten Quellen Des Glaubens, der Vernunft und des kristlichen Alterthumes nach der vormaligen Grundlage Des Herrn Rippel,

3. Fassadenentwurf Madernos

4. Fassadenentwurf Madernos mit Salvatorfigur

beschieden⁵⁸ (Matthäus nannte einen Berg in Galiläa), um ihnen von seiner Wiederauferstehung abermals Zeugnis abzulegen und sie vor seiner Himmelfahrt noch „mit erhobenen Händen" zu segnen. Natürlich war von der Exegese immer wieder darauf hingewiesen worden, daß auch das Alte Testament Segnungshandlungen kannte, doch herrschte Einigkeit darüber, daß der erste, der die Segnungen in das frühe Christentum eingeführt habe, kein anderer als Christus selbst gewesen sei: Er habe bei seiner letzten Erscheinung vor der Himmelfahrt die Hände zur Benediktion der Apostel und damit der ganzen Kirche erhoben, und eben daher stamme die Tradition, die rechte Hand zum Segensgestus zu erheben.⁵⁹ (Abb. 5) Doch neben dieser nachvollziehbaren Beziehung zur feierlichen Benediktion des Papstes wurde wohl mit der Figurengruppe oberhalb der Attika noch auf die bedeutsame Sinnerweiterung der lukanischen Bibelstelle hingewiesen, nämlich auf den sogenannten Missionsbefehl Christi an seine Jünger, der sich kanonisch sowohl bei Markus 16, 15,⁶⁰ deutlicher aber noch in Matthäus 28, 19 ausgesprochen fand: „Mir ist alle Macht gegeben, im Himmel und auf Erden. Darum geht hin und macht alle Völker zu Jüngern: Tauft sie auf den Namen des Vaters und des Sohnes und des Heiligen Geistes, und lehrt sie alles zu halten, was ich euch befohlen habe. Und siehe, ich bin bei euch alle Tage bis an das Ende der Welt."⁶¹ Diese auf den gesamten Erdkreis gerichtete Bekehrungsweisung hatte immer auch als Rechtfertigung für die Ausdehnung der Herrschaftsansprüche des Papstes herhalten müssen; in diesem ekklesiologischen Auftragswort Jesu Christi⁶² sahen viele die Begründung zur Weltmission, und hier lag wohl auch einer

würdigen Pfarrherrns zu Fessenheim, Nunmehr in vielen Stücken verbessert, und mit verschiedenen theologischen, ascetischen und kritischen Zusätzen vermehrt Durch einen weltgeistlichen Priester. Köln am Rheine, in der Odendallischen Buchhandlung 1813, 799: „Der gottselige Christ muß sich bey der Aufhebung der Monstranz in dem Geiste vorstellen, als befände er sich mit den vereinigten Jüngern und Aposteln wirklich auf dem Oelberg, und empfieng mit ihnen von seinem gegen Himmel auffahrenden Erlöser den Segen seiner heiligsten Hände. Er hob seine Hände auf, segnete sie, und fuhre hinauf gegen Himmel Luc. 24. V. 50, 51."
⁵⁸ R. P. C. Cornelii a Lapide è Societate Jesu, S. Scripturae olim Lovanii, Postea Romae Professoris, Commentarii in Scripturam Sacram, Tomus VIII, complectens expositionem litteralem et moralem in Quatuor Evangelia Matthaei, Marci, Lucae, et Joannis, Indicibus necessariis illustratus, editio recens, a quamplurimis memdis, quibus caeterae scatebant, dilligentimssimè expurgata et castigata, apud J. B. Pelagaud, Lugduni, M.D.CCC.LXIV, S. 863: „Et inde in montem Oliveti, ex quo in coelum ascendit. Bethania quindecim stadiis distabat à Jerusalem, et in medio erat Mons Oliveti."
⁵⁹ Gaetano Moroni, Dizionario di erudizione storico-ecclesiastica. 103 Vol. Venezia 1840–1861, V, S. 60–64 [Benedizione], hier S. 62.
⁶⁰ „Und er sprach zu ihnen: Gehet hin in alle Welt und predigt das Evangelium allen, die erschaffen sind!" „Et dixit eis euntes in mundum universum praedicate evangelium omni creaturae."
⁶¹ „Undecim autem discipuli abierunt in Galilaeam in montem ubi constituerat illis Iesus et videntes eum adoraverunt quidam autem dubitaverunt et accedens Iesus locutus est eis dicens data est mihi potestates in caelo et in terra euntes ergo docete omnes gentes baptizantes eos in nomine Patris et Filii et Sancti docentes eos servare omnia quaecumque mandavi vobis et ecce ego vobiscum sum omnibus diebus usque ad consummationem saeculi."
⁶² Dazu Anton Vögtle, Ekklesiologische Auftragsworte des Auferstandenen, in: Sacra Pagi-

5. Fassade von Sankt Peter mit Statuenschmuck

der tieferen Sinne jener Segnungsformel „urbi et orbi" verborgen. Der österliche Segen sollte nicht nur die Benediktion Christi immer wieder aufleben lassen, sondern auch die Rechtmäßigkeit der auf den Weltkreis zielenden Machtansprüche seiner Vikare heilsgeschichtlich rechtfertigen.

Daraus, daß schon Sixtus V. diesen Bedeutungsgehalt für den Platz vor Sankt Peter aktivieren wollte, sprach die Absicht, eine Salvatorfigur auf die fertige Kuppel Michelangelos zu stellen.[63] Anscheinend plante der Papst, die Worte des Evangeliums wortwörtlich umzusetzen. In dem Stich zur Konsekration des Obelisken sah man den Auferstandenen nicht nur auf der höchsten Spitze des *mons vaticanus* stehen wie einst auf dem Ölberg, sondern überall auf dem Gebäude versammelten sich die Jünger und Apostel, um vor den Toren des neuen Jerusalem des Segens des scheidenden Messias teilhaftig zu werden.

Es scheint, als hätten Carlo Maderno und seine Auftraggeber diese Bedeutung noch zu erweitern gewußt. Dies legte nicht nur der planerische Einbezug der Benediktionsloggia nahe, dies zeigte sich auch an dem Brunnenprojekt, mit dem der Sockel des vatikanischen Obelisken umgeben werden sollte, in Form eines Vierpasses mit wasserspendenden Becken in alle vier Himmelsrichtungen.[64] Das

na. Miscellanea biblica Congressus internationales Catholici de re biblica. Ediderunt J. Coppens, A. Descamps, É. Massaux. Paris 1959 (Bibliotheca Ephemeridum Theologicarum Lovaniensium XII–XIII), II, S. 280–294, hier S. 286 f.

[63] Haus 1970, S. 86.

[64] Thoenes 1963, S. 113 und S. 141, Anm. 104: „Dagegen scheint der Gedanke, den Obelisken als Insel aus einer Wasserfläche aufsteigen zu lassen, bei Maderno zum erstenmal formuliert." Thoenes meint, daß Maderno „dem scharfkantig-trockenen Monument Sixtus' V. einiges individuelles Leben mitzuteilen" wünschte. Bedeutungsfragen werden nicht berührt.

Verständnis des solaren Verströmens der christlichen Lehre in die vier Weltgegenden hätte das Ensemble zu einem „Denkmal fortwährender Erlösung und Offenbarung" gemacht.[65] Dabei wäre die Interpretation des geplanten Brunnens als Monument der Verbreitung des Evangeliums und der kirchlichen Mission in die vier Erdteile[66] ohne weiteres auf den benedizierenden Papst zu beziehen gewesen, besser auf die ekklesiologischen Auftragsworte des auf ewig segnenden Christus der Fassade, die bei Markus 16, 15 lauteten: „Gehet hin in alle Welt und predigt das Evangelium allen, die erschaffen sind". Die bedeutungsvolle Beziehung zwischen der Salvatorfigur auf der Fassade und dem benedizierenden Papst darunter stellte wohl einen der wichtigsten Gründe dar, warum die angefeindete Architektur Madernos im Pontifikat Urbans VIII. nicht zerstört wurde.[67] Die vielen Projekte zur Abtragung des Langhauses konnten deshalb nicht durchdrin-

---

[65] Preimesberger 1974, S. 105 und S. 111 f.

[66] Preimesberger 1974, S. 145. Preimesberger läßt in seinem grundlegenden Aufsatz deutlich werden, wieviel Borrominis erster Entwurf für die Piazza Navona und dann die Bernini-Planung für den Vierströmebrunnen Madernos Entwürfen zu verdanken hatten.

[67] Vgl. die Meinung bei Nicolas Patrick Wiseman: Vorträge über die in der päbstlichen Kapelle übliche Liturgie der stillen Woche; von Dr. Nicolaus Wiseman, päbstlichem geheimen Kämmerer und Rektor des englischen Kollegiums in Rom. Aus dem Englischen übersetzt durch Joseph Maria Axinger, Domkapitular von Evreux ec. Augsburg, 1840. Verlag der Karl Kollmann'schen Buchhandlung, S. 35 f.: „Es ist allgemein gemißbilligt worden, daß man die von Michael Angelo entworfene, der jenigen des Pantheons ähnliche, Facade nicht ausgeführt habe. Jedoch werden Reisende, die längere Zeit in Paris und in London verweilet, gänzlich von einer Idee enttäuscht, welche nur das unersättliche Auge könnte verwirklicht wünschen, eine Säulenhalle nemlich zu erblicken, über die sich ein Giebel erhebet. Solche Facaden sind heutzutage an jedem Gebäude zu sehen, an dem Mansion-Hause, mit seinen zum Sprichworte gewordenen Festgelagen, an der National-Bildergallerie, an der Kapelle des Erzbischofs Tillotson, an dem Hay-market-Theater, an dem medizinischen Kollegium, und an einem halben Dutzend anderer zu öffentlichen Versammlungen bestimmten Lokale. Es ist dies unzweifelbar eine architektonische Allgemeinheit, welche das schwächste Genie erfassen und auf jedes Objekt anwenden kann. Haben wir wohl die Ursache zu bedauern, daß sie bei der Peterskirche nicht angewendet worden ist, da wir in diesem Falle eines der schönsten liturgischen Aktes, der feierlichen Ertheilung des päbstlichen Segens, wären beraubt worden? Es ist nun aber gewiß, daß die Nothwendigkeit, einen passenden Standpunkt für die, bei diesem kurzdauernden, aber tiefergreifenden Momente, handelnde Hauptperson zu erhalten, zu der Abweichung von Michael Angelo's Idee geführt, und die Annahme des gegenwärtigen Planes bestimmt habe. Wenn nach architektonischen Grundsätzen ein größeres Verdienst darin liegt, einem Bau irgend einen gegebenen Schlußpunkt anzupassen, als in der blossen Nachahmung eines Kunstwerkes, so wird die an dem Petersdome angebrachte Facade mit all ihren Mängeln, die ich mir nicht verberge, nach einem gerechtern Maßstabe, als dem der Vergleichung mit solchen Bauten, welche einem andern Style und einem andern Systeme angehören, gewürdigt werden müssen. Für meine Person würde ich gerne das ganze Jahr hindurch diese unzusammenhängende, in keinem Verhältniß zu dem Ganzen stehende, und verworrene Facade sehen, um vermittelst dieser Unvollkommenheiten zweimal jährlich das große und herrliche Schauspiel zu genießen, welches an dieselbe sich anknüpfet; um jene bunte Masse von Städtebewohnern, von Landleuten, von Pilgrimen und Fremden, die langen Reihen glänzender Equipagen und stattlicher Krieger, welche den untern, unermeßlichen Raum des St. Peters-Platzes anfüllen, schauen und bewundern zu können; um endlich Zeuge von der tiefgreifenden Rührung zu seyn, welche bei dem Segen des Vaters der ganzen Christenheit, wie ein elektrischer Schlag, die ungeheure Versammlung durchfährt."

6. Florestano di Fausto, Fassadenzeichnung, 1932

gen, weil sie den Bedeutungsgehalt der Fassade nachhaltig in Mitleidenschaft gezogen hätten. Wie viele vor ihm trat 1923 der römische Architekt Florestano di Fausto noch einmal mit dem Vorschlag an die Öffentlichkeit, die Schauseite von Sankt Peter von Grund auf zu überarbeiten.[68] In einer der vielen heimatkundlichen Gazetten der ewigen Stadt, der Zeitschrift *Roma*, stellte di Fausto die Niederlegung der so umstrittenen Attika zur Diskussion. Neben einer szenografischen Zeichnungen der Fassade (Abb. 6), sollte ein photographischer Bildvergleich (Abb. 7) deutlich werden lassen, wie di Fausto sich die Ehrenrettung Michelangelos vorstellte. Die retuschierte Aufnahme legte aber sofort den größten Mangel seines Plans offen, denn hier fehlten die bekrönenden Attikafiguren, hier fehlte die signifikante Apostelversammlung auf dem *mons vaticanus*, mit der im Auftrage Pauls V. die ekklesiologische Weisung auf christliche Weltmission in skulpturaler Form verewigt worden war.

Der zerstörerische Eingriff in das komplexe Bedeutungsgefüge mußte deshalb geradezu naiv wirken, weil Gianlorenzo Bernini mit dem Petersplatz an der Aussage, die schon im sixtinischen Obelisken aufgehoben war und sich in Madernos Fassade so ambivalent unterstrichen fand, ingeniös weitergebaut hatte. In der geistlich politischen Aussage des unverrückbar Gegebenen lag einer der Gründe dafür, daß Bernini dem Platz seine signifikante Form gab, hier lag auch

---

[68] Dazu Giuseppe Sacchi Lodispoto, Un „ardito" progetto d'intervento sulla facciata della Basilica Vaticana, in: Strenna dei Romanisti 46 (1985), S. 593–612.

LA FACCIATA DI S. PIETRO quale è attualmente, e quale apparirebbe modificata secondo il Progetto Di Fausto.

7. Florestano di Fausto, Photomontage zur Fassade von Sankt Peter, 1932

einer der Anlässe für das ungeheure Statuenprogramm der Kolonnaden. Der Plan bannte das Heterogene in eine gedanklich dichte Form und wahrte dabei gleichzeitig eine größtmögliche Buchstäblichkeit. In den 140 Figuren waren offensichtlich Heilige, Bekenner und Märtyrer der katholischen Mission dargestellt, so daß die Versammlung nicht nur die Perimeter der bekannten Welt absteckte, sondern auch jene des christlichen Anspruchsdenkens.[69] In solch einer vielsinnigen Anschaulichkeit mußten sich die Auftragsworte Christi in besonderer Weise während der Segensspendungen des Papstes erfüllen.

Am eindringlichsten kam der weltliche Charakter des päpstlichen Segens in der Bendiktionshandlung der Krönungsfeierlichkeiten zum Ausdruck, denn im eigentlichen Krönungsakt wurde der Papst als Vater der Thronfolger und Regenten, als eigentlicher Herrscher des Weltenrunds und irdischer Vikar des Salvators Jesu Christi angesprochen und eingesetzt: „Accipe thiaram tribus coronis ornatam, ut scias te esse patrem principum et regnum, et rectorem orbis, in terra Vicarium Salvatoris nostri Iesu Christi etc. etc."[70] In der sich dem Krönungszeremoniell anschließenden Benediktion herab vom Balkon der päpstlichen Residenz vergegenwärtigte sich der weltumspannende Führungsanspruch des Papsttums im Rekurs auf Christus selbst. Und gerade in diesem Sinne konnte der Petersplatz nichts anderes sein, als eine Geste politischer Ohnmacht. Denn mit dem weitreichenden Programm tat sich immer auch die aktuelle Uneinlösbarkeit der heilsgeschichtlichen Vorhaben kund. Doch sicherte gerade die von vielen Zeitgenossen wahrgenommene theatralische Überformung des Platzes[71] eines der Anliegen Alexanders VII. bis zum heutigen Tag. In der zeremoniellen Performanz konnte sich der Widerspruch zwischen Anspruch und Wirklichkeit für kurze Zeit aufheben. In den Augenblicken der päpstlichen Segenshandlungen, also in jenen Momenten, in denen sich das vielschichtige Programm inmitten einer großen Menschenmenge für jeden einzelnen realisierte, erlebten auch protestantische Barockverächter plötzlich die Macht gläubiger Inszenierung und konnten sich der starken Wirkung des architektonisch gefaßten Zeremoniells nicht entziehen. Jacob Burckhardt, der am Ostersonntag 1846 auf dem Petersplatz stand – eigentlich fand er die Architektur Madernos zum davonlaufen[72] –, sah dort mit eigenen

---

[69] Haus, 1970, S. 99: „Durch die Bilder von Heiligen aus allen Gegenden der Welt mit einem großen Anteil griechischer und orientalischer Heiliger ist dieser universale Anspruch anschaulich verdeutlicht."

[70] Filippo Maria Mignanti, ISTORIA DELLA SACROSANTA PATRIARCALE BASILICA VATICANA DALLA SUA FONDAZIONE FINO AL PRESENTE DEL SACERDOTE FILIPPO MARIA MIGNANTI BENEFIZIATO NELLA MEDESIMA. [2 Vol.] ROMA 1867, I, S. 268.

[71] Krautheimer 1985, S. 4 ff.

[72] Jacob Burckhardt, Der Cicerone. Eine Anleitung zum Genuss der Kunstwerke Italiens. Neudruck der Urausgabe. Stuttgart 1948, S. 319: „Von aller Beziehung zur Kuppel und zum Rest des Baues überhaupt abgelöst, fiel sie aus, wie sie zu Anfang des 17. Jahrhunderts ausfallen musste, als ungeheure Dekoration, deren Teile auf alle Weise vor- und rückwärts, aus- und einwärts treten ohne Grund und Ursache. Selbst mit Anschluß an dasjenige Motiv, welches Michelangelo an den übrigen Außenseiten der Kirche durchgeführt, hätte sich etwas viel Großartigeres machen lassen."

Augen, wie der Papst Gregor XVI. (Cappellari) – selbst ein großer Förderer der Mission – sich gegen zwölf Uhr von der Sedia Gestatoria erhob und in der Benediktionsloggia die Arme ausbreitete. „In diesem Moment", so Burckhardt, „gewährte St. Peter einen großen und wahrhaft hinreißenden Anblick, der jedem unvergeßlich bleiben muß."[73]

In der Tat gelang es den Päpsten der Frühen Neuzeit, ein neues Rom zu errichten, ein artifizielles Zentrum der christlichen Welt. Doch wurde in dieser Metropole die große Politik nicht mehr gemacht, sondern nur noch behauptet. Der Anspruch auf universelle Herrschaft, der Anspruch auf Primat und Supremat konnte aber deshalb glorreich den Wechselfällen europäischer Zeitläufte widerstehen, weil die zunehmende Ohnmacht sich durch große heilsgeschichtliche Gesten zu rechtfertigen wußte und weil die Päpste es verstanden, den konkreten Machtverfall in und an Sankt Peter durch barocke Kunst zu kompensieren.

---

[73] Jacob Burckhardt, Rom in der Heiligen Woche [Kölnische Zeitung, Nr. 119 vom 29. April 1846], in: Unbekannte Aufsätze Jacob Burckhardt's aus Paris, Rom und Mailand. Eingeleitet und herausgegeben von Josef Oswald. Basel 1922, S. 133 f.

Universitas christiana und Konfessionskonflikt.
Vaterland und Kirchennation in England, den Niederlanden und den protestantischen Territorien im Reich, 1570–1660

ROBERT VON FRIEDEBURG

In dem ihm gewidmeten Eintrag des *Dictionary of National Biography* folgt dem Namen Sir John Eliot schlicht die Bezeichnung „patriot". Dieser Eintrag steht exemplarisch für das komplexe Verhältnis zwischen der Bedeutung von Nation und Vaterland im Europa der Konfessionskonflikte und für die Bedeutung, die den Bezugsgrößen „Nation" und „Vaterland" durch die Historiographie des 19. und frühen 20. Jahrhunderts beigemessen wurde.

Seine Rolle als Protagonist eines nationalen englischen Weges der Durchsetzung liberaler Freiheiten gegen den Absolutismus erhielt Eliot (1592–1632) nicht zuletzt durch seine Rede in einer tumultösen Sitzung der englischen *commons* am 2. März 1630, als der *speaker* des englischen Unterhauses auf seinem Stuhl mit Gewalt festgehalten wurde, damit Eliot seine Angriffe auf die Berater des Königs fortsetzen konnte. Eliot war bereits in der Mitte der 1620er Jahre ein entschiedener Gegner einer Verbindung Englands mit Spanien gewesen. Er kritisierte darüber hinaus in den Parlamentssitzungen von 1629 vermeintliche katholische Einflüsse im englischen Klerus. Während der Sitzung vom 2. März verlas Eliot drei Resolutionen gegen die Steuer- und Kirchenpolitik der Krone. Seine Verhaftung in der Folge dieser Ereignisse, seine Weigerung, sich der Autorität des Gerichts der königlichen Prärogative, des *Court of King's Bench*, zu unterwerfen, seine Forderung, allein vom Parlament beurteilt zu werden, da er als Mitglied des Parlaments nur von dieser Instanz gerichtet werden könne, sein Verbleiben in der Haft – während andere es vorzogen, einen Kompromiß mit der Krone zu suchen, um entlassen zu werden –, sein Tod im Gefängnis im Jahre 1632 wurden Schritte auf dem Weg zum Nationalhelden der liberalen Historiographie des 19. Jahrhunderts. Diese Zusammenhänge ließen ihn im Verlauf des 19. Jahrhunderts zu einem Held und Vorkämpfer der vermeintlichen liberalen Opposition der 1630er Jahre gegen die Krone werden.[1] Soweit die Indizien einer sowohl in besondere nationale Umstände eingebetteten Karriere als auch eines Lebens, das im 19. Jahrhundert zum Paradigma des englischen Weges zu einer freiheitlichen Ordnung – und damit zu einem Teil nationaler Identität – stilisiert wurde. Und damit sind wir mitten in unserem Thema – der Frage nach dem Zerfall der *universitas*

---

[1] Siehe J.N. Ball, Sir John Eliot and Parliament 1624–1629, in: Faction and Parliament: Essays in Early Stuart England, hrsg. von Kevin Sharpe, Oxford 1978, S. 173–208, S. 190–195; Conrad Russell, The Causes of the English Civil War, Oxford 1990, S. 179, S. 182, bezeichnet Eliot als wenigstens unrealistisch oder sogar feindselig gegenüber der Finanzpolitik der Krone.

christiana und der Entstehung verschiedener nationaler Kulturen im Europa der frühen Neuzeit. Lassen sich die besonderen Umstände der Konfessionskonflikte und der Konfessionalisierung in den verschiedenen europäischen Gemeinwesen - und besonders die unterschiedlichen Reflektionen dieser Umstände in der Pamphletistik und politischen Theorie der Zeit – als zunehmend ‚national' spezifisch begreifen, ohne Formen moderner nationaler Identität in die Vergangenheit zu projizieren?

Während seiner Haft und bis zu seinem Tode schrieb Eliot seine Gedanken über Regierung und Staat nieder.[2] Dazu zählte eine Übersetzung eines damaligen Standardwerkes der politischen Theorie, nämlich das *De Iure Maiestatis* (Frankfurt 1612) des deutschen Politologen Henning Arnisaeus (1575?–1632).[3] In dieser Rezeption spiegelt sich ein zentraler Aspekt europäischer Geschichte. Europa – das war und blieb geeint durch den gemeinsamen Bezug auf einen Kanon gemeinsamer Begriffe, Texte, Autoren und Fragestellungen, durch die sich die *universitas christiana* in der Praxis ihrer Reflexion über menschliches Zusammenleben von anderen Kulturen unterschied. Dieser Kanon ergab sich aus den Quellen der antiken Philosophie, der lateinischen christlichen Kirche mit ihrer spezifischen Traditionsbildung aus dem jüdisch-christlichen Erbe und der mittelalterlichen Rezeption des römischen Rechts. Um 1500 bildete derjenige Teil Europas, der sich auf diese Quellen bezog, auch einen Raum gemeinsamer Interpretationen und Diskussionen ebenjener Quellen. Es gab innerhalb dieser Annahmen und Problemstellungen heftige Kontroversen unter Theologen und Juristen. Es gab in allen Disziplinen verschiedene Schulen und Richtungen. Aber es gab wohl kaum ein für ein einzelnes Gemeinwesen spezifisches Ensemble der Kontroversen oder der Interpretationen und des Gebrauchs dieser Quellen.

Bereits um 1700 hatte sich das geändert. Bis zu diesem Zeitpunkt hatten viele der europäischen Gemeinwesen eine eigene politische Kultur entwickelt, die sich durch spezifische Kontroversen und Deutungen dieser Quellen auszeichnete. Wenigstens seit dem Ende des 17. Jahrhunderts begannen sich die Umrisse eigenständiger Umgangsweisen mit diesem gemeineuropäischen Gedankenhaushalt deutlich abzuzeichnen, Umrisse, die es erlauben, darüber nachzudenken, ob sich nicht in Ansätzen besondere holländische, spanische, schottische, englische oder deutsche Aspekte der Reflexion zu diesen Quellen ergeben hatten. Sicherlich, Hobbes schrieb einen bedeutenden Teil seiner Werke in Paris; Pufendorf wurde durch Carmichael ins Englische übersetzt; Bayle verbreitete mit seinem Lexikon seine Interpretation von Ereignissen, Personen und Schriften über ganz Europa. Aber Pufendorf wird doch zugleich auch einer Deutung des Staats- und Natur-

---

[2] Sir John Eliot, An Apology for Socrates, hrsg. von Alexander Balloch Grosart, London 1881. Sir John Eliot, The Monarchy of Man, hrsg. von Alexander Balloch Grosart, London 1879.

[3] Henning Arnisäus (1575?–1632), De Iure Maiestatis, Frankfurt 1612; vgl. zu Arnisaeus: Horst Dreitzel, Protestantischer Aristotelismus und absoluter Staat: Die „Politica" des Henning Arnisäus (ca. 1575–1636), Wiesbaden 1970; Sir John Eliot, De Iure Maiestatis: or Political Treatise of Government (1628–1630), hrsg. von Alexander Balloch Grosart, London 1882; zu Eliot Harold Hulme, The Life of Sir John Eliot 1592–1632, London, 1957, S. 153–61; Ball, Eliot, S. 174 f.

rechts zugeordnet, die ihre besonderen Wurzeln in den Verhältnissen im Reich hatte, und Bayle wird demgegenüber in die besonderen Verhältnisse in den Niederlanden eingeordnet – und in beiden Fällen geschieht diese Einordnung durchaus zu Recht.[4]

Mehr noch: Wenigstens seit dem Ende des 17. Jahrhunderts reflektierten die Zeitgenossen auch, daß ihr eigener Ideen- und Begriffshaushalt nicht mehr der *universitas christiana* schlechthin angehörte, sondern sich von Gemeinwesen zu Gemeinwesen beträchtlich unterschied. Bei Montesquieu wurden die – tatsächlichen oder vermeintlichen – Besonderheiten europäischer Gemeinwesen sogar zu einem Ausgangspunkt seiner Analyse.[5] Der folgende Beitrag wird sich mit einem Ausschnitt dieser Entwicklung beschäftigen, nämlich mit dem Gebrauch der Begriffe *natio* und *patria* im Verlauf des 17. Jahrhunderts.[6] Bedeutung und Gebrauch dieser Begriffe wandelte sich im Verlauf der Frühen Neuzeit. Aber entwickelten sich auch Unterschiede ihrer Bedeutung und ihres Gebrauchs *zwischen* einzelnen Gemeinwesen, beispielsweise zwischen den Niederlanden, England und Deutschland?

Solche Unterschiede wären kein Nachweis nationaler Identität im modernen Sinne des Wortes. Die Wahl ausgerechnet dieser Begriffe erfolgt, weil sie in den Konfessionskonflikten eine wichtige strategische Rolle in der Argumentation der verschiedenen Parteiungen spielten, eine Rolle, auf die weiter unten genauer eingegangen wird. An Hand ihres Gebrauchs kann jedoch die Ausbildung bestimmter Eigenarten im Umgang mit dem ehemals gemeinsamen Fundus von Begriffen und Fragen verfolgt werden, die erheblich später, im Verlauf des 19. Jahrhunderts, als nationale Eigenheiten interpretiert werden sollten. Weil wir manche dieser Interpretationen nicht mehr teilen, dürfen deswegen die Besonderheiten nicht ignoriert werden, die sich in der Deutung und dem Gebrauch des gemeinsamen Kanons europäischer Begriffe und Probleme im Verlauf der Frühen Neuzeit einstellten. Die Konstruktion moderner nationaler Identität durch den modernen Nationalismus im 19. Jahrhundert und die Entstehung spezifischer Eigenheiten in der Behandlung des europäischen Quellen- und Begriffskanons sollten nicht verwechselt werden; unsere Skepsis gegen manche Projektionen des 19. Jahrhunderts darf aber auch nicht dazu führen, die dynamisch wachsenden Unterschiede zwischen den europäischen Gemeinwesen, gerade im Hinblick auf die Bewältigung und Reflexion der Konfessionskonflikte, zu übersehen.[7] Um ebensolche

---

[4] Detlef Döring, Pufendorf-Studien: Beiträge zur Biographie Samuel von Pufendorfs und zu seiner Entwicklung als Historiker und politischer Schriftsteller, Berlin 1992; Jonathan Irvine Israel, Radical Enlightenment. philosophy and the making of modernity 1650–1750, Oxford 2001.

[5] Charles de Montesquieu, L'esprit des Loix (1749), Paris 1853.

[6] Vgl. Artikel Volk, Nation, in: Geschichtliche Grundbegriffe Band 7, hrsg. von Otto Brunner, Werner Conze, Reinhart Koselleck, Stuttgart 1997², S. 141–431. Ein eigener Eintrag zu ‚Patria' fehlt. Der von Koselleck in diesem Zusammenhang vorbereitete Eintrag wurde in anderem Zusammenhang bereits vorgetragen, blieb jedoch zunächst unveröffentlicht und wird demnächst erscheinen in: ‚Patria' in theologischen, juristischen und philosophischen Texten und in politischen Konflikten im Europa des 17. Jahrhunderts, hrsg. von Robert v. Friedeburg, Wiesbaden 2003 (= Harrassowitz: Wolfenbütteler Forschungen).

[7] J.C.D. Clark, Protestantism, Nationalism, and National Identity, 1660–1832, in: Historical Journal 43 (2000), S. 249–276, S. 275.

Verwechslungen zu vermeiden, können wir nicht umhin, zuerst zu klären, was mit „unterschiedlichem Gebrauch" gemeint ist (I) und wie die Forschung den *gemein*europäischen Wandel der Begriffe *natio* und *patria* versteht (II). Erst danach können wir auf einzelne Gemeinwesen eingehen.

I

In der oben erwähnten Gefängnislektüre und Übersetzung des deutschen Theoretikers Arnisaeus durch Sir John Eliot von 1630/31 spiegelt sich in vielerlei Hinsicht zunächst einmal die Bedeutung des *gemein*europäischen Kanons der *universitas christiana*. Der Engländer Eliot kannte offenbar die bedeutenderen Autoren der deutschen politischen Theorie und verstand hinreichend Latein, um sie zu lesen. Seine Übersetzung spiegelt darüber hinaus Eliots Kenntnis wenigstens elementarer Exempel aus den Quellen des christlichen Glaubens, vor allem dem alten und neuen Testament, und der antiken Philosophie, insbesondere Aristoteles und Cicero. Einerseits verfügte ein Teil dessen, was heute geographisch oder politisch als Europa verstanden wird, über eine gemeinsame Terminologie und ein gemeinsames Reservoir der Reflexion über die Grundlagen menschlicher Existenz, über die *conditio humana*, aber auch über die *societas humana*. Die Heilige Schrift und ihre Deutung innerhalb der lateinischen Christenheit, das rö-mische Recht und seine mittelalterliche und frühneuzeitliche Auslegung und die Rezeption der antiken Philosophie waren drei Eckpfeiler dieses gemeinsamen europäischen Bestandes von Fragen, Problemen, Begriffen, Normen und Lösungen zu allen Fragen des Lebens. Aber es gab nicht nur diesen gemeinsamen Kanon, sondern auch eine gemeineuropäische Diskussion an Hand dieses Kanons, welche die Lektüre einschlägiger Texte über die verschiedenen Gemeinwesen hinweg noch bis zur Mitte des 16. Jahrhunderts erlaubte, ohne daß es zu erheblichen Mißverständnissen kommen mußte. Noch 1559 wurde ein Handbuch über die Organisation des Gemeinwesens aus der Feder des Johannes Ferrarius, eines Beraters der Landgrafen von Hessen aus dem Jahre 1553, ins Englische übersetzt und Königin Elisabeth zu ihrem Regierungsantritt gewidmet.[8] Die *commonwealth-men* – die Humanisten am Hofe Heinrich VIII. – und die Humanisten in den deutschen Reichsstädten und an den Fürstenhöfen des Reiches während des ersten Drittels des 16. Jahrhunderts teilten gemeinsame Interessen, be-reisten Italien, standen im Kontakt miteinander und verständigten sich in einer gemeinsamen Sprache. Manche ihrer Anliegen, auch im Hinblick auf die Reform des Gemeinwesens, waren durchaus vergleichbar. Sogar ein vermeintlich so „deutscher" Begriff wie derjenige der „Policey" als umfassendes Konzept der Ordnung des Gemeinwesens gehörte zu Beginn des 16. Jahrhunderts noch zum Gemeingut humanistisch gebildeter Ratgeber. Thomas Starkey, einer der Berater des englischen *secretary of state* und faktischen Chefs der Regierungsgeschäfte Heinrichs VIII., Thomas Cromwell, schrieb in seiner zwischen

---

[8] Johannes Ferrarius, De republica bene instituenda, Basel 1553. Die Übersetzung erschien 1559.

1529 und 1532 entstandenen Regierungslehre *A Dialogue between Pole and Lupset* über die Notwendigkeit guter Ordnung, und verwendete dabei den Begriff der „pollycy" just in dem Sinne, wie das auch ein in Deutschland tätiger Humanist getan hätte.[9] Die Konfessionskonflikte und Kriege in England (1553–1558), den Niederlanden und Frankreich leiteten einen Strom religiöser Flüchtlinge quer durch Europa. Engländer flohen 1553 aus England und lebten in Frankfurt am Main und Zürich. Französische Protestanten flohen während der 1570er Jahre nach Deutschland und in die Niederlande, Holländer wichen vor dem Druck der spanischen Armee nach Emden. Flüchtlinge lebten mit ihren Nachbarn in ihrer neuen Heimat zu-sammen, die Exulantenkirchen boten die Möglichkeit zu Austausch und Verbreitung calvinistischer Ideen. Besonders der Calvinismus jener Zeit ist als nationales Phänomen kaum zu begreifen, so international, oder besser, so gemeineuropäisch waren seine Verflechtungen.[10]

Bereits gegen Ende des 16. Jahrhundert entwickelten sich jedoch die einschlägigen Genre der Reflektion über das Gemeinwesen und der Gebrauch zentraler Begriffe in den verschiedenen Gemeinwesen auseinander. In Deutschland entstand beispielsweise die gelehrte Politica, ein Kompendium einschlägigen Wissens von häufig vielen hundert Seiten der Aufbereitung gelehrten Wissens.[11] Die *essayes* von Francis Bacon in England, obwohl ebenfalls zu Themen der

[9] Vgl.: „From the Prynncys & rularys of the state commyth al lawys, ordur and pollycy, al justyce vertue and honesty", in: Thomas Starkey, A dialogue between Pole and Lupset, hrsg. von Thomas F. Mayer, London 1989, S. 32 f.; Datierung bei Mayer, Einleitung, in: ebd., VII–XVIII, X; andere Datierung bei G.R. Elton, Reform by Statute: Thomas Starkey's dialogue and Thomas Cromwell's policy, in: Proceedings of the British Academy 54 (1968), S. 165–188, S. 169; speziell zu Starkey Thomas F. Mayer, Thomas Starkey and the Commonwealth, Cambridge 1989. Vgl. Robert v. Friedeburg, Die „Ordnungsgesetzgebung" Englands im 16. und frühen 17. Jahrhundert, in: Policey im Europa der Frühen Neuzeit (Sonderhefte der Studien zur Europäischen Rechtsgeschichte 83), hrsg. von Michael Stolleis, Frankfurt 1996, S. 575–603.

[10] Heinz Schilling, Niederländische Exulanten im 16. Jahrhundert: ihre Stellung im Sozialgefüge und im religiösen Leben deutscher und englischer Städte, Gütersloh 1972; Andrew Pettegree, Marian Protestantism: six studies, Aldershot 1996; ders., Emden and the Dutch Revolt: exile and the development of reformed Protestantism, Oxford 1992; Beatrice de Nicollier-Weck, Hubert Languet (1518–1581). Un reseau politique internationale de Melanchthon á Guillaume d'Orange, Genf 1995

[11] Vgl. zur Nutzung des Begriffs „policey" beispielsweise die Bitte städtischer Magistrate in England in den 1580er Jahren, „politique means" zur Bewahrung guter Ordnung einzusetzen, in: Julian Martin, Francis Bacon, the state and the reform of the natural philosophy, Cambridge 1992, S. 52, oder die Forderung nach „true Policie" durch den Lord Chancellor Francis Bacon in seiner Denkschrift „On Iudicature" (Francis Bacon, On Judicature, Ausgabe 1625, in: Francis Bacon. The Essayes, hrsg. von M. Kiernan, Oxford 1985, S. 169, hierzu vgl. weiter unten); eine englische Lipsius-Übersetzung von 1594 (Justus Lipsius, Six Bookes of Politickes or Civil Doctrine, London 1594) bezeichnet in der Vorrede „To the courteaus Reader" den Gegenstand der Schrift als die „matter of policie" und übersetzt das erste Buch mit „The first Booke of Politickes,". Gleichwohl ist Vorsicht angebracht gegenüber einer zu schnellen Identifizierung solcher Begriffe mit dem deutschen Policey-Begriff. Bei Sir Thomas Smith (1572–76 secretary of state unter Elisabeth), De Republica Anglorum. A Discourse on the Commonwealth of England (1. Auflage London 1583), hrsg. von L. Alston, Shannon 1906, Reprint 1972, gibt das Titelblatt der Ausgabe von 1583 als Titel an, „De Republica Anglorum. The manor of Governements

öffentlichen Ordnung und ihrer Organisation geschrieben, blieben dagegen knappe Zusammenfassungen zentraler Gedanken ohne gelehrte Argumentation oder gar Fußnotenapparat. Selbst dort, wo im Einzelfall sehr ähnliche Überlegungen in diesen verschiedenen Genres identifiziert werden können – in so unterschiedlicher Form zum Ausdruck gebracht-, entwickelten sich doch sehr verschiedene Reflexionsformen zum gemeineuropäischen Gedankengut.

Bis zum Ende des 17. Jahrhunderts läßt sich zwar eine ganz erhebliche Rezeption der politischen Theorie und Jurisprudenz der protestantischen Universitäten des Reiches in England und Schottland, und erst recht in den Niederlanden, feststellen. Aber die Ergebnisse dieser Rezeption zeugen eher von der Entstehung national unterschiedlicher politischer Kulturen. Denn besonders die Mißverständnisse, die sich bei der Rezeption von Texten aus einer der entstehenden nationalen Kulturen in einer anderen zunehmend ergaben, belegen die entstehenden Unterschiede zwischen diesen Kulturen.[12]

Die oben erwähnte Übersetzung von Sir John Eliot ist dafür ein hervorragendes Beispiel. Eliot fertigte während seiner Gefangenschaft die englische Übersetzung des lateinischen Werkes von Henning Arnisaeus an, um sich dessen Gedankengang vor Augen zu führen. Aber seine Übersetzung zeugt vor allem von den fundamentalen Mißverständnissen, zu denen es aufgrund der Unterschiede zwi-

---

or policie of the Realm of England...,.. „Policie" wird dabei offenbar mit „manor of government" gleichgesetzt, also mit Regierungsweise bzw. Regierungsmitteln. Im Text werden neben „manor of government" und „policie" auch „commonwealth or policie" (28) synonym verwendet. Der Begriff der „policie" entpricht mit seiner Doppelbedeutung von Gemeinwesen (commonwealth) und „manor of government" offenbar auf den ersten Blick noch dem deutschen Policeybegriff; vgl. zu Smith aber Neal Wood, Foundation of Political Economy: The New Moral Philosophy of Sir Thomas Smith, in: Political Thought and the Tudor Commonwealth, hrsg. von Paul A. Fideler, Thomas F. Mayer, London 1992, S. 140–168, der S. 142 ff. die These vertritt, die „idea of state" sei „absorbed by notion of economy", weil Smith den „individual drive for money" akzeptiere und utilitaristisch zu nutzen suche. Die „policie" müsse sich auf die Beweggründe der Individuen einstellen, eine Position, die meilenweit von den Zielen der am Gemeinnutz orientierten kontinentalen Policeyordnungen entfernt sei, weil sie in erster Linie an den Konsequenzen der Arbeitsteilung in der Gesellschaft und ihrer staatlichen Manipulation orientiert sei. Die englische „Philosophy of Government" bewegte sich seit dem Ende des 16. Jahrhunderts schnell in Richtungen, die für den aristotelisch entstandenen Policeybegriff wenig empfänglich waren, vgl. Richard Tuck, Philosophy and Government 1572–1651, Cambridge 1993.

[12] Vgl. beispielsweise zum Reich Horst Dreitzel, Politische Philosophie, in: Grundriss der Geschichte der Philosophie. Die Philosophie des 17. Jahrhunderts. Bd. 4: Das Heilige Römische Reich Deutscher Nation. Nord- und Ostmitteleuropa, hrsg. von Helmut Holzhey, Wilhelm Schmidt-Biggemann, Basel 2001, S. 609–866; Robert v. Friedeburg, ‚Self-defence' and sovereignty. The reception and application of German political Thought in England and Scotland, 1628–1669, in: History of Political Thought 23 (2002), S. 238–265; ders., In Defence of Nation and Country: Talking about the Defence of Religion, Law, Property in England and Scotland, 1630s to 1680s, in: Religious Thinking and National Identity, hrsg. von Hans-Dieter Metzger, Bodenheim 2000, S. 90–107; ders., Self-Defence and Religious Strife in Early Modern Europe (Ashgate, St. Andrews Studies in Reformation History), Aldershot 2002; Fania Oz-Salzberger, Translating the Enlightenment: Scottish civic discourse in eighteenth-century Germany, Oxford 1995; andere Perspektive bei Eckhart Hellmuth, The transformation of political culture: England and Germany, Oxford 1995.

schen dem englischen Bezugsrahmen von Eliot und dem deutschen Bezugsrahmen von Arnisaeus kam – obwohl Eliot des Lateinischen mächtig war, und obwohl seine Übersetzung ihm gerade eine Handreichung geben sollte, auf die Argumentation des Textes schnell zurückgreifen zu können.[13]

Ein Beispiel mag das verdeutlichen. Arnisaeus hatte ausgeführt, ein Lehensmann könne gegebenenfalls seinen Eid gegenüber dem Lehensherren verletzen, wenn der Lehensherr das Vaterland des Lehensmannes angreife. Für die mit den Verhältnissen im Reich vertrauten Leser in Deutschland war klar, was gemeint war. Mit Lehensleuten waren die Fürsten gemeint, mit Lehensherr der Kaiser, mit Vaterland Sachsen oder Hessen oder Brandenburg. Ein Reichsfürst sollte sein Territorium, apostrophiert als Vaterland, selbst gegen den Kaiser verteidigen. In England jedoch gab es keine Reichsfürsten und auch keine Landesherrschaften innerhalb des Königreiches. Eliot übersetzte, ein Untertan habe in jedem Falle, auch gegenüber seinem König, die Rechte und Gesetze des Vaterlandes zu verteidigen. Unter Vaterland verstand Eliot jedoch England insgesamt – ein schwerwiegendes, den Inhalt völlig verfälschendes Mißverständnis. Ein Mißverständnis, das um so schwerer wiegt, als Arnisaeus als Standardwerk der politischen Theorie der Zeit auch über die Grenzen des Reichs hinaus gelten kann und darüber hinaus als Vertreter des Territorialabsolutismus zu verstehen ist. Eliot ging davon aus, mit Arnisaeus ein Standardhandbuch der Organisation monarchischer Gemeinwesen in Händen zu haben und sich auf dessen Ratschläge verlassen zu können. Eliots Thesen – seine Übersetzung – sind ein Beispiel dafür, wie groß die Unterschiede im politischen Schrifttum bereits um 1630 waren, so daß es zu so schweren Mißverständnissen kommen konnte.

Wie lassen sich nun die Argumente und Thesen von Eliot und Arnisaeus und der Begriff *patria* bei beiden Autoren deuten? Wir müssen uns, wenn wir die Frage nach dem Zerfall der *universitas christiana* am Beispiel der Begriffe *patria* und *natio* stellen wollen, die Antworten der national-liberalen Geschichtsschreibung des 19. und frühen 20. Jahrhundert vergegenwärtigen, bevor wir selbst Antworten geben. Die national-liberale englische Historiographie stilisierte Eliot zum liberalen Freiheitshelden, weil er bereit gewesen sei, für die Freiheit seines Vaterlandes den Widerstand gegen den König anzuraten. Die religiösen Konflikte des 16. und 17. Jahrhunderts wurden der national-liberalen Historiographie im Grunde zu einem Vehikel nachgeordneter Bedeutung für die Durchsetzung einer liberalen Verfassungsordnung und für die Bekämpfung des Absolutismus. Kurz, die englische Historiographie suchte nach der Entstehung des eigenen Nationalstaates. Ähnliche Perspektiven gelten durchaus auch für die deutsche national-liberale Historiographie, nur mit anderen Schwerpunkten.[14] Das gilt besonders für

---

[13] Siehe hierzu bereits Robert v. Friedeburg, Widerstandsrecht und Konfessionskonflikt: Gemeiner Mann und Notwehr im deutsch-britischen Vergleich, 1530–1669, Berlin 1999, Teil III.

[14] Dies gilt übrigens kaum für Ranke, vgl. Peter Burke, Ranke als Gegenrevolutionär, in: Leopold von Ranke und die moderne Geschichtswissenschaft, hrsg. von Wolfgang J. Mommsen, Stuttgart 1988, S. 189–200; Paul Joachimsen, Vorrede, in: Leopold von Ranke, Deutsche Geschichte im Zeitalter der Reformation, hrsg. von Paul Joachimsen, München 1925–1926, Bd. I,

den in den Schulbüchern des preußischen Königreiches durch geeignete Kartenzeichnung hervorgerufenen Eindruck der Zersplitterung des Alten Reiches.[15] Walther Sohm, der Sohn des Kirchenhistorikers, verstand unter der Reformation in Hessen eine Entwicklung, in welcher die Grundlagen für „ein Staatsgefühl und ein Staatsgefüge" gelegt worden seien, die „im Zeitalter der Aufklärung stark genug war[en], den Gedanken des Christlichen zu entbehren".[16]

Gerade die letzten drei Jahrzehnte monographischer Detailforschung haben diese „große Geschichte" vom Aufbruch der spätmittelalterlichen Adelsgesellschaften der *universitas christiana* auf dem Weg über die Konfessionskonflikte und religiösen Bürgerkriege des 16. und 17. Jahrhunderts in den modernen Nationalstaat des 19. und 20. Jahrhunderts vielfältig problematisiert. Wenn wir also nach dem Zerfall dieser *universitas christiana* fragen, dann müssen wir uns hüten, die Ereignisse aus ihrem religiösen und ständischen Kontext herauszulösen und die Vorstellung einer modernen Nation in die Frühe Neuzeit zurückzuverlagern. Eliot beispielsweise war kein liberaler Freiheitskämpfer, sondern ebenso in die Intrigen um Einfluß auf den König verstrickt wie seine Konkurrenten. Noch im Jahre 1624 war er ebenso um eine Verständigung zwischen Parlament und Ständen bemüht wie der Herzog von Buckingham, der später zum Vorkämpfer des Absolutismus stilisiert wurde.[17]

S. CV; Jaroslav Pelikan, Leopold von Ranke as Historian of the Reformation, in: Leopold von Ranke and the Shaping of the Historical Discipline, hrsg. von Georg G. Iggers, James M. Powell, Syracuse 1990, S. 89–98; Felix Gilbert, History: Politics or Culture. Reflections on Ranke and Burckhardt, Princeton 1990; Georg G. Iggers, The Crisis of the Rankean Paradigm in the Nineteenth Century, in: Ranke, hrsg. von Iggers, Powell, S. 170–180; Wolfgang J. Mommsen, Ranke and the Neo-Rankean School in Imperial Germany, in: Ebd., S. 124–140, zur Gegenreaktion der borussischen Schule und zum Neorankeanismus und den Unterschieden zu Ranke, die sich bis um die Wende des 20. Jahrhunderts eingespielt hatten. Zu England vgl. jetzt Blair Worden, Roundhead reputations. The English Civil Wars and the passions of posterity, London 2001.

[15] Vgl. Thomas Würtenberger, Staatsverfassung an der Wende vom 18. zum 19. Jahrhundert, in: Wendemarken in der deutschen Verfassungsgeschichte, hrsg. von R. Mußgnug, Berlin 1993, S. 85–121, und Georg Schmidt, Der Westfälische Friede – eine neue Ordnung für das Alte Reich?, in: Mußgnug, Wendemarken, S. 45–72, im selben Band, sowie die Diskussionsbeiträge in diesem Band.

[16] Walter Sohm, Territorium und Reformation in der hessischen Geschichte 1526–1555, Marburg 1915.

[17] Vgl. besonders Heinz Schilling, Wider den Mythos vom Sonderweg - die Bedingungen des deutschen Weges in die Neuzeit, in: Reich, Regionen und Europa in Mittelalter und Neuzeit. Festschrift für Peter Moraw, hrsg. von Paul-Joachim Heinig u.a., Berlin 2000. Zur Karriere Eliots als Buckinghams Klient siehe Christopher Thompson, Court Politics and Parliamentary Conflict in 1625, in: Conflict in Early Stuart England. Studies in Religion and Politics 1603–1642, hrsg. von Richard Cust, Ann Hughes, London 1989, S. 168–192, S. 174–181; zur jüngeren Historiographie vgl. u.a. David L. Smith, The Fourth Earl of Dorset and the Personal Rule of Charles I, in: Journal of British Studies XXX (1991), S. 257–287; Conrad Russell, The Causes of the English Civil War, Oxford 1991²; Glenn Burgess, Absolute Monarchy and the Stuart Constitution, New Haven 1996; Conrad Russell, Divine Rights in the Early Seventeenth Century, in: Public Duty and Private Conscience in Seventeenth Century England, hrsg. von John Morrill, Paul Slack and Daniel Woolf, Oxford 1993; Peter Lake, Retrospective: Wentworth's political world in revisionist and post-revisionist perspective, in: The Political World of Thomas

Soweit wir uns aber auch von Gardiner und Walther Sohm entfernt haben mögen, es wäre voreilig, alle Einsichten der Historiographie des 19. und dann auch weiter Teile des 20. Jahrhunderts einfach über Bord zu werfen. So besteht die Arbeit der Historiker nicht zuletzt darin, dem Problem der Genese nationaler Identität im Verlauf der Frühen Neuzeit in erneuerter Form nachzugehen.[18] Eine mögliche Vorgehensweise unter anderen besteht darin, die Bedeutungen einzelner Kernbegriffe der politisch-sozialen Sprache, beispielsweise der Begriffe „Vaterland" und „Nation", in der Pamphletistik der konfessionellen Konflikte im Verlauf des 16. und 17. Jahrhunderts zu erörtern. Für das Frankreich des späten 17. und des 18. Jahrhundert liegt, im Anschluß an das Projekt der „Geschichtlichen Grundbegriffe", bereits eine umfangreiche Sammlung von Kernbegriffen der politisch-sozialen Sprache vor, mit der den Unterschieden zu anderen Gemeinwesen nachgegangen werden kann.[19] Damit sind wir bei unserem zweiten Punkt. Was sind die Ergebnisse der bisherigen Forschung zur Bedeutung von *natio* und *patria* im 17. Jahrhundert?

II

Die Forschung der 1970er und 1980er Jahre spielt für die Relativierung der älteren Annahmen über den Weg in den modernen Nationalstaat in mancher Hinsicht eine besonders bedeutende Rolle. Zum einen begann eine besonders intensive Erforschung des historischen Vokabulars der Zeitgenossen, wie sie insbesondere in dem Projekt der Historischen Grundbegriffe durch Reinhart Koselleck, Werner Conze und Otto Brunner zum Ausdruck kommt. Zum anderen erschien in den 1980er Jahren eine ganze Reihe grundlegender Veröffentlichungen zur Differenzierung des modernen Nationalismus des 19. und 20. Jahrhunderts von den Phänomenen nationaler Identität der frühen Neuzeit, hinter deren Einsichten nicht zurückgefallen werden sollte.[20] Dazu zählt insbesondere der Anspruch des

---

Wentworth, Earl of Strafford 1621–1641, hrsg. von J.F. Merrit, Cambridge 1996, S. 252–83, S. 265; Glenn Burgess, The Politics of the Ancient Constitution: An Introduction to English Political Thought, 1603–1642, London 1992; A.N. McLaren, Political Culture in the Reign of Elizabeth I: Queen and Commonwealth 1558–1585, Cambridge 1999; John Morrill, Charles I, Tyranny and Civil War, in: ders., The Nature of the English Revolution, S. 285–306.

[18] Vgl. paradigmatisch Heinz Schilling, Nationale Identität und Konfession in der europäischen Neuzeit, in: Nationale und kulturelle Identität. Studien zur Entwicklung des kollektiven Bewußtseins in der Neuzeit, hrsg. von Bernd Giesen, Frankfurt 1991, S. 192–252; ders., Confessionalisation and the rise of religious and cultural frontiers in early modern Europe, in: Frontiers of Faith. Religious Exchange and the Constitution of Religious Identities 1400–1750, hrsg. von Eszter Andor und István György Tóth, Budapest 2001, S. 21–35.

[19] Andere Begriffe haben, allerdings unter anderer Fragestellung, bereits vereinzelt eine vergleichende Betrachtung erfahren, vgl. beispielsweise die Beiträge in: Bürgerschaft. Rezeption und Innovation der Begrifflichkeit vom Hohen Mittelalter bis ins 19. Jahrhundert, hrsg. von Reinhart Koselleck, Klaus Schreiner, Stuttgart 1994.

[20] Zu nennen wären insbesondere die Arbeiten von Michael Anderson, Eric Hobsbawm und John Breuilly und Ernest Gellner: Ernest Gellner, Nations and Nationalism, Oxford 1983; Benedict Anderson, Imagined Communities. Reflections on the Origin and Spread of Nationalism

modernen Nationalismus, „Höchstwert" (Langewiesche) seiner Anhänger zu sein, und dabei andere Bindungen in den Schatten zu stellen. Die Pflichten und Rechte, die *patria* und *natio* in der Frühen Neuzeit evozieren mochten, blieben demgegenüber in der Regel den Bezügen von Religion und Stand verhaftet und untergeordnet. Standes- und Kirchenzugehörigkeit bestimmten in erster Linie den Platz einer Person in der Gesellschaft, in den Augen anderer und im Selbstverständnis.[21] Die Protagonisten und Vertreter des modernen Nationalismus, die um die Schaffung nationaler Bewegungen bemüht waren, verstanden die Nation demgegenüber als historische Schicksalsgemeinschaft besonderer kultureller Prägung und Träger der Souveränität im Nationalstaat. Solche Ansprüche wurden in der Regel nicht von denjenigen Pamphletisten des 16. und 17. Jahrhunderts erhoben, welche die Begriffe *natio* und *patria* gleichwohl in ihren Pamphleten anführten.[22]

(1983), 1991[2]; John Breuilly, Nationalism and the State, Manchester 1982; Eric Hobsbawm, Nations and Nationalism since 1780, Cambridge 1990; jüngere Übersicht über die Debatte siehe The State of the Nation. Ernest Gellner and the Theory of Nationalism, hrsg. von John A. Hall, Cambridge 1998; sowie mit Bezug auf Deutschland: Föderative Nation. Deutschlandkonzepte von der Reformation bis zum Ersten Weltkrieg, hrsg. von Dieter Langewiesche, Georg Schmidt, München 2000. Vgl. darüber hinaus Rudolf Vierhaus, „Patriotismus". Begriff und Mentalität einer moralisch-politischen Haltung, in: ders., Deutschland im 18. Jahrhundert. Politische Verfassung, soziales Gefüge, geistige Bewegung. Ausgewählte Aufsätze, Göttingen 1987; Patriotismus (Aufklärung 4, 1989), hrsg. von G. Birtsch; Michael Stolleis, Public Law and Patriotism in the Holy Roman Empire, in: Infinite Boundaries, hrsg. von Max Reinhart, Kirksville 1998, S. 11–34; C. Prignitz, Vaterlandsliebe und Freiheit: Deutscher Patriotismus 1750–1850, Wiesbaden 1981; G. Kaiser, Pietismus und Patriotismus im literarischen Deutschland, Wiesbaden 1961; Karl Ferdinand Werner, Political and Social Structures in the West, in: Europe and the Rise of Capitalism, hrsg. von J. Bächler, J. A. Hall, M. Mann, Oxford 1988; Regionale Identität und soziale Gruppen im deutschen Mittelalter, hrsg. von Peter Moraw, Berlin 1992; Nations, Nationalism and Patriotism in the European Past, hrsg. von Claus Bjorn, Alexander Grant, Keith J. Stringer, Copenhagen 1994; Karl Ferdinand Werner, Artikel ‚Volk, Nation', Abschnitt III: Mittelalter, in: Geschichtliche Grundbegriffe 7, Stuttgart 1997[2], S. 171–281; Bernd Schneidmüller, Reich-Nation-Volk: Die Entstehung des Deutschen Reiches und der Deutschen Nation im Mittelalter, in: Mittelalterliche Nationes – neuzeitliche Nationen, hrsg. von Almut Bues/Rex Rexhäuser, Wiesbaden 1995, S. 73–102; Ernst Kantorowicz, ‚Pro Patria Mori in medieval political thought', in ders., Selected Studies, New York 1965, S. 308 ff.

[21] Vgl. D. Langewiesche, ‚Nation', ‚Nationalismus', ‚Nationalstaat' in der europäischen Geschichte seit dem Mittelalter - Versuch einer Bilanz, in: Föderative Nation, hrsg. von Langewiesche, Schmidt, S. 9–30; Robert v. Friedeburg, In Defence of Patria. Resisting magistrates and the duties of patriots in the Empire 1530s-1640s, in: Sixteenth Century Journal 32,2 (2001).

[22] Vgl. zu den vielfältigen Schattierungen allein im Reich D. V. N. Bagchi, „Teutschland uber alle Welt". Nationalism and Catholicism in Early Reformation Germany, in: Archiv für Reformationsgeschichte 82 (1991), S. 39–58; Ulrich von Hutten, Vorwort zu „De Donatione Constantini quid veri habeat...", in: Ulrich von Hutten, Schriften, hrsg. von Eduard Böcking, 5 Bde., Leipzig 1859–1870, Bd. 1, S. 158, zitiert nach Martin Treu „Hutten, Melanchthon und der nationale Humanismus", in: Humanismus und Wittenberger Reformation, hrsg. von Michael Beyer, Günther Wartenberg, Leipzig 1996, S. 353–366; vgl. Melanchthons Stellungnahme zur Vaterlandsliebe von 1538 in: Philip Melanchthon, Omnia Opera, in: Corpus Reformatorum (= CR) 3, Halle 1836, hrsg. von Karl Bretschneider, S. 565 ff., No. 1708.

Der Hinweis auf die Rechte und Freiheiten der Nation oder auf die Pflichten gegenüber dem Vaterland blieb in der frühen Neuzeit den Pflichten und Rechten gegenüber der eigenen Geburt, dem Glauben usf. nachgeordnet. Die deutsche Ständenation der Reichsstände umfasste beispielsweise im Selbstverständnis der Fürsten kaum die bäuerlichen Untertanen.[23] Weiter ist festzuhalten, daß *natio* und p*atria* mit unterschiedlicher Akzentuierung gebraucht werden konnten. *Patria* war in erster Linie geeignet, Pflichten gegenüber einem Gemeinwesen zu evozieren, die nicht bereits rechtlich verbindlich festgelegt waren. Bei der Forderung nach finanzieller Unterstützung durch die Stände griffen im Reich der Kaiser, aber auch Reichsfürsten gegenüber ihren Ständen, auf den Begriff *patria* zurück, um die Stände davon zu überzeugen, Unterstützung zu gewähren, selbst wenn diese dazu rechtlich nicht verpflichtet waren. Landgraf Moritz von Hessen-Kassel suchte beispielsweise zu Beginn des 17. Jahrhunderts seine Landstände mit dem Hinweis auf ihre Pflichten für das – hessische – Vaterland dazu zu bewegen, ihn mit Geld für eine geplante Streitmacht auszurüsten.[24] *Natio* rekurrierte dagegen auf die Rechte, die einzelnen oder einer Vielzahl einzelner Personen aufgrund der Geburt unter bestimmten Gesetzen zukommen mochten. Gegenüber diesen unterschiedlichen möglichen Akzentuierungen muß allerdings hervorgehoben werden, daß in der Pamphletistik Nation und Vaterland auch ohne klare Differenzierung voneinander verwendet wurden.[25]

In jedem Fall ging es um die Zuordnung von Rechten und Pflichten, welche die Zugehörigkeit zu einem Stand nicht konterkarierte, sondern nur in besonderer Weise hervorhob. Im Verlauf der Konfessionskonflikte des 16. und 17. Jahrhundert argumentierten nun in England, dem Reich und den Niederlanden Adel, Stände und Fürsten in Konflikten mit der Krone nicht zuletzt mit wohlerworbenen Rechten, die ihnen zustünden. Beispielsweise führte die Pamphletistik der im Schmalkaldischen Bund zusammengeschlossenen Fürsten an, die Freiheiten des Vaterlandes und der deutschen Nation seien bedroht, wenn der Kaiser mit seinen spanischen Truppen und ohne weiteres Verfahren gegen sie vorginge. Auch im Verlauf der 1630er Jahre mußten die Begriffe „Nation" und „Vaterland" herhalten, um Kritik an der kaiserlichen Politik zu üben.[26] Dabei ging es freilich nicht

---

[23] Vgl. Robert v. Friedeburg, Civic Humanism and Republican Citizenship in Early Modern Germany, in: Quentin Skinner, Martin van Gelderen (Hrsg.), Republicanism, Cambridge 2002, S. 127–145. Siehe aber auch Mertens, Teilhabe, in Langewiesche/Schmidt.

[24] Christoph v. Rommel, Neuere Geschichte von Hessen, Bd. 3 (= Geschichte von Hessen, Bd. 7), Cassel 1839, S. 20–25; vgl. den Beitrag von Dieter Mertens, in: Friedeburg 2003. Andere Beiträge des Bandes behandeln Spanien – sowohl die Gesamtmonarchie als auch Katalonien –, Dänemark, England, das katholische Reich und Schweden.

[25] Vgl. beispielsweise Friedeburg, Notwehr und Gemeiner Mann, Teil II.

[26] Georg Schmidt, Teutsche Kriege. Nationale Deutungsmuster und integrative Wertvorstellungen im frühneuzeitlichen Reich, in: Föderative Nation. Deutschlandkonzepte von der Reformation bis zum Ersten Weltkrieg, hrsg. von Dieter Langewiesche/Georg Schmidt, München 2000, S. 33–61; ders., „Absolutes Dominat" oder „deutsche Freiheit". Der Kampf um die Reichsverfassung zwischen Prager und Westfälischem Frieden, in: Widerstandsrecht in der frühen Neuzeit. Erträge und Perspektiven der Forschung im deutsch-britischen Vergleich (Beihefte der Zeitschrift für historische Forschung 27), hrsg. von Robert v. Friedeburg, Berlin 2001, S. 265–284.

zuletzt um die Rechte der Reichsstände, besonders der Reichsfürsten, deren besondere Privilegien als ‚deutsche Libertät' beschrieben wurden. Auch in den Niederlanden und England wurden in Konflikten zwischen den Ständen und der Krone „Vaterland" und „Nation" bemüht, um die besonderen Privilegien eines Gemeinwesens gegenüber der monarchischen Gewalt als unverletztlich zu beschreiben. Wo also konkurrierende Rechtsansprüche, vor allem zwischen Ständen und monarchischer Gewalt, in einem Gemeinwesen aufeinanderprallten, kam es im Verlauf des 16. und 17. Jahrhunderts häufig auch zum Gebrauch der Begriffe von *natio* und *patria* in der Pamphletistik, um die Rechte der Stände als solche der Nation – der Ständenation – und des Vaterlandes – als Gemeinwesen – zu rechtfertigen. Mehr noch, die zunächst einmal häufig religiösen Konflikte stimulierten geradezu eine Pamphletistik, in der auf die Rechte der Nation und die Pflichten gegenüber dem Vaterland abgehoben wurde.

Die schwerwiegenden Verwerfungen der Konfessionskonflikte waren der eigentliche Ausgangspunkt der Konflikte in den Niederlanden, im Reich und in England, aber die Argumentation der Beteiligten zu ihrer Rechtfertigung griff keineswegs ausschließlich direkt auf theologische Argumente zurück, sondern auch auf die vermeintlichen Rechte des Vaterlandes, besonders, wenn sich die am Konflikt Beteiligten im Verlauf der Auseinandersetzungen gezwungen sahen, so wie im Reich 1530–1547, in den Niederlanden seit den späten 1560er Jahren, und in England 1530–1558 und erneut seit 1642, einen Konflikt mit der Krone zu führen, der doch Gehorsam geschuldet war. Es mag auf den ersten Blick überraschend scheinen, aber der Rekurs auf Nation und Vaterland findet sich nicht zuletzt in denjenigen Pamphleten, die ein Recht der Stände auf Widerstand gegen ihren Fürsten bzw. im Reich ein Recht der Reichsstände zum Widerstand gegen den Kaiser begründeten. Denn diese Begründung rekurrierte nicht zuletzt auf vermeintliche Freiheiten und Rechte der Nation und des Vaterlandes insgesamt, welche durch die monarchische Spitze verletzt worden seien. Bereits 1973 wies Richard Benert auf den Charakter der im Reich in den 1530er Jahren entwickelten widerstandsrechtlichen Argumente hin, die in erster Linie darum bemüht waren, eine für sich und die katholischen Gegner verbindliche Rechtsgrundlage zu schaffen, und daher auf die Rechte des – gemeinsamen – Vaterlandes verwiesen.[27] Gabriele Haug-Moritz hat in jüngerer Zeit unser Wissen um den Rechtscharakter des Widerstandsrechts in der Argumentation des Schmalkaldischen Bundes wesentlich bereichert.[28] Bereits Benert bezog sich auf einen wichtigen Aufsatz von J. H. Elliot, der diesen Gebrauch, allerdings mit Bezug auf Europa insgesamt, als „corporate or national constitutionalism" bezeichnet hatte. Elliot unterstrich, daß im Verlauf des 16. und 17. Jahrhunderts die Zeitgenossen „an idealised conception of the various communities to which allegiance was owed [weiterentwickelten]; and it embraced, in ever-widening circles, the family and

---

[27] Richard Benert, Lutheran Resistance Theory and the Imperial Constitution, in: Il pensiero Politico n.v., (1973), S. 17–36.
[28] Vgl. Gabriele Haug-Moritz, Widerstand als „Gegenwehr". Die schmalkaldische Konzeption der „Gegenwehr" und der „gegenwehrliche Krieg" des Jahres 1542, in: Widerstandsrecht, hrsg. von Robert v. Friedeburg, S. 141–162.

vocational communities to which they belonged, the urban or provincial community in which they lived, and ultimately, and sometimes very hazily, the community of the realm. This idealised conception of the community was compounded of various elements. There was, and most naturally, the sense of kinship and unity with others sharing the same allegiance. But there was also a sense of the corporation or community as a legal and historical entity, which had acquired certain distinctive characteristics with the passage of time, together with certain specific obligations, rights and privileges".[29]

Zum einen handelte es sich hier um eine europäische Erfahrung. Der Rekurs auf die *leges patriae* fand im Reich wie in Schottland, in den Königreichen der Iberischen Halbinsel ebenso wie in Skandinavien statt. Aber dieser Hinweis zielte auf den Nachweis besonderer Rechte und ihrer besonderen historischen Legitimität, er wurde nicht nur von einer eigenen Historiographie untermauert, die auf die besondere – nationale – Geschichte des eigenen Gemeinwesens und seiner Rechte hinwies[30], sondern blieb auch in die besonderen Konflikte und konfessions- und verfassungsrechtlichen Bedingungen des eigenen Gemeinwesens eingerahmt, die auf diese Weise, wenn auch indirekt, unmittelbaren Einfluß auf die Nutzung von Begriffen wie *patria* und *natio* erhielten.

Aber auch in anderer Weise blieb der Gebrauch von *natio* und *patria* eng mit ganz spezifischen verfassungsrechtlichen Rahmenbedingungen verbunden. Im Verlauf des späteren 16. und frühen 17. Jahrhunderts griff beispielsweise der Landgraf von Hessen-Kassel, Moritz der Gelehrte, auf die Fiktion eines hessischen Vaterlandes der Chatten zurück, nicht nur, um die Zweite Reformation in seinem Teil der Landgrafschaft als Wiederherstellung der vermeintlich alten Religion der Chatten zu rechtfertigen, sondern auch, um gegenüber den benachbarten minderen Reichsständen, den Wetterauer Reichsgrafen und Reichsrittern, die auf dem Gebiet dieses vermeintlichen Vaterlandes lebten, seine Oberherrschaft zu begründen. Sein Gebrauch des Begriffs zielte darauf, die eigene Herrschaft als Landesfürst und *pater patriae* nicht nur zu befestigen, sondern auf mindermächtige Stände in seiner Nachbarschaft auszudehnen.[31] Umgekehrt grif-

---

[29] J. H. Elliot, Revolution and Continuity in Early Modern Europe, in: Past & Present XLII (1969), S. 48 f.

[30] Protestant History and Identity in Sixteenth Century Europe, hrsg. von Bruce Gordon, Aldershot 1996; Thomas Fuchs, Protestantische Heiligen-Memoria im 16. Jahrhundert, in: Historische Zeitschrift 267 (1998), S. 587–614; Ulrich Muhlack, Geschichtswissenschaft im Humanismus und in der Aufklärung, München 1991; vgl. den Sammelband Widerstandsrecht in der frühen Neuzeit. Erträge und Perspektiven der Forschung im deutsch-britischen Vergleich, hrsg. von Robert v. Friedeburg, Berlin 2001, mit Beiträgen zu den Niederlanden, Schottland, England und dem Reich.

[31] Gerhard Menk, Recht und Raum in einem waldeckischen Reichskammergerichtsprozeß, in: Geschichtsblätter für Waldeck 88 (2000), S. 12–47; Gerhard Menk, Die Chronistik als politisches Kampfinstrument - Wilhelm Dilich und Marqard Freher, in: ders. (Hrsg.), Hessische Chroniken als Gegenstand und Mittel der Landes-und Stadtgeschichte, Marburg (im Druck); Dietmar Willoweit, Rechtsgrundlagen der Territorialgewalt, Köln 1975, S. 121–172, S. 189 f., S. 267 f.; zur Virulenz der Konflikte zwischen verschiedenen, mächtigen Reichsständen sowie zwischen den Reichsständen und den ständischen Gewalten in ihrem Territorium im Reich vgl. Heinz Schilling, Konfessionskonflikt und Staatsbildung. Eine Fallstudie über das Verhältnis

fen einige Autoren des protestantischen Widerstandsrechts im Reich im ersten Drittel des 17. Jahrhunderts auf Wendungen Ciceros aus einem Brief an Atticus und auf Horaz zurück, um diejenigen Untertanen zu kennzeichnen, die trotz der Bestimmungen des Landfriedens mit Waffengewalt vorgehen durften, um ihr ‚Vaterland' auch gegen einen Fürsten zu verteidigen, oder um eine solche Verpflichtung zu artikulieren. Mit *patria* kennzeichneten also im Reich Autoren wie Arnisaeus oder Althusius neben dem Reich auch das einzelne Territorium, und damit sind wir wieder bei den Unterschieden innerhalb Europas – in England gab es ja keine Landesherrschaften oder Territorien, die mit *patria* oder *country* hätten bezeichnet werden können, und so kam das Mißverständnis von Eliot zustande.[32]

Diese angesichts des begrenzten Raumes wenigen Beispiele aus England und dem Reich unterstreichen, daß, ganz wie Elliot vor vielen Jahren bereits richtig hervorhob, *patria* und *natio* in der Pamphletistik nicht zuletzt aufgrund der Konfessionskonflikte geradezu eine Konjunktur erlebten, aber zugleich eng mit den spezifischen konfessionellen, verfassungsrechtlichen und sozialen Konflikten ihres Gemeinwesens verbunden blieben. Der Rekurs auf die Begriffe *natio* und *patria* blieb, wie schon im Mittelalter, ein gemeineuropäisches Phänomen. Aber spiegelte ihr Gebrauch, die Bedeutung, die ihnen jeweils beigemessen wurde, nicht vielleicht so wie bei unserem Beispiel mit Eliot und Arnisaeus zugleich erhebliche Unterschiede zwischen dem Gebrauch in unterschiedlichen Gemeinwesen? Die Forschung steht hier noch am Anfang, und der folgende Überblick darf keine Vollständigkeit beanspruchen und erst recht nicht als endgültiges Ergebnis missverstanden werden. Aber einige Hinweise auf unsere Fragen lassen sich doch bereits geben.

III

Vom Anbeginn der Konflikte zwischen dem spanischen König Philipp II. und seinen Ständen in *belgica* spielten die durch Maria von Burgund den Ständen von

---

zwischen religiösem und sozialem Wandel in der Frühneuzeit am Beispiel der Grafschaft Lippe, Gütersloh 1981; ders., Der Westfälische Friede und das neuzeitliche Profil Europas, in: Der Westfälische Friede, hrsg. von Heinz Duchhardt, S. 3–32; ders. (Hrsg.), Die reformierte Konfessionalisierung in Deutschland – Das Problem der „Zweiten Reformation", Gütersloh 1986; Robert v. Friedeburg, Self defence and religious strife in early modern Europe. England and Germany, 1530–1680, Aldershot 2002, Kapitel 4 und 5.

[32] Marcus Tullius Cicero, Epistolae ad Atticum 9, 19, 3: „Nos quoniam superum mare obsidetur, infero navigabimus, et, si Puteolis erit difficile, Crotonem petemus aut Thurius et boni cives amantes patriae mare infestum habebimus"; vgl. Johannes Althusius, Politica Methodice Digesta, Herborn 1614, „omnes et singuli patriae amantes optimates & privati resistere & possunt & debent" (c XXXVIII n 68); „subditi resistentes & cives patriae amantes" (c XXX n 48); Johann Gerhard, Loci Theologici (1610–22), hrsg. von F. Frank, Leipzig 1885, S. 547–561: „De Magistratu Politico", S. 547 „...pro ea mortem obeundo, si alter fieri nequeat, de qua morte Horaz cenit: Dulce et decorum est, pro patria mori..."; Reinhard König, Disputationum Politicarum *Methodice*, Disputatio XVI „De Principiis, conditionibus et causis bellorum gerendorum": „subditi & cives patriae amantes, qui salvam Rempublicam volunt".

Holland und Zeeland 1477 als Unterstützung gegen Frankreich bewilligten – jedoch 1494 wieder zurückgenommenen – Privilegien eine bedeutende Rolle. In der niederländischen Aufklärung wurde der Aufstand der Niederlande geradezu als ein Bund zur Verteidigung dieser Privilegien gedeutet. Christian Trotz formulierte 1773, der Aufstand habe zur Verteidigung dieser *Leges fundamentales Foederatii Belgii* stattgefunden.[33] Auch in der Folge spielten die besonderen Privilegien der Niederlande, aber auch einzelner niederländischer Stände gegenüber der Union insgesamt, eine besondere Rolle.

Bereits seit Beginn des Aufstandes und bis in die erste Hälfte des 17. Jahrhunderts standen die tatsächlichen oder vermeintlichen Privilegien der niederländischen Stände jedoch im Zentrum des Interesses. Grotius verteidigte noch 1622 vom Pariser Exil aus die besonderen Rechte von Holland gegenüber vermeintlichen Übergriffen des Statthalters und der Generalstaaten.[34] Grotius hob dabei auf die Souveränität der holländischen Stände – auch und gerade gegenüber den Generalstaaten – ab. Auch hier spielten religiöse Motive eine wichtige Rolle. Grotius stand in den religiös begründeten Konflikten innerhalb der Niederlande zwischen unterschiedlichen Auslegungen des reformierten Glaubensbekenntnisses auf der Seite derer, die eine rigide Auslegung der calvinistischen Prädestinationslehre ablehnten und es statt dessen mit den Lehren des calvinistischen Gelehrten Arminius hielten. Die Provinz Holland hatte die Anhänger dieser Richtung gewähren lassen. In anderen Provinzen dagegen hatte sich die calvinistische Orthodoxie durchgesetzt. Dort wurden die tatsächlichen oder vermeintlichen Anhänger von Arminius verfolgt. Im Verlauf dieser Konflikte war Grotius selbst inhaftiert worden. Ihm war erst nach geraumer Zeit die Flucht in das Pariser Exil geglückt. Wenn Grotius nun die Souveränität der Provinzen und besonders der Provinz Holland verteidigte und auf die besonderen holländischen Privilegien zurückgriff, lagen die Motive dafür durchaus in den Konfessionskonflikten seiner Heimat. Grotius verstrickte sich jedoch nicht in eine kontroverstheologische Diskussion, sondern verlagerte den Konflikt auf die Frage der

---

[33] Hans W. Blom, The great Priviledge (1477) as „Code of Dutch Freedom": the Political Role of Privileges in the Dutch Revolt and after, in: Das Privileg im europäischen Vergleich, Ius Commune Sonderheft 93 (1997), hrsg. von Hans Mohnhaupt, Barbara Dölemeyer, S. 23–48. Vgl. allgemein: Vaderland. Een geschiedenis van de vijftiende eeuw tot 1940, hrsg. von N.C.V Sas, Amsterdam 1999; vgl. auch die Besprechung von Willem Frijhoff, in: BMGN 115 (2000), S. 244–251. H.G. Königsberger, Monarchies, States Generals and Parliaments. The Netherlands in the Fifteenth and Sixteenth Centuries, Cambridge 2001; Jonathan Irvine Israel, The Dutch Republic, Oxford 1995; Gustaaf van Nifterik, Fernando Vazquez, ‚Spaignaert', en de Nederlandse Opstand, in: Legal History Review 68 (2000); Simon Groenveld, G.L.Ph. Leeuwenberg, De bruid in de schuit. De consolidatie van de Republiek 1609–1650, Zutphen 1985; Simon Groenveld, Verlopend Getij. De Nederlands Republiek en de Englese Burgeroorlog 1640–1646, Dieren 1984, S. 15–28.

[34] Hugo Grotius, Apologeticus eorum qui Hollandiae Westfrisiaeque et vicinis quibusdam notionibus ex legibus praefuerunt ante mutationem quae evenit anno 1618, Paris 1622. Aber auch frühere und spätere Arbeiten von Grotius spielen für eine ‚national' spezifische Perspektive auf die Niederlande eine wichtige Rolle, beispielsweise Hugo Grotius, De Antiquitate et Statu Reipublicae Bataviae (1610); ders., Inleidinge tot de Hollandsche Rechtsgeleerdheid (1631).

Privilegien Hollands. Wie schon zuvor in der Auseinandersetzung mit Spanien wurden mit dem Begriff *patria* Privilegien und verschiedene Rechtstatbestände zu einer vermeintlichen Rechtsordnung zusammengefaßt, in deren jeweiligem Gefüge die Wünsche der jeweiligen Partei – hier von Grotius – Unterschlupf fanden.

Es ist freilich bezeichnend, daß der Begriff *patria* in den Niederlanden im Verlauf des 17. Jahrhunderts an Boden verlor und die politische Theorie sich eher auf den Begriff *res publica* konzentrierte. Nachdem die Niederlande ihre Existenz gegen Spanien behauptet hatten[35], traten die ohnehin im Verlauf des Aufstandes divergierenden Assoziationen und Vorstellungen, die mit den Begriffen *patria* und *natio* verbunden gewesen waren, in den innerniederländischen Konflikten nach 1618 erneut besonders deutlich hervor. Der Begriff taugte nicht mehr, Einheit zu stiften. Moritz von Oranien befürchtete sogar, daß die Sicherung der Existenz gegen Spanien im Inneren zu „uiterste[r] anarchie und confusie" führen werde, weil die Klammer des gemeinsamen Kampfes gegen den übermächtigen Gegner wegfalle. Der Begriff *patria* verschwand weder sofort noch vollständig. Noch in den 1640er Jahren hielt der Politikwissenschaftler Boxhorn Vorlesungen über *vaderlandische geschiedenis* an der Universität Leiden. Wilhelm von Oranien, Moritz und Friedrich Heinrich von Oranien wurden mit Bezug auf das Volk Israel des Alten Testamentes verherrlicht – nicht anders, als das auch im Reich bei einigen protestantischen Fürsten der Fall war.[36] Insgesamt entstand jedoch eine explizite Besinnung auf das eigentliche Staatsinteresse der Niederlande, den Handel. Diese beurteilte den Nutzen der Affekte für das Vaterland skeptisch.[37] Daher trat auch der Gebrauch des Begriffs ‚Vaterland' zurück.

Fassen wir zusammen: Sowohl die Verteidigung der eigenen Freiheiten gegen Spanien, aber auch der Charakter dieser Freiheiten als Privilegien der Stände verschiedener Länder innerhalb der Niederlande, von Holland und Seeland, Geldern und Utrecht usf.[38], prägten den Gebrauch der Begriffe „Nation" und „Vaterland". Gleichwohl, bis zur Mitte des 17. Jahrhunderts war eines in den Reflexionen über die Republik der Vereinigten Niederlande deutlich – sowohl bei niederländischen Autoren wie ausländischen Autoren – die Niederlande bildeten ein eigenes Gemeinwesen mit eigenen Sitten, einer eigenen Geschichte, eigenen Charakteristika der politischen Theorie, einer eigenen *ratio status* und einer eigenen Betrachtung seiner besonderen sozialen und verfassungsrechtlichen Umstände, der besonderen Bedeutung des Handels, der Föderation einzelner Länder zu den Generalstaaten. Die Nutzung der Begriffe *natio* und *patria* reflektierte diese Besonderheiten.

---

[35] Zu diesem Kontext siehe Simon Groenveld, ‚Natie' en ‚patria' bij zestiende-eeuwse Nederlanders, in: Vaderland, hrsg. von Sas, S. 55–82, S. 64–70.

[36] Groenveld, ‚Natie' en ‚patria', S. 79, S. 98.

[37] Vgl. vor allem Hans Bloms Beitrag, in: Friedeburg 2003.

[38] Simon Groenveld, Nation und Patria. Begriff und Wirklichkeit des kollektiven Bewusstseins im Achtzigjährigen Krieg, in: Krieg und Kultur, hrsg. von Horst Lademacher, Simon Groenveld, Münster 1998, S. 77–109, S. 100 zur Reflexion Johan de Witts aus dem Jahre 1652.

Die englische Historiographie hat in den letzten Jahren in besonders kontroverser Weise die Rolle und Bedeutung nationaler Identität im England des 16. und 17. Jahrhunderts erörtert.[39] Dem ging nicht zuletzt der Verlust einer Reihe von Gewißheiten über den Zusammenhang der religiösen Konflikte innerhalb des Königreiches und des Prozesses der Nationswerdung voraus, die mit der Neudeutung zentraler Quellen verbunden war. Nichts aber wäre falscher, als die Bedeutung patriotischer Rhetorik von vorneherein zu unterschätzen. Abgesehen von den patriotischen Abschnitten einiger Stücke Shakespeares – vor allem natürlich Heinrich V. mit seinen durchaus ambivalenten Aussagen[40] –, führte die emphatische Identifikation des Königreichs England mit dem alttestamentarischen Israel, insbesondere auch angesichts der Bedrohung durch Spanien, durchaus zu einer religiös motivierten Welle der Loyalität zum Königreich als Vaterland und zu seiner Verteidigung. Wohlgemerkt, dabei ging es nicht um die moderne Nation als Schicksalsgemeinschaft, sondern um eine Aufwertung des Königreichs als monarchischer Ordnung in einem bestimmten rechtlichen Rahmen. Bereits in der ersten Generation englischer Protestanten feierte Thomas Becon die – erfolglose – Invasion Heinrichs VIII. nach Frankreich 1543 und meinte, jede Nation „is even led of nature with such an unspeakable loving affection toward his country". Er zitierte hierzu Horaz' *Dulce et decorum est pro patria mori*.[41]

In den 1620er Jahren, als die Auseinandersetzungen um die Heirat des Thronfolgers mit einer Katholikin und um die Außenpolitik Englands, vor allem um ein Eingreifen zugunsten der verfolgten Glaubensbrüder in Böhmen, die Pamphletistik dominierten, schrieb der Prediger von Banbury William Whateley: „Ah England! Gods Signet, Gods Jewel, which he hath fostered as tenderly and adorned as graciously as ever he did Judea, England, the one only Nation, almost,

---

[39] Adrian Hastings, The Construction of Nationhood. Ethnicity, Religion and Nationalism, Cambridge 1997. J.C.D. Clark, Protestantism, Nationalism, and National Identity, 1660–1832, in: Historical Journal 43 (2000), S. 249–276, S. 275; Steven Pincus, To protect English liberties: the English nationalist revolution of 1688–1689, in: Protestantism and National Identity. Britain and Ireland c. 1650– c. 1850, hrsg. von Tony Claydon, Ian McBride, Cambridge 1998, S. 75–104; Robert v. Friedeburg, In Defence of Nation and Country: Talking about the Defence of Religion, Law and Property in England and Scotland, 1630s 1660, in: Religious Thinking and National Identity, hrsg. von Hans-Dieter Metzger, Bodenheim 2000, S. 90–107.

[40] Vgl. William Shakespeare, King Henry V. Englisch-deutsche Studienausgabe, hrsg. v. Rüdiger Ahrens u.a., Tübingen 1999, IV, i, S. 224 f., S. 236 f.; weiter S. 245–250, S. 264–270; vgl. Barbara Sträuli-Arslan, Einleitung, in: Heinrich V, S. 11–65, S. 11, S. 56. Siehe die Vermutung von Williams, IV, i, S. 182 f.: ‚Ay he said so to make us fight cheerfully; but when our throats are cut, he may be ransomed, and we ne'er the wiser'. Vgl. zum Hintergrund Vaughan Hart, Art and Magic in the Court of the Stuarts, London 1994, S. 14 f.; Roger Lockyer, The Early Stuarts. A Political History 1603–1642, London 1989, S. 12–16; Graham Holderness, Shakespeare Recycled. The Making of Historical Drama, Worcester 1992, S. 102 f.

[41] Quintus Horatius Flaccus, Oden, III, 2, 12. Thomas Becon, The polecy of warre (1543), in: Early Works, hrsg. von J. Ayre, Cambridge 1843, S. 203–261, zit. nach Patrick Collinson, The Birthpangs of Protestant England, New York 1988, S. 8; John Guy, Tudor England, Oxford 1988, S. 190–193; S.J. Gunn, The French Wars of Henry VIII, in: The Origin of War in Early Modern Europe, London 1987, S. 28–47.

that doth openly and solely profess the true Religion of God!"[42] Zu diesem Zeitpunkt erinnerten Prediger in vielen Gemeinden im Umkreis Londons ihre Gemeindemitglieder an den Kreuzzug, der gegen den römischen Antichristen in Deutschland geführt werden müsse, und an die Leiden der verfolgten böhmischen Glaubensbrüder und Märtyrer.[43] Aber eben dieser Zusammenhang relativiert zugleich die Bedeutung von Nation und Vaterland im England dieser Zeit. Denn die protestantische Nation besaß ein Janusgesicht. Sie mochte alle Mitglieder der Kirche von England umfassen, aber ebenso ausschließlich nur diejenigen Gläubigen, die Gottes Gnade teilhaftig werden würden, ob in England oder anderswo. Die Nation war in den Worten Whateleys ja gerade kein ‚Höchstwert' – sondern sie bestand aus der Gruppe der Gläubigen, die dem Glauben an Gott am unverfälschtesten anhingen und der Gnade teilhaftig werden würden. John Foxes *Actes and monuments of these latter perilous dayes touching matters of the Church*, eine Geschichte der Märtyrer der Kirche bis hin zu den durch Königin Maria 1553–1558 hingerichteten Protestanten, ist für dieses Janusgesicht ein hervorragendes Beispiel. Er schilderte in den zwischen 1563 und 1587 ständig erweiterten Auflagen dieses Werkes die Geschichte der Kirche als Vergangenheit und eigene Gegenwart verbindenden Kampf zwischen der scheinbar triumphierenden, sichtbaren, aber korrumpierten Amtskirche und der wahren, unsichtbaren Kirche derjenigen, die tatsächlich Gottes Gnade teilhaftig werden würden. Die Vergangenheit, Gegenwart und Zukunft dieses Kampfes, zu dem die wahren Gläubigen als Mitstreiter aufgerufen waren, verflocht historische Begebenheiten mit apokalyptischer Heilsgewißheit, und das Königreich England mochte in diesem Verständnis als Einheit und Hort der Gläubigen Spanien bekämpfen oder aber selbst zum Schauplatz des Kampfes werden. Die Verfolgung von Hus und Wyclif wurden in dieser Schilderung zu Zeichen der Befreiung Satans und des Beginns des Endkampfes, den Foxe unter Heranziehung von vermeintlichen Augenzeugenberichten und detaillierten Schilderungen der Hinrichtung englischer Märtyrer unter Maria in die eigene unmittelbare Gegenwart transportierte. Märtyrertum, ein sicheres Zeichen der Gnade, war diesen Hingerichteten zuteil geworden, und William Whately, der oben bereits zitierte Prediger, beglückwünschte seinen Schwiegervater zu dessen Vater, der fast dieses Zeichens teilhaftig geworden wäre, wenn er nicht durch den Tod von Königin Maria der Hinrichtung entkommen wäre. So unmittelbar real für viele gläubige Engländer dieser Endkampf mit Satan war, so wenig bezogen sich Gut und Böse auf die englische Nation im modernen Sinne, sondern auf das Volk Gottes als Gruppe der Erwählten, in England oder auf dem Kontinent. Diejenigen Engländer, die sich zu dieser Gruppe zählten oder doch wenigstens gewillt waren, dem wahren Glauben auch in England zum Durchbruch zu verhelfen, waren bereits seit den 1570er Jahren bereit, gegenüber ihren vermeintlich weniger gläubigen Nachbarn mit Gewalt

---

[42] William Whately, Charitable Tears: or a sermon shewing how neeful a thing it is for every godly man to lament the common sinnes of our countrey (1623), zit. nach Collinson, Birthpangs, S. 8.

[43] Thomas Cogswell, The Politics of Propaganda: Charles I and the People in the 1620s', in: Journal of British Studies 29 (1990), S. 187–215.

vorzugehen, um unterschiedliche Formen populärer Geselligkeit, vermeintliche Gottlosigkeiten, auszumerzen.[44]

Die Predigten englischer Prediger vor dem ‚Langen Parlament' der Jahre 1641 und 1642 thematisierten dann eigens das Recht und die Pflicht aller Gläubigen in diesem engeren Sinne, gegen die Ungläubigen innerhalb Englands mit Gewalt vorzugehen. Zwar reagierten die Predigten vor den *commons* zunächst auf den Aufstand in Irland und die vermeintlichen Massaker der katholischen Iren an den protestantischen Gläubigen.[45] Bald richteten sie sich jedoch auch gegen angebliche Verräter innerhalb des englischen Königreiches. Die in Pamphleten verbreiteten Warnungen des Parlamentes vor einer Verschwörung durch diese Verräter im Lande selbst führten im Sommer 1642 zu zahlreichen Übergriffen auf solche vermeintlichen Verräter, deren Häuser geplündert wurden.[46]

Die Predigten vor den *commons* in den Jahren 1640 bis 1642 beschäftigten sich vor allem mit dem Bund zwischen Gläubigen und Gott[47] und der Bedrohung durch Rom. Der Aufstand in Irland und die Gefahr durch Verrat in England wurden verknüpft. Eine Predigt erläuterte beispielsweise, daß Gott selbst „by arming his creatures against them to suppress their rage" in den bewaffneten Kampf eingreife.[48] Eine der gewalttätigsten Predigten war vermutlich Stephen Marshalls *Meroz cursed* vom Feburar 1641.[49] Er bezog sich auf die Stämme Israels und deren Leiden im Kampf für den Herrn und erinnerte: "Blessed is the man that makes Babylon drinke the same cup, which Babylon had made God's people to drinke." Und da „Babylon ...[had] dashed their children against the stones ... Now sayeth the spirit of God, Blessed was the man that takes their little ones and dashes them against the stones. What soldiers heart would not start at this, not only when he is in the hot blood to cut downe armed enemies in the field, but afterwords deliberately to come into a subdued city, and take the little one upon the speares point."

---

[44] Vgl. Collinson, Birthpangs, S. 13, S. 124, S. 143; Frederick Shriver, Hampton court Revisited: James I and the Puritans, in: Journal of Ecclesiastical History 33 (1982); Patrick Collinson, England, in: The Reformation in National Context, hrsg. von Bob Scribner/Roy Porter u.a., Cambridge 1994, S. 80–95, hier S. 88–90; Susan Holland, Archbishop Abbot and the Problem of ‚Puritanism', in: The Historical Journal 37 (1994), S. 23–43; Darren Oldridge, Religion and Society in Early Stuart England, Aldershot 1998, S. 1–20.

[45] Nicholas P. Canny, Making Ireland British: 1580–1650, Cambridge 2001.

[46] John Walter, Understanding popular violence in the English Revolution. The Colchester Plunderers, Cambridge 1999, S. 16–20; Robert v. Friedeburg, Self-Defence and Religious Strife in Early Modern Europe: England and Germany, 1530–1680, Aldershot 2002, S. 208–210.

[47] Stephen Baskerville, Not Peace but Sword. The Political Theology of the English Revolution, London 1993.

[48] Vgl. u. a. Stephen Marshall, Nov 17, 1640; John Garden, Nov 29, 1640; Stephen Marshall, Sep 7, 1641; Jeremiah Burrough, Sept 1641; Stephen Marshall, Dec 22, 1641; Thomas Wilson April 4, 1642; Joseph Symonds, 1641; Robert Harnis, May 25 1642; Edward Reynolds July 27, 1642, und besonders Cornelius Burgees, Nov 5, 1641, S. 42, zit. nach Friedeburg, Self Defence, S. 208 ff.

[49] Stephen Marshall, Meroz Cursed or a Sermon Preached to the House of Commons, at their Solemn Feast, Feb. 23, 1641, S. 10 ff.

Die Figur der *protestant nation* darf also, unabhängig davon, ob vor allem ihr inklusives Potential mit Bezug auf alle Mitglieder der Kirche von England oder ihr exklusives Potential mit Bezug auf den Gegensatz zwischen den wahren Gläubigen und dem Rest der Bevölkerung zum Tragen kam, keineswegs mit unseren modernen Vorstellung von Nation und nationaler Identität verwechselt werden.[50]

Schließlich war die Rede von der *protestant nation* im Sinne des biblischen Volkes Gottes auch keineswegs der einzige Bezugspunkt der Begriffe *natio* und *patria* in England dieser Zeit. Sir John Eliot hatte sich bei seiner Übersetzung von Arnisaeus und seinem Gebrauch des Begriffs *patria* – im Gegensatz zu Arnisaeus – vor allem an Cicero orientiert, nicht an der Heiligen Schrift.[51] John Cook, Chefankläger im Prozeß gegen König Karl I. 1648/49, bezeichnete das Parlament in London in seiner 1652 veröffentlichten Verdammung der Monarchie *Monarchy No Creature of God's Making* als „supreame authority of the Three Nations" Irland, Schottland und England. Aber der Begriff diente hier wohl eher als Worthülse, nachdem der Begriff des Königreiches nach der Hinrichtung von Karl 1649 und der Umwandlung der Monarchie zur Republik nicht mehr verwandt werden konnte.[52] Es wäre also völlig verfehlt, die Zuspitzung der Rede von der Nation auf das Volk Israel, auf die Gruppe der wahren Gläubigen innerhalb der Kirche von England und innerhalb aller protestantischen Kirchen, als die einzige mögliche Bedeutung des Begriffs „Nation" in England bezeichnen zu wollen. Aber sie spielte eine besondere Rolle in den Jahren vom Ausbruch örtlicher Handgreiflichkeiten zwischen den Frommen und ihren Gegnern seit den 1570er Jahren bis zur Hinrichtung des Königs im Jahre 1649. Es ist diese besondere Bedeutung des Volkes Gottes am Beispiel des Alten Testamentes, mit der sich der Gebrauch des Begriffs Nation in England von demjenigen in den Niederlanden und dem Reich abgrenzen läßt.[53]

Das Reich, das mit Abstand größte und vielfältigste der hier angesprochenen Gemeinwesen, läßt sich vielleicht am ehesten durch die konkurrierende Vielzahl der Nutzungen von *natio* und *patria* charakterisieren, also gerade durch das Fehlen eines einzigen bestimmten Gebrauchs, einer einzigen hervorgehobenen Bedeutung. Die verschiedenen Ebenen des *patria*-Begriffs, die Simon Groenveld für die Niederlande differenziert hat, lassen sich auch für das Reich im Verlauf des 16. Jahrhunderts erkennen – *patria* als die Heimatstadt, *patria* als das Reich insgesamt und *patria* als das Territorium. Ebenso wie Groenveld Konjunkturen und Personengruppen unterscheidet, die eine dieser Bedeutungen eher bevorzugten als andere, so traten diese verschiedenen Bedeutungen auch im Reich zu

---

[50] Vgl. Collinson, Birthpangs.
[51] Vgl. Friedeburg 2002, S. 1–28, S. 16 f.
[52] John Cook, Monarchy No Creature of God's Making, Waterford (Irland) 1652, Vorwort.
[53] Zu Schottland vgl. Tony Claydon, Ian McBride, Protestantism and National Identity. Britain and Ireland c. 1650–c. 1850, Cambridge 1998; siehe auch Michael Lynch, National Identity in Ireland and Scotland, 1500–1640, in: Nations, Nationalism and Patriotism in the European Past, hrsg. von Claus Bjorn, Alexander Grant, Keith J. Stringer, Copenhagen 1994, S. 109–136.

verschiedenen Zeitpunkten auf und wurden durch unterschiedliche Gruppen vertreten.

Die Forschung hat auf diese Vielfalt im Reich nachdrücklich hingewiesen. Katholische, lutherische und reformierte Reichsstände und die von ihnen getragenen Hochschulen, vom katholischen Ingolstadt über das calvinistische Herborn bis hin zu den lutherischen Universitäten und der ihnen eigenen Vielfalt, produzierten zahlreiche Standpunkte und Schulen. Hinzu kommen die divergierenden Perspektiven auf das Reich als Gemeinwesen und die unterschiedlichen Gemeinwesen innerhalb des Reiches, von demokratisch oder aristokratisch verfaßten Reichsstädten über die Reichsritter und Reichsgrafen bis hin zu den reichsfürstlichen Territorien.[54] Unter der Perspektive des Reiches als Staat einer Nation ist Georg Schmidt jüngst der Frage nach der Rolle der Begriffe Nation und Vaterland nachgegangen. Die Forschung ist sich einig, daß die besonderen Merkmale des Reiches keinen Sonderweg im Sinne einer positiv oder negativ abweichenden Entwicklung vom Rest Europas konstituierten, sondern eben Besonderheiten waren, wie sie auch den Blick anderer Europäer auf ihre Gemeinwesen bestimmten.[55] Und diese Besonderheiten – und die Reflexion über sie – stellten *sui generis* keine nationale Identität her, schon gar nicht im modernen Sinne. Aber sie unterstreichen die Unterschiedlichkeit nationaler Entwicklungen und die Wahrnehmung dieser Unterschiedlichkeit bei den Zeitgenossen.

Im Reich lassen sich, besonders während des Dreißigjährigen Krieges, ganz unterschiedliche Verwendungen von „Nation" und „Vaterland" benennen. „Nation", das konnte sich auf einzelne Stände im gesamten Reich, aber auch auf die Bevölkerung Pommerns beziehen.[56] „Vaterland", auch dieser Begriff mochte sich auf das Reich insgesamt, aber auch auf eine einzelne Stadt oder auch auf ein Territorium beziehen.[57] Schließlich entstanden in den Jahren 1629 bis 1631 in Pommern Schriften wie beispielsweise die Antworten auf die *Ein und dreissig Kriegsfragen* des Jacob Fabricius (1631), in der alle pommerschen Männer zur Verteidigung des Glaubens gegen den katholischen Gegner aufgerufen wurden.[58] In dieser Schrift, aber auch in der *Vergleichung der beyden gottseligen regenten Josiae des Konigs Judae und Gustavi Adolphi* aus demselben Jahr, klingt die Identifizierung der Pommerschen Nation mit dem alttestamentarischen Volk Israel durch, welches unmittelbar unter Gottes Befehl gegen seine Feinde streiten

---

[54] Vgl. im Überblick Dreitzel, Politische Philosophie.

[55] Heinz Schilling, Wider den Mythos vom Sonderweg, in: Reich, Regionen und Europa in Mittelalter und Neuzeit, hrsg. von Paul-Joachim Heinig u.a.; Georg Schmidt, Das Alte Reich. Staat und Nation in der Frühen Neuzeit 1495–1806, München 1999; ders., Angst vor dem Kaiser? Die Habsburger, die Erblande und die deutsche Libertät im 17. Jahrhundert, in: Reichsständische Libertät und Habsburgisches Kaisertum, hrsg. von Heinz Duchhardt, Mainz 1999, S. 329–348.

[56] Vgl. Friedeburg, In Defence of Patria.

[57] Georg Schmidt, Geschichte des Alten Reiches, München 1999; Dieter Mertens, Nation als Teilhabeverheissung: Reformation und Bauernkrieg, in: Langewiesche/Schmidt, S. 115–134.

[58] Jacob Fabricius, Ein und dreissig Kriegsfragen. Von dem itzigen erbaermlichen Kriege, Stettin 1631. Vgl. Robert v. Friedeburg, Widerstandsrecht und Konfessionskonflikt. Notwehr und Gemeiner Mann im deutsch-britischen Vergleich 1530–1669, Berlin 1999, S. 94 ff.

muß – der Kampf mit dem Kaiser wird als Wiederholung des Kampfes mit dem Pharao gedeutet.[59] Das alttestamentarische Volk Israel war bereits ein Bezugspunkt der Pamphletistik der Stadt Magdeburg in ihrem Widerstand gegen das Interim in den Jahren 1549–1550 gewesen – wenn auch nicht der einzige Bezugspunkt.[60]

Insgesamt nahm aber besonders der Gebrauch von *patria* – neben der unverändert bedeutenden Verwendung mit Bezug auf die Heimatstadt und, besonders in den Konjunkturen des Reichspatriotismus, auf das Reich – in Deutschland insofern eine besondere Wendung, als auch die Territorien zunehmend als *patria* angesprochen wurden. Auf diese für das Reich besondere Entwicklung soll zum Schluß eingegangen werden.

Bis zur Mitte des siebzehnten Jahrhunderts durchlief der Gebrauch des Begriffs im Reich eine ganze Reihe komplexer Veränderungen. Für unseren Zusammenhang besonders wichtig wurde der Gebrauch von *patria*, um die Selbstverteidigung eines ganzen Gemeinwesens innerhalb des Reiches gegen einen unrechtmäßigen Angriff – des Kaisers – zu rechtfertigen. Autoren der gelehrten Politica, von dem reformierten Juristen Johannes Althusius bis hin zu dem lutherischen Juristen Reinhard König und dem lutherischen Theologen Johann Gerhard, trennten bei ihrer Behandlung der Möglichkeit bewaffneten Widerstandes im Reich durch Personen niederen Standes gegen Personen höheren Standes und gegenüber Amtsträgern verschiedene Formen der legitimen Gewaltanwendung voneinander. In diesem Zusammenhang fiel auch der Begriff des Vaterlandes, um die Gewaltanwendung ständisch niederer Gruppierungen jenseits der Reichsstände zu rechtfertigen. Während Henning Arnisäus nur dem Fürsten die Verteidigung seines Vaterlandes gegen den Kaiser als Pflicht auferlegte, sprachen Reformierte wie Althusius, ebenso aber auch Lutheraner wie König mit einer Formel Ciceros davon, die Untertanen eines Territoriums könnten als *cives patriae amantes* die Gesetze dieses Vaterlandes gegen einen Fürsten verteidigen. Dabei schwang die Vorstellung mit, wenigstens einige der Untertanen, denen insgesamt als Untertanen aus guten Gründen ein Widerstand gegen ihre Obrigkeit strikt verboten blieb – bei Althusius ebenso wie bei Arnisäus oder Gerhard, bei Reformierten und Lutheranern gleichermaßen –, handelten in einer besonderen Notsituation nicht in Verfolgung ihres Eigennutzes, sondern als wahre Bürger zur Verteidigung des Gemeinnutzes. Eben diejenigen Untertanen, die eine solche Läuterung zu Bürgern durchlaufen hätten[61], seien dann auch als diejenigen *cives patriae amantes* zu identifizieren, welche zur Verteidigung des Vaterlandes zu den Waffen greifen dürften – und müßten.

[59] Vgl. ebd., S. 93.
[60] Vgl. hierzu meinen Beitrag in den Veröffentlichungen des Vereins für Reformationsgeschichte zur Tagung zum Interim in Wittenberg (in Vorbereitung, erscheint 2003).
[61] Zu der Vorstellung einer solchen Läuterung vgl. etwa Johannes Althusius, Politica Methodice Digesta, 1614, c V, S. 10: „...cives ejusdem universitatis sunt a coeundo, ideo, quod ex privata symbiotica transeuntes, coeunt in unum corpus universitatis". Althusius erläutert an derselben Stelle weiter, daß diese Bürger nicht allein von den „extranei, advenae, alienigenae, peregrini" usw. rechtlich abzugrenzen sind, sondern darüber hinaus über „bona conscientia" verfügen müssen und in keine „scandali" verwickelt sein durften und verweist für diese Merkmale auf Cicero, De Officiis lib I.

Zu unterscheiden ist also die Verwendung des Begriffs ‚Vaterland' im Widerstandsrecht des Reiches – und eben nur im Reich, nicht in England oder Frankreich oder den Niederlanden – in einem allgemeineren und spezifischeren Sinne. Der Hinweis auf die Pflichten gegen das Vaterland diente bei ganz unterschiedlichen Autoren, etwa bei Althusius und Arnisaeus, dazu, um unter die damit evozierten Pflichten auch die Pflicht zur Verteidigung des Vaterlandes und seiner Gesetze zu subsumieren und damit den Widerstand gegen den Kaiser zu rechtfertigen. In diesem allgemeineren Falle wurden die besonderen Rechte besonders der Fürsten im Reich, auf die bereits die Widerstandsdiskussion der 1530er Jahre abgehoben hatte, nur in eine neue Formulierung gekleidet. In dieser Tradition sprach selbst der Erzabsolutist Arnisaeus davon, der Fürst habe sein Vaterland gegen den Kaiser zu verteidigen und müsse und dürfe dann auch auf seinen Treueeid dem Kaiser gegenüber keine Rücksicht nehmen. Darüber hinaus rechtfertigte aber auch eine besondere ständefreundliche Literatur, sehr zum Ärger von Arnisäus, von Fall zu Fall den Widerstand niederer Stände, selbst gegen den eigenen Reichsfürsten.[62]

In dem Maße, in dem bereits in der Publizistik des Schmalkaldischen Bundes vor allem 1546 und dann auch der Stadt Magdeburg 1550–1551 ständische Gegenwehr einerseits und Notwehr und Naturrecht der Selbstverteidigung andererseits vermischt wurden und in den Beispielen der Quellen ineinanderflossen, wurden auch die Begriffe „Vaterland" und „Nation" bemüht, um als Bezeichnung des angegriffenen Gemeinwesens zu dienen, dessen Bürger zur „Gegenwehr" und „Notwehr" berechtigt seien. Die organisierte Gewaltanwendung gegen den Kaiser wurde nicht zuletzt als Notwehr, als Gegenwehr und als Naturrecht der Selbstverteidigung für das Vaterland und gegen die spanischen Truppen des Kaisers beschrieben.[63] Wir sind hier an einem Punkt angekommen, an dem an die Stelle einer rechtlichen Argumentation im engeren Sinne des Wortes – beispielsweise mit vermeintlichen Rechtsbrüchen des Kaisers, seinem Handeln im Rechtsbruch als Privatperson und der dann den Fürsten zustehenden Gegenwehr[64] – Metaphern und Beispiele traten, um die organisierte Gewaltanwendung gegen die kaiserlichen Soldaten zu rechtfertigen.[65]

Bis zum zweiten Jahrzehnt des 17. Jahrhunderts bauten Juristen der ständefreundlichen Publizistik wie die oben genannten Autoren Althusius oder König diese Argumentation so weit aus, daß sie neben das – je unterschiedlich begrifflich gefaßte – ständische Widerstandsrecht, beispielsweise der Ephoren bei Althusius, und die Notwehr des einzelnen Untertanen eine weitere, dritte Form von Widerstandsrecht stellten, eben die Verteidigung des Vaterlandes durch seine

---

[62] Robert v. Friedeburg, Welche Wegscheide in die Neuzeit? Protestantisches Widerstandsrecht, ‚Gemeiner Mann' und konfessioneller Landespatriotismus zwischen „Münster" und „Magdeburg", in: Historische Zeitschrift 270 (2000), S. 561–616; ders., Widerstandsrecht und Konfessionskonflikt, S. 71–97.

[63] Ebd., S. 59, S. 63, S. 67–70.

[64] Diethelm Böttcher, Ungehorsam oder Widerstand?: zum Fortleben des mittelalterlichen Widerstandsrechtes in der Reformationszeit (1529–1530), Berlin 1991.

[65] Friedeburg, Widerstandsrecht und Konfessionskonflikt, S. 61 f.

Bürger.⁶⁶ Während beispielsweise bei Althusius den Untertanen ein Widerstand („resistentia") streng verboten blieb und im Zusammenhang von der Notwehr nur von „defensio in casu necessitatis", nicht jedoch von *resistentia* oder *resistere* die Rede war, war er im Hinblick auf diese dritte Form des Widerstandsrechts bereit, den Begriff der *resistentia* selbst mit Bezug auf die einfachen Untertanen zu verwenden. So gehört es zu den Pflichten der Ephoren, die „subditi resistentes & cives patriae amantes", die das Vaterland liebenden und es verteidigenden Bürger und Untertanen, um sich zu sammeln, um ihre Aufgabe zu erfüllen (Politica, c XXX n 48). Und erneut ist vom Vaterland und den Untertanen die Rede, wenn es um die Verteidigung des Gemeinwesens gegen die Invasion eines Tyrannen ohne Rechtstitel geht. „At tyranno absque titulo regnum invadenti, etiam privata autoritate sine alterius jussu, omnes et singuli patriae amantes optimates & privati resistere & possunt & debent" (c XXXVIII n 68).

Diese konzeptuelle Einteilung der Behandlung von Widerstand in ein ständisches Widerstandsrecht, ein Notwehrrecht des einzelnen Untertanen in Anlehnung an die Bestimmungen der Carolina oder auch einfach als Naturrecht der Selbstverteidigung, und ein Recht der Gegenwehr eines gesamten Gemeinwesens als „Vaterland" war keineswegs eine Besonderheit der *Politica* des reformierten Althusius. Sie findet sich ebenso in lutherischen Darstellungen, z.T. mit direktem Verweis auf Althusius. Der lutherische Professor für Recht an der Universität Rinteln, Reinhard König (1583–1658), veröffentlichte 1619 auch eine Sammlung mit Disputationen, *Disputationum Politicarum Methodice*.⁶⁷ In der Disputatio XVI *De Principiis, conditionibus et causis bellorum gerendorum* kommt analog zur *Politica* des Althusius das Recht der niederen Magistrate, die das Volk repräsentieren, zum Widerstand und sogar zur Absetzung des Monarchen zur Sprache. Dieser auch als „Ephoren" bezeichneten Gruppe kommt es auch zu, „subditi & cives patriae amantes, qui salvam Rempublicam volunt", um sich zu sammeln, um das Gemeinwesen zu verteidigen. Neben den *Vinciciae contra Tyrannos* zitiert der lutherische Rechtsprofessor auch die reformierten Autoren Keckermann und Althusius.⁶⁸ Den einzelnen Untertanen blieb das *jus gladii* mit Hinweis auf Matthäus, ebenso wie bei Althusius, aber verwehrt. Greifen sie dennoch zum Schwert, sind sie der *seditio* schuldig.⁶⁹ Die Selbstverteidigung von Leib und Leben ist jedoch naturrechtlich gestattet.⁷⁰

---

⁶⁶ Vgl. zum folgenden ebd., S. 78–81. Es wird die Ausgabe der Politica von 1614 benutzt, Johannes Althusius, Politica Methodice Digesta, Herborn 1614.

⁶⁷ Vgl. Stolleis, Öffentliches Recht, Bd. 1, S. 111, 119, 125, 179 f., 182, 190, 214; ein weiteres späteres Werk ist die Oratio de praestentia Studii Politici: Et qis vere dicendus politicus (Rinteln 1647), vgl. Wolfgang Weber, Prudentia gubernatoria. Studien zur Herrschaftslehre in der deutschen politischen Wissenschaft des 17. Jahrhunderts, Tübingen 1992, S. 10.

⁶⁸ König, XVI S. 61: „Quod ad publicas personas attinet, quae cum potestate sunt, & habent jus inferioris magistratus, totumque populum repraesentat, ut sunt Ephori seu Ordines & status Regni, qui eum ex jussu consensu populi creandi magistratum habeant, etiam potestatem eum judicandi & removendi habent"; S. 62: „Resitentibus vero Ephoris & statibus adjungere se debent subditi, & cives patriae amantes, qui salvam Rempublicam volunt..."

⁶⁹ Ebd., S. 52: „Ratio est manifesta. Nam privatis, ut Deus jus gladii no tradidit, ita nec usmus gladii ab iis reposcit: & si gladium injuste stringunt, seditiosi sunt."

⁷⁰ Ebd., S. 48: „Defensio sui ipsius est juris naturalis".

Es ist wichtig zu unterstreichen, daß diese drei verschiedenen Formen des Widerstandsrechts im Reich unterschiedlichen Begründungsstrategien folgten. Das ständische Widerstandsrecht bemaß sich an hergebrachten tatsächlichen oder vermeintlichen Rechten von Herrschaftsständen. Das Notwehrrecht, sowohl mit Bezug zur Carolina als auch zum Naturrecht des *vim vi repellere*, insistierte auf der Qualität einer Bedrohung. Diese mußte so schwerwiegend und so unmittelbar sein, daß nur unter Verlust unersetzbarer Güter – des Lebens, der Keuschheit einer Frau – auf eine Selbstverteidigung verzichtet werden könne. Allerdings gingen die Autoren in der Regel davon aus, diese Form der Selbstverteidigung vertrüge sich insgesamt mit der Rechtsordnung, welche den Untertanen schließlich Waffengewalt verbot. Das verhielt sich bei der Verteidigung des Vaterlandes, der dritten Form des Widerstandsrechts im Reich, durchaus anders.

Die Formulierung von den *cives patriae amantes qui salvam Rempublicam volunt* war nämlich eine Melange aus Formulierungen aus der Römischen Republik der Zeit der Bürgerkriege. Die *cives patriae amantes* stammen aus einer Antwort Ciceros an Atticus. Atticus hatte gefragt, was er, Cicero, nun zu tun gedächte, nachdem sein Erzgegner Cäsar Rom erobert hatte. Cicero antwortete – und war sich dabei der fundamentalen Unterscheidung der *res publica* von einem Piratenschiff sicherlich bewußt –, daß er nun wie alle das Vaterland liebenden Bürger das Meer wie ein Pirat unsicher machen werde. Ähnlich wie schon in seiner Verteidigung des Senators Milo, der einen politischen Gegner – und vermeintlichen Feind des Vaterlandes – hatte erschlagen lassen, war Cicero bereit, zur Verteidigung des Vaterlandes auch sonst sakrosankte Gesetze brechen zu lassen. In der Auseinandersetzung um die Maßnahmen gegen die Gracchen war bereits zuvor die Formel *qui rembublicam volunt* geprägt worden. Mit dieser Formel hatte ein Senator aufgefordert, ihm zu folgen, um Gracchus zu erschlagen, obwohl es sich dabei um die Tötung eines römischen Bürgers, also einen Rechtsbruch, handelte.[71]

Die Verwendung dieser Formeln signalisierte bei Autoren wie König und Althusius die Bereitschaft, zur Verteidigung des Vaterlandes sonst geltende Gesetze der Rechtsordnung zu brechen. Welche Personengruppe sich innerhalb eines Gemeinwesens das Recht zur gewaltsamen Verteidigung des Gemeinwesens aneignen könne, wurde auch deswegen offen gelassen, weil ja die Berechtigung schon der Landstände zur Handhabung organisierter Gewaltsamkeit durch den sich organisierenden Territorialstaat immer mehr eingeengt wurde. Kurz, die

---

[71] Marcus Tullius Cicero, *Epistolae ad Atticum* 9, 19, 3: „Nos quoniam superum mare obsidetur, infero navigabimus, et, si Puteolis erit difficile, Crotonem petemus aut Thurius et *boni cives amantes patriae mare infestum* habebimus"; Cicero, Pro Milone, hrsg. von A. B. Poynton, Oxford 1892; Althusius, Politica, „omnes et singuli *patriae amantes* optimates & privati resistere & possunt & debent" (c XXXVIII n 68); „subditi resistentes & cives *patriae amantes*" (c XXX n 48); Johann Gerhard, *Loci Theologici* (1610–22), hrsg. von F. Frank, Leipzig 1885, S. 547–561: „De Magistratu Politico", S. 547 „...pro ea mortem obeundo, si alter fieri nequeat, de qua morte Horaz cenit: Dulce et decorum est, pro patria mori..."; Reinhard König, *Disputationum Politicarum Methodice*, Disputatio XVI „De Principiis, conditionibus et causis bellorum gerendorum": „subditi & cives patriae amentes, qui salvam Rempublicam volunt". Vgl. Wilfried Nippel, Public order in ancient Rome, Cambridge 1995.

Territorialstaatsbildung zielte notwendig darauf ab, den in den Staatsverband zu integrierenden Gruppen ein eigenes ständisches Recht zur Gewaltanwendung zu nehmen. Ständefreundliche Autoren wie Althusius oder König, die grundsätzlich die Entstehung des Territorialstaates förderten und unterstützten und die Unterordnung und den Gehorsam aller Untertanen energisch forderten, schufen nun weniger für die Stände allein, aber doch für eine nicht näher bezeichnete Gruppe der *boni cives* einen Schlupfwinkel, zum Schwert zu greifen – nicht aufgrund ständischer Privilegien, sondern zur Verteidigung des Vaterlandes.[72] Mit diesem Vaterland war freilich weder das Reich noch eine Stadt, sondern ein Territorium angesprochen, eine für das Reich spezifische Entwicklung. Demgegenüber spielte die Nation als Gruppe aller Mitglieder der wahren Kirche, die in England vorherrschende Auffassung, im Reich keine vergleichbare Rolle.

IV

Zum Schluß sei noch einmal eigens auf die Zielrichtung der hier vorgetragenen Überlegungen hingewiesen. Es geht nicht darum, nachzuweisen, im Verlauf des 17. Jahrhunderts habe sich in England, den Niederlanden oder dem Reich eine moderne nationale Identität entwickelt, geschweige eine Mentalität oder geistige Prägung, die als Nationalismus bezeichnet werden könnte.[73] Ebensowenig kann davon die Rede sein, *natio* und *patria* seien im Verlauf des 17. Jahrhunderts die bedeutendsten oder kennzeichnendsten Begriffe der politisch-sozialen Sprache gewesen.

Unterschiedliche, das jeweilige Gemeinwesen kennzeichnende Auslegungen der gemeineuropäischen Quellen, des römischen Rechts, der Heiligen Schrift oder der klassischen Philosophie, lassen sich vermutlich auch an anderen Begriffen nachweisen. Schließlich kann es auch nicht darum gehen, eine Reihe von

---

[72] Vgl. hierzu ausführlich Robert v. Friedeburg, Widerstandsrecht und Landespatriotismus: Territorialstaatsbildung und Patriotenpflichten in den Auseinandersetzungen der niederhessischen Stände mit Landgräfin Amelie Elisabeth und Landgraf Wilhelm VI. von Hessen-Kassel 1647–1653, in: Widerstandsrecht. Beihefte der Zeitschrift Ius Commune (in Vorbereitung), hrsg. von Karl-Heinz Lingens, Angela deBenedictis.

[73] Vgl. zu den Argumenten im Hinblick auf die sinnvollste Terminologie Dieter Langewiesche, Nation, Nationalismus, Nationalstaat in der europäischen Geschichte seit dem Mittelalter, in: Föderative Nation, S. 9–32; Skepsis gegenüber dem Begriff Nationalismus ist freilich nicht nur für die Frühe Neuzeit im engeren Sinne angebracht, sondern auch noch für den Zeitraum um 1800: Vgl. beispielsweise Robert D. Billinger Jr., Good and True Germans: The Nationalism of the Rheinbund princes, 1806–1814, in: Reich oder Nation? Mitteleuropa 1780–1815, hrsg. von Heinz Duchhardt, Andreas Kunz, Mainz 1998, S. 105–140. Der Autor selbst gibt gleich zu Beginn zu, daß es, trotz der Wahl seines Titels, seiner Ansicht nach keinen „German Nationalism" zu diesem Zeitpunkt gegeben habe, vgl. S. 105; zum späten 15. Jahrhundert vgl. die Debatte um Claudius Sieber-Lehmann, „Teutsche Nation" und Eidgenossenschaft. Der Zusammenhang zwischen Türken- und Burgunderkriegen, in: HZ 253 (1991), S. 561–602; ders., Spätmittelalterlicher Nationalismus. Die Burgunderkriege am Oberrhein und in der Eidgenossenschaft, Göttingen 1995; und die Kritik von Norbert Kersken, in: Zeitschrift für historische Forschung 26 (1999), S. 271 ff.

Sonderwegen zu konstruieren. Ganz im Gegenteil. In gewissem Sinne kennzeichnet auch der divergierende Gebrauch der Begriffe *natio* und *patria* eine gemeineuropäische Entwicklung, nämlich eine in verschiedenen europäischen Gemeinwesen zu beobachtende Besinnung auf die historischen Besonderheiten und Rechte dieses einen Gemeinwesens. Eine solche Sicht entstand keineswegs erst im 17. Jahrhundert. Aber die vermeintlichen besonderen Rechte, Privilegien und Freiheiten der eigenen Nation oder des eigenen Vaterlandes konnten in den Konfessionskonflikten besondere strategische Bedeutung in der Argumentation der Konfessionsgegner erhalten, und so erhielt die Behauptung der Besonderheit der eigenen Nation und des eigenen Vaterlandes in der europäischen Reflexion vorübergehend ein neues Gewicht.

Einerseits läßt sich diese gewachsene Bedeutung für eine gewisse Zeit in unterschiedlichen Gemeinwesen beobachten. So wie sich im Verlauf der Konfessionalisierung im Europa des 16. und frühen 17. Jahrhunderts die eine Christenheit in sich gegenseitig bekämpfende Konfessionen mit gegenseitigem Ausschließlichkeitsanspruch ausdifferenzierte, wobei sich eine ganze Reihe der Mechanismen dieser Konfessionalisierung in den entstehenden Konfessionen ähnelte[74], gewann die Perspektive der besonderen Gesetze der eigenen Nation und des eigenen Vaterlandes, oder gar ihrer besonderen Beziehung als Volk Israel zu Gott, ob nun im Falle Englands oder – eine Ausnahme im Reich – Pommerns, eine besondere Note. Andererseits stellte sich diese Perspektive in jedem Gemeinwesen sehr unterschiedlich dar, denn die Rede von der Nation und dem Vaterland verdankte sich nicht zuletzt ganz bestimmten strategischen Zielen der jeweiligen Argumentation, die ihrerseits eng mit den ganz spezifischen ereignisgeschichtlichen und verfassungsrechtlichen Besonderheiten jedes einzelnen Gemeinwesens verbunden blieben.

Und endlich muß davor gewarnt werden, den eben von mir gezogenen Vergleich zwischen der Konfessionalisierung der europäischen Christenheit und der Akzentuierung nationaler Identität einzelner Gemeinwesen zu überziehen. Die Konfessionalisierung war ein Fundamentalprozeß, der bis in das Heiratsverhalten das Leben des einzelnen zutiefst bestimmte. Die hier vorgestellten Beispiele stützen sich dagegen ganz überwiegend auf verstreute Quellen der politischen Argumentation und Theorie, und damit auf vergleichsweise kleine Gruppen von Autoren. Bis zum Ende des 17. Jahrhunderts war eben *kein* Europa der Nationalstaaten entstanden; Höfe, Allianzen[75], Konfessionen und die Wirkungen der Aufklärung, um nur einige Momente zu nennen, sollten die gemeineuropäische Geschichte nach dem Ende der Konfessionskonflikte viel nachhaltiger bestimmen als nationale Identität. Es kann also gar nicht genug unterstrichen werden, daß die hier vorgetragenen Überlegungen ihren Sinn nur erhalten, wenn eine

---

[74] Vgl. zum Konzept: Heinz Schilling, Nochmals ‚Zweite Reformation' in Deutschland, in: Zeitschrift für historische Forschung 24 (1996), S. 1–24; ders., Protestant Confessionalization in Rural Parts of Northwestern and Northern Europe: General Considerations and some Remarks on the Results of Case Studies, in: Christianisation de campagnes, hrsg. von J.-P. Massaut, M.-E. Henneau, Brüssel 1996, S. 249–269.

[75] Vgl. Heinz Schilling, Höfe und Allianzen: Deutschland 1648–1763, Berlin 1999.

ganze Reihe gemeineuropäischer Rahmenbedingungen der Zeit, beispielsweise die Legitimität ständischer Ordnung, mitbedacht wird.

Gleichwohl, die Rede von Nation und Vaterland hatte nicht nur in den Konfessionskonflikten, sondern vor allem auch *aufgrund* der Konfessionskonflikte eine neue Akzentuierung erhalten, die auch in der Folge nicht wieder völlig verschwinden sollte. Auch in den Äußerungen der Aufklärer begann die besondere nationale Geschichte einzelner Gemeinwesen, beispielsweise des englischen bei Montesquieu, eine neue Rolle zu spielen. Die Zivilisiertheit, an der die Aufklärer zunehmend interessiert waren, besaß häufig auch eine auf spezifische historische Verlaufsprozesse abzielende Geschichte, die weder der gesamten Menschheit noch der gesamten Christenheit zu eigen war. Um eine Rückprojektion der nationalen Identitäten, wie sie sich unter völlig anderen Bedingungen im Verlauf des 19. Jahrhunderts entwickelten und zu Trägern der Nationalstaaten wurden, kann es bei dieser Betrachtung nicht gehen. Aber die Vorstellung einer europäischen *universitas christiana* hatte sich doch bereits bis um 1800 weitgehend aufgelöst. Und die Zeitgenossen, die ganz unterschiedliche Bewältigungen der Konfessionskonflikte beobachteten und daran wie Pufendorf in Deutschland mit seinem *De Statu Imperii Germanici* (1667) oder De La Court in Holland mit seinem *Interest van Holland* (1662) auch divergierende Formen der Staatsräson knüpften, sind Zeugen für die Auflösung der mittelalterlichen *universitas christiana* in ein Europa souveräner Staaten mit eigenen Bindekräften, die über die Machtausübung der Fürsten alleine weit hinausgingen - freilich, einer schrittweisen und langsamen Auflösung.

Ein Ost-West-Konflikt der Vormoderne:
Rußland und das Abendland im 17. Jahrhundert

Gabriele Scheidegger

Die *EUROPA QUERULA ET VULNERATA* von Andreas Bretschneider und Elias Rudel von 1631 – sie ist (zumindest graphisch) zu einer Leitfigur dieser Tagung geworden (siehe Beitrag von Tschopp, Abb. 1). Auch rund hundert Jahre nach der Entstehung des Bildes beginnt in dem von Johann Heinrich Zedler herausgegebenen *Grossen vollständigen Universal Lexicon Aller Wissenschafften und Künste* die Definition Europas mit einem „Frauenzimmer". Eingehend wird natürlich auch auf die Geschichte von Europa und dem Stier eingegangen, und ironisch heißt es schließlich mit einem Verweis auf weitere Literatur: „An ihr [d.h. Europa] soll Juppiter erwiesen haben, daß eine unartige Liebe auch die grösten Leute zu dummen Ochsen mache [...]."[1] Aber immerhin, es „hatte doch solche Europa" – um noch einmal diesen Lexikonartikel aus dem Jahr 1734 zu zitieren – „die Ehre, daß von ihr unser gantzer Welt-Theil den Namen bekam".

Gehörte zu diesem „Welt-Theil" im 17. Jahrhundert auch Rußland? In welchem Verhältnis stand Rußland damals zu (West-)Europa? Befanden sich unter den Kriegern, welche mit Pfeilen und Speeren auf die bedauernswerte *EUROPA QUERULA ET VULNERATA* zielten, etwa auch Moskowiter?

Bevor ich versuche, auf diese Fragen zu antworten, möchte ich ganz kurz unsere Leitfigur mit den Augen eines Russen jener Epoche betrachten: Was ihm zuallererst auffallen würde: Die Barhäuptigkeit – und er würde sie mit Bestimmtheit höchst ungnädig interpretieren. Eine Frau hat ihr Haar zu bedecken – alles andere ist Zeichen eines unzüchtigen Lebenswandels. Daß sich Europa überdies auf einen Sockel gestellt und damit allzu unweiblich-undemütig nach allen Seiten exponiert hat, würde ihr der in der Symbolik des Abendlandes unbewanderte moskowitische Zeitgenosse sicher auch ankreiden. Wir kennen in jenem 17. Jahrhundert bereits eine russische Regentin – Sofija Alekseevna, die Halbschwester des späteren „Zaren und Zimmermanns" Peter I. Obwohl sie sieben Jahre lang, von 1682–1689, die Zügel in der Hand hielt, mußte sie sich noch weitgehend im Hintergrund halten und ihre Günstlinge agieren lassen. Diese kurzen Hinweise sollen gleich zu Beginn darauf verweisen, daß wir im orthodoxen Osten Europas zum Teil mit ganz anderen Denkmustern und Wertvorstellungen rechnen müssen als im lateinischen Teil, der uns so vertraut ist und der normalerweise die Meßlatte abgibt, an der wir alles andere messen und für gut oder nicht so gut befinden. Das russische 17. Jahrhundert wird noch zu einem großen Teil von

---

[1] Grosses vollständiges Universal Lexicon Aller Wissenschafften und Künste, hrsg. von Johann Heinrich Zedler, Bd. 8, Halle und Leipzig 1734 [Reprint Graz 1994], Sp. 2193.

einer mittelalterlichen, weitgehend religiös bestimmten Kultur geprägt. Eine weltliche Literatur oder eine weltliche Malerei finden wir in bescheidenen Ansätzen erst gegen Ende dieses Jahrhunderts. Das 17. Jahrhundert ist in Rußland eine Übergangsepoche, in der sich die Zeichen der Neuzeit erst allmählich ankündigen.

Wie verhielt man sich in Rußland damals zum europäischen Gedanken? Dieser Frage möchte ich im folgenden nachgehen. Ich werde dabei auf drei Aspekte besonders eingehen:

– Erstens wird es nicht zu umgehen sein, bisherige historiographische Interpretationsmuster zu kritisieren. Es wurde bereits angedeutet: Die Meßlatten, mit der wir nicht-europäische (oder auch „noch-nicht-europäische") Geschichte messen, sind weitgehend im abendländischen Kontext geeicht worden. So hat man denn immer wieder festgestellt, was es andernorts – und auch in Rußland – alles „nicht gab".

– Zweitens soll die Frage untersucht werden, wie der Begriff, wie das Thema „Europa" und „europäisch" in den altrussischen Quellen behandelt wird. Wir werden feststellen, daß auch dies eine Sache ist, die es „nicht gab" oder „fast nicht gab".

– Drittens soll diese traditionelle „defizitäre" Sichtweise der Historiographie durch die subjektive Sichtweise der russischen Zeitgenossen ergänzt werden. Was sagen die Quellen? Was „gab" es denn, d.h. von welchem Weltbild ging man im Moskauer Zarenreich im 17. Jahrhundert aus? In diesem Abschnitt werden wir auf jenen „West-Ost-Konflikt der Vormoderne" stoßen, den ich im Titel meines Aufsatzes anspreche.

I.

Am Dreißigjährigen Krieg, der in russischen Quellen der „deutsche Krieg" genannt wurde,[2] war das Moskauer Reich nicht direkt beteiligt. Indirekt allerdings schon; denn die in den Krieg involvierte Großmacht Schweden erhielt russische Subsidien, und in Absprache mit Schweden zogen Truppen des Zaren 1632 gegen Polen, um die während der „Zeit der Wirren" zu Beginn des 17. Jahrhunderts verlorene Festung Smolensk wieder zu erobern. Dies mißlang jedoch. Der Moskauer Großfürst *(magnus dux Moscoviae)* erscheint in Artikel 17 des „universalen" Westfälischen Friedens von 1648 als Verbündeter der Garantiemacht Schweden. Daß diese Klausel ohne die Beteiligung zarischer Diplomaten ausgehandelt wurde, zeigt allein schon der Herrschertitel: Der „Große Herrscher, Zar und Großfürst von ganz Rußland" – wie er sich nannte – hätte einen Text mit einer so erniedrigenden Einschränkung seiner Herrschermacht bestimmt nicht akzeptiert. Aber die damalige Annäherung an Schweden führte das Zarenreich immer näher an die innereuropäischen Verhältnisse heran und „introduzierte" es (um die

---

[2] Günter Barudio, Moskau und der Dreißigjährige Krieg, in: Handbuch der Geschichte Rußlands, hrsg. von Klaus Zernack, Bd. 2/1: 1613–1856: Vom Randstaat zur Hegemonialmacht, Stuttgart 1986, S. 87–96, hier S. 87.

Worte von Günter Barudio zu gebrauchen) „mit dem Westfälischen Frieden sogar völkerrechtlich in die *respublica christiana*".[3]

So ist der Moskauer Herrscher, sind seine Truppen in jenen Jahren durchaus im „Konzert der Mächte" vertreten. Tonangebend sind sie jedoch nicht – noch nicht. In bezug auf europäische Machtpolitik steht das alte, vorpetrinische Rußland auch im 17. Jahrhundert noch am Rand. Von der russischen Randposition ist denn auch in der Historiographie immer wieder die Rede. „Im 16. und im 17. Jahrhundert war das Moskauer Rußland noch ein Randstaat Europas." So heißt es klar und ohne die geringsten Zweifel in der Sekundärliteratur.[4] Die Herausgeber des zweiten Bandes des *Handbuchs der Geschichte Rußlands* haben denn auch ihrem Werk den Untertitel gegeben: „Vom Randstaat zur Hegemonialmacht".

Gegen diesen – und andere in der Historiographie verbreitete Begriffe – müssen meines Erachtens aber Vorbehalte angebracht werden. Was bedeutet es, wenn man von einem „Randstaat" spricht? Eine solche Formulierung setzt eine eindeutig (west-)europazentrische Sichtweise voraus. Westeuropa, das Abendland, ist das Zentrum, alles darum herum ist „Rand". Ein solcher Blickwinkel bedingt, daß Rußland – wie andere Rück- und Randständige – nach und nach „dazu kommt", gewissermaßen wie ein schüchternes Kind auf dem Pausenplatz, das erst nach einer Phase des stillen Beobachtens am Spiel der übrigen Kinder teilnimmt. In Lexikonartikeln zum Stichwort „Europa" aus dem Hause Brockhaus beispielsweise lesen wir: „Die germanisch-roman. Nationen, bes. die Deutschen, Franzosen, Engländer, Italiener und Spanier, waren der Kern der abendländ. Gemeinschaft, in die nach und nach auch die slaw. Völker einbezogen wurden, zuletzt seit dem Anfang des 18. Jhs. die Russen."[5] So dringt – aus solcher Sicht der Dinge – Rußland also allmählich vor, wird „introduziert", tritt ein – in Europa, in die Neuzeit usw. Beziehungsweise – umgekehrt gesehen – „dringt" das Zentrum, und das meint Europa, Europäisches, vor ins Randgebiet. Werner Philipp sprach 1983 gar von einem „Einströmen autonomen, modernen Denkens aus Westeuropa in das grosse Vakuum über der profanen Welt Altrußlands", das sich im 17. Jahrhundert „nicht mehr zurückhalten" ließ.[6] Am Rande herrscht somit – zumindest im profanen Bereich – ein Vakuum, in welches, physikalischer Gesetzmäßigkeit folgend, das Zentrale, das Europäische mit seiner Überfülle einströmt.

Die Historiker hantieren beim Gebrauch solcher „Rand-Metaphern", beim Bild vom Eindringen, Einströmen, Eintreten mit ganz bestimmten Denkmodellen. Ich plädiere keineswegs dafür, solche Modelle prinzipiell aus der historiographischen Arbeit zu entfernen – eine solche Forderung ließe sich schlicht nicht durchsetzen; denn auch unser allerlogischstes Denken gründet auf Sprache, und diese bleibt durchsetzt mit Bildern. Doch sollten die Modelle und Denkmuster, die uns unsere Kultur zur Verfügung stellt, nicht unreflektiert verwendet werden.

---

[3] Barudio 1986, S. 95 f.

[4] Ekkehard Klug, „Europa" und „europäisch" im russischen Denken vom 16. bis zum frühen 19. Jahrhundert, in: Saeculum 38 (1987), S. 193–224, hier S. 193.

[5] Hier zitiert nach: dtv-Lexikon. Ein Konversationslexikon in 20 Bänden, Bd. 5: Einr – Ez, München 1966, S. 248.

Das Moskauer Zarenreich war in seinem Selbstverständnis keineswegs ein „Randstaat", der scheu darauf wartete, daß man ihn endlich zum Mitspielen aufforderte. Aus der Sicht seiner wenigen Außenpolitiker stand Moskau im Zentrum, ringsum engagiert in zahlreichen Aktivitäten. Auch im 17. Jahrhundert forderten die verschiedenen Tatarenkhanate im Süden und im Osten immer noch die ganze Aufmerksamkeit. Man hatte zudem diplomatische Kontakte mit dem türkischen Sultan, mit kaukasischen Fürstentümern und Königreichen, mit dem Schah von Persien. Man eroberte im Laufe weniger Jahrzehnte den ganzen nordasiatischen Kontinent, schickte Gesandtschaften zu mongolischen Herrschern. Ja, auch mit den neuen Herrschern Chinas, den Mandschus, geriet man im Amur-Gebiet in direkte kriegerische Verwicklungen, die 1689 durch Friedensverhandlungen beigelegt wurden. Neben den Abgesandten des Zaren reisten auch verschiedene Kirchenmänner in die Welt hinaus, um Gespräche zu führen und Informationen zu sammeln – selbstverständlich nach Konstantinopel, auf den Heiligen Berg Athos, nach Jerusalem, aber auch nach Kairo und Alexandria oder nach Georgien.

Westeuropäische Rußlandreisende haben unermüdlich auf die im Moskauer Reich herrschende Unbildung hingewiesen. Daß es keine höheren Schulen, keine Akademien, Universitäten gab, daß die ungehobelten Moskowiter um die lateinische Weltsprache einen weiten Bogen machten, ja sie sogar als „Ketzersprache" verunglimpften, können wir in den Reiseberichten und in diplomatischen Noten immer wieder lesen. Wenn sogar der Leiter des Moskauer Gesandtschaftsamts, der allseits gefürchtete Almaz Ivanov, von seinen schwedischen Gesprächspartnern wissen wollte, ob die Bezeichnung „Monarch" mehr wert sei als „Potentat" und ob der Kaiser ein Monarch sei, dann schüttelten die Schweden natürlich ihre Köpfe. Ein niederländischer Reisender wurde von russischen Begleitpersonen gefragt, ob Holland und England gemeinsame Grenzen hätten und ob Frankreich ebenso groß sei wie Kurland. In den Augen der Westeuropäer diskreditierten sich die Russen mit so naiven Fragen selbst. Die abendländischen Beobachter (und in ihrer Nachfolge auch etliche Historiker) stellten dabei aber nicht in Rechnung, daß auch Naivität eine relative Größe ist und dass das Bildungsgut, das man in gewissen Breitengraden voraussetzt, in einem anderen geographischen und politischen Kontext obsolet werden kann. Die Bildungsbeflissenen aus dem Westen haben nämlich ihrerseits (aus der Sicht der Russen) ebenso naive Fragen gestellt, sobald sie überzeugt waren, daß sie die Antwort nicht bereits kennen müßten. So fragte beispielsweise der schottische Botschafter 1601 in London den zarischen Gesandten Mikulin nach den Tataren. Welche Tataren? mußte dieser zurückfragen und seinem Gast erklären, daß mehrere Tatarenkhanate existierten. Oder der schwedische Gesandte Gustav Bielke erkundigte sich in Moskau ähnlich ahnungslos nach dem „Gruzinskij", d.h. dem georgischen Königssohn am Zarenhof, worauf er von seinem russischen Betreuer kurze und kompetente Informationen über Georgien erhielt.[7]

---

[6] Zit. nach Klug 1987, S. 198.

[7] Zu den Quellenbelegen vgl. Gabriele Scheidegger, Perverses Abendland – barbarisches Rußland. Begegnungen des 16. und 17. Jahrhunderts im Schatten kultureller Mißverständnisse, Zürich 1993, S. 232 f.

Das russische Zarenreich war somit aus seiner eigenen Perspektive keineswegs ein „Randstaat". Es war eingebunden in einen eigenen politischen, religiösen und damit auch kulturellen Kontext, und aus seiner Sicht der Dinge stand Europa, beziehungsweise das Abendland im 17. Jahrhundert seinerseits „am Rand".

II.

Über den Gebrauch der Begriffe „Europa" und „europäisch" in russischen Quellen vom 16. bis zum frühen 19. Jahrhundert hat Ekkehard Klug 1987 einen Aufsatz vorgelegt. Es ist bezeichnend, dass er für die Diskussion der Belege für das 16. und 17. Jahrhundert lediglich etwa fünf (von insgesamt 32) Druckseiten brauchte. Die ältesten Quellenzitate werden präsentiert in einem Abschnitt mit der Überschrift: *„Europa" – für Russen ein neuer Begriff*. Dieser Titel spricht für sich. Die Resultate sind eindeutig: Bis zum Beginn der Neuzeit – so Ekkehard Klug – „blieb der Europabegriff der orthodoxen Geisteswelt der Rus' [...] fremd."[8] Die Wörter „Europa" oder „europäisch" tauchen nur selten in den Quellen auf – dabei handelt es sich meist um übersetzte Texte oder um Texte (dies möchte ich aufgrund meiner eigenen Forschungsarbeiten hinzufügen[9]), die hinsichtlich ihrer Authentizität zumindest Zweifel wecken. In bezug auf das 17. Jahrhundert stellt der Autor dann eine „Annäherung an Europa" fest: „Ein Element der allmählichen Verwestlichung war auch die zunehmende Vertrautheit mit dem Europabegriff."[10] Doch sind es weiterhin größtenteils nicht-autochthone Texte, in denen nun Europa erwähnt wird.

Typisch ist ein Beispiel, welches Klug erwähnt. In russisch-polnischen diplomatischen Verhandlungen sollen die Russen 1656 ihren Herrscher, Zar Aleksej Michajlovič, gepriesen haben als Potentaten, der „auf der Höhe aller Schicklichkeiten in Europa" sei.[11] Dieses Herrscherlob fügt sich ein in andere Propagandamanöver, die man im Moskauer Gesandtschaftsamt unter Mithilfe westeuropäischer Mitarbeiter aushecke. So wurde beispielsweise schon 1649 den zarischen Gesandten, die nach Schweden reisen sollten, aufgetragen, sie müßten über ihren Herrscher erzählen, er sei „in vielen allerweisesten philosophischen Wissenschaften und in der tapferen Lehre geübt" und zeige „großes Interesse an der kriegerischen ritterlichen Heeresordnung, gemäß seinem herrscherlichen Rang und Eigenschaft."[12] „Filosovskij" heißt es wörtlich im russischen Text, und

---

[8] Klug 1987, S. 194.
[9] Zur Fälschungsproblematik vgl. Gabriele Scheidegger, Endzeit. Rußland am Ende des 17. Jahrhunderts. Bern u.a. 1999 (= Slavica Helvetica, Bd. 63), bes. S. 88–202.
[10] Klug 1987, S. 198.
[11] Klug 1987, S. 198 (die zitierte Übersetzung stammt von E. Klug).
[12] Übersetzt aus: K. I. Jakubov, Rossija i Švecija v pervoj polovině XVII věka. Sbornik materialov, izvlečennych iz Moskovskago Glavnago Archiva Ministerstva Inostrannych Děl i Švedskago Gosudarstvennago Archiva i kasajuščichsja istorii vzaimnych otnošenij Rossii i Švecii v 1616–1651 godach, Moskva 1897, S. 154.

„rycerskij" (für „ritterlich"). Dazu muß man wissen, daß die altrussische Kultur von der Wissenschaft im Allgemeinen und von der unchristlichen Philosophie im Speziellen nichts hielt, und daß es ein russisches „Rittertum" nach abendländischem Vorbild nie gegeben hat – weder einen Ritterstand noch die dazugehörige Ritterideologie. Auch das Wort „rycar', rycerskij" ist ein polnisches bzw. letztlich deutsches Lehnwort. Der Herrscher wird also auch hier mit europäischen (bzw. westeuropäischen) Tugenden versehen, die in der eigenen Kultur keineswegs einen hohen Stellenwert hatten, mit denen sich aber im ausländischen Kontext Lorbeeren einheimsen ließen.

Diese selektive, zunächst noch ziemlich berechnende und insofern souveräne Anpassung an abendländische Normen wurde schließlich vom Sohn jenes angeblich so philosophisch-ritterlichen Aleksej mit harter Tyrannenhand zum bitteren Ende geführt. Petr Alekseevic (Peter I., auch der „Große" genannt) erntete für seine sogenannte „Europäisierung" Rußlands und die damit verbundene Absage an das angebliche russische Barbarentum viel Lob im gebildeten Abendland. Gottfried Wilhelm Leibniz beispielsweise sprach schon 1697 vom Genie und dem heroischen Mut des Zaren.[13] Er träumte davon, die Wissenschaften in der ganzen Welt, bis nach China, zu verbreiten, und das von den Wissenschaften bisher unberührte Rußland erschien ihm als ein ideales Feld für seine Bemühungen, als eine – wie er es nannte – „tabula rasa", wo man um so besser wirken konnte, weil keine alten Strukturen störten.[14] Schon hier findet sich somit die Idee von einem „Vakuum".

Peter I. war der erste russische Herrscher, der ins westliche Ausland reiste. Nach seiner Rückkehr von der ersten großen Reise 1698 ließ er seinen Bojaren die Bärte abschneiden (ein schwerer Verstoß gegen die geltenden religiösen Vorschriften) und verordnete der städtischen Bevölkerung die deutsche Kleidertracht. Mit zahlreichen institutionellen Reformen, mit dem Aufbau einer Flotte, mit der Einführung eines weltlichen Bildungswesens und anderen Maßnahmen versuchte er in der Folge, sein Land an das von ihm bewunderte Abendland heranzuführen. Während seiner Regierungszeit (er übernahm die Macht 1689 und starb im Januar 1725) begann man auch in seinem riesigen Reich, die Europaideologie zu übernehmen.

So entwickelte sich Rußland – aus (west-)europazentrischer Sicht – im Verlauf des 17. und (vor allem) des 18. Jahrhunderts in der Tat vom „Randstaat" zur Hegemonialmacht, und die brennende Frage, ob Rußland denn nun zu Europa gehöre oder nicht, beschäftigte im 19. Jahrhundert die sogenannten „Slavophilen" und „Westler" und gibt bis heute immer wieder Anlaß zu hitzigen Debatten. Doch wenn wir von den altrussischen Wertvorstellungen ausgehen, welche im 17. Jahrhundert bis zur petrinischen Zeit noch vorherrschend waren, müssen wir

---

[13] Liselotte Richter, Leibniz und sein Rußlandbild, Berlin 1946, S. 44: Denkschrift an François LeFort: „[...] Le Grand Tzar des Russes fait voir l' élévation extraordinaire de son Génie et de son courage héroique non seulement dans les affaires de guerre, mais encore dans le gouvernement [...]".

[14] Ausst.Kat. Deutsch-Russische Begegnungen im Zeitalter der Aufklärung (18. Jahrhundert), hrsg. von Lew Kopelew, Karl-Heinz Korn, Rainer Sprung, Köln 1997, S. 34.

sagen, daß Rußland den Europagedanken erst allmählich kennenlernte, daß er seinen Traditionen nicht entsprach.

III.

In diesem Abschnitt soll der Frage nachgegangen werden, welches traditionelle Weltbild denn im Alten Rußland Geltung hatte, bevor die Europaideologie „einströmte", „eindrang", „introduziert" wurde? Ein „Vakuum" – dies sei vorweggenommen – läßt sich dabei nicht konstatieren. Wenn Werner Philipp, wie oben erwähnt, 1983 von dem „große[n] Vakuum über der profanen Welt Altrußlands" sprach, übernahm er neben der gängigen „Rand-Metapher" auch die heutige Vorstellung von der Trennung des gesellschaftlichen Lebens in einen profanen und in einen religiösen Bereich – eine Vorstellung, welche spezifisch ist für das neuzeitliche Abendland (somit für uns), nicht aber für die meisten anderen Regionen und Religionen der Erde. Daß zum Beispiel in der islamischen Welt bis heute eine solche klare Trennung ebenfalls nicht existiert, muß auch immer wieder unterstrichen werden.

Nun – was sagen die altrussischen Quellen? Was „gab" es denn, d.h. von welchem Weltbild ging man im Moskauer Zarenreich im 17. Jahrhundert aus? Es wurde schon erwähnt, in welchem geographischen Rahmen sich die Außenpolitik des vorpetrinischen Rußland situierte. Die Rede war von den Tatarenkhanaten, dem Osmanischen Reich, von Kaukasien, Persien. Man eroberte Sibirien, schickte Gesandtschaften zu mongolischen Herrschern, handelte mit den Herren Chinas einen Friedensvertrag aus. Und die reisenden Kirchenmänner – das wurde auch bereits gesagt – begaben sich auf den Athos, dann aber auch nach Konstantinopel, nach Jerusalem, d.h. geographisch betrachtet nach Asien und von dort weiter nach Alexandria und Kairo, mithin nach Afrika. Der Europabegriff war ihnen fremd, bekannt war ihnen das Weltbild, welches die russisch-orthodoxe Kirche von Byzanz übernommen hatte. Dessen geistiges Zentrum war die Heilige Stadt Jerusalem; sein geistliches Zentrum lag auch nach der Eroberung durch die Türken weiterhin in Konstantinopel, der ehemaligen Hauptstadt des Oströmischen Reiches. Der Patriarch von Konstantinopel nahm unter den Patriarchen der Ostkirche den Rang eines *primus inter pares* ein. Die vier wichtigsten Patriarchen – die sogenannten „ökumenischen" Patriarchen – residierten in Konstantinopel, Alexandria, Antiochia und Jerusalem, d.h. in den ehemaligen Zentren der byzantinischen Welt. Die weitgehend religiös geprägte altrussische Kultur orientierte sich an diesem Weltbild. Auch der Zar schickte seine Gesandten zu den Patriarchen, wenn unlösbare Glaubensprobleme auftauchten. Um die Mitte des 17. Jahrhunderts geriet das Moskauer Rußland in eine schwere gesellschaftlich-religiöse Krise, die schließlich im sogenannten „Raskol", einer Glaubensspaltung gipfelte. Nicht wenige russisch-orthodoxe Gläubige wandten sich von der offiziellen Kirche ab, da sie annahmen, die Hierarchie sei ins Lager des Antichristen übergegangen. Endzeiterwartungen herrschten. Maßgeblich mitschuldig an den damaligen Problemen war der machthungrige russische Patriarch Nikon, der schließlich auch die Gunst des Zaren Aleksej Michajlovic verlor. 1658 ließ er im Zorn sein Amt im Stich – in der offenkundigen Hoffnung, der Zar werde zu Kreuze kriechen und ihm weiterhin freie Hand in allen Belangen gewähren. Diese Hoffnung erfüllte sich jedoch nicht, so daß Nikon zwei Jahre später – ebenfalls erfolglos – versuchte, sein Amt wieder zu übernehmen. Der unbotmäßige Patriarch, der im Inneren seiner Kirche mit inkonsequenten Reformversuchen sehr viel Unruhe gestiftet hatte, war für den Kreml eine schwere Hypothek. Aus kirchenrechtlichen Gründen konnte man ihn nicht einfach absetzen. Der Zar wandte sich deshalb an die vier ökumenischen Patriarchen mit der Bitte, nach Rußland zu reisen und die Angelegenheit zu regeln. Immerhin zwei Patriarchen – Paisios von Alexandria und Makarios von Antiochia - leisteten dieser Aufforderung Folge und nahmen die jahrelange Reise nach Moskau auf sich. Unter ihrer Leitung fand im Dezember 1666 eine Synode statt, welche den unbequemen Nikon definitiv absetzte und einen neuen russischen Patriarchen wählte. Patriarch Makarios aus Antiochia und seine Entourage (darunter sein Sohn Paul von Aleppo, der einen Reisebericht verfaßte) sprachen und schrieben übrigens Arabisch – auch dies ein Hinweis auf eine Einbettung in eine eben ganz und gar nicht abendländische kulturelle Umgebung. (In bezug auf das Abendland sei im übrigen hier noch angemerkt, daß sein begriffliches Gegenstück – das „Morgenland" – sich seit jeher auf Asien beschränkt: Es gibt kein (ost-) europäisches „Morgenland". Dasselbe wiederholt sich mit „Okzident" – „Orient". Das ostkirchliche Osteuropa ist somit terminologisch zwischen Stuhl und Bank geraten.)

IV.

Osteuropa – und das meint hier das durch die Ostkirche geprägte Osteuropa – gehört im 17. Jahrhundert noch nicht zu „Europa". Der Begriff „Europa", der damals im wesentlichen dem Begriff „Abendland" gleichzusetzen ist, spielt im alten Rußland bis zu den Reformen Peters I. nur eine geringe Rolle. Am Beispiel des Dreißigjährigen Kriegs und des Westfälischen Friedens zeigt sich aber, daß langsam und schrittweise eine vermehrte Orientierung nach Mittel- und Westeuropa wirksam wird.

Seit der Antike wurde der Fluß Tanais (d.h. der Don) definiert als Ostgrenze Europas. Im Lexikon von Johann Heinrich Zedler wird 1734 allerdings schon empfohlen, man müsse vom Don eine Linie ziehen bis zum Ob.[15] Auf diese Weise kamen somit die Stammlande des Russischen Reiches zu Europa. Die Grenzziehung entlang des Ural wird unter den Geographen im 18. Jahrhundert üblich. D.h., man paßt die Grenzen Europas den politischen Gegebenheiten an. Sobald sich das petrinische und nachpetrinische Rußland „vom Randstaat zur Hegemonialmacht" entwickelt hat, holt man es auch geographisch nach Europa heim.

Günter Barudio hat, wie oben erwähnt, behauptet, das Zarenreich sei „mit dem Westfälischen Frieden sogar völkerrechtlich in die *respublica christiana*

---

[15] Zedler 1734, Sp. 2194.

introduziert [...]" worden.¹⁶ Eine solche Formulierung weckt den Eindruck, das Alte Rußland sei bis dahin außerhalb der *respublica christiana* gestanden. Wie denn? Etwa als heidnisches Land? Die *universitas christiana*, von welcher im 17. Jahrhundert im abendländischen Europa so häufig die Rede ist, ist nur eine halbe *universitas*. Sie schließt die Ostkirchen aus. Im vorpetrinischen Rußland sah man die Dinge gerade umgekehrt. Die angebliche abendländische *respublica christiana* hat man häufig als nicht-christlich diffamiert. Das West-Ost-Schisma bestimmte die Sichtweise: Spätestens mit dem neu eingeführten *filioque* im Credo hatte die Westkirche im 9. Jahrhundert den Pfad der Rechtgläubigkeit verlassen. Sie hatte auch später immer wieder die echte Lehre auf den Kopf gestellt und verfälscht. Zum Beispiel in ihrer Tauflehre: Indem sie von der Immersionstaufe zum bloßen Besprengen des Täuflings mit Weihwasser überging, beließ sie ihre Adepten im Stand der Ungnade – und das heißt auch ganz konkret in den Fängen Satans. Ein „Lateiner" war aus der Sicht eines orthodoxen Russen nie recht getauft worden, somit unrein, dämonisch verseucht. Vor allem während der Fastentage mußte man deshalb Kontakte mit ihm möglichst vermeiden.¹⁷ Besonders fromme Russen waren oft nicht bereit, „Lateinern" die Hand zu geben.¹⁸ Noch im späten 17. Jahrhundert öffnete ein Fürst Prozorovskij in seinem eigenen Haus nie eigenhändig eine Tür, weil sie „vielleicht ein Unreiner oder ein Ausländer, die er insgesamt für Ketzer hält, durch Berührung beschmutzt haben könnte".¹⁹ Ketzer sind unrein, Unreinheit aber, dämonische Besudelung ist ansteckend. Das Alte Rußland hatte große Zweifel an der abendländischen Christlichkeit.

Hans-Joachim Torke, ein Kenner des altrussischen 17. Jahrhunderts, schrieb 1986 im *Handbuch der Geschichte Rußlands*: „Man sollte sich gerade bei der Behandlung einer Epoche, in der der Begriff ‚Europa' so häufig wie später nie wieder gebraucht wurde, darauf besinnen, daß auch Byzanz ein Teil Europas war."²⁰ In der bisherigen Forschung hat man Byzanz immer wieder übersehen – und mit Byzanz die andere Hälfte der *universitas christiana*, welche durch die Ostkirche geprägt war und ist.

EUROPA QUERULA ET VULNERATA: Befanden sich unter den Kriegern, welche mit Pfeilen und Speeren auf die klagende Europa zielten, etwa auch Moskowiter? So haben wir zu Beginn gefragt. Die Antwort lautet: Vorderhand erst wenige. Nicht wegen einer besonderen slawischen Friedfertigkeit, die Johann Gottfried Herder seinerzeit postuliert hat, sondern weil für das Alte Rußland das kulturelle und politische Zentrum in jenem 17. Jahrhundert immer noch mehr im Süden und im Osten lag als im Westen. Der Westen übrigens galt im vormodernen christlichen Wertesystem des Ostens wie des Westens als die „böse" Himmelsrichtung, die Wohnstätte des Teufels, aus der dereinst auch der Antichrist kommen sollte.

---

¹⁶ Barudio 1986, S. 95 f.
¹⁷ Vgl. Scheidegger 1993, S. 74 f.
¹⁸ Scheidegger 1993, S. 67.
¹⁹ Aus dem Tagebuch des Johann Georg Korb. Zit. bei: Scheidegger 1993, S. 71.
²⁰ Hans-Joachim Torke, Staat und Gesellschaft in Rußland im 17. Jahrhundert als Problem der europäischen Geschichte, in: Handbuch der Geschichte Rußlands 1986, hier S. 201 f.

Europa, Braut der Fürsten: Die politische Relevanz des Europamythos im 17. Jahrhundert

Wolfgang Schmale

1. Gab es in der Frühen Neuzeit einen politischen Europamythos?

In den Metamorphosen des Ovid, auf die sich die Ikonographie des Europamythos in der Frühen Neuzeit vielfach stützte, ist es Liebe, die Jupiter antreibt, gelungene Verführung, die Europa alle Angst nimmt, bis sie sich auf den Rücken des Stiers setzt und dem Geschehen seinen Lauf läßt. Die Europa, die uns in den Variationen vieler Maler des 17. Jahrhunderts auf den antiken Mythos entgegentritt, erscheint häufig wie eine Braut, so bei Hendrik van Balen, Guido Reni (1640), Jacob Jordaens (1643) u.a.[1] Die Dramatik der Entführung, die in manchen bildlichen Darstellungen des Mythos zum Hauptthema gemacht worden war, wurde vollständig ausgeblendet. An die Stelle dieses Motivs trat das Motiv eines Freudenfestes.

Das Thema des Frauenraubs erfuhr im 17. Jahrhundert eine höchst positive Behandlung, und das scheint naheliegend, wenn man sich die gesellschaftliche Praxis des Frauenraubs zum Zweck der Eheschließung ohne Einverständnis der Eltern bzw. der Familie ansieht.[2] Die Praxis des Frauenraubs, rechtlich gesehen natürlich auch im 17. Jahrhundert strafbar, wurde nicht nur in Frankreich kulturell nicht als Fall von Frauenversklavung, sondern von bewundernswerter Normüberschreitung, ja wie ein Wunder interpretiert. Der Topos des Frauenraubs stand für wahre Liebe und Sex aus Liebe außerhalb der gesellschaftlichen Zwangsnormen, die wahre Liebe höchstens als zufälliges Zusammentreffen von gesellschaftlich vorrangigen Normen und natürlichen Neigungen zuließen. Vom Thema des Frauenraubs ging also ein wundersamer Reiz aus, der in den Darstellungen des Raubs der Europa im 17. Jahrhundert zum zentralen Thema gemacht werden konnte. Was dargestellt wurde, war aber nicht mehr der Raub an sich, sondern der unterstellte Konsens der Liebenden, die gegenseitige Verführung, die durch die physiognomische Attraktivität hervorgerufen wird. Diese neue Version des Europamythos wurde auch im Theater, z.B. Singspielen oder musikalischen Maskenspielen aufgenommen. Thomas Stanley Esquire veröffentlichte 1649 eine englische Bearbeitung einer bukolischen Version des Europamythos von Theokrit, wo die Entführung mit Blick auf ihr Ergebnis – die gemeinsamen

---

[1] Abb. s. z.B. bei Christian de Bartillat und Alain Roba, Métamorphoses d'Europe. Trente siècles d'iconographie, Editions Bartillat 2000, S. 75 (van Balen), S. 90 (Reni), S. 93 (Jordaens).

[2] S. Danielle Haase-Dubosc, Ravie et enlevée. De l'enlèvement des femmes comme stratégie matrimoniale au XVIIe siècle, Paris 1999.

Söhne von Europa und Jupiter – gutgeheißen wird.[3] Als Beispiel für ein Maskenspiel sei kurz auf *The Rape of Europa by Jupiter* von Peter Anthony Motteux (1694) eingegangen:[4] Europa will den Mann, den ihr Vater ihr zugedacht hat, nicht heiraten; zwar verspricht sie ihm, seinem Willen zu folgen, aber er möge sie für eine Weile mit ihren Gefährtinnen aufs Land gehen lassen (dort will sie sich eigentlich umbringen). Dort sieht Jupiter sie, verwandelt sich in den Stier; Europa wird durch dessen Schönheit verzaubert; zwar ist sie dann, nachdem sie gemerkt hat, was passiert, verzweifelt, aber Jupiter erhebt sie zu einem Himmelsgestirn, und das Singspiel endet mit einer Grand'Dance, an der Jupiter und Europa teilnehmen.

Bot dieser Europamythos Raum für politische Botschaften? Besaß er den Wert eines politischen Mythos wie die Nationsmythen?

Nicht nur die Nationsmythen, sondern generell politische Mythen prägten und prägen die europäische Geschichte. Blickt man in die Runde der politischen Mythen und ihrer Geschichte seit der Frühen Neuzeit, so fallen neben den schon existenten Nationsmythen, die allerdings im 19. Jahrhundert generalüberholt wurden, die genealogischen Mythen der Adelsdynastien oder die Gründungsmythen vieler Städte bzw. Regionen ins Auge.

Und Europa? Gab es einen politischen Europamythos? „Europa" war kein Staat und bildete, realistisch gesehen, überhaupt kein politisches Gemeinwesen. Letzteres erscheint jedoch als Voraussetzung für die Ausbildung politischer Mythen.[5] Die genealogischen Mythen der Adels- und Fürstendynastien erfüllen insoweit diese Voraussetzung, als sie essentieller Bestandteil frühneuzeitlicher politischer Gemeinwesen waren und sich die Nationsmythen vor ihrer Generalüberholung im 19. Jahrhundert aufs engste mit der Geschichte der Dynastien verbanden. Freilich gab es eine Art Fiktion von einem europäischen politischen Gemeinwesen, entweder unter der Bezeichnung der *christianitas* oder des seit dem 14. Jahrhundert offenbar häufiger werdenden Begriffs der *respublica christiana*.[6] Diese Fiktion fällt in jene Epoche, in der das Papsttum seine politischen Führungsansprüche nicht mehr durchsetzen konnte und der römische Kaiser mindestens propagandistisch nicht ganz erfolglos die politische Führung der lateinischen Christenheit, der *christianitas* oder der *respublica christiana* für sich beanspruchte. Zugleich war dies die Zeit der Konsolidierung nationalstaatlicher Entwicklungen, die den Ansprüchen des Kaisers auf die christlich universelle

---

[3] Vgl. die von der Gerda Henkel-Stiftung (Düsseldorf) geförderte Internet-Datenbank „Europabegriffe und Europavorstellungen im 17. Jahrhundert. Web-Projekt", Wolfgang Schmale (Dir.), hier: Thomas Stanley Esquire (London 1649) – Artikel und Autopsie von Rolf Felbinger, in: http://www.univie.ac.at/igl.geschichte/europaquellen/quellen17/stanley1649.htm.

[4] Vgl. Schmale (Dir.), Internet-Datenbank 17. Jahrhundert, hier: Peter Anthony Motteux (London 1694) – Artikel und Autopsie von Rolf Felbinger, in: http://www.univie.ac.at/igl.geschichte/europaquellen/quellen17/motteux1694.htm.

[5] Vgl. Wolfgang Schmale, Scheitert Europa an seinem Mythendefizit? Bochum 1997, Kap. 4.

[6] Zur Begriffsgeschichte vgl. Othmar Hageneder, Christianitas (populus christianus, respublica christiana), in: Lexikon für Theologie und Kirche, 3. Aufl., Freiburg, Wien 2001, Bd. 11 (Nachträge).

Monarchie in der Praxis, aber auch in der Theorie[7], zuwiderlief. Vergleicht man die staatliche Realität der Monarchien und sogenannten Republiken wie Venedig zu dieser Zeit sowie die unablässigen kriegerischen Auseinandersetzung um die Ausdehnung oder Konsolidierung dieser Staaten, dann wird deutlich, wie sehr die Rede von der *respublica christiana* eine Fiktion war.

Andererseits scheint diese Fiktion noch im 16. Jahrhundert – und schaut man auf den anhaltenden Gebrauch des Begriffs *christianitas* oder *respublica christiana* auch im 17. und 18. Jahrhundert, wenn nicht sogar noch im 19. Jahrhundert unter dem Namen der „Heiligen Allianz" – unentbehrlich gewesen zu sein. Dies wird belegt durch die Vitalität universalmonarchischer Theorien[8], den christlichen Gründungsmythos Europas und die „Europa-Imago" (s.u.) als passender ikonographischer Umsetzung. Die Funktion des europäischen Gründungs- und Ursprungsmythos war im wesentlichen durch die alttestamentliche Geschichte von Noach und seinen Söhnen, unter denen Jafet als Stammvater der europäischen Christenheit fungierte, besetzt. Der Jafet-Mythos war in verschiedenen Varianten verbreitet, jedenfalls hatte er laut mittelalterlicher und frühneuzeitlicher Überlieferung offenbar genug Söhne gezeugt, um mindestens den wichtigsten Nationen Europas eigene Stammväter wie Gomer etc. gegeben zu haben. Die Bezeichnung „Jafet-Mythos" ist natürlich nicht zeitgenössisch, sondern wissenschaftlich und modern, rechtfertigt sich aber dadurch, daß dieser christliche Gründungsmythos der europäischen *christianitas* strukturell den Nationsmythen gleicht, in denen antike oder biblische Stammväter unvermeidlich vorhanden sind.

Obwohl der Jafet-Mythos den Gebildeten der Epoche bestens bekannt war und immer wieder erzählt wurde[9] – auch Sebastian Münster verzichtete in seinem „Bestseller", der *Cosmographia universalis*, nicht auf diese Erzählung –, taucht er in der politischen Propaganda kaum auf.

Wirkungsvoller war die Bildpropaganda, die teilweise unmittelbar in der Form der Europa-Imago auf die *respublica christiana* Bezug nahm, oder die teilweise ausgesprochen weltlich, soweit das in der Frühen Neuzeit schon möglich war, mit Hilfe des antiken Mythos von der Europa und dem Stier den Anspruch einer Herrschaft über Europa untermauerte. In der Praxis lief beides auf dasselbe hinaus. Wenn der heutige Alltagswortgebrauch von Mythos zugrundegelegt wird – Mythos meint in dieser Beziehung kaum etwas anderes als eine erfundene Geschichte, die propagandistische Bedeutungen transportiert –, dann

---

[7] Vgl. nur die französische politische Doktrin vom König als obersten Souverän im eigenen Königreich, was nichts anderes bedeutete, als daß eine Oberhoheit des Papstes oder Kaisers seit dem 13./14. Jahrhundert nicht mehr anerkannt wurde.

[8] Franz Bosbach, Monarchia Universalis. Ein politischer Leitbegriff der Frühen Neuzeit, Göttingen 1988.

[9] Vgl. Wolfgang Schmale, Geschichte Europas, Wien 2000 und 2001, S. 63 f. Weitere Literaturbeispiele zur Verarbeitung des Jafet-Mythos speziell im 17. Jahrhundert s. Schmale (Dir.), Internet-Datenbank 17. Jahrhundert, hier: Carlos Martell (Saragossa 1662) – Artikel und Autopsie von Alexander Wilckens, in: http://www.univie.ac.at/igl.geschichte/europaquellen/quellen17/martell1662.htm; Michael Praun (Speyer 1685) – Artikel und Autopsie von Alexander Wilckens, in: http://www.univie.ac.at/igl.geschichte/europaquellen/quellen17/praun1685.htm.

haben wir es hier mit einem Europamythos zu tun. Die folgenden Überlegungen beziehen sich auf diese weitgefasste und lockere Bestimmung von „Europamythos", doch soll zugleich ein besonderes Augenmerk auf die politische Verwertung des antiken Europamythos (im 17. Jahrhundert) gerichtet werden. Für sich genommen hat er nicht die Bedeutung eines politischen Mythos, aber er kann für politische Zwecke eingesetzt werden und zur politischen Mythosbildung beitragen.

2. Metamorphosen der Europa – Europa-Imago, „Europamythos", Europa-Erdteilallegorie, Europa deplorans, Europa triumphans

Die Europa-Imago[10] des 16. Jahrhunderts geht auf Johannes Putsch (1537) zurück. Die Entstehung der Europa-Imago konnte bisher nicht aufgeklärt werden. Auch ihre Rezeptionsgeschichte liegt teilweise im Dunkeln.[11] Doch nehmen wir an dieser Stelle, wo es nicht um die Füllung dieser Forschungslücken geht, nur die gesicherten Fakten zur Kenntnis: Die Europa-Imago entstand im allerengsten Umfeld der Habsburger. Putsch, der 1542 starb, war ein enger Gefährte Ferdinands I. Vor allem in der zweiten Jahrhunderthälfte unter Rudolf II. wurde sie geradezu populär, und zwar auch außerhalb der Propagandawerkstätten der Habsburger.[12] Die Europa-Imago versteht sich ganz allgemein als Imago der *respublica christiana*. Die politisch-propagandistische Botschaft, die erste Bedeutungsebene, ist deutlich: Die Insignien und ihre geographische Verteilung repräsentie-

---

[10] Die Benennung stammt vom Verfasser und soll zu einer klareren Unterscheidung von den Erdteilallegorien beitragen. Die heute oft gewählte Bezeichnung „Europa Regina" ist zu unspezifisch, um einen von anderen unterscheidbaren Typus zu bezeichnen.

[11] Vgl. zum Folgenden sowie zum Forschungsstand ausführlicher Wolfgang Schmale, Europa – die weibliche Form, in: L'Homme, Zeitschrift für Feministische Geschichtswissenschaft 11,2 (2000), 211–233, Wien 2001, besonders Abschnitt 3 „Die Neuschöpfung der Europa im 16. Jahrhundert". Weitere Literatur und Quellenbelege s. dort.

[12] Zur europaweiten Verbreitung trugen insbesondere die vielen Auflagen und fremdsprachlichen Übersetzungen von Münsters Cosmographia universalis sowie das ebenfalls mehr als einmal aufgelegte Itinerar Heinrich Büntings bei. Zu der Frage, wann die Europa-Imago erstmals in Münsters Werk abgedruckt wurde, gibt es unterschiedliche Angaben. Entsprechende Abbildungen in wissenschaftlichen Werken geben z.T. schon die Erstausgabe, Basel 1544, als Fundort an, was aber zu überprüfen wäre. In dem Exemplar der Baseler Erstausgabe der ÖNB (= Österreichische Nationalbibliothek) findet sich die Europa-Imago ebenso wenig wie in den nachfolgenden Auflagen bis 1588. Ab 1588 gehört sie jedoch zur Standardausstattung. Die Erstauflage von Büntings Itinerar (Heinrich Bünting, Itinerarium sacrae scripturae. das ist ein Reisebuch, uber die gantze heilige Schrifft/in zwey Bücher geteilet. (...), Helmstedt 1582) kennt die Europa-Imago ebenfalls noch nicht, sondern nur eine Europakarte mit leichter weiblicher Stilisierung (s. Schmale, Weibliche Form, S. 223 mit Abbildung). Die Magdeburger Ausgabe von 1589 hingegen enthält die Europa-Imago. Ist der Zeitpunkt Zufall? Matthias Quad schuf in Anlehnung an die Putschsche Vorlage einen Kupferstich, den Jan Bußemaker 1587 als *Europae descriptio* auf den Markt brachte. Seit diesem Jahr häufen sich die Publikationen der Europa-Imago, wobei sich der Holzschnitt in Münsters Cosmographie sehr deutlich von der Putsch-Vorlage abhebt. Auf die sog. Weltallschale von 1589 und ihre Europa-Imago wird weiter unten mit Literatur eingegangen.

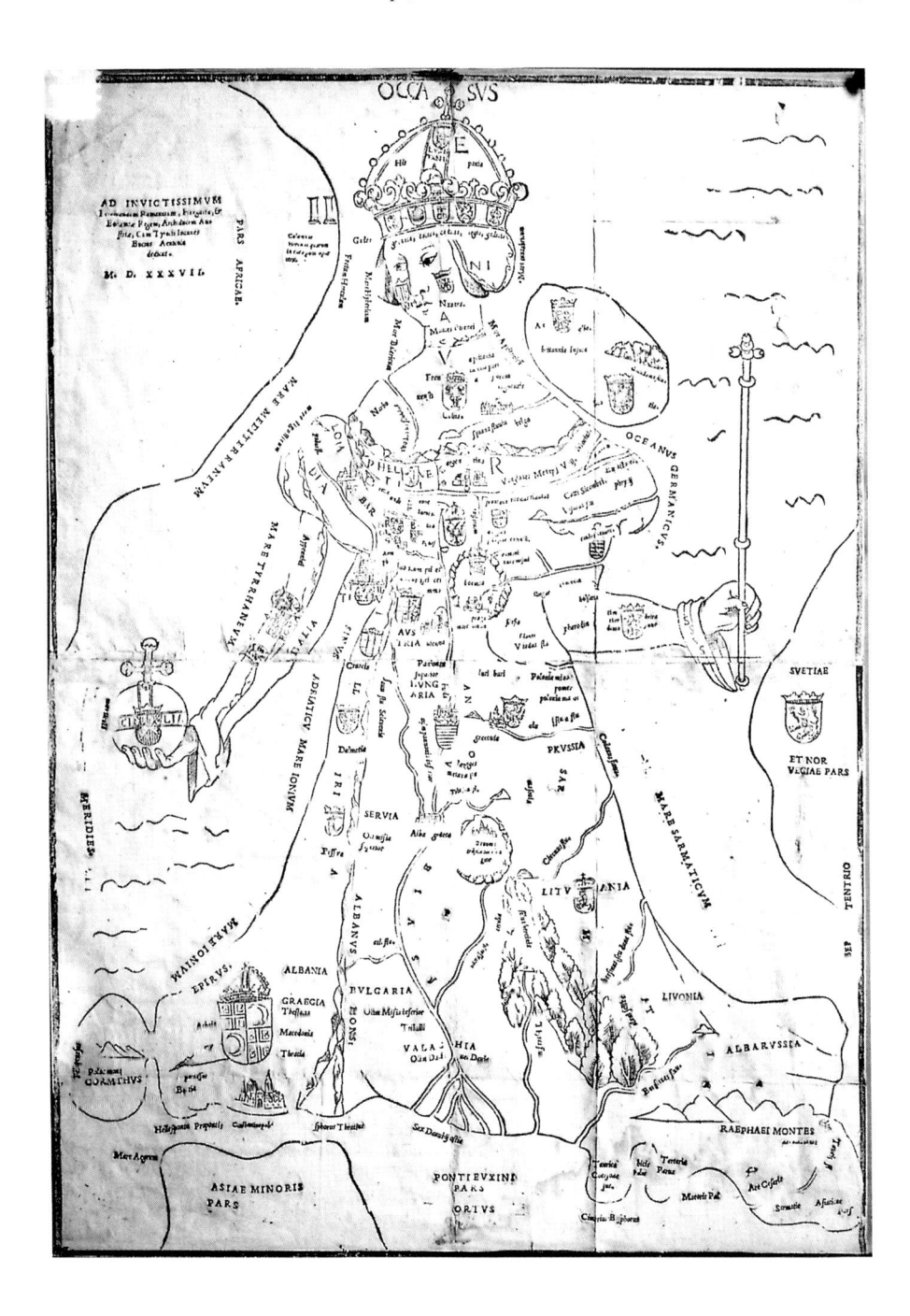

1. Johannes Putsch, Europa-Imago, Paris 1537; Holzschnitt, Tiroler Landesmuseum Ferdinandeum

ren die habsburgische Universalmonarchie über Europa. Das Gesicht hat man als Porträt der Gemahlin Karls V. bzw. in den späteren Versionen als Porträt der Verlobten Rudolfs II. interpretiert. Anders, der damals gängigen Vorstellung und der zweiten Bedeutungsebene entsprechend, ausgedrückt: Karl V. (bzw. Rudolf II.) nahmen die Christliche Republik zur Braut, so wie ein Herrscher damals sein Königreich zur Braut nahm. Die Imago hält eine weitere Botschaft in einer dritten Bedeutungsebene bereit, die sich über die weibliche Form erschließen lässt: Europa wird dem Paradiesgarten gleichgestellt.[13]

Die Europa-Imago ist die perfekte Umsetzung der politischen Fiktion von der *respublica christiana*. Die Europa-Imago wurde zwar bis ins 18. Jahrhundert hinein immer wieder abgedruckt und auch in gedruckten Beschreibungen Europas erwähnt[14], aber schon seit dem 17. Jahrhundert offenbar nur mehr selten aktiv für politische Propagandazwecke eingesetzt. Die *Anales del mundo* des Spaniers Carlos Martell von 1662 gehören zu den seltenen Beispielen einer aktiven Fortführung der Europa-Imago als politische Propaganda, insoweit er sie spanisch und nicht habsburgisch-universalmonarchisch vereinnahmt.[15] Dies war naheliegend, da Spanien in der Europa-Imago das gekrönte Haupt darstellte und dieses von der österreichischen Linie der Habsburger nicht mehr unmittelbar wie zu Zeiten Kaiser Karls V. für sich vereinnahmt werden konnte.

In die propagandistische Funktionsstelle der Europa-Imago trat zum einen die Erdteilallegorie der Europa, zum anderen der antike Europamythos. Dabei kann von einem eindeutigen chronologischen Nacheinander nicht die Rede sein. Die Erdteilallegorie der Europa repräsentiert, je nach Attributen, ganz eindeutig die europäische *christianitas*, und zumindest in ihren Frühzeiten (späteres 16. Jahrhundert/1. Hälfte des 17. Jahrhunderts) kann sie auch gar nichts anderes repräsentieren. Im weiteren Verlauf des 17. und immer deutlicher im 18. Jahrhundert bezeichnet sie Europa als Kultur. Auch die Erdteilallegorie der Europa wurde „nationalstaatlich" propagandistisch vereinnahmt. So verweist die Europa im Frontispiz[16] zu Band 1 des *Theatrum Europaeum* (Matthaeus Merian) ziemlich eindeutig auf den römischen Kaiser und greift dessen universalmonarchische Ambitionen auf, die allerdings mitten im Dreißigjährigen Krieg zur reinen politischen Fiktion verkommen sind (siehe Beitrag Dethlefs, Abb. 1).

---

[13] Die Botschaft „Paradiesgarten" wurde von Annegret Pelz, Reisen durch die eigene Fremde: Reiseliteratur von Frauen als autogeographische Schriften, Köln u.a. 1993, S. 35, rekonstruiert. Zur Vertiefung dieser Bedeutungsebene s. Schmale, Die weibliche Form, S. 224–227.

[14] Als weitere Belege zum 17. Jahrhundert vgl. Schmale (Dir.), Internet-Datenbank 17. Jahrhundert, hier: Michael Praun (1660) – Artikel und Autopsie von Alexander Wilckens, in: http://www.univie.ac.at/igl.geschichte/europaquellen/quellen17/praun1660.htm; Johann Dietrich von Gülich (Frankfurt 1689) – Artikel und Autopsie von Alexander Wilckens, in: http://www.univie.ac.at/igl.geschichte/europaquellen/quellen17/guelich1689.htm.

[15] Vgl. Wilckens, Carlos Martell (1662) (wie Anm. 9).

[16] Der Frontispiz ist auch im Digitalen Dokumentenarchiv der UB Augsburg zu finden: http://digbib.bibliothek.uni-augsburg.de/1/bilder/02_IV_13_2_0026_01_2002_bildinfo.html. Zur Auslegung s. Wolfgang Schmale, Das 17. Jahrhundert und die neuere europäische Geschichte, in: HZ 264 (1997), S. 587–611, hier S. 588–597.

Der antike Europamythos ist in vielerlei Gestalt seit dem 14. Jahrhundert wieder relativ häufig präsent. Bezeichnend ist seine christliche Anverwandlung im Spätmittelalter. In der Renaissance wurde zwar auch dem antiken Mythos ohne christliche Interpretation wieder zu seinem Recht verholfen, aber auf lange Sicht setzte sich die Interpretation der Europa als christliche Braut, in die Züge der Maria aufgenommen wurden, durch. Selbst wenn also in der Frühen Neuzeit prinzipiell drei verschiedene Europafiguren zur Verfügung standen, so besaßen diese einen gemeinsamen, nämlich christlichen Bedeutungskern. Das schloß andere nicht-religiöse Interpretationen nicht aus, ermöglichte vor allem eine große Vielfalt an Varianten in der Ikonographie.

Darüber hinaus ist auf eine weitere Europafigur zu verweisen, die vielleicht als vierter Typus zu führen ist. Es handelt sich um die *europa deplorans*, wie wir sie bei dem spanischen Arzt und Humanisten Andrés de Laguna (1543)[17], in Flugblättern des Dreißigjährigen Krieges[18], in derselben Zeit bei Rubens[19] oder in literarischen Zeugnissen der zweiten Hälfte des 17. Jahrhunderts[20] finden. Diese *europa deplorans* zeichnet sich durch ihre betonte Leiblichkeit aus – was natürlich auf die Darstellungen der mythologischen Europa als Braut ebenso zutrifft –, doch geht es hier um den durch Kriege geschundenen Leib der *respublica christiana*. In dieser Figur wird das Prinzip einer Imago höchst direkt eingesetzt: Der Unterschied zwischen Leibhaftigkeit und bildlichem Stellvertreter ist aufgehoben. So wie das Bild oder die Statue einer Heiligen die Gläubigen in Ekstase zu versetzen vermögen, wird hier das durch Krieg verursachte Leiden der Europa geradezu physisch erfahrbar gemacht. Die christliche Europa erleidet Marterqualen, sie wird den Märtyrerinnen und Märtyrern der Christenheit gleichgestellt. Die Türken schlagen ihr Glieder ab, wie den Märtyrern der Frühzeit der Christen geschehen. Die *europa deplorans* schlüpft bei Gelegenheit (s.u.) in die Europa aus dem antiken Mythos oder läßt sich in ihr Gegenbild umkehren, in die

---

[17] Die Typologisierung stammt vom Verfasser; in Anlehnung an die Rede von Andrés de Laguna 1543 in Köln. Vgl. Wolfgang Schmale (Dir.), Datenbank: Europäische Geschichte, hier: Andrés de Laguna (Köln 1543) – Artikel und Autopsie von Wolfgang Schmale, in: http://www.geschichte.uni-muenchen.de/gfnz/schulze/datenbank_laguna.shtml

[18] Vgl. den Beitrag von Silvia Serena Tschopp in diesem Band.

[19] Vgl. den Beitrag von Elke Anna Werner in diesem Band sowie: Hans-Martin Kaulbach, Peter Paul Rubens: Diplomat und Maler des Friedens, in: 1648 – Krieg und Frieden in Europa, hrsg. von Klaus Bußmann und Heinz Schilling, Textband 2, S. 565–574, Münster/Osnabrück 1998

[20] Als weitere Belege zum 17. Jahrhundert vgl. Schmale (Dir.), Internet-Datenbank 17. Jahrhundert, hier: Pieter Valckenier (Amsterdam 1677) – Artikel und Autopsie von Rolf Felbinger, in: http://www.univie.ac.at/igl.geschichte/europaquellen/quellen17/valckenier1677.htm; Ermes Francesco Lantana (Wien 1677) – Artikel und Autopsie von Alexander Wilckens, in: http://www.univie.ac.at/igl.geschichte/europaquellen/quellen17/lantana1677.htm; Johann Albert Fabricius (1678) – Artikel und Autopsie von Rolf Felbinger, in: http://www.univie.ac.at/igl.geschichte/europaquellen/quellen17/fabricius1678.htm; Discours eines Engelaenders (1682) – Artikel und Autopsie von Rolf Felbinger, in: http://www.univie.ac.at/igl.geschichte/europaquellen/quellen17/anonym1682-discours.htm; Den sehnlichen Wunsch (Torgau ca. 1700) – Artikel und Autopsie von Rolf Felbinger, in: http://www.univie.ac.at/igl.geschichte/europaquellen/quellen17/ringenhain1700.htm.

europa triumphans der antitürkischen Propaganda. Und je nachdem, welche literarische oder ikonographische Vorlage von den Künstlern benutzt wurde, gleicht die Europa auf dem Stier mal mehr einer *europa deplorans* (ob ihres plötzlichen und ungewissen Schicksals), mal mehr einer *europa triumphans* (ihres günstigen Schicksals gewiss ob des Traumes, den ihr Aphrodite [!] geschickt hatte).

Um diesen Gedankengang zusammenzufassen: Kern des politischen Europamythos ist die *respublica christiana*, für deren ikonographische Repräsentation die vorgestellten, oft metamorphisierten Typen von wirkungsvollen Europafiguren zur Verfügung stehen. Im Lauf der Frühen Neuzeit verweltlicht im übrigen die Christliche Republik zur europäischen Kultur, eine weitere Metamorphose, für deren bildliche Darstellung besonders die Erdteilallegorie, aber auch der antike Europamythos geeignet waren. Gar nicht so selten wurden, wie in der Würzburger Residenz von Tiepolo (1750/53), die beiden Typen mit einander kombiniert. Den Kern bildet dabei eine *europa triumphans*, die sicher christlich charakterisiert bleibt, aber vor allem als die in der Menschheit überlegene Kultur triumphiert.[21] Die *europa deplorans* findet ein Nachleben in der Karikatur des 19. Jahrhunderts. Honoré Daumier knüpfte mit der *Europa auf der Bombe*[22] ikonologisch direkt an die *europa deplorans* eines Rubens und anderer Künstler vor allem des 17. Jahrhunderts an; die Karikatur der Zeit um 1900 und später knüpft gerne an die pessimistischen Varianten des antiken Europamythos an.[23] Früher selten, aber doch auch, wurde dieser Mythos als Geschichte einer Vergewaltigung begriffen – und sinngemäß wurden die Folgen der Mischung aus Nationalismus und Imperialismus für Europa verstanden.

Damit ist sehr grob ein Umfeld skizziert, innerhalb dessen es nun genauer um die Verwendung des antiken Europamythos für politische Zwecke im 17. Jahrhundert gehen wird. Das entspricht zunächst lediglich der Aufgabenteilung für diesen Sammelband: Der Erdteilallegorie ist ein eigener Beitrag gewidmet. Über die Europa-Imago, die ihre „aktive Zeit" im 16. Jahrhundert hatte, ist hier nicht ausführlich zu handeln; die vorgestellten Typen der Europa und ihre Mischformen oder Metamorphosen sind gleichwohl innerhalb der Fokussierung auf den Europamythos anzusprechen. Schließlich aber hat eigentlich niemand bisher ernsthaft versucht, die politische Relevanz des Europamythos in der Frühen Neuzeit zu untersuchen. Letzteres bedingt, daß die folgenden Ausführungen nicht den Anspruch einer systematischen Abhandlung und schon gar nicht den einer Synthese beanspruchen. Sie sollen den Deckel des Fasses abheben.

Wenn man sich allein nur in das 17. Jahrhundert zurückversetzt, wird man sich neben den oben genannten Künstlern an die Darstellungen des Mythos bei

---

[21] Die Vermischung von antikem Europamythos und Erdteilallegorie führt nicht automatisch zu einer *europa triumphans*, wie aus der „Allegorie auf das Haus Österreich" (Ende 16. Jahrhundert) (s.u.) zu erkennen ist.

[22] Richtiger Titel „Europäisches Gleichgewicht", Lithographie 1867 (Charivari 3.4.1867); Abb. in: Mythos Europa. Europa und der Stier im Zeitalter der industriellen Zivilisation, hrsg. von Siegfried Salzmann, Hamburg 1988, S. 344 f.

[23] S. Knut Soiné, Mythos als Karikatur. Europa und der Stier in der politischen Karikatur des 19. und 20. Jahrhunderts, in: Salzmann (Hrsg.), Mythos Europa, S. 76–83.

Rembrandt (1632), bei Claude Le Lorrain (1634), bei Francesco Albani (1635-45) und Nicolas Poussin erinnern, die die Erzählung in barocker Fülle erweiterten. Kein bedeutender Künstler hat dieses Thema ausgelassen. Unter den der antiken Mythologie entnommenen Sujets stellt es sicher nicht das am häufigsten behandelte dar, doch war es ikonographisch (Fresken, Ölbilder, Kupferstiche, Festinszenierungen, Festtafeldekorationen etc.) und literarisch (s.u.) so präsent, daß sämtliche sozialen Eliten (künstlerische, politische, ökonomische und gelehrte) unausweichlich damit in Berührung und Auseinandersetzung kamen. Auf den ersten Blick wird man vielen Darstellungen des Mythos keine politische Bedeutung zutrauen und die Frage danach als eine an den Einzelfall ansehen. In Wirklichkeit jedoch lautet die Frage, ob eine unpolitische Interpretation des Mythos überhaupt möglich war? Grundsätzlich ist auf die oben im ersten Abschnitt angesprochene christliche Anverwandlung auch der Europa des antiken Europamythos hinzuweisen, die zwar durchaus Raum für – metaphorisch gesprochen – „philologisch getreue" Interpretationen in der Renaissance ließ, aber insgesamt sehr dominant erscheint. Diese christliche Anverwandlung war, das ist nochmals zu betonen, politisch: Die *respublica christiana* wurde als mystischer politischer Körper gedacht. Keiner der Typen von Europafiguren war frei von dieser Kernbedeutung. War es für die Mitglieder der sozialen Eliten – und vor allem diese kamen mit Darstellungen des Europamythos in Berührung – möglich, Darstellungen des Mythos zu rezipieren, ohne an diese Kernbedeutung denken zu müssen? Der Begriff der „sozialen Eliten" versteht sich keineswegs als allzu enger Begriff, zählen doch die (groß)städtischen Handwerker genauso dazu wie der nicht gerade mächtige ritterliche Adel, der bei Festumzügen oder Hochzeitsfesten unter Umständen selber an szenischen Darstellungen des Europamythos teilnahm.

3. Die mythologische Europa – eine Fürstin im Kampf gegen die Türken

Der gewissermaßen „klassische" Fall politischer Relevanz war die Präsenz des Europamythos bei Festumzügen, die schon für sich genommen ein Politikum darstellten. Solche Anlässe waren Fürstenhochzeiten, der Einzug eines Herrscherpaares in eine Stadt oder politisch motivierte „Triumphzüge".[24]

Begonnen sei mit einigen Betrachtungen zur Verwendung des Europamythos bei Festumzügen. Zu Festumzügen selbst gibt es inzwischen eine sehr reichhaltige Forschung[25], doch wurde der Präsenz des Europamythos als Motiv bei diesen Anlässen kaum Aufmerksamkeit geschenkt. In den fünf vorliegenden kunsthistorischen Dokumentationen zum Europamythos, die auch die Frühe Neuzeit abdecken, tauchen Festumzüge nur als Randphänomen auf.[26]

---

[24] Als Teilbibliographie der Quellen kann herangezogen werden: Andreas Gugler, Feiern und feiern lassen, in: Frühneuzeit-Info 11 (2000), Heft 1, S. 68–176.

[25] S. Helen Watanabe-O'Kelly und A. Simon, Bibliography of European Court Festivals 1500–1800, London 1998.

[26] Bartillat/Roba, Métamorphoses; Heinz R. Hanke, Die Entführung der Europa... Die

2. Anonym, Allegorie auf das Haus Österreich. Ende des 16. Jahrhunderts. Öl auf Leinwand. Linz Stadtmuseum Nordico, Inv. Nr. 10976

Ein erstes Beispiel: Am 28. August 1571 waren die mehrtägigen Festlichkeiten anläßlich der Vermählung Karls II. von Innerösterreich mit Maria von Bayern in vollem Gange. Der Tag war dem unvermeidlichen allegorischen Turnier gewidmet. Es fand auf einem Platz statt, wo sich heute die Wiener Leopoldstadt erstreckt. Gespielt wurde der Streit zwischen Juno und Europa. „Juno wollte als Herrin der Welt von dem Gefilde Besitz nehmen; dazu hatte sie die Könige und deren Scharen aus drei Welttheilen berufen, aber in altem, wohlbekanntem Haß gegen die Europa deren Kinder übergangen. Europa sammelt daher diese und ihre Gefreundeten von allen Seiten zum Beistande wider den Uebermuth der Juno."[27] In dem Turnierspiel treten vier Töchter Europas auf, nämlich Italien, Spanien, Frankreich und Deutschland. Italien repräsentiert das östliche, Spanien das westliche, Frankreich das südliche und Deutschland das nördliche Europa. „Die Donau, Deutschlands größter Fluß, schloß in bedeutsamer Stellung das Gefolge dieser Tochter Europas. Ihr zur Seite zogen die sieben freien Künste, die, in den andern drei Erdtheilen längst verjagt und verachtet, in deren Schloß Aufnahme

Fabel Ovids in der europäischen Kunst, Berlin 1967; Michel Pastoureau und Jean-Claude Schmitt, Europe. Mémoire et emblèmes, Paris, 1990; Salzmann, Mythos Europa; Ausst.Kat. Die Verführung der Europa, Staatliche Museen Preußischer Kulturbesitz, Berlin 1988.

[27] Vgl. Friedrich von Hurter, Maria, Erzherzogin zu Österreich, Herzogin von Bayern, Schaffhausen 1860, S. 16.

gefunden und nirgends anders verweilen mögen. Aus freien Stücken, weil auch sie über Juno sich zu beschweren und Europa zu preisen hat, daß sie so freundlich ihre Mutter aufgenommen, folgte Diana mit je einem Paar der vornehmsten wilden Thiere ..."[28] „Am Schluß erschien Europa selbst, auf einem Ochsen ... sitzend, auf dem Kampfplatz. Zu ihrer weiteren Unterstützung fand sich noch die Siegesgöttin Victoria, auf einer mit Helmen, Rüstungen, Schildern, Hellebarden, Streitkolben und Streitäxten geschmückten Säule stehend, ein. Ebenso traten die vier Tugenden (Justitia, Prudentia, Fortitudo und Temperantia) sowie Neptunus, der Gott des Meeres, und vier von Artus gesandte Ritter der Tafelrunde für Europa ein."[29] Europa wirkt hier am ehesten wie eine Fürstin, der alle positiven Kräfte zu Hilfe eilen.

Die Festlichkeit wurde damals ausführlich dokumentiert, sehr wahrscheinlich wurden während der szenischen Aufzüge erklärende Texte verlesen. Das Drehbuch zu den Hochzeitsfeierlichkeiten stammt überwiegend von Arcimboldo und Fonteo und trägt den Titel *Europalia*.[30] Der implizite Verweis auf die Bedrohung Europas durch die Türken dürfte allen Teilnehmern bewußt gewesen sein, zumal große Schlachten bevorstanden. Der künftige Sieger der Schlacht vom 7. Oktober 1571 war im übrigen einer der Hochzeitsgäste, Don Juan d'Austria.[31]

Schon die wenigen Hinweise auf den szenischen Turnierzug haben gezeigt, daß bei diesem Fest alles zusammengemischt wurde, was man an Wissen über die antiken Mythen, die mittelalterlichen Legenden, die unterschiedlichsten Allegorien und vieles mehr, was hier nicht im einzelnen ausgeführt werden soll, besaß. Der antike Mythos der Europa wurde mit der eher zeitgenössischen allegorischen Erzählung von den Erdteilen verbunden.

Diese „Mischung" entsprang keiner Beliebigkeit, sondern war sinnvoll. Die vielen weiteren allegorischen Figuren und die Ritter aus König Artus' Tafelrunde, die zugunsten der Europa auftreten, bezeichnen Eigenschaften Europas. Damit ist zugleich ein häufig wiederkehrendes Konstruktionsschema bei derartigen Festinszenierungen angesprochen: Europa wird einerseits in emblematischer Kürze durch eine der möglichen Europafiguren, andererseits durch eine Vielzahl von Allegorien und Figuren, die „typisch" europäische Eigenschaften anzeigen, repräsentiert. Die Beliebtheit der Allegorien erklärt sich z.T. daraus, daß sie europäische Eigenschaften bedeuten, mit denen sich Künstler und Publikum identifizieren wollen und sollen.

Ein weiteres Moment tritt hinzu: Die Türkenbedrohung hatte seit der Mitte des 15. Jahrhunderts zu einer Schärfung des Europabewußtseins beigetragen. Die Schärfung bestand insbesondere auch in einer genauer gefaßten Abgrenzung

---

[28] Hurter, S. 15 f.

[29] Vgl. Karl Vocelka, Habsburgische Hochzeiten 1550-1600. Kulturgeschichtliche Studien zum manieristischen Repräsentationsfest, Wien 1976, S. 81.

[30] Vgl. Piero Falchetta (Hrsg.), Anthology of Sixteenth-Century Texts, in: The Arcimboldo Effect. Transformations of the Face from the Sixteenth to the Twentieth Century, S. 143-198, London 1987, hier S. 156. Ich danke Karl Schütz für diesen Literaturhinweis. S. Giovanni Battista Fonteo, Europalia ..., ca. 1568 (ÖNB Handschriften- und Inkunabelsammlung Cod. 10206.).

[31] Vocelka, S. 82.

gegenüber dem Osten, die dann als Strukturprinzip der Bestimmung des Verhältnisses von Europa als Erdteil gegenüber den anderen Erdteilen fortwirkte. Der antike Europamythos wurde 1571 also munter modifiziert, den Zeitumständen adaptiert. Wenn schon die Hochzeit selber ein politisches Ereignis höchsten Ranges war, so wurde der politische Bezug durch die implizite Präsenz der Türkenbedrohung noch wesentlich gesteigert.

Je nachdem, an welche literarische Vorlage des Europamythos gedacht wurde, mochte der Mythos den zivilisatorischen Gegensatz zwischen Zivilisierten und Barbaren evozieren. Zumeist wurden Ovids Metamorphosen als Erzählvorlage verwendet, wobei es eine Wahlmöglichkeit zwischen den „moralisierten", also christlich anverwandelten Versionen, die seit dem 14. Jahrhundert verfügbar waren[32], und den humanistischen Texteditionen gab. Der zivilisatorische Fundamentalgegensatz war eher bei Herodot zu finden, der an den Beginn seiner Historien Erklärungen für die „Zwietracht zwischen den Hellenen und Barbaren" setzte. Nachdem die Phoiniker die hellenische Königstochter Io, Tochter des Inachos, geraubt hätten, hätten im Gegenzug Hellenen, wahrscheinlich Kreter, die phoinikische Königstochter Europa geraubt.[33] Der damit auch angedeutete zivilisatorische Gegensatz zwischen der griechisch-europäischen und der barbarischen Zivilisation zieht sich weiter durch die Herodotschen Historien. Aus Herodots zivilisatorischem Fundamentalgegensatz war inzwischen der Fundamentalgegensatz zwischen der europäischen Christenheit und den Asien zugerechneten heidnischen Türken geworden, die auch biblisch als Erbfeind, also Teufel, bezeichnet wurden.

Besonders im 17. Jahrhundert lassen sich entsprechende Beispiele im Bereich der antitürkischen Propaganda finden. Ein nicht genau datierter Kupfer aus dem 17. Jahrhundert, der hier als Beispiel für die weitverbreiteten antitürkischen Propagandablätter gleicher oder ähnlicher Machart steht, zeigt eine Europa auf dem Stier, die mit ihren Füßen den türkischen Halbmond zertritt und das Banner der Christenheit schwingt.[34] Abundantia und Justitia schweben über der siegreichen Europa, der Kriegsgott wird vom Friedensengel gefesselt. Hier sind die christlich-allegorische Europa vom Typus der Erdteilallegorie, die *europa triumphans* (sie trägt einen Lorbeerkranz) und die mythische Europa zu einer Figur verschmolzen. Daß diese Europa auf den Stier gesetzt wurde, mag nebenbei der leichten und schnellen Identifizierung der Figur förderlich gewesen sein, doch hatte ja auch der Stier eine Bedeutungswandlung ähnlich der der Europa erfahren. Wie die Europa als christliche Frau, Maria oder christliche Seele hatte er seit dem 14./15. Jahrhundert eine christliche Anverwandlung als Christus erfahren.[35] Der Stier wurde weiterhin in der Frühen Neuzeit zum Symbol idealer Männlichkeit

---

[32] S. den *Ovidius moralizatus* des Mönchs Pierre Bersuire (Petrus Berchorius) von 1342.

[33] Vgl. Herodot: Historien. Dt. Gesamtausgabe. Übers. v. A. Horneffer. Neu hg. u. erl. v. W. Haussig. Mit einer Einl. v. W.F. Otto, Stuttgart 1971, S. 1 f.

[34] S. Bartillat/Roba, Abb. links oben S. 80.

[35] S. Franz von Retz, Defensorium inviolatae virginitatis beatae Mariae (um 1400), Erstdruck Gotha 1471. Auch der Dominikaner Retz stützt sich auf Ovids Fabel; vgl. den Abdruck des entsprechenden Holzschnitts bei Hanke, Die Entführung der Europa, Nr. 4.

im Bereich der Christenheit, d.h. Europas, fortentwickelt.[36] Und wer entsprach am ehesten diesem Männlichkeitsideal? Die Figur des christlichen siegreichen Herrschers. Die Kombination aus christlicher Anverwandlung und mythologischem Schema (Europa auf dem Stier) eröffnete somit die Möglichkeit, verschiedene Bedeutungsschichten beinahe emblematisch verkürzt „auf einen Blick" darzulegen.

Die politische Verwendung des Europamythos bezog sich nicht nur auf den zivilisatorischen Gegensatz zwischen Europa und Osmanischem Reich, sondern diente auch der Illustration des Vorherrschaftsanspruchs in Europa selbst. Bei der österreichischen Hochzeit von 1571 stehen die Exzellenz Europas, aber auch deren Verteidigung im Zentrum der Botschaft. Daß das Haus Österreich, die Habsburger, Europa beherrschten, verstand sich aus ihrer Sicht von selbst und wurde, wie oben erwähnt, im Umfeld Rudolfs II. ikonographisch durch den Gebrauch der Europa-Imago verdeutlicht.[37] Deshalb wurde der Gebrauch des antiken Europamythos keineswegs vernachlässigt. Er findet sich z.B. am Fries des Belvedere Ferdinands I. in Prag (1563), jenes Ferdinands, dem Putsch seine Europa-Imago gewidmet hatte. Im sogenannten Habsburger Zyklus (um 1593/94) reicht eine Europa auf dem Stier der auf einem Felsen thronenden Austria eine Krone. Noch deutlicher konnte der Herrschaftsanspruch über Europa kaum ausgedrückt werden.[38]

4. Europa, die Fürstenbraut

Der antike Europamythos legte die Analogie zu einer Vermählung oder zum Brautraub nahe. In der *Relation von den Liebesneigungen Der Allerschönsten Princessin Europa* schildert Michael Praun 1660 die Geschichte einer mehrfach verheirateten Europa: Zuerst Jupiter, dann Alexander d.Gr. und Julius Cäsar unterwarfen die Europa gewaltsam und „schändeten" sie; Augustus' Werben jedoch ergab sie sich. Ihr letzter Ehemann war Karl der Große, dem sie viele Söhne schenkte. Nach seinem Tod jedoch wollte sie sich nicht mehr verheiraten, sondern Europa von ihren Söhnen und deren Enkeln regieren lassen. Praun schildert dann die Kriege um die Vorherrschaft in Europa, die diese regierenden Nachkommen untereinander führten. Praun verheiratet die Europa nicht neuerlich, sondern setzt darauf, daß eine „allgemeine confoederatam Gentium Remp." geschaffen werden kann.[39]

---

[36] So im Mercator-Atlas von 1595; s. Schmale, Mythendefizit, S. 66.
[37] S. etwa die von Rudolf II. selbst in Auftrag gegebene sog. „Weltallschale"; Franz Adrian Dreier, Die Weltallschale Kaiser Rudolfs II., in: Mythen der Neuen Welt. Zur Entdeckungsgeschichte Lateinamerikas, hrsg. von Karl-Heinz Kohl, S. 111–120, Berlin 1982; ders.: Ein politischer Traum. Die Weltallschale im Berliner Kunstgewerbemuseum, in: Die Verführung der Europa, S. 181–186, Berlin 1988.
[38] Allegorie auf das Haus Österreich. Anonym, Ende 16. Jahrhundert. Öl auf Leinwand. Linz Stadtmuseum Nordico, Inv. Nr. 10967.
[39] Vgl. Schmale (Dir.), Internet-Datenbank 17. Jahrhundert, hier: Michael Praun (1660) –

Manch ein Fürst konnte aber offenbar der Versuchung, sich Europa zur Braut zu nehmen, nicht widerstehen. Die Betitelung dieses Abschnitts als „Europa, die Fürstenbraut" bezieht sich auf die Art und Weise, wie universalmonarchische Programme anläßlich von Hochzeiten höchster Fürsten in Europa ikonographisch vermittelt wurden. Es handelt sich um subtile Diskurse des Impliziten, um verweisende Diskurse, wie sie wohl der gesamten politischen Kunst der Frühen Neuzeit zu eigen sind. Diese Hochzeiten haben hochpolitische Zwecke, nämlich durch geeignete dynastische Verbindungen mindestens die Vorherrschaft in Europa, wenn nicht die Herrschaft über Europa zu erlangen. Der auf das Haus Österreich bezogene Spruch „Tu, felix Austria, nube!" galt sinngemäß in der Frühen Neuzeit bei allen Königshäusern und manchen Kurfürstenhäusern als Maxime.

Bei den folgenden Beispielen geht es vorwiegend um Festinszenierungen in direktem zeitlichen Zusammenhang mit Hochzeiten, lediglich im Fall Wilhelms III. geht es um einen Triumphzug (1691), der nicht aus Anlaß seiner Hochzeit abgehalten wurde, der allerdings ohne die früher liegende Hochzeit mit Maria von England, auf die sich sein europäischer Anspruch gründete, nie zustande gekommen wäre.

Praktisch zur selben Zeit der oben erwähnten habsburgischen Hochzeit, nämlich im Mai 1571, wurden in Paris die Triumphbögen für den Einzug der Gemahlin Karls IX. von Frankreich, Elisabeth von Österreich, errichtet. Die Hochzeit selber lag schon fast ein Jahr zurück. Am Pont Notre Dame wurde ein „Portail" errichtet, auf dem das französische Wappen mit den Lilien, überhöht durch eine Bügelkrone, angebracht war. Darüber wurde eine Asia [!] auf dem Stier gezeigt. Die zeitgenössische Erklärung dieser nur auf den ersten Blick eigenwilligen Darstellung lautete: „Et pour ce que par les escritz de plusieurs Saintz et anciens grands personnages a esté predict que des François et Allemans doit sortir un grand monarque lequel subjuguera outre l'Europe non seullement l'Asie, mais tout le reste du monde que nous esperons devoir estre de ce mariage, fut mis au premier portail du pont nostre Dame un Thoreau nageant en mer portant une Nymphe sur sa croppe, dicte Asie. Pour signifier que tout ainsi que l'ancien Juppiter en pareille forme ravit Europe (que iceux François, et Allemans avec leurs confederez occupent) aussi le Jupiter nouveau, ou Daulphin de France qui doit sortir de ce mariage ravira l'Asie, et le reste du monde pour joindre à son Empire, et soy faire Monarque de l'univers."[40] Diese Botschaft war in lateini-

---

Artikel und Autopsie von Alexander Wilckens, in: http://www.univie.ac.at/igl.geschichte/europaquellen/quellen17/praun1660.htm.

[40] L'ordre tenu a l'Entrée de tres-haute et tres-chrestienne Princesse Madame Elizabet d'Austriche Royne de France, in: Bouquet, Simon: Bref sommaire recueil de ce qui a esté faict, et de l'ordre tenüe à la joyeuse et triumphante Entrée de tres-puissant, tres-magnanime et tres-chrestien Prince Charles IX de ce nom Roy de France, en sa bonne ville et cité de Paris, capitale de son Royaume, le Mardy sixiesme jour de Mars avec le Couronnement de tres-haute, tres-illustre et tres excellente Princesse Madame Elizabeth d'Austriche son espousé, le Dimanche vingtcinquiesme. et Entrée de ladicte dame en icelle ville le jeudi XXIX dudict mois de Mars, M.D.LXXI., Paris: Denis du Pré, 1572, abgedruckt in: Victor E. Graham und W. McAllister Johnson, The Paris Entries of Charles IX and Elisabeth of Austria 1571, Toronto 1974, S. 204–246, Zitat S. 216 f.

3. Entrée der Königin Elisabeth von Österreich, Paris 1571, Pont Notre Dame, in: Simon Bouquet, Bref et sommaire recueil, Paris: Denis du Pré, 1572, Q12ᵛ

schen Versen am Triumphbogen selbst angebracht. Auf der einen Seite stand: «Jupiter Europam rapuit vetus: at novus ecce//Jupiter huc Asiam ducta rapit ELISABETA.» Und auf der anderen: «Non Asiæ, non Europæ, iam nomina posthac//Sed iam totus erit Germania Gallia mundus.»[41]

Der universalmonarchische Anspruch kam darin sehr gut zum Ausdruck (erste Botschaft). Die Abbildung zeigt außerdem die Flußgötter Rhône und Donau.[42] Beide Flüsse werden in der französischen Beschreibung erwähnt. Sie symbolisieren die Verbindung von Gallia und Germania; die ins Schwarze Meer mündende Donau verbinde Okzident und Oriens. Die neue Allianz ermögliche freien Handel in der Christenheit. Der Text der Beschreibung von Simon Bouquet liest sich fast wie ein europapolitisches Konzept (zweite Botschaft). Die Darstellung von Franken und Germanen als an sich ein Volk war zu dieser Zeit in Frankreich aus politischen Gründen bei Gelehrten und Geschichtsschreibern häufiger der Fall. Das Motiv der Bügelkrone verweist darauf, daß die Kaiserwürde auf den französischen König überzugehen habe (dritte Botschaft).

Der Europamythos ist hier subtil verarbeitet. Die Königstochter namens Europa ist ja keine „Europäerin", sondern eine Phönizierin, eine „Asiatin", die von Zeus/Jupiter geraubt wurde. In jenem Traum, den ihr Aphrodite schickte, wird ihr der Erdteil Europa als Ehrengabe nach dem Willen des Zeus versprochen.[43] Übersetzt in die politischen Ziele dieser Hochzeit bedeutet das: Durch die Hochzeit sollten die Grundlagen für eine Herrschaft über Europa und die Welt gelegt werden. Nicht, daß Karl IX. dies alles selbst zu erreichen glaubte, die Hauptaufgabe wird auf den Thronfolger abgewälzt, dessen Zeugung und Geburt die zunächst zu erwartenden Folgen der Vermählung sein mußten.

Hundertzwanzig Jahre später, 1691, waren in Den Haag zu Ehren Wilhelms III. nicht weniger als 65 Triumphbögen, Pyramiden, Bildtafeln und Devisenbauten errichtet worden. Die gedruckten Bildbeschreibungen von Barent Beek 1691 bezeichnen Wilhelm als König von England, Schottland, Frankreich und Irland (in dieser Reihenfolge!) und beziehen sich mehrfach in unterschiedlicher Weise auf Europa.[44] Die als „Figure XXXI" geführte Abbildung zeigt links vorne eine sitzende Europa, von ihr weg zum rechten Bildrand laufend, aber sich umdrehend, den Stier und im Hintergrund ein brennendes Dorf. Zwar ist die Europa durchaus fürstlich gekleidet, aber ihr Elend, symbolisiert durch ihre klagende Haltung, das Feuer und anderes mehr, ist offenkundig.[45] Die Europa entspricht

---

[41] Ebd.

[42] Die französische Beschreibung stimmt in diesem Punkt mit der Abbildung (beides aber zeitgenössische Quellen) nicht exakt überein. Sie spricht von Æolus, dem Gott der Winde, der die Winde vertrieben und das Meer beruhigt habe, damit ein Dauphin, der erste Fisch im Wasser, geboren werden könne. Der Dauphin ist der erstgeborene Sohn und damit geborener Thronnachfolger.

[43] Vgl. den Europamythos in der einflußreichen Fassung des Moschos von Syrakus (um 150 v. Chr.); s. dazu: Winfried Bühler, Die Europa des Moschos. Text, Übersetzung und Kommentar, Wiesbaden 1960.

[44] Barent Beek, Le Triomphe. Royal, ou l'on voit dêscrits les Arcs de Triomphe, Piramydes, Tableaux, & Devises au nombre de 65, erigez à la Haye, à l'Honneur de Guillaume III, Roy d'Angleterre, Ecosse, France, & Irlande, La Haye: Barent Beek, 1691 (ÖNB BE.10.Y.46).

[45] Beek, Fig:31, fol. 42 verso.

4. Barent Beek, Le Triomphe. La Haye 1691, Figure XXXI, Kupferstich

dem Typus der *europa deplorans*, wird aber mit Erzählversatzstücken aus dem Mythos kombiniert. Die Bildbeschreibung besagt: „Nous voyons une femme accablée de tristeste, qui etend les mains comme une deseperée & qui crie. ERIPE RAPTORI MISERAM. *Arrachés moy malheureuse des mains de ce Brigan.* C'est par là que nous est representé le malheureux Estat de l'Europe qui est environnée de toute part de brigans qui luy ravissent la paix & la tranquilité; (…).[46] Auch wenn es nicht ausgesprochen wird, so liegt es in der Logik des Kupfers, daß der sehr negativ konnotierte Stier den französischen König Ludwig XIV. bezeichnen soll, der, so der allseitige Vorwurf, kriegerisch nach der Universalherrschaft in Europa strebe und es dabei zugrunde richte.[47] Dies kann als eine erste Bedeutungsebene gelten. Offensichtlich wird auf einer zweiten Bedeutungsebene der gerade in Frankreich verwendete gleichnisartige Spruch vom König, der sein Königreich zur Braut nimmt, persifliert: Ludwig XIV., der ganz Europa zur Braut will, richtet die Braut zugrunde. Mit „eripe raptori miseram" wird Wilhelm III. direkt angesprochen und aufgefordert, Europa vor Ludwig zu retten. Wilhelm III. übernimmt in dieser dritten Bedeutungsebene die Rolle des ritterlichen Beistehers der Europa, eine Rolle, die früher einmal – darauf wird weiter unten zurückzukommen sein – von Frankreich beansprucht worden war.

Ein ausgesprochen interessantes Beispiel liegt mit der Hochzeit zwischen Friedrich V. von Kurpfalz und der englischen Königstochter Elisabeth 1613 vor.[48] Nach ausgiebigen Festlichkeiten in England reiste der Kurfürst nach Heidelberg, seine Gemahlin folgte ihm in einem aufsehenerregenden Zug nach. Von Heidelberg aus kam ihr der Kurfürst wieder entgegen, und gemeinsam legten sie die letzten Etappen auf Pfälzer Territorium zurück. Endlich erreichten sie Heidelberg. Der Einzug in die Stadt führte über die Neckarbrücke. Am Brückeneintritt war ein „Portal" errichtet, auf dem u.a. die Inschrift „DEUS CONIVNXIT" angebracht war. Die Brücke war geschmückt, „das sie mehr einer schönen lustigen Gallerien in einem Garten/dann einer Brückhen gleich gesehen."[49] Am Ende der Brücke, dem Stadttor, traf das Paar auf ein weiteres „Portal": „Als man vber

---

[46] Beek, 42 fol. recto.
[47] Zur Propaganda gegen Ludwig XIV. vgl. Joseph Klaits, Printed Propaganda under Louis XIV. Absolute Monarchy and Public Opinion, Princeton (N.J.) 1976. Quellenautopsien zur antifranzösischen Propaganda s. bei Schmale (Dir.), Internet-Datenbank 17. Jahrhundert.
[48] Beschreibung der Festlichkeiten in England und in der Pfalz mit Erläuterungen zu den Bedeutungen des ikonographischen Programms: Anonym: Beschreibung Der Reiß: Empfahunng deß Ritterlichen Ordens: Vollbringung des Heyraths: und glücklicher Heimführung: Wie auch der ansehnlichen Einführung: gehaltener Ritterspiel und Frewdenfest: Des Durchleuchtigsten/ Hochgebornen Fürsten und Herrn/Herrn Friederichen deß Fünfften/ Pfaltzgraven bey Rhein/deß Heiligen Römischen Reichs Ertztruchsessen und Churfürsten/Hertzogen in Bayern/etc. Mit der auch Durchleuchtigsten/Hochgebornen Fürstin/und Königlichen Princessin/Elisabethenn/deß Großmechtigsten Herrn/Herrn IACOBI deß Ersten Königs in GroßBritannien Einigen Tochter. Mit schönen Kupfferstücken gezieret. Heidelberg: Vögelin 1613 (ÖNB 39.R.23) (Texte und Ikonographie). Vgl. außerdem die ikonographische Dokumentation von de Bry: Johannes-Theodorus de Bry (germ.), Abriß deren Triumpf- oder Ehren-Pforten welche... Friedrichen dem V, Pfaltzgraffen bey Rhein vnd Elisabethen... Jacobi des Ersten, Königs in groß Britannien Tochter die Bürgerschafft zu Franckenthal hat lassen auffrichten, Oppenheim: Hieronymus Galler, 1613 (ÖNB *48.Q.11+).
[49] Beschreibung, S. 132.

5. Feierlicher Einzug Friedrichs V. von der Pfalz und Marias von England, Heidelberg Neckarbrücke, Portal am Stadttor, in: Anonym, Beschreibung der Reiß, Heidelberg: Vögelin 1613, nach S. 74, Kupferstich

die Brückhen kommen/ist am StatThor strackhs in dem Gesicht gestanden/vber dem *Portal* ein künstliche Tafel/mit öhlfarben ganz arttig und fleissig gemahlet/ daruff RHENUS der edle und mechtige Fluß/davon die Pfaltzgraffen Churfürsten *signanter* Iren Namen haben/vnd dann die *Provincia* oder Landschafft der Pfaltz bey Rhein (welche bey dem *Ammiano Macellino* nach vieler Gelärtten meinung CAPPELLATIUM vel PALAS gennenet würdt) die Princessin/als Ir angehende Newe Chur und Landesfürstin/vnderthenig empfangen vnd willkomm haissen ..."[50] Dargestellt wurde oben links der Flußgott Rhein und rechts eine allegorische Figur, die als Palas (d.i. die Pfalz) tituliert wird. Der Oberkörper der Palas ist entblößt, als Attribute finden sich Zweig und Füllhorn, auf dem Kopf trägt sie das Heidelberger Schloß. Die schriftliche Erläuterung stellt einen Zusammenhang zwischen den beiden allegorischen Figuren und dem kurfürstlichen Paar her. Es handelte sich also auch um eine Allegorie auf das Paar selbst. Der – laut Beschreibung – Palmzweig soll ‚die berühmte Streitbarkeit alter deutscher Völker an dem Rheinstrom' anzeigen. „Uff dem haupt/wie sonst TERRA capite turrito gemahlet würdt/hatt sie getragen das Schloß zu Heydelberg/Jettebühel genannt/ welches man ersten anblicks erkennen/vnd durch dis bild die Pfaltz verstehen können."[51]

Der Zug durch die Stadt führte weiter zur Universität, wo Friedrich von der Inschrift „Magna Spes Europae" empfangen wurde.[52] In den verschiedenen Festinszenierungen anläßlich dieser Vermählung tauchen noch andere Anspielungen auf europäische Kontexte auf. Die Hochzeit selber schließlich hätte europapolitischer nicht sein können. Der englische König Jakob hatte mehrere Jahre gezögert, bis er in die Ehe seiner Tochter Elisabeth mit Friedrich einwilligte. Der Grund war rein politisch: Nach der Ermordung Heinrichs IV. von Frankreich 1610 gelangte Jakob zu einer Neubewertung der politischen Lage in Europa und näherte sich der Protestantischen Union im Reich an. Deren führende Köpfe waren bei dem pfälzischen Teil der Hochzeit anwesend.[53] Die Hoffnungen, die die Union in den englischen König setzte, sollten sich nicht erfüllen, auch scheiterten bekanntlich die weiteren europäischen Ambitionen, die Friedrich selber hegte; nur kurz hielt sich das hoffnungsfrohe Paar auf dem böhmischen Thron. Doch davon wußte man zur Zeit der Festzüge noch nichts – die europäischen Ambitionen waren ungebrochen: *Magna Spes Europae!*

Das semiotische Programm der Festlichkeiten für Elisabeth und Friedrich schließt diese Europaambitionen ein. Die Allegorie auf Rhenus und Palas hat drei Bedeutungsebenen fortschreitender Komplexität: Die erste Ebene bezeichnet den Ort (Rhein und Pfalz), was nicht einfach den geographischen Raum meint, sondern vor allem, wie im beschreibenden Text ausgeführt, etymologische Bezü-

---

50 Beschreibung, S. 132 f.
51 Beschreibung, S. 134.
52 Beschreibung, S. 140 (Kap. 21).
53 S. Helen Watanabe-O'Kelly, The Iconography of German Protestants Tournaments in the Years Before the Thirty Years War, in: Chloe. Beihefte zum Daphnis, Band 15: Image et spectacle (Colloque Tours 1989), S. 47–64, hier S. 49. Auf die Europa-Ikonographie geht die Autorin in dem Aufsatz nicht ein.

ge zu den Hauptakteuren, dem Kurfürstenpaar der Pfalz, herstellt. Dies führt unmittelbar auf die zweite Ebene, zum gerade an der Herrschaft befindlichen Kurfürstenpaar Friedrich und Elisabeth. In der dritten Bedeutungsebene werden die europapolitischen Ambitionen, die eminent konfessionspolitisch sind, aufgenommen. Das Kurfürstenpaar herrscht nicht nur über die Pfalz, sondern, und das war der eigentliche Zweck der Eheschließung, soll den Protestantismus zum Sieg in Europa führen. Die Allegorie nimmt eine heilsgeschichtliche Einordnung des Paares vor: Die „Pfalzgraffen Churfürsten" haben ihren Namen vom „edlen und mächtigen Fluß", d.h. von der (von Gott geschaffenen) Natur, und Friedrich ist es verheißen, die protestantische Konfession, d.h. die einzig wahre, zum europäischen Sieg zu führen. Die Attribute der Palas sind deshalb keine spezifischen Attribute nur der Palas[54], vielmehr sind sie – der oben zitierte Text deutete dies selbst in bezug auf die Positionierung des Schlosses auf dem Haupt der Palas an: TERRA capite turrito – der Rüstkammer der in Europa verbreiteten Allegorien entnommen. Das Schloß auf dem Kopf erinnert sehr an den – sich an die Engelsburg in Rom anlehnenden – Tempietto als Attribut der Europa. In der zeitgenössischen Wahrnehmung galt das Heidelberger Schloß als Zentralort des Protestantismus. Natürlich handelt es sich um eine Verfremdung oder genauer gesagt um eine protestantische Anverwandlung, aber die Protestanten des Reichs setzten auf Friedrich und den Sieg der wahren, nämlich der protestantischen Religion, große Hoffnungen. Das mag erklären, warum das Schloß nicht in der Hand, wie meistens bei den Europaallegorien der Tempietto, sondern auf dem Kopf getragen wird: Sinnbild des künftig protestantischen Europas.

Europaallegorien mit entblößtem Oberkörper und Füllhorn sind für diese Zeit belegbar.[55] Die „Beschreibung" thematisiert den entblößten Oberkörper nicht, da vermutlich nicht erforderlich, dem Füllhorn wird eine übliche Bedeutung zugewiesen: „zu anzeig der herrlichen fruchtbarkeit und stattlichen Weinwachs".[56] Die Verbindung von Erdteilallegorien mit Flußgöttern ist gängig, wie Rubens' Allegorie der vier Erdteile (um 1615) zeigt.[57] Schließlich sind auch Europaallegorien mit dem Attribut des Zweiges schon vor 1600 bekannt.[58] Der Zweig bedeutet nach Aussage der zitierten „Beschreibung" die „Streitbarkeit", die nicht nur zum Klischee der Deutschen, sondern zu den gängigen Eigenschaften Europas zählte.

Die Tatsache, daß diese Attribute und ihre Bedeutungen je für sich genommen auch mit der Europaallegorie um 1600 bereits verbunden werden, beweist noch nicht, daß es sich bei der „Palas" „eigentlich" um eine Europa handelt bzw. handeln soll. Die allegorische Figur bedeutete vielmehr dreierlei: Palas, Elisa-

---

[54] Natürlich können bei den Allegorien, die politische Gemeinwesen bezeichnen, sehr spezifische Attribute, die unübertragbar sind, auftreten, das ist aber bei der Palas hier nicht der Fall.

[55] S. z.B. François Briot, Zinnschüssel, Montbéliard (= Mömpelgard), um 1600; Abb. Nr. 170 in: Die Verführung der Europa, S. 169.

[56] Beschreibung, S. 134.

[57] Für Europa ist dies in der Regel die Donau, dargestellt als Flußgott.

[58] Vgl. die Kupferstiche von Etienne Delaune, Paris 1575; Abb. u.a. in: Die Verführung der Europa, Nr. 168, S. 167.

6. Einzug Ludwigs XIV. und Maria Theresias von Spanien in Paris 1660. Triumphbogen an der Porte de la Ville, in: Préparatifs dans la Ville de Paris, in: L'Entrée triomphante, Paris 1662, nach S. 7, Kupferstich

beth und, auf der dritten Bedeutungsebene, Europa. Die mehrdeutige Palas ist eine eklektische Figur, und der Eklektizismus ist vor dem Durchbruch der Methoden des wissenschaftlich-rationalen Denkens eine der zentralen Methoden der Bedeutungsvermittlung in der Frühen Neuzeit.

Schauen wir uns noch ein anderes, aber nicht unähnliches Beispiel an, einen der Triumphbögen anläßlich des Einzugs von Ludwig XIV. und Maria Theresia von Spanien 1660 in Paris: Der Triumphbogen an der Porte de la Ville zeigte an der in Richtung Faubourg Saint-Antoine blickenden Fassade Ludwig auf dem Thron, ihm zu Füßen die höchsten Magistrate der Stadt Paris und rechts über Ludwigs Kopf schwebend eine allegorische Figur, die laut zeitgenössischer Beschreibung eine Göttin ist und die Königin darstellt: „la Reyne en l'air sous la figure d'une Deesse".[59] Die Königin schüttet ein Füllhorn voller Blumen aus. Unter dem Bild war auf einer Marmortafel eine lateinische Inschrift angebracht, deren Text in der französischen Übersetzung der Beschreibung lautete: „A Louys le Donneur de Paix. Pleux, Heureux, Auguste, Pere de la Patrie; qui apres auoir estendu les bornes du Royaume par la paix, & par la guerre, nous ramene par son retour, la fœlicité des temps, & la joye publique affermies par une double Alliance, de la Paix auec l'Espagne, & des nopces auec Marie Therese d'Austriche. Les Prevost des Marchands, les Escheuins, & les Bourgeois de Paris ont posé ce monument de leur allegresse, de leur amour, & de leur religion, enuers leur tresbon Prince."[60]

Die vollständigen Bedeutungen dieses Triumphbogens erschließen sich aus dem Dargestellten, der Inschrift, der gedruckten Beschreibung und dem, was nicht gesagt wurde, obwohl es offensichtlich war: Aufgrund der Inschrift kann die Allegorie als Felicitas gedeutet werden (so Möseneder). Dies ergibt eine erste Botschaft oder Bedeutungsebene: In den Mittelpunkt wird der ebenso siegreiche wie friedensbringende junge König gestellt, dem die Rückkehr der «félicité des temps» zu verdanken ist. Der Ort dieses glücklichen Moments ist Paris, das die Magistrate repräsentieren. Möglich wird dies, die zweite Botschaft und Bedeutungsebene, durch den Frieden mit Spanien und die Heirat mit Maria Theresia. Deshalb dürfte die Beschreibung die „déesse" mit Maria Theresia identifizieren. Nun wird aber Ludwig nicht nur als „Glücklicher" und „Père de la Patrie" bezeichnet, sondern auch als „Auguste". Es bleibt offen, ob das Adjektiv «auguste» gemeint ist oder Augustus (letzteres ist für Ludwig möglich und üblich). Die Heirat bedeutete sehr viel mehr, als die Inschrift zu erkennen gab; dieses „mehr" ergibt sich wiederum aus weiteren Installationen des Festparcours: Der Grund der Heirat war europapolitischer Natur: Mit dem Pyrenäenfrieden und der französisch-spanischen Hochzeit habe Ludwig nicht nur den beiden Ländern, sondern der ganzen Welt (auf einem anderen Triumphbogen durch einen Globus ange-

---

[59] [Anonym]: L'Entrée triomphante de leurs maiestez Louis XIV. ... dans la ville de Paris..., Paris 1662, Text im Abschnitt „Préparatifs dans la Ville de Paris", S. 7 mit den Abb. des Triumphbogens anbei. Reprint bei Karl Möseneder, Zeremoniell und monumentale Poesie. Die „Entrée solennelle" Ludwigs XIV. 1660 in Paris, Berlin 1983, gezählt als Abb. 1–108; Möseneders Beschreibung S. 91.

[60] L'Entrée triomphante, S. 8.

zeigt) Frieden gegeben. Der Heiratsvertrag sicherte Ludwig unter bestimmten Voraussetzungen einen Erbanspruch auf Spanien. Der König schien durch diese Heirat auf dem besten Weg, mächtigster Herrscher Europas zu werden. Es war Maria Theresia, die ihm gewissermaßen Europa zutrug. Das semiotische Programm der Festinstallationen in Paris 1660 sparte nicht mit Hinweisen auf den europäischen Hintergrund: Paris wird in der zitierten Beschreibung als schönste Stadt Europas, Frankreich als das blühendste Land Europas bezeichnet. Die dritte Botschaft und Bedeutungsebene des Triumphbogens lautet, in Blickrichtung von unten nach oben, gelesen: Paris (die Magistrate) – die schönste Stadt Europas; Frankreich (Ludwig, „père de la patrie") – das blühendste Land Europas; Europa (die polyvalente Allegorie) – das politische Ziel.

Ist es ikonologisch zulässig, in der Allegorie über die Felicitas und Maria Theresia hinaus auch Europa zu erkennen? Krone, Füllhorn und halbentblößte Brust sind (wie im Fall der Palas) so allgemeine Attribute, daß sie über die konkrete Person hinausweisen. Die verwendeten Attribute sind solche, die auch bei gängigen Varianten der Erdteilallegorie Europa eingesetzt wurden. Maria Theresia sollte für Ludwig und Frankreich sicher eine Felicitas sein, aber diese Rolle spielte sie aus ausschließlich politischen Gründen. Wie man weiß, hatte Ludwig sein Herz ja an ganz andere Damen vergeben, die ihm Mazarin nur mit Mühe und Hinweisen auf die Staatsräson austrieb. Im wesentlichen sollte Maria Theresia ihm eine Europa sein. Prosaisch ausgedrückt: Sie war das notwendige Werkzeug zur Verwirklichung dieser Ambitionen.

Die Argumentation ließe sich wahrscheinlich verdichten, wenn es gelänge, Kontinuitäten in der politischen Verwendung des Europamythos und der Europaallegorie in Frankreich seit 1571 aufzuzeigen. Das kann im Rahmen dieses Aufsatzes nicht geschehen, aber zumindest soll ein propagandistisches Zwischenglied geliefert werden, Jean Desmarets de Saint-Sorlins *Evrope. Comedie Heroiqve* von 1643.[61] Das Stück ging auf einen Auftrag Richelieus zurück, der jedoch die Erfüllung des Auftrags nicht mehr selbst erlebte. Desmarets war im übrigen auch Ludwig XIV. ein zuverlässiger Propagandist.[62] Der Frontispiz[63] zeigt, worum es geht, um ein antispanisches Propagandastück. Spanien in der Gestalt des „Ibere" „versucht Europa in Ketten zu legen"[64] und sich zu unterwerfen. Ibere ist in Liebe zur Europa entbrannt: „Ie brûle pour Europe, & ma fortune est telle … Europe, belle Europe, objet de mon amour".[65] Da das Werben um die standhafte Europa nichts nützt, will Ibere Gewalt anwenden. Frankreich («Francion») kommt ihr als edler Ritter zu Hilfe. Europa wird also nicht geraubt, vielmehr gibt es am Ende Frieden. Sie wird niemandes Braut, doch ist Francion ihr Favorit.

[61] Vgl. Schmale (Dir.), Internet-Datenbank 17. Jahrhundert, hier: Jean Desmarets de Saint-Sorlin (Paris 1643) – Artikel und Autopsie von Rolf Felbinger, in: http://www.univie.ac.at/igl.geschichte/europaquellen/quellen17/desmaretsdesaint-sorlin1643.htm.

[62] S. Peter Burke, Ludwig XIV. Die Inszenierung des Sonnenkönigs, Frankfurt 1995, S. 109.

[63] Frontispiz in Schmale (Dir.), Internet-Datenbank 17. Jahrhundert, in: http://www.univie.ac.at/igl.geschichte/europaquellen/quellen17/desmaretsdesaint-sorlin1643-frontispiz.htm

[64] Felbinger, ebd.

[65] Zit. nach Felbinger, ebd.

Bevor Ludwig XIV. als europäischer Friedensbringer, so die heimische Propaganda, die Rolle des Francion übernahm, wurde die Europaikonographie in den Dienst seiner Mutter, Anna von Österreich, gestellt, die sehr aktiv an der Leitung der Staatsgeschäfte teilhatte, bis sie 1661 Ludwigs Alleinherrschaft weichen mußte. Hinzuweisen ist in diesem Zusammenhang auf eine Europa als Erdteilallegorie in der „Salle du conseil" Annas im Schloß von Vincennes von Michel Dorigny (1617–1665), einem der wichtigsten Künstler am französischen Hof zur Zeit Mazarins: eine *europa triumphans*, über der ein Amor mit einem Olivenzweig schwebt. Besondere Attribute dieser Europa sind Pferd und Waffen.[66] Es handelt sich nicht unmittelbar um den Typus einer Europa-Minerva, lediglich die Attribute verweisen darauf. Anna hatte sich anläßlich der Entrée von 1660 mehrfach auf den Triumphbögen darstellen lassen, unter anderem auch als ratgebende Minerva. Das Königspaar hielt sich im übrigen einige Tage im Schloß von Vincennes auf, da die Stadt die Vorbereitungen zur feierlichen Entrée noch nicht abgeschlossen hatte. Der *Prévôt des marchands*, Haupt der Stadt Paris, suchte das Paar dort auf und hielt, getrennt vor dem König und der Königin in verschiedenen Räumen je eine Willkommensrede. Ob er in der „Salle des conseils" vor dem König sprach, wird nicht vermerkt, vor der Königin jedenfalls lobte der *Prévôt* Paris als die erste Stadt Europas.[67]

Es wäre ein Bruch gewesen, die Europathematik nach 1660 nicht in das propagandistische Programm für Ludwig XIV. zu übernehmen. In Schloss und Park von Versailles spielte sie dann auch eine kaum zu übersehende Rolle.

5. Metamorphose des Europamythos: Der Mythos als Utopie

Die vorstehenden Beispiele sollen noch in etwas allgemeinerer Form überdacht werden. Der Einsatz einer der möglichen Europafiguren „vereinfachte" komplexe Zusammenhänge auf emblematische Weise, aber gerade bei ausgedehnten Festinszenierungen war eine Vereinfachung anders als im einzeln vertriebenen Kupfer oder Auftragsgemälde, das für einen Innenraum bestimmt war, nicht zwingend erforderlich. Die Zerlegung des Europathemas in seine Einzelheiten war bei der habsburgischen Hochzeit 1571 zu bemerken gewesen; auch der Triumphzug Wilhelms III. führte an mehreren Stationen vorbei, wo bestimmte Qualitäten, die Europa zu Europa machten, dargestellt waren. Sinngemäßes gilt für die Pariser Entrée von 1660. Die bei solchen festlichen Gelegenheiten hergestellten Bezugnahmen auf die Europa erschöpften sich also nicht in der Europafigur, diese konnte sogar in den Hintergrund, sprich: die dritte Bedeutungsebene, zurücktreten. Es gab eine ausgefeilte Technik des Verweises, mit der Assoziationsketten ausgelöst wurden und die durch die Vielzahl möglicher Attribute der Europa erleichtert wurde. Diese Attribute zeigten charakteristische Eigenschaften Europas an und konnten auf verschiedene Szenen verteilt werden. Die einen

---

[66] Abb. bei Bartillat/Roba, S. 82.
[67] Vgl. L'Entrée triomphante, Abschnitt „Retour du Roy et son seiovr a Vincennes", 3 Seiten (Abb. 9, 10, 11 bei Möseneder).

bezogen sich auf das Christentum, die anderen auf eher weltliche Eigenschaften, die nächsten auf kulturelle Merkmale, und wieder andere illustrierten Überfülle und Reichtum des Kontinents. In der historisch-geographisch sowie politisch beschreibenden Literatur wurden, wie z.B. bei Samuel Chappuzeau (1667) oder August Bohse (1698), diese Eigenschaften ebenfalls ausgebreitet.[68] Schon die Europa der Antike war in sehr verschiedenen Zusammenhängen eingesetzt worden, sie übernahm Identitätsmerkmale der Göttinnen Demeter, Aphrodite oder Minerva.[69] Es ist hier nicht der Ort, die Geschichte der Attribute der Europa zu schreiben, aber wie die schon skizzierte Vermischung der Typen von Europafiguren zu geradezu unzähligen Varianten führte, gab es auch in der Wahl der Attribute großzügige Grenzen. Das, was möglich war, ging weit über das hinaus, was Cesare Ripa in der *Iconologia* zu „Europa" zusammengestellt hatte.

Sabine Poeschel hat für die Erdteilallegorie gewisse geographische Schwerpunkte hinsichtlich der Nutzung ganz bestimmter Attribute herausgearbeitet.[70] Dies wäre sinngemäß einmal für alle Typen von Europafiguren zu unternehmen.

Grundsätzlich wird im Lauf der Frühen Neuzeit Europa zunehmend als „Kultur" wahrgenommen. Die Elemente dieser Kultur werden in der Ikonographie durch die Attribute der Europa angegeben. Aber auch die Europa-Imago, die frühen Erdteilallegorien, die sich kaum von einer Allegorie der *respublica christiana* unterscheiden, und die mythologische Europa, christlich anverwandelt oder nicht, sind nicht „kulturlos". Der seit dem 15. Jahrhundert bewußt gewordene und besonders seit dem 16. Jahrhundert propagandistisch in der Antitürkenpropaganda aufgeblähte Unterschied zu den Osmanen und auch die Betonung der Unterschiede zu den anderen Erdteilen rekurrieren auf ein kulturelles Europakonzept. Es wurde nicht „Kultur" genannt wie im 18. Jahrhundert, aber in der wissenschaftlichen Beschreibung aus heutiger Sicht handelt es sich schon im 16. Jahrhundert auch um kulturelle Europakonzepte. Die Elemente dieser Konzepte einer europäischen Kultur, die gegen andere mit Erdteilen identifizierte Kulturen abgegrenzt wird, werden durch die Attribute der Europafiguren wiedergegeben. Unter „Attributen" sind nicht nur jene Objekte zu verstehen, die der Europa aufs Haupt gesetzt, in die Hand gegeben, angezogen wurden, sondern auch religiöse, moralische und materielle Eigenschaften, die Europa zu Europa machten. Die *respublica christiana* war realpolitisch gesehen eine Fiktion, aber zerlegt in ihre Eigenschaften war sie keine Fiktion. Diese Eigenschaften werden durch die vielen anderen gängigen Allegorien ausgedrückt (Prudentia, Justitia, Sapientia, Abundantia usw., alle mit ihren jeweiligen Attributen). Entweder werden sie

---

[68] Vgl. Schmale (Dir.), Internet-Datenbank 17. Jahrhundert, hier: Samuel Chappuzeau (Genf 1667) – Artikel und Autopsie von Alexander Wilckens, in: http://www.univie.ac.at/igl.geschichte/europaquellen/quellen17/chappuzeau1667.htm; August Bohse (Frankfurt, Leipzig 1698) – Artikel und Autopsie von Rolf Felbinger, in: http://www.univie.ac.at/igl.geschichte/europaquellen/quellen17/bohse1698.htm.

[69] Zur Antike s. Eva Zahn, Europa und der Stier, Würzburg 1983 sowie Lexicon Iconographicum Mythologiae Classicae, Band IV, 1–2, München 1988.

[70] Sabine Poeschel, Studien zur Ikonographie der Erdteile in der Kunst des 16.–18. Jahrhunderts, München (Diss.) 1985.

zusammen mit einer der Europafiguren im selben Bild untergebracht, oder sie tauchen nacheinander in szenischen Umzügen oder feierlichen Entrées und Triumphzügen auf. Manchmal wird vereinfacht, dann wird der Europa das Füllhorn selber in die Hand gedrückt, um den zum Topos gewordenen Überfluß, der in Europa herrsche, auszudrücken, oder es tritt die Allegorie des Überflusses selber auf etc. Es verstand sich von selbst, daß die allenthalben eingesetzten politischen allegorischen Figuren wie die Venezia, Francia, Austria usw. in dieser Beziehung nicht nachstanden. Zwar unterstrichen sie das jeweilige besondere politische Gemeinwesen, aber es galt als Teil des Allgemeinen; der Ausdruck der Teilhabe am allgemeinen Europäischen wurde durch die Übertragbarkeit der Attribute gesichert. In der hier einschlägigen Ikonographie – der der Allegorien und Eigenschaften – war Europa selbst dann präsent, wenn nicht unmittelbar auf eine der Europafiguren zurückgegriffen wurde. Damit soll nicht behauptet werden, daß Beliebigkeit herrschte. Was in welcher Situation und für welchen Anlaß ausgewählt wurde, d.h. welches semiotisches Programm entwickelt wurde, wurde sehr genau bedacht.

Die Hochzeiten der erwähnten Herrscher Karl IX., Friedrich V. oder Ludwig XIV. und die dazu gehörigen Festinszenierungen besagten kaum etwas anderes, als daß sie gleich Jupiter Europa als Braut heimzuführen gedachten. Die Festikonographie und die gedruckten Texte zur Beschreibung der Inszenierungen *post festum* transportierten diesen metaphorischen Gedanken. Das kann insoweit wörtlich genommen werden, als für diesen Zweck eine entsprechende Heiratspolitik betrieben wurde, und zwar nicht nur vom Haus Österreich. Anders als man vielleicht erwarten würde, reduziert sich der politische Gebrauch der dem Mythos entstammenden Europafigur nicht auf den Typus der *europa deplorans*; nicht nur der Dreißigjährige Krieg, sondern auch die vielen anderen Kriege des 17. Jahrhunderts hätten dazu genug Anlaß geboten. Die gesammelten Indizien deuten daraufhin, daß die seit dem 15. Jahrhundert virulente Vorstellung vom Herrscher, der sein Königreich zur Braut nimmt, mit Hilfe des Europamythos in eine ikonographisch ausdrückbare, da nicht so schockierend direkte, Devise der Art „der Universalherrscher nimmt die *respublica christiana europaea* zur Frau" transformiert wurde. In der Adaptierung des Mythos zeigte sich fast so etwas wie eine Utopie, ein Wandel von der eingangs besprochenen Fiktion hin zur politischen Utopie, bei dem pfälzischen Kurfürsten Friedrich, bei den französischen Herrschern nicht weniger als bei den Habsburgern (österreichische Linie) und bei Wilhelm III. Wenn der Mythos als Utopie eingesetzt wurde, erklärt dies freilich, warum der Europamythos nicht als allgemeiner Gründungsmythos in Frage kam und diese Rolle dem Jafet-Mythos überlassen blieb.

Europa – Herrscherin der Welt?
Die Erdteil-Allegorie im 17. Jahrhundert*

SABINE POESCHEL

Die Allegorien der vier Erdteile stellten eines der bedeutendsten und verbreitetsten Bildthemen barocker Kunst dar. Als aufwendige Wand- und Deckenfresken rühmten sie die Macht Ludwigs XIV. in Versailles und den Einfluß des Jesuitenordens in Rom, als Festdekorationen begrüßten sie in Neapel die Geburt des spanischen Infanten Philipp Prosper, und am Amsterdamer Rathaus dienten sie der städtischen Repräsentation.[1] Unter den Erdteilen nimmt Europa traditionell die Vorrangstellung für sich ein und erscheint als Herrscherin (Abb. 1). Dies mag aufgrund der politischen Situation der europäischen Expansion selbstverständlich erscheinen, auch ist der Anspruch absolutistischer Herrscherhäuser auf Weltgeltung erwartungsgemäß, dennoch vollzog sich im 17. Jahrhundert in den Darstellungen ein grundlegender Wandel, der ein neues Verhältnis der Europäer zu den drei übrigen bekannten Erdteilen spiegelt.

Die Einteilung der Erde in Kontinente war seit der Antike üblich und wurde von Historikern wie von Geographen vorausgesetzt, beispielsweise von Plinius d.Ä.: „Terrarum orbis universus in tres dividitur partes, Europam, Asiam, Africam."[2] Bezeichnenderweise aber formte sich die bildliche Darstellung der Erdteile in der Zeit der römischen Expansion. Die Staatskunst des *Imperium romanum* pflegte die Darstellung unterworfener Provinzen, die als hoheitsvolle weibliche Personifikationen mit landestypischen Attributen erfaßt wurden. Hadrian, der jede Provinz seines Reiches besuchen wollte, ließ zahlreiche seiner Münzen mit den Sinnbildern der kolonisierten Gebiete in Afrika und Asien schmücken. Diese antiken Darstellungen waren an eine politische Auffassung des Themas gebunden, die die römische Superiorität erklärt. Die Personifikation Italiens bzw. die Göttin Roma repräsentiert den europäischen Kontinent. Sie ist meist thronend dargestellt und ihre Attribute verweisen auf die militärischen Tugenden, die den Aufstieg des Imperiums bewirkten.[3] In der römischen Kunst wurden die Charakteristika der Erdteildarstellungen geprägt. Formal liegen diese in der Erfassung

---

* Dieser Beitrag basiert auf meiner Dissertation, Studien zur Ikonographie der Erdteile in der Kunst des 16.–18. Jahrhunderts, München 1985.
[1] Die Vier Erdteile von Charles Le Brun in Versailles, Grand escalier, 1674–1678, 1752 abgebrochen; Andrea Pozzo, Rom, Sant'Ignazio, 1688–1694; Feste celebrate in Napoli, per la nascita del serenissimo Prencipe di Spagna dall Ecc^mo Sigr Conte di Castiglio, Vicerè Capitan generale nel Regno di Napoli, Neapel 1658; Artus Quellinus d. Ä., Amsterdam, Rathaus, 1648–1655, vgl. Poeschel 1985.
[2] Plinius d. Ä., Plinii Secundi Naturalis Historiae, III, 1.
[3] J. P. C. Kent, Roman Coins, London 1978, S. 28–34.

Imperatrici decorata EVROPA corona,
Orbem quo sedet vt solio regina superbo.

Cum numero populi haud posset superare vel auro,
Viribus & valido sibi subdidit inclyta ferro.

1. Adriaen Collaert, Europa, um 1600, Kupferstich

als hoheitsvolle weibliche Personifikationen mit Attributen, die auch in die neuzeitliche Kunst übernommen wurden. Inhaltlich sind sie nach imperialen und wirtschaftlichen Interessen geformt, d. h. die Personifikationen huldigen kniend dem Kaiser, oder sie überreichen in Rom die begehrten Handelswaren. Mochten die Figuren Afrikas und Asiens auch durchaus respektvoll wiedergegeben sein, so erreichten sie jedoch nie die Hoheit einer Roma oder Italia. Sie waren die majestätischen Repräsentantinnen eines Kontinents, die freilich ihren Tribut an Rom entrichten mussten. Das Thema der Erdteile war somit von Anfang an politisch und diente der Repräsentation der Macht. Nach dem Untergang des Römischen Reiches waren diese Bilder sinnlos geworden und gerieten in Vergessenheit. Im Mittelalter blieb das Weltbild der drei Kontinente erhalten. Der dreigeteilte Globus *(orbis tripartitus)* wurde zum Symbol der Schöpfung Gottes oder der Macht Christi, größerer Raum wurde der Auseinandersetzung mit dem Bild der Erde im jenseitsorientierten Denken des Mittelalters nicht eingeräumt. Personifikationen waren bis zur Wiederbelebung des Themas im 16. Jahrhundert nahezu unbekannt.[4]

[4] Der *orbis tripartitus* findet sich z.B. als Attribut der Personifikation des Jus civile in Andrea da Firenzes *Triumph des Heiligen Thomas von Aquin* in der Spanischen Kapelle von

Illa quidem nostris dudum non cognita terris,
Facta brevi auriferis late celeberrima venis,
Visceribus scelerata suis humana recondens
Viscera feralem praetendit AMERICA clavam.

2. Adriaen Collaert, Amerika, um 1600, Kupferstich

Die neuzeitlichen Erdteilallegorien entstanden als Folge der Entdeckung Amerikas (Abb. 2). Mit dem neuen Erdteil war die Zahl der bekannten Kontinente nun auf vier gestiegen, womit sie in die Norm profaner Themen paßten. Die Zahl vier war kanonisch für den irdischen Bereich, er teilte sich in vier Himmelsrichtungen, vier Elemente, vier Jahreszeiten, vier Tageszeiten, nun auch in vier Kontinente. Darüber hinaus kam die Vierzahl auch den Bedürfnissen bildlicher Ausstattungen, insbesondere in Kirchen und Palästen entgegen, wo nun die vier Seiten oder Ecken beispielsweise einer Decke mit den Allegorien geschmückt werden konnten. Somit hat die Erweiterung der Zahl der Kontinente auf vier nach der Entdeckung Amerikas die Ausbreitung des Themas erleichtert. Dies ist

Santa Maria Novella in Florenz, ca 1350, und in Piero di Puccios *Cosmografia teologica* im Camposanto zu Pisa, ca. 1390, sowie in zahlreichen Buchmalereien, siehe Poeschel 1985, S. 15 – 20. Diese Schematisierung des Weltbildes resultierte aus der mittelalterlichen Vorstellung von der Vollkommenheit der Schöpfung, vgl. Georges Grosjean und Rudolf Kinauer, Kartenkunst und Kartentechnik, Bern und Stuttgart, 1970, S. 20: „Den denkenden Menschen des Mittelalters interessiert die wirkliche Gestalt der Erde nur wenig. Er sucht vielmehr durch Stilisierung und Abstraktion zum hintergründigen, vollkommenen Bilde zu gelangen. Er will vom konkreten, unregelmäßigen Erdbild zum mystischen Weltbilde, zur Weltidee vorstoßen." Die Vierzahl für die irdische Welt wird mit der Dreizahl der himmlischen Trinität zur perfekten Zahl sieben addiert.

jedoch nur eine pragmatische Erklärung für die wachsende Bedeutung der Erdteilallegorien in der europäischen Kunst.

Nicht allein die Landung des Kolumbus bewirkte diese Entwicklung, sondern die europäische Expansion und Kolonialisierung des vierten Erdteils, und somit führte wiederum die Beherrschung der Kontinente zu ihrer Darstellung. Die im Laufe des 16. Jahrhunderts erfolgte Erkenntnis, daß es sich bei der Entdeckung des Kolumbus nicht allein um einige unbekannte Inseln oder um einen asiatischen Küstenstreifen, sondern um einen ganzen Kontinent handelte, schärfte das Bewußtsein der Europäer für die Existenz der übrigen Erdteile und die Idee der europäischen Überlegenheit.[5] Wie die Römer im Mittelmeerraum, so traten die Europäer im 16. und 17. Jahrhundert auf dem ganzen Erdkreis als Eroberer auf (Abb. 3). Die relativ mühelosen Eroberungen Amerikas und die überseeischen Besitzungen vor allem in der Neuen Welt, aber auch an der afrikanischen und indischen Küste sowie auf den ostasiatischen Inseln, steigerten das Selbstbewußtsein der Europäer enorm und führten zur Entwicklung der Idee der europäischen Weltherrschaft.[6]

Aus diesem Grunde begannen die Künstler unabhängig voneinander in verschiedenen Teilen Europas, die Kontinente wieder darzustellen. In Nordeuropa bildete die Handelsmetropole Antwerpen das Zentrum für die Entwicklung der Erdteilallegorien. 1564 wurden in der flämischen Hafenstadt erstmals die vier Erdteile in *tableaux vivants* als Herrscherinnen, deren Länder vom Güteraustausch profitieren, gezeigt.[7] Noch vor 1600 entstanden im Antwerpener Raum Kupferstichserien der Erdteile, so unter anderem von Marcus Geerhardts und Theodor Galle. In den nördlichen Niederlanden schuf Jan Sadeler eine 1581 datierte Kupferstichfolge nach Dirck Barendz. Diese weitverbreiteten Drucke interessierten ein Bildungspublikum, das durch die mit dem Atlantik verbundenen Handelsmetropolen unmittelbar mit den Auswirkungen der Expansion konfrontiert war. Italien war von dieser Entwicklung zunächst abgeschnitten. Nach der Entdeckung Amerikas und des Seeweges nach Indien verloren die Mittelmeerzentren an Bedeutung, was sich auch in einem völlig anderen Umgang mit dem Thema der Kontinente niederschlug, so im Fresko Giovanni de' Vecchis im Palazzo Farnese zu Caparola, wo die Erdteile eine Landkarte rahmen. Die Personifikationen sind, natürlich mit Ausnahme Amerikas, den antiken Münzbildern nachempfunden, was angesichts des archäologischen Interesses des Auftraggebers, Kardinal Alessandro Farnese, verständlich ist.[8] Die Darstellungen der Kon-

---

[5] Ab wann Amerika als Kontinent erkannt war, ist nicht genau ermittelt. Mit der Weltumsegelung Magellaes (1519–1522) wurde die Ausdehnung des Pazifischen Ozeans bekannt, doch hielt sich bis gegen Ende des 16. Jahrhunderts die Vorstellung von Amerika als „Schwanz des chinesischen Drachens".

[6] Vgl. Hugh Honour, The New Golden Land, London, 1975, S. 93: „The discoveries and conquests of the sixteenth century had slowly established not only the idea of four continents, but also that of European superiority."

[7] Shelley Williams, Les ommegangs d'Anvers, in: Jacques Jaquot, Les fêtes de la Renaissance, II, Paris, 1960, S. 52 f.

[8] Ecole française de Rome, Le Palais Farnèse, Rom 1980, Bd. 3, 1, S. 332–351. Zur Münzsammlung der Farnese siehe S. 361–386.

3. Joachim von Sandrart, Die vier Erdteile, 1634, Kupferstich

tinente sind in Italien erheblich seltener als in Nordeuropa, da sie nicht in preiswerten druckgraphischen Serien, sondern in aufwendigen Fresken erfaßt sind. Erst im 17. Jahrhundert wurde das Thema auch in Italien so relevant, daß es die monumentalen Darstellungen rechtfertigte.

Allen frühen Darstellungen ist jedoch die Vorrangigkeit Europas gemein. Geerharts und Galle zeigten die Personifikation als Königin, de Vecchi in Gestalt der Göttin Roma. Diese Haltung als Herrscher prägte die meisten Europa-Allegorien. Nur in Asien fanden die Seefahrer Formen von Macht und Kultur vor, die den eigenen vergleichbar, wenn nicht überlegen waren, doch in dieser Konfrontation wurde der europäische Primat durch das Christentum als der einzig wahren Religion begründet, die die westlichen Länder von der islamischen Kultur abhob. Die Darstellungen des Kontinents Asien sind bereits im 16. Jahrhundert von Eindrücken des Vorderen Orients geprägt, die von der christlichen Ikonographie her den Malern vertraut war, nicht von den fernöstlichen Großmächten, mit denen die Europäer Handelsabkommen trafen, die sie aber nie beherrschten.[9] Afrika und Amerika waren als Gebiete der heidnischen „Wilden" angesehen, die es zu zivilisieren galt. Somit sind die neuzeitlichen Erdteilallegorien wie die antiken vom europäischen Ethnozentrismus geprägt, wenn nicht durch diesen sogar hervorgerufen. Die Betonung der kulturellen Überlegenheit legitimierte die militärische Invasion der Europäer und wurde zum Thema der eigenen Glorifizierung. Die Hierarchie der Kontinente prägte zunächst kosmologische Darstellungen und floß dann in den Schmuck der Fürstenhäuser ein, wo sie die Geltung der absolutistischen Herrscher bzw. den Anspruch des Adels postulierten. Wie im Rom Hadrians, so war im neuzeitlichen Europa die Betonung der Weltmacht der eigentliche Sinn der Allegorien. Die militärische Vormacht Europas kreierte das neue Thema in der Kunst und bestimmte die eigene Ikonographie als Herrscherin der Welt.

Die allegorische Figur der Europa erscheint seit dem Aufkommen des Themas als Königin, versehen mit militärischen Attributen, die sie in die Nähe der geistreichen wie kriegerischen Minerva rücken wie schon die Göttin Roma, so beispielsweise in einem um 1600 entstandenen Kupferstich von Adrian Collaert. Die Annäherung der Personifikation an Roma-Minerva bezieht sich vorrangig auf ihre Bedeutung als Göttin des Krieges, weniger auf die Hüterin der Künste und Wissenschaften. Die martialischen Göttinnen kamen der Vorstellung der Europäer von der Repräsentation ihres Kontinentes näher als die dem Mythos nach von Zeus entführte phönikische Königstochter, die dem Erdteil den Namen gab, jedoch kaum für die Darstellung des Kontinents in Anspruch genommen wurde.[10] In der Bildunterschrift der Europa-Darstellung in einer Kupferstichserie

---

[9] Die Ansprüche der Europäer auf die Herrschaft im Vorderen Orient gründen sich auf das Oströmische Reich und die Idee der „Befreiung" der Heiligen Stätten aus der Hand der Muslime, vgl. Sabine Poeschel, Alexander Maximus. Das Bildprogramm des Appartamento Borgia im Vatikan, Weimar 1999, S. 27–30; mit weiterführender Literatur und grundlegend Stephen Runciman, A History of the Crusades, I–III Oxford 1954.

[10] Ein seltenes Beispiel ist Tiepolos Fresko in Würzburg, auf dem Europa mit dem Stier erscheint.

von Crispijn van de Passe von ca. 1600 wird Pallas erwähnt, die Europa ihre Waffen übergab: „Palladis arma mihi commedat Nympha". Die Legende von Jan Collaerts Stich führt die Kriegskunst an, die Europa zur Königin der Welt erhob: „orbem ...viribus et valido subdidit inclyta ferro". Collaert stellte Europa auf der Weltkugel thronend dar. Sie ist als Königin mit einer Krone und im Harnisch der Pallas/Minerva wiedergegeben, im Hintergrund sieht man kämpfende Heere. Die Siegerpose stützt sich vor allem durch die Eroberungen in der Neuen Welt, und die martialische Haltung gegenüber den Einwohnern anderer Kontinente begründeten die Europäer mit zivilisatorischen Verpflichtungen, insbesondere wiederum in Amerika.

Der Legitimation militärischer Intervention diente vor allem der Kannibalismus einiger Indianervölker, der neben der von den Entdeckern immer angeführten Nacktheit in die Allegorien einfloß. Diese Riten bedingten jedoch keine einhellige Verdammung, vielmehr finden sich auch sehr positive Beurteilungen der amerikanischen Völker, die Paradiesvorstellungen wecken oder die aus der Antike bekannte Idee vom edlen Wilden, der im Einklang mit der Natur lebt. Es setzte sich zunächst aber im Bild die Haltung der spanischen Conquistadoren durch, z. B. des Historiographen und Experten für Indianerfragen Gonzalo Fernández de Oviedo, der 1530 berichtete: „Aber von den Indianern und aus den Gegenden, die ich besuchte, weiß ich, daß es einige Sodomiten gibt und viele, die Menschenfleisch essen, Götzenanbeter sind, Menschen opfern und sehr lasterhaft sind. Es sind rohe Leute und ohne jedes Mitleid, denn ich habe gesehen, daß sie, wenn sie sterben wollen, kein Mitgefühl mit den Hinterbliebenen, Freunden und Nachbarn zeigen, sie sind vielmehr wie mitleidlose Bestien, und es gibt nur wenige, denen fremdes Leid Schmerzen bereitet, und auch viele von diesen haben kein Mitgefühl mit sich selbst, und aus Lust töten sie einander oder lassen sich töten".[11] In den von Adriaen Collaert nach Marten de Vos gestochenen Erdteilallegorien ist die Idee der kriegerischen Natur Amerikas so beherrschend, daß die Personifikation nicht vom Bild der Indianerin, sondern dem der antiken Amazone abgeleitet wird. Dementsprechend ist im Hintergrund der Kampf zwischen nackten Indianern und Conquistadoren wiedergeben, und es fehlt auch nicht die Kannibalenszene. Diese Degradierung begründete bekanntlich die beispiellose Gewaltausübung in Amerika, das Bild konfrontierte dabei das kultivierte Europa mit dem wilden Kontinent und die europäische Intervention erschien als zivilisatorischer Akt.

1593 erschien die erste, noch nicht illustrierte Ausgabe von Cesare Ripas *Iconologia*. Diese Kompilation allegorischer Figuren, gestützt auf antike sowie zeitgenössische literarische Quellen und Vorbilder, wurde bekanntlich zum wichtigsten "Nachschlagewerk" für die Künstler des Barock. 1603 erschien in Rom die erste illustrierte Edition des Werkes, die im Unterschied zur Fassung von 1593 auch Allegorien der Erdteile beinhaltet. In Ripas Auffassung der Erdteil-Allegorien wird die Diskrepanz zwischen Europa und den drei anderen Erdteilen

---

[11] Gonzalo Fernández de Oviedo, Historia y natura general de las Indias, zit. nach Ausst.Kat. Mythen der Neuen Welt, Berlin 1982, S. 58.

4. Cesare Ripa, Europa, 1603, Holzschnitt   5. Cesare Ripa, Amerika, 1603, Holzschnitt

besonders deutlich. Selbstverständlich erklärte er Europa zum vorrangigen Kontinent: „Europa è prima e principale parte del Mondo." (Abb. 4). Dabei berief er sich auf Plinius, der Europa trotz dessen geringer Größe als führenden Erdteil bezeichnete: „Primus ergo de Europa, altrice victoris gentium longeque terrarum pulcherrima, quam plerique merito non tertiam fecere".[12] Sie soll mit einer Krone als Königin der Welt wiedergegeben werden. Von den zahlreichen im Text angeführten Attributen wurden in die Holzschnittillustrationen folglich die Krone und weitere königliche Insignien aufgenommen. Die von Ripa angeführten Symbole der Kunst und Wissenschaft entfielen, hingegen wurden die Waffen und das im Krieg taugliche Pferd zur Illustration der militärischen Dominanz herangezogen: „Il cavallo, le più sorti d'armi [...] dimostrano che è stata sempre superiore à l'altre parti del mondo, ne l'armi."[13] Die weiteren weltlichen Kronen zu Füßen der Personifikation unterstreichen den Aspekt der Herrschaft. Ein neues Motiv in Ripas Europa-Allegorie ist der Tempietto, ein Kirchenmodell, das die Personifikation in der Art von Heiligen oder Stiftern präsentiert. Trotz der klassischen Form des Rundtempels ist hier eine christliche Kirche dargestellt, wie es aus Ripas Text hervorgeht: „Si rappresenta che tenghi con la destra mano il tempio, per dinotare ch'in lei al presente ci è la perfetta, & verissima Religione, & superiore à tutte l'altre."[14] Die christliche Religion wurde somit von Ripa nicht nur als unterscheidendes, sondern als ausschlaggebendes Kriterium für die Vorherrschaft Europas gewertet. Die christliche Religion, und darunter verstand Ripa

[12] Plinius d. Ä., Plinii Secundi Naturalis Historiae, III, 1.
[13] Ripa 1603, S. 334.
[14] Ripa 1603, S. 333. Der Zentralbau könnte sogar auf die Grabeskirche in Jerusalem oder auf einen Renaissancebau verweisen.

den Katholizismus, wie die Tiara und der Kardinalshut neben anderen In-signien zu Füßen der Europa belegen, wurde nach der Gegenreformation zu einem maßgeblichen Kriterium für die Dominanz Europas. In Ripas Europa-Bild verbindet sich die nach Plinius tradierte Vorstellung von der „altrix victoris gentium" mit dem zeitgenössischen Aspekt des Katholizismus. Diesem klar umrissenen Bild einer unangefochtenen Vorrangigkeit werden die übrigen Kontinente gegenübergestellt.

Die zu Anfang des 17. Jahrhunderts bereits festgelegte militärische, kulturelle und religiöse Diskrepanz zwischen Europa und den drei anderen Kontinenten machte Ripa besonders deutlich. Sein Bild Asiens ist nicht mehr von der Antike, sondern von zeitgenössischen Quellen bestimmt, wobei vor allem die in Europa begehrten Importwaren die Attribute des Kontinents darstellen.[15] Die Allegorie Afrikas ist hingegen nahezu gänzlich von der antiken Ikonographie geprägt. Besonders wirksam scheinen die hadrianischen Münzen gewesen zu sein, von denen die Attribute der Elephantenexuvien, der Kornähren und des Skorpions übernommen wurden.[16] Demgegenüber ist die Allegorie Amerikas nicht von einer bestimmten, erst recht nicht einer klassischen Bildvorlage geprägt, sondern summiert die in den Reiseberichten der Entdecker angegebenen Besonderheiten der Indianer (Abb. 5). Amerika soll ein „volto terribile" haben, eine Angabe, der die wenigsten Künstler, darunter der Illustrator, folgen konnten. Die Personifikation trägt einen phantasievollen Federkopfschmuck, Pfeil und Bogen, begleitet wird sie von einem kleinen Alligator. Das Gewand mit dem gelappten Saum und den eingestickten Bändern erinnert an eine Illustration aus Theodor de Brys illustrierten Reiseberichten der *America*-Reihe.[17] Als einzige Figur aus der Erdteilserie Ripas ist Amerika in einer Bewegung erfaßt, was zusammen mit dem in der Hand geschwungenen Pfeil auf die Wildheit des jungen Kontinents verweist. Ein pfeildurchbohrter Menschenkopf zu Füßen der Personifikation verbildlicht Grausamkeit und Kannibalismus. Von Amerika festigte Ripa somit das Bild einer nackten, aggressiven und von monströsen Reptilien begleiteten Menschenfresserin. Ihnen ist Europa als Königin, begründet auf militärische Größe, sowie auch als Hüterin der wahren Religion gegenübergestellt. Diese beiden Aspekte prägten fortan die Europa-Allegorie sowie ihre Konfrontation mit den übrigen Kontinenten, insbesondere Amerika.

Nach dem Abschluß der Eroberungen war das Thema im 17. Jahrhundert nicht mehr allein an die Kolonisierung gebunden, sondern wurde zum Träger unterschiedlicher Ideologien. Die Europa/Minerva als Verkörperung militärischer Tugenden trat nunmehr in unmittelbarem Zusammenhang mit der Herrschafts-

---

[15] Ripa zitierte insbesondere den Ethnographen Joannes Boemus, dessen Schrift Omnium gentium mores, leges et ritus, Freiburg 1536, in ganz Europa Verbreitung fand.

[16] Ripa 1603, S. 336 erwähnte diese Münzbilder, als weitere Quellen nannte er u.a. Horaz, Oden, I, 1-1, und Ovid, Metamorphosen, IV, 617-629. Die Autoren erwähnten insbesondere die im 17. Jahrhundert längst nicht mehr gültige Eigenschaft des Kornreichtums Afrikas. Dennoch wurde das Ährenbündel eines der häufigsten Attribute des Kontinents.

[17] Théodore de Bry, America, II, Frankfurt, 1591, Der König von Florida, Illustration nach Jacques Le Moyne.

6. Charles Le Brun, Europa und Amerika, ehem. Versailles, Grand Escalier, Rekonstruktion

7. Cosmas Damian Asam, Die vier Erdteile, Ingolstadt, St. Maria Viktoria, 1734, Fresko, Detail

darstellung auf, so im Marmorhof von Versailles, wo Pierre Legros sie für den kriegerischen König Ludwig XIV. darstellte. Fast erwartungsgemäß drangen die Erdteil-Allegorien am Hof des Sonnenkönigs in Versailles auch in die Monumentalmalerei vor. In Charles Le Bruns 1674 begonnener Freskierung des Treppenhauses, die 1752 einem Umbau zum Opfer fiel, trugen neben Fama und Gloria sowie Historienbildern die Darstellungen der Erdteile zur Glorifizierung des Königs bei (Abb. 6). In diesem Programm nahm auch Amerika eine besondere Position ein, die aus den mit Colbert vorangetriebenen kolonialen Interessen des Sonnenkönigs in Louisiana, Westindien und Kanada resultierte. Eine von einer Personifikation überhöhte Gruppe von Indianern als Vertreter des Kontinents rückte neben die der Europäer an die Frontseite des Treppenaufstiegs, an der sich die Büste Ludwigs befand. Die über dieses Treppenhaus eintretenden Botschafter sahen also den Sonnenkönig im Zusammenhang mit den Kontinenten, in denen sich seine Territorien befanden. Dieses Konzept wurde ab der zweiten Hälfte des 17. Jahrhunderts vielfach aufgegriffen. Die Allegorien der Erdteile gehörten bald ins „Standardprogramm" der Schlösser und Residenzen. Sie schmückten monumentale Treppenhäuser, Thronsäle, Konferenzzimmer, Rittersäle, Antichambres, Gardesäle und Schloßgärten. Dabei veranschaulichten sie nicht unbedingt die reale Herrschaft über die Territorien wie im Falle der französischen Könige, sondern einen Anspruch auf Weltgeltung, den sich im 18. Jahrhundert auch Duodezfürsten und Adelige anmaßten, so der Würzburger Fürstbischof Philipp von Greiffenclau und die venezianische Familie Pisani, die Tiepolo mit der Darstellung ihres Ruhmes in der Welt beauftragten.

Das neue Europa nach dem Friedensschluß von Münster und Osnabrück 1648 aber gab sich überwiegend friedlich und christlich. Neben den Herrschern nehmen sich jetzt auch Kirchen und Orden des Themas an, und die Figur der Europa wandelte sich vielfach von der Eroberin zur Religionsstifterin. Diese Kehrtwendung aber wird nicht immer verkraftet und verstanden, so zeigt sich auch noch im 18. Jahrhundert eine Europa im Harnisch als ikonographisches Relikt, ihr Kriegsroß ist indes zum Pegasus mutiert, wie z. B. im Deckenfresko von Cosmas Damian Asam in der Marienkirche von Ingolstadt (Abb. 7).

Nach den europäischen Glaubenskriegen wurde der Katholizismus zunehmend als maßgeblich für die Vorrangigkeit Europas in der Welt in Anspruch genommen, die Erdteilallegorien wurden ins künstlerische Repertoire der *Ecclesia triumphans* aufgenommen, und damit griff das Thema vom Bereich der profanen auf die sakrale Kunst über. Mit den in der zweiten Hälfte des 17. Jahrhunderts im Zuge der Gegenreformation einsetzenden katholischen Bildprogrammen änderte sich auch die Darstellung des Verhältnisses der Kontinente zueinander radikal. Das Thema der militärischen Expansion war für die Kirche nicht nutzbar gewesen, doch bediente sich der Katholizismus als missionarische Weltreligion der Allegorien in einer neuen Bedeutung. In den profanen Bildzusammenhängen wurde das Christentum Europas dem in Asien vorherrschenden Islam gegenübergestellt, und Afrika sowie Amerika wurden weiterhin als wilde, heidnische Kontinente gezeigt, wobei der vierte Kontinent aufgrund des geschichtlichen Hintergrundes der Legitimation vorwiegend negativ konnotiert

8. Gian Lorenzo Bernini, Donau und Rio de la Plata, Vierströmebrunnen, Rom, Piazza Navona, Nordseite, 1648–51

blieb.[18] Demgegenüber stellte sich in den ab der Mitte des 17. Jahrhunderts einsetzenden religiösen Programmen der Einfluß des Christentums auf das „jungfräuliche" Amerika als ein ausschlaggebender Faktor für die positive Darstellung des vierten Kontinents heraus. Nach den Einbußen des Dreißigjährigen Krieges in Europa bot die Amerika-Mission für die katholische Kirche einen Ausgleich an territorialer Herrschaft und religiösem Einfluß. Insbesondere der Herrschaftsanspruch der Päpste und der Missionseifer des Jesuitenordens rückten diesen Aspekt in den Vordergrund. Nach dem Schock der Kirchenspaltung und den Gebietsverlusten der Religionskriege gewann die Idee der weltumspannenden Gemeinde für die römische Kirche an Gewicht. Gemäß der Forderung Christi „Gehet hin in alle Welt und predigt das Evangelium aller Kreatur"[19] wurde der apostolische Auftrag erneut zu einem der vorrangigen Ziele der katholischen Kirche. In diesem Sinne wurden nun auch in der sakralen Kunst die Allegorien der Erdteile als Kürzel für die gesamte Menschheit, jede einzelne Seele, „alle Kreatur" eingesetzt.

Eine Schnittstelle zwischen profaner und sakraler Ikonografie bildet Berninis Vierströmebrunnen auf der Piazza Navona in Rom, wo erstmals der rein imperia-

[18] Vgl. Luca Giordano, London, Hazlitt Gallery, ca. 1690; Jan van Kessel, München, Alte Pinakothek, 1664-1666; Paolo Ligozzi, San Pietro di Cariano, Villa Saibante Monga, 1629.
[19] Markus 16,15.

listische Herrschaftsgedanke nicht mehr vorherrschte (Abb. 8). Das Monument repräsentiert den Anspruch Papst Innozenz' X. auf Weltgeltung, jedoch mit ekklesiologischem Hintergrund. Neben dem Fürstenlob demonstriert der Brunnen nach dem für die katholische Partei unbefriedigenden Schluß des Westfälischen Friedens die Herrschaft des päpstlichen Rom über die Erde, die den Rompilgern zum Jubiläum 1650 vorgeführt werden sollte.[20] Um das zum *Lumen Christi* umgedeutete Sonnensymbol des Obelisken mit der Friedenstaube, dem Wappentier Innozenz' X. an der Spitze, sind die Personifikationen der Hauptströme der Erdteile gelagert, die unterschiedlich auf den Obelisken reagieren. Diese Reaktionen sind von der Religionszugehörigkeit geprägt, wobei insbesondere die Figur des Rio de la Plata, des Vertreters Amerikas, den Missionscharakter des Monumentes enthüllt. Das Licht Christi erreicht alle Erdteile, doch nicht alle sehen es. Während Ganges als Repräsentant Asiens und Nil als Strom Afrikas unbewegt bleiben und sich vom Obelisken abwenden, sind Donau und Rio de la Plata ihm zugewandt. Donau als Vertreter des christlichen Europa stützt das päpstliche Wappen und blickt zu dem Obelisken mit der Taube auf, Rio hingegen erscheint geblendet niedergeworfen. Rudolf Preimesberger interpretierte diese Haltung als „aposkopein", vergleichbar der des Apostels Paulus im Moment der Bekehrung.[21] Aus der Dunkelheit des Heidentums erblickt der Vertreter Amerikas das göttliche Licht, sein Gestus verdeutlicht den Triumph des Christentums in der Neuen Welt. Dieser ist natürlich an den Papst gebunden, wie es die Taube aus dem Wappen des Papstes an der Spitze des Obelisken verdeutlicht. Innozenz X. erscheint als Ausgangspunkt und Mittler des göttlichen Lichtes.[22] Der Obelisk bezeichnet somit auch den Papst selbst, dem die Flußgötter als Repräsentanten der Kontinente huldigen.

Besonders bei der Darstellung der vormals so aggressiv wiedergegebenen Personifikation Amerikas wurde nun der Einfluß der römischen Kirche als ausschlaggebender Faktor für eine positive Wertung des Kontinents selbst wie seiner Beziehung zu Europa betont, was bereits im Vierströmebrunnen impliziert war. Der oben genannte apostolische Auftrag Christi: „Gehet hin in alle Welt und predigt das Evangelium aller Kreatur" prägte auch die Satzung des Jesuitenordens.[23] Die Personifikationen wurden auch in der sakralen Kunst als Empfänger des Gotteswortes eingesetzt, und erstmals erschienen Territorien als Thema der religiösen Kunst.

---

[20] Rudolf Preimesberger, Obeliscus Pamphilius, in: Münchner Jahrbuch der bildenden Kunst, 1974. Preimesberger interpretierte den Brunnen in erster Linie als Fürstenlob und versteht den Aspekt der Weltmission als Einengung.

[21] Preimesberger 1974, S. 134.

[22] Schon beim Pontifikatsantritt Innozenz' X. 1644 zeigte ein Festapparat die vier Erdteile vor der triumphierenden Roma, Anonymer Kupferstich, Biblioteca Apostolica Vaticana, vgl. Marcello Faggiolo dell'Arco/ S. Carradini, L'effimero barocco, Rom, 1978, Vol. 2, Fig. 231. Ein Pendant dieses Apparates zeigte dabei die Taube Innozenz' als Taube Noahs, die der Welt den Frieden brachte.

[23] Ignatius von Loyola, Die Satzung der Gesellschaft Jesu, in: H. U. von Balthasar (Hrsg.), Die großen Ordensregeln, Einsiedeln, Zürich, Köln, 1948, S. 304.

9. Andrea Pozzo, Die vier Erdteile, Rom, Sant'Ignazio, 1680–94

10. Johann Baptist Zimmermann, Der Triumph Mariens und die vier Erdteile, Steinhausen, St. Peter und Paul, 1731, Fresko

Ein prominentes Beispiel des Konzeptes katholischer Hegemonie ist Andrea Pozzos Deckenfresko der Jesuitenkirche S. Ignazio in Rom aus den Jahren 1688 bis 1694 (Abb. 9). Das von Christus ausgehende göttliche Licht wird vom heiligen Ignatius in die Welt geleitet, wie der Maler und Jesuit Andrea Pozzo sein Fresko beschrieb: „Essendo egli stato zelatissimo di propagar la religione Cattolica, e la Luce dell'Evangelio per tutto il Mondo."[24]. Europa nimmt souverän und selbstverständlich den Lichtstrahl entgegen. Sie erscheint als Königin, jedoch jetzt ohne militärische Attribute, nur das Pferd ist als traditioneller Begleiter geblieben. Im Kirchengebäude verweist sie auf bekehrte Afrikaner und Amerikaner. Mit der Huldigung Asias wird der heilige Franz Xaver glorifiziert, der wie kein anderer den missionarischen Eifer des Jesuitenorden verkörperte. Die auffälligste Figur ist die Personifikation Amerikas, die bewaffnet heftig gegen die Heiden und Häretiker ankämpft. Sie tut dies auf Geheiß der Europa, wie deren Befehlsgestus deutlich macht, somit ist ihre früher gegen die Europäer gerichtete Aggression ins Positive gewandelt. Vom Lichtstrahl Christi getroffen, bekämpft sie das Heidentum in ihrem Kontinent. Ihre Bewegtheit ist Ripas Amazone verwandt, doch das Motiv des Lanzen- oder Pfeilschleuderns auf einen Mann zur Darstellung des aktiven Kampfes gegen die Häresie ist im Zusammenhang mit den Erdteilallegorien neu und wird sich etablieren. Bezeichnenderweise wird das missionierte Amerika mit dieser Aktion gewürdigt. Dieses von der Mission geprägte Konzept der Jesuiten sollte sich in Titelkupfern und Frontispizen jesuitischer Schriften über ganz Europa verbreiten und schließlich auch die Fresken Cosmas Damian Asams in der Jesuitenkirche von Ingolstadt prägen.[25]

Die religiösen Darstellungen unterscheiden sich von den profanen auch in formalen Aspekten, die erneut die Beziehung Europas zu den Kontinenten spiegeln. Die Allegorien in Kirchen verzichten nicht auf exotischen Pomp, selbst wenn der ein selteneres Phänomen ist. Die sakrale Kunst verfolgte nämlich die Absicht, die Diskrepanzen in der Wertung der Kontinente abzubauen, wobei Europa jedoch der Primat blieb. Nahezu ausschließlich in den religiösen Programmen wurde die Trennung zwischen zivilisierten und unzivilisierten Erdteilen abgebaut. Amerika wurde in den seltensten Fällen noch als grausame Kannibalin gezeigt, denn die Mission und die Idee der Weltgemeinde schlossen eine Verdammung des Kontinents aus. Ohne größere Abstufungen wurden die „wilden Kontinente" in den Kreis der Bekehrten aufgenommen, die Personifikationen erscheinen jetzt z. T. bekleidet und sind als besonders eifrige Christen betont wie bei Andrea Pozzo. Dabei erfuhr gerade Amerika eine erstaunliche Wandlung. Erinnert man sich an die kriegerische Menschenfresserin des 16. Jahrhunderts, die dann in Pozzos Fresko zu der von Ignatius beseelten und von Europa animierten Kämpferin für den katholischen Glauben wurde, die schließlich als züchtig gekleidetes Mädchen mit gefalteten Händen vor Maria treten wird, wie z. B. in Johann Baptist Zimmermanns Fresko in Steinhausen von 1731, so wird der Wandel der Einstellung durch die kirchlichen Programme deutlich (Abb. 10). Im

---

[24] Andrea Pozzo, Brief an den Fürsten von Liechtenstein, 1694, ARSJ, FG 1345, zit. nach Bernhard Kerber, Andrea Pozzo, Berlin, 1971, S. 70.
[25] Kerber 1971, S. 73.

18. Jahrhundert hatte Amerika in den Augen der Weltkirche endgültig seine Schrecken verloren, die gottlosen Götzenanbeter und Menschenfresser wurden zu nahezu gleichberechtigten Kindern der *Mater Ecclesia*.[26] Die Vorrangigkeit Europas besteht nun in der Nähe zum wahren Glauben – Kreuz, Kelch und Hostie treten an die Stelle der Waffen.

Demgegenüber eignet sich das Thema der Erdteile nicht für die protestantischen Bildprogramme, denen die Ideologie der Weltmission fremd ist, und die Huldigung der Personifikationen ganzer Kontinente würde der in der evangelischen Lehre verankerten Gewissensfreiheit des einzelnen zuwiderlaufen. Aus diesem Grunde blieben die Erdteildarstellungen in evangelischen Kirchen äußerst selten. Ein Beispiel findet sich im Deckengemälde von Johannes Nieberlein *Die vier Erdteile verehren den Gekreuzigten* von 1774 in der evangelischen Spitalkirche von Dinkelsbühl. Europa ist wiederum als Königin wiedergegeben, die übrigen Kontinente sind als hoheitsvolle männliche Personifikationen erfaßt, was im 18. Jahrhundert keine Seltenheit mehr ist, und verneigen sich vor dem Gekreuzigten. Mit Ausnahme des christozentrischen Themas zeigen sich jedoch keine Besonderheiten einer speziell evangelischen Ikonographie der Erdteile. In protestantischen Gebieten blieben die Allegorien auch in profanen Zusammenhängen rar, und es entwickelte sich keine neue Ikonographie, wie z. B. an Artus Quellinus' Reliefs des Amsterdamer Rathauses aus den Jahren 1648 bis 1655 deutlich wird. Dort wurden die Erdteilallegorien nach der Tradition der Kupferstiche gebildet und mit Elementen aus Ripas *Iconologia* versetzt, sie huldigen der Personifikation Amsterdams wie einem absolutistischen Herrscher, aber sie zeigen weder ikonographisch noch programmatisch eine grundlegende Neuerung wie etwa bei Andrea Pozzo.

Das Thema der Erdteil-Allegorien erlosch überraschend schnell gegen Ende des 18. Jahrhunderts. Es verschwand mit den Faktoren, die es einst hervorgerufen hatten, denn die Weltmacht Europa wurde durch die amerikanische Unabhängigkeitserklärung 1776 erschüttert, 1774 wurde der Jesuitenorden aufgelöst, und 1789 leitete die französische Revolution das Ende des Absolutismus ein. Dennoch hätten die Darstellungen als Ausdruck des weltumspannenden Katholizismus in katholischen Bildprogrammen fortbestehen können, was durchaus vertretbar gewesen wäre, doch offenbar war die Repräsentation rein religiöser Hegemonie ohne politischen und militärischen Hintergrund in der Kunst nicht lebensfähig. So betont Jeremias Wachsmuth in seiner Illustration zu Johann Georg Hertels Ausgabe von Ripas *Iconologia* von ca. 1760 den religiösen Aspekt durch einen beherrschenden Tempietto, der den Blick auf liturgisches Gerät und den Kruzifix freigibt, die Personifikation Europas aber ist die kriegerische Minerva mit Lanze und Helm.[27] Die penetrante Demonstration politischer und

---

[26] Die gewalttätige Amerika findet sich im 18. Jahrhundert nur noch in profanen, meist dekorativen Bildprogrammen, wobei nicht selten auch eine erotische Komponente in die Konfrontation der bewaffneten weiblichen Personifikation mit niedergeworfenen Männern einfließt, siehe z. B. Francesco de Mura, Amerika, Turin, Palazzo Chiablese; Corrado Giaquinto, Amerika, Privatbesitz.

[27] Cesare Ripa, des berühmten italiänischen Ritters Caesaris Ripae allerley Künsten und Wissenschaften dienliche Sinnbilder und Gedancken, Augsburg o. J., ca. 1760.

kultureller Superiorität verhinderte die Anpassung der Europa-Allegorie an ein verändertes Weltbild und neue Konstellationen im Gegensatz zur Darstellung Amerikas im 17. Jahrhundert. Wenn sich eine veränderte Position der Europäer in einer neuen Auffassung von einem anderen Kontinent niederschlug, so ließ es jedoch ihr Anspruch nicht zu, Europa als nur einen Teil der Erde zu zeigen und nicht als den ersten. Dazu aber fehlten Ende des 18. Jahrhunderts die Voraussetzungen, und so verlor das Thema seine Bedeutung. Das neuzeitliche Bild Europas war allein das der Herrscherin der Welt.

Europa und die vier Erdteile bei Jan van Kessel

Karl Schütz

Jan van Kessel malte zusammen mit Erasmus Quellinus bald nach 1660 eine Serie von Allegorien der vier Kontinente Europa, Asien, Afrika und Amerika, die heute in der Alten Pinakothek in München ausgestellt sind.[1] Jeweils 16 kleine Bilder, die eine Stadt des Erdteils repräsentieren, umgeben eine Allegorie des Erdteils im Zentrum, die gleichzeitig den Hauptort des Kontinents darstellt. Die Namen der Städte sind auf kleinen Schildern an den originalen schwarzen Ebenholzrahmen angebracht (Abb. 1, 2). Die vier völlig gleichartigen, in der ursprünglichen Zusammenstellung erhaltenen Tableaus der Münchner Folge werden erstmals in der um 1716 verfaßten Beschreibung der Düsseldorfer Galerie erwähnt, befanden sich von vermutlich 1730 bis 1799 in der kurfürstlichen Galerie in Mannheim und gelangten dann nach München. Sie sind vielleicht identisch mit einer Folge, die im Nachlaßinventar des 1681 verstorbenen Antwerpner Silberschmieds Jan Gillis als Werke des Jan van Kessel erwähnt werden, wobei es weiter heißt, daß die Figuren von Erasmus Quellinus gemalt wurden.

Jan van Kessel hat mehrere Fassungen dieser Allegorien der Erdteile angefertigt, die Münchner Serie ist allerdings die einzige im Originalzustand erhaltene. Von einer zweiten, zeitlich vorangehenden, 1660 datierten Fassung sind nur mehr 40 der ursprünglich 64 Städtebilder im Museo del Prado in Madrid erhalten[2]; daneben existiert eine Reihe von Einzelbildern im Kunsthandel bzw. in Privatsammlungen.[3] Eine sehr viel später 1689 bzw. 1690 von Jan van Kessels Sohn Ferdinand van Kessel gemalte, formal wie ikonographisch stark vereinfachte und ebenfalls nicht in der originalen Form erhaltene Serie befindet sich heute in der Gemäldegalerie des Kunsthistorischen Museums (Abb. 3).[4] Sie entstand als Wiederholung einer durch einen Brand zerstörten Serie im Auftrag des Michael Antonius Hacki, Abt des Zisterzienserklosters Oliva bei Danzig,[5] wie aus der Inschrift *Antonio Hacki ub Oliva Rex Polon. Secretario FVKF 1689* auf der

---

[1] Ausst.Kat. Jan van Kessel d. Ä. 1626–1679, Die vier Erdteile, Alte Pinakothek München, bearb. v. U. Krempel, 1973; Norbert Schneider, Stilleben, Realität und Symbolik der Dinge, Köln 1989, S. 159–170.

[2] Kat. El Siglo de Rubens en el Museo del Prado, Catálogo Razonado de Pintura Flamenca del Siglo XVII, 2 Bde., bearb. v. M. Díaz Padrón u. A. Padrón Mérida, Barcelona 1995, S. 646 ff., Nr. 1554

[3] Z. B. Darstellung von Moskau und Brüssel, Privatsammlung Paris (Edith Greindl, Les peintres flamands de nature morte au XVIIe siècle, Sterrebeek 1983, S. 158).

[4] Ausst.Kat. Das Flämische Stillleben 1550–1680, Kunsthistorisches Museum Wien und Kulturstiftung Ruhr, Essen 2002, Kat. Nr. 31, bearb. v. K. Schütz, Lingen 2002.

[5] Grosses vollständiges Universal Lexicon Aller Wissenschafften und Künste, hrsg. von Johann Heinrich Zedler, Bd. 12, Halle und Leipzig 1734, Sp. 88.

290   Karl Schütz

1. Jan van Kessel d. Ä., Allegorie Europas, München, Bayerische Staatsgemäldesammlungen, Alte Pinakothek

2. Jan van Kessel d. Ä., Allegorie Europas, Detail (Mittelbild), München, Bayerische Staatsgemäldesammlungen, Alte Pinakothek

3. Ferdinand van Kessel, Allegorie Europas, Detail (Mittelbild), Wien, Gemäldegalerie des Kunsthistorischen Museums

Afrika zugehörigen Stadtdarstellung von São Salvador do Congo hervorgeht, und war für König Jan Sobieski von Polen bestimmt. Seit 1747/48 sind die Bilder, die auf Leinwand gemalten Mittelbilder und die auf Kupfer gemalten rahmenden Stadtansichten, bereits getrennt in der Wiener Schatzkammer nachweisbar. Von den ursprünglich insgesamt 64 Städtebildern sind einige im Lauf der Zeit verlorengegangen, heute sind noch 44 erhalten.

Jan van Kessel wurde 1626 in Antwerpen als Sohn des Bildnismalers Hieronymus van Kessel und dessen Gemahlin Paschasie, einer Tocher Jan Brueghels des Älteren geboren. Er gehört damit der großen Familie der Bruegel-Nachkommen an, die viele Maler hervorbrachte, u.a. auch David Teniers, der mit einer Halbschwester seiner Mutter verheiratet war. Mit diesen Namen ist auch das künstlerische Umfeld Jan van Kessels markiert, die kleinformatige Kabinettmalerei war sein bevorzugtes Tätigkeitsgebiet, seine rückwärtsgewandte und eklektische Kunst wurde oft mit der seines Großvaters Jan Brueghel verglichen, sie orientiert sich auch nach 1650 am Stil des ersten und zweiten Jahrzehnts des 17. Jahrhunderts.

Die Tafeln Jan van Kessels sind charakteristische Kunstkammerstücke. Dafür spricht ihr enzyklopädischer Charakter, die Kombination von Kunst und naturwissenschaftlichem Interesse, das kleine Format und die preziöse Ausführung für einen fürstlichen Auftraggeber. Die Anordnung der seitlichen Bilder um ein zentrales Mittelstück ähnelt einem Kabinettschrank[6] und läßt damit an ein Kunstkammerstück denken. Der Typus des Kabinettschranks, der die Vorlage für die äußere Form und die Gestaltung des Rahmenwerks der Tafeln von Kessel abgab, entstand im 16. Jahrhundert als Gebrauchsmöbel, u.a. um kleine und kostbare Sammlerstücke einer Kunstkammer aufzubewahren, und entwickelte sich im 17.Jahrhundert vor allem in Antwerpen zu einem Kunstobjekt aus verschiedenen Materialien und Techniken, aus kostbaren Hölzern mit Einlegearbeiten, Schildpatt, Elfenbein, Silberreliefs oder Malerei.[7] Wir vergleichen einen aus der Sammlung Lanckoroński, Wien, stammenden Antwerpener Kabinettschrank aus der Mitte des 17. Jahrhunderts mit 1653 datierten italienisierenden Landschaften von Jan Siberechts, die zu seinen frühesten Werken zählen (Abb. 4).[8]

Das charakteristische Motiv des Mittelbildes, das von mehreren kleinen, inhaltlich verbundenen Randdarstellungen umgeben wird, findet sich sowohl in der gleichzeitigen Druckgraphik[9] wie auch bei Landkarten des 17. Jahrhunderts,

---

[6] Ausst.Kat. München 1973, S. 10.

[7] Zu Antwerpener Kabinettschränken im allgemeinen: Ria Fabri, De 17de eeuwse Antwerpse kunstkast. Typologische en historische aspecten (Verhandelingen van de Koninklijke Academie voor Wetenschappen, Letteren en Schone Kunsten van Belgie, Klasse der Schone Kunsten, 53), Brüssel 1991; Monique Riccardi-Cubitt, Un art européen. Le cabinet de la Renaissance à l'époque moderne, Paris 1993.

[8] New York, Otto Naumann (1993), Ausst.Kat. The Age of Rubens, Boston 1993, Kat. Nr. 92.

[9] Romeyn de Hooghe, Allegorie auf den Aufstieg und Fall der Brüder Jan und Cornelis de Witt (Witten Wonder Spiegel), Radierung 1672 (F. W. H. Hollstein, Dutch and Flemish Etchings, Engravings and Woodcuts, ca. 1450–1700, vol. IX, Amsterdam o. J., S. 120, Romeyn de Hooghe Nr. 86; Abb. bei Bärbel Hedinger, Karten in Bildern, Hildesheim-Zürich-New York 1986, S. 68, Abb. 63.

4. Jan Siberechts, Kabinettschrank mit italienisierenden Landschaften, Privatbesitz

5. Johannes Vermeer van Delft, Allegorie der Malkunst (Ausschnitt), Wien, Gemäldegalerie des Kunsthistorischen Museums

die in ihren Randbordüren Ansichten verschiedener Städte darstellen. Damit ist nicht nur ein formal, sondern vor allem ein programmatischer Zusammenhang mit den Allegorien Kessels gegeben. Vergleichbar ist etwa eine der bekanntesten Landkarten der Niederlande, die Johannes Vermeer im Hintergrund seiner *Allegorie der Malkunst* wiedergegeben hat (Abb. 5) und deren präzise und zugleich alle Mittel der malerischen Illusion aufbietende Wiedergabe der dreidimensionalen Oberflächenwirkung ein Exempel der kompositorischen wie technischen Fähigkeiten Vermeers darstellt. Aufgrund der genauen Wiedergabe, die alle Details wie auch die Beschriftung, einmal Claes Jansz. Visscher wie auch PER NICOLAUM IOANNIS PISCATOREM, genau erkennen läßt, konnte diese Landkarte als Werk des Claes Jansz. Visscher (1587–1652), allerdings in einer späteren, nach 1652 gedruckten Ausgabe seines Sohnes Nicolaus Claesz. Visscher (1618-1679) identifiziert werden.[10] Es gibt nur wenige erhaltene Exemplare dieser Karte, ein teilweise beschädigtes befindet sich im Museum Skokloster in Schweden,[11] ein aus neun Einzelblättern – die niemals zu einer Wandkarte zusammengefügt und kaschiert wurden und offenbar allein aus diesem Grund bis

[10] James A. Welu, The map in Vermeer's Art of Painting, in: Imago Mundi, Journal of the International Society for the History of Cartography, 30, 1978, 9 ff.

[11] Den Hinweis auf dieses Objekt verdanke ich Herrn Prof. R. Quednau, Münster.

6. Claes Jansz. Visscher, Leo Belgicus, Landkarte der Niederlande, 1609–12

heute überdauerten – bestehendes in der Bibliothèque Nationale in Paris.[12] Die Randdekoration und die Landkarte wurden getrennt gedruckt. Claes Jansz. Visscher hatte schon bei seiner ersten großen Karte der Niederlande von 1609–12, in der die 17 Provinzen den Umriß des *Leo Belgicus* bilden, den Löwen mit allegorischen Figuren umgeben, den beiden weiblichen Personifikationen der beiden Landesteile, den nördlichen Provinzen der sogenannten Freien Niederlande und der südlichen Spanischen Niederlande, sowie der Landwirtschaft, des Wachstums der Städte und des Handels, die zusammen die Wohlfahrt des Landes darstellen, begleitet vom schlafenden Krieg und der Grenzwacht rechts. Auch hier finden sich in der Bordüre verschiedene Stadtansichten (Abb. 6).

[12] Welu 1978, S. 9.

In der grundlegenden Klassifizierung der Darstellungen der Erdteile durch Köllmann und Wirth,[13] der die weitere Literatur, vor allem Poeschel[14] im wesentlichen folgte, wurden die vier Bilder von Kessel in die Gruppe der vergleichsweise seltenen geographischen Erdteilallegorien eingereiht, „vornehmlich geographische Gesichtspunkte waren für die Entstehung von Jan van Kessels Erdteilbildern bestimmend".[15] Wenden wir uns allerdings einer näheren Betrachtung des Mittelbildes der Allegorie Europas (Abb. 2) zu, sehen wir, daß die Vielfalt der dargestellten Objekte und ihr unterschiedlicher Bedeutungsgehalt über eine von geographischen Gesichtspunkten geleitete Darstellung weit hinausgehen. Die Allegorie Europas erinnert auf den ersten Blick an die enzyklopädischen Stilleben Jan Brueghels, im besonderen an die zusammen mit Rubens gemalte *Allegorie des Gesichtssinns* aus dem Jahr 1617.[16] Hier wie dort ist ein prunkvoll ausgestatteter Raum mit zahlreichen Gemälden versehen, die bei Kessel der Personifikation Europas – und zugleich dem Betrachter – von der reich gekleideten männlichen Begleitfigur – vielleicht dem Künstler selbst ? – präsentiert werden. Er hält auf dem Stuhl ein Bild mit verschiedenen streumusterhaft verteilten Insektenstudien, auf der Staffelei wird ein Blumenstrauß in einer Glasvase gezeigt, daran angelehnt ist eine Landschaft mit verschiedenen Schmetterlingen sichtbar, davor ein kleines Bild mit der aus verschiedenen Würmern und Raupen gebildeten Signatur des Malers. Weitere streumusterartige Darstellungen von Insekten lehnen im Vordergrund und hängen an den Wänden. Die prominent betonte Rolle dieser Bilder verwundert nicht weiter, es sind Kessels eigene Werke,[17] sie gehen auf die Kabinettminiaturen von Joris Hoefnagel[18] als Vorbilder zurück, die um 1600 entstanden und die in der Kupferstichserie der *Archetypa* von Jacob Hoefnagel[19] verbreitet wurden.

Justus Müller Hofstede konnte als erster den vollen Sinngehalt der komplexen *Allegorie des Gesichts* von Brueghel und Rubens deuten, die zugleich Juno, Optica und Pictura darstellt.[20] Den Gesichtssinn ansprechend, öffnet die Malkunst die Augen für die christliche Heilswahrheit, und, ihr untergeordnet, für die gesamte Schöpfung, die durch ein Ensemble aus Kunstwerken, Naturalia und

---

[13] Erich Köllmann, Karl-August Wirth, Artikel „Erdteile", in: Reallexikon zur deutschen Kunstgeschichte, Bd. 5, Stuttgart 1967, Sp. 1107–1202, bes. Sp. 1141.

[14] Sabine Poeschel, Studien zur Ikonographie der Erdteile in der Kunst des 16.–18. Jahrhunderts, phil. Diss. Münster 1984 (= Studien zur Kunstwissenschaft, Bd. 3, München 1985), vor allem S. 117, 119, 136, 373 ff. (Kat. Nr. 59).

[15] Köllmann-Wirth 1967, Sp. 1141.

[16] Madrid, Museo del Prado; Kat. El Siglo, 1995, S. 264 ff., Nr. 1394.

[17] Vgl. z. B. Ausst.Kat. Wien-Essen 2002, Kat. Nr. 28–30.

[18] Vgl. z. B. Ausst.Kat. Wien-Essen 2002, Kat. Nr. 17–19.

[19] Ausst. Kat. Archetypa Studiaque Patris Georgii Hoefnagelii 1592 – Natur, Dichtung und Wissenschaft in der Kunst um 1600, bearb. v. Thea Vignau-Wilberg, Staatliche Graphische Sammlung München 1994; Ausst.Kat. Wien-Essen 2002, Kat. Nr. 20.

[20] Justus Müller Hofstede, „Non Saturatur Oculus Visu" – Zur „Allegorie des Gesichts" von Peter Paul Rubens und Jan Brueghel d. Ä., in: Herman Vekeman und Justus Müller Hofstede, Wort und Bild in der niederländischen Kunst und Literatur des 16. und 17. Jahrhunderts, Erftstadt 1984.

wissenschaftlichen Instrumenten, bei denen wiederum die optischen Geräte den wichtigsten Platz einnehmen, verkörpert sind. In der Hierarchie der Sinne kommt dabei dem Gesichtssinn die führende Rolle zu. Hypothetisch wäre zu überlegen, ob die Allegorien der Erdteile bei Kessel eine Nebenbedeutung als Allegorien der Sinne tragen, wobei Europa die privilegierte Stelle als Visualallegorie zukommt.

Die Allegorie Europas als gekrönte Frauengestalt im hermelinbesetzten Mantel mit Zepter, der ein Putto ein Füllhorn mit Früchten bringt, das Reichtum und Fruchtbarkeit symbolisiert, verkörpert eine Königin und stellt gleichzeitig die Stadt Rom dar. Durch den Torbogen erblickt man die Engelsburg, davor die kleine Figur des Herkules mit Keule und Löwenfell. Das Stilleben am Tisch mit Bibel, Kardinalshut, Tiara, den Schlüsseln Petri und einer Bulle Papst Alexanders VII., der auch im Porträt erscheint, zeigt Rom als Zentrum der katholischen Kirche und weist der Religion eine führende Rolle im Selbstverständnis Europas zu, die auch im Krieg – Schwert und Kreuzstab sind übereinandergelegt, ein Helm liegt neben der Bibel – zu behaupten ist. Weitere Waffen, Harnische, eine Fahne, Pauken, Pistolen sind auf der linken Bildseite gruppiert. Kunst, Wissenschaft, Religion und Krieg sind die Hauptthemen, dazu tritt das Spiel: Im Vordergrund sind ein Spielbrett, Spielkarten, ein Tennisschläger zu sehen, die zusammen mit dem Geldbeutel und den Münzen, der Sanduhr und den Seifenblasen ein Symbol der Vanitas darstellen. Die Statuen in den Wandnischen stellen die europäischen Königreiche dar.

Das Mittelbild in der Fassung Ferdinand von Kessels (Abb. 3) ist eine sehr vereinfachte und nach den Intentionen des Auftraggebers veränderte Kopie nach Jan van Kessels Bild in München. Die Anzahl der dargestellten Bilder ist ebenso reduziert wie die Vielfalt der Stilleben im Vordergrund. Der Verweis auf Rom ist reduziert auf das geistliche Stilleben am Tisch, zu dem ein Kommunionkelch auf der Brüstung hinzutritt. Die architektonische Gliederung des Raums wurde zur Aufnahme eines habsburgischen Bildprogramms mit Figuren in den Nischen verändert, eine Statue Kaiser Leopolds I. in der Mitte wird von Porträtmedaillons seiner Söhne Joseph I. und Karl VI. flankiert und von einem Porträt von Papst Innozenz XI. bekrönt. Das geht wohl auf einen Wunsch des Auftraggebers zurück, die Wiener Serie wurde für König Jan Sobieski von Polen in Auftrag gegeben, der mit Leopold I. verbündet war.

Das Mittelbild wird in der ursprünglichen, d.h. der Münchner Version Jan van Kessels erhaltenen Anordnung von 16 Darstellungen europäischer Städte umgeben, nämlich – beginnend rechts oben gegen den Uhrzeigersinn – Köln, Paris, Antwerpen, Madrid, Krakau, Prag, Brüssel, Kopenhagen, London, Konstantinopel, Venedig, Moskau, Stockholm, Lissabon, Wien und Amsterdam. Die Städtebilder kombinieren Landschaft und Tierstück, vor einer Vedute des Ortes finden sich einzelne oder mehrere für den Ort mehr oder minder charakteristische Tiere, bei den exotischen Orten auch Fabelwesen. Bei der Wahl seiner Vorlagen ging Jan van Kessel eklektisch vor. Die Landschaften sind überwiegend nach Braun und Hoghenberg kopiert,[21] für die Tierdarstellungen benützt Kessel so-

---

[21] G. Braun und J. Hogenbergh, Civitates Orbis Terrarum, Köln 1572–1618 (Ausst.Kat. München 1973, S.10).

7. Ferdinand van Kessel, Köln, Wien, Gemäldegalerie des Kunsthistorischen Museums

wohl ältere zoologische Werke und Reisebeschreibungen, wie den älteren Gesner oder die Cosmographie von Sebastian Münster,[22] und bedient sich der flämischen Tier-, Jagd- und Stillebenmalerei, vor allem der Werke von Frans Snyders, Jan Fyt und Paul de Vos.

Die Städtebilder im einzelnen:
1. Köln: Jagdhunde und Kühe, bei Ferdinand van Kessel eine Jagdszene, mehrere Jagdhunde fassen ein Wildschwein in der Art von Paul de Vos (Abb.7). Die Ansicht Kölns im Hintergrund vom rechtsseitigen Rheinufer aus, bei Ferdinand van Kessel nach anderer Vorlage als bei Jan van Kessel.
2. Paris: die Äsopsche Fabel von Fuchs und Reiher (Abb. 8) nach einer Komposition von Frans Snyders,[23] in der Version Ferdinands in Wien stark vereinfacht gegenüber Madrid und München. Die Landschaft zeigt Paris von Norden, bei Ferdinand van Kessel hingegen abweichend vom linken Seineufer mit dem Louvre und Notre Dame.
3. Antwerpen: ein Fischstilleben, im Hintergrund eine Ansicht der Stadt von der Schelde aus.

---

[22] Conrad Gesner, Historia animalium, Zürich 1551; Sebastian Münster, Cosmographie, Basel 1628 (Ausst.Kat. München 1973, S. 10).
[23] Stockholm, Nationalmuseum, Inv. Nr. 1486 (Ausst.Kat. München 1973, S. 11).

8. Jan van Kessel d.Ä., Paris, München, Bayerische Staatsgemäldesammlungen, Alte Pinakothek

4. Madrid: mit einer Tierstaffage aus Pfau, Jagdvögeln und Hirschen, der Pfau nach Jan Fyt,[24] die Ansicht von Madrid mit Alcázar und Stadtsilhouette in der Wiener Version abweichend.
5. Krakau: Bären und Wildschweine, im Hintergrund Pferde und Ziegen, der Bär wahrscheinlich nach Paul de Vos,[25] in der Version Ferdinands in Wien anstelle des zweiten Bären und des Wildschweins ein Elch.
6. Prag: Ziegen, Hasen und Eichhörnchen, im Hintergrund Ansicht von Prag von Süden aus.
7. Brüssel: verschiedene Wasservögel, Hühner und Singvögel.
8. Kopenhagen: verschiedene Fische mit einem Fischotter, im Hintergrund die Stadt vom Meer aus gesehen.
9. London: Truthähne und Hähne, bei Ferdinand van Kessel reduzierte und veränderte Kopie.
10. Konstantinopel: der „feindlichen" Stadt adäquate Raubmotive: Wölfe mit Lämmern, Eulen mit Singvögeln, Biber (?) mit einer erlegten Ente, die dem Bild eine sinistre Stimmung verleihen (Abb. 9).

[24] Vgl. Stilleben von Jan Fyt in Braunschweig, Nr. 135 (Ausst.Kat. München 1973, S. 11).
[25] Vgl. Bärenjagd, München, Alte Pinakothek Nr. 1267 (Ausst.Kat. München 1973, S. 11).

9. Jan van Kessel d.Ä., Konstantinopel, München, Bayerische Staatsgemäldesammlungen, Alte Pinakothek

11. Venedig: Fische und Krustentiere, bei Ferdinand die Fischgruppe als Hauptmotiv vergrößert und die übrigen Meerestiere weggelassen.
12. Moskau: Tierstaffage mit Stachelschweinen, Dachsen, Igel und Schlangen und einem Widder (Abb. 10).[26]
13. Stockholm: verschiedene Wasservögel und ein Bär im Hintergrund.
14. Lissabon: Tierstaffage mit Tintenfischen und Fischen nach München vereinfacht kopiert.
15. Wien: Adler und verschiedene andere Vögel.
16. Amsterdam: Kühe und Kaninchen, bei Ferdinand van Kessel vereinfachte, im Detail vergrößerte und um Eimer, Joch und Käselaibe gegenüber Madrid und München ergänzte Kopie.

Eine wichtige Quelle für die Tierdarstellung, zumal die exotische, ist die naturwissenschaftliche Illustration, die sich zum Stilleben weiterentwickelt, einmal im Kreis des Hofs Rudolfs II. u.a. bei Joris Hoefnagel,[27] zum anderen in Italien, wo sich zur gleichen Zeit etwa Ligozzi mit naturwissenschaftlichen Studien beschäftigte. Im frühen 17. Jahrhundert wird die Tradition vor allem im

---

[26] Wiederholung in Pariser Privatbesitz (Ausst.Kat. München 1973, S. 12; Greindl 1983, S. 158).

[27] Vgl. Ausst.Kat. Wien-Essen 2002, S. 61 ff.

10. Jan van Kessel d.Ä., Moskau, München, Bayerische Staatsgemäldesammlungen, Alte Pinakothek

Kreis des Cassiano dal Pozzo, etwa in den Vogelbildern des Florentiner Malers Antonio Cinatti weitergeführt.[28]

Auffallend ist weiter die häufig vorkommende Thematik des Tierkampfs, sowohl als Kampf zwischen Räubern und ihrer Beute, aber auch in allegorischer oder emblematischer Bedeutung, wie er sich schon bei Rubens vorgebildet findet.[29]

Im thematischen Zusammenhang der Bilder und der Konzepte Europas im 17. Jahrhundert ist die Frage zu stellen, nach welchen Gesichtspunkten Kessel oder seine Auftraggeber oder Ersteller des Programms die Auswahl der Städte getroffen haben, wodurch wird Europa repräsentiert, welcher Europabegriff steht hinter dem Konzept?[30]

---

[28] Antonio Cinatti, Paesaggio ornitologico, 2 Gegenstücke, London, Privatsammlung (Ausst.Kat. I Segreti di un Collezionista, Le straordinarie raccolte di Cassiano dal Pozzo 1588–1657, bearb. v. Francesco Solinas, Rom 2000, Kat. Nr. 106, 107).

[29] Etwa Tiger und Krokodil in den *Vier Weltteilen* (Wien, Gemäldegalerie des Kunsthistorischen Museums) oder die Raubkatzen im *Paradies* (zusammen mit Jan Brueghel d. Ä., Den Haag, Mauritshuis); vgl. weiters Paul de Vos, *Kampf zwischen Hahn und Pfau* (München, Kunsthandel; Ausst.Kat. Von Bruegel bis Rubens, Das goldene Jahrhundert der flämischen Malerei, Köln, Wallraf-Richartz Museum und Wien, Kunsthistorisches Museum, Köln 1992, Kat. Nr. 102.1).

[30] Daß in den Niederlanden des 17. Jahrhunderts der Begriff einer Einheit Europas zumin-

Die Auswahl der Städte geht einmal von der Heimat des Künstlers aus und zeigt drei niederländische Städte, Antwerpen, Brüssel und Amsterdam, dazu kommt mit Köln eine weitere Stadt aus dem näheren Umkreis. Ein Viertel, nämlich vier von insgesamt sechzehn dargestellten Orten liegt damit im engeren nordwestlichen Bereich des europäischen Festlands. Mitteleuropa ist mit drei Städten repräsentiert, neben Köln sind Wien und Prag dargestellt. Die übrigen Orte sind die Hauptstädte der damaligen europäischen Königreiche: Paris, London, Madrid, Lissabon, Kopenhagen, Stockholm, Krakau, Moskau, dazu Konstantinopel. Italien ist neben Rom – in prominenter Stelle der Mitteltafel – nur durch Venedig als souveräne städtische Republik vertreten. Athen hingegen ist bei den Städten Asiens eingereiht, ebenso wie in der Wiener Folge (das in der Münchner Fassung nicht dargestellte) Candia (Iraklion auf Kreta) Afrika zugeordnet ist.

Die Auswahl ist damit weder originell oder außergewöhnlich, sie unterscheidet sich mit ihrer Betonung der europäischen Hauptstädte nicht grundlegend von einer Zusammenstellung, wie man sie auch heute treffen würde.

Wesentlich interessanter vom modernen Standpunkt ist die Sicht des 17. Jahrhunderts auf das Exotische. Das Mittelbild Asiens stellt diesen Kontinent als kultiviert an die Seite Europas, während Afrika und Amerika als fremdartig erscheinen. Auffallend ist dabei jedenfalls, daß ein japanischer Samuraiharnisch und indonesische Musikinstrumente Amerika zugeordnet sind. Die Auswahl der außereuropäischen Städte widerspiegelt die Kenntnis des 17. Jahrhunderts, die sich im wesentlichen, aber nicht nur auf die Küstenorte beschränkt. In den Tierdarstellungen wird das Klischee der gefährlichen Wildnis transportiert, exotische Tiere sind mit Fabelwesen kombiniert. Eine weitere Untersuchung dieser Thematik, vor allem in der Gegenüberstellung Europas mit Außereuropa wäre lohnend, führt aber über die hier vorgegebene Thematik weit hinaus.

---

dest in geographischer Hinsicht völlig selbstverständlich war, geht aus den Europakarten des Jodocus Hondius (zuerst erschienen 1613), die von Joan Blaeu 1659 in einer zweiten Ausgabe gedruckt wurden, hervor. Eine solche Karte mit separat gedruckter Rahmung und einem Text mit der Beschreibung der europäischen Nationen bildet Johannes Vermeer im Hintergrund seiner *Lautenspielerin* (New York, The Metropolitan Museum) ab.

Peter Paul Rubens und der Mythos des christlichen Europa

ELKE ANNA WERNER

„Jene schmerzdunkle Frau aber, schwarzgekleidet und mit zerrissenem Schleier, und all ihrer Edelsteine und ihres Schmuckes beraubt, ist das unglückliche Europa, welches schon so viele Jahre lang Raub, Schmach und Elend erduldet ...".[1] Mit diesen Worten beschrieb Peter Paul Rubens die Personifikation des europäischen Kontinents auf seinem berühmten, um 1637/38 entstandenen Gemälde, das heute mit dem Titel *Die Folgen des Krieges* im Palazzo Pitti in Florenz aufbewahrt wird.[2] (Abb. 1) Diese emphatischen Worte bezeichnen eine weibliche Figur, die zu den eindringlichsten Europa-Darstellungen in der bildenden Kunst zählt und deuten zugleich ihre Beziehung zum politischen Kontext an.

Als das Bild entstand, herrschte in Europa seit fast 20 Jahren Krieg, der mit einer bisher nicht gekannten Grausamkeit weite Landstriche verwüstete und mit zunehmender Dauer die gesellschaftliche, politische und kulturelle Ordnung des Kontinents tief erschütterte. Rubens, der als Hofkünstler für die niederländischen Statthalter in Brüssel auch diplomatische Missionen übernahm, äußerte sich wiederholt in seinen Briefen besorgt über die komplizierte Konfliktlage, die ein Ende der militärischen Gewalt verhinderte.[3] Als am 30. Mai 1635 in Prag zwischen dem Kaiser und dem protestantischen Kurfürsten von Sachsen ein Friedensschluß gelang, dem sich ein Großteil der Reichsstände anschloß, knüpften sich an diese Beilegung des konfessionellen Konflikts im Reich große Hoffnungen auf ein baldiges Kriegsende in ganz Europa.[4] Der offene Kriegseintritt des

Für wichtige Hinweise danke ich neben den Teilnehmern des Kolloquiums vor allem Martin Warnke.

[1] Max Rooses/Charles Ruelens, Correspondance de Rubens et Documents épistolaires concernant sa vie et ses oeuvres publies, Codex Diplomaticus Rubenianus, 6 Bde., Antwerpen 1887–1909, Bd. VI, S. 207 ff., Brief an Justus Sustermans vom 12.3.1638 (im folgenden CDR); der Brief ist überliefert durch Filippo Baldinucci, Notizie dei professori del disegno, 1681–1728, hrsg. von F. Ranalli, Florenz 1846, Bd. 4, S. 492 f.

[2] Peter Paul Rubens, Die Folgen des Krieges, Öl auf Leinwand, 2,06 x 3,45 m, Florenz, Palazzo Pitti, Inv. Palatina Nr. 86.

[3] Zu Rubens als Hofkünstler und Diplomat vgl. Hans-Martin Kaulbach, Peter Paul Rubens: Diplomat und Maler der Friedens, in: Ausst.Kat. 1648 – Krieg und Frieden in Europa, Münster/Osnabrück 1998, hrsg. von Klaus Bußmann und Heinz Schilling, 3 Bde., Münster 1998, II, S. 565–574 mit weiterer Lit.; zu Rubens' diplomatischen Aufträgen im Kontext der Zeit bes. Martin Warnke, Kommentare zu Rubens, Berlin 1965; die briefl. Äußerungen von Rubens siehe weiter unten.

[4] Zum Prager Frieden und dem politischen Kontext u. a. John Elliott, Krieg und Frieden in Europa, 1618-1648, in: Ausst.Kat. Münster 1998, I, S. 23–40, bes. S. 35 f.; Johannes Arndt, Der Kaiser und das Reich (1600–1648), in: Ausst.Kat. Münster 1998, I, S. 69–76, bes. S. 72; Klaus Malettke, Frankreichs Reichspolitik zur Zeit des Dreißigjährigen Krieges und des Westfälischen Friedens, in: Ausst.Kat. Münster 1998, I, S. 177–186, bes. S. 179 f.

katholischen Frankreich an der Seite der protestantischen Stände zerstörte diese Aussichten jedoch kurz darauf: Aus dem zunächst begrenzten Konfessionskrieg trat nun offen der europäische Mächtekrieg hervor.[5]

Mit dem Florentiner Gemälde hat Rubens in besonders scharfer und eindringlicher Form die Situation Europas und die Folgen des Krieges für den Kontinent mit den Mitteln der Malerei veranschaulicht. Jacob Burckhardt nannte es das „ewige und unvergeßliche Titelbild des Dreißigjährigen Krieges".[6] Die Forschung hat – Leben und Werk von Rubens als Einheit sehend – dieses Bild als eine zutiefst persönliche Äußerung eines politisch engagierten Künstlers und Diplomaten verstanden.[7] Rubens wurde zum Friedensmahner stilisiert und sein Werk – vor dem Hintergrund ungeklärter Fragen nach dem Auftraggeber und der Funktion des Bildes – letztlich aus konkreten politischen Bezügen herausgelöst. Die klagende Europa als eine der Hauptfiguren der Komposition fand bisher erstaunlicherweise wenig Beachtung. Allein Baumstark deutete in seinem grundlegenden Aufsatz von 1974 eine Beziehung zum zeitgenössischen Europa-Verständnis an, daneben wurden formale Bezüge zu anderen klagenden Frauenfiguren in Rubens' Oeuvre beobachtet.[8] Dieser Beitrag möchte mit Blick auf die ikonographische Tradition der Erdteilallegorie und ihrer Verwendung im zeitgenössischen politischen Kontext neue Perspektiven auf die Botschaft des Bildes eröffnen, die – so wird zu zeigen sein – eine allgemeine Mahnung zum Frieden mit einem besonderen Appell zur Einheit, zum Zusammenhalt der europäischen Regenten verknüpfte, da der Krieg Europa als politische und kulturelle Einheit von innen heraus zu zerstören drohe.

[5] Zum Dreißigjährigen Krieg als Krisenphänomen bei der Etablierung des modernen Staatensystems, einhergehend mit einer Neuordnung der europäischen Mächte: Johannes Burkhardt, Der Dreißigjährige Krieg, Frankfurt a. M. 1992.

[6] Jacob Burckhardt, Erinnerungen aus Rubens (1898), hrsg. von Hans Kauffmann, Leipzig 1928, S. 104.

[7] Burckhardt 1928, S. 104; Warnke 1965, S. 63 f.; Erich Hubala, Peter Paul Rubens. Der Krieg, in: Argo. Festschrift für Kurt Badt, hg. von Martin Gosebruch und Lorenz Dittmann, Köln 1970, S. 277–289; Reinhold Baumstark, Ikonographische Studien zu Rubens Kriegs- und Friedensallegorien, in: Aachener Kunstblätter 45 (1974), S. 125–243, bes. S. 189–20; Herbert von Einem, Die Folgen des Krieges. Ein Alterswerk von Peter Paul Rubens, Opladen 1975, S. 19; Martin Warnke, Peter Paul Rubens. Leben und Werk, Köln 1977, S. 128–130; Otto von Simson, Peter Paul Rubens (1577–1640), Mainz 1996, S. 333; Kaulbach 1998, S. 573; Matthias Winner, Rubens' „Götterrat" als Friedensbild. Dichtung und Malerei von Peter Paul Rubens, in: Münchner Jahrbuch der Bildenden Kunst 48 (1998), S. 112–134; Werner Hofmann, Gleichnis versus Ereignis. Krieg und Frieden in den Künsten, in: Erfahrung und Deutung von Krieg und Frieden. Religion – Geschlechter – Natur und Kultur, hrsg. von Klaus Garber, Jutta Held, Friedhelm Jürgensmeier, Friedhelm Krüger und Ute Széll, München 2001, S. 981–998; aber nicht nur in der deutschsprachigen Forschung, vgl. auch Ausst.Kat. Florenz, Rubens e la pittura fiamminga del Seicento nelle collezioni pubbliche fiorentine, Florenz 1977, S. 226–228; Ausst.Kat. Il mito di Europa da fanciulla rapita a continente, Florenz 2002, Nr. 90; zuletzt Ulrich Heinen, Peter Paul Rubens' Florentiner Kriegsbild und die Macht des Malers, in: Kunst und Politik, hrsg. von Wilhelm Hofmann und Hans-Otto Mühleisen, Köln 2003 (im Druck) mit kritischen Anmerkungen zu dieser Position.

[8] Baumstark 1974, S. 200 f.; Hubala 1970, S. 282 f. wies auf formale Analogien dieser Klagefigur zu einer verzweifelten Mutter auf dem *Bethlehemitischen Kindermord* in München hin, was Baumstark aufgriff und durch weitere Beispiele ergänzte.

1. Peter Paul Rubens, Die Folgen des Krieges, 1637/38, Florenz, Palazzo Pitti

2. Johann Bockhorst (zugeschr.), Der Ausbruch des Krieges, Münster, Stadtmuseum

I. Die Bildbeschreibung des Künstlers

In dem eingangs bereits zitierten Brief vom 12. März 1638 erläuterte Peter Paul Rubens dem Florentiner Hofmaler Justus Sustermans dieses Gemälde, das er in dessen Auftrag gemalt und drei Wochen zuvor von seiner Antwerpener Werkstatt aus über Lille nach Florenz geschickt habe. Rubens knüpfte offensichtlich an eine frühere Korrespondenz mit dem eine Generation jüngeren Sustermans an, der ebenfalls aus Flandern stammte und nach Lehrjahren in Antwerpen und Paris seit 1620 in den Diensten des Großherzogs von Toskana tätig war.[9]

„Was den Gegenstand meines Bildes angeht", schreibt Rubens,[10] „so ist er sehr klar, so daß Sie mit dem wenigen, das ich Ihnen neulich schon mitteilte, sowie mit der Hilfe Ihres geübten Auges schon mehr begriffen haben werden als durch meine Erläuterungen. Dennoch will ich Ihrem Wunsche entsprechen und das Bild in wenigen Worten beschreiben." Es folgt eine umfassende Beschreibung und ikonographische Erläuterung der einzelnen Bildelemente: „Die Hauptfigur ist Mars, welcher den geöffneten Tempel des Janus – der nach römischer Sitte in Friedenszeiten geschlossen blieb – verlassen hat und mit dem Schilde und bluttriefenden Schwerte, den Völkern ein großes Unheil androhend, einherschreitet. Er kümmert sich wenig um Venus, seine Gebieterin, die von ihren Amoretten und Liebesgöttern begleitet, sich abmüht, ihn mit Liebkosungen und Umarmungen zurückzuhalten. Auf der anderen Bildseite wird Mars vorwärtsgezogen von der Furie Alekto, die eine Fackel in der Hand hält. Daneben Ungeheuer, welche Pest und Hunger, die untrennbaren Begleiter des Krieges, bedeuten."

Rubens fährt dann mit der Beschreibung der Figuren fort, die Mars bereits zu Boden gerissen hat: „Auf dem Boden liegt rücklings hingestreckt ein Weib mit einer zerbrochenen Laute, welche die mit der Zwietracht unvereinbare Harmonie bezeichnet, ebenso auch eine Mutter mit ihrem Kind im Arm, welche anzeigt, daß die Fruchtbarkeit, die Zeugung und die elterliche Liebe durch den Krieg, der alles zerstört und vernichtet, verkehrt werden. Ferner sieht man einen Baumeister auf den Rücken gestürzt, mit seinen Instrumenten in der Hand, um auszudrücken, daß dasjenige, was in Friedenszeiten zu Nutzen und Zierde der Städte erbaut ist, durch die Gewalt der Waffen in Ruinen stürzt und zugrunde geht."

Dann wechselt der Sprachduktus: „Ich glaube, wenn ich mich recht entsinne, daß Sie am Boden unter den Füßen des Mars noch ein Buch finden, sowie eine Zeichnung auf Papier, um anzudeuten, daß Mars die Wissenschaft und alles übrige Schöne mit Füßen tritt. Es muß auch noch ein Bündel von Pfeilen da sein, deren Band, das sie früher zusammenhielt, aufgelöst ist, während sie vereint als das Sinnbild der Eintracht angesehen werden, so wie auch der Schlangenstab und der Olivenzweig als Symbole des Friedens, die danebenliegend von mir angebracht sind. Jene schmerzdunkle Frau aber, schwarzgekleidet und mit zerrisse-

---

[9] Zu Leben und Werk von Justus Sustermans siehe Ausst.Kat. Florenz, Sustermans. Sessanti'anni alla corte dei Medici, Florenz 1983.

[10] CDR, Bd. VI, S. 207–209, dort in voller Länge mit den Hinweisen zu Transport und Bezahlung des Werkes sowie der abschließenden Bemerkung, daß Sustermans Transportschäden eigenhändig ausbessern könne.

nem Schleier, und all ihrer Edelsteine und ihres Schmuckes beraubt, ist das unglückliche Europa (*l'infelice Europa*), welches schon so viele Jahre lang Raub, Schmach und Elend erduldet, die für jedweden so tief spürbar sind, daß es nicht nötig ist, sie näher anzugeben. Ihr Symbol ist der Globus, der von einem kleinen Engel oder Genius getragen wird, mit dem Kreuz darüber, das die christliche Welt (*l'orbe christiano*) bedeutet."

Dieser Brief enthält eine der ausführlichsten Erklärungen, die Rubens je zu einem seiner Bilder gegeben hat. Die Forschung hat leicht irritiert die nüchterne Sprache des Künstlers registriert, die der anschaulichen Qualität dieses Werkes, seiner dramatischen Wucht, der gewaltigen Ausdruckskraft der Figuren, Farben und des Pinselduktus so gar nicht entspreche. Mehr als ikonographische Bestandsaufnahme denn als Beschreibung seien die Zeilen gedacht, so z. B. Baumstark, der die distanzierte, fast unbeteiligte Sprache als bewußt gewählt erklärt, da durch diesen Gegensatz deutlich werde, daß Rubens' eigentliches Kommunikationsmittel die Malerei sei.[11] In der Tat entfalten auch heute noch die mit raschem Pinsel auf die Leinwand geworfenen Figuren ihre Wirkung auf den Betrachter: Angst, Schmerz und Verzweiflung lassen sich auf den Gesichtern der von Mars und seiner grausamen Entourage zu Boden geschleuderten Opfer ablesen, sie sind in der mimisch und gestisch gesteigerten Affektregie bei Rubens zu einem überwältigenden Ausdruck gesteigert.

Dennoch blieb Rubens auch in seiner Bildbeschreibung nicht bei der anfänglich distanzierten und analytischen Sprache, sondern steigerte diese mit persönlichen und emotionaleren Formulierungen, die ihren Höhepunkt in der Figur der Europa erreichen. Obwohl Rubens selbst die Personifikation des Kriegsgottes als Hauptfigur bezeichnete, lenken seine emphatischen Äußerungen die Aufmerksamkeit in besonderem Maße auf die Europa. Aufschlußreich ist in diesem Zusammenhang, daß er die Komposition nicht der Leserichtung von links nach rechts folgend beschreibt, sondern mit Mars im Zentrum des Bildes einsetzt und bei der Europa am linken Bildrand endet. Wie intentional seine Beschreibung die einzelnen Bildelemente zu einem Bedeutungsgeflecht verdichtet, wird auch im Falle der am Boden zwischen Europa und Mars liegenden Gegenstände – dem Buch, einer Zeichnung mit den drei Grazien, dem aufgelösten Pfeilbündel und dem Merkurstab – deutlich, die er ausdrücklich in Verbindung mit der Europa nennt. Es sind dies die seit dem 16. Jahrhundert üblichen Attribute der Europa, Symbole der politischen und kulturellen Identität des Kontinents, die nun von der Zerstörungswut des Krieges erfaßt werden.[12]

So scheint die Verwendung verschiedener sprachlicher Ausdrucksmodi in Verbindung mit einer bestimmten Regie der Bildbeschreibung tatsächlich bewußt gewählt, mit dem Ziel, die Wahrnehmung des Adressaten – hier des Florentiner Hofkünstlers Justus Sustermans, persönlich oder als Mittler – zu steuern und

---

[11] Baumstark 1974, S. 190 f.; Hubala 1970, S. 279 f. bezeichnet Rubens' Brief nicht als Beschreibung des Werkes, sondern als eine Klärung der Voraussetzungen, mit denen der Betrachter die richtige Deutung des Bildes erschließen könne; beide weisen auch schon auf die sprachliche Betonung der Europa hin.

[12] Zur Ikonographie der Europa-Personifikation siehe weiter unten.

auf die beiden Antipoden im Bild, den Kriegsgott Mars und die Personifikation der Europa, zu lenken. Diese Form der Ekphrase erscheint als ein subtiles Mittel der Kommunikation des Künstlers mit dem Betrachter, um implizit auf eine Intention des Bildes hinzuweisen, ohne sich durch eine explizite Formulierung festlegen zu müssen.

Diese besondere Stellung der Europa in Rubens' Bildbeschreibung wird aber auch auf visueller Ebene im Bild selbst manifest. Entsprechend der Leserichtung von links nach rechts nimmt der Betrachter sie am linken Bildrand zuerst wahr. Der hinter ihr stehende Putto mit der Weltkugel unterstützt diese Blickrichtung, indem er den Betrachter direkt ansieht. Von der Europa wird der Blick weitergeleitet zur zentralen Szene mit Mars zwischen Venus und Alekto bis schließlich zu den am Boden liegenden Figuren, die die Folgen des Krieges personifizieren. So bildet die Europa den Auftakt der in einem Diagonalzug nach rechts kippenden Komposition. Gleichzeitig bleibt sie in einer gewissen Distanz zu den anderen Figuren, so daß ihr die Rolle einer Reflexionsfigur zukommt, die vom Rand her das Geschehen im Zentrum kommentiert.

II. Europa kommt ins Bild

Zunächst spricht nicht viel dafür, daß die Europa kompositorisch wie inhaltlich für Rubens einen besonderen Stellenwert gehabt hätte. Im Unterschied zur Mars-Venus-Gruppe, die wie andere, auf dem Prinzip erotischer Anziehung und Abstoßung beruhende Liebespaare (Venus und Adonis etwa) von Rubens so häufig thematisiert wurde, daß Baumstark ihr archetypische Qualitäten für das Oeuvre des Künstlers zusprach,[13] gehörte die Figur der Europa nicht zum Standardrepertoire des Künstlers. Es ist bisher nur ein früheres Beispiel bekannt, das 1615 entstandene Vier-Erdteile- oder Vier-Ströme-Bild in Wien mit einer im Kreis der übrigen Erdteile und der vier Ströme sitzenden Europa.[14] Etwa gleichzeitig mit dem Pitti-Gemälde schuf Rubens für das umfangreiche mythologische Ausstattungsprogramm der Torre de la Parada, einem Jagdschloß des spanischen Königs Philipp IV., eine Ölskizze mit der Entführung der Europa, die im engen hochrechteckigen Bildausschnitt die junge Königstochter auf dem Stier zeigt.[15] Beide Werke entsprechen eher konventionellen ikonographischen Schemata.

So wie die Europa in Rubens' Oeuvre bis zur Entstehung des Pitti-Bildes keine besondere Rolle spielte, so trat sie vermutlich auch erst relativ spät im Werkprozeß dieses Bildes in Erscheinung. Genaue Informationen zur Werkgenese fehlen bisher jedoch. Es wurde das Fehlen eines *modello* konstatiert, einer Ölskizze, wie Rubens sie für zahlreiche andere Aufträge zur Begutachtung durch den Auftraggeber anfertigte. Es fällt allerdings auf, daß der Künstler Mitte der

---

[13] Baumstark 1974, S. 191.
[14] Peter Paul Rubens, Die vier Erdteile, Wien, Kunsthistorisches Museum, Inv. 526
[15] Svetlana Alpers, The Decoration of the Torre de la Parada, London, New York 1971, S. 206 f.; zuletzt Ausst.Kat. Velázquez – Rubens – Lorrain. Museo del Prado. Malerei am Hof Philipps IV., Bonn 1999, Nr. 22.

dreißiger Jahre, also unmittelbar vor der Entstehung des großen Gemäldes, in einigen Ölskizzen das Handlungsmotiv der zentralen Mars-Venus-Gruppe bereits entwickelte. Die heute im Louvre aufbewahrte und um 1635 datierte Komposition *Venus versucht Mars zurückzuhalten* zeigt Mars in Rückenansicht, der von Venus an Schulter und Arm berührt wird – eine zaghafte Berührung, die eher an einen Abschied zweier Liebender erinnert und noch nichts von dem dramatischen Festhalten und Losreißen des Pitti-Bildes aufweist.[16] Kämpferischer geht es auf einer etwa gleichzeitig entstandenen Ölskizze zu, die Minerva und Herkules im Kampf mit Mars zeigt, der eine junge Mutter am Haarschopf mit sich reißt.[17] Hier finden sich die am Boden liegenden Figuren, die auf dem Pitti-Bild die Folgen des Krieges veranschaulichen. Diese beiden und weitere Skizzen dieser Zeit variieren Figurenkonstellationen früherer Werke und bereiten so die große Allegorie vor – eine für Rubens typische Vorgehensweise. Dennoch ist der Abstand, der diese Übungen von dem Pitti-Bild trennt, unverkennbar, bleiben sie doch der allgemeinen Kriegs- und Friedensthematik verhaftet, die sowohl Rubens, aber auch andere Künstler seiner Zeit immer wieder aufgriffen.

Um so interessanter ist der Vergleich mit einer Ölskizze, die von der Rubens-Forschung bisher noch nicht ausführlich im Zusammenhang mit dem Florentiner Gemälde diskutiert wurde. Die kleine Holztafel wurde 1997 vom Stadtmuseum Münster aus dem Kunsthandel erworben.[18] (Abb. 2) Sie zeigt im Hintergrund links die Schmiede des Vulkan, in der die Zyklopen im hellen Schein des Feuers arbeiten. Eine mit einem dunklen Tuch nur dürftig bekleidete junge Frau an der Schwelle der Schmiede wendet sich mit einer Geste der Verzweiflung einer Szene zu, die die rechte Bildhälfte einnimmt. Dort reißt sich ein gerüsteter Krieger, gezogen von einer Fackel tragenden Furie, aus den Armen einer Frau los, um mit erhobenem Schwert in die Schlacht zu ziehen. Während einige Putti noch versuchen, den Losstürmenden zurückzuhalten, beklagt Amor die Wirkungslosigkeit seiner Liebespfeile.

Im Auktionskatalog, der eine frühere Zuschreibung an Rubens erwähnt, wird das Werk der Rubens-Nachfolge, möglicherweise Johann Bockhorst, zugewiesen, der die Skizze nach dem Florentiner Gemälde angefertigt habe – eine Beurteilung, die vom Stadtmuseum übernommen wurde. Julius Held hatte zuvor Thomas Willeboirts als Künstler genannt.[19] Zuschreibungsfragen können und

---

[16] Julius Held, The Oil Sketches of Peter Paul Rubens: a Critical Catalogue, Princeton 1980, Nr. 268, Skizze für ein großformatiges Leinwandgemälde, Neues Palais, Potsdam, auf dem Gemälde ist der rechte Krieger durch eine fackeltragende Furie ersetzt; Baumstark 1974, S. 186–189 bringt die Skizze in Verbindung mit der *Thebais* des römischen Dichters Statius (3. Buch, 260 ff.) und dem darin geschilderten vergeblichen Versuch der Venus, Mars vom Krieg gegen Theben abzuhalten.

[17] Held 1980, Nr. 244.

[18] Sotheby's London, 3&4 December 1997, Old Master Paintings, Nr. 41; Ausst.Kat. Stadtmuseum Münster, 30jähriger Krieg, Münster und der Westfälische Friede, Emsdetten 1998 (Abb. als Vorsatzblatt in Bd. I); Ausst.Kat. Stadtmuseum Münster, Johann Bockhorst. Der Maler aus Münster zur Zeit des Westfälischen Friedens, Emsdetten 1998, S. 8 f.

[19] Das Werk befand zuvor in der Sammlung Henle, vgl. Kat. Sammlung Henle, Köln 1964, Nr. 15 mit der Zuschreibung von Julius Held an Thomas Willeboirts; auf Anfrage äußerte

sollen hier nicht abschließend diskutiert werden. Aus ikonographischer Sicht spricht jedoch einiges dafür, daß es sich bei der 27,2 x 39 cm großen Tafel um eine die Pitti-Allegorie vorbereitende Studie handelt, die – wenn nicht von Rubens selbst – dann doch aus seinem engsten Werkstatt-Umkreis stammt. Neben den zahlreichen Pentimenti auf der Skizze weisen die innovative Ikonographie sowohl der Skizze als auch des Gemäldes und die Möglichkeit, den Entwurfsprozeß von der Skizze zum Gemälde entwickeln zu können, in diese Richtung.

Die Komposition der Skizze ist ikonographisch höchst unkonventionell. Venus tritt traditionell dann in der Schmiede des Vulkan in Erscheinung, wenn ihr Gatte die Liebespfeile für Amor oder die Rüstung und Waffen für ihren Sohn Aeneas schmiedet. Von den meisten Künstlern wurde diese Begebenheit, die von dem Kontrast zwischen der rohen, männlichen Welt der Schmiede und der Anmut der häufig nur wenig bekleideten Venus lebt, als friedliche Szene geschildert.[20] Auf der Münsteraner Ölskizze hingegen ist die Ikonographie der Schmiede des Vulkan ins Gegenteil verkehrt. Die klagende Frau, die aufgrund ihrer Nacktheit als Venus identifiziert werden könnte, und Amor haben sich von der Schmiede abgewandt und sind nun die verzweifelten Kommentatoren einer dramatischen Szene. Auch diese präsentiert sich als Umkehrung eines klassischen Motivs, des Liebesverhältnisses von Mars und Venus. Entgegen des bekannten und oft dargestellten Venus-Hymnus von Lukrez (*De rerum natura*, I, 1 ff.) gelingt es Venus hier nicht, den Kriegsgott mit ihrer Liebe zu überwältigen und dadurch Frieden zu stiften.[21]

Die bei der Skizze vorliegende Verknüpfung von zwei Bildthemen, der Schmiede des Vulkan und Mars' Abkehr von Venus, erweist sich für die Regie der Figuren als problematisch, da Venus zu beiden gehört. Handelt es sich daher bei beiden Frauen um Venus? Die im Katalog des Stadtmuseums vorgenommene Identifizierung der klagenden Frau als Personifikation Europas überzeugt nicht, da sie weder als Königin dargestellt ist noch über die typischen Attribute wie die Mauerkrone und den Globus verfügt. Die zahlreichen Pentimenti der Mars-Venus-Gruppe deuten vielmehr darauf hin, daß der Entwurfsprozeß noch nicht abgeschlossen war und der Künstler möglicherweise verschiedene Ausdrucksformen für die weiblichen Figuren erprobte.

Für das Pitti-Gemälde hätte Rubens bzw. ein Mitarbeiter seiner Werkstatt dann eine inhaltlich wie kompositorisch überzeugende Lösung gefunden, die die in der Skizze angelegte Konzeption weiterentwickelt.[22] Die Mars-Venus-Gruppe

---

Konrad Renger, München, Zweifel daran, daß es sich bei dem Werk um eine Kopie nach dem Pitti-Bild handele und schloß nicht aus, daß die Skizze von Rubens' eigener Hand stammen könnte.

[20] Vgl. A. Pigler, Barockthemen: eine Auswahl von Verzeichnissen zur Ikonographie des 17. und 18. Jahrhunderts, Budapest 1974, Bd. II, S. XX; Ausst.Kat. München, Venus - Bilder einer Göttin, München 2001, z. B. Kat.-Nr. 13, G 1, G 16.

[21] Zu Venus als Friedensgöttin vgl. Baumstark 1974, S. 157–162. Die pessimistische Wendung bzw. die Ambivalenz der Mars/Venus-Erzählung findet sich auch in anderen Werken von Rubens, als besonders nah zur Pitti-Allegorie erweist sich die rechte Bildhälfte des *Götterrates* aus dem Medici-Zyklus, 1622–25, vgl. Baumstark 1974, S. 193; Kaulbach 1998, S. 567.

[22] In Ausst.Kat. Florenz 1977, S. 228 der Hinweis, daß auch das Gemälde noch zahlreiche

ist nun ins Bildzentrum gerückt. Während Mars sich auf der Ölskizze noch mit grimmigem Gesicht und zum Kampfschrei geöffnetem Mund von der Liebesgöttin losreißt, so gleicht er auf dem Florentiner Gemälde eher einem Herkules am Scheideweg. Eingespannt zwischen die sich in verführerischer Nacktheit darbietende Venus, die ihn zurückzuhalten versucht, und der furchterregenden Furie Alekto, die ihn fortzieht, wendet er sich der Furie zwar mit einem weit ausgreifenden Schritt zu, blickt aber noch einmal nachdenklich auf seine Geliebte zurück, wie um seine Entscheidung abzuwägen.[23] Die in die Figur des Mars gelegte Entscheidung über Krieg und Frieden ist der Drehpunkt der gesamten Figurenkonstellation, die nach außen mit der klagenden Europa und den Personifikationen der Harmonie, Baukunst und Fruchtbarkeit abschließt.

Die beschriebenen Veränderungen zwischen Skizze und Gemälde sind aufschlußreich für die Deutung des letzteren. Der ins Zentrum gerückte Kriegsgott Mars mit seiner schicksalhaften Entscheidung wird zur Identifikationsfigur für den Betrachter, der in den Prozeß der Entscheidung zwischen Krieg und Frieden einbezogen ist.[24] Noch scheint eine Wende zum Guten möglich, noch könnte Venus den Kriegsgott für sich gewinnen. Das Werben der Venus erfährt – insbesondere für den Betrachter sichtbar – argumentative Unterstützung durch die affektiv besonders wirksamen Folgen des Krieges und die klagende Europa, die auf allegorischer Ebene die Notwendigkeit des Friedens unterstreichen. Vor allem die Europa trägt dazu bei, daß die im Prinzip überzeitliche Thematik von Krieg und Frieden in den konkreten historischen und politischen Kontext des Dreißigjährigen Krieges gestellt wird, so daß sich das Bild sehr klar mit einer aktuellen, zur Entscheidung stehenden Situation an den zeitgenössischen Rezipienten richtete.[25]

Pentimenti aufweise; offensichtlich änderte Rubens sein *concetto* noch während der Arbeit an dem großen Gemälde.

[23] Hubala 1970, S. 282 erinnert die Anordnung von Venus und Alekto an eine Waage, deren Gleichgewicht sich zugunsten Alektos verschoben habe.

[24] Die Situation des Mars entspricht nach der aristotelischen Poetik dem Konzept des „fruchtbaren Augenblicks", dem entscheidenden Umschlag einer Handlung von Glück in Unglück oder umgekehrt; diese Pathos erregende Handlungsführung löst nach Aristoteles eine kathartische Wirkung beim Rezipienten aus. Zur Rezeption der aristotelischen Poetik in der italienischen Renaissance-Kunst vgl. Rudolf Preimesberger, Tragische Motive in Raffaels *Transfiguration*, in: Zeitschrift für Kunstgeschichte 50 (1987), S. 89–115, bes. S. 110–113; Rubens kopierte dieses Werk (mit einigen Veränderungen), vgl. Christine Göttler, „Barocke" Inszenierung eines Renaissance-Stücks: Peter Paul Rubens' Transfiguration für Santissima Trinità in Mantua, in: Diletto e Maraviglia: Ausdruck und Wirkung in der Kunst der Renaissance bis zum Barock. Rudolf Preimesberger zum 60. Geburtstag, hrsg. von Christine Göttler, Ulrike Müller Hofstede u.a., Emsdetten 1998, S. 166–189.

[25] Zur Kompositionsstruktur und dem implizierten Adressaten in Rubens' politischen Allegorien vgl. die Londoner Friedensallegorie für Karl I., 1629/30, Lit. Lisa Rosenthal, The parens patriae: Family Imagery in Rubens' Minerva protects Pax from Mars, in: Art History 12 (1989), S. 22–38; auch Kaulbach 1998, S. 569 ff.

III. Europa in der politischen Rhetorik

Seit dem 16. Jahrhundert wurde die Personifikation des europäischen Erdteils in Anlehnung an antike Roma- und mittelalterliche *ecclesia*-Personifikationen als Königin dargestellt, deren Attribute sie im Kanon der vier Weltteile als Herrscherin über die anderen Erdteile auszeichneten.[26] Diesem Typus folgte auch Cesare Ripas einflußreiche und seit der Ausgabe von 1603 mit Illustrationen ausgestattete *Iconologia*: Europa solle als königlich gekleidete Frau wiedergegeben werden, die auf zwei Füllhörnern throne, in der rechten Hand einen Tempel halte und mit der linken auf Zepter, Krone und andere Herrschaftszeichen zeige. Hinter ihr seien ein Pferd, Trophäen und Waffen zu sehen, ferner ein Buch, Musikinstrumente, Zirkel, Winkel und andere Meßwerkzeuge sowie eine Palette mit Pinseln. In der anschließenden Erläuterung der Attribute stehen bei Ripa die Füllhörner für die besondere Fruchtbarkeit Europas, der Tempel für die einzig wahre, christliche Religion, die Herrschaftszeichen dafür, daß in Europa die größten Mächte der Welt, der Kaiser und der Papst, zum Wohle des christlichen Glaubens herrschten, Pferd, Waffen, Buch, Musik- und Meßinstrumente sowie die Palette für die Überlegenheit Europas in all diesen Künsten gegenüber den anderen Weltteilen. In der Ausgabe von 1644 befindet sich eine Illustration, die Europa mit den genannten Attributen zeigt (Abb. 3).

Rubens' klagende Figur präsentiert sich als Gegenbild dieser *europa triumphans*. In seinem Brief evozierte der Künstler noch einmal im Bildgedächtnis des Betrachters den Typus der Königin: Die unglückliche Europa sei ihrer Edelsteine und ihres Schmuckes beraubt. Auf dem Bild verfügt sie auch noch über Reste ihrer ursprünglichen Attribute wie der Mauerkrone sowie dem mahnend von einem Putto hochgehaltenen Globus. Darüber hinaus aber zeichnete Rubens ein düsteres Bild der ehemals triumphierenden Herrscherin. Dem Betrachter wirft sich eine verarmte und mißbrauchte Frau in zerrissener Trauerkleidung entgegen. Ihre traditionellen Symbole sind umgewertet oder zerstört: der christliche Tempel – nun ein Janustempel –, das Buch – zertreten von den Füßen des Mars –, das Musikinstrument – notdürftig von der Figur der Harmonia geschützt –, der Zirkel – in der Hand des gestürzten Architekten –, Pferde und Waffen im Hintergrund sowie in der Hand des Mars – besudelt vom Blut des Krieges.

Schon vor Rubens haben Künstler und Autoren die Figur der klagenden Europa für die politische Propaganda verwendet. Hans-Martin Kaulbach wies darauf hin, daß die *EUROPA QUERULA ET VULNERATA* auf einem 1631 von dem sächsischen Kupferstecher und Hofkünstler Andreas Bretschneider publizierten Flugblatt möglicherweise ein Vorbild für Rubens gewesen sei[27] (Abb. im Beitrag von Tschopp). Die Radierung zeigt im Bildzentrum die Personifikation der Europa ähnlich einer Statue auf einem hohen Felsblock, wo sie den Angriffen

---

[26] Vgl. den Beitrag von Sabine Poeschel in diesem Band.
[27] Kaulbach 1998, S. 573; Deutsche illustrierte Flugblätter des 16. und 17. Jahrhunderts, Bd. 2: Die Sammlung der Herzog August Bibliothek in Wolfenbüttel, hrsg. von Wolfgang Harms zusammen mit Michael Schilling und Andreas Wang, Tübingen 1997, Nr. 223; vgl. auch den Beitrag von Silvia Serena Tschopp in diesem Band.

3. Europa, aus: Cesare Ripa, Iconologia, 1644, Holzschnitt

der katholischen Partei ausgesetzt ist. Mit flehender Geste erbittet sie von der links im Hintergrund friedlich versammelten Männerrunde Hilfe, bei denen es sich aufgrund der konfessionellen Lagerbildung um Protestanten handeln muß. Aufgrund der unterschiedlichen Gestik der Europa-Figuren spricht jedoch wenig dafür, daß dieses Blatt Rubens als Vorlage diente.

Vermutlich entstand das Flugblatt im Zusammenhang mit dem Leipziger Konvent 1631, zu dem der sächsische Kurfürst die protestantischen Reichsstände eingeladen hatte, um Friedensverhandlungen mit dem Kaiser vorzubereiten. Die klagende Europa warb somit – im Sinne der politischen Intention des sächsischen Kurfürsten – für eine Beendigung des Krieges, um dem geschundenen Kontinent zu helfen. Der Textteil unter dem Bild, in dem die frühere Schönheit der Europa beschworen wird, fordert Einigkeit von den politischen Akteuren als wichtigste Voraussetzung für den Frieden. Die klagende Frau auf dem Flugblatt erscheint als Pathosfigur, deren Rhetorik sich gezielt an einen Adressaten, eine bestimmte politische Gruppierung richtet und diese zum Handeln auffordert, im konkreten Fall die in Leipzig versammelten protestantischen Reichsstände.

In dieser Funktion wurde der Typus der *europa deplorans* seit dem 16. Jahrhundert in der politischen Rhetorik verwendet. Bereits 1543 berichtete der Humanist Andrés de Laguna, Leibarzt Papst Julius II., anläßlich einer Rede vor dem Kölner Erzbischof, den Kurfürsten und anderen Persönlichkeiten und Gelehrten von einer fiktiven Begegnung mit einer Frau, die „ganz elendiglich aussah".[28] Sie sei tränenüberströmt, traurig, blaß und abgemagert gewesen, ihre Körperglieder verletzt oder gar abgeschlagen. Diese Frau, die sich Europa nannte, habe ihm gegenüber bitterlich geklagt, daß diejenigen, die sie früher als schöne Frau bewundert hätten, jetzt achtlos wie an einer Toten vorübergingen oder sogar einen weiten Bogen um sie machten. Die weiteren Ausführungen Lagunas lassen keinen Zweifel daran, daß der Arzt sich dieser metaphorischen Körperbeschreibung bediente, um seinen Zuhörern den aktuellen politischen Zustand Europas vor Augen zu führen. Der Körper seiner Europa, der *christiana res publica*, sei krank, weil einzelne Glieder ihre Aufgaben nicht mehr in Abstimmung mit dem Ganzen erfüllten, sprich: weil einzelne Fürsten oder politische Institutionen ihr Handeln nicht mehr in den Dienst einer geeinten *universitas christiana* stellten. Als verantwortlich für den beklagenswerten Zustand Europas wurde die fehlende Einigkeit der Fürsten erachtet - hier wird wohl vor allem auf die Reformation und ihre Folgen angespielt -, die auch außenpolitische Auswirkungen habe, da die christlichen Fürsten sich selbst bekriegten, anstatt gemeinsam die Türken abzuwehren.

Die fehlende Einigkeit der christlichen Welt, der Verlust der konfessionellen und politischen Einheit, wurden in der folgenden Zeit immer häufiger als Ursache für die krisenhafte Situation in Europa genannt. So bezieht der angesehene Historiograph Lodovico Guicciardini in seinen 1565 publizierten *Commentarii*

---

[28] Vgl. den Beitrag von Wolfgang Schmale in diesem Band; die Quelle im originalen Wortlaut in Wolfgang Schmale (Dir.), Datenbank: Europäische Geschichte, hier: Andrés de Laguna (Köln 1543) – Artikel und Autopsie von Wolfgang Schmale, in: http://www.geschichte.uni-muenchen.de/gfnz/schulze/datenbank_laguna.shtml

seine Kritik an der Zersplitterung der christlichen Welt auf die hegemonialen Streitigkeiten der christlichen Herrscher.[29] In der Inschriftenedition des deutschen Altphilologen Nathan Chytraeus von 1594 wendet sich eine bedrängte Europa angesichts der Türkengefahr hilfesuchend an Kaiser Rudolf II.[30] Und besonders mit Beginn des Dreißigjährigen Krieges verstärken sich die Klagen von der kranken Europa und der Schuld der uneinigen Fürsten. Immer wieder werden die europäischen Herrscher ermahnt, sich auf die hergebrachte politische Ordnung und die moralischen Regeln zu besinnen. Ein ungenannter französischer Politiker etwa legte 1631 in einem zunächst auf französisch verfaßten, dann ins Deutsche übersetzten Traktat den „Potentaten der gantzen Christenheit" den gegenwärtigen „ueblen Zustand in Europa" dar.

In dieses politische Reden über den beklagenswerten Zustand Europas und den drohenden Verlust der Einheit fügen sich auch die Äußerungen des Künstlers und Diplomaten Rubens nicht erst in dem zitierten Brief an Sustermans. So äußerte er bereits 1626: „Es wäre sicherlich besser, daß diese Jünglinge, die heutzutage die Welt regieren, freundschaftliche Beziehungen zueinander pflegten, als daß sie durch ihre Launen die ganze Christenheit in Not stürzten; aber man muß glauben, das sei eine Schickung des Himmels und sich mit dem göttlichen Willen beruhigen".[31] An Pierre Dupuy schreibt er ein Jahr später: „Aber soweit ich bestimmten Anzeichen entnehmen kann, fänden sich, wenn der spanische Hochmut der Vernunft zugänglich wäre, Mittel genug, um Europa, das ganz gefesselt scheint, durch eine friedliche Politik in bessere Bahnen zu lenken".[32] Und nach der Einnahme von Schenkenschans äußerte er am 16. August 1635 in einem Brief an den befreundeten französischen Archäologen Peiresc Hoffnung darüber, daß der Papst und der englische König und über allem Gott einen Brand verhindern mögen, der imstande sein könnte, sich über ganz Europa mit verheerenden Folgen auszubreiten.[33] Diese Einschätzungen des Künstlers belegen nicht nur sein politisches Interesse und seine Sorge um Europa, sondern zeigen ihn auch vertraut mit den Argumenten und Topoi der politischen Debatten seiner Zeit.[34]

Die *europa deplorans* der Pitti-Allegorie gehört daher ebenso wie Rubens' briefliche Äußerungen in diesen seit dem 16. Jahrhundert in Bild und Text geführten Diskurs über den Verlust der Einheit Europas. Diesem Gedanken zugrunde liegt das bis in das 18. Jahrhundert wirksame Konzept Thomas von Aquins, nur das Christentum sei zum wahren Frieden fähig.[35] Die *pax universalis* war eine *pax christiana*, von der Andersgläubige ausgeschlossen waren. Dem Kaiser

---

[29] Schmale, Datenbank, hier: Lodovico Guicciardini, Antwerpen 1565 – Artikel und Autopsie von Verena Weidenbach, in: http://www.ng.fak09.uni-muenchen.de/gfn/guicciardini.html.

[30] Schmale, Datenbank, hier: Nathan Chytraeus, Herborn 1594 – Artikel und Autopsie von Elisabeth Pilarski, in: http://www.ng.fak09.uni-muenchen.de/gfn/chitraeus.html.

[31] CDR III, S. 428, Brief vom 20.2.1626.

[32] CDR IV, S. 252, Brief vom 6.6.1627.

[33] CDR VI, S. 82, Brief vom 16.8.1635.

[34] Zu Rubens' politischem Selbstverständnis als Künstler und als Diplomat vgl. Warnke 1965, S. 48–53 mit weiteren Briefzitaten, in denen Rubens seinen Verzicht auf persönliche Interessen zugunsten der Staatsräson erklärt.

[35] Vgl. Geschichtliche Grundbegriffe, Art. Friede, Stuttgart 1975, S. 546–559.

oblag als höchste Aufgabe die Wahrung des Friedens. Diese Friedensidee war wiederum aufs engste mit der Idee der *universitas christiana* verknüpft, weil nur durch den Frieden innerhalb der Christenheit die Einheit bewahrt und die nach außen gerichtete Abwehr von Feinden geleistet werden konnte. Die Einheit Europas war also religiös – durch die Zugehörigkeit zur christlichen Religion – fundiert und damit kulturell konnotiert. So wurde die Bedrohung immer dann als besonders groß empfunden, wenn Vertreter eines anderen Kulturkreises (und eines anderen Glaubens), z. B. die Türken, Europa bedrängten, weil bei einem Sieg der Türken der Untergang des Christentums und damit Europas befürchtet wurde.

Von innen, von Europa aus betrachtet, sind Europa und das Christentum im 17. Jahrhundert Synonyme. Auch Rubens bestimmte in seinem Brief ausdrücklich die klagende Europa auf dem Pitti-Gemälde als eine Personifikation des christlichen Europas, ausgewiesen durch den Globus mit dem Kreuz als ihrem Symbol. Europas Grenzen wurden nicht geographisch, sondern kulturell definiert. In dieser kulturellen Definition Europas liegt auch die Form der Appelle an die politisch Verantwortlichen begründet, denn sie fordern moralisches Verhalten von den Fürsten, moralisch im Sinne der christlichen Religion, mit der politischen Einigung untereinander einen Beitrag zum Frieden zu leisten und die partikularen Interessen, seien sie dynastischer oder nationaler Art, zu überwinden.[36] So wie mit der klagenden Europa in den genannten Flugblättern und Schriften politische Akteure konkret zum Handeln, zu Einigkeit und Frieden aufgerufen wurden, so wird auch das Florentiner Gemälde von Rubens mit derselben Intention für einen bestimmten Adressaten konzipiert gewesen sein. Daß der Gedanke von Einheit und Frieden für die Botschaft der Pitti-Allegorie von Bedeutung war, belegen nicht zuletzt Rubens' explizite Hinweise auf das Pfeilbündel als Symbol für die Eintracht sowie auf Merkurstab und Olivenzweig als Symbole des Friedens.

IV. Ein politischer Mythos

Das Bild Europas als Repräsentation der *respublica christiana* in der personifizierten Form der *europa triumphans* und mehr noch deren Negativbild, die *europa deplorans,* waren also wichtige Bestandteile der politischen Rhetorik und Propaganda in der zweiten Hälfte des 16. und der ersten Hälfte des 17. Jahrhunderts. Wolfgang Schmale hat in seinem Beitrag für diesen Band den Topos der geeinten Christenheit als politischen Mythos bezeichnet, der die Fiktion eines europäischen Gemeinwesens gerade in einer Phase beschworen habe, als der Zusammenhalt dieses politischen und gesellschaftlichen Gefüges auf dem Spiel stand, als das Ringen einzelner Staaten um die Vormachtstellung die traditionelle Ordnung zu sprengen drohte. Wenn man mit Emile Durkheim den Mythos als

---

[36] Zum Konzept der *universitas christiana* und dessen enger Verbindung zur Universalmonarchie vgl. Franz Bosbach, Monarchia Universalis. Ein politischer Leitbegriff der Frühen Neuzeit, Göttingen 1984, bes. S. 19–34, S. 87–106.

„eine symbolisch wirksame Struktur" definiert, „die die permanenten Funktionen von Bestätigung, Legitimierung und Regulierung für die gesellschaftliche Erhaltung und Erneuerung garantiert"[37], so werden die sich hinter der immer wieder beschworenen Formel von der *universitas* oder *respublica christiana* verborgenen Absichten noch deutlicher. Dem Konzept der *universitas christiana* wurden in der Frühen Neuzeit Eigenschaften eines politisch instrumentalisierten Mythos zuteil, um dem fragilen Gebilde Europas, das keinen Staat, kein Gemeinwesen mit festen Grenzen ausbildete, eine politische und kulturelle Identität stiftende Grundlage zu geben. Von zentraler Bedeutung für die Wirkmacht dieses Mythos sind im Sinne Durkheims die ungemein positiven Eigenschaften des Europabildes, nämlich durch die Religion legitimiert, d.h. von Gott geschützt zu sein, und die spezifische Friedensfähigkeit – beides Eigenschaften, die in Krisensituationen wie dem Dreißigjährigen Krieg Zuflucht und Trost gewährten, die Wünsche und die Projektion von Sehnsüchten zuließen, aber auch als Instrumente zur Regulierung, zum Appell an die politisch Verantwortlichen genutzt werden konnten. Die Struktur dieses politischen Mythos ist also ambivalent, einerseits Projektionsfläche für sozialpsychologische Phänomene, andererseits ein Konstrukt zum Zweck der politischen Disziplinierung und Legitimierung.

Neben seinen positiven Eigenschaften wurde die identitätsstiftende Wirkung des Mythos durch die Verwendung von Körpermetaphern gesteigert.[38] Darin gleicht die Erdteil-Ikonographie den nationalen, regionalen oder lokalen Personifikationen wie der Francia, der Belgica oder der Antwerpia. Die Wirkung dieser personalisierten abstrakten Begriffe zielte dabei wiederum in zwei Richtungen. Während sich die Bevölkerung mit den Personifikationen und ihrem Schicksal identifizieren konnte oder sollte, wurden die politisch Verantwortlichen an den mittelalterlichen Topos vom Herrscher, der sein Reich zur Braut nehme, erinnert und ermahnt, ihrer Verantwortung gegenüber dem Gemeinwesen nachzukommen.[39] Der Hilferuf einer jungen, mißbrauchten und verarmten Königstochter sollte das Mitleid des Adressaten erregen und ihn zum Handeln motivieren. Die Möglichkeiten der narrativen und affektiven Ausschmückung dieser Personifikationen politischer Begriffe boten der politischen Rhetorik also ein reiches Instrumentarium, Botschaften an die Regierenden zu vermitteln.

Vor diesem Hintergrund der politischen Instrumentalisierung der Europa-Personifikation muß Rubens' Florentiner Gemälde mit der klagenden Europa gesehen werden. Und so wie die genannten Darstellungen und Beispiele aus der politischen Rhetorik sich mittels einer personifizierten Europa an die politisch Verantwortlichen richteten, damit diese im Sinne der *universitas christiana* handelten und Europa in der Gefahr beistehen sollten, so ist auch Rubens' Gemälde

---

[37] Emile Durkheim, Les formes élémentaires de la vie religieuse, 4. Aufl., Paris 1960, S. 498 f.; zu Mythos und Politik vgl. auch Etienne François/Hagen Schulze, Das emotionale Fundament der Nationen, in: Monika Flacke (Hrsg.), Mythen der Nationen. Ein europäisches Panorama, Berlin, München 2001, S. 17–32.
[38] Vgl. dazu auch den Beitrag von Wolfgang Schmale in diesem Band mit weiterer Lit.
[39] Vgl. Wolfgang Schmale, Europa – die weibliche Form, in: L'Homme 11 (2000), S. 211–233, bes. S. 218–227.

wohl als konkreter Appell an einen Adressaten zu verstehen. Die mit der *europa deplorans* formulierte bildliche Aufforderung, Europa zu retten, wird konkretisiert durch die Notwendigkeit, eine Entscheidung zwischen Krieg und Frieden zu treffen, die in der Figur des Mars angelegt ist. Die Folgen des Krieges sind dabei als Plädoyer für den Frieden zu verstehen, um nicht noch größeres Unheil anzurichten.

V. Auftraggeber

Die Frage der Auftraggeberschaft konnte bisher nicht geklärt werden. Die Forschung dazu teilt sich in zwei Lager: Die Mehrheit nimmt an, daß Ferdinand II., seit 1621 Großherzog von Toskana, aber erst nach dem Tod seiner Großmutter Christina 1636 mit Regierungsvollmacht ausgestattet,[40] der Auftraggeber des Werkes gewesen sei und es sich um einen typisch höfischen Auftrag gehandelt habe, wie Rubens sie zahlreich ausführte.[41] Ferdinands Hofkünstler Sustermans sei lediglich als Zwischenträger aufgetreten. Für diese Position spricht der recht hohe Preis, der eher für einen herrscherlichen Auftrag angemessen erscheint: Bei der Fertigstellung erhielt Rubens einen Restbetrag in der stattlichen Höhe von 142 *florins* und 14 *scudi*. In diesem Zusammenhang wurden auch Überlegungen angestellt, das Werk in den Kontext der Ausstattung des Palazzo Pitti einzuordnen, insbesondere in die 1637 von Pietro da Cortona begonnene Ausschmückung der *Sala della Stufa* mit einem Zyklus der vier Zeitalter, den das Rubens-Gemälde als Darstellung des Eisernen Zeitalters ergänzt hätte.[42] Die andere Forschungsmeinung sieht in Sustermans selbst den Auftraggeber, für den Rubens die Pitti-Allegorie als Künstlerfreund und -kollege gemalt habe.[43] Dafür spricht, daß Rubens zu Beginn des zitierten Briefes Sustermans direkt als Auftraggeber anspricht: „... di quel quadro, che io feci de ordine di V. S. per suo servicio ...". Auch blieb das Werk bis zu seinem Tod im Besitz des Florentiner Hofmalers und wurde erst von seinen Erben an die Medici verkauft.[44]

Unabhängig davon, für wen das Gemälde bestimmt war, ist sich die Forschung aber bisher einig darin, daß Rubens zwei Jahre vor seinem Tod in diesem Bild seine persönliche Meinung, seine zutiefst resignierte Kritik am Krieg und an den politischen Verhältnissen seiner Zeit zum Ausdruck gebracht habe, ohne Hoffnung, selbst noch eine Veränderung bewirken zu können. Ulrich Heinen hat jüngst eine neue Lesart des Werkes vorgeschlagen: Er versteht die Darstellung aufgrund der Affektregie und einer positiven Wirkung des Mars auf den Betrach-

---

[40] Zu Ferdinand II. vgl. Eric Cochrane, Florence in the Forgotten Centuries 1527–1800, Chicago 1973, S. 193–196; John R. Hale, Die Medici und Florenz. Die Kunst der Macht, Stuttgart, Zürich, 1977, S. 237–241.

[41] Vgl. Hubala 1970, S. 277; Baumstark 1974, S. 191; Warnke 1977, S. 128; Kaulbach 1998, S. 573.

[42] Hubala 1970, S. 278 f.

[43] Von Simson 1996; Winner 1998.

[44] Ausst.Kat. Florenz 1977, S. 226.

ter als eine Aufforderung zum Krieg.[45] Diesen Appell habe Rubens im Kontext der habsburgischen Diplomatie über Sustermans an den mediceischen Großherzog lanciert, um ihn – in Analogie zu Vergils Aeneis – von der Notwendigkeit eines gerechten Krieges zu überzeugen und für den Kampf an der Seite der kaiserlich-habsburgischen Truppen gegen die Allianz der Franzosen mit den Protestanten zu gewinnen.

Die strukturelle Vieldeutigkeit allegorischer Darstellungen, die Rubens selbst mit dem kunsttheoretischen Begriff der *Dissimulatio*, der ‚Verschleierung' des wahren Sinnes, in Verbindung gebracht hat, erschwert ganz offensichtlich die inhaltliche Deutung des Bildes, die sich vermutlich auch nicht auf eine Botschaft reduzieren läßt.[46] Ohne neue Quellen und weitere Forschungen zum Umfeld des Auftrages und des Florentiner Hofes müssen Überlegungen in dieser Sache Spekulation bleiben. So beschränkt sich dieser Beitrag abschließend auf einige Anmerkungen, die sich aus der Analyse der Europa-Ikonographie für das Verständnis des Bildes ergeben.

In der politischen Rhetorik und Kunst des 16. und 17. Jahrhunderts war die klagende Europa ein Topos, der immer dann bemüht wurde, wenn an einen bestimmten Rezipienten(kreis) eine konkrete Aufforderung zum Handeln vermittelt werden sollte. Daß Rubens sowohl im Bild als auch in seinem Brief so deutlich auf diesen Topos rekurrierte, ist ein Hinweis darauf, daß das Gemälde in diesem Sinne eine Funktion erfüllen sollte. In diese Richtung weist der Ansatz von Heinen, der bisher als einziger in der Florentiner Allegorie einen Appell zu konkretem Handeln zu erkennen vermag. Ihm ist allerdings entgegenzuhalten, daß aus der Sicht der Europa-Thematik eine Aufforderung zum Krieg gegen Mitglieder der *universitas christiana* nicht denkbar ist. Der politischen Theorie folgend, war es die vordringlichste Aufgabe aller Beteiligten, die Einigkeit der *respublica christiana* nach innen mit friedlichen Mitteln herzustellen, um nach außen gestärkt auftreten zu können. Der Krieg zwischen den europäischen Mächten wurde als Verlust der Einheit und als große Gefahr für alle Mitglieder der christlichen Gemeinschaft gesehen, aus machtpolitischen wie auch aus kulturellen Gründen. Vor diesem Hintergrund wird man die Botschaft des Bildes als einen Aufruf zum Frieden verstehen müssen, der in einer Situation, als die Auseinandersetzungen durch den offenen Kriegseintritt Frankreichs eskalierten, an das Ideal der inneren Einheit appellierte und die Gefahr des weiteren Niedergangs drastisch visualisierte. An wen diese Botschaft gerichtet war, läßt sich beim gegenwärtigen Kenntnisstand ebensowenig mit Gewißheit feststellen, wie auch die Frage, ob Rubens mit diesem Gemälde seine persönliche Meinung zum Ausdruck brachte oder aber im Auftrag handelte, offenbleiben muß.

Das von Rubens im Brief erwähnte Honorar spricht jedenfalls gegen eine rein private Initiative des Künstlers, andererseits zeichnet es Rubens' künstlerische Arbeit aus, auch in die großen politischen Aufträge, wie z.B. beim Pariser Medici-Zyklus, über das mit dem Auftraggeber abgestimmte Bildprogramm hinaus

---

[45] Heinen 2003.
[46] Zur Verwendung des Begriffs bei Rubens und seiner rhetorischen Tradition vgl. Warnke 1965, S. 53–58.

seine persönlichen Erfahrungen als Künstler und Diplomat in die Konzeption eingebracht zu haben. Das rhetorische Prinzip der *Dissimulatio* erwies sich dabei in Zeiten politischer Spannungen und Krisen als besonders geeignet, politische Botschaften kunstvoll zu verschleiern und sie nur dem avisierten Adressaten zu enthüllen.

Eine von der Forschung bisher nicht erwogene Möglichkeit wäre die Verwendung dieser politischen Allegorie in der mediceischen Diplomatie.[47] Nach der alleinigen Übernahme der Regierungsgeschäfte 1636 ist die Innen- und Außenpolitik Ferdinands II. besonders in den ersten Jahren geprägt von dem Bemühen, an die im 16. Jahrhundert erworbene einflußreiche Stellung der Medici im Kreis der europäischen Mächte anzuknüpfen.[48] Die Kontakte sowohl zu den Großmächten als auch zu wichtigen kleineren Fürstentümern wurden intensiviert mit dem langfristigen Erfolg, daß Ferdinand in den letzten Regierungsjahren wieder eine einflußreiche Mittlerfunktion erlangte und z.B. zu den Mitunterzeichnern des zwischen Frankreich und Spanien 1659 geschlossenen Pyrenäenfriedens gehörte.

Ebenfalls in der Tradition seiner Familie nutzte Ferdinand die Künste für eine diesem Anspruch angemessene Repräsentation. Sein Hofmaler Sustermans hielt sich wiederholt an wichtigen europäischen Höfen auf und malte Porträts der Regenten und ihrer Hofgesellschaft: von 1623 bis 1624 am kaiserlichen Hof in Wien, 1627 in Rom, ab 1640 in Parma, Piacenza und Mailand, 1645 ein zweites Mal in Rom usw. Sustermans könnte dabei ähnlich wie Rubens im zwischenhöfischen Verkehr auch diplomatische Funktionen übernommen haben, wie allein schon die Entsendung eines geschätzten Hofkünstlers als diplomatische Geste verstanden wurde.[49] Auch die Ausstattungspraxis seiner Vorgänger setzte Ferdinand II. fort. In einer systematischen Kampagne ließ er seine Privatgemächer und Empfangsräume im Palazzo Pitti unter Hinzuziehung international renommierter Künstler wie Pietro da Cortona aufwendig ausstatten.[50] Bei der Programmgestaltung kam auch dem seit Cosimo I. für das politische Selbstverständnis der Medici zentrale Motiv des Goldenen Zeitalters wieder eine bedeutende Rolle zu. Mit diesem Motiv waren sowohl Anspruch als auch Versprechen verbunden, unter einer Medici-Regierung für Frieden, Wohlstand und Überfluß zu sorgen, eine Devise, die sich die Familie traditionell auch außenpolitisch für eine Rolle als Friedensvermittler zunutze machte. Vor diesem politischen wie auch spezifisch dynastischen Hintergrund hätte das zu Frieden und Einheit mahnende Gemälde von Rubens etwa eine mediceische Friedensmission unterstützen können. In

---

[47] Zu einem zeitgenössischen Beispiel päpstlicher Politik mit Bildern vgl. Rudolf Preimesberger, Bilder des Papsttums vor und nach 1648, in: Ausst.Kat. Münster 1998, Bd. II, S. 619–628, bes. S. 619 f. u. 627.

[48] Cochrane 1973, S. 193–196; Hale 1977, S. 237–241; Edward L. Goldberg, Patterns in Late Medici Art Patronage, Princeton 1983, S. 9–17.

[49] Zur Entsendung von Hofmalern siehe Martin Warnke, Hofkünstler. Zur Vorgeschichte des modernen Künstlers, 2, überarb. Auflage, Köln 1996, S. 266–269.

[50] Marco Chiarini, S. Padovani, Palazzo Pitti: Galleria Palatina e Appartamenti Reali, Rom 1999, S. 54 f.; Goldberg 1983, S. 9–17.

diesem Fall hätte sich der Auftraggeber für seine Politik mit Bildern nicht nur eines dafür besonders ausgewiesenen Künstlers, sondern mit der klagenden Europa auch eines Sujets bedient, das einen zentralen Topos des zeitgenössischen politischen Diskurses emphatisch thematisierte.

Europäische Konstruktion oder Familienstrategien?
Die Heiratspolitik der französischen Herrscher

FANNY COSANDEY

Ich möchte im folgenden anhand des französischen Beispiels untersuchen, inwieweit der Austausch von Prinzessinnen zu einer Vereinheitlichung der europäischen Höfe beigetragen hat. Die soziale Endogamie der Herrscherhäuser geht mit einer geographischen Exogamie einher, die den Austausch höfischer Lebensformen begünstigte. Die Königin von Frankreich, als Gemahlin des Königs souverän, ist zugleich eine ausländische Prinzessin, die sich durch ihre Heirat die Interessen und Sitten ihrer neuen Heimat zu eigen macht, so daß mit ihrem königlichen Status der vollkommene Bruch mit ihrer Familie und der Nation ihrer Herkunft verbunden ist.

Es läßt sich also ein komplexes Spiel der Widerstände gegen fremde Einflüsse auf der einen Seite und der Einführung von Umgangsformen aus anderen europäischen Höfen auf der anderen beobachten. Durch die wechselseitigen Allianzen unter den Herrscherhäusern bildet sich eine Kaste heraus, in der sich die Macht konzentriert. In dieser Welt geraten die gesellschaftlichen und die nationalen Identitäten in Konflikt. Die Familie der Könige ist europäisch, während die Untertanen national sind. Die für europäische Herrscher charakteristische Spannung zwischen der Zugehörigkeit zu einer Familie und der Zugehörigkeit zu einer Nation läßt sich an den staatsrechtlichen Gegebenheiten, an der Symmetrie der Allianzen, dem Bild der französischen Königinnen, aber auch an ihren politischen und kulturellen Aktionen nachvollziehen. Die europäischen Herrscher teilen gemeinsame Vorfahren, doch sie regieren rivalisierende Reiche. Die europäischen Völker sind eine dynastische Angelegenheit.

Vom Teilungsvertrag von Verdun bis zum Vereinigungsedikt von 1607, durch das das väterliche Erbe Heinrichs IV. endgültig der Krone zugeschlagen wurde, wird die territoriale Herausbildung des französischen Königreichs von einer Stärkung der dynastischen Macht der Kapetinger begleitet, bewirkt durch die Mehrung der Krondomäne.

Den Kern des Reiches bildet das Erbe Hugo Capets, der die Dynastie 987 begründete. Ausgehend vom Pariser Becken, erstreckte sich die Krondomäne während des Mittelalters in alle Richtungen; am Ende dieser Expansion geht das Königreich Anfang des 17. Jahrhunderts ganz in ihr auf – Ergebnis einer besonders erfolgreichen Heiratspolitik.[1]

---

[1] Zur Frage der Entstehung des französischen Territoriums siehe Daniel Nordman, Frontières de France. De l'espace au territoire, XVIe–XIXe siècle, Paris 1998.

In einer feudalen Gesellschaft bemaß sich die Macht eines Prinzen zunächst an der Ausdehnung des von ihm beherrschten Territoriums. Doch an die Seite der territorialen Ausdehnung trat bald schon eine juristische Konstruktion, die der Institution Struktur verleiht und die Legitimität des Königs stärkt. Die Monarchie erhält nun ihre Prägung durch drei Faktoren: den Begriff des Königreiches, die Krondomäne (die auf das kapetingische Erbe zurückgeht) und die Rechtsansprüche. Sie erfährt im 14. Jahrhundert, nach den Erbfolgestreitigkeiten der Kapetinger, einen entscheidenden Wandel.[2] In den Jahren zwischen 1316 und 1328 stirbt die direkte Linie der Kapetinger aus, und das Königtum geht auf die jüngere, auf Ludwig den Heiligen zurückgehende Linie der Valois über. Bis ins 14. Jahrhundert hatten die französischen Könige stets Söhne gehabt, die sie beerben konnten. Dieses „Kapetingische Wunder" hatte die Herausbildung einer eindeutigen Thronfolgeregelung verhindert, denn die Söhne übernahmen jeweils ganz selbstverständlich die Nachfolge der Väter. Für das neue Königsgeschlecht der Valois bedurfte es dagegen der Legitimation, um so mehr, als ihr Anspruch auf den Thron zu Lasten der Töchter ging, zunächst von Jeanne, der Tochter von Ludwig X. *le Hutin*, dann auch von Isabelle, die in direkter Linie von Philipp dem Schönen abstammte, der keinen männlichen Erbfolger hatte.[3] Die Juristen beriefen sich auf diese Tradition und formulierten nun deutlich, was später zu einem rechtlichen Fundament des Königreichs werden sollte, nämlich die Thronfolgeregel. Sie baut auf zwei Hauptprinzipien auf: Töchter erben nicht. Und: Töchter vererben nicht.

So wird die Krone nur von Mann zu Mann weitergegeben, und zwar in der Reihenfolge der Geburt. Die Einführung einer strengen Thronfolgeregelung hatte erhebliche Folgen, sowohl für die politische Stabilität des Königreichs als auch für das Verhalten der Könige in Fragen ihres Erbes. Wenn das Salische Gesetz die Legitimation der Thronansprüche der Valois erlaubt, so entzieht es zugleich die Krone der Verfügungsgewalt des Königs.

Der König hat sich den Prinzipien dieses Gesetzes zu fügen, kann also nicht selbst seinen Nachfolger bestimmen. Da das Krongut ebenso wie die Krone selbst kapetingisches Erbe ist, kann es der König nicht verkleinern, in dem er es an seine Getreuen verteilt.

So legt das Salische Gesetz den König von vornherein auf zwei Gebieten fest: Als dynastisches Thronfolgerecht bindet es ihn eng an seine Familie; zugleich schafft es die rechtlichen Bedingungen für die Entstehung einer öffentlichen Sphäre, in der der Krone und die Krondomäne, obwohl sie kapetingisches Erbe sind, ihren Inhabern nicht mehr zur vollen Verfügung stehen. Der Monarch wird „Nutznießer" seines Kronguts, mit dem er eben nicht umgehen kann wie jeder beliebige Inhaber von Privateigentum.

Der König befindet sich damit in einer zwiespältigen Lage. Er ist einerseits seiner Familie verpflichtet, deren dynastisches Oberhaupt er ist, andererseits aber

[2] Vgl. Jacques Krynen, L'empire du roi, Paris 1993.
[3] Paul Viollet, Comment les femmes ont été exclues en France de la succession à la Couronne, in: Mémoires de l'Académie des Inscriptions et Belles-Lettres, Bd. XXXIV, 2. Teil, S. 125–178.

seinem Staat. Er muß also abwägen zwischen den privaten, dynastischen und familiären Interessen einerseits sowie den das gesamte Königreich betreffenden öffentlichen Interessen andererseits. Die familienpolitischen Strategien der französischen Könige zeugen von diesen Spannungen: Sollten sie einer Familienpolitik dienen, die darauf abzielte, die Dynastie auf europäischer Ebene zu festigen, oder sollten sie sich strikt an einer nationalen Politik orientieren, die zum Ziel hatte, die Macht des Königreichs auf Kosten der benachbarten Staaten zu stärken?

Übrigens führt das Salische Gesetz, indem es die Frauen von der Erbfolge ausschließt, zu einer genaueren Bestimmung der Position, die die Frauen bzw. die Königinnen im monarchischen System Frankreichs einnehmen. In der Konsequenz regelt sich die Gestaltung des Heiratsvertrags: Die französischen Prinzessinnen erhalten, da sie nicht erbberechtigt sind, niemals Land, sondern immer nur Geld als Mitgift, und für ihre Gemahle verbindet sich mit ihnen keinerlei Anspruch auf das väterliche Erbe.[4]

Diese Thronfolgeregelung bringt in Zusammenhang mit der Unveräußerlichkeit des Kronguts die Rechtsberater des Ancien Régime dazu, Heiratspolitik als ein hegemoniales Projekt darzustellen. Sie erlaubt es, das Königreich gegen die Thronansprüche eines fremden Fürsten zu sichern; sie erlaubt es zudem, „dem Rest der Welt Könige zu schenken."

Für die politischen Theoretiker des Ancien Régime bestand die Überlegenheit der französischen Krone gerade in ihren Thronfolgeregeln. Das Salische Gesetz „ist Grund für die Bewahrung dieses Staates," erläutert Laurent Bouchel,[5] „es befestigt die Krone mit diamantenen Nägeln."[6] Dem liegt eine einfache Überlegung zugrunde: Angewendet, um die Thronansprüche eines englischen Königs im Jahre 1328 zurückzuweisen, hält dieses Gesetz die Krone in der königlichen Familie. Tatsächlich können die Töchter des Königs, da sie nicht erben können, die Krone nicht in ein fremdes Herrscherhaus übertragen.[7]

Hierin unterscheidet sich Frankreich diametral von seinen Nachbarn, die durch die Zulassung der Frauen in der Thronfolge „Wechselfälle erleben und sogar wohl in die Hände ihrer alten Feinde fallen mögen,"[8] wie es etwa in Spanien der Fall war, das an die österreichischen Habsburger fiel.

Obendrein konnte sich die kapetingische Dynastie „exportieren", indem sie die Söhne des Königs mit ausländischen Prinzessinnen verheiratete. Zudem konnten die französischen Könige durch die Heirat mit erbberechtigten Prinzessinnen Königreiche und Fürstentümer erwerben und auf diese Weise ihre Macht ausbauen.

[4] Fanny Cosandey, De lance en quenouille. La place de la reine dans l'Etat moderne (XIVe–XVII siècle), in: Annales HSS, 1997, S. 799–820.

[5] Laurent Bouchel, Bibliotheque ou Tresor du droit francois, Paris 1615, S. 935.

[6] François de Fermineau, Traicté des droicts de la monarchie, maison, Etat, et coronne de France. Discours 1. De l'autorité du Roi, de la famille royale, aux mariages des princes du sang, pouvoir de la coutume de l'Etat et interet du public sur ce sujet, Nismes 1636.

[7] Commentaires sur l'ordonnance de la majorité des rois, o.O., o.J. (um 1615–1620), fol.44v.

[8] Claude de Rubis, Conference des prerogatives d'ancienneté et de noblesse de la monarchie, Lyon 1614, S. 247.

So gingen die französischen Herrscher kein Risiko ein, wenn sie ihre nicht erbberechtigten Töchter verheirateten und konnten zugleich auf die Erbansprüche ihrer Gemahlin hoffen, wenn sie sich eine in Erbfolge wohlsituierte Prinzessin erwählt hatten. Hier greift das Salische Gesetz in die Heiratspolitik der französischen Könige ein und bestimmt von dieser Seite her die heiratspolitischen Strategien der großen europäischen Mächte.

In Frankreich ist seit dem 16. Jahrhundert die Mitgift in Form von Landrechten die Ausnahme. Anne de Bretagne ist die letzte Königin (zusammen mit ihrer Tochter, Claude de France), die einem französischen König ein Herzogtum mit in die Ehe bringt. Deshalb wird es für den Monarchen interessanter, sich außerhalb des Königreichs zu vermählen, und er wendet sich von nun an systematisch den ausländischen Prinzessinnen zu. Diese Praxis steht übrigens im Einklang mit der Entwicklung an den großen europäischen Höfen. Sie gehört zu den goldenen Regeln, an denen die königliche Heiratspolitik ausgerichtet ist: Heirate keine Untertanin (wähle also eine Ausländerin)! Wähle eine Frau aus einem Herrscherhaus! Und: Ziehe die Älteren den Nachgeborenen vor!

Die Wahl einer Kandidatin von hohem Geblüt, um den Stammbaum fortzusetzen, trägt sicherlich zur Stärkung des dynastischen Ansehens bei. Doch dienen diese Regeln vor allem den langfristigen hegemonialen Absichten: Ziel ist es, eines Tages die Erbfolge anzutreten.

Die Macht der regierenden Familien bemißt sich daran, ob es ihnen gelingt, die Erstgeborenen zu heiraten. Karl IX. mußte sich im 16. Jahrhundert mit einer jüngeren Tochter des Kaisers zufrieden geben, während die ältere Schwester dem spanischen König, einem Cousin der österreichischen Habsburger und Vertreter einer dominierenden Macht zugesprochen worden war. Dagegen erhält Frankreich im 17. Jahrhundert jeweils die älteren Töchter, worin man eine Bestätigung seiner Stellung auf dem europäischen Schachbrett sehen kann: Anna von Österreich, die Frau Ludwigs XIII., und Maria Theresia, die Frau Ludwigs XIV., waren beide die ältesten Töchter eines spanischen Königs. Sie wurden besser ausgestattet als ihre jüngeren Schwestern, vor allem aber nahmen sie bessere Plätze in der Erbfolge ein, machten es also wahrscheinlicher, daß langfristig die spanische Krone oder Teile des spanischen Erbes an den König fallen würden.

Damit rühren wir an ein wichtiges Problem: Die durch Heirat gestifteten Allianzen zwischen den Herrschern standen von Anfang an unter dem Zeichen eines Ungleichgewichts zugunsten Frankreichs. Während der französische König hoffen durfte, bei Gelegenheit das Erbe seiner Frau dem Königreich einzuverleiben, hatte umgekehrt ein ausländischer Monarch, der eine Tochter des französischen Königs geheiratet hatte, keinerlei Aussichten, an der kapetingischen Erbfolge teilzuhaben.

Wenn europäische Fürsten also eine Heiratsallianz mit den französischen Herrschern schlossen, befanden sie sich in einer defensiven Position. Sie mußten Vorkehrungen treffen, um das Gleichgewicht wieder herzustellen. In diesem Punkt waren die Angelegenheiten der (herrschenden) Familien zugleich Staatsangelegenheiten. Die Fürsten versuchten vor allem die nationalen Interessen zu wahren, beispielsweise die Unabhängigkeit des Königreiches, indem sie Heiratsverträge aufsetzten, die die Gleichheit der beiden Parteien sicherstellten.

Ein schlagendes Beispiel für diese Gleichgewichtsstrategie ist die spanische Doppelhochzeit von 1615. Sie wird, sowohl was die zeremonielle als auch was die vertragliche Seite angeht, von beiden Seiten vollkommen symmetrisch gestaltet. Ludwig XIII. heiratete damals Anna von Österreich, die älteste Tochter Philipps III. von Spanien, während er Elisabeth, seine älteste Schwester, dem Prinzen von Asturien und zukünftigen Philipp IV. zur Frau gab. Der Austausch der Prinzessinnen auf dem französisch-spanischen Grenzfluß Bidassoa vollzog sich in strenger, spiegelbildlicher Symmetrie: Die beiden Prinzessinnen verlassen zur selben Zeit das Land ihrer Herkunft, treffen sich in der Mitte des Flusses und betreten gleichzeitig den Boden ihres neuen Königreichs.[9] Diese minutiöse Synchronisation findet ihre Entsprechung in den für die Hochzeit unterzeichneten rechtlichen Vereinbarungen. Die wichtigsten Klauseln des Vertrages legen fest, daß beide Prinzessinnen eine wertgleiche Mitgift erhalten, jeweils 500.000 *écu d'or*; da sich die Beträge genau entsprechen, besteht für die Monarchen keine Notwendigkeit, die Summe auszuzahlen. Da Elisabeth von Frankreich von Haus aus von der kapetingischen Erbfolge ausgeschlossen ist, unterzeichnet Anna von Österreich eine Verzichtserklärung auf das spanische Erbe – eine an den europäischen Höfen durchaus unübliche Praxis. Sie tritt erst bei der Allianz mit dem französischen Königreich auf, um beiden Vertragspartnern eine gleiche Ausgangslage zu verschaffen.[10]

So nötigen die Gesetze des französischen Königreichs den anderen Herrschen ein bestimmtes juristisches Vorgehen und auch ein spezielles Zeremoniell auf. Bei der Heirat der spanischen Infantin Maria Theresia mit Ludwig XIV. 1660 wiederholt sich dieses Manöver, auch sie muß ihren Verzicht auf die spanische Thronfolge erklären. Doch trägt Ludwig XIV. Sorge, daß dieser Verzicht dem Vorbehalt unterliegt, daß die Mitgift (wiederum 500.000 *écus d'or*) tatsächlich ausbezahlt wird - wohl wissend, daß der spanische König nicht in der Lage sein wird, eine derartige Summe aufzubringen. Der *Guerre de dévolution* 1667/68 und der Spanische Erbfolgekrieg von 1701–1714 leiten sich von diesen juristischen Vorkehrungen ab. In der Übernahme des spanischen Throns durch die Bourbonen Anfang des 18. Jahrhunderts erfüllt sich eine Heiratspolitik, die auf die Eroberung des Erbes ausgerichtet war und in der Doppelhochzeit von 1615 ihren Anfang genommen hatte. Das Gelingen dieser Operation kann als der Triumph eines „dynastischen Absolutismus" verstanden werden.

Jedes Herrscherhaus versuchte, im Rahmen der außenpolitischen Konstellationen die Karten seiner nationalen Interessen auszuspielen. Auf der gesellschaftlichen Ebene führte diese interdynastische Endogamie allerdings zu einer sozialen Formation, die man die *caste royale* genannt hat. Ihr gemeinsam war der Besitz souveräner Macht, die einzelne Mitglieder dieser Familien innehatten, und die nur innerhalb dieses eng umschriebenen Zirkels weitergegeben wurde.

Die europäischen Herrscherhäuser teilten gemeinsame Werte und Lebensformen, aber auch Interessen, die vor allem darin bestanden, diese dominierende

---

[9] Siehe z.B. Ruth Kleinman, Anne d'Autriche, Paris 1993.
[10] Monique Valtat, Les contrats de mariage dans la famille royale en France au XVIIe siècle, Paris 1953.

Position beizubehalten. Königliche Hochzeiten, im Zeichen einer Friedensvereinbarung zwischen zwei Staaten geschlossen, waren tatsächlich in den meisten Fällen der Ausgangspunkt für neue Kriege. Ging man die Verbindung nach Abschluß eines Konfliktes ein, so lieferten sie zugleich die – meist rechtlichen – Waffen für eine zukünftige Konfrontation. Die Bestimmungen des Ehevertrages zwischen Ludwig XIV. und Maria Theresia sind in dieser Hinsicht exemplarisch. Die königlichen Hochzeiten scheinen weniger ein Bündnis zwischen den Staaten als eines zwischen Herrschern zu sein. Indem sie die Einzigartigkeit der herrschenden Familien inszenieren, zielen sie darauf ab, deren Macht zu stärken. Diese dynastische Stärkung leitet sich also aus der gegenseitigen Anerkennung der Mitglieder dieser sehr spezifischen gesellschaftlichen Gruppe ab. Das soziale Kapital der Prinzessin spielt dabei eine entscheidende Rolle: Es bringt ihren Gatten in den Besitz dessen, was die Rechtsgelehrten das „gewisse Etwas" nennen, was der Absicherung der Position an der Spitze des Staates zuträglich ist. Das Heiraten innerhalb der Verwandtschaft sichert die Herausbildung einer homogenen gesellschaftlichen Gruppe, die sich über den Besitz der souveränen Autorität definiert und durch die die Verpflichtung der Monarchen gegenüber ihren Untertanen entwertet wird. An der Spitze des Königreichs isoliert, verkörpern sie die ganze Macht. Ludwig XIV. treibt dieses Prinzip auf die Spitze, wenn er eine Frau heiratet, die gleich zweifach, von mütterlicher und von väterlicher Seite, seine Cousine ist.[11]

Diese Verflechtungen und gegenseitigen Absicherungen der Allianzen, die sich in den exklusiven Sphären der Macht vollzogen, blieben nicht ohne Auswirkungen auf die höfischen Lebensformen, die Ausdrucksformen der Legitimation und die Ausübung der Macht.

Hierbei spielten die Herrscherinnen eine wesentliche Rolle, von der man allerdings mangels genauerer Untersuchungen wenig weiß. Sie bringen die kulturellen und politischen Werte in Umlauf, die sie von ihren Eltern mitbrachten und die sie an ihre eigenen Kinder weitergeben. Die Änderungen, die sie am Hofe einführten, lassen sich vor allem aus der Kritik herleiten, die man ihnen, besonders wenn sie die Regentschaft ausüben, entgegenbringt. Doch betraten weder die französischen Königinnen, noch die an ausländische Fürsten verheirateten Töchter des Königs vollkommen unbekanntes Terrain, waren doch ihre Gatten in aller Regel zugleich ihre Vettern.[12] Tatsächlich wurde die Vereinheitlichung in erster Linie durch die Gemeinsamkeiten der Herkunft bewirkt. So wurde bei den feierlichen Einzügen in die Stadt, einer der großen monarchischen Zeremonien der Neuzeit, das königliche Personal in Szene gesetzt und dabei die Genealogie besonders hervorgehoben, um die Zugehörigkeit der neuen Königin zu der sie aufnehmenden Familie zu betonen. Beim Einzug Elisabeths in Paris im Jahre 1571 zeigte ein Triumphbogen Pippin den Kleinen als König von Frankreich, ihm gegenüber Karl den Großen, „Sohn dieses Pippin", geschmückt mit den kaiserli-

[11] Fanny Cosandey, La reine de France, symbole et pouvoir, Paris 2000.
[12] Pierre Lamaison, Tous cousin? De l'héritage et des stratégies matrimoniales dans les monarchies européennes à l'age classiques, in: Epouser au plus proche. Inceste, prohibitions et stratégies matrimoniales autour de la Méditerranée, Paris 1994, S. 341–367.

chen Insignien.[13] So wurde zum Ausdruck gebracht, daß das Kaiserreich auf die französischen Könige zurückgeht, und zugleich wird so die gemeinsame Abstammung der beiden dynastischen Linien hervorgehoben. Wenn damit die Ankunft Elisabeths von Österreich als eine Rückkehr zu ihrer ursprünglichen Familie präsentiert wird, so geschieht dies nicht ohne konkrete politische Zielsetzung. Und doch hinderten die imperialen Ambitionen Frankreich nicht daran, zugleich die familiären Verbindungen zwischen den beiden Häusern herauszustellen. Es lassen sich weitere Beispiele anführen. Bei ihrem Einzug nach Lyon passiert Maria de' Medici 1600, kurz bevor sie Heinrich IV. wiedertrifft, eine Festdekoration, die auf der einen Seite eine Statue der Königin, auf der anderen die der Katharina de' Medici zeigte.[14] Wiederum tritt die Königin die Nachfolge einer Verwandten an. Und als Ludwig XIV. 1660 in Paris einreitet, teilt er so viele gemeinsame Punkte mit seiner Gemahlin Maria Theresia, daß ein Gemälde sie mit fast identischen Zügen darstellt.[15]

So übersetzen die königlichen Einzüge die Macht der Allianzen und das politische Erbe der Fürstinnen in eine metaphorische Sprache. Die Königin ist nicht nur ein dynastisches Bindeglied, sie eröffnet auch die Möglichkeit der Einflußnahme, auch wenn ihr diese Rolle offiziell nicht zuerkannt wird. Tatsächlich bringt sie die Stellung, die ihr in der französischen Monarchie zugewiesen ist, dazu, alle äußeren Zeichen abzulegen, die an ihre Herkunft erinnern.

Mit ihrer Ankunft im Königreich entsagt sie beispielsweise der Mode ihres Heimatlandes, um die lokalen Gewohnheiten anzunehmen. Diese Verwandlung geschieht praktisch unverzüglich, denn bei ihrer Ankunft wird sie ausgezogen und auf französische Art neu eingekleidet.[16] Als Gemahlin des souveränen Königs ist sie von nun an ganz französisch, und so muß sie auch nach außen erscheinen. Die politische Literatur fordert dies oft ein, indem darauf hingewiesen wird, daß sie durch ihre Heirat eingewilligt habe, „die Sitten eines Landes zu vergessen, aus dem sie sich nicht nur mit ihrem Körper, sondern auch mit ihrem Herzen entfernt, um dem Land zu folgen, für das Gott ihr befiehlt, Vater und Mutter zu verlassen."[17]

Auch im Umfeld der Königin vollzieht sich der Wandel. Das Gefolge, das sie nach Frankreich begleitet hat, muß umkehren, die Königin behält nur eine Handvoll Bedienstete bei sich, wenn es ihr der König gestattet. So konnte auf Wunsch

---

[13] 13. Victor E. Graham, W. McAllister-Johnson, The Parisian Entries of Charles IX and Elisabeth of Austria, Toronto 1974.

[14] Pierre Matthieu, L'entrée de tres grande, tres chrestienne et tres auguste princesse Marie de Medicis, reine de France et de Navarre, en ville de Lyon le 3 decembre 1600, Lyon, zitiert nach N. J. Martin, Entrées royales et fêtes populaires à Lyon du XVe au XVIIIe siècle, Lyon 1970.

[15] Siehe z. B. Explication generale de toutes les peintures, statues et tableaux des portiques et arcs de triomphe, dresses pour l'entree du Roy et de la Reines ..., Paris 1660.

[16] Abby E. Zanger, Scenes from the marriage of Louis XIV. Nuptial Fictions and the Making of Absolutist Power, Stanford 1997.

[17] François de Fermineau, Traicté des droicts de la monarchie, maison, Etat, et coronne de France. Discours 1. De l'autorité du Roi, de la famille royale, aux mariages des princes du sang, pouvoir de la coutume de l'Etat et interet du public sur ce sujet, Nismes 1636, S. 25.

Maria de' Medicis Leonora Galigaï am Hof bleiben. Auch Anna von Österreich behielt einige spanische Damen in ihren Diensten, Maria Theresia ihren Beichtvater, einen Arzt, einen Chirurgen und einige spanische Diener.[18] Doch konnte die Anwesenheit dieser Ausländer in einem im wesentlichen aus Franzosen bestehenden Haushalt die Königin in politisch heiklen Situationen leicht schwächen. Ihr Einfluß wird dann übertrieben dargestellt, und man wirft ihnen vor, die Königin zu Handlungen und zu einem Verhalten zu verführen, das nicht mit ihrer Würde zu vereinbaren sei. So gering ihre Zahl auch sein mag, so werden die Diener für eine Menge von kleinen Übeln einfach nur deshalb verantwortlich gemacht, weil sie einer anderen Nation angehören und andere Sitten haben, für die es im Schloß keinen Platz gibt. Wir begegnen hier ohne Frage dem Widerstand der Höfe gegenüber jeglichem Einfluß, der von anderen Nationen kommt.

Wenn die Metamorphose der Königin auch vollkommen ist, so kann sie sich doch auf die äußeren Zeichen beziehen. Obwohl sie ihr Verhalten den lokalen Gepflogenheiten anpaßt, bewahrt die Königin als die Frau des Königs doch auch Züge ihrer Herkunft. Sie behält nicht nur ihren Namen bei, es gibt auch einige Gewohnheiten, die sie durch ihre Erziehung erworben hat und die sie nun am Hofe einführt. So kann das königliche Mäzenatentum Gelegenheiten bieten, ihrem Geschmack Ausdruck zu verleihen. Sicherlich haben Katharina und Maria de' Medici eine wichtige Rolle bei der Entwicklung höfischer Prachtentfaltung gespielt, wenn dies auch gewiß kein rein italienisches Phänomen ist.[19]

Während ihrer Regentschaft nach dem Tod Franz' II. gab Katharina großartige Feste, die dazu beigetragen haben, daß der Hof der Valois als besonders glanzvoll in die Erinnerung einging. Aus Italien brachte Maria de' Medici eine Leidenschaft für Juwelen mit, die daraufhin auch in Frankreich wieder in Mode kamen. Ihre diesbezügliche Aktivität trug übrigens zum Reichtum der königlichen Schmuckbestände bei, die während der Religionskriege in Mitleidenschaft gezogen worden waren.[20] Auch versteht es diese Königin, die Kunst in den Dienst ihrer Größe zu stellen, wovon das Palais du Luxembourg und der dortige Gemäldezyklus zeugen, den sie bei Rubens zur eigenen Glorifizierung in Auftrag gegeben hatte. Ludwig XIV. knüpft an dieses Vorbild an, als er Versailles errichtet. Anna von Österreich, die ebenfalls die Regentschaft ausübte, war weniger erfolgreich: Ihr Versuch, mitten in Paris einen kleinen Escorial zu errichten, mißlingt zum Teil, wenn auch etwas davon Bestand hatte: Das unter ihrer Ägide erbaute Val de Grace, in dem später die Herzen der Königinnen bestattet wurden, war eine Einsiedelei, in die sie in langen Phasen der Zurückgezogenheit gehen konnte, eine Reminiszenz an das spanische Palastkloster.[21]

Auch auf die Ausübung der Macht hatte die Königin einen gewissen Einfluß. Übernimmt sie die Regentschaft, kann sie die Unterweisungen ihrer Erziehung

---

[18] Claude Dulong, Le mariage du roi-soleil, Paris 1986.

[19] Zu dieser Frage siehe insbesondere Sara Mamone, Paris et Florence, deux capitales du spectacle pour une reine, Marie de Médicis, Paris 1990; Jean Mesnard et Roland Mousnier (Hg.), L'âge d'or du mécénat (1598–1661), Paris 1985.

[20] Siehe Bernard Morel, Les joyaux de la couronne de France, Paris 1988.

[21] Claude Mignot, Le Val de Grâce, l'hermitage d'une reine, Paris 1994.

oder die als Kind an einem königlichen Hof gemachten Erfahrungen zum Einsatz bringen. Hatte man Katharina de' Medici nicht vorgeworfen, die Intrige zu pflegen und eine Nachfolgerin ihres Landsmannes Machiavelli zu sein?[22] Tatsächlich kann man das Verhalten einer Regentin mit dem des Königs nicht vergleichen. Die Regentin hat nicht dieselbe Reichweite bei der Umsetzung ihrer Politik, sie muß mit denen zurechtkommen, die Ansprüche auf Teilhabe an der Macht erheben. Die Zügel des Staats sind für eine Frau, sei sie Gattin oder Mutter des Königs, schwerer zu halten als für einen Souverän, der durch die Gnade Gottes und Kraft des Salischen Gesetzes an der Spitze der Macht steht. Die Anschuldigung schlechter Regierung ist schnell vorgebracht, und die ausländische Herkunft der Königinnen wird leicht zur Zielscheibe, wenn man die vertretene Politik verdammt.[23] Doch läßt sich nicht leugnen, daß die Art und Weise, wie diese Fürstinnen Macht ausüben, von dem politischen Umfeld ihrer frühesten Jugend mitbeeinflußt ist. Und die Staatsführung Katharinas hat sich den Geistern so stark eingeprägt, daß die Verdammung der Schriften Machiavellis unter dem Ministerium Richelieu noch ausführlich auf die italienischen Praktiken der Königinmutter Bezug nimmt.

Übrigens wird die Steifheit der höfischen Etikette unter den Bourbonen und besonders unter Ludwig XIV. den Spaniern angelastet: Das Protokoll und die bis ins Kleinste geregelte Etikette von Versailles seien ein Erbe burgundischer Etikette, die am Madrider Hof galt. Dabei wird der Einwirkung Anna von Österreichs eine entscheidende Bedeutung zugesprochen.

Ein letzter Punkt betrifft den Bereich, den man als das „Familienleben am Hofe" bezeichnen könnte, sowie den direkten Einfluß der Königinnen auf ihre Söhne. Was geben sie von ihrer Herkunft weiter? Dieser Aspekt des Problems erscheint wesentlich für das Verständnis der Werte, die von den europäischen Höfen geteilt wurden. Doch ist diese Frage in zweifacher Hinsicht schwierig.

Zum einen, weil die höfische Kultur der Königin nur teilweise eine fremde ist: Geht man von der Vorstellung aus, daß die Mutter ihren Kindern Haltungen und Werte mitgibt, die sie selbst bei ihrer Erziehung erworben hatte, so muß man natürlich auch davon ausgehen, daß eben diese Fürstin ihrerseits Werte aufgenommen hat, die sie von ihrer eigenen Mutter übernommen hat, die wiederum eine Ausländerin ist. Als Tochter eines Königs und seiner außerhalb seines Königreiches gewählten Frau, vereint die junge Frau, wenn sie in Frankreich ankommt, um neben dem Monarchen den Thron zu besteigen, zwei Kulturen in sich: die ihrer Mutter und die ihres Vaters, die ihrerseits unter dem Einfluß des Austauschs zwischen den Dynastien stehen.

Zum anderen ist diese Frage schwierig, weil wir wenig über die Erziehungsformen dieser Prinzessinnen wissen, also auch wenig über die Werte, die ihnen eingeimpft wurden. Ging es um im wesentlichen weibliche Verhaltensmuster und Werte, die sie auf die Rolle einer Ehefrau ohne politische Reichweite vorbereiten

---

[22] Dies ist ein klassisches Thema in der Literatur, siehe z. B. Ivan Cloulas, Catherine de Médicis, Paris 1984.
[23] Claudie Martin-Ulrich, La persona de la princesse, personnage litteraire et personnage politique, Paris (in Druck).

sollten, oder erhielten die Prinzessinnen auch eine intellektuelle Ausbildung, die ausreichend solide war, um ihnen, falls nötig, die Teilhabe am politischen Leben zu ermöglichen?

All diese Aspekte würden es verdienen, eingehender untersucht zu werden, um genauer feststellen zu können, welchen Anteil die von den Königinnen übermittelten fremden Einflüsse wirklich hatten. Doch schon die wenigen hier vorgestellten Anhaltspunkte machen die Bedeutung des Austauschs zwischen europäischen Höfen deutlich und bringen eine politische Praxis zum Vorschein, die all jenen gemeinsam war, die durch den Austausch von Prinzessinnen die dynastischen Bindungen festigten. Im 18. Jahrhundert scheinen dann die Werte und das Verhalten an den europäischen Höfen einheitlicher gewesen zu sein als zuvor.

Ob man darum aber sagen kann, daß das Europa der Fürsten das Europa der Nationen überflügelte, darf bezweifelt werden.

(Aus dem Französischen von Michael Müller)

Die Natur der Nation.
Überlegungen zur „Landschaft" als Ausdruck nationaler Identität

Tanja Michalsky

„Zunächst: das Land. Die Nordsee brandet gegen einen Dünengürtel, der ihr widersteht, und rollt – grüngrau, braungrau – bis zu der Stelle, wo sie einen Durchlaß findet. Dort schlägt sie zwischen der Inselkette einen Bogen um das Land und wird zum Wattenmeer, schließlich zur Zuidersee. Nun trägt sie mit ihrem mächtigen Arm, dem Ij, das Land von der Rückseite her ab. Zwischen See und See erstreckt sich ein Ödland aus Halbinseln und Groden, dem Regiment des Wassers ausgesetzt, durch kümmerliche Deiche aus Seetang geschützt, zwischen denen man das dort wachsende Schilf und Unkraut niederbrennt, damit der Boden bebaut werden kann. Ein Gebiet mit wenigen Bauern und Fischern, ein Volk von Wassermenschen zwischen Flüssen, Schlickböden und Wasserläufen, das durch den Anstieg des Meeresspiegels, das Absinken des Moors, durch Stürme und Wasserfluten ständig bedroht, an den Ufern der Flüsse auf hohen Wurten lebt.
So entsteht nicht nur Land, sondern auch ein bestimmter Menschenschlag, ein Volk, das sein Land weder gefunden noch erhalten, sondern selbst geschaffen hat."[1]

Diese Beschreibung der Niederlande, genauer gesagt von Nord-Holland gab Cees Nooteboom 1991 in seinem Essay *Die Form des Zeichens, die Form der Stadt* als Einstieg für seine Annäherung an Amsterdam, das er dann in dessen topographischer, historisch gewachsener und von Bildern überlagerter gegenwärtiger Situation vor dem inneren Auge des Lesers entstehen ließ. Die Stärke des Textes liegt in der neuen Kombination alter Zeichen. Er bedient sich dabei des jahrhundertelang angesammelten Arsenals von Bildern und Karten, die im kollektiven Gedächtnis gespeichert sind und durch wenige Hinweise abgerufen werden können.[2] So wartet Nooteboom gleich im zweiten Satz mit den typischen Farben der

---

[1] Cees Nooteboom, Die Form des Zeichens, die Form der Stadt, in: Die Dame mit dem Einhorn. Europäische Reisen, Frankfurt 2000, S. 9–18, hier S. 9. Den Hinweis auf diesen Text verdanke ich Claas Junge.

[2] Italo Calvino hat in seiner Sammlung literarischer Stadtskizzen „Die unsichtbaren Städte" (Le città invisibili, Turin 1972) ebenfalls auf das Zusammenwirken von Bildern, Erinnerung und Imagination bei der Wahrnehmung von Städten hingewiesen. So zeigt er etwa am fiktiven Beispiel Maurilia, wie im Blick auf die gegenwärtige Stadt Erinnerungen an alte Ansichtskarten mitschwingen, wodurch die Konstituierung dessen, was als moderne Stadt begriffen wird, auch durch die unmittelbar erlebte Nostalgie verlorener Idylle eingefärbt wird (in der dt. Ausgabe, München 2000, S. 36 f.).

1. Jacob van Ruisdael, Ansicht vom Ij, ca. 1670, Worcester Art Museum, Öl auf Leinwand

niederländischen Landschaftsmalerei auf, wenn er die Nordsee *grüngrau, braungrau* heranrollen läßt. Bilder wie die Ansicht Amsterdams von der Mündung des Ij von Jacob von Ruisdael (Abb. 1)[3] drängen sich denjenigen Lesern auf, die mit der niederländischen Landschaftsmalerei vertraut sind. Zwar sind die genannten Farben auch in der direkten Landschaftswahrnehmung gegeben, aber das Nebeneinanderstellen von zwei kompositen Farbadjektiven, die noch dazu adverbial verwendet und damit bewußt metaphorisiert werden, zitiert im Medium der Sprache jene Atmosphäre, die gerade die Maler des 17. Jahrhunderts besonders eindrücklich hervorzurufen wußten.[4] Darüber hinaus bedient sich die hier abge-

[3] Worcester, Art Museum, 66 x 83 cm; vgl. Seymour Slive, Jacob van Ruisdael. A Complete Catalogue of His Paintings, Drawings and Etchings, New Haven 2001, Kat. Nr. 659 mit Lit. Erst die 1981 vorgenommene Restaurierung ließ die ehemaligen Grautöne des Bildes wieder zum Vorschein kommen – eben jene Grautöne, die bei Nooteboom als charakteristisch eingesetzt werden.

[4] Der Begriff ‚Atmosphäre' ist in den letzten Jahren von Gernot Böhme als theoretischer Terminus einer ‚Neuen Ästhetik' etabliert worden, die die traditionelle Urteils-Ästhetik zugunsten phänomenologischer Beobachtungen erweitern möchte, vgl. Gernot Böhme, Atmosphäre, Frankfurt a. M. 1995; ders., Anmutungen. Über das Atmosphärische, Ostfildern 1998; sowie die Beiträge in: Neue Ästhetik. Das Atmosphärische und die Kunst, hrsg. v. Ziad Mahayni, München 2002. ‚Atmosphäre' wird hier als eine Wirklichkeit postuliert, die sowohl jene des Wahr-

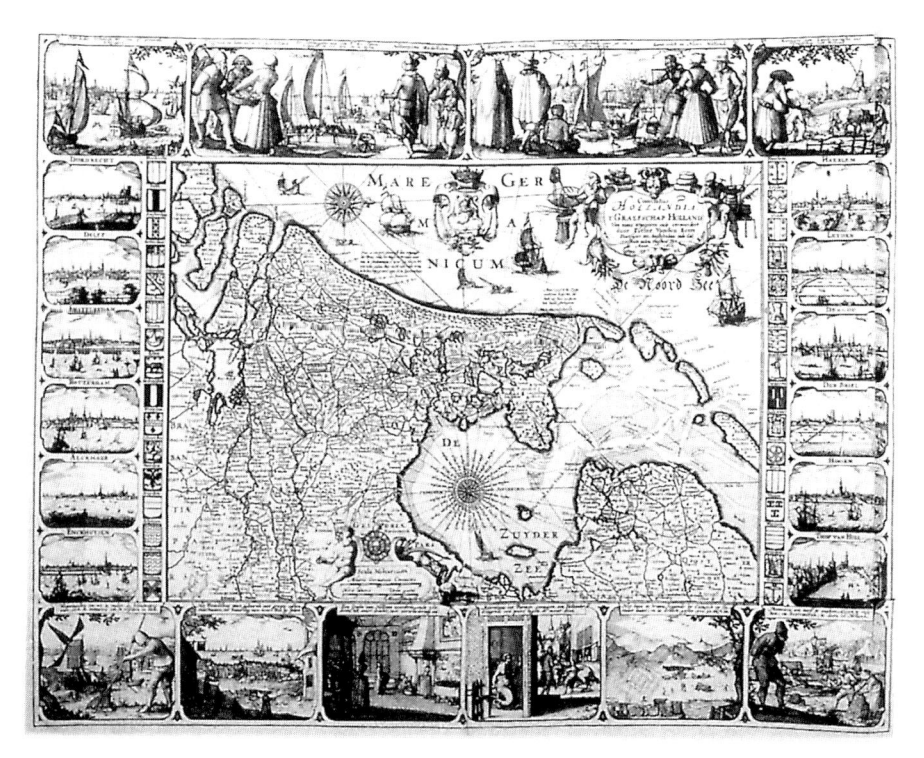

2. Claes Jaensz. Visscher und Pieter van den Keere, Comitatus Hollandiae, 1610, Madrid, Palacio Real

bildete Ansicht Amsterdams im Hintergrund der aufgewühlten See genau des gleichen Kunstgriffs, eine Stadt nämlich als Teil ihrer natürlichen, bezeichnenderweise rauhen Umwelt zu präsentieren.

Danach wechselt Nooteboom das Register: Indem er den weiteren Verlauf des Wassers als „mächtigen Arm" bezeichnet, nimmt er den Standpunkt des Kartographen ein, der das gesamte Gebilde von oben als Gestalt erfassen kann.[5] Aus dieser Perspektive werden insbesondere die Konturen ‚des Landes' deutlich, das „zwischen See und See" liegt, wie ein Blick auf die Karte des Claes Jansz. Visscher von 1610 verdeutlicht (Abb. 2).[6] Schließlich zoomt der Autor wieder

nehmenden als auch jene des Wahrgenommenen ist und somit in Beschreibungen des „grüngrau, braungrau"-Heranrollens synthetisch eine objektive Eigenschaft des Meeres/Bildes vom Meer ebenso ergreift wie die Verfaßtheit des Betrachters/Lesers, der damit bestimmte Emotionen verknüpft. Ich greife diesen Begriff hier auf, weil er die Seite des Objektes stark macht, also jene des Landes, auf das nicht nur Eigenschaften projiziert werden, sondern das die eigenen Qualitäten auch erlebbar macht und den Bewohnern/Betrachtern in der ästhetischen Erfahrung Identifikationsmöglichkeiten bietet.

[5] Auch diese Variante einer strukturierten Erinnerung an Städte beschreibt Italo Calvino (Die unsichtbaren Städte, Anm. 2) am Beispiel „Zora" (S. 20 f.), die „Punkt für Punkt", als „Gerüst" oder „Netzwerk" im Gedächtnis bleibt.

[6] Claesz Jansz. Visscher und Pieter van den Keere, ‚Comitatus Hollandiae', 1610, Madrid, Palacio Real. Vgl. Catherine Levesque, Landscape, politics and the prosperous peace, in: Natuur

näher heran und verengt den Blick vom Land selbst auf dessen Bewohner, die er folgendermaßen charakterisiert: „ein Volk von Wassermenschen – ein Volk, das sein Land weder gefunden noch erhalten, sondern selbst geschaffen hat."

Der Aufbau des Textes ist kunstvoll arrangiert, denn die Reihung konstruiert aus heterogenen Elementen gleichsam eine Erklärung für die Niederlande, verstanden als ein Land mit einem dazugehörigen und zugleich ihm angemessenen, geradezu symbiotisch mit ihm verbundenen Volk. Der emotional aufgeladene Eindruck der rauhen See führt unmittelbar zu der auch in großem Maßstab gegebenen Bedrohung durch das Wasser und dann zu den Menschen, die dem zu trotzen wußten. Daß diese Menschen das Land „geschaffen" haben, meint dabei nur auf der ersten Ebene die tatsächliche Nutzbarmachung ehemals dem Meer angehörender Flächen – auf einer zweiten Ebene steht dahinter jedoch ‚das Land' in seiner umfassenden Bedeutung als eine kulturell und historisch geschaffene Einheit, anders ausgedrückt, eine Nation, die sich sowohl über das Territorium als auch über die gesellschaftliche Verfassung definiert und – im besonderen Fall der nördlichen Niederlande – durch den erfolgreichen Widerstand gegen die spanischen Besatzer des 16. Jahrhunderts ebenso wie gegen die Gewalt des Meeres.[7]

Cees Nooteboom spielt bewußt mit den Begriffen ‚Volk' und ‚Land', die er bezeichnenderweise in einem ebenso reduzierten wie pathetischen Landschaftsbild miteinander vernetzt. Sein Text ist für die Frage nach der ‚Natur' der holländischen ‚Nation' von besonderem Interesse, weil er noch heute jene Charakteristika seines Landes anführt, die seit dem 16. Jahrhundert die Vorstellung der Niederlande prägen, und weil er dabei zugleich deren kulturelle Konstruktion reflektiert. In seiner Beschreibung spielt die Verbindung von Land und Volk eine entscheidende Rolle in der Vorstellung der Niederlande, weil die Gestaltung der vorgefundenen Natur als der ersten Bedeutung von ‚Land' den Charakter der Nation zu prägen scheint. Der Titel meines Beitrages *Natur der Nation* meint in diesem Sinne das ‚Wesen' der niederländischen Nation – ihre ‚Natur' – ebenso

---

en landschap, hrsg.v. Reindert Falkenburg (Nederlands Kunsthistorisch Jaarboek 48 [1998]), S. 223–257, bes. S. 244 f.). Die jüngere Forschung zur Geschichte der Kartographie betont immer stärker, daß es sich insbesondere bei diesem Medium nicht um ein ‚objektives' und vornehmlich von wissenschaftlichen Kriterien geleitetes Aufschreibesystem vorgefundener Bedingungen handelt, die es lediglich zu vermessen und zu kartieren galt, sondern die Kartographie stark von politischen und nationalen Eigeninteressen geprägt wurde, vgl. dazu: J.B. Harley, Maps, knowledge, and power, in: The Iconography of Landscape: Essays on the Symbolic Representation, Design and Use of Past Environments, hrsg. v. Denis Cosgrove u. Stephen Daniels, Cambridge 1988 (= Cambridge Studies in Historical Geography, Bd. 9), S. 277–312; ders., Deconstructing the Map, in: Cartographica 26 (1989), S. 1–20 (beide Aufsätze wiederabgedruckt in: ders., The New Nature of Maps. Essays in the History of Cartography, hrsg. v. Paul Laxton, Baltimore – London 2001). Monarchs, ministers and maps. The Emergence of Cartography as a Tool of Government in Early Modern Europe, hrsg. v. David Buisseret, Chicago-London 1992; Geoff King, Mapping Reality. An Exploration of Cultural Cartographies, Hampshire-London 1996; Jerry Brotton, Trading territories: mapping the early modern world, London 1997.

[7] Vgl. den Überblick zu den wirtschaftlichen Zusammenhängen der Landgewinnung und Landwirtschaft in den Niederlanden von Michael North, Geschichte der Niederlande, München 1997, S. 22 f.; 43 ff. mit Literatur.

wie die Rolle der Natur für das nationale Selbstverständnis der Niederländer. Beides – ‚Natur' und ‚Nation' – findet sich, so der Ausgangspunkt der Überlegungen, in der Darstellung der Niederlande seit dem 16. Jahrhundert. Klärungsbedarf besteht allerdings in der Frage, wie der Konnex hergestellt wurde, welche bildlichen Strategien es ermöglichten, die Natur als nationale zu inszenieren und zu überhöhen.

Terminologisch gilt vorab noch zu klären, daß der Begriff ‚Nation' hier in einer sehr weiten und funktionalen Bedeutung verwendet wird, das heißt: als ein höchst wandlungsfähiges Konstrukt, das durch Abgrenzung nach außen der politischen Integration dient und sich frei nach Fernand Braudel vielleicht am besten als ein Bild beschreiben läßt, „das von jenen gestaltet wurde, die sich darauf berufen".[8] Entgegen der Auffassung, daß sich der Nationalismus erst mit der Französischen Revolution durchgesetzt habe, mehren sich die Stimmen jener, die nationalistische Selbstentwürfe bereits im späten Mittelalter, insbesondere jedoch in der Frühen Neuzeit festmachen.[9] Europaweit läßt sich deren Herausbildung an neuen Formen der Kartographie, der nationalen Geschichtsschreibung wie auch an landessprachlichen Literaturen festmachen. Dies gilt auch schon für die gesamten Niederlande seit der Mitte des 16. Jahrhunderts. Nach deren Spaltung, die 1579 mit den Unionen von Arras und Utrecht besiegelt wurde, war es insbesondere für die nördlichen Provinzen, die sich bald darauf in der ungewohnten Situation befanden, in einer Republik Regierungsverantwortung übernehmen zu müssen, geradezu eine Notwendigkeit, ein neues, wenn man so will ‚nationales' Selbstverständnis zu entwickeln und ihm unter anderem bildlichen Ausdruck zu verleihen.[10]

---

[8] Vgl. Die Nation. Möglichkeiten und Grenzen eines Konzepts der Neuzeit (= Comparativ. Leipziger Beiträge zur Universalgeschichte und vergleichenden Gesellschaftsforschung 3, 1993); hier insbes. Guy Lemarchand, Zur Untersuchung von Nation und Nationalstaat in Europa während der Periode des Übergangs zur Moderne, S. 26–42; das Zitat ebd. S. 33 als Paraphrasierung von Fernand Braudels Ansatz in: Civilisation matérielle, économie et capitalisme, XVe-XVIIIe siècles, Paris 1979. Menschen und Grenzen in der Frühen Neuzeit, hrsg. v. Wolfgang Schmale u. Reinhard Stauber, Berlin 1998; Nation und Literatur im Europa der Frühen Neuzeit. Akten des I. Internationalen Osnabrücker Kongresses zur Kulturgeschichte der Frühen Neuzeit, hrsg. v. Klaus Garber, Tübingen 1989.

[9] Vgl. Herfried Münkler, Nation als politische Idee im frühneuzeitlichen Europa, in: Nation und Literatur 1989 (Anm. 8), S. 56–86. Münkler, der einleitend auf die schwierige Unterscheidung von Nationalismus und Patriotismus hinweist (S. 58), legt Nachdruck auf die Kontinuitäten und Transformationen im Nationalbewußtsein einzelner Länder und verlegt die Anfänge des Nationalbewußtseins in das späte Mittelalter. Für Deutschland und die Niederlande boten die Schriften des Tacitus eine willkommene Folie für die Bestätigung nationaler Tugenden und politischer Ideale (S. 71 ff.).

[10] Vgl. Karel Bostoen, Nation und Literatur in den Niederlanden der Frühen Neuzeit, in: Nation und Literatur 1989 (Anm. 8), S. 554–575. Bostoen filtert aus der Kultur der ‚Rederijker' erste nationale Ambitionen heraus – er betont jedoch den regionalen Standpunkt der einzelnen Autoren, der nur in seltenen Fällen zu einem Blick für die ganzen Niederlande führte. Vgl. auch Ferdinand von Ingen, Die niederländische Nationalliteratur im Kontext der konfessionspolitischen Auseinandersetzungen auf der Wende vom 16. zum 17. Jahrhundert, in: ebd., S. 576–594.

Ein probates Mittel, um gültige Herrschaftsbereiche und Territorien zu definieren, war die gerade im Aufwind befindliche Kartographie, die in diesem Zusammenhang ebenfalls erwähnt werden muß, weil sie politische und nationale Interessen selbstredend deutlicher fassen konnte und gerade dadurch als Ergänzung und Gegenpol zur Landschaftsdarstellung bedacht sein will. Je nach Bedarf konnten Karten durch Auswahl des Ausschnittes und Grenzziehungen sehr schnell auf reale politische Veränderungen reagieren.[11] Ebensogut konnten in diesem Medium aber auch Wünsche und Ansprüche formuliert werden, wie die verschiedenen Varianten des *Leo Belgicus* verdeutlichen:[12] Die Fassung Michaels von Aitzing von 1583, deren Inschriften auf die habsburgischen Statthalter verweisen, zeigt einen deutlichen politischen Unterton.[13] Visschers Variante aus der Zeit des Waffenstillstandes zwischen 1609 und 1621 eliminiert hingegen bewußt die dynastischen Allusionen und stellt seitlich die nördlichen und die südlichen Provinzen in Ansichten gegenüber.[14] Wie Bärbel Hedinger in ihrer Untersuchung von *Karten in Bildern* gezeigt hat, hatten die Niederlande seit dem Ende des 16. Jahrhunderts einen großen Vorsprung in der Produktion und Vermarktung von Karten, die als Luxusobjekte auch die Wohnungen wohlhabender Bürger zierten. Willem Buytewechs *Lustige Gesellschaft* von 1620 in Budapest etwa zeigt nicht nur die damals übliche Hängung der Karten, sondern auch, wie im Bild mit der Karte argumentiert werden konnte. Die Karte repräsentiert dort nämlich die sieben nördlichen Provinzen, und das Bild prangert demzufolge die unbeschwerten, jungen Männer dafür an, sich um dieses Land zu wenig Gedanken zu machen.[15]

---

[11] Vgl. Abb. 10; dazu Levesque 1998 (Anm. 6), S. 247. Zur Rolle der Kartographie in der nationalen Repräsentation Englands und weiterreichenden Überlegungen zum gesamten Problemkomplex vgl. Bernhard Klein, The ‚whole Empire of Great Britain'. Zur Konstruktion des nationalen Raums in der Kartographie und Geographie, in: Bilder der Nation, hrsg. v. Ulrich Bielefeld und Gisela Engel, Hamburg 1998, S. 40–75; ebenfalls zu England aber mit Verweisen auf die niederländische Land-Repräsentation: Elizabeth Helsinger, Land and National Representation in Britain, in: Prospects for the Nation. Recent Essays in British Landscape, 1750–1880, hrsg. v. Michael Rosenthal, Christiana Paynde, Scott Wilcox, New Haven-London 1997, S. 13–35; bes. S. 14 ff.

[12] Vgl. dazu H.A.M. van der Heyden, Leo Belgicus. An Illustrated and Annotaded Cartobibliography, Alphen aan den Rhijn 1990.

[13] Vgl. Levesque 1998 (Anm. 6), S. 238 Abb. 11 und S. 239 ff.

[14] Vgl. Levesque 1998 (Anm. 6), S. 244 ff.

[15] Bärbel Hedinger, Karten in Bildern: zur Ikonographie der Wandkarte in holländischen Interieurgemälden des 17. Jh., Hildesheim 1986, zu diesem Bild insb. S. 26 ff. Zu Landschaftsbildern in Bildern vgl. auch Wolfgang Stechow, Landscape Paintings in the Dutch Seventeenth-Century-Interiors, in: Nederlands Kunsthistorisch Jaarboek 11 (1960), S. 165–175. In der Nachfolge von Hedinger und Wayne Franits (Paragons of Virtue: Women and Domesticity in Seventeenth-Century Dutch Art, Cambridge 1993) hat Richard Helgerson die holländischen Genrebilder mit Landkarten als Ausdruck einer latenten Bedrohung gelesen, insofern sich die Männer in diesen Bildern nicht nur der Frauen, sondern auch des Landes bemächtigen können; s. Genremalerei, Landkarten und nationale Unsicherheit im Holland des 17. Jahrhunderts, in: Bilder der Nation 1998 (Anm. 11), S. 123–153.

Im Mittelpunkt der hier angestellten Überlegungen stehen jedoch gezeichnete und gemalte Ansichten der Niederlande – genauer: Ansichten der niederländischen Natur und Landschaft,[16] die dort in einem unvergleichlich großen Umfang produziert wurden. Ihren Erfolg verdankten sie dem Zusammentreffen folgender Faktoren: der politischen Situation der nördlichen Niederlande, die nach einer neuen nationalen Identität verlangte,[17] einem weiterreichenden kulturellen Wandel, der sich im wissenschaftlichen Interesse an der Natur in ihrer Erscheinung als Landschaft manifestierte und in bewußter Absetzung von der Kartographie zu neuen Darstellungsformen führte,[18] und nicht zuletzt den spezifischen Bedingungen des prosperierenden Kunstmarktes.[19]

[16] Vgl. die erste, nach ikonographischen Gesichtspunkten geordnete Präsentation von Wolfgang Stechow, Dutch Landscape Painting of the Seventeenth Century, London 1966; sodann die hervorragende Zusammenstellung von Werken und grundlegenden Aufsätzen in: Ausst. Kat. Masters of Seventeenth Century Dutch Landscape Painting, Amsterdam-Boston-Philadelphia, hrsg. v. Peter Sutton, 1987-88. Vor allem mit weiterem Bild-Material: Ausst.Kat. The Golden Age of Dutch Landscape Painting, Madrid, hrsg. v. Peter Sutton, Madrid 1994; Ausst.Kat. Herren der Meere – Meister der Kunst. Das holländische Seebild im 17. Jahrhundert, Rotterdam-Berlin 1997, Rotterdam 1996. Zu Landschaftsgraphik s. Ausst.Kat. Landscape. Etchings by the Dutch masters of the seventeenth century. Selected, introduced and described by Irene de Groot. Rijksmuseum Amsterdam 1979. Kat. Dutch landscape prints of the 17th century, British Museum London, hrsg. v. David Freedberg, London 1980; Kat. Landschaftszeichnungen der Niederländer. 16. und 17. Jahrhundert. Aus der Graphischen Sammlung des Hessischen Landesmuseums Darmstadt, bearbeitet von Jan Simane und Peter Märker, Mainz 1992; Ausst.Kat Nederland naar't leven. Landscapsprenten uit de Gouden Eeuw, Amsterdam (Rembrandthuis), hrsg. v. Boudewijn Bakker u. Huigen Leeflang, Amsterdam 1993–94; Ausst.Kat. The Light of Nature. Landscape Drawings and Watercolours by Van Dyck and his Contemporaries, Antwerpen – London, hrsg. v. Martin Royalton-Kisch, London 1999; Ausst.Kat. Nach dem Leben und aus der Phantasie. Niederländische Zeichnungen vom 15. bis 18. Jahrhundert aus dem Städelschen Kunstinstitut, Städel Frankfurt, 2000, mit Literatur.

[17] Die holländische Malerei des 17. Jahrhunderts, des sogenannten ‚Goldenen Zeitalters', mit den besonderen politischen Bedingungen zu erklären, ist keineswegs neu, sondern diese Annahme zieht sich durch die gesamte Literatur zum Thema, s. stellvertretend für die allgemeine Ansicht Bob Haak, Das Goldene Zeitalter der holländischen Malerei, Köln 1996, S. 14 ff. „Historische und kunstgeschichtliche Betrachtungen". Eine methodische Hinterfragung des speziellen Verhältnisses von republikanischer Verfassung zu Kunstmarkt, Ikonographie und Kunstgeschmack wurde indes bislang nicht geleistet.

[18] Vgl. dazu Tanja Michalsky, *Hic est mundi punctus et materia gloriae nostrae*. Der Blick auf die Landschaft als Komplement ihrer kartographischen Eroberung, in: Das Geheimnis am Beginn der europäischen Moderne, hrsg. v. Gisela Engel, Brita Rang, Klaus Reichert u. Heide Wunder, Frankfurt a. M. 2002, S. 436–453.

[19] Zum Kunstmarkt der Niederlande s. den konzisen Überblick von Michael North, Das goldene Zeitalter. Kunst und Kommerz in der niederländischen Malerei des 17. Jahrhunderts, Köln, 2., erw. Auflage 2001, mit Literatur; sowie verschiedene Beiträge in: Kunst voor de markt. Art for the market 1500–1700 (Nederlands Kunsthistorisch Jaarboek 50 [1999]), hrsg. v. Reindert Falkenburg, Zwolle 2000. In mehreren Studien der letzten Jahre ist insbesondere die wegweisende Rolle der holländischen Druckgraphik herausgearbeitet worden, die eine neue Sicht auf das Land sowohl formierte als auch widerspiegelte, vgl. Catherine Levesque, Journey Through Landscape in 17th Century Holland: The Haarlem Print Series and Dutch Identity, University Park, Penn. 1994, Huigen Leeflang, Dutch landscape: the urban view. Haarlem and its environs in literature and art, 15th–17th century, in: Natuur en landschap, hrsg.v. Reindert Falkenburg (Nederlands Kunsthistorisch Jaarboek 48 [1998]), S. 53–115.

3. Kleine Landschaft, 1. Ausgabe 1559, Washington, National Gallery of Art, Rosenwald Coll.

4. Kleine Landschaft, 2. Ausgabe 1561, Washington, National Gallery of Art, Rosenwald Coll.

5. Kleine Landschaft, hg. v. Claes Jansz. Visscher, 1612, Amsterdam, Rijksmuseum

6. Kleine Landschaft, hg. v. Claes Jansz. Visscher, 1612, Amsterdam, Rijksmuseum

In diesem Rahmen kann es nicht darum gehen, diese allesamt ‚weiten Felder' vorzustellen.[20] Statt dessen soll das Augenmerk auf die konkrete bildschöpferische Praxis gelenkt werden, die in unterschiedlichen Medien – Druckgraphik und Genremalerei – der niederländischen Nation zu ihrer eigenen Natur und ihrem bis heute gültigen ‚Image' verholfen hat.

Ein früher Impuls für einen modern anmutenden Blick auf das eigene Land kam schon 1559 aus dem Antwerpener Verlagshaus von Hieronymus Cock, der eine Reihe sogenannter *Kleiner Landschaften* herausgab (Abb. 3–4).[21] Dieser ebenso kreative wie merkantile Künstler und Verleger wollte mit einer neuen Graphikedition an den Erfolg anknüpfen, den er kurz zuvor mit den Landschaftsstichen nach Pieter Bruegel d.Ä. gemacht hatte, großformatigen Gebirgslandschaften, die wenig mit den Niederlanden, viel jedoch mit dem humanistisch geprägten Blick auf die schöne und unendliche Natur zu tun hatten.[22] Bruegels Werk stand und steht für die Verbindung aus forschender Welt-Beschreibung und Affirmation göttlicher Ordnung.[23] Die hier zur Debatte stehende Folge aber, die Cock 1559 erst mit 14, 1561 dann mit 27 Graphiken herausgab, folgte einem völlig neuen Konzept, denn sie war, wie auf dem Titelblatt in Latein und Niederländisch angekündigt, eine Sammlung von sorgfältig und „nach dem Leben"

---

[20] Eine systematische Abhandlung zur niederländischen Landschaftsmalerei der Frühen Neuzeit ist in Vorbereitung.

[21] Vgl. dazu Walter S. Gibson, Pleasant Places. The Rustic Landscape from Bruegel to Ruisdael, Berkeley – Los Angeles – London 2000, S. 1 ff.; hier auch genaue Angaben zu den einzelnen Ausgaben und die ältere Lit. zu Hieronymus Cock s. Ausst.Kat. In de Vier Winden. De prentuitgeverij van Hieronymus Cock 1507/10–1570 te Antwerpen, Rotterdam 1988. Levesque, Journey 1994 (Anm. 19) bespricht auch die späteren Graphikfolgen, die in dieser Tradition stehen.

[22] Vgl. die Abbildungen in: Ausst.Kat. Pieter Bruegel invenit. Das druckgraphische Werk, Hamburg Kunsthalle, Hamburg 2000, Kat. Nr. 1–13; hier auch die ältere Lit. Vgl. zu Hieronymus Cock und Pieter Bruegel: Jane ten Brink-Goldsmith, Pieter Bruegel the Elder and the Matter of Italy, in: Sixteenth Century Journal 23 (1992), S. 203–234, bes. S. 206 f.; Nils Büttner, Die Erfindung der Landschaft. Kosmographie und Landschaftskunst im Zeitalter Bruegels, Göttingen 2000, S. 29 ff. Petra Roettig, ‚Bruegel invenit' – ‚Cock excudit'. Pieter Bruegel d.Ä. und sein Verleger Hieronymus Cock. in: Ausst.Kat. Bruegel, Hamburg 2000 (s.o.), S. 22–30. Vgl. zu Bruegels Landschaftszeichnungen und -drucken zuletzt: Ausst.Kat. Pieter Bruegel the Elder. Drawings and Prints, Rotterdam – New York, hrsg. v. Nadine M. Orenstein, New Haven – London 2001, mit Literatur.

[23] Zur Deutung von Bruegels Landschaftsauffassung s. Justus Müller Hofstede, Zur Interpretation von Bruegels Landschaft. Ästhetischer Landschaftsbegriff und Stoische Weltbetrachtung, in: Pieter Bruegel und seine Welt. Ein Colloquium des Kunsthistorischen Instituts der Freien Universität Berlin und dem Kupferstichkabinett, hrsg. v. Otto von Simson und Matthias Winner, Berlin 1979, S. 73–142; Tanja Michalsky, Imitation und Imagination. Die Landschaft Pieter Bruegels im Blick der Humanisten, in: Künste und Natur in Diskursen der Frühen Neuzeit, hrsg. v. Hartmut Laufhütte, Wiesbaden 2000, S. 383–405; dies., L'atelier du songes. Die Landschaften Pieter Bruegels d.Ä. als Räume subjektiver Erfahrung, in: Imagination und Wirklichkeit. Zum Verhältnis von mentalen und realen Bildern in der Kunst der frühen Neuzeit, hrsg. v. Klaus Krüger und Alessandro Nova, Mainz 2000, S. 123–137. Büttner 2000 (Anm. 22), plädiert für Bruegels Verortung im Kontext der noch jungen Entdeckung und Kartierung der Welt.

wiedergegebenen Ortschaften aus der Nähe von Antwerpen.[24] Die Bezeichnung „nach dem Leben" ist als Konvention zu verstehen, die die Authentizität des Anblicks dokumentieren soll. Sie ist insofern kein Beleg für eine mimetisch korrekte Wiedergabe, sondern spiegelt den Anspruch der Bilder, ‚das Leben' oder ‚die Realität' zu erfassen – sie ist folglich ein Indikator für die Funktion der Darstellung und nicht für ihre Form. Schon die Tatsache, daß diese Eigenschaft auch Bruegels Alpenlandschaften zugestanden wurde, macht die Dehnbarkeit des Begriffes deutlich. Das eigentlich Neue an den *Kleinen Landschaften* Cocks ist vielmehr der gewandelte Blickwinkel, aus dem das Umland der Stadt betrachtet wird. Zeichner und Betrachter befinden sich nicht mehr auf hohen Berggipfeln, sondern auf dem Boden der Realität und nähern sich mit interessiertem Blick den friedlich dargebotenen Bauernhäusern, zu denen die innerbildlichen Wege hinführen. Abgesehen von wenigen Staffagefiguren ist weit und breit keine Handlung zu sehen – Gegenstand der Darstellung ist allein das von Bauern kultivierte Land, Ort der Ruhe und Regeneration ebenso wie Zeichen für tugendhafte Lebensweise.

Es ist zu konstatieren, daß schon hier die natürlichen Gegebenheiten des Landes, wie Wälder und Dünen, sehr eng mit dem bäuerlichen Leben verbunden wurden, und daß an diesem Bildgegenstand höchstwahrscheinlich die gleichen Käufer interessiert waren, die sich kurz zuvor noch den Anblick der Alpen ins Haus geholt haben. Noch vor der Teilung der Niederlande war Antwerpen das kulturelle Zentrum – und es kann daher nicht verwundern, daß ein Bildtyp, der wenig später und mit einer konkreteren Motivation seinen Erfolg im Norden feierte, hier seine erste Formulierung fand. Zu bedenken gilt angesichts dieses Umstandes jedoch, daß das kulturelle und künstlerische Umfeld, in dem diese Werke entstanden, ein anderes war als in der Republik Holland – und das folglich das Interesse für das eigene Land und die bäuerliche Idylle nicht automatisch mit holländischem Selbstverständnis kurzgeschlossen werden kann. Mir geht es darum, daß der erste Boom der Landschaftsmalerei, der eng mit Pieter Bruegel und seinen direkten Nachfolgern verbunden ist, auf flämischen Bildern beruht, die mit einem neuen Blick für die Natur andere Formen der visuellen Beschreibung erprobt haben, in denen der heimische Alltag eine immer größere Rolle zugestanden bekam, wenngleich er vor der Folie antiker Beschreibungen der ländlichen Idylle geschönt wurde.[25] Im Detail und je nach dem gewählten kulturgeschichtli-

---

[24] „Mvltifariarvm casvlarvm rvrivmq. lineamenta cvriose ad vivvm expressa. *Vele ende seer fraye ghelegentheden van diverssche Dorphuysinghen, Hoeven, Velden, Straten, ende dyer ghelijcken, met alderhande Beestkens verciert. Al te samen ghecoterfeyt naer dleven, ende meest rontom Antwerpen ghelegen sijnde*"; Abb. des Titelblattes bei Gibson 2000 (Anm. 21), S. 2. In der Ausgabe von 1561 heißt es: „Praediorvm villarvm et / rvsticarvm casvlarvm / icones elegantissi=mae ad vivvm in aere / deformatae". ebd. S. 5, Abb. 9. Vgl. zur Bezeichnung ‚Naer het leven': Kat. Dutch landscape prints 1980 (Anm. 16), S. 9 ff.; Ausst.Kat. Nederland naar't leven, Amsterdam 1993/94 (Anm. 16); Claudia Swan, Ad vivum, naer het leven, from the life: defining a mode of representation, in: word & image 11 (1995), S. 353–372.

[25] Vgl. in diesem Sinne Ellen Spickernagel, Die Descendenz der ‚Kleinen Landschaften'. Studien zur Entwicklung einer Form der niederländischen Landschaftsbilder vor Pieter Bruegel, Phil. Diss. Münster 1970; sowie dies., Holländische Dorflandschaften im frühen 17. Jahrhundert, in: Städel Jahrbuch N.S. 7 (1979), S. 133–148.

chen Modell wird es schwer sein, zu erklären, ob der Blick auf das eigene Land erst in den Köpfen der Käufer und potentiellen Auftraggeber oder jenen der Zeichner entstand. Erhalten sind jedenfalls die Bilder der Zeichner, und die zeugen von der Aufmerksamkeit für das eigene Land, das eigentlich immer schon von Menschenhand berührt oder spätestens im Bild zurechtgelegt wurde. Dieses Konzept des in seiner ‚Natürlichkeit' so schön widerspenstigen, aber doch domestizierten Landes geht dann in die holländische Landschaftsrethorik ein und spiegelt sich noch in dem Text von Cees Nooteboom.

Erst 1611 aber, lange nach der Spaltung der Niederlande und lange nachdem Antwerpen seine Vorrangstellung an Amsterdam hatte abgeben müssen, nahm Claes Jansz. Visscher in Amsterdam die Idee Cocks erneut auf und produzierte seinerseits *Plaisante Plaetsen*, in diesem Fall eine Folge von Ansichten aus der Umgebung Haarlems und formulierte somit, wie Walter Gibson zu Recht vermutet, eine holländische Antwort auf das ältere flämische Werk.[26] Dazu aber weiter unten. Erstaunlicherweise unterbrach er die Arbeit an diesem Werk jedoch noch einmal und publizierte zunächst eine neue Version der *Kleinen Landschaften*, die er lediglich um eine eigens angefertigte Ansicht des Antwerpener Stadttores erweiterte und so deutlicher topographisch kennzeichnete.[27] Bei allen übrigen Ansichten handelt es sich um leicht verkleinerte, ziemlich getreue Kopien nach dem Vorbild (Abb. 5–6), die er allerdings im Detail insofern anders gestaltete, als er das Laub der Bäume genauer angab, damit eine jahreszeitliche Definition vornahm und sie insgesamt durch die kontrastreich angelegte und schärfer konturierte Binnenstruktur mit einer größeren Tiefenschärfe ausstattete. Geradezu unverfroren gab er im Titelblatt Pieter Bruegel als den Zeichner der Vorlagen an,[28] eine aus marktstrategischen Erwägungen sehr sinnvolle Verfälschung der Tatsachen, die die Bruegel-Forschung lange Jahre in Atem gehalten hat.[29] Für unseren Zusammenhang ist zum einen von Belang, daß Visscher auch unter gewandelten Bedingungen die Darstellung Antwerpens, zumindest unter dem Decknamen des berühmten flämischen Landschaftsmalers Bruegel, als so zugkräftig einschätzte, daß er eine Neuausgabe wagte. Zum anderen offenbaren die kleinen, scheinbar

---

[26] Gibson 2000 (Anm. 21), S. 85 ff.

[27] Gibson 2000 (Anm. 21), S. 39 ff. mit mehreren Abb.

[28] „REGIUNCULAE, ET VILLAE / ALIQUOT DUCATUS BRA/BANTIAE, Á P. BRUEGELIO DELINEATAE, ET IN PICTORUM GRATIAM, À NICOLAO IOANNIS PISCATORE EXCUSAE, & IN LUCEM EDITAE. AMSTELODAMI 1612". Vgl. Gibson 2000 (Anm. 21), S. 39, Abb. 43.

[29] Vgl. dazu den Kat. Beitrag von Martin Sellnik in: Ausst.Kat. Pieter Bruegel 2001 (Anm. 22), Nr. 144, S. 296–299 mit ält. Literatur, von der nicht nur aus forschungsgeschichtlichem Interesse hervorzuheben sind: Spickernagel 1970 (Anm. 25) sowie die in mehreren Aufsätzen publizierte Monographie von Reinhard Liess, Die kleinen Landschaften Pieter Bruegels d.Ä. im Lichte seines Gesamtwerkes, in: Kunsthistorisches Jahrbuch Graz 15–16 (1979/80), S. 1–116; 17 (1981), S. 35–150; 18 (1982), S. 79–164. Die größte Bewegung in die Zuschreibungsfragen der *Kleinen Landschaften* brachte Hans Mielke mit seiner Rezension der Ausstellung L'epoque de Lucas de Leyde et Pieter Bruegel: Dessins des anciens Pays-Bas: Collection Frits Lugt, in: Master Drawings 23/24 (1986), S. 75–90, in der er eine Reihe von signierten Blättern aus dem Oeuvre Bruegels ausschied und einem späteren Zeichner zusprach; vgl. mit weiteren Neu- und Abschreibungen ders., Pieter Bruegel. Die Zeichnungen, Turnhout 1996.

7. Claes Jansz. Visscher, Plaisante Plaetsen: Vierbake t'Sandtvoordt und Inhaltsangabe, Amsterdam, Rijksprentenkabinet

nur formalen Veränderungen, wie die Involvierung der Betrachter nun zur Evozierung einer möglichst realistischen Darstellung eingesetzt wird. Dies könnte und müßte man an allen Visscherschen Landschaften im Vergleich zu den Vorbildern zeigen, um dabei auch einzelne Variationen zu verdeutlichen – an dieser Stelle muß ich mich jedoch auf ein Beispiel beschränken. Im direkten Vergleich der beiden Flußlandschaften springt sofort die stärkere Artikulation des Himmels ins Auge, die im Zusammenspiel mit dem abgedunkelten Vordergrund das Motiv derart rahmt, daß der Raum wie ein bühnenartiger Prospekt bereitet erscheint. Die an der älteren Fassung so frappierend lapidare Darbietung, wird zugunsten eines imaginär begeh- oder befahrbaren Raumes aufgegeben, dessen Gründe deutlich voneinander getrennt sind. Ebenfalls durch die Gestaltung des Himmels wird das schöne Wetter quasi spürbarer, so wie durch die ziehenden Wolken eine zeitliche Bewegung mit ins Bild kommt.[30] Das I-Tüpfelchen dieser Strategie sind die ganz neu eingefügten Staffagefiguren, die vom linken Rand her tatsächlich den Bildraum zu durchkreuzen scheinen – dergestalt vom Rahmen überschnitten als seien sie ganz zufällig und im letzten Moment in den idyllischen Anblick

[30] Vgl. zur Darstellung von Zeit in Landschaftsgemälden: Tanja Michalsky, Zeit und Zeitlichkeit. Annäherungen an Jacob van Ruisdaels spätes Werk *Der Sonnenstrahl*, in: Die Methodik der Bildinterpretation, hrsg. v. Andrea von Huelsen-Esch u. Jean-Claude Schmitt (Göttinger Gespräche zur Geschichtswissenschaft, 16) Göttingen 2002, S. 117–154, mit Literatur.

geraten, den der Zeichner vorgeblich ganz exakt erfaßt. Als Angler gehen sie einem typischen Zeitvertreib nach, führen damit den Einklang mit der Natur vor, und nicht zuletzt bieten sie für die aufmerksamen Betrachter eine Identifikationsmöglichkeit im Bild, die das Wahrnehmen und Nachempfinden der friedlichen Stimmung noch verstärkt. Ganz offensichtlich ist der Akzent auf die Teilhabe an den Schönheiten der Natur verschoben, ein Umstand, den bereits das Titelblatt klug andeutet, indem es durch den perspektivisch verzerrten Schriftzug, der die Außenwand eines Bauernhauses ziert, die Betrachter gegen den Widerstand der Leserichtung nach links hinten in die Landschaft hineinzieht.

Die Ansichten um Haarlem werden in den bereits erwähnten *Plaisante Plaetsen* dann sogar zu einer kleinen Reise zusammengebunden.[31] Eine aparte Mischung aus Lokalpatriotismus und Marktstrategie prägt schon das Titelblatt, das mit einem deutlichen Hinweis auf den Widerstand gegen die spanische Besatzung 1572/73 laut verkündet: *VICIT VIM VIRTUS* – also „Tugend hat die Gewalt besiegt".[32] Von göttlicher Sonne beschienen, auf einer Düne, die den geschundenen, aber berühmten Wald Haarlems zeigt, teilen sich die Personifikationen von Diligentia (also Sorgfalt oder Fleiß) und Zeit das Inschriftpostament, das in Latein auffordert, die mannigfachen Ansichten (*Villarum varias facies*) des waldreichen Haarlem anzusehen, während es in Niederländisch Liebhaber, die keine Zeit haben zu reisen – seien es Fremde oder Haarlemer –, auffordert, das Werk zu kaufen, ohne lange zu überlegen.[33] Die Angabe der dargestellten Orte ist auf der folgenden Seite mit einem programmatischen Blick durch einen gemauerten Bogen verbunden, der zugleich als Bilderrahmen fungiert und Leuchtturm und Strand bei Zandvoort zeigt (Abb. 7). Ostentativ liegen die Werkzeuge des Künstlers im Blickfeld und geraten so zu Symbolen der Vermittlung – man könnte auch sagen Mediatisierung – der Landschaft. Bezeichnenderweise reichen diese Instrumente von Büchern, über Federn, Stichel und Farbmaterialien bis hin zu Landkarte und Palette, deuten also an, daß in diesem Rahmen – oder in diesem Medium – auch die übrigen Formen der Beschreibung benutzt wurden und damit integriert sind. Der freudige Besitzer der Graphiken kann sich also auf eine imaginäre Reise durch die naturgetreu erfaßte Umgebung von Haarlem machen, deren bekannte Ausflugsorte dem interessierten Blick dargeboten werden. Als Beispiele anzuführen sind neben den vielfältigen Dünen Herbergen, die auch von Städtern besucht werden,[34] die für Haarlem typische Bleiche und ein Blick auf die Ruine vom t'Huys te Kleef,[35] die allesamt von innerbildlichen Betrachtern eingeführt werden. Alle diese Beispiele markieren einen impliziten Betrachter,

---

[31] Auf das Motiv der Reise hat insbesondere Cathérine Levesque hingewiesen, s. Levesque 1994 (Anm. 19), zu Visschers Stichen ebd. S. 35–54. Vgl. auch Boudewijn Bakker, Levenspilgrimage of vrome wandeling? Claes Janszoon Visscher en zijn serie ,,Plaisante Plaetsen', in: Oud Holland 107 (1993), S. 97–116; Gibson 2000 (Anm. 21), S. 85 ff.

[32] Vgl. Levesque 1994 (Anm. 19), Fig. 29.

[33] Übersetzung in: Ausst.Kat. Das Land am Meer. Holländische Landschaft im 17. Jahrhundert, München, hrsg. v. Thea Vignau-Wilberg, München 1993, Kat. Nr. 73, S. 190.

[34] Vgl. Levesque 1994 (Anm. 19), Fig. 32 und 33, Paters-Herberge und Potjes-Herberge.

[35] Vgl. Levesque 1994 (Anm. 19), Fig. 40.

der sich den ländlichen ‚Sehenswürdigkeiten' sowohl mit Interesse an den Eigenheiten Haarlems als auch mit dem ästhetischen Genuß einer fiktiven Reise und nicht zuletzt mit einem bemerkenswerten Interesse an ländlichem Leben überhaupt nähert.

Wie von der jüngeren Forschung herausgearbeitet wurde, beschränkt sich die Intention des Herausgebers selbstredend nicht darauf, hübsche Ansichten der näheren Umgebung zu zeigen, sondern die Auswahl der Sehenswürdigkeiten erklärt sich aus ihrer Aussagekraft für die Geschichte und Gegenwart der Stadt und des Landes. Allein die Möglichkeit des Müßigganges verbildlicht den Wohlstand der Gesellschaft, hinzu kommen Hinweise auf die lokale Wirtschaft, die von der Bleiche und den Brauereien maßgeblich in Bewegung gehalten wurde, und die Ruine von t'Huys te Kleef weckt deutliche Erinnerungen an die spanische Besatzung, die hier ihr Hauptquartier hatte. Derartige Elemente sind topisch und gehören seit Lodovico Guicciardinis *Descrittione dei Paesi Bassi* von 1567, die sich ihrerseits an antiken Vorbildern orientiert, zur üblichen Beschreibung einer Stadt – und schon bei Guicciardini wurde die Umgebung Haarlems neben den grundlegenden Angaben zu topographischer Lage und wirtschaftlicher Situation besonders gepriesen.[36] Die Motivation, die Qualitäten des Landes nun aber in Graphikfolgen zu publizieren, wird unterschiedlich gedeutet: Catherine Levesque hat die *Plaisante Plaetsen* als visuelle Antwort auf die Länderbeschreibungen des ausgehenden 16. Jahrhunderts (wie Guicciardini u.a.) interpretiert und als erste auf ihren außergewöhnlichen Stellenwert im kulturellen Gedächtnis hingewiesen.[37] Walter Gibson setzt ein Register tiefer an und vermutet eine Vorform der Freizeitindustrie, die die Regeneration in der Natur nun auch in die Häuser der Städter bringt.[38] In ähnlicher Ausrichtung wie Boudewijn Bakker plädierte Huigen Leeflang trotz der auch von ihm eingeräumten Bedeutung der Bilder für das Selbstverständnis der Holländer dafür, die religiöse Lesart nicht zu vernachlässigen und führte mennonitische Texte an, die im irdischen Paradies das himmlische Jerusalem gespiegelt sehen und insofern das Preisen der heimischen Natur zulassen.[39] Alle drei Erklärungsansätze haben ihre Berechtigung und ergänzen

---

[36] Vgl. Frank Lestringant, Lodovico Guicciardini Chorographe: de la grande a la petite Belgique, in: Lodovico Guicciardini (1521–1589): Actes du Colloque international 28, 29 et 30 mars 1990, hrsg. v. Pierre Jodogne, Brüssel 1991, S. 119–134 ; Carl Joachim Classen, Lodovico Guicciardini's Descrittione and the Tradition of the Laudes and Descriptiones Urbium, in: ebd. S. 99–117 ; Fernand Hallyn, Guicciardini et la topique de la topographie, in: ebd. S. 151–161. Zur Schilderung des Waldes bei Guicciardini s. Martin Papenbrock, Landschaften des Exils. Gillis van Coninxloo und die Frankenthaler Maler, Köln 2001, S. 154 ff.

[37] Levesque 1994 (Anm. 19), S. 1 ff.

[38] Vgl. Gibson 2000 (Anm. 21); seine Interpretation richtet sich explizit gegen moralisierende Interpretationen der niederländischen Landschaftsmalerei, vgl. dazu in Auseinandersetzung damit auch die Rezension des Buches von Reindert Falkenburg, in: Burlington Magazine 142 (2000), S. 705 f.

[39] Bakker 1993 (Anm. 31) interpretierte die Landschaften als Preisen der göttlichen Schöpfung und Ausgangspunkte persönlicher Meditation; vgl. Leeflang 1998 (Anm. 19), S. 96 ff. Im Hintergrund all dieser Interpretationen steht die seit langem geführte methodische Diskussion um die angemessene Interpretation der niederländischen Genremalerei, deren verborgene Sym-

8. Claes Jansz. Visscher, Plaijsante Plaets aende duyn kant, Amsterdam, Rijksprentenkabinet

sich gegenseitig. Sie vernachlässigen aber die medienspezifischen Qualitäten der Bilder, die von den Künstlern sehr bewußt eingesetzt wurden, und die – so die These – das besondere Verhältnis der Niederländer zu ihrem Land mitbestimmt haben.

Nehmen wir als ein Beispiel den Weg durch die Dünen (Abb. 8): Zwei nunmehr bekannte Strategien sind hier kombiniert. Zum einen die diesmal nur partielle Verdunkelung des Vordergrundes, die die schattenspendende Wolke gleichsam über dem Betrachter plaziert, und zum anderen einer jener auffälligen, direkt in das Bild hineinführenden Wege, auf dem ein herauskommender Reiter dem hineinkommenden die Richtung anzeigt.[40] Die Rezeption wird durch das Licht- und Schattenspiel sowie den abgebildeten Weg vorgegeben – darüber hinaus führen die abwechslungsreichen Dünenformationen wieder einmal die Beschaffenheit dieses Landes vor Augen. Jäger, Bauern und Wanderer, die den Weg links und rechts säumen, werden zu Accessoires dieses Landschaftstypus, der dem

bolsprache von Jan Bialostocki, Eddi de Jongh, Josua Brown oder Joachim Raupp (um nur einige zu nennen) stärker hervorgehoben wird als etwa von Svetlana Alpers, deren Buch *The art of describing* 1983 die Debatte neu entfacht hat.

[40] Zu den Wegen: Julie Berger Hochstrasser, Inroads to Seventeenth-Century Dutch Landscape Painting, in: Nederlands Kunsthistorisch Jaarboek 48 (1997), S. 193–221. Sie konnte herausarbeiten, daß die Landstraßen der holländischen Landschaftsmalerei wohl schon von Zeitgenossen nicht als das alltägliche Verkehrsnetz, das Städte verband, angesehen wurde (dieses wurde durch ein System von erheblich preiswerteren Fähren organisiert), sondern vielmehr als ein Zeichen für die ländliche Idylle, in die sich auch die städtische Bevölkerung im 17. Jahrhunderts mit zunehmender Begeisterung begab.

Städter implizit zum Überleben, explizit zur Regeneration dient und dem er sich gerade deshalb zugehörig fühlen kann und will.

Mit welcher konkreten, vielleicht rein ‚marktorientierten' Motivation Visscher diese Stiche auch immer publiziert haben mag, sie etablieren eine sehr direkte Beziehung zwischen dem Betrachter und dem dargestellten Land, das nicht nur in seiner sonnenbeschienenen Schönheit, sondern gerade in seiner langsam zu durchwandernden oder durchreitenden ‚natürlichen' Eigenheit dargeboten wird. Wie bereits angesichts der *Kleinen Landschaften* formuliert: Das Niederländische an diesen Landschaften ist nicht die Tatsache, daß es in den Niederlanden derartige Dünen oder Wälder gibt, das Niederländische daran ist, daß man in und mit diesem Land trotz seiner ‚natürlichen' Besonderheiten lebt, das man sie sogar nutzt und sich ostentativ an ihnen erfreut.

Mein Argument geht dahin, daß ein Bildvokabular, das noch vor den politischen Umwälzungen der 1560er Jahre aus dem weiterreichenden Interesse an der sichtbaren Welt entwickelt wurde, fünfzig Jahre später, als die Verteidigung der nördlichen Niederlande zu einem nationalen Thema geworden war, zugunsten einer Verbindung von Land und holländischer Nation umgedeutet werden konnte, und daß dabei die ästhetische Involvierung der Betrachter eine maßgebliche Funktion übernahm. Nicht die Beschreibung des Landes war der ausschlaggebende Faktor, sondern die Teilhabe an seiner Formierung – die Teilhabe an seinem Bild.

Zur gleichen Zeit, also am Beginn der 1610er Jahre, etablierte sich in Haarlem eine neue Generation von Landschaftsmalern, die in ihren Bildern ebenfalls die ländliche Umgebung wiedergaben, und dabei nicht nur kompositorisch, sondern selbstverständlich auch farblich ähnliche Strategien der Betrachterinvolvierung verfolgten, mit der sie, wie auch ihre Nachfolger, ausgesprochen großen Erfolg hatten.[41] Kunstsoziologische Untersuchungen haben erwiesen, daß der Markt für Landschaftsmalerei seit den 1610er Jahren dergestalt boomte, daß der prozentuale Anteil von Landschaften am gesamten Bilderbesitz privater Sammler von 25,6 im ersten Jahrzehnt auf 40,9 Prozent im siebten Jahrzehnt kontinuierlich anstieg;[42] eine Tatsache, die auch die Produktionsbedingungen der Bilder verändert hat, die direkt für den Markt und immer schneller angefertigt wurden. Der von den Soziologen sehr rasch gezogene Schluß, daß allein die geforderte Schnelligkeit die neue Form und den neuen Stil hervorgebracht hätten, greift jedoch zu kurz, denn gerade die Form – das wurde hoffentlich bereits an den graphischen Darstellungen deutlich – bestimmt maßgeblich das Verhältnis des Rezipienten

---

[41] Vgl. Åke Bengtsson, Studies in the rise of landscape painting in Holland 1610–1625, Uppsala 1952 (= Studies edited by the Institute of Art History University Uppsala, 3); Sutton in: Ausst.Kat. Golden Age 1994 (Anm. 16), S. 29 ff. Die ungewöhnliche, fast monochrome Farbgebung hat dazu geführt, daß die spätere Phase als „Tonale Malerei" in die Kunstgeschichtsschreibung einging.

[42] Vgl. die Auswertung von Delfter Nachlässen bei North 2001 (Anm. 19), Tabelle S. 103; Peter Suttons Bemerkungen in der Einleitung von Ausst.Kat. Golden Age 1994 (Anm. 16), S. 17 ff.; M.E.W. Boers, Een nieuwe markt voor kunst. De expansie van de Haarlemse schilderijenmarkt in de eerste helft van de zeventiende eeuw, in: Kunst voor de Markt 2000 (Anm. 19), S. 145–193.

9. Jan van Goyen, Dünenlandschaft, 1632, Öl auf Holz, Leiden, Stedelijk Museum ‚De Lakenhal'

zum Bildgegenstand, in unserem Fall also auch das affektive Verhältnis zum eigenen Land.

Obgleich die Werke von Esaias van de Velde, Pieter Santvoort oder Pieter de Molijn das Bild der stimmungsgeladenen, sogenannten ‚malerischen' Landschaft aus der Umgebung Haarlems erst wirklich abrunden könnten, wäre es sinnlos, hier einzelne Werke nur kurz beim Namen zu nennen, ihre planvoll evozierte Wirkung jedoch nicht zu analysieren. Statt dessen bietet es sich an, an zwei ausgewählten Bildern Jan van Goyens, aus dessen Werkstatt wohl die meisten Exemplare hervorgegangen sind[43] und der trotz dieser ‚Massenproduktion' ein hochgeschätzter Künstler war,[44] aufzuzeigen, mit welchen Mitteln ein sympathetisches Verhältnis zwischen Betrachter, Bildfiguren und dem Land hergestellt wurde.

Die Leidener Dünenlandschaft von 1632 (Abb. 9), ein kleines Ölgemälde,[45] präsentiert eine völlig unspektakuläre Aussicht auf eine wolkenverhangene Ebene, deren Oberfläche nur von einigen Sandaufwürfen rhythmisiert wird. ‚Aussicht' ist genaugenommen der falsche Ausdruck, denn wenn bei einem so be-

---

[43] Vgl. Hans-Ulrich Beck, Jan van Goyen 1596–1656. Ein Oeuvreverzeichnis, 3 Bde., Amsterdam 1972–1987.

[44] Vgl. dazu Eric J. Sluijter, Jan van Goyen als marktleider, virtuoos en vernieuwer, in: Ausst.Kat. Jan van Goyen, Stedelijk Museum Leiden, hrsg. v. Christiaan Vogelaar, Zwolle 1996, S. 38–59.

[45] 33 x 54,4 cm, als Leihgabe im Museum ‚De Lakenhal', vgl. Beck, Jan van Goyen (Anm. 43) Bd. 2, Kat. Nr. 1184, S. 514; Beck verzeichnet Strand- und Küstenlandschaften von Nr. 923–967a; Dorf-, Dünen- und Weidelandschaften von Nr. 985–1207a. Vgl. Ausst. Kat. Jan van Goyen 1996 (Anm. 44), Nr. 17.

10. Jan van Goyen, Flußlandschaft, 1648, Öl auf Holz, Boston, Privatsammlung

schaffenen Land überhaupt davon die Rede sein kann, dann haben ihn die Bauern auf dem kleinen Hügel am linken Bildrand, von denen einer sogar mit dem Finger in den Mittelgrund des Bildes zeigt. Dieser ist ganz im Gegensatz zum Vordergrund partiell erleuchtet, und die tiefenräumliche Komposition erinnert stark an die Prospekte der *Plaisante Plaetsen*. Die Sogwirkung auch dieses Bildes beruht auf der Verschattung des Eingangsbereiches, der den Eindruck der vorbeiziehenden Wolken an die ästhetische Grenze heranrückt und so die Atmosphäre des unbeständigen Wetters an der Küste auf den Betrachter überträgt. Hinzu kommt die fast haptische Präsenz der Erde und des Sandes, deren Lokalfarben durch die Verschattung kaum zu unterscheiden sind, so daß vor allem der Eindruck einer schwer beweglichen Masse sich einprägt. Ellen Spickernagel hat versucht, dies mit dem Modus eines ‚bäuerlichen Stils' zu erklären, der nach Karel van Mander den Dorflandschaften zugehöre.[46] Meines Erachtens kann die Analyse hier jedoch nicht stehen bleiben, denn auch wenn van Mander in seinem *Schilderboek* rein praktische, also letztlich stilbildende Hinweise gibt, so ist diese ‚Stilwahl', wenn man es so nennen möchte, doch auch eine Entscheidung, die die Wahrnehmung des Dargestellten steuert. Wenn das niederländische Land demnach ‚rauh' und widerspenstig gemalt wird – und sich darin z.B. von der italienischen Landschaft unterscheidet –, dann ist das nicht nur eine kunsttheoretisch zu

[46] Vgl. Spickernagel 1979 (Anm. 25), S. 144 f.

begründende Manier, sondern trägt entscheidend zur Vorstellung des eigenen Landes bei. Das Vergnügen, den schweren Sand, die rauhe Luft und den Geruch des nahen Meeres durch die leicht auf den Bildgrund gesetzten, wenig differenzierenden Farben ‚malerisch' vermittelt zu bekommen, spricht ebenso für eine gewandelte ästhetische Erfahrung wie auch für ein Sensorium eben dieser Qualitäten der ‚eigenen', niederländischen Natur.[47]

Ein anderes typisches Beispiel ist van Goyens dahingleitende Fähre (Abb. 10)[48], die den Einklang mit der Natur und deren Kultivierung – insbesondere die Schaffung nützlicher Wasserwege – in ein friedvolles Abendlicht taucht. Dieses diffuse Licht, das kaum durch die belaubten Baumkronen dringt, versagt dem Betrachter eine Differenzierung der einzelnen Menschen, deren große, durch ihre Tätigkeiten geordnete Anzahl man nur erahnen kann. Lediglich am linken Bildrand heben sich einige Silhouetten dort vor dem hellen Wasserspiegel ab, wo eine vollbesetzte Fähre gerade abgestoßen wird. Dieses Motiv findet sich in unzähligen Bildern aus den Werkstätten Salomon van Ruysdaels und Jan van Goyens. In ihm verbinden sich Ruhe und Geschäftigkeit, und die atmosphärische Verbindung der Menschen mit dem Wasser wird ebenso vorgeführt wie die Freistellung der einzelnen Figur vor dem fremden Element. Neben den sich aufdrängenden Allusionen auf das Boot als Symbol des Schicksals und der Überfahrt verdichtet sich in einer solchen Präsentation der niederländischen Landschaft erneut die Vorstellung einer alltäglichen, gottgegebenen Schönheit, die doch erst durch ihre Bewohner wahrgenommen und damit vollendet wird. Auch wenn der Betrachter hier nun kompositorisch stärker von der Idylle distanziert wird als bei dem vorangegangenen Beispiel, so erschließt sich das Bild doch in erster Linie über die Atmosphäre, die durch die Farben und das Verschleifen der meisten Einzelformen erzeugt wird – und vom Betrachter ein Nachempfinden dieser Stimmung einfordert. Der springende Punkt ist dabei, daß die Atmosphäre, die die meisten holländischen Landschaften prägt, aufs engste mit den natürlichen Qualitäten des Landes und den Tugenden ihrer (ländlichen) Bewohner verknüpft wurde – und dieses hier nur punktuell ausgeführte Verhältnis ließe sich auch in einer materialreichen Untersuchung verifizieren.

Es kam mir darauf an, die Strategien dieser Bilder zu beschreiben, mit denen sie nicht nur Land und Landbevölkerung, sondern auch Land und Betrachter zueinander in Beziehung setzten. Eben diese Relation, die ein ästhetisches Vergnügen hervorzurufen geeignet war, konnte die Identifikation mit dem Land vorantreiben. Anders formuliert: die gemalte Natur der Niederlande wurde nicht in erster Linie zu einer national kodierten Natur weil man sie wiedererkennen konnte, sondern weil sie strukturell auf die Berührung der Rezipienten angelegt war.

---

[47] Vgl. zu dem Begriff des ‚Malerischen' in der niederländischen Kunst: Reindert Falkenburg, ‚Schilderachtig weer' bij van Goyen, in: Ausst.Kat. Jan van Goyen 1996 (Anm. 44), S. 59–69, bes. S. 66 ff.

[48] Boston, Privatsammlung, 54 x 73,7 cm, Ausst.Kat. Golden Age 1994, Nr. 27, S. 120. Vgl. die von Beck aufgelisteten Flußlandschaften und Kanäle (Beck, Jan van Goyen, Anm. 43), Kat. Nr. 425–791.

11. G. Donck, Bildnis eines Ehepaares vor einer Landschaft, Öl auf Holz, um 1630, Mainz, Landesmuseum

Daß diese Form der Landschaft auch tatsächlich in ihrer identitätsstiftenden Funktion wahrgenommen und zitiert wurde, zeigt schließlich das Bild eines Ehepaares aus den 1630er Jahren (Abb. 11).[49] Hier ist eine Flußlandschaft, wie sie – wie bereits erwähnt – in besonders großer Zahl von Jan van Goyen oder Salomon van Ruysdael gemalt wurden, im wahrsten Sinn des Wortes zur Kulisse der Selbstdarstellung geworden. Maßstabs- und Farbunterschiede in Vorder- und Hintergrund unterstützen diesen Eindruck, denn gerade die mediokre Umsetzung eines einfachen Repräsentationsmodells macht die Interpretation so einfach. Dies ist kein Paar in einer Landschaft, sondern mit einer Landschaft, die quasi attributiv eingesetzt ist. Kein Landbesitz ist hier zur Schau gestellt, wie wir es aus England im 18. Jahrhundert kennen, sondern gerade die bäuerliche Flußlandschaft, die zum Inbegriff des holländischen Landes und im übertragenen Sinn auch der Holländer geworden ist.[50] Das Besondere an diesem Bild ist, daß sich

---

[49] G. Donck, Mainz, Landesmuseum, 70,5 x 104 cm, Öl auf Holz; vgl. Kat. Niederländische Gemälde des 16. und 17. Jahrhundert (Landesmuseum Mainz), hrsg. v. Christiane Stukenbrock, Mainz 1997, S. 132 f.

[50] Vgl. zum „Inbegriffbild" die Überlegungen von Max Imdahl, Jacob van Ruisdaels ‚Die Mühle von Wijk', in: ders., Gesammelte Schriften. Bd. 2: Zur Kunst der Tradition, Frankfurt 1996, S. 345–384, bes. S. 353; in Anlehnung an Imdahls „Inbegriffbild einer Windmühle" möchte ich diese Art der Landschaft als Inbegriff des holländischen Landes – und damit einer weiterreichenden Kategorie – interpretieren.

hier ein bürgerliches Paar mit dieser Landschaft darstellen läßt,[51] daß also die Bildstrategie der zuvor besprochenen Werke zum Gegenstand des Bildes selbst geworden ist. Bürger und Bauern gehören zu diesem Volk – wie Nooteboom formulierte: „ein[em] Volk, das sein Land weder gefunden noch erhalten, sondern selbst geschaffen hat."

[51] Zu unterscheiden sind solche Darstellungen von jenen Bildern, die Ehepaare in Gärten zeigen, die also die bereits real nach künstlerischen Vorgaben arrangierte Natur wiedergeben. Vgl. dazu die Angaben im Kat. Landesmuseum Mainz (Anm. 49) sowie Margret Klinge, Porträtdarstellungen auf der Terrasse, im Hof und Garten. Südniederländische Bildnisse des 17. Jahrhunderts, in: Ausst.Kat. Gärten und Höfe der Rubenszeit, Hamm und Mainz 2001, hrsg. v. Ursula Härting, München 2001, S. 121–128.

Neubestimmung der Europa-Idee:
Eine Geographie regionaler Identität

JANIS KRESLINS

Seit dem 19. Jahrhundert hat die Frage der Identität Wissenschaftler beschäftigt, die die Vorstellung einer Europa-Idee beschreiben und untersuchen. Diese begriffliche Idee ließ sie nicht mehr los, und ihre Erforschung hat Generationen von Wissenschaftlern beflügelt. Es gab Zeiten, da wurde diese Idee einem bestimmten Kanon gleichgesetzt. Die Befürworter dieser Position sahen durch die Festlegung eindeutiger Parameter die Europa-Idee klar definiert und durch sichtbare Konturen gekennzeichnet, gleichwohl diese nicht immer offensichtlich waren. Eine Herausforderung für die Wissenschaftler, die an die Existenz und Festsetzung eines solchen Kanons glauben, ist die Frage, ob in vorangegangenen wissenschaftlichen Untersuchungen eine wie auch immer gelagerte Übereinstimmung bezüglich dieses Kanons besteht. In diesem Fall bedarf der Kanon einer Neubestimmung, um unserem heutigen Denken zu entsprechen und unsere Weltanschauung zu stützen. Den Anhängern dieser Lehrmeinung ist die Erforschung der Europa-Idee an sich schon Bestätigung genug.

Demgegenüber stehen Vertreter einer Position, die die Erforschung nicht zwingend als Bestätigung ansieht. Diese Lehrmeinung begreift die Europa-Idee negativ und benutzt folglich eine *via negativa*. Die Vertreter dieser Position gehen davon aus, daß es kaum eine Übereinstimmung hinsichtlich des zu erforschenden Gegenstandes gibt. Ungeachtet ihrer Anziehungskraft ist die Europa-Idee nur schwer definierbar. Alle Definitionsversuche sind letztlich zum Scheitern verurteilt.

Es überrascht daher kaum, daß der Erforschung der Europa-Idee ein größeres Interesse zukommt, als der Gegenstand selbst es vermuten lässt. Sie zeigt, daß lediglich darüber Übereinstimmung herrscht, daß die Vorstellung einer Europa-Idee dreifach besetzt ist. Erstens wird Europa als heterogene geographische Einheit begriffen – das heißt nicht, daß diese Einheit als monolithisch im geographischen Sinne gesehen wird, sondern daß allgemeines Einvernehmen über den allgemeinen Spielplatz existiert. Trotz dieses Konsenses gibt es keinerlei Einvernehmen hinsichtlich der Frage, wie die einzelnen Teile dieses Spielplatzes sich zu einem Ganzen zusammenfügen. Zweitens ist Europa bisher als ein fortschreitender politischer Prozeß verstanden worden, ein im Gang befindliches historisches Experiment, eine zentrifugale Einheit, die sich fortwährend neu definiert und ihre Grenzen neu bestimmt. Drittens ist Europa seit jeher ein kulturelles Patrimonium, das regelmäßig seine Identität neu erfindet. Nichts an dieser Vorstellung einer Europa-Idee ist festgelegt – alles ist in unablässiger Bewegung und in nicht endendem Umbruch begriffen.

Trotz des allgemeinen Einvernehmens über eine sich im ständigen Flusse befindliche Europa-Idee ist die Suche nach gemeinsamen Nennern und Faktoren für einen regionalen Zusammenhalt kontinuierlich vorangeschritten, wobei die Wissenschaftler sich häufig auf ein nur imaginäres Zentrum hinbewegt haben. Dieses nur in Gedanken existente Zentrum war zu einigen Zeiten notwendig, um eine Ordnung in ein ansonsten eher disparates Ganzes zu bringen. Teilweise hat jedoch die Suche nach diesem vermeintlichen Zentrum die Oberhand gewonnen und Wissenschaftler davon abgehalten, die Bedeutung regionaler Identitäten in Europa deutlich zu erkennen. Die Europa-Idee, und folglich auch die europäische Identität, wie immer sie auch aussehen mag, kann manchmal auf regionaler Ebene deutlicher als auf paneuropäischer Ebene wahrgenommen werden. Auf regionaler Ebene hat ein Zusammenspiel geographischer, politischer und kultureller Identitäten stattgefunden, das traditionelle Gräben überschritten und einen Zusammenhalt geschaffen hat, der auf höherer Ebene oftmals fehlt.

Diese regionalen Identitäten sind jedoch ohne eine umfassende historische Perspektive nicht immer klar verständlich. Ausgangspunkt für ein Europa der Regionen ohne ein klar umrissenes Zentrum war der Westfälische Frieden von 1648, und daher sind unsere Versuche, der Vorstellung einer Europa-Idee und den Fragen nach der Identität nachzuspüren, im Rahmen dieses Bandes keinesfalls fehl am Platze. Die Architekten des Friedensvertrages haben nicht nur den Grundstock für ein modernes Europa gelegt, wie wir es heute kennen, sondern sie haben sich gleichfalls ausbedungen, daß dieses neue Europa in drei Großregionen aufgeteilt werden solle und diese Vorstellung durch separate Vertragsverhandlungen zwischen Spanien und Holland, zwischen dem Hause Habsburg und Frankreich und zwischen Polen, Dänemark und Schweden unterstrichen. Erstaunlicherweise haben die Identitäten dieser einzelnen Regionen im Großen und Ganzen überraschend wenig Beachtung in der Wissenschaft gefunden. Von den drei genannten Regionen hat wahrscheinlich die letztgenannte das stärkste Gespür für eine regionale Identität bewahrt. Ich möchte nun im Folgenden ebendiese regionale Identität näher betrachten und einige Faktoren erläutern, die zu ihrem Zusammenhalt beigetragen haben.

Zuerst muss man ein paar Worte über die Region selbst verlieren, die eine Einheit bildet, die in heutiger Zeit nicht ohne weiteres erkennbar ist. Sie ist zufällig deckungsgleich mit den historischen Staatsgebieten der Königreiche Polen, Dänemark und Schweden. Jedes dieser Königreiche war in der Zeit vor dem Westfälischen Frieden eine Großmacht. Heute werden sie von Historikern als separate Königreiche angesehen, die untereinander Krieg führten, deren Schicksal sich jedoch immer wieder auf Neue miteinander verband, auch wenn sie sich grundlegend unterschieden. Trennenden Faktoren, konfessionellen Gegensätzen und historischen Umbrüchen werden mehr Bedeutung beigemessen als übereinstimmenden Faktoren, Kontinuitäten und Verbindungen.

Wenn wir jedoch den Schritt wagen und diese Region als Ganzes betrachten und einmal nicht ihre einzelnen Teile im Auge behalten, eröffnet sich uns ein weitaus interessanteres Bild. Obgleich in ständigem Flusse begriffen, reichte die Ausdehnung dieser drei Königreiche von Zentraleuropa, Deutschland und Dänemark im Süden bis zum arktischen Skandinavien im Norden, den norwegischen Fjorden im Westen und den unterschiedlichen Landschaften an der Ostküste der Ostsee. Auch wenn sich die politische Geographie dieser Region seit dem 17. Jahrhundert dramatisch verändert hat, hat sie eine kontinuierliche, nicht immer einfach zu definierende Identität bewahrt. Es ist eine Region, in der verschiedene Kulturen und linguistische Traditionen nebeneinander Bestand hatten. Sie war Treffpunkt für katholische zentraleuropäische und protestantische nordeuropäische kulturelle Traditionen und Heimat des aschkenasischen Judentums. Diese Region ist ebenso Teil eines Europas, das Rußland mit in seine Geschichte einbezogen hat. Aufgrund ihrer amorphen Natur ist diese Region in vielerlei Hinsicht gekennzeichnet. Sie wird als der europäische Nordosten bezeichnet, als Ostseeregion. Wegen der Bedeutung deutscher kultureller Traditionen spricht man von ihr auch als „den deutschen Ostgebieten der Frühen Neuzeit". Jeder Name ist mit eigenen Konnotationen behaftet. Jede Tradition hat ihre eigene Grenzziehung. Diese Region ist so historisch wie ihre Grenzen, und demzufolge beinhaltet eine Beschäftigung mit dieser Region notwendigerweise auch eine Auseinandersetzung mit ihrer Geschichte. Umgekehrt ist diese Geschichte untrennbar verknüpft, erstens, mit Fragen zum inneren und äußeren Grenzverlauf, zweitens, mit Fragen in bezug auf die Dynamik von Zentrum und Peripherie und schließlich mit Fragen der Interdependenz zwischen Identitätsbildung und Abgrenzung.

Jeder Versuch, diese Region zu verstehen, beinhaltet auch eine Neubestimmung der Geographie. Zum einen ist dies notwendig, um zu einem umfassenderen und tiefer gehenden Verständnis dieser Region als kulturelle Einheit zu kommen- trotz ihrer Vielfältigkeit. Das mag nicht immer einfach und offensichtlich erscheinen, da sich unser Verständnis durch Perspektivwechsel fortwährend verschiebt. Die gesamte Region stellt sich uns stets anders da, sobald wir unsere zeitliche Perspektive ändern. Bis zum 14. und 15. Jahrhundert gehörten zu dieser Region bezeichnenderweise Gebiete östlich und westlich der Ostsee. Sie waren Teil der Handelsnetze von Wikingern, von gotländischen Bauern und von Kaufleuten, die sich zur Hanse zusammengeschlossen hatten. Im 16. Jahrhundert machten auch die Niederlande einen Teil dieser Region aus, sowohl als Wirtschaftsmacht als auch als kulturelle Triebfeder. Im 17. Jahrhundert erstreckte sich diese Region bis zu „Böhmens Gestaden", da Schweden seine Grenzen Richtung Süden ausdehnte. Im 18. Jahrhundert war Frankreich sowohl in politischer als auch in kultureller Hinsicht integraler Bestandteil dieser Region. Die Zeit hat jedoch ihre eigene Dynamik, und so sehen wir mit jedem Perspektivwechsel die gesamte Region in einem ganz anderen Licht. Bei der Suche nach klar umrissenen Merkmalen entdecken wir ausgeprägte Kennzeichen. Statt der Hervorhebung von Allgemeinheiten und Homogenität werden für den Betrachter neue geographische, historische, kulturelle und soziale Bedeutungen sichtbar.

Es soll hier auch mein Ziel sein, die verschiedenen Arten und Weisen, wie Regionen betrachtet werden, zu untersuchen und die Methoden neu zu überdenken, die verwendet werden, um den Begriff „Territorium" intellektuell zu begreifen und seine volle Bedeutung zu verstehen. Folglich ist diese Arbeit nicht bloß ein neuerliches Beispiel für eine Regionalstudie, sondern vielmehr der Versuch, eine neue Sichtweise in einem Studienfach, das oftmals als „Kulturelle Studien" umschrieben wird, aufzuzeigen. Ich hoffe, zeigen zu können, daß ein interdisziplinärer Ansatz Studenten befähigt, neue Landkarten zu zeichnen und neue Geographien zu schaffen, die nicht ausschließlich topographischer Natur sind. Die Region hat sich nicht aufgrund ihrer Gleichartigkeit, und auch nicht durch ihr Gespür für das Gemeinsame als interessanter Forschungsgegenstand erwiesen, sondern vielmehr aufgrund ihrer Vielfältigkeit. Es hat hier konstante Überschneidungen, parallele Entwicklungslinien und Polaritäten gegeben. Das, was auf den ersten Blick scheinbar gleichartig erscheint, erwächst bei näherer Betrachtung nicht einem einheitlichen Muster, und das, was als marginal angesehen wurde, ist häufig nicht so peripher, wie oftmals geglaubt wird.

Der von mir verwendete Ansatz will mehr sein als eine Überschreitung von Grenzen und Trennungslinien. Die Grenzen in dieser Region haben sich als weitaus durchlässiger erwiesen als gemeinhin angenommen. Sie sind nicht Mittel oder Form von Abwehr und Ausgrenzung, sondern vielmehr Punkte, an denen Netzwerke sich überschneiden. Ich hoffe, daß meine Überlegungen nicht nur Einblick gewähren in die Art und Weise, wie diese verschiedenen Netzwerke sich gegenseitig stützen, sondern auch zeigen, wie dieser Austausch die Vorstellung von Gleichartigkeit untergräbt. Aus diesem Grund ist es wichtig, über die üblichen geographischen Strukturen hinauszugehen und den Blick darauf zu richten, wie diese Region sich dem Betrachter durch den Wechsel der Perspektive immer wieder anders präsentiert. Es ist deutlich, daß die Auffassungen zu dieser Region - und wahrscheinlich auch zu anderen Regionen - nicht den üblichen topographischen Typologien entsprechen. Die Verbreitung von allgemeinen Vorstellungen, die kulturellen Eigenheiten und die dort zu findenden Verhaltensmuster folgen nicht unweigerlich bis dato akzeptierten Paradigmen. Eine Gleichartigkeit fehlt, und daher erweisen sich alle Definitionsversuche für diese Region – durch die Benutzung einfacher Muster von Gemeinsamkeiten als Referenzpunkte – als zu begrenzt, um wirklich Wirkung zu zeigen. In dieser Region ist Vielfalt genauso entscheidend wie Gleichartigkeit.

Die Bedeutung dieses Ansatzes ist viel weitreichender, da ich vielmehr die Prinzipien in Frage stelle, auf denen Regionalstudien basieren. Zugegeben, indem ich mein Augenmerk auf Vielfalt im Gegensatz zu Gemeinsamkeit lege, laufe ich Gefahr, die gesamten Vorstellungen von Regionen zu untergraben. Obgleich ich die Bedeutung von gemeinsamen Merkmalen und vergleichbaren Reaktionen auf ähnliche Ereignissen oder Kräfte nicht bestreite, habe ich entdeckt, daß es in dieser Region nur sehr wenige gemeinsame Nenner gibt, die als absolut angesehen werden können, und nur sehr wenige Grenzen, die wirklich trennen. Daraus könnte man schlußfolgern, daß Regionen bis zu einem gewissen Grad nur in der Fantasie der Wissenschaftler und Staatsmänner existieren. Wenn Regionen als Einheiten neu definiert werden sollen, stellt sich die Frage, welche Methoden man verwenden kann, um Vielfalt und Trennendes darzustellen. Selbst aus der Distanz heraus – einer historischen, geographischen oder politischen Distanz – bleibt es ein schwieriges Unterfangen, genau zu beschreiben, wie bestimmte Territorien sich in eine bestimmte Region einfügen oder wie sie wieder von ihr ausgeschlossen werden, unabhängig von ihrem eigenen Impetus. Indem ich die Ungleichheit und die fließende Entwicklung von kulturellen und historischen Prozessen betone, stelle ich auch die Art und Weise, wie Wissenschaftler Regionen im Allgemeinen betrachtet haben und wie langfristig die Lebensfähigkeit von Regionalstudien zu sehen ist, in Frage. Es erscheint möglich, daß die Methoden der Regionalstudien ebenfalls einer Neubestimmung bedürfen, da diese und auch andere Regionen allein in unserer Vorstellung als in sich geschlossene Welten existieren.

Ich möchte meine Aufmerksamkeit auf einen vielfach vernachlässigten Faktor richten, der dazu beigetragen hat, eine regionale Identität in diesem Teil Europas aufzubauen. Im Geiste des Westfälischen Friedens werde ich die Religion ins Zentrum meiner Arbeit setzen, was jedoch nicht unproblematisch ist. Indem ich ihr eine zentrale Rolle zuweise, begebe ich mich auf einen Weg, der den meisten früheren Forschungsstrategien entgegensteht. Als Erstes behaupte ich, daß die Religion eine verbindende Rolle in der Region einnimmt, so überraschend das auch klingen mag, und daß sie das Fundament dieser gemeinsamen Identität darstellt. Zweitens werde ich behaupten, daß der Frühen Neuzeit eine besondere Bedeutung bei der Herausbildung dieser gemeinsamen Identität zukommt, einer Zeit, die normalerweise mit Konfessionskämpfen assoziiert wird und in der die Religion vielmehr als Zentripetal- denn als Zentrifugalkraft gesehen wird. Zum Beweis meiner These möchte ich von bisherigen Forschungstraditionen abweichen, die sich jeweils nur mit einer religiösen Tradition beschäftigt haben. Statt dessen möchte ich meinen Blick auf die Religion als Ganzes in dieser Region lenken und sie so darstellen, wie ich sie dort sehe, und werde einige Landkarten zur Hilfe nehmen, um meinen Gedankengang besser illustrieren zu können.

Die Geschichte der Religion in der westfälischen Region Polen-Dänemark-Schweden ist eine komplexe Geschichte mit verschiedenen Schauplätzen und zahlreichen Handlungssträngen. Die Erzähler dieser komplizierten Geschichte, die Religionswissenschaftler, sehen sich seit jeher einer entmutigenden Aufgabe gegenüber, reich an unzähligen Schwierigkeiten und mit nicht leicht auszumachenden Auftritten der Religion auf dieser Bühne. In ihrem Bestreben, eine verständliche Struktur zu finden, haben die meisten Wissenschaftler die religiösen Institutionen, die eine wichtige Rolle in der Region gespielt haben, in den Mittelpunkt ihrer Geschichte gerückt. Für diese Wissenschaftler ist eine Übersicht über die religiöse Entwicklung der Region gleichbedeutend mit der Geschichte der religiösen Institutionen.

Obwohl die Wahl für diesen Weg die Betrachtung ein wenig vereinfacht hat, bleibt die Geschichte doch alles andere als einfach und klar. Auch Institutionen setzten sich aus komplexen Strukturen zusammen. Sie waren im Besitz wirtschaftlicher Machtzentren und konnten somit das wirtschaftliche Wachstum der Region als Ganzes und ihrer Teile beeinflussen. Es waren dies dieselben religiösen Institutionen, die auch territoriale Ansprüche geltend machten und so dazu beitrugen, die Region geographisch zu definieren. Die Entstehung geographischer Einheiten ist somit eng verbunden mit dem Aufkommen unterschiedlicher religiöser Identitäten, die, genau wie kulturelle Identitäten, zeitweise mit den vorher erwähnten wirtschaftlichen, politischen und geographischen Identitätsmerkmalen übereinstimmen, aber dann auch wieder von ihnen abweichen können. Da der Begriff „Entwicklung" auch besagt, daß die Zustände nicht unbeweglich sind, sondern sich im ständigen Flusse befinden, kann die Geschichte der Religion in dieser Region, selbst wenn sie innerhalb der Grenzen der institutionellen Geschichte bleibt, nicht erzählt werden, ohne sich ständig auf temporäre, geographische, politische, linguistische und kulturelle Referenzpunkte zu beziehen oder diese zu verändern.

Die Geschichte der Religion in dieser Region, die ich zum Gegenstand meiner Betrachtung gewählt habe, ist nicht nur eine Geschichte der institutionellen Geschichte, sondern eine Geschichte, die zwischen den öffentlichen und privaten Bereichen wechselt, wobei die Grenzen zwischen beiden keineswegs eindeutig festgelegt sind. Somit ist die Geschichte der Religion sowohl eine Geschichte von persönlicher Spiritualität und von persönlichen Glaubensmustern als auch eine Geschichte von institutionellen Doktrinen. Der Erzähler dieser Geschichte muß das geistige Kapital, das Individuen allein oder gemeinsam einsetzen, beschreiben. Dementsprechend müssen die territorialen Einflußbereiche der verschiedenen Glaubenstraditionen vor dem Hintergrund einer Region betrachtet werden, in der Grenzen häufig nur scheinbar existieren – manchmal verschieben sie sich, dann wieder sind sie nicht klar umrissen. In dieser Sphäre privater Spiritualität suche ich den Ursprung für eine gemeinsame regionale Identität.

Die Angelegenheit wird dadurch kompliziert, daß die Geschichte der Religion in den Ostseeregion häufig nur bruchstückhaft erzählt wurde. Es bestand vielfach die Tendenz, die Epochen und die geographischen Einheiten als in sich geschlossene Räume zu sehen und die Geschichte um Umbrüche herum zu konzentrieren und den Gegensatz von Trennendem und Verbindendem herauszustellen. Epochen sind häufig als eigenständige Einheiten getrachtet worden, und ganze Forschungstraditionen bauen auf dieser Sichtweise auf.

In Wirklichkeit ist die Geschichte der Religion in Polen-Dänemark-Schweden jedoch keineswegs derart unterteilt. Religiöse Phänomene können bestimmten Epochen zugeschrieben werden, aber gleichzeitig fungieren sie als Verbindung zwischen verschiedenen Zeitaltern oder treten unerwartet zu einer späteren Zeit erneut auf.

Genau wie die Kunst, hört die Religion nicht auf zu existieren, nur weil die Zeit sich ändert. Somit bleiben religiöse Strukturen auch in instabilen politischen Zeiten bestehen. Sie überleben nicht nur Paradigmenwechsel, sondern schaffen sogar in Situationen, in denen es scheinbar keine gemeinsamen Nenner mehr gibt, eine gewisse Kontinuität. Ebenso ist zu beobachten, wie religiöse Phänomene wahrgenommen werden. Eine Generalisierung, die hilfreich sein kann, um Entwicklungen in der Region als Ganzes zu beschreiben, kann im Widerspruch zu den Beobachtungen auf lokaler Ebene stehen. Auch Sprache kann oftmals auf eine bestimmte Art und Weise eingesetzt werden. Das, was einem Religionswissenschaftler als offensichtlich erscheint, mutet andere abstrus und schwer verständlich an. Der Student der Religionswissenschaften muß daher auch einen Schnitt durch die Entwicklungslinien der Region vornehmen und die wirkenden Zentrifugalkräfte der Region in Abhängigkeit von den Zentripetalkräften und umgekehrt betrachten. Häufig ist jedoch das, was die Region auseinander getrieben hat, auch das, was sie zusammengehalten hat.

Wenn ich behaupte, daß sich die Geschichte der Religion in Polen-Dänemark-Schweden vor allem um die Spiritualität des einzelnen dreht, bin ich mir auch bewußt, daß diese Geschichte sowohl eine Geschichte sozialer Spannungen und sozialer Kontrollen als auch eine Geschichte der Nationenbildung und territorialer Wechselwirkungen ist. Diese Region selbst ist seit jeher ein politischer und ideologischer Zankapfel und Schauplatz zahlreicher religiöser Entwicklungen gewesen. Nichtsdestotrotz hat sie es verstanden, eine tiefer liegende religiöse Identität zu bewahren, obwohl sie nicht immer auf eine gemeinsame Geschichte und eine einzige vorherrschende religiöse Tradition verweisen kann. In vielerlei Hinsicht kann diese Region durch ihre ihr innewohnenden Widersprüche definiert werden.

Religion ist dabei ein willkommenes Instrument, um diese Widersprüche zu untersuchen, und ein einzigartiger Filter, um die Bedeutungen und Geflechte der Beziehungen, die diese Region geprägt haben, zu erforschen. Indem man gedanklich die Beziehungsgeflechte zu erklären versucht, wird deutlich, daß die religiöse Entwicklung nicht ausschließlich vor dem Hintergrund bestehender regionaler Netzwerke verstanden werden kann, sondern auch vor dem Hintergrund neuer dynamischer Netzwerke zu sehen ist, die sich aufgrund der religiösen Spannungen entwickelt haben.

Wenn ich eine Landkarte dieser Region aus religiöser Sicht zeichnen müßte, würde dieses Unterfangen zu einer Kombination von Längen- und Breitenkreisen und einem Paar von hervorgehobenen, sich kreuzenden Senkrechtachsen führen. Jedoch sind diese Achsen nur in den seltensten Fällen symmetrisch. Die einzelnen Punkte auf diesem Gitternetz sind in ständiger Rotationsbewegung, und die Nord-Süd-Achse ist selten senkrecht, sondern neigt sich beim Voranschreiten manchmal nach Norden, dann wiederum nach Osten oder nach Westen. Die Landkarte wäre von großer Dynamik geprägt und höchst geeignet, nicht starre Zustände, sondern eine Region in Bewegung abzubilden. Es ist jedoch eine Landkarte, die sich um die sich kreuzenden Achsen dreht, die die mit dieser Region eng verbundenen vorherrschenden Kulturtraditionen repräsentierten. Gleichzeitig ist es eine Landkarte, die an den Rändern unscharfe Konturen aufweist. Begriffe wie Zentrum und Peripherie, Nord, Süd, Ost und West erlangen eine ganz neue Bedeutung.

Wenn man allein die Geschichte der Institutionen betrachtet, scheint diese Region nicht viele gemeinsame Nenner zu besitzen, doch wenn man sich dem privaten Lebensbereich nähert, werden einige Bausteine der gemeinsamen Identität deutlicher.

Vor allem eine Literaturgattung ist eng mit dem privaten religiösen Leben verbunden – die Erbauungsliteratur. Diese Gattung ist für das Verständnis dieser

Region von entscheidender Bedeutung, auch wenn diese fruchtbare literarische Ausdrucksform von Wissenschaftlern sträflich vernachlässigt worden ist. Das Aufkommen und die Entwicklung dieser Gattung erklären erstens, warum diese regionale Identität nur am Rande von politischen Entwicklungen berührt wurde, und zweitens, warum diese Region bis zum heutigen Tage eine geographische Einheit im westfälischen Sinn geblieben ist, auch wenn geregelte Kommunikationskanäle unterbrochen wurden, und schließlich, wie das heutige umfassende regionale Kommunikationsnetzwerk aus einer Tradition von Netzwerken herrührt, die durch die Produktion und Verbreitung der Erbauungsliteratur erst in Gang gesetzt wurden.

Diese Literaturgattung hat eine konkrete Form – eine besondere Art von Buch. Im Normalfall ist es von kleinem Format, kaum verziert, und fehlt oftmals in den Sammlungen der großen wissenschaftlichen Bibliotheken. Seit Beginn der zweiten Hälfte des 16. Jahrhunderts ist dieses Buch einer der zentralen Identitätsträger dieser Region. Wenn wir uns heute auf die Suche nach ihm begäben, würden wir in der Sektion Körper, Geist und Seele und in den Abteilungen Weiterbildung und Selbstentwicklung heutiger Buchhandlungen fündig. Das Buch kann die Form eines Gebetbuches haben oder eine Sammlung meditativer und reflektierender Texte sein, aber auch in Form eines Reiseführers für eine spirituelle Lebensreise vorliegen.

Die Erbauungsliteratur, die das Fundament für eine gemeinsame Identität gelegt hat und zu einer verbindenden Kraft dieser Region wurde, entstand während der katholischen Gegenreformation des 16. Jahrhunderts. In einer Zeit, in der die römische Liturgie kodifiziert und das lutherische Leben zunehmend starre Formen annahm, wuchs das Bedürfnis nach religiöser Hinwendung, und somit nach einer Literatur, die in ausdrucksvoller und dichterischer Form die geistigen Bedürfnisse des einzelnen befriedigte. Diese neu entstehende Erbauungsliteratur diente in erster Linie dem persönlichen Studium und der persönlichen Meditation. Sie half dem einzelnen, sein Privatleben zu ordnen, und bot Trost, Ruhe und Entspannung in Zeiten von Lebenskrisen und Übergangssituationen. Obgleich die Literatur geschrieben wurde, um die Bedürfnisse des einzelnen zu lindern, und meist in häuslicher Umgebung gelesen wurde, hatte sie eine weit darüber hinaus reichende Wirkung und ermutigte den Leser, seine Erfahrungen mit anderen zu teilen. Dadurch wurde eine *de facto* private Literatur zur Grundlage einer gemeinsamen Identität.

Die katholische Gegenreformation hatte noch eine weitere Auswirkung auf die Region. Mit der Einführung der aristotelischen Metaphysik in die lutherische Gedankenwelt in der letzten Dekade des 16. Jahrhunderts hatten die lutherischen Universitäten eine eher wissenschaftliche Richtung eingeschlagen, und zur Jahrhundertwende unterschieden sie sich nicht mehr grundlegend von ihren katholischen Pendants.[1] Die Auswirkungen dieser Entwicklung waren deutlich: Zum Ende des 16. und Beginn des 17. Jahrhunderts erfuhren die Erbauer katholischer

---

[1] Den besten Überblick bietet immer noch M. Wundt, Die deutsche Schulmetaphysik des 17. Jahrhunderts, Tübingen 1939.

und lutherischer Identitäten eine quasi identische Ausbildung. Wenn Lutheraner ihr Erziehungssystem reformierten und katholischen Modellen folgten, folgten die Katholiken den Lutheranern, entwickelten ein effizientes Kommunikationsnetz und steckten Zeit und Energie in den Aufbau einer regionalen Identität. Erst diese Wechselwirkung förderte eine Infrastruktur für eine gemeinschaftliche Region. Beide Lager begriffen, daß der Erfolg ihrer Bemühungen eng mit der Ausprägung einer regionalen Identität verbunden war, denn ohne eine solche war es ihnen nicht möglich, ihre Einflußbereiche auszuweiten. Sie waren sich nicht nur über die Konturen des Spielplatzes einig, auf dem sie agierten, sondern wußten auch, was für sie auf dem Spiel stand. Ihre jeweiligen religiösen Geisteshaltungen funktionierten auf ähnliche Weise. Beide waren Produkte eines gemeinsamen Ausbildungssystems, sie tauschten offen ihre Informationen aus und waren nicht nur an den Denkprozessen ihres Gegenübers interessiert, sondern verstanden ihn gleichwohl bestens. Die Region als Ganzes hätte, von der Ausformung einer religiösen Identität her gesehen, ohne große Folgen eine katholische oder eine lutherische Richtung einschlagen können. Die Identitätsstrukturen waren die gleichen und der Keim für eine regionale Identität war längst gelegt. Einzig der Gehalt dieser Identitäten unterschied sich geringfügig.

Das will nicht heißen, daß dieser Austausch politisch machbar war oder toleriert wurde. Der hochrangige schwedische politische Berater Hogenskiöld Bielke beispielsweise wurde 1605 enthauptet, da Gerüchte kursierten, er sympathisiere mit den Katholiken.[2] Die Tatsache, daß die Voraussetzungen auf beiden Seiten ähnlich waren, verschärfte den Kampf sogar.

Das Fundament war gelegt. Die Saat für diese gemeinsame – wenngleich auch nicht gleichartige – Identität konnte aufgehen. Aber wie schaffte es diese gemeinsame Identität, sich in der Region festzusetzen? An dieser Stelle kommt die Erbauungsliteratur ins Spiel, und ich möchte fünf Punkte für ihren Auftritt auf dieser Bühne nennen, wobei jeder dieser Punkte einen bestimmten Mechanismus beschreibt, mit dessen Hilfe diese Literaturgattung zur Entstehung der regionalen Identität beigetragen hat.

Erstens bildete diese Literaturgattung ein Bindeglied zwischen den vorherrschenden religiösen Traditionen der Region. Erbauungsliteratur war frei von den Problemen, denen sich die Verfasser politischer Schriften oder polemischer Traktate ausgesetzt sahen, die zwangsläufig auf Distanz zu ihren Gegnern bleiben mußten. Die Verfasser und Herausgeber der Erbauungsliteratur konnten traditionelle Grenzen überschreiten und Inhalte anderer Traditionen übernehmen, was zu einer ganz speziellen Situation führte. Obgleich die späte Hälfte des 16. Jahrhunderts und der größte Teil des 17. Jahrhunderts allgemein als Zeitalter des Konfessionalismus betrachtet werden, einem Zeitalter, in dem sich ideologische Widersacher weiter voneinander isolierten, zeigt die Entwicklung der Erbauungsliteratur in dieser Zeit ein ganz anderes Bild. Trotz ideologischer Gegensätze bot die Erbauungsliteratur ein gemeinsames Ausdrucksmittel und eine gemeinsa-

---

[2] Für weiterführende Informationen zur Biographie von Bielke siehe Svenskt biografiskt lexikon 4, Stockholm 1924, S. 197–207.

me Basis. Man betrachte nur Philipp Kegelius' *Zwölf geistliche Andachten*, die 1596 in Leipzig erschienen, um die Bedeutung der Erbauungsliteratur für die Überwindung dieser konfessionellen Gräben zu verstehen. Kegelius' Werk, das zu einem der meistgelesenen Werke in der lutherischen Welt des 17. Jahrhunderts wurde, setzte sich fast ausschließlich aus direkt jesuitischen Quellen entliehenen Inhalten zusammen.[3] Es lag in Übersetzung vor und wurde durch den führenden schwedischen Staatsideologen Ericus Schroderus[4] eingeführt. Diese konfessionellen Grenzen wurden auch durch persönliche Kontakte überwunden. Die Verbreitung der bedeutsamsten lutherischen Erbauungsliteratur kann bis in Gefängnisse des katholischen Königreiches Polen zu Beginn des 17. Jahrhunderts zurückverfolgt werden, wo konfessionelle Gegensätze ignoriert wurden, wenn es um den geistigen Beistand lutherischer Gefangener ging. 1600 ergab sich der schwedische Militärkommandant Clas Carlsson Gyllenhielm den polnischen Truppen in Wolmar, zu jener Zeit Grenzgebiet zwischen den kriegführenden Königreichen Schweden und Polen. Gyllenhielm verbrachte dreizehn Jahre in polnischer Gefangenschaft, zeitweise in Einzelhaft und Ketten. Trotz der rauhen Behandlung gewährte man ihm Zugang zur Erbauungsliteratur. Nach seiner Freilassung setzte er sich für die Verbreitung dieser Literatur ein, indem er ihm zur Verfügung stehende komplexe Netzwerke nutzte. Er selbst verfaßte die erste große Autobiographie im modernen Sinne des Wortes in dieser Region.[5]

Zweitens erfüllte die Erbauungsliteratur eine wichtige Funktion im geographischen Zusammenhalt der Region. Erbauungsliteratur wurde selbst in den entlegensten Winkeln der Region gelesen, von den östlichsten Teilen des polnischen Königreiches bis hin zu den nördlichen Gebieten des schwedischen Reiches.

Obgleich diese Tatsache oft ignoriert wird, stellte die jüdische Kultur, die durch den polnisch/litauischen Staat in diese Region gelangte und in religiöser Hinsicht als eine der tolerantesten im Europa der damaligen Zeit galt, einen wichtigen Bestandteil dieser regionalen Identität dar. Im späten 16. Jahrhundert begann die Verbreitung gedruckter umfangreicher Erbauungsliteratur in Jiddisch, der Mundart aschkenasischer Juden. Die wichtigste Literatur für unsere Untersuchungen waren Gebetssammlungen, die so genannten *tkhines*, die in zahllosen Neuauflagen immer wieder publiziert wurden. Diese Gebete waren nicht für die Allgemeinheit bestimmt, und die Existenz dieser Literatur zeigt die Bedeutung und Komplexität einer durch private Ereignisse strukturierten Welt. Die jüdische Erbauungsliteratur in jiddischer Sprache ist in vielerlei Hinsicht der Erbauungsliteratur katholischer und protestantischer Traditionen sehr ähnlich.[6]

---

[3] Philipp Kegelius, Tolf andelige betrachtelser (Zwölf geistliche Andachten), Stockholm 1617. Dreizehn Auflagen dieses Werkes erschienen im Laufe des 17. Jahrhunderts in Schweden.

[4] Ericus Schroderus (1575–1647) war autorisiert, Schriften zu prüfen, und damit beauftragt, politisch anstößige zu verbieten.

[5] C.C. Gyllenhielm, Schola captivitatis ... cujusdam herois, pro patria charissimâ, vi & jussu regis Poloniæ, in arctissimâ custodiâ partim Livonicâ, partim Borussiacâ detenti, Strengnäs 1632.

[6] Siehe Ch. Weissler, Voices of the Matriachs: Listening to the Prayers of Early Modern Jewish Women, Boston 1998.

Wenn die Erbauungsliteratur mit Leichtigkeit konfessionelle Grenzen überwinden konnte, war es für sie noch einfacher, sich innerhalb großer geographischer Gebiete mit gleicher Religion zu bewegen. Johan Arndts *Vier Bücher vom wahren Christentum*, neben der Bibel vielleicht das wichtigste Werk dieser Region, findet sich selbst in den entlegensten Winkeln der Region.[7] Verleger und Drucker zogen übers Land und paßten den Text in linguistischer als auch anderer Hinsicht den Bedürfnissen der örtlichen Bevölkerung an.

Drittens war die religiöse Literatur ein wirkungsvolles Mittel zur Überwindung der sozialen Schichtenbildung. Historisch war die ernsthafteste Bedrohung für die Einheit der Region nicht politischer, sondern sozialer Natur. Die Bevölkerung, die sich aus unterschiedlichen sozialen Klassen zusammensetzte und unterschiedliche Bildungsniveaus aufwies, lebte in voneinander getrennten Welten. Erbauungsliteratur erfüllte die Funktion, diese Unterschiede zu überwinden. Ursprünglich war die Erbauungsliteratur nur in adligen Kreisen anzutreffen. Die persönliche Frömmigkeit von Angehörigen anderer sozialer Klassen wurde nicht gefördert, sondern potenziell sogar als gefährlich eingestuft. Die religiöse Erfahrung wurde von ihnen kollektiv erfahren und präsentierte sich in Predigten als Aufruf zum Gehorsam.

Die Erbauungsliteratur erreichte nach und nach auch die unteren Schichten der Gesellschaft und wurde zu einer Literatur, die schließlich von allen Bevölkerungsschichten gelesen wurde. Ein Wendepunkt in dieser Entwicklung bildete das protestantisch-evangelische Erwachen, dessen Wurzeln bis in die späte Hälfte des 17. Jahrhunderts zurückreichen und das seinen Zenit in der ersten Hälfte des 18. Jahrhunderts erreichte. Einen Eckpfeiler dieses Erwachens bildete gewiß die Erbauungsliteratur. Durch das Lesen und Schreiben dieser Literatur eröffnete sich jedem einzelnen eine private Spiritualität. Pietisten organisierten Alphabetisierungskampagnen und unterstützten aktiv Gläubige aus unteren sozialen Schichten bei der Entwicklung eines eigenen religiösen Horizontes und bei der Aufzeichnung ihrer Erfahrungen. Gegen Mitte des Jahrhunderts war die Analphabetenquote in der Region sehr niedrig, und breite Schichten der Bevölkerung konnten sowohl lesen als auch schreiben. Da gedruckte Werke nur einigen wenigen vorbehalten waren, verbreitete sich die Erbauungsliteratur in handschriftlicher Form und erschien auch in Sprachen, die bisher kaum eine literarische Tradition besessen hatten.[8]

Viertens konnte die Erbauungsliteratur erfolgreich dazu beitragen, die Kluft zwischen den Geschlechtern in der Region zu überwinden. Anfänglich wurde die Erbauungsliteratur fast ausschließlich von Frauen gelesen, und die Verbreitung dieser Literatur wurde mit Hilfe von inoffiziellen und undurchschaubaren Netzwerken weitergegeben und gesammelt. Dies gilt nicht nur für die katholische und lutherische Erbauungsliteratur, sondern auch für die jiddischen *tkhines*. Am Anfang unterschieden sich die geistigen Bedürfnisse von Männern und Frauen

---

[7] Für die Verbreitung von Arndts Werk siehe Johan Arndt – Rezeption und Reaktion im Nordisch-Baltischen Raum, hrsg. von A. Jalert, Lund 1999.

[8] Für einen allgemeinen Überblick siehe W.R. Ward, The Protestant Evangelical Awakening, Cambridge 1992.

recht deutlich. Aus diesem Grund fehlt die Erbauungsliteratur auch in Literaturübersichten und hat von Literaturwissenschaftlern nur wenig Beachtung erfahren. Diese Art Literatur, meist nur im kleinen Format veröffentlicht, war gewissermaßen „tragbar" und wurde von Generation zu Generation weitergegeben, bis das Buch so zerschlissen war, daß es – was häufig der Fall war – nicht mehr benutzt werden konnte. Diese Literaturgattung wurde im Alltag gebraucht und mit anderen geteilt, sie war kein Sammlerobjekt. Daher gehörte sie auch nicht zum Bestand wissenschaftlicher Bibliotheken.

Frauen waren nicht nur Verfasserinnen und Benutzerinnen dieser Literatur, sie förderten sie auch. Frauen waren in dieser Region häufig die besseren Leser. Im Laufe der Zeit gehörten den Netzwerken, die Verfasser(innen) und Benutzer(innen) der Erbauungsliteratur aufbauten, mehr und mehr Männer an. Seit jeher existiert in dieser Region ein ausgeprägtes Bewußtsein für die Rechte der Frau, und dies kann teilweise darauf zurückzuführen sein, daß Frauen mit Hilfe der Texte bald in der Lage waren, selbst Briefe und erbauliche Abhandlungen zu schreiben und eigene Netzwerke aufzubauen.

Schließlich war das Lesen der Erbauungsliteratur mit einem Aufruf nach außen verbunden. Diese Literatur, die so geschrieben war, als wende sie sich unmittelbar an die persönlichen Bedürfnisse des Lesers, bestärkte ihn in der Auffassung, daß er in dieser Welt nicht allein und ohne Mitreisende dahintreibe. Die Erbauungsliteratur ermutigte den Leser, Netzwerke mit anderen Lesern aufzubauen und ein Interesse am anderen zu zeigen. Eine regionale Identität wurde durch diese Netzwerke, die nicht nur dem Adel vorbehalten waren, sondern auch anderen Gesellschaftsschichten zugänglich waren, gestärkt. Die Erbauungsliteratur schuf Netzwerke, die sich anderer Sprachen als die der Wissenschaftler bedienten. Obgleich oftmals auf die Reformation zurückgeführt, war die Verwendung der zahlreichen Sprachen dieser Region in schriftlicher Form eng mit dem Aufstieg der Erbauungsliteratur verbunden. Mit der Verbreitung der Erbauungsliteratur in dieser Region konnte der Leser „auf die Reise gehen". Durch Briefe und Betrachtungen, die an entfernte Adressen geschickt wurden, wurde es ihm möglich, seine eigenen Grenzen zu überschreiten und seinen Horizont zu erweitern. Die starke Betonung des Kommunikationsbedarfs veränderte diese Region von Grund auf und schaffte eine regionale Identität, die nicht unbedingt im Widerspruch zu einer lokalen Identität stand.

Die Struktur der Netzwerke, die durch die Erbauungsliteratur bestimmt wurde, besteht bis zum heutigen Tag. Ich würde sogar so weit gehen und behaupten, daß die Faszination und das besondere Verhältnis dieser Region zur Kommunikationskultur mit Hilfe der Erbauungsliteratur erklärt werden kann. Die Bevölkerung dieser Region hat immer ein starkes Bedürfnis gehabt, *in touch*, also in ständiger Verbindung, zu bleiben. Das kleine Gebetbuch im Taschenformat ist heute vom allgegenwärtigen, ebenso nützlichen Mobiltelefon abgelöst werden.

Eine der wichtigsten Untergattungen der Erbauungsliteratur war die *ars bene moriendi*-Literatur – die Kunst des schönen Sterbens. Darunter versteht man Ratgeber, die den einzelnen auf die letzte Reise seines Lebens vorbereiten. Interessanterweise fungierte die Erbauungsliteratur als eine *ars bene vivendi* für die

Region und legte die Grundlage für die notwendige Infrastruktur einer regionalen – wenngleich auch vielfältigen – Identität und hat zum Aufbau dieser Infrastruktur beigetragen. Sie befähigte die Bevölkerung der Region, ideologische Grenzen und geografische Trennungslinien zu überwinden, soziale und geschlechtliche Gräben zu schließen und sich in diesem System von Verständigung und Netzwerken zu Hause zu fühlen.

(Aus dem Englischen von Birgit van der Avoort)

Dänemark, das Reich und Europa. Europa-Praxis und Europa-Vorstellungen in Dänemark im späten 17. Jahrhundert

Sebastian Olden-Jørgensen

Wenn man sich auf die Suche nach dänischen Europa-Konzeptionen im 17. Jahrhundert begibt, muß man sehr schnell feststellen, daß explizite Vorstellungen in der damals eher begrenzten dänischen Öffentlichkeit selten sind. Um dennoch die Frage nach den Europa-Konzeptionen zu beantworten, muß man sich an den tatsächlichen Begebenheiten orientieren, um dadurch die impliziten Europa-Vorstellungen zu erkunden. Im dänischen Bewußtsein war, um das Ergebnis meiner Ausführungen vorwegzunehmen, Europa ein geographischer und politischer *Raum*. Europa war Rahmen, nicht Inhalt, und Europa war weltlich, nicht religiös. Europa war für die Dänen, die mit dem Begriff Europa überhaupt etwas verbinden konnten, die Szene der großen Politik und der Kriege, keine sinn- oder identitätsstiftende Größe.

Dies läßt sich exemplarisch anhand eines Zitates aus dem geographischem Handbuch, *Compendium Geographicum,* des Kopenhagener Professors Holger Jacobäus aus dem Jahr 1693 belegen. In diesem kleinen Lehrbuch für den Universitätsunterricht schreibt er:

> „Europa, splendore ac dignitate imperii, armorum virtute, literarum gloriâ, prae coeteris Orbis partibus hodie celeberrima, terminos habet; ab Oriente *Tanarim*, Tartariae Europae flumen; à Meridie *mare mediterraneum*, *fretum Herculeum*, & *Atlanticum mare*, à septentrione *mare Hyperboreum*, ab Occidente *Atlanticum mare*."[1]

> (Europa, das vor den übrigen Weltteilen an Glanz und Würde der Herrschaft, militärischer Tugend, wissenschaftlichem Ruhm berühmt ist, hat folgende Grenzen: im Osten den Don-Fluß, im Süden das Mittelmeer, Gibraltar und den Atlantik, im Norden das Eismeer und im Westen den Atlantik.)

Also, nicht „die Christenheit oder Europa" (Novalis), wo Innerlichkeit und metaphysischer Sinn das Band der Einheit bilden, sondern ein Europa, das sich politisch, militärisch und wissenschaftlich gegenüber den anderen Erdteilen abhebt.

Diesen kurzen Bemerkungen des in der dänischen Universitätsgeschichte außerordentlich mittelmäßigen, dafür aber repräsentativen Professor Holger Jacobäus folgend, die Reihenfolge aber vertauschend, werde ich meinen Stoff nach denselben Kategorien ordnen: erst das politische und gelehrte, dann das kriegerische Europa.

Der Text des mündlichen Vortrages wurde nur geringfügig geändert und mit Anmerkungen ergänzt.

[1] Holger Jacobäus, Compendium Geographicum, Kopenhagen 1693, S. 24.

Das politische Europa

„Splendore ac dignitate imperii", Glanz und Würde der Herrschaft, könnte man auch mit Glanz und Würde des Reiches übersetzen, aber diese Worte sind wohl nicht nur als eine Anspielung auf das Heilige Römische Reich Deutscher Nation aufzufassen, sondern beziehen sich auch auf die großen und alten Königreiche Dänemark, Frankreich, England usw., deren Geschichte die Gelehrten noch nicht bis auf das frühe Mittelalter gekürzt hatten. So konnte man z.B. in Dänemark die Staatsbildung und den Königsstamm bis weit vor Christi Geburt zurückverfolgen – eine Leistung, die die Schweden im sogenannten Gotizismus weit übertrafen, als Olof Rucbeck (1630–1702) entdeckte, daß Schweden nicht nur die Heimat der Hyperboräer, sondern auch das wahre Atlantis gewesen sei.

Dieses politische Europa, d.h. das Europa der Königreiche und Republiken, kannten die meisten Dänen nur vom Hörensagen. Das gilt jedoch nicht für die Angehörigen der politischen, theologischen und wirtschaftlichen Führungsschicht, die alle oder fast alle für einige Zeit im Ausland studiert hatten oder gereist waren. Um die Mitte des 17. Jahrhunderts zogen jedes Jahr ungefähr 25 junge Dänen in die Ferne, davon ein Viertel Adelige.[2] Auf einer solchen Reise wurden Hochschulen und Universitäten besucht, denn der Spracherwerb und die Bildung zum Weltmann waren gleichwertige Ziele, vor allem für die adeligen Söhne. Wie sah dieses Europa der Studien- und Bildungsreisen aus? Um es kurz zu sagen: Das protestantische Norddeutschland und die Niederlande dominierten. Rostock – wo das Bier besonders gut und die Unterkunft besonders billig war –, Wittenberg, Franeker und Leiden waren oft erste Wahl. Für diejenigen mit besseren Finanzen und größeren Ambitionen kamen England, die Spanischen Niederlande und Nordfrankreich dazu. Für die sehr Reichen führte die Reise auch nach Italien und auf dem Nachhauseweg über Österreich. Nur wenige gingen nach Spanien oder in den Nahen Osten.

Welche Bedeutung hatte diese internationale Bildung der politischen und kulturellen Elite? Kann man von einer Europäisierung sprechen? Meines Erachtens kaum. Der politische und sozial vorherrschende dänische Adel war bis zur Einführung des Absolutismus 1660 sehr national und konservativ, etwa so wie der polnische Adel. Die Sitten, die Sprachen und die Verfassungen der fremden Völker galt es kennenzulernen, um die politischen und sozialen Einrichtungen der Heimat mehr zu schätzen und zu schützen. Dem Vaterland diente die europäische Bildung des Adeligen insofern, als dieser bei dynastischen und diplomatischen Verhandlungen und Zusammenkünften den ausländischen Vertretern als Ebenbürtiger begegnen konnte.

Erst nach dem absolutistischen Putsch im Jahre 1660 erscheinen bürgerliche politische Denkschriften, die vor dem Hintergrund persönlicher Beobachtungen während einer Studienreise politische und wirtschaftliche Reformen vorschlagen.[3]

---

[2] Vello Helk, Dansk-norske Studierejser 1536–1660, Odense 1987; Vello Helk, Dansk-norske studierejser 1661–1813, I–II, Odense 1991.

[3] Vgl. zwei anonyme, aber zweifelsohne bürgerliche Denkschriften, die kurz nach dem Thronwechsel 1670 eingereicht wurden: Danske Magazin, 4. rk., IV (1878), S. 274–285; Danske

Auch verfassungsrechtlich kann man von einer gewissen Europäisierung des dänischen Frühabsolutismus reden. Nicht etwa weil der Absolutismus nach ausländischem Vorbild eingeführt wurde – erst ein Jahr später, 1661, wurde Ludwig XIV. mündig, und die Fronde lag keine zehn Jahre zurück –, sondern weil der absolutistische Staatsstreich in Dänemark 1660 sich naturrechtlich legitimierte (Enevoldsarveregeringsakten 1661, Kongeloven/Lex Regia 1665). Und das sogar in einer im wahrsten Sinne des Wortes gesamteuropäischen Weise, denn das Naturrecht war gesamteuropäisches Kulturgut.

Für die breiten Schichten der Bevölkerung bedeutete der Absolutismus dagegen in Dänemark dasselbe wie überall: hohe Steuern, große Heere und politische-wirtschaftliche Zentralisierung. Dadurch entstand in Kopenhagen ein höfisch-militärisches Beamtentum, das wesentlich europäisierter war als die alte aristokratische Führungsschicht von Gutsbesitzern. Diese Europäisierung bildet dann wiederum die Voraussetzung für die dänische Aufklärung, die im frühen 18. Jahrhundert mit der intensiven Rezeption von Hugo Grotius, Samuel Pufendorf und Christian Thomasius in den Schriften des dänischen Aufklärers par excellence, Ludvig Holbergs (1684-1750), einsetzt.

Das gelehrte Europa

„Literarum gloria", wissenschaftlicher Ruhm, damit ist sowohl das antike Erbe und die Leistungen des Humanismus als auch die sogenannte wissenschaftliche Revolution angesprochen.[4] Für die intellektuelle Elite Dänemarks bedeutete der Absolutismus eine Niedergangsphase. Die Reformation hatte nur zeitweilig die internationale *respublica literaria* gespalten, und mit dem Wiedererstarken der humanistischen Tradition im späten 16. Jahrhundert gehörten internationale lateinische Bildung und wissenschaftlicher Verkehr über die konfessionellen Grenzen hinweg wieder zur Tagesordnung. Selbstverständlich gab es Grenzen. Wie gesagt, wurde Spanien nur wenig besucht, und die Toleranz Andersgläubigen gegenüber war an den verschiedenen Universitäten recht unterschiedlich. In Padua (das zu *Terra Ferma* Venedigs gehörte) konnten auch Protestanten den juristischen Doktorgrad erwerben, in Kopenhagen dagegen nur rechtgläubige Lutheraner promovieren. Es war Dänen verboten, an jesuitischen Hochschulen zu studieren, und vor allem künftige Pastoren der dänischen, evangelischen Staatskirche mußten bei der Wahl des Studienortes vorsichtig sein. Dennoch gab es eine rege wissenschaftliche Reise-, Forschungs- und Publikationstätigkeit. Stellvertretend

---

Magazin, 5. rk., II (1889-92), S. 275–310. Zur Einführung des Absolutismus in Dänemark und zum dänischen Frühabsolutismus: Peter Brandt, Von der Adelsmonarchie zur königlichen „Eingewalt". Der Umbau der Ständegesellschaft in der Vorbereitungs- und Frühphase des dänischen Absolutismus, in: Historische Zeitschrift 250 (1990), S. 33–72; Sebastian Olden-Jørgensen, Machtausübung und Machtinszenierung im dänischen Frühabsolutismus 1660–1730, in: Historisches Jahrbuch 120 (2000), S. 97–113.

[4] H. Floris Cohen, The Scientific Revolution. A Historiographical Inquiry, Chicago 1994; Margaret Osler, Rethinking the Scientific Revolution, Cambridge 2000.

soll hier der Mediziner Thomas Bartholin (1616–80) genannt werden. Er verbrachte 10 Jahre auf Reisen durch ganz Europa, wobei er seinen Ruhm auf anatomische Abhandlungen und Handbücher gründete. Nach seiner Heimkehr wurde er Professor der Anatomie und stand zeit seines Lebens in regem Briefverkehr mit ausländischen Gelehrten. Viele dieser Briefe publizierte er in wissenschaftlichen Briefesammlungen, und er redigierte auch eine wissenschaftliche lateinische Zeitschrift, die *Acta medica & philosophica Hafniensia* (I–V, 1671–1679).

Für die Gelehrten bedeutete der Absolutismus aber das Ende ihrer relativen akademischen Eigenständigkeit. Der Absolutismus duldete keine autonomen Körperschaften. Die alten adeligen Privilegien wie z.B. die Steuerfreiheit wurden abgeschafft oder im Sinne des Absolutismus umgestaltet, die Selbstverwaltung der Zünfte wurde wiederholt, aber ohne großen Erfolg bekämpft, die Domkapitel wurden stufenweise abgeschafft, und die relative Selbständigkeit der Universität verschwand fast ganz. Für den König war die Universität keine Provinz der europäischen Gelehrtenrepublik, sondern eine Intelligenz- und Finanzreserve, über die er nach Gutdünken verfügen konnte. Denn mit dem Absolutismus hatte sich die Staatsauffassung gewandelt. Der König fühlte sich jetzt als Eigentümer des Reiches, und obwohl das private Eigentumsrecht nicht angefochten wurde, bedeutete das eine Verwischung der Grenze zwischen Kirchengut und Domängut, zwischen den Dienern Gottes, wozu die Universität zählte, und den Dienern des Königs. Die Gehälter der Professoren wurden ja sowieso gezahlt, und ob sie ihrem König im Lehrsaal oder in der Ratstube dienten, war einerlei. 1690 wurde das Bildungsmonopol der Universität sogar ganz bewußt gebrochen, als eine Ritterakademie für die Ausbildung von Beamten für Hof, Heer und Verwaltung gegründet wurde. Der Unterricht in dieser Akademie war ausgesprochen praktisch angelegt und zielte auf europäische Allgemeinbildung, z.B. auf Naturrecht und Öffentliches Recht.[5]

Das kriegerische Europa

„Armorum virtute", militärische Tugend (oder Kraft), was damit gemeint ist, nennen die Historiker heute oft die militärische Revolution.[6] Auf diesem Gebiet lag Dänemark ganz an der Spitze. Schon 1616 wurde ein stehendes Heer errichtet, und am Ende des Jahrhunderts war Dänemark-Norwegen ein Militärstaat, wie es sich der Große Kurfürst nicht besser hätte wünschen können. Ursache dieser Entwicklung war nicht nur der Überlebenskampf gegen Schweden, sondern der Wunsch der dänischen Könige, auf der Szene der europäischen Politik eine gewichtige Rolle zu spielen. Das prägte selbstverständlich nachhaltig das Euro-

---

[5] Københavns Universitet 1479–1979, I–XIV, hrsg. von Svend Ellehøj u.a., Kopenhagen 1979– (unvollendet); William Norvin, Det ridderlige Akademi i København, in: Historiske Meddelelser om København, 2. rk., V (1931–33), S. 105–235.

[6] Geoffrey Parker, The Military Revolution. Military Innovation and the Rise of the West 1500–1800, Cambridge 1988.

pabild, und wenn man einen Dänen des 17. Jahrhunderts fragen würde, was für ihn Europa sei, würde seine Antwort deshalb wahrscheinlich lauten: Europa ist der Schauplatz der großen Politik. Europa und der Krieg, die beiden gehören zusammen, wenn man nach dem spärlichen Gebrauch der Begriffe Europa oder europäisch urteilen soll. Diese findet man nämlich fast ausschließlich mit Bezug auf die kriegerischen Auseinandersetzungen. Dieser Gebrauch des Wortes europäisch ist selbstverständlich nicht besonders dänisch, sondern eben europäisch oder mindestens mitteleuropäisch. Man denke nur an die die großen zeitgeschichtlichen Jahrbücher *Diarium Europaeum* und *Theatrum Europaeum*.

Ein kleines dänisches Beispiel ist die deutschsprachige *Europaeische Wochentliche Zeitung*, die 1660–1665 erschien. Sie stammt aus den Jahren nach den sogenannten Karl-Gustav-Kriegen 1657-60, als Dänemark kurzfristig Schauplatz eines europäischen Konfliktes wurde, in dem die Niederlande, Brandenburg, der Kaiser, Polen und Dänemark – wozu französische und englische Vermittlungsbestrebungen kommen – auf polnischem und dänischem Gebiet gemeinsam der schwedischen Expansion Einhalt geboten. Die *Europaeische Wochentliche Zeitung* war, wie der Name schon sagt, eine Wochenzeitung und bestand ausschließlich aus Auszügen aus ausländischen, hauptsächlich hamburgischen Zeitungen. Fragt man nach dem impliziten Europa-Bild der *Europaeischen Wochentlichen Zeitung*, glaubt man fast, daß Dänemark ein Glied des Heiligen Römischen Reiches gewesen sei, denn das Reich, Frankreich, Italien und die Türkenkriege nehmen den zentralen Platz ein. Spanien, England und Rußland werden dagegen kaum erwähnt.

Eine etwas ähnliche Sicht der Dinge findet man in einer wenig späteren halboffiziellen Vers-Zeitung *Den Danske Mercurius* von Anders Bording (1619–77), die 1666–77 monatlich in Alexandrinern erschien. Als Folge der zeitweiligen Abschwächung der Türkengefahr nach dem Sieg bei St. Gotthard 1664 und der expansiven Außenpolitik Ludwigs XIV. ist der Schwerpunkt der Nachrichten jetzt nach Westen gerückt. Dem Namen Europa begegnet man aber nur in engster Verbindung mit dem Krieg. So z.B. in den Anfangszeilen der Dezember-Ausgabe 1674:[7]

> Ey lettclig en haard-iløben kunde kløfves /
> Med mindre det och med vel haarde kiler prøfves.
>   Ret paa den same vis det gaaer / och siges kand
>   Om voris haarde Tjds beskaffenhed och stand.
> Det er den Jerne Tid / som andet ey medfører /
> End det som Mennisken til mißforstand oprører /
>   Och der med kaster al fortrolighed omkring /
>   Ja for / Jeg ved ey hvad / forvirrer alle ting.
> Jeg her / Evropa / dig til vidnißbyrd fremkalder /

---

[7] Anders Bording, Den Danske Mercurius, 1.11.1674 und 1.12.1674 (Zitat); Faksimile-Ausgabe von Anders Bording, Den Danske Mercurius, hrsg. von Paul Ries, Kopenhagen 1984, S. 409, 413 (Zitat).

Om skønt dit vidnißbyrd ey dem / ma skee / befalder /
Som ingen anden jd och haandverk hafve lærd /
En at ophidse Folk til strjd och aarlogs færd.

(Ein fest Zusammengewachsenes läßt sich nicht leicht spalten,
es heißt denn, man versucht es mit ganz harten Keilen.
  Genau auf diese Weise geht es, kann man sagen,
    mit der Beschaffenheit und dem Charakter unserer harten Zeit.
Sie ist eine eherne Zeit, die nur solches hervorbringt,
was den Menschen zu Zwietracht bewegt
    und dadurch jedes Vertrauen zerstört,
    ja alles, ich weiß nicht warum, in Verwirrung bringt.
Hier lade ich dich, Europa, als Zeugin vor,
obwohl dein Zeugnis vielleicht denen nicht gefällt,
    die keine andere Arbeit oder Handwerk gelernt haben,
    als Leute zu Streit und Krieg zu hetzen.)

Europa war also für die dänische Öffentlichkeit des 17. Jahrhunderts vor allem das Europa der streitsüchtigen Fürsten und Völker, und wie könnte es auch anders sein. Aus dieser Sicht muß man sagen, daß der moderne Europa-Gedanke, der in Europa vor allem eine Friedensordnung sieht, zumindest in Dänemark keine Wurzeln im 17. Jahrhundert hat. Es sei denn, daß diese, von Konflikten geprägte Europa-Erfahrung und Europa-Konzeption dazu beigetragen hat, ein utopisches Gegenbild, Europa als Friedensordnung, entstehen zu lassen. Diese Sicht läßt sich in den oben zitierten Zeilen, in denen Bording Europa als Zeugin vorlädt, vielleicht andeutungsweise erkennen. Das wäre aber eine dialektische und keine organische Entstehungsgeschichte, und vieles spricht daür, daß noch heute nur eine Minderheit in Dänemark diesen dialektischen Sprung wagen würden. Für die Mehrheit der Bevölkerung scheint eine Abgrenzung gegen das Europa der großen Politik und der Konflikte viel eher den eigenen kleinstaatlichen Interessen zu entsprechen. Diese „ohne-uns"-Haltung dagegen kann man ohne Probleme bis ins 17. Jahrhundert nachweisen.[8]

---

[8] So auch in Bordings *Den Danske Mercurius* in der Frühphase des französisch-niederländischen Krieges 1672–78, als Dänemark-Norwegen noch nicht einbezogen war: Anders Bording, Den Danske Mercurius, 1.8.1672; 1.2.1675; 1.5.1675; Faksimile-Ausgabe, S. 301, 421, 433.

Die spanischen Künstler des *Siglo de Oro* und Europa

KARIN HELLWIG

Zu Beginn des 17. Jahrhunderts verfaßt der Dichter und Satiriker Francisco de Quevedo ein unvollendetes Pamphlet *España defendida y los tiempos de ahora*, mit dem er auf zahlreiche Stimmen der Verleumdung reagiert, die man damals in Europa gegen Spanien hörte.[1] Aufgrund der Stellung ihres Landes als Vorreiter der Gegenreformation und als privilegierte Großmacht hatten die Spanier im 17. Jahrhundert ein Gefühl der Überlegenheit gegenüber anderen europäischen Nationen entwickelt.[2] Dieses Gefühl hält trotz des Verlustes der Weltmachtstellung, der wirtschaftlichen Rezession und der zunehmenden kulturellen Isolation des Landes bis zum Spanischen Erbfolgekrieg nach dem Tod Karls II. im Jahre 1700 an. Gleichzeitig herrscht eine religiös begründete Animosität und großes Mißtrauen gegenüber dem „feindlichen" Ausland: Den Italienern traut man nicht, weil unter ihnen die Juden frei leben; den Franzosen verübelt man, daß sie die Protestanten nicht verfolgen; den nördlichen Niederlanden steht man aufgrund der Befreiungskämpfe und des protestantischen Glaubens feindlich gegenüber.[3]

Auch das Ausland ist Spanien nicht gewogen. Vor dem Hintergrund der Weltmachtstellung des Landes einerseits und als Reaktion auf die arrogante Haltung der Spanier andererseits konstruiert man mit der sogenannten *leyenda negra* eine heftige Spanienkritik. Die Vorstellung der Europäer von Spanien ist die eines Landes, in dem religiöse Intoleranz und ein Gefühl der theologischen Überlegenheit herrschen, in dem die Inquisition jegliche intellektuelle Freiheit unterbindet und die Freidenker verfolgt, in dem Juden und Mauren des Landes verwiesen werden, in dem Aberglaube, Fanatismus und Rückständigkeit an der Tagesordnung sind. Spanien wird zum Objekt einer Negativ Propaganda-Kampagne, und zwar nicht nur bei seinen Feinden, wie Frankreich oder den Niederlanden, sondern auch bei Verbündeten wie Italien. Dort wiederum hatten sich die Spanier als Besatzungsmacht nicht besonders beliebt gemacht. Die *leyenda negra* ruft wiederum bei diesen eine ultranationale und ultrakonservative Haltung hervor. Auf diese Verleumdungen reagiert man mit Verteidigungsschriften, und in

---

[1] Vgl. Francisco de Quevedo, Obras completas, hrsg. von Felicidad Buendia, Bd. 1, Madrid 1966, S. 488–526.

[2] Zur historischen Situation vgl. John H. Elliott, Imperial Spain 1496–1716, London 1963; John Lynch, Spain under the Habsburgs, Bd. 2, New York 1969; Henry Kamen, Golden Age Spain, Atlantic Highlands 1988.

[3] Zum Verhältnis Spanien und Europa vgl. zudem Bernhard Schmidt, Spanienbild und Nationalismus in Quevedos „España defendida", in: Iberoromania 3 (1971), Heft 1, S. 16–43; Spanien und Europa. Texte zu ihrem Verhältnis von der Aufklärung bis zur Gegenwart, hrsg. von Hans Hinterhäuser, München 1979.

diesen Kontext ist Quevedos Pamphlet *España defendida*, in dem der Dichter zum Verteidiger und Lobredner seines Landes wird, einzuordnen.[4] Aus der Schrift spricht nicht nur Kränkung und Isolationismus, sondern es wird für die Spanier gleichzeitig ein europäisches Feindbild gezeichnet.

Vor diesem kurz skizzierten historischen Hintergrund, welcher von der von Europa über Spanien verhängten *leyenda negra* und der spanischen Verteidigungsposition geprägt war, soll anschließend die Position der spanischen Künstler des 17. Jahrhunderts in Europa untersucht werden. Dabei sind zwei zentrale Aspekte zu berücksichtigen. Zum einen geht es um den Blick von Spanien aus auf Europa: Welches ist das Verhältnis der Künstler dort zu Europa? Welche Vorstellung haben sie von Europa, und wie kommt diese zustande? Wie sehen sie ihre Kunst im Verhältnis zu der europäischen? Zum anderen soll die europäische Sichtweise auf Künstler und Kunst in Spanien betrachtet werden. Wie werden diese von Europa aus wahrgenommen? Inwieweit wirkt sich die *leyenda negra* auf diese Sichtweise aus? Wie reagieren die Spanier darauf? Ich stütze meine Untersuchung hauptsächlich auf die spanischen Schriften des 17. und frühen 18. Jahrhunderts zur Kunst, auf die großen Traktate von Vicente Carducho, Francisco Pacheco, Jusepe Martínez und Antonio Palominos sowie kleinere Memoranden und Bittschriften.[5]

Die Vorstellung der spanischen Künstler von Europa

Im 16. Jahrhundert reisen die meisten bedeutenden spanischen Künstler ins Ausland. So halten sich Becerra, Berruguete, Navarrete el Mudo alle in Italien auf und holen sich dort Anregungen.[6] Auch wenn im 17. Jahrhundert die Zahl der reisenden Künstler deutlich abnimmt, so zieht es zunächst doch noch viele ins Ausland: Velázquez und sein Schüler Juan Bautista del Mazo brechen ebenfalls nach Italien auf, allerdings nicht mehr, um bei italienischen Künstlern in die Lehre zu gehen. Jusepe de Ribera gehört zu den wenigen, die sich endgültig im Ausland niederließen und dort auch erfolgreich waren. Ausland, das ist für spanische Künstler Italien. Die politischen Verhältnisse machen einen Aufenthalt in den Feindesländern Frankreich und Nördliche Niederlande uninteressant. Zu Österreich pflegt man zwar dynastische Beziehungen, es gab aber abgesehen von den Sendungen mit Herrscherporträts kaum einen künstlerischen Austausch. Es bleibt also bei Italien, mit Rom und Venedig als beliebtesten Reisezielen. Auch zu Neapel, das zum spanischen Großreich gehörte, sind die künstlerischen Kontakte vergleichsweise eng.

---

[4] Vgl. Schmidt 1979, S. 16-43.

[5] Zu den spanischen Schriften zur Kunst vgl. Francisco Calvo Serraller, La teoría de la pintura en el siglo de oro, Madrid 1981 und Karin Hellwig, Die Kunstliteratur in Spanien im 17. Jahrhundert, Frankfurt a. M. 1996 (= Ars Iberica, Bd. 3) mit weiterführenden Literaturhinweisen.

[6] Vgl. Alonso E. Pérez Sánchez, Pintura barroca en España (1600–1750), Madrid 1992, mit weiterführenden Literaturhinweisen.

Trotzdem hält sich die Mehrzahl der spanischen Künstler nicht für lange Zeit in Italien auf, und auch für die Hofmaler scheint es nicht einfach gewesen zu sein, die Erlaubnis zu einem Italienaufenthalt zu erhalten. So gelingt es Velázquez erst nach sieben Jahren Hofdienst die lang ersehnte und – wie Pacheco berichtet – schon mehrfach zugesagte Erlaubnis für die erste Italienreise zu bekommen.[7] Nach weiteren 20 Jahren bereist er Italien ein zweites Mal, ein erhoffter dritter Aufenthalt 1657 wird ihm jedoch nicht mehr gewährt.[8] Hindernisse, die man den Künstlern von zu Hause aus in den Weg legt, aber auch eine gewisse Skepsis und sogar Mißachtung, die sie im Ausland erwarten, mögen zu den Gründen gehören, weshalb sich viele erst gar nicht aufmachen. Mit wieviel Mißtrauen man sogar einem spanischen Künstler ersten Ranges in Italien begegnet, davon zeugen die Ankündigungsschreiben der italienischen Gesandten aus Madrid bei Velázquez' erster Italienreise im Jahre 1629. Averardo Medici, der florentinische Gesandte, kündigt ihn als Hofmaler Philipps IV. an, der aber keineswegs in diplomatischer Mission sei, und dem man deshalb als „spagnuolo basso" auch keine besondere Behandlung zukommen lassen müsse.[9] Flavio Atti, der lombardische Gesandte in Madrid, ergänzt diese Vorstellung um die Bemerkung: „dico io, che viene per spiare", verdächtigte ihn also der Spionage.[10]

Aufgrund der zunehmenden kulturellen Isolation Spaniens scheint der Entschluß, ins Ausland zu reisen, den Künstlern im Verlauf des Jahrhunderts zunehmend schwerer gefallen zu sein. Während Lope de Vega in den ersten Jahrzehnten noch von einem Leben in Italien schwärmt,[11] warnt Palomino hundert Jahre später die jungen Künstler davor, nach Italien zu gehen: Dort würden nur reife Maler ernsthaft gefördert, junge dagegen würden „betäubt von dem erstaunlichen Labyrinth von Wundern" ihre Jahre verlieren, manche sogar im Elend sterben. Deshalb – so Palominos Fazit – sei es „besser, die Schulen Hispaniens als die Hosterien Roms zu besuchen."[12] Abgesehen von den wenigen Reiseerfahrungen wird die Vorstellung der Künstler im 17. Jahrhundert von Europa hauptsächlich durch Kontakte zu ausländischen Meistern, die nach Spanien kommen, geprägt. Philipp II. hatte zahlreiche ausländische Künstler beim Bau und der Ausstattung des Escorial beschäftigt: Federico Zuccari, Pelegrino Tibaldi, Bartolome Carducho etc.[13] Auch unter Philipp IV. kommt eine Reihe von Italienern und Flamen an den Hof, wie Giovanni Battista Crescenzi und Rubens.[14]

[7] Vgl. Francisco Pacheco, El Arte de la Pintura, hrsg. von Bonaventura Bassegoda i Hugas, Madrid 1990 (1. Ausg. Sevilla 1649), S. 206.

[8] Vgl. Antonio Palomino, El Museo Pictórico y Escala Òptica, Bd. 3: El Parnaso Español Pintoresco Laureado, Madrid 1988 (1. Ausg. Madrid 1724), S. 252.

[9] Vgl. Edward L. Goldberg, Velázquez in Italy: Painters, Spies, and Low Spaniards, in: Art Bulletin 74 (1992), S. 454.

[10] Vgl. Goldberg 1992, S. 453 f.

[11] Vgl. Félix Lope de Vega Carpio, Dicho y deposición, Beitrag zum Memorial informatorio por los pintores 1629, in: Vicente Carducho, Diálogos de la Pintura, hrsg. von Gregorio Cruzada Villaamil, Madrid 1865, S. 371–378.

[12] Vgl. Palomino 1988, Bd. 2, S. 61.

[13] Zur Kunst am Hof Philipps II. vgl. Fernando Checa, Pintura y escultura del renacimiento en España, 1450–1600, Madrid 1983 und ders., Felipe II. mecenas de los artes, Madrid 1992, mit weiterführenden Literaturhinweisen.

[14] Zu den ausländischen Künstlern am Hof Philipps IV. vgl. Jonathan Brown, John H.

Der Kontakt der einheimischen zu den ausländischen Künstlern am Hof bleibt nicht ohne negative Folgen. Es werden Konkurrenz und Rivalitäten geschürt, und man begegnet einander oft mit Neid und Mißtrauen.[15] Die Kunstpolitik des Hofes, zu allen bedeutenden Aufträgen italienische Meister hinzuzuziehen, überhaupt die Überbewertung alles Ausländischen in Spanien, hat für die am Hof tätigen spanischen Künstler konkrete Folgen. Es gibt Ärger über die Bevorzugung der ausländischen Künstler am Hof, die die besseren Aufträge erhalten, besser bezahlt werden und eine höhere soziale Stellung haben. Grundsätzlich ist Madrid mit seinen nicht sehr anziehenden Lebensbedingungen und der Hof mit seiner steifen Atmosphäre bei Ausländern nicht sehr begehrt. Agostino Mitellis Bild von Madrid als „großem Schweinestall" – „gran porcile Hispano" – zeugt von der abschätzigen Meinung über ein Leben in der spanischen Hauptstadt.[16] Die Künstler müssen deshalb mit außergewöhnlich guter Bezahlung und Titeln angelockt werden. Zudem werden sie viel besser behandelt und erhalten höhere Löhne als die einheimischen Meister. Federico Zuccari wird am Hof Philipps II. nicht nur sehr gut bezahlt, er wird zudem äußerst ehrbietig behandelt: So begleitet ihn Juan de Herrera auf einer Besichtigungsfahrt nach Aranjuez.[17] Dem aus Rom stammenden Architekten Giovanni Battista Crescenzi verleiht man den Titel eines Marqués de la Torre und den höchsten spanischen Ritterorden, den Santiago-Orden, um den Velázquez sich noch ganze dreißig Jahre lang bemühen wird.[18]

Die Erfahrungen mit Europa, d.h. die Reiseerfahrungen in Italien, und die, wenn auch durch Rivalität und Neid geprägten, Kontakte mit den italienischen Kollegen bringen den spanischen Künstlern auch eine Reihe von Anregungen. Ihnen wird bewußt, daß die Maler in Italien nicht nur einen anderen sozialen Status haben, sondern auch eine bessere Ausbildung genossen haben und deshalb bessere Fähigkeiten entwickeln konnten. Die Spanier formulieren Memoranden an den König, in denen sie ihre Forderungen nach der Gründung von königlich geförderten Akademien nach dem Modell von Florenz und Rom Ausdruck geben.[19] Zudem verlangen sie nicht als Handwerker, sondern als *profesores* einer

---

Elliott, A Palace for a King. The Buen Retiro and the Court of Philip IV, New Haven, London 1980 und Pérez Sánchez 1992.

[15] Vgl. Sally Gross, A Second Look: Nationalism in Art Treatises from the Golden Age Spain, in: The Tutgers Art Review 5 (1984), S. 8–27.

[16] Vgl. Giovanni Mitelli, Vita et Opere di Agostino Mitelli. Compendio della Vita et Annotacioni sopra le opere et costumi di Ag.o Mitelli Pittore, Archieteto (sic), et Intagliatore, Ms. B3375, Fol. 54r, ca. 1665, zitiert nach Christoph Lademann, Agostino Mitelli 1609–1660. Die bolognesische Quadraturmalerei in der Sicht zeitgenössischer Autoren, Frankfurt a.M. u.a. 1997 (= Europäische Hochschulschriften, Reihe XXVIII Kunstgeschichte, Bd. 287), S. 103.

[17] Zu Zuccari vgl. Fernando Checa 1992, S. 324 ff.

[18] Zu Crescenzi vgl. René Taylor, Juan Bautista Crescencio y la arquitectura cortesana Española (1617–1635), in: Academia 48 (1979), S. 63–126. Zu Velázquez' Bemühungen vgl. Jonathan Brown, Images and Ideas in Seventeenth-Century Spanish Painting, Princeton, N.J. 1978, S. 87–110 und Karin Hellwig, Velázquez y los escritos sobre arte de Lázaro Díaz del Valle, in: Archivo Español de Arte 67 (1994), S. 27–41.

[19] Vgl. memorial 1603 und memorial 1624, in: Calvo Serraller 1981, S. 167 und S. 169.

arte liberal von Steuern befreit zu werden. Desgleichen erwarten sie mehr Aufträge bei besserer Bezahlung von seiten des Hofes.

Auch in der historischen Verortung der spanischen Kunst, welche in den Schriften des 17. Jahrhunderts erstmals erfolgt, spielt Europa – hier wieder vor allem Italien – eine wichtige Rolle. Die eigene Kunst wird in die Tradition der Kunstentwicklung seit der Antike gestellt und in engem Verhältnis zu der Kunst Italiens gesehen. Als Vorbild, an dem man sich orientierte, und als Korrektiv diente die italienische Kunst. Blüte und Niedergang der Künste werden zwar primär in Abhängigkeit von bestimmten historischen Faktoren, wie Kriegen, Wohlwollen und Förderung durch die Herrscher gesehen, doch hält man darüber hinaus die Präsenz italienischer Künstler im Land und die Ausbildung der eigenen in Italien in diesem Zusammenhang für besonders relevant. Wie bei Vasari wird das Mittelalter auch in Spanien als Zeit des Verfalls vermerkt, und erst die Regierungszeit Karls V. wird als eine Blütezeit der Künste dargestellt.[20] Diese Blüte wird dann in engem Zusammenhang mit der Präsenz ausländischer Meister gesehen. Karl V. – so Martínez – brachte zahlreiche Künstler ins Land, welche die einheimischen Schüler unterrichteten, so daß anschließend auch die Qualität der spanischen Kunst gestiegen sei.[2] Noch unter Philipp II. waren die Künstler gezwungen, von den berufenen italienischen Kollegen zu lernen, um dann deren Platz einnehmen zu können. Entsprechend der Konstruktion Vasaris sahen auch die spanischen Autoren den Gipfel ihrer Kunst des 16. Jahrhunderts in zwei einheimischen Künstlern: Gaspar Becerra und Juan Fernández de Navarrete, genannt El Mudo. Die beiden in Italien geschulten Meister werden als spanischer Michelangelo (Becerra) beziehungsweise als spanischer Tizian (Navarrete el Mudo) präsentiert.[22]

Berichte über einheimische Künstler des 16. Jahrhunderts sind in den Darstellungen der Kunstschriftsteller immer sehr eng mit denen über italienische Meister verflochten. Carducho schließt an die Berichte über italienische Maler übergangslos jene über spanische Maler und Bildhauer an, die in Italien gelernt haben.[23] Pacheco läßt den Viten des Italieners Diego de Rómulo Cincinnato und des Flamen Rubens schließlich gewissermaßen als Höhepunkt und besonders ausführlich die Vita des Diego Velázquez folgen.[24] Martínez berichtet zuerst über die italienischen Maler beziehungsweise Bildhauer und anschließend über die spanischen.[25] Nach Meinung der Autoren haben im 17. Jahrhundert auch die eigenen Künstler schließlich das Niveau ihrer italienischen Kollegen erreicht.

---

[20] Vgl. Jusepe Martínez, Discursos practicables del nobilísimo Arte de la Pintura, hrsg. von Julián Gállego, Madrid 1988 (entstanden ca. 1673, 1. Ausg. Zaragoza 1853), S. 243 und Pacheco 1990, S. 146.

[21] Vgl. Martínez 1988, S. 180 f.

[22] Vgl. Vicente Carducho, Diálogos de la Pintura, hrsg. von Francisco Calvo Serraller, Madrid 1979 (1. Ausg. Madrid 1633), S. 179, Pacheco 1990, S. 438, S. 558 und Martínez 1988, S. 267 f., S. 275.

[23] Vgl. Carducho 1979, S. 128 f.

[24] Vgl. Pacheco 1990, S. 192–213.

[25] Vgl. Martínez 1988.

Das Selbstbewußtsein der Künstler und Kunstschriftsteller in Spanien scheint geringer gewesen zu sein, als jenes der Niederländer. Carel van Mander bemerkt nämlich im *Schilderboek* (1604) zum Verhältnis der einheimischen zur italienischen Kunst, daß in den Niederlanden zuerst eine Annäherung, dann die Gleichstellung und mit Goltzius bereits eine Überwindung des italienischen Vorbildes stattgefunden hätte.[26] In den Niederlanden setzt man dem Vorbild Italien eigene Werte entgegen, z.B. die Kunstfertigkeit in der Landschaftsdarstellung, in der man sich überlegen fühlte.[27] Dagegen begnügt man sich in Spanien zunächst noch mit dem Bewußtsein einer Ebenbürtigkeit.

Der europäische Blick auf die Künstler Spaniens

Während die Spanier durchaus bemüht sind, die eigene Kunst in eine europäische Tradition einzuordnen, bringt man in Europa wenig Interesse für Spanien auf. Dazu bemerken die Kunstschriftsteller mit Bedauern und Kritik, daß die spanische Kunst im Ausland wenig bekannt ist und gar nicht geschätzt werde. Martínez geht 1673 sogar so weit zu behaupten, daß man in Italien glaube, es gäbe in seinem Heimatland keine Kunst.[28] In der Tat sucht man vergeblich nach den Namen berühmter spanischer Künstler des *Siglo de Oro* in den zahlreichen italienischen und niederländischen Schriften des 17. Jahrhunderts. Boschini, Ridolfi, Baldinucci und Felibién bringen nur ganz marginale Bemerkungen über Velázquez.[29] Auch Sandrarts rein fiktive Biographie Murillos zeugt davon, daß man im europäischen Ausland quasi nichts über diesen Künstler weiß.[30] Das Urteil der Europäer blieb auch auf dem Bereich der Kunst nicht von der *leyenda negra* verschont. Worauf man immer wieder stößt, ist das pauschale Verdikt von einer „schlechten" spanischen Kunst. Bereits bei Vasari findet sich ein vernichtendes Urteil über die spanische Malerei und Skulptur. In der Vita des Gherardo Starnina, der sich im 15. Jahrhundert in Spanien aufhielt, erwähnt Vasari, daß dort keine guten Maler anzutreffen seien.[31] Als bemerkenswertestes Kunstwerk, das im Land zu finden sei, nennt er schließlich ein Kruzifix des Torrigiano, von dem er als Bildhauer bekanntermaßen keine sonderlich hohe Meinung hatte.[32] Auch Rubens äußert sich bei seinem ersten Spanienaufenthalt im Jahre 1603 über die „unglaubliche Nachlässigkeit und Unfähigkeit hiesiger Maler" und bemerkt, daß er dort nirgends etwas „an Modernem, das irgendeinen Wert hätte" gesehen

---

[26] Vgl. Jürgen Müller, Concordia Pragensis. Karel van Manders Kunsttheorie im Schilderboek, München 1993 (= Veröffentlichungen des Collegium Carolinum, Bd. 77), S. 40.

[27] Vgl. Müller 1993, S. 43.

[28] Vgl. Martínez 1988, S. 255.

[29] Vgl. die Texte in Varia Velazqueña. Homenaje a Velázquez en el III centenario de su muerte 1660–1960, hrsg. von Antonio Gallego Burín, Bd. 2, Madrid 1960.

[30] Vgl. Joachim von Sandrart, Academie der Bau-, Bild und Mahlerey-Künste, hrsg. von Rudolf Arthur Peltzer, München 1971 (1. Ausg. Nürnberg 1675–1679), S. 373 f.

[31] Vgl. Giorgio Vasari, Le vite de' piu eccellenti pittori, scultori e architettori, hrsg. von Gaetano Milanesi, Bd. 2, Florenz 1906, S. 6.

[32] Vgl. Vasari 1906, Bd. 4, S. 261.

hätte.³³ Die abschätzige Meinung über die spanische Kunst führte dazu, daß man im Ausland über die Mittelmäßigkeit der dort tätigen Künstler spottet. Martínez berichtet von einem katalanischen Maler, Mitglied eines nicht genannten Ordens, der mit seinen Werken bei den Ordensgenossen außergewöhnlichen Erfolg hatte und von diesen nach Rom gesandt wurde, um dort für seine Gemälde zu werben. In Rom wird er durch das vernichtende Urteil Guido Renis als mittelmäßig abklassifiziert – „de este género de pintores hay en Italia tantos que pásaran de doscientos" – und kehrt daraufhin beschämt nach Spanien zurück.³⁴ Ein weiteres Ziel des Spottes ist die spanische Vorliebe für *colore*. Wieder von Martínez erfahren wir, wie Don Juan de Austria berichtet, bei einem Aufenthalt in den Niederlanden zahlreiche Gemälde gesehen zu haben, die zwar mit „viel Farbe", jedoch mit wenig Kunstfertigkeit ausgeführt waren. Auf seine Frage, für wen die Gemälde gearbeitet wären, erhält er die Antwort: Sie seien für Spanien angefertigt, wo man sich allein mit der Farbe begnüge.³⁵

Ebenso macht man sich im Ausland über die Vorliebe der Spanier für polychrome Skulptur lustig. Chantelou erwähnt im Reisetagebuch Berninis dessen Urteil, die Spanier hätten weder Geschmack noch Kunstverständnis und zitiert zur Veranschaulichung den Ausspruch des spanischen Botschafters über den *Raub der Proserpina*: „Recht hübsch, recht hübsch! Nur sollte sie schwarze Äuglein haben".³⁶ Ebenfalls anhand von anschaulichen Anekdoten illustriert Chantelou den schlechten Geschmack und das in Spanien fehlende Kunstverständnis. Eine Anekdote handelt von einem Spanier, der auf einem Weg durch den Wald von Räubern überfallen und ausgeplündert wird, jedoch mit dem Leben wegkommt und anschließend ein Votivbild mit dem Überfallsthema bei einem Maler bestellt.³⁷ Der Künstler bringt den Vorgang auf die Leinwand und präsentiert diese dem Auftraggeber. Dem Spanier gefällt das Gemälde gar nicht. Scharf kritisiert er die Dämmerung, in der der Maler den Überfall dargestellt hat. Es sei völlig dunkel gewesen und man habe nichts erkennen können – so dieser –, sonst hätte er sehr wohl gesehen, daß es nur sechs Räuber waren und diese vollkommen vernichtet. Deshalb verlangt er von dem Maler den Vorfall in entsprechender Dunkelheit darzustellen. Das tut dieser anschließend, aber der Spanier ist immer noch unzufrieden, denn man kann das Geschehen noch wahrnehmen. Nun läßt sich der Maler das Bild vorausbezahlen und schwärzt es völlig ein, so daß überhaupt nichts mehr darauf zu erkennen ist. Erst dann ist der Auftraggeber schließlich zufrieden und akzeptiert das Gemälde als vollendet. Diese Anekdoten machen deutlich, daß man Spanien von Europa aus als ein Land betrachtet, in dem, wenn überhaupt, schlechte, höchstens mittelmäßige Kunst entsteht.

---

³³ Zitiert nach Martin Warnke, Kommentare zu Rubens, Berlin 1965, S. 9 f.
³⁴ Vgl. Martínez 1988, S. 242 ff.
³⁵ Vgl. Martínez 1988, S. 285 f.
³⁶ Vgl. Paul Fréart, Sieur de Chantelou, Tagebuch des Herrn von Chantelou über die Reise des Cavaliere Bernini nach Frankreich, hrsg. von Hans Rose, München 1919, S. 16.
³⁷ Vgl. Chantelou 1919, S. 17.

Reaktionen auf die *leyenda negra* zur spanischen Kunst

Das Negativbild des Auslandes von der spanischen Kunst bewegt die Kunstschriftsteller, und sie setzen sich damit auseinander. Zunächst analysieren sie die Situation selbstkritisch, um dann dieses Urteil zu relativieren, indem sie zahlreiche sowohl spanische als auch ausländische Stimmen dagegen sprechen lassen. Dem strengen Urteil des Auslands, daß in Spanien hauptsächlich Kunst minderwertiger Qualität entstehe, stimmen manche Autoren zunächst sogar partiell zu. Der lange Zeit in Rom tätige Pablo de Céspedes stellt 1605 resigniert fest, daß in Spanien die Maler eben besser im Faßmalen seien als im Malen.[38] Auch Lope de Vega unterscheidet zwei Arten von Malern im eigenen Land, „unos vulgares y ordinarios y otros excelentes e ilustres".[39] Carducho, Pacheco und Martínez wenden sich jedoch explizit gegen das Klischee von einer „schlechten" spanischen Kunst und räumen zwar ein, daß viele nur mittelmäßige Maler seien, es gäbe aber durchaus auch dort ausgezeichnete Künstler.[40] Die Aufwertung der eigenen Leistungen hindert die Autoren jedoch nicht daran, die Gründe zu untersuchen, warum die spanische Kunst der ausländischen, also der italienischen nicht gleichwertig ist. In dieser Argumentation spielen auch die ausländischen Künstler am Hof eine Rolle.

Den Herrschern lasten die Kunstschriftsteller an, daß sie es vorziehen, die viel teureren Ausländer ins Land zu holen.[41] Zudem vermerken sie, daß die spanischen Künstler nicht genügend durch Bezahlung und Vergünstigungen ermutigt werden. Anhand zahlreicher Beispiele zeigen die Autoren, daß gute einheimische Kunstprodukte viel geringer geschätzt würden als Importe aus Italien und den Niederlanden, denen sogar dann Anerkennung zuteil werde, wenn sie von mittelmäßiger Qualität seien. Martínez bemängelt das geringe Vertrauen in die einheimischen Maler und das hohe Ansehen der Künstler anderer Nationalitäten.[4] Er berichtet, wie der italienische Maler Antonio Torri nach einem Besuch in Sevilla erstaunt feststellte, daß man dort die einheimischen Künstler nicht schätzte, daß die flämischen Maler jedoch auch dann hohes Ansehen genossen, wenn sie mittelmäßig waren.[43] Martínez wendet sich ganz bewußt gegen diese Vorurteile und betont, daß die Werke der spanischen Meister seien durchaus „tan buenas las hechas por los españoles como por cualquiera de otra nación".[44]

Über die Geringschätzung der einheimischen Künstler finden sich in den Schriften des 17. Jahrhunderts zur Kunst viele Klagen. Carducho und Martínez bemerken, daß man als Spanier entweder fern von der Heimat leben oder gestor-

---

[38] Vgl. Pablo de Céspedes 1605, in: Calvo Serraller 1981, S. 94.
[39] Vgl. Lope de Vega 1629, in: Carducho 1865, S. 343.
[40] Für Pacheco beispielsweise sind Juan de Morales oder Villegas Marmolejo Künstler, die er wenig schätzt. Vgl. Pacheco 1990, S. 644 und S. 544, Carducho 1979, S. 439.
[41] Vgl. memorial 1603, in: Calvo Serraller 1981, S. 165 f., memorial 1624, in: Calvo Serraller 1981, S. 169 f.
[42] Vgl. Martínez 1988, S. 284 f.
[43] Vgl. Martínez 1988, S. 279.
[44] Vgl. Martínez 1988, S. 277.

ben sein müsse, um anerkannt zu werden. Das veranschaulicht auch ein Aperçu Jusepe Riberas. Der in Neapel lebende spanische Maler hat eine beispielhafte Karriere hinter sich und genießt sowohl in Italien als auch in seinem Heimatland einen außergewöhnlichen Ruf. Martínez zitiert Riberas Gründe für dessen Entscheidung, nicht in sein Heimatland zurückzukehren: Wenn er heimkehre – so Ribera –, würde man ihn zwar im ersten Jahr als großen Maler empfangen, ihm im zweiten Jahr jedoch keine Aufmerksamkeit mehr schenken, denn in Spanien schätze man zwar die Werke ausländischer Meister, die der eigenen jedoch nicht.[45] Für Ribera begegnet Spanien Fremden als mildtätige Mutter, den eigenen Söhnen jedoch als grausame Stiefmutter. Als weiteren Grund für die schlechte Qualität der spanischen Kunst erwähnen die Autoren die unzureichende Ausbildung, denn das Zeichnen werde nur mangelhaft beherrscht.[46] Hauptursache für die Krise der Kunst im eigenen Land sei jedoch die schlechte Auftragslage für die einheimischen Künstler, das Fehlen einer intensiven Förderung und der geringe Bildungsstand der Kunstkäufer und Mäzene. Die Verantwortung des Hofes als Auftraggeber wird betont und auf die negativen Auswirkungen der geringen Zahl der Aufträge an Einheimische hingewiesen.

Des weiteren wird das fehlende Kunstverständnis und der schlechte Geschmack der spanischen Auftraggeber angeprangert, die für eine mittelmäßige Kunst förderlich seien. Anhand zahlreicher Episoden illustriert Martínez den schlechten Geschmack der Käufer in einem Land, in dem vor allem die Farbe geschätzt werde, man aber auf den *dibujo* überhaupt keinen Wert lege.[47] Auch die Kirche in ihrer Rolle als Auftraggeber wird in den Schriften betrachtet.[48] Vorsichtig werden die Zwänge, die sich für die Künstler durch den antiquierten Geschmack und die strengen ikonographischen Vorschriften dieses Hauptauftraggebers ergaben, lediglich angedeutet. Mit anderen Worten, ein italienischer Meister ließe sich solche Einschränkungen durch Regeln und Normen nicht bieten. Die Schriften des 17. Jahrhunderts greifen demnach einerseits bereitwillig die Kritik des Auslands an der spanischen Kunst auf, analysieren die Situation und schlagen Lösungen vor. Andererseits betreiben sie eine vehemente Verteidigung der Qualität ihrer Kunst gegen diese Stimmen.

Martínez widmet der Verteidigung der spanischen Kunst und Künstler das letzte Kapitel seiner *Discursos*.[49] Er betont, daß er auf Wunsch seiner Malerkollegen einen letzten *tratado* angegliedert habe, der bezeichnenderweise den Titel *Conclusión de este digno escrito en que se vindican los profesores españoles* trägt.[50] Vor allem der Wunsch nach Anerkennung im Ausland scheint allen Künstlern ein besonderes Anliegen gewesen zu sein. Martínez stellt fest, daß die spanischen *profesores* der anderen Disziplinen – Theologie, Recht, Geschichte und Poesie – im In- und Ausland außerordentlich bekannt seien, die Künstler

---

[45] Vgl. Martínez 1988, S. 98 f.
[46] Vgl. memorial 1624, in: Calvo Serraller 1981, S. 169.
[47] Vgl. Martínez 1988, S. 285 f.
[48] Vgl. Martínez 1988, S. 221.
[49] Vgl. Martínez 1988, Tratado XXI, S. 276–286.
[50] Vgl. Martínez 1988, S. 277–282.

jedoch nicht, obwohl deren Werke genauso guter Qualität seien wie die anderer Nationen. Auch die Gründe analysiert er:[51] Zum einen sei das Selbstvertrauen der Meister zu gering. Zum anderen seien spanische Kunstwerke nicht bekannt, weil sie nicht exportiert würden; auch die einheimischen Sammler nähmen keine Gemälde mit ins Ausland. Als dritten Grund erwähnt Martínez, daß in ganz Europa bereits seit geraumer Zeit Drucke mit der Darstellung bedeutender Kunstwerke existierten und diese deshalb überall bekannt seien, nur in Spanien sei dies noch nicht üblich.

Dem positiven Urteil über einheimische Künstler erhoffen die Autoren durch Äußerungen ausländischer hochgeschätzter Meister besondere Überzeugungskraft zu verleihen. Martínez läßt Tizian ein Lob über einen einheimischen Maler aussprechen: Als Philipp II. bei dem Venezianer ein Gemälde bestellte und diesem eine Ölskizze mit dem Entwurf von Sánchez Coello zukommen ließ, habe Tizian dem König begeistert geschrieben, daß er es in Anbetracht eines so ausgezeichneten Hofmalers nicht nötig habe, Werke bei ausländischen Künstlern in Auftrag zu geben.[52] Er berichtet außerdem über einen anderen italienischen Maler, der in Madrid einen Retabel von Eugenio Cajés in höchsten Tönen lobte und feststellte, daß es auch in Rom keinen Maler gäbe, der diesen vollendeter geschaffen hätte.[53] Die Autoren versuchen die Qualität der spanischen Kunst auch dadurch zu betonen, indem sie Werke von Einheimischen als solche italienischer Künstler gelten lassen. Kopien nach Werken großer italienischer Meister wie Tizian gelten als Originale, und Werke einheimischer Meister werden im Kunsthandel von den spanischen Käufern in dem Glauben erworben, Gemälde italienischer Meister vor Augen zu haben. Beispielsweise berichtet Martínez über Sánchez Coello, er habe die Bilder von Tizian dermaßen kunstvoll kopiert, daß sie als Originale galten.[54] Ebenso heißt es, man habe Luis de Vargas' meisterhafte Kopien nach Giorgione für Originale gehalten.[55]

Für die hohe Qualität der spanischen Kunst wird die italienische als Maßstab herangezogen, aber im Laufe des Jahrhunderts läßt sich ein anwachsendes Selbstbewußtsein feststellen. Die Autoren äußern wiederholt, daß die Künstler im eigenen Land inzwischen das künstlerische Niveau der Italiener erreicht hätten. Pacheco erwähnt, daß Gaspar Becerra nicht nur in Spanien, sondern auch in Italien außergewöhnlichen Erfolg gehabt hätte.[56] Bei Martínez finden sich zahlreiche Vergleiche von spanischen mit ausländischen, besonders italienischen Künstlern. Er berichtet beispielsweise, daß Pedro de Aponte mit seinen Werken die Qualität der von Karl V. aus Flandern und Deutschland eingeführten Gemälde erreicht hätte.[57] Desgleichen erwähnt er, daß Philipp II. für den Bau des Escorial die besten Meister, die damals bekannt waren, berufen hätte, „así de italianos

---

[51] Vgl. Martínez 1988, S. 277–282.
[52] Vgl. Martínez 1988, S. 205.
[53] Vgl. Martínez 1988, S. 191 f.
[54] Vgl. Martínez 1988, S. 206.
[55] Vgl. Martínez 1988, S. 209.
[56] Vgl. Pacheco 1990, S. 349.
[57] Vgl. Martínez 1988, S. 179.

como de españoles".[58] Lope de Vega geht sogar so weit zu behaupten, Navarrete, El Mudo, habe mit seiner Kunst die am Escorial tätigen Italiener übertroffen.[59] Dem Bericht über die großartigen Bildnisse Caravaggios läßt Martínez die Bemerkung folgen, daß es auch in Spanien ausgezeichnete Porträtisten gäbe.[60] Wir erfahren zudem, daß Velázquez ein Selbstporträt gemalt habe, das nicht schlechter sei als eines von Tizian[61] oder daß der Tiermaler Pedro Orrente seinem Lehrer Bassano in nichts nachstünde.[62] Palomino betont: „Unser Velázquez kam nach Italien, doch nicht um zu lernen, sondern um zu lehren: denn das Bildnis des Papstes Innozenz X. war das Staunen (el pasmo) Roms, alle kopierten es zum Studium und betrachteten es wie ein Wunder."[63] Mit der hochgeschätzten Porträtmalerei des Velázquez haben die spanischen Meister erstmals etwas zu bieten, was der italienischen Kunst nicht nur ebenbürtig ist, sondern diese sogar übertrifft.

Abschließend läßt sich resümieren, daß im Bewußtsein der Künstler des 17. Jahrhunderts in Spanien letztlich Europa hauptsächlich aus Italien besteht. Dort allerdings ist, wie auch im übrigen Europa, der Blick auf die spanische Kunst und die Künstler durch die *leyenda negra* getrübt, und es herrscht das Vorurteil, es gäbe in Spanien keine gute Kunst. Darauf reagieren die Spanier zwiespältig. Einerseits benützen sie das negative Image sehr geschickt, um die eigene Situation zu untersuchen, Schuldige und Lösungsmöglichkeiten zu finden. Wie stark die *leyenda negra* mit dem negativen Urteil des Auslands die Autoren damals belastet hat, bestätigt nicht nur das Kapitel von Jusepe Martínez zu der Verteidigung der spanischen Künstler, sondern auch die Äußerung von Pacheco über Jusepe Ribera: „en Nápoles acredita con famosas obras la nación española."[64] Ribera – so Pacheco – verleihe mit seinen berühmten Werken der spanischen Nation hohes Ansehen. Andererseits verteidigen sie ihre Kunst heftigst und stellen Fortschritte im Laufe des 17. Jahrhunderts fest. Sie setzen dem angestrebten italienischen Vorbild eigene Leistungen, nämlich die Porträtkunst entgegen, eine Gattung, in der die Künstler in Italien damals letztlich nicht mithalten konnten.

---

[58] Vgl. Martínez 1988, S. 186.
[59] Vgl. Lope de Vega 1629, in: Carducho 1865, S. 343.
[60] Vgl. Martínez 1988, S. 203.
[61] Vgl. Pacheco 1990, S. 532.
[62] Vgl. Martínez 1988, S. 237.
[63] Vgl. Palomino 1988, Bd. 3, S. 237 f.
[64] Vgl. Pacheco 1990, S. 191.

Autoren

Fanny Cosandey, geboren 1967. Promotion an der EHESS. Zur Zeit ist sie Assistentin an der Universität in Nantes. Schwerpunkte ihrer historischer Forschungen sind Politik und Institutionen des Ancien Régime. Sie arbeitet über die Funktionsweise der Monarchie und die Beziehungen zwischen Macht und kultureller Überlieferung. Ihre Dissertation über die französische Königin im 16. und 17. Jahrhundert zeigt, welche Bedeutung ihrer Rolle in der Theorie und der politischen Praxis zukam. Es folgte eine vergleichende Studie zur französischen und spanischen Monarchie und eine Untersuchung über den französischen Absolutismus. Sie arbeitet gegenwärtig über den Vorrang bei Hofe und das Verhältnis von Macht und sozialem Status.

Gerd Dethlefs, geboren 1958. Studium der Geschichte, Kunstgeschichte und Romanistik in Münster. 1985 Magisterprüfung im Fach Geschichte, 1985-1996 tätig als Historiker am Stadtmuseum Münster, seit 1996 Referent für Landesgeschichte am Westfälischen Landesmuseum für Kunst und Kulturgeschichte Münster, 1998 Promotion. Zahlreiche Veröffentlichungen zur Erforschung von Bild- und Sachzeugnissen des Mittelalters und der Neuzeit unter historischen Fragestellungen.

Robert v. Friedeburg, geboren 1961. Seit September 2001 Lehrstuhl für Geschichte der Gesellschaft, Fakultät für Geschichtswissenschaft, Erasmus Universität Rotterdam. 1982-1986 Studium der Geschichte, Philosophie und Anthropologie in Hamburg, Bielefeld und Cambridge. 1994 Habilitation in Bielefeld. 1995–2000 Heisenberg-Stipendiat; 1987–1988 Visiting Fellow Harvard; 1997 Cameron-Fellow, St. Andrews; 2002 Mitglied des Institute for Advanced Study, Princeton. Veröffentlichungen zur deutschen und englischen Geschichte in der frühen Neuzeit und im 19. und frühen 20. Jahrhundert: Sündenzucht und sozialer Wandel. Earls Colne, England, Ipswish and Springfield, Neuengland, im Vergleich 1524–1690, (1993); Ländliche Gesellschaft und Obrigkeit (1997); Widerstandsrecht und Konfessionskonflikt (1999); Lebenswelt und Kultur der unterständischen Schichten in der frühen Neuzeit (2002); Self-Defence and Religious Strife in Early Modern Europe (2002); Europa in der frühen Neuzeit (vorauss. 2006).

Karin Hellwig, geboren 1951. Studium der Mathematik an der Universität Bukarest mit Diplomabschluß. Studium der Kunstgeschichte, Romanistik und Bibliothekswissenschaften an der Ludwig-Maximilians-Universität München und der Freien Universität Berlin. Magister, Promotion. Seit 1983 tätig als wissenschaftliche Mitarbeiterin am Zentralinstitut für Kunstgeschichte in München. Forschungsschwerpunkte: Spanische und italienische Kunsttheorie des 16. und 17. Jahrhunderts, spanische Kunst des 17. Jahrhunderts, deutsche Wissenschaftsgeschichte des 19. Jahrhunderts. Zur Zeit arbeitet sie an einem Forschungsprojekt zur Künstlerbiographie im 19. Jahrhundert in Deutschland. Veröffentlichungen u.a.: Die spanische Kunstliteratur im 17. Jahrhundert, Frankfurt a. M. 1996 (= Ars Iberica 3); Las firmas de Velázquez, in: Boletín del Museo del Prado XIX, Nr. 37, 2001, S. 21–46; Ut pictura sculptura: Zu Velázquez' Porträt des Bildhauers Montañés, in: Zeitschrift für Kunstgeschichte 62, 1999, S. 298–319; Neu und unerforscht: Carl Justi entdeckt Spanien für die deutsche Kunstgeschichte 1872–1892, in: Kunst in Spanien im Blick des Fremden. Reiseerfahrungen vom Mittelalter bis in die Gegenwart, Hrsg. Gisela Noehles-Doerk, Frankfurt a. M. 1996, S. 201–219; Diego Velázquez y los escritos de arte de Lázaro Díaz del Valle, in: Archivo Español de Arte LXVII, 1994, S. 27–41.

Joseph Imorde, geboren 1963. Studium der Kunstgeschichte, Musikwissenschaft und Philosophie in Bochum, Rom, Berlin. Dissertation zur Festarchitektur im römischen Barock, Habilitationsvorhaben zur Problematik historischer Emotionsforschung. Zur Zeit Stipendiat der Forschungsgruppe „Kulturgeschichte des Bildes" in Münster. Forschungsschwerpunkte: Barocke Kunst, Michelangelorezeption, die Bildwelt des wissenschaftlichen Okkultismus, Bildtheorie und Emotionsforschung. Veröffentlichungen u.a.: Empfindungskunst – Kunstempfinden im 20. Jahrhundert, Münster 2003 (im Druck); Wie sehen Bilder aus, die nicht angeschaut werden? Berlin 2003 (im Druck); Plätze des Lebens.[Eine Kulturgeschichte italienischer Stadtplätze]. Mit Photographien von Max Galli, Köln 2002; Barocke Inszenierung. Herausgegeben von Joseph Imorde, Fritz Neumeyer, Tristan Weddigen. Emsdetten/Zürich 1999; Präsenz und Repräsentanz. Oder: Die Kunst, den Leib Christi auszustellen. Das Vierzigstündige Gebet von seinen Anfängen bis in das Pontifikat Innocenz X. Emsdetten/Berlin 1997; Bilder von Medien. Der wissenschaftliche Okkultismus und seine photographischen Dokumente, in: Sichtbarkeit und Medium: Austausch, Verknüpfung und Differenz von naturwissenschaftlichen und ästhetischen Bildstrategien. Herausgegeben von Anja Zimmermann. Hamburg 2003 (im Druck).

Hans-Martin Kaulbach, Studium der Kunstgeschichte und Geschichte in Münster und Hamburg; Dissertation 1984: Bombe und Kanone in der Karikatur. Eine kunstgeschichtliche Untersuchung zur Metaphorik der Vernichtungsdrohung (Marburg 1987). Konservator für deutsche und niederländische Graphik vor 1800 an der Graphischen Sammlung der Staatsgalerie Stuttgart. Mitarbeiter der Europarats-Ausstellung „1648 – Krieg und Frieden in Europa", Münster/Osnabrück 1998. Zahlreiche Veröffentlichungen zur Darstellung des Friedens in der Kunst, zuletzt: Picasso und die Friedenstaube. In: Georges-Bloch-Jahrbuch des Kunstgeschichtlichen Seminars der Universität Zürich, Band 4, 1997; Der Friede auf dem Sockel. Öffentliche Friedensbilder seit 1648. In: Ausstellungskatalog: Friedensengel, Münchner Stadtmuseum 1999/2000; Der Beitrag der Kunst zum Verschwinden des Friedens. In: Thomas Kater, Albert Kümmel (Hrsg.), Der verweigerte Friede. Der Verlust der Friedensbildlichkeit in der Moderne, Bremen 2003; Friede als Thema der bildenden Kunst – ein Überblick. In: Wolfgang Augustyn (Hrsg.), Pax. Beiträge zu Idee und Darstellung des Friedens, München 2003.

Janis Kreslins, geboren 1955. Senior Academic Librarian for Research Affairs der Royal Library, Stockholm. Forschungsschwerpunkt: Kulturgeschichte Nordeuropas in der Frühen Neuzeit. In „Dominus narrabit in scriptura populorum" (1992) zeigt er, wie Veränderungen in der lutherischen Predigttheorie im Ostseeraum neue literarische Traditionen entstehen ließen. Zuletzt gab er den Sammelband „Gränsländer – Östersjön i ny gestalt" (2003) heraus, der sich mit Fragen einer kulturellen Identität des Baltikums beschäftigt.

Tanja Michalsky, geboren 1964. Promotion 1995 mit einer Arbeit über „Memoria und Repräsentation. Die Grabmäler des Königshauses Anjou in Italien" (2000). Sie war wissenschaftliche Mitarbeiterin am Kunstgeschichtlichen Institut der Johann Wolfgang Goethe-Universität in Frankfurt. Zur Zeit arbeitet sie – gefördert vom Land Nordrhein Westfalen mit einem Habilitationsstipendium des Lise-Meitner-Programms – über „Projektion und Imagination" in der Landschaftsmalerei der Niederlande in der Frühen Neuzeit. Ihre Forschungsschwerpunkte liegen neben Studien zu Memoria und und adliger Stiftungspraxis in Italien in der politischen Ikonographie und der Filmgeschichte.

Sebastian Olden-Jørgensen, geboren 1964. 1983–92 Studium der Geschichte an der Universität Kopenhagen (Magister), 1997 Promotion: „Machtausübung und Machtinszenierung im dänischen Frühabsolutismus", seitdem Lehrtätigkeit und Forschung an der Universität Kopenhagen, Institut für Geschichte, seit 2002 Juniorprofessor. Forschungsschwerpunkt: Politische Kultur Dänemarks in der Frühneuzeit. Wichtigste Publikationen: Poesi og politik. Lejlighedsdigtningen ved enevældens indførelse 1660 (mit deutscher Zusammenfassung), Kopenhagen 1996; Kun navnet er tilbage. En biografi om Peter Griffenfeld, Kopenhagen 1999; Til kilderne. Introduktion til historisk kildekritik, Kopenhagen 2001; Prinsessen og det hele kongerige. Christian IX og det glücksborgske kongehus, Kopenhagen 2003; „Machtausübung und Machtinszenierung im dänischen Frühabsolutismus 1660–1730", Historisches Jahrbuch, 120 (2000), S. 97–113; „Die Konversion Niels Steensens (1667) und der frühneuzeitliche Deismus", Historisches Jahrbuch, 121 (2001), S. 97–114.

Marie-Louise Gräfin von Plessen, Historikerin, Ausstellungsregisseurin, Autorin. Studium der Geschichte und Soziologie mit Promotion 1974 in München. Konzeption und Leitung kultur- und kunsthistorischer Ausstellungen nach eigener Themenwahl. Auswahl: Le Musée sentimental de Prusse (Berlin Museum 1981); Berlin durch die Blume oder Kraut und Rüben. Gartenkunst in Berlin-Brandenburg (Schloß Charlottenburg Berlin 1985); Berlin, Berlin. Die Ausstellung zur Geschichte der Stadt anläßlich der 750 Jahrfeier (Martin Gropius-Bau Berlin 1987); Bismarck – Preussen, Deutschland und Europa (Martin Gropius-Bau Berlin1990); Zaubertöne – Mozart in Wien (Künstlerhaus Wien 1991/92); Die Elbe – ein Lebenslauf / Labe – zivot reky (Hygienemuseum Dresden, Nationalmuseum Prag, Deichtorhallen Hamburg 1993/1994); Sehsucht Das Panorama als Massenphänomen des 19. Jahrhunderts (Kunst- und Ausstellungshalle Bonn 1993); Das Staatliche Russische Museum St. Petersburg (Kunst- und Ausstellungshalle Bonn 1995); Marianne und Germania. Deutschland und Frankreich 1789–1889: Zwei Welten – eine Revue (Martin Gropius Bau Berlin 1996, Petit Palais, Paris 1997); Zeitreisen zu Fuss in Weimar – ein kulturhistorisches Leitsystem (Weimar 1999/2000, multimediale Installationen im Stadtraum Weimar); Mare Balticum – Die Ostsee: Mythos – Geschichte – Kunst in 1000 Jahren (Nationalmuseum Kopenhagen 2002/03); Idee Europa: Entwürfe zum Ewigen Frieden (Deutsches Historisches Museum Berlin 2003).

Sabine Poeschel, geboren 1956. Studium der Kunstgeschichte und Romanistik in Münster und Florenz, 1984 Promotion bei Prof. Dr. Karl Noehles in Münster mit einer Dissertation über die Ikonographie der Erdteile, 1985–89 Stipendiatin an der Bibliotheca Hertziana in Rom, 1990 Assistentin am Institut für Kunstgeschichte in Stuttgart, 1995 Habilitation an der Universität Stuttgart mit einer Monographie über das Appartamento Borgia im Vatikan, 2000 Gastprofessur an der Universität Augsburg; seit 2001 Privatdozentin an der Universität Stuttgart; Veröffentlichungen u.a.: Studien zur Ikonographie der Erdteile in der Kunst des 16. bis 18. Jahrhunderts, München 1985; Alexander Maximus. Das Bildprogramm des Appartamento Borgia im Vatikan, Weimar 1999; The Iconography of the Continents in Baroque Visual Arts, in: Images of Europe, European University Institute. Working Papers, 5, Florenz 2000, 61–74; Heilige und profane Bilder. Kunsthistorische Beiträge aus Anlass des 65. Geburtstages von Herwarth Röttgen, hrsg. zusammen mit Reinhard Steiner und Reinhard Wegner, mit Beiträgen von Oskar Bätschmann, Nicole Dacos Grifò, Rudolf Preimesberger u.a., Weimar 2001; Kunstdenkmäler in der Toskana, Darmstadt 2003.

Gabriele Scheidegger, geboren 1952. Studium der Slavistik und der Osteuropäischen Geschichte in Bern, Zürich, Moskau. 1979 Promotion, Privatdozentin für Osteuropäische Geschichte an der Universität Zürich, seit 1998 Oberassistentin. Arbeitet gegenwärtig an einem neuen Forschungsprojekt über Traumatisierungen in der frühen Sowjetzeit und ihre historischen Folgen. Bisherige Forschungsschwerpunkte: Ältere russische Geschichte, insbesondere Mentalitätsgeschichte. Zu diesem Themenbereich liegen neben der slavistischen Dissertation zwei weitere Monographien vor: Perverses Abendland - barbarisches Russland. Begegnungen des 16. und 17. Jahrhunderts im Schatten kultureller Missverständnisse, Zürich 1993; Endzeit. Russland am Ende des 17. Jahrhunderts, Bern [u.a.] 1999

Wolfgang Schmale, geboren 1956. Studium der Fächer Geschichte, Französisch und Pädagogisches Begleitfach, Staatsexamen Bochum 1981, 1984 Promotion in Bochum, 1995 Habilitation in München. Tätigkeiten als wissenschaftlicher Mitarbeiter/Assistent, Maître de conférences associé, Privatdozent, Lehrstuhlvertreter, Gastprofessor an den Universitäten Bochum, Tours (Frankreich), München, Braunschweig, Graz (Österreich). Seit 1999 ord. Universitätsprofessor am Institut für Geschichte der Universität Wien. Forschungsschwerpunkte: Französische Geschichte (Geschichte Frankreichs, UTB, Stuttgart 2000); Geschichte Europas (Geschichte Europas, UTB, Wien 2000 und 2001); Geschichte der Menschenrechte (Archäologie der Grund- und Menschenrechte, München 1997); Gender Studies (Geschichte der Männlichkeit, Wien 2003).

Georg Schmidt, Studium der Geschichte, Politik und Pädagogik an der Justus-Liebig-Universität Giessen; 1977 Erstes Staatsexamen, 1982 Promotion an der Eberhard-Karls-Universität zu Tübingen mit einer Dissertation über „Der Städtetag in der Reichsverfassung"; 1989 Habilitation an der Eberhard-Karls-Universität Tübingen (mit einer Arbeit über den „Wetterauer Grafenverein") für das Fach Neuere Geschichte, seit 1993 Universitätsprofessor für Geschichte der Frühen Neuzeit am Historischen Institut der Friedrich-Schiller-Universität Jena; Forschungsschwerpunkte: Sozial und Verfassungsgeschichte des Alten Reiches, Politische Kultur im 18. Jahrhundert, Nations- und Freiheitsvorstellungen in der Frühen Neuzeit; Veröffentlichungen u.a.: Der Dreißigjährige Krieg, München ⁴1999; Geschichte des Alten Reiches. Staat und Nation in der Frühen Neuzeit 1495–1806, München 1999; Das frühneuzeitliche Reich – komplementärer Staat und föderative Nation, in: Historische Zeitschrift 273, 2001, S. 371–399; (mit Dieter Langewiesche), Föderative Nation. Deutschlandkonzepte von der Reformation bis zum Ersten Weltkrieg, München 2000.

Karl Schütz, geboren 1945. 1963–1973 Studium der Kunstgeschichte und der Klassischen Archäologie an der Universität Wien, 1973 Promotion, seit 1972 an der Gemäldegalerie des Kunsthistorischen Museums tätig mit den Schwerpunkten niederländische Malerei, deutsche Malerei des frühen 16. Jahrhunderts, höfische Bildnismalerei, Sammlungsgeschichte; seit 1990 Direktor der Gemäldegalerie und seit 2001 stellvertretender Generaldirektor des Kunsthistorischen Museums Wien; Veröffentlichungen u.a.: Lucas Cranach, Ausst.kat. KHM Wien 1972; Porträtgalerie zur Geschichte Österreichs von 1400 bis 1800, KHM Wien 1976 (mit Günther Heinz u. a.); Peter Paul Rubens 1577–1640, KHM Wien 1977 (mit Wolfgang Prohaska u.a.); Flämische Malerei von Jan van Eyck bis Pieter Bruegel d. Ä., Katalog der Gemäldegalerie des KHM, Wien 1981, (mit Klaus Demus); Gestaltung der Ausstellung und Mitarbeit am Katalog (in Zusammenarbeit mit dem Wallraf-Richartz-Museum Köln) Von Bruegel bis Rubens, Das goldene Jahrhundert der flämischen Malerei, Wien KHM 1993; Albrecht Dürer im Kunsthistorischen Museum, Ausst.Kat. KHM Wien 1994; Gestaltung der Ausstellung und Mitarbeit am Katalog (in Zusammenarbeit mit der Kulturstiftung Ruhr Essen) Jan Brueghel d. Ä. und Pieter Breughel d. J., KHM Wien 1999; Gestaltung der Ausstellung und Mitarbeit am Katalog (in Zusammenarbeit mit der Kulturstiftung Ruhr Essen) Das flämische Stilleben, KHM und Villa Hügel in Essen, 2002.

Mustafa Soykut, geboren 1971. Studium in Bologna und Ankara, Promotion an der Universität Hamburg; Assistant Professor an der Middle East Technical University, Institut für Geschichte, Ankara. Forschungsschwerpunkte: Beziehungen zwischen dem Osmanischen Reich und Italien, Kultur- und Religionsgeschichte in Europa und dem indischen Subkontinent; Imagologie und historische Imagebildung. Veröffentlichungen u.a.: Image of the „Turk" in Italy. A History of the „Other" in Early Modern Europe:1453-1683, Berlin 2001; Historical Image of the Turk in Europe. Political and Civilisational Aspects, Istanbul 2003.

Heinhardt Steiger, geboren 1933. Seit 1953 Studium der Rechtswissenschaften, Geschichte und Philosophie in Freiburg/Breisgau, Paris, Münster und Harvard. Staatsexamen 1957 und 1963; 1963 Promotion; 1970 Habilitation für Öffentliches Recht, Europarecht und Völkerrecht in Münster. Seit 1975 Professor für Öffentliches Recht, Europarecht und Völkerrecht in Gießen, seit 2001 emeritiert. Veröffentlichungen u.a.: Staatlichkeit und Überstaatlichkeit, 1966; Organisatorische Grundlagen des parlamentarischen Regierungssystems, 1973; weitere Buchveröffentlichungen zum Recht des Menschen auf Umwelt und zur Kompetenz der EG in Umweltpolitik, eine Fülle von Aufsätzen etc. zum Verfassungsrecht einschließlich Verfassungsgeschichte, zum nationalen, europäischen und internationalen Umweltrecht, zum Völkerrecht und zur Völkerrechtsgeschichte.

Silvia Serena Tschopp, geboren 1960. Studium der Germanistik und Romanistik in Bern, München und Siena. 1990 Promotion in Neuerer deutscher Literatur mit einer Arbeit zur Publizistik des Dreißigjährigen Krieges. Wissenschaftliche Assistentin an den Universitäten München (LMU) und Bern. 1998 Habilitation an der Universität Bern. Seit 2000 Inhaberin des Lehrstuhls für Europäische Kulturgeschichte an der Universität Augsburg. Forschungsschwerpunkte: Historische Medienforschung, Literatur und Kultur der Frühen Neuzeit, Schweizer Literatur und Kultur des 16. bis 19. Jahrhunderts, Historismus und Literatur, populäre Lesestoffe (Volkskalender, Fabeldichtung, Unterhaltungsliteratur), Wissens- und Wissenschaftsgeschichte, Theorie und Geschichte der Kultur(geschichte).

Elke Anna Werner, geboren 1964. Studium der Kunstgeschichte, Geschichte und Klassischen Archäologie in Berlin und Bonn; 1998 Promotion mit einer Arbeit über Schlachtenbilder des 15. und 16. Jahrhunderts; Volontariat und wissenschaftliche Mitarbeit am Westfälischen Landesmuseum Münster bei der Europaratsausstellung „1648 – Krieg und Frieden in Europa"; zur Zeit wissenschaftliche Mitarbeiterin am Kunstgeschichtlichen Seminar der Universität Hamburg in einem Projekt zur Politischen Ikonographie; Forschungsschwerpunkte: Politische Ikonographie der Frühen Neuzeit, Emotionsforschung

Bibliographie

Aitchison 1933
   Charles Umpherston Aitchison, Collections of Treaties, Engagements and Sanads relating to India and neighbouring Countries, 5. Aufl., 14 Bde., Calcutta 1933

Alexandrowicz 1967
   Charles Alexandrowicz, Introduction to the History of the Law of Nations in the East Indies (16th, 17th and 18th centuries), Oxford 1967

Allegorien und Geschlechterdifferenz 1994
   Allegorien und Geschlechterdifferenz, hrsg. v. Sigrid Schade, Monika Wagner und Sigrid Weigel, Köln, Weimar, Wien 1994

Alpers 1971
   Svetlana Alpers, The Decoration of the Torre de la Parada, London, New York 1971

Alphabetisierung und Literalisierung 1999
   Alphabetisierung und Literalisierung in Deutschland in der frühen Neuzeit, hrsg. v. Ernst Hinrichs und Hans E. Bödecker, Tübingen 1999 (=Wolfenbütteler Studien zur Aufklärung, Bd. 26)

Althusius 1614
   Johannes Althusius, Politica Methodice Digesta, Herborn 1614

Ammirato 1598
   Scipione Ammirato, Orazioni del Signor Scipione Ammirato a diversi principi intorno ai preparimenti che s'avrebbono a farsi contra la potenza del Turco. Aggiuntioni nel fine le lettere & orazioni di Monsignor Bessarione Cardinal Niceno scritte a Principi d'Italia, Florenz 1598 (Città del Vaticano: Biblioteca Apostolica Vaticana: Ferraioli. IV. 1794)

Anderson 1991
   Benedict Anderson, Imagined Communities. Reflections on the Origin and Spread of Nationalism, London 1991 (1. Auflage 1983)

Aretin 1993
   Karl Otmar Freiherr von Aretin, Das Alte Reich 1648–1806, Bd. 1: Föderalistische oder hierarchische Ordnung (1648–1684), Stuttgart 1993

Arndt 1998
   Johannes Arndt, Das Heilige Römische Reich und die Niederlande 1566 bis 1648, Köln, Weimar, Wien 1998 (= Münstersche Historische Forschungen 13)

Arndt 1998a
   Johannes Arndt, Der Kaiser und das Reich (1600–1648), in: Ausst.Kat. 1648 – Krieg und Frieden in Europa, Münster/Osnabrück 1998, hrsg. v. Klaus Bußmann und Heinz Schilling, Münster 1998, Bd. I, S. 69–76

Arndt 1999
   Johan Arndt – Rezeption und Reaktion im Nordisch-Baltischen Raum, hrsg. v. A. Jalert, Lund 1999

Arnisaeus 1612
   Henning Arnisaeus, De Iure Maiestatis, Frankfurt 1612

Asch 2001
   Frieden und Krieg in der Frühen Neuzeit. Die europäische Staatenordnung und die außereuropäische Welt, hrsg. v. Roland G. Asch u. a., München 2001

Atiya 1962
   Aziz S. Atiya, Crusade, Commerce and Culture, Bloomington 1962

Auer 1999
> Leopold Auer, Konfliktverhütung und Sicherheit. Versuche zwischenstaatlicher Friedenswahrung in Europa zwischen den Friedensschlüssen von Oliva und Aachen 1660–1668, in: Heinz Duchhardt (Hg.), Reichsständische Libertät und habsburgisches Kaisertum, Mainz 1999, S. 153–183

Augusti 1817–1831
> Johann Christian Wilhelm Augusti, Denkwürdigkeiten aus der christlichen Archäologie mit beständiger Rücksicht auf die gegenwärtigen Bedürfnisse der christlichen Kirche, von D. Johann Christian Wilhelm Augusti, [12 Bände] Leipzig 1817–1831

Ausst.Kat. 1648
> Ausst.Kat. 1648 – Krieg und Frieden in Europa, Münster/Osnabrück 1998, hrsg. v. Klaus Bußmann und Heinz Schilling, 3 Bde., Münster 1998

Ausst.Kat. Amsterdam 1979
> Ausst.Kat. Landscape. Etchings by the Dutch Masters of the Seventeenth Century. Selected, introduced and described by Irene de Groot, Rijksmuseum Amsterdam 1979

Ausst.Kat. Amsterdam 1993/94
> Ausst.Kat. Nederland naar't leven. Landscapsprenten uit de Gouden Eeuw, Amsterdam (Rembrandthuis), hrsg. v. Boudewijn Bakker u. Huigen Leeflang, Amsterdam 1993/94

Ausst.Kat. Amsterdam/Boston/Philadelphia 1987/88
> Ausst.Kat. Masters of Seventeenth Century Dutch Landscape Painting, Amsterdam – Boston – Philadelphia 1987/88, hrsg. v. Peter Sutton, Boston 1987

Ausst.Kat. Antwerpen/London 1999
> Ausst.Kat. The Light of Nature. Landscape Drawings and Watercolours by Van Dyck and his Contemporaries, Antwerpen – London, hrsg. v. Martin Royalton-Kisch, London 1999

Ausst.Kat. Berlin 1982
> Ausst.Kat. Mythen der Neuen Welt, Zur Entdeckungsgeschichte Lateinamerikas, hrsg. v. Karl-Heinz Kohl, Berlin 1982

Ausst.Kat. Bern 1991
> Ausst.Kat. Zeichen der Freiheit, Bern 1991

Ausst.Kat. Boston 1993
> Ausst. Kat. The Age of Rubens, Boston 1993

Ausst.Kat. Dresden/Bonn 1995
> Ausst.Kat. Im Lichte des Halbmonds. Das Abendland und der türkische Orient, Staatliche Kunstsammlungen Dresden, Albertinum, 1995/Kunst- und Ausstellungshalle der Bundesrepublik Deutschland, Bonn 1995/96

Ausst.Kat. Essen 1988
> Ausst.Kat. Prag um 1600: Kunst und Kultur am Hofe Rudolfs II., Kulturstiftung Ruhr, Villa Hügel Essen, Freren 1988

Ausst.Kat. Florenz 1977
> Ausst.Kat. Rubens e la pittura fiamminga del Seicento nelle collezioni pubbliche fiorentine, Florenz 1977

Ausst.Kat. Florenz 1983
> Ausst.Kat. Sustermans. Sessanti'anni alla corte dei Medici, Florenz 1983

Ausst.Kat. Florenz 2002
> Ausst.Kat. Il mito di Europa da fanciulla rapita a continente, Florenz 2002

Ausst.Kat. Frankfurt 1985/86
> Ausst.Kat. Natur und Antike in der Renaissance. Liebighaus – Museum alter Plastik, Frankfurt a. M. 1985/86

Ausst.Kat. Frankfurt 1994
> Ausst.Kat. Als die Post noch Zeitung machte. Eine Pressegeschichte, Deutsches Postmuseum, Frankfurt a. M. 1994

Ausst.Kat. Frankfurt 1994
> Ausst.Kat. Zeitungsstadt Frankfurt am Main. Zur Geschichte der Frankfurter Presse in fünf

Jahrhunderten, hrsg. v. Alfred Estermann, Historisches Museum am Main, Frankfurt a. M. 1994

Ausst.Kat. Frankfurt 2000
 Ausst.Kat. Nach dem Leben und aus der Phantasie. Niederländische Zeichnungen vom 15. bis 18. Jahrhundert aus dem Städelschen Kunstinstitut, Städel Frankfurt 2000

Ausst.Kat. Frankfurt/Basel 1993
 Ausst.Kat. Unsterblich Ehren-Gedächtnis zum 400. Geburtstag des ... Matthaeus Merian des Aelteren ..., Museum für Kunsthandwerk Frankfurt am Main und Kunstmuseum Basel 1993/1994, Frankfurt a. M. 1993

Ausst.Kat. Hamburg 2000
 Ausst.Kat. Pieter Bruegel invenit. Das druckgraphische Werk, Hamburg Kunsthalle, Hamburg 2000

Ausst.Kat. Köln 1997
 Ausst.Kat. Deutsch-Russische Begegnungen im Zeitalter der Aufklärung (18. Jahrhundert), hrsg. v. Lew Kopelew, Karl-Heinz Korn, Rainer Sprung, Köln 1997

Ausst.Kat. Madrid 1994
 Ausst.Kat. The Golden Age of Dutch Landscape Painting, Madrid, hrsg. v. Peter Sutton, Madrid 1994

Ausst.Kat. München 1973
 Ausst.Kat. Jan van Kessel d. Ä. 1626–1679, Die vier Erdteile, Alte Pinakothek München, bearb. v. U. Krempel, München 1973

Ausst.Kat. München 1993
 Ausst.Kat. Das Land am Meer. Holländische Landschaft im 17. Jahrhundert, München, hrsg. v. Thea Vignau-Wilberg, München 1993

Ausst.Kat. München 1994
 Ausst.Kat. Archetypa Studiaque Patris Georgii Hoefnagelii 1592 – Natur, Dichtung und Wissenschaft in der Kunst um 1600, bearb. v. Thea Vignau-Wilberg, Staatliche Graphische Sammlung München 1994

Ausst.Kat. München 1995
 Ausst.Kat. München Bayerische Staatsbibliothek: Vierhundert Jahre Mercator – Vierhundert Jahre Atlas, hrsg. v. Hans Wolff, Weißenhorn 1995

Ausst.Kat. Münster 1988
 Ausst.Kat. Der Westfälische Frieden. Krieg und Frieden. Stadtmuseum Münster, Greven 1988

Ausst.Kat. Münster 1998
 Ausst.Kat. 30jähriger Krieg, Münster und der Westfälische Frieden, Stadtmuseum Münster 1998

Ausst.Kat. New Haven/London 2001
 Ausst.Kat. Pieter Bruegel the Elder. Drawings and Prints, Rotterdam – New York, hrsg. v. Nadine M. Orenstein, New Haven, London 2001

Ausst.Kat. Nijmegen 1978
 Ausst.Kat. De Vrede van Nijmegen 1678–1978, Nijmeegs Museum ‚Commanderie van St. Jan', Nijmegen 1978

Ausst.Kat. Nürnberg 1998
 Ausst.Kat. Von teutscher Not zu höfischer Pracht 1648–1701, Germanisches Nationalmuseum, Nürnberg 1998

Ausst.Kat. Regensburg 2000
 Ausst.Kat. Bavaria, Germania, Europa - Geschichte auf Bayerisch. Katalogbuch zur Landesausstellung des Hauses der Bayerischen Geschichte in Zusammenarbeit mit den Museen der Stadt Regensburg, hrsg. v. Michael Henker, Augsburg 2000

Ausst.Kat. Rom 2000
 Ausst.Kat. I Segreti di un Collezionista, Le straordinarie raccolte di Cassiano dal Pozzo 1588–1657, bearb. v. Francesco Solinas, Rom 2000

Ausst.Kat. Rotterdam 1988
> Ausst.Kat. In de Vier Winden. De prentuitgeverij van Hieronymus Cock 1507/10–1570 te Antwerpen, Rotterdam 1988

Ausst.Kat. Rotterdam/Berlin 1996
> Ausst.Kat. Herren der Meere – Meister der Kunst. Das holländische Seebild im 17. Jahrhundert, Rotterdam – Berlin 1997, Rotterdam 1996

Ausst.Kat. Versailles 1963
> Ausst.Kat. Charles Le Brun 1619–1690. Peintre et Dessinateur, bearb. v. Jacques Thuillier und Jennifer Montagu, Versailles 1963

Ausst.Kat. Wien/Essen 2002
> Ausst.Kat. Das Flämische Stillleben 1550–1680, Kunsthistorisches Museum Wien und Kulturstiftung Ruhr, Essen 2002

Bacon 1625
> Francis Bacon, On Judicature, Ausgabe 1625, in: Francis Bacon. The Essayes, hrsg. v. M. Kiernan, Oxford 1985

Bacon 1629
> Francis Bacon, Advertisement Touching an Holy Ware, London 1629, in: The Works of Francis Bacon (hrsg. v. James Spedding u. a.), London 1861, ND Stuttgart 1963, Bd. 7, S. 9 ff., S. 31 ff.

Bagchi 1991
> D. V. N. Bagchi, „Teutschland uber alle Welt". Nationalism and Catholicism in Early Reformation Germany, in: Archiv für Reformationsgeschichte 82 (1991), S. 39–58

Bakker 1993
> Boudewijn Bakker, Levenspilgrimage of vrome wandeling? Claes Janszoon Visscher en zijn serie ',Plaisante Plaetsen', in: Oud Holland 107 (1993), S. 97–116

Baldinucci 1846
> Filippo Baldinucci, Notizie dei professori del disegno, 1681–1728, hrsg. v. F. Ranali, Florenz 1846, Bd. 4

Ball 1978
> J. N. Ball, Sir John Eliot and Parliament 1624–1629, in: Faction and Parliament: Essays in Early Stuart England, hrsg. v. Kevin Sharpe, Oxford 1978, S. 173–208

Barner 1970
> Wilfried Barner, Barockrhetorik. Untersuchungen zu ihren geschichtlichen Grundlagen, Tübingen 1970

Bartillat/Roba 2000
> Christian de Bartillat und Alain Roba, Métamorphoses d'Europe. Trente siècles d'iconographie, Editions Bartillat 2000

Barudio 1982
> Günter Barudio, Der Teutsche Krieg 1618–1648, Frankfurt a. M. 1982

Barudio 1986
> Günter Barudio, Moskau und der Dreißigjährige Krieg, in: Handbuch der Geschichte Rußlands, hrsg. v. Klaus Zernack, Bd. 2/1: 1613–1856: Vom Randstaat zur Hegemonialmacht, Stuttgart 1986, S. 87–96

Baskerville 1993
> Stephen Baskerville, Not Peace but Sword. The Political Theology of the English Revolution, London 1993

Baudot 1910
> J. Baudot, Bénédiction, in: Dictionnaire d'Archéologie chrétienne et de Liturgie, Paris 1910, Bd. II, Sp. 670– 684

Baumanns 1994
> Markus Baumanns, Das publizistische Werk des kaiserlichen Diplomaten Franz Paul Freiherr von Lisola (1613–1674). Ein Beitrag zum Verhältnis von absolutistischem Staat, Öffentlichkeit und Mächtepolitik in der frühen Neuzeit, Berlin 1994 (= Historische Forschungen, Bd. 53)

Baumstark 1974
: Reinhold Baumstark, Ikonographische Studien zu Rubens Kriegs- und Friedensallegorien, in: Aachener Kunstblätter 45 (1974), S. 125–243

Beck 1972–1987
: Hans-Ulrich Beck, Jan van Goyen 1596–1656. Ein Œuvreverzeichnis, 3 Bde., Amsterdam 1972–1987

Beckmann 1963
: Johannes Beckmann, Art. Ritenstreit, in: Lexikon für Theologie und Kirche, 2. Aufl., hrsg. v. Josef Höfer und Karl Rahner, Bd. 8, Freiburg i. Br. 1963, Sp. 1322 ff.

Becon 1543
: Thomas Becon, The Polecy of Warre (1543), in: Early Works, hrsg. v. J. Ayre, Cambridge 1843, S. 203–261

Bellus 1625
: Nicolaus Bellus, Österreichischer Lorbeerkrantz, Frankfurt a. M. 1625, Neuauflage 1627

Beltramme 1986
: Marcello Beltramme, Il progetto di Carlo Maderno per la facciata e la piazza di San Pietro in Roma, in: Storia dell'arte 56 (1986), S. 31–47

Benert 1973
: Richard Benert, Lutheran Resistance Theory and the Imperial Constitution, in: Il pensiero Politico (1973), S. 17–36

Bengtsson 1952
: Åke Bengtsson, Studies in the Rise of Landscape Painting in Holland 1610–1625, Uppsala 1952 (= Studies edited by the Institute of Art History University Uppsala, 3)

Berger Hochstrasser 1997
: Julie Berger Hochstrasser, Inroads to Seventeenth-Century Dutch Landscape Painting, in: Nederlands Kunsthistorisch Jaarboek 48 (1997), S. 193–221

Biker 1881–1887
: Judice Biker, Colecçao de Tradados e concertos de pazes o Estado da India Potugueza fez com os Reis e Senhores.... 14 Bde., Lissabon 1881–1887

Bilder des Reiches 1997
: Bilder des Reiches, hrsg. v. Rainer A. Müller, Sigmaringen 1997 (= Irseer Schriften, Bd. 4)

Billinger 1998
: Robert D. Billinger Jr., Good and True Germans. The Nationalism of the Rheinbund Princes, 1806–1814, in: Reich oder Nation? Mitteleuropa 1780–1815, hrsg. v. Heinz Duchhardt und Andreas Kunz, Mainz 1998, S. 105–140

Bingel 1909
: Hermann Bingel, Das Theatrum Europaeum, ein Beitrag zur Publizistik des 17. und 18. Jahrhunderts, München 1909 (Repr. Wiesbaden 1969)

Blom 1997
: Hans W. Blom, The great Priviledge (1477) as „Code of Dutch Freedom": the Political Role of Privileges in the Dutch Revolt and after, in: Das Privileg im europäischen Vergleich, Ius Commune Sonderheft 93 (1997), hrsg. v. Hans Mohnhaupt und Barbara Dölemeyer, S. 23–48

Boemus 1536
: Joannes Boemus, Omnium gentium mores, leges et ritus, Freiburg 1536

Boers 2000
: M. E. W. Boers, Een nieuwe markt voor kunst. De expansie van de Haarlemse schilderijenmarkt in de eerste helft van de zeventiende eeuw, in: Kunst voor de markt. Art for the market 1500–1700, (Nederlands Kunsthistorisch Jaarboek 50 [1999]) hrsg. v. Reindert Falkenburg, Zwolle 2000, S. 145–193

Bogaert 1685/86
: Martin van den Bogaert, gen. Desjardins: Der Friede von Nijmegen, 1685/86

Bogel/Blühm 1985
  Else Bogel und Elger Blühm, Die deutschen Zeitungen des 17. Jahrhunderts. Ein Bestandsverzeichnis, 2 Bde., hrsg. v. Elger Blühm u.a., München u.a. 1985
Böhme 1995
  Gernot Böhme, Atmosphäre, Frankfurt a. M. 1995
Böhme 1998
  Gernot Böhme, Anmutungen. Über das Atmosphärische, Ostfildern 1998
Bordeaux 1984
  Jean-Luc Bordeaux, François Le Moyne and his Generation, 1688–1737, Neuilly-sur-Seine 1984
Bording 1984
  Anders Bording, Den Danske Mercurius, hrsg. v. Paul Ries, Kopenhagen 1984
Bosbach 1988
  Franz Bosbach, Monarchia Universalis. Ein politischer Leitbegriff der frühen Neuzeit, Göttingen 1988 (= Schriftenreihe der Historischen Kommission bei der Bayerischen Akademie der Wissenschaften, Bd. 32)
Bosbach 1992
  Franz Bosbach, Der französische Erbfeind. Zu einem deutschen Feindbild im Zeitalter Ludwigs XIV., in: Feindbilder. Die Darstellung des Gegners in der politischen Publizistik des Mittelalters und der Neuzeit, hrsg. v. dems., Köln u.a. 1992 (= Bayreuther historische Kolloquien, Bd. 6), S. 117–139
Bosse 1997
  Heinrich Bosse, Die gelehrte Republik, in: Öffentlichkeit im 18. Jahrhundert, hrsg. v. Hans-Wolf Jäger, Göttingen 1997 (= Das achtzehnte Jahrhundert. Supplementa, Bd. 4), S. 51–76
Bostoen 1989
  Karel Bostoen, Nation und Literatur in den Niederlanden der Frühen Neuzeit, in: Nation und Literatur im Europa der Frühen Neuzeit. Akten des I. Internationalen Osnabrücker Kongresses zur Kulturgeschichte der Frühen Neuzeit, hrsg. v. Klaus Garber, Tübingen 1989, S. 554–575
Böttcher 1991
  Diethelm Böttcher, Ungehorsam oder Widerstand?: zum Fortleben des mittelalterlichen Widerstandsrechtes in der Reformationszeit (1529–1530), Berlin 1991
Bouchel 1615
  Laurent Bouchel, Bibliothèque ou Tresor du droit francois, Paris 1615
Brandt 1990
  Peter Brandt, Von der Adelsmonarchie zur königlichen »Eingewalt«. Der Umbau der Ständegesellschaft in der Vorbereitungs- und Frühphase des dänischen Absolutismus, in: Historische Zeitschrift 250 (1990), S. 33–72
Braudel 1979
  Fernand Braudel, Civilisation matérielle, économie et capitalisme, XVe-XVIIIe siècles, Paris 1979
Braun/Hogenberg 1572–1618
  Georg Braun und Franz Hogenberg, Civitates Orbis Terrarum, Köln 1572–1618
Braun/Hogenberg 1597/1600
  Georg Braun und Franz Hogenberg: Contrafactur ûd beschreibung von den vornembsten Stätten der Welt, Bd. 5, Köln 1597/1600
Bredekamp 2000
  Horst Bredekamp, Sankt Peter in Rom und das Prinzip der produktiven Zerstörung. Bau und Abbau von Bramante bis Bernini, Berlin 2000
Brednich 1974–75
  Rolf Wilhelm Brednich, Die Liedpublizistik im Flugblatt des 15. bis 17. Jahrhunderts, Bde. 1–2, Baden-Baden 1974–75

Bresslau 1870
   Harry Bresslau, Severinus von Monzambano (Samuel von Pufendorf), Ueber die Verfassung des Deutschen Reiches, Berlin 1870
Breuilly 1982
   John Breuilly, Nationalism and the State, Manchester 1982
Breyl 1997
   Jutta Breyl, „Nichtige Äußerlichkeiten"? Zur Bedeutung und Funktion von Titelbildern aus der Perspektive des 17. Jahrhunderts, in: Wolfenbütteler Barock-Nachrichten 24, 1997, S. 389–422
Brink-Goldsmith 1992
   Jane ten Brink-Goldsmith, Pieter Bruegel the Elder and the Matter of Italy, in: Sixteenth Century Journal 23 (1992), S. 203–234
Broc 1986
   Numa Broc, La géographie de la Renaissance. 1420–1620, Paris 1986 (= Comité des Travaux Historiques et Scientifiques: CTHS format, Bd. 1)
Brotton 1997
   Jerry Brotton, Trading Territories: Mapping the Early Modern World, London 1997
Brown 1978
   Jonathan Brown, Images and Ideas in Seventeenth-Century Spanish Painting, Princeton, N.J. 1978, S. 87–110
Brown/Elliott 1980
   Jonathan Brown, John H. Elliott, A Palace for a King. The Buen Retiro and the Court of Philip IV, New Haven, London 1980
Bühler 1960
   Winfried Bühler, Die Europa des Moschos. Text, Übersetzung und Kommentar, Wiesbaden 1960
Burckhardt 1898
   Jacob Burckhardt, Erinnerungen aus Rubens (1898), hrsg. v. Hans Kauffmann, Leipzig 1928
Burckhardt 1922
   Jacob Burckhardt, Rom in der Heiligen Woche [Kölnische Zeitung, Nr. 119 vom 29. April 1846], in: Unbekannte Aufsätze Jacob Burckhardt's aus Paris, Rom und Mailand. Eingel. u. hrsg. v. Josef Oesald, Basel 1922, S. 133 f.
Burckhardt 1948
   Jacob Burckhardt, Der Cicerone. Eine Anleitung zum Genuss der Kunstwerke Italiens. Neudruck der Urausgabe, Stuttgart 1948
Bürgerschaft 1994
   Bürgerschaft. Rezeption und Innovation der Begrifflichkeit vom Hohen Mittelalter bis ins 19. Jahrhundert, hrsg. v. Reinhart Koselleck, Klaus Schreiner, Stuttgart 1994
Burgess 1992
   Glenn Burgess, The Politics of the Ancient Constitution: An Introduction to English Political Thought, 1603–1642, London 1992
Burgess 1996
   Glenn Burgess, Absolute Monarchy and the Stuart Constitution, New Haven 1996
Burke 1980
   Peter Burke, Did Europe Exist Before 1700?, in: History of European Ideas 1 (1980), S. 21–29
Burke 1988
   Peter Burke, Ranke als Gegenrevolutionär, in: Leopold von Ranke und die moderne Geschichtswissenschaft, hrsg. v. Wolfgang J. Mommsen, Stuttgart 1988, S. 189–200
Burke 1995
   Peter Burke, Ludwig XIV. Die Inszenierung des Sonnenkönigs, Frankfurt a. M. 1995

Burkhardt 1992
: Johannes Burkhardt, Der Dreißigjährige Krieg, Frankfurt a. M. 1992

Burkhardt 1998
: Johannes Burkhardt, Auf dem Wege zu einer Bildkultur des Staatensystems. Der Westfälische Frieden und die Druckmedien, in: Heinz Duchhardt (Hrsg.), Der Westfälische Friede. Historische Zeitschrift, Beiheft 26 (1998), S. 81–114

Burkhardt 1998a
: Johannes Burkhardt, Die entgipfelte Pyramide. Kriegsziel und Friedenskompromiß der europäischen Universalmächte, in: Ausst.Kat. 1648 – Krieg und Frieden in Europa, Münster/Osnabrück 1998, hrsg. v. Klaus Bußmann und Heinz Schilling, Bd. I, Münster 1998, S. 51–60

Burkhardt 1998b
: Johannes Burkhardt, Das größte Friedenswerk der Neuzeit, in: Geschichte in Wissenschaft und Unterricht 49 (1998), S. 592–612

Burkhardt 1999
: Johannes Burkhardt, Verfassungsprofil und Leistungsbilanz des immerwährenden Reichstags. Zur Evaluierung einer frühmodernen Institution, in: Heinz Duchhardt (Hg.), Reichsständische Libertät und habsburgisches Kaisertum, Mainz 1999, S. 151–183

Burkhardt 1999a
: Johannes Burkhardt, Imperiales Denken im Dreißigjährigen Krieg, in: Imperium – Reich – Empire. Ein Konzept politischer Herrschaft im deutsch–britischen Vergleich, hrsg. v. Franz Bosbach und Hermann Hiery, München 1999 (= Prinz Albert Studien, Bd. 16), S. 59–68

Burkhardt/Schumann 1997
: Johannes Burkhardt und Jutta Schumann, Reichskriege in der frühneuzeitlichen Bildpublizistik, in: Rainer Müller (Hg.), Bilder des Reiches (= Irseer Schriften 4), Sigmaringen 1997, S. 51–95

Büttner 2000
: Nils Büttner, Die Erfindung der Landschaft. Kosmographie und Landschaftskunst im Zeitalter Bruegels, Göttingen 2000

Caflisch 1934
: Nina Caflisch, Carlo Maderno. Ein Beitrag zur Geschichte der römischen Barockarchitektur, München 1934

Calvino 1972
: Italo Calvino, Le città invisibili (Die unsichtbaren Städte), Turin 1972, dt. Ausgabe, München 2000

Calvo Serraller 1981
: Francisco Calvo Serraller, La teoría de la pintura en el siglo de oro, Madrid 1981

Canny 2001
: Nicholas P. Canny, Making Ireland British: 1580–1650, Cambridge 2001

Carducho 1979
: Vicente Carducho, Diálogos de la Pintura, hrsg. v. Francisco Calvo Serraller, Madrid 1979 (1. Ausg. Madrid 1633)

Carlen 1993
: Louis Carlen, Zeremoniell und Symbolik der Päpste im 15. Jahrhundert. Vorträge der Aeneas-Silvius Stiftung an der Universität Basel XXVIII (Vortrag vom 22. Mai 1991), Freiburg, Schweiz 1993 (Freiburger Veröffentlichungen aus dem Gebiete von Kirche und Staat 39)

Cervellini 1912
: G. B. Cervellini, (Hg.), Relazioni da Constantinopoli del Vicario Patriarcale Angelo Petricca, 1636–39, Bessarione, XXVIII (1912)

Chantelou 1919
: Paul Fréart, Sieur de Chantelou, Tagebuch des Herrn von Chantelou über die Reise des Cavaliere Bernini nach Frankreich, hrsg. v. Hans Rose, München 1919

Checa 1983
Fernando Checa, Pintura y escultura del renacimiento en España, 1450–1600, Madrid 1983
Checa 1992
Fernando Checa, Felipe II. mecenas de los artes, Madrid 1992
Chiarini 1999
Marco Chiarini, S. Padovani, Palazzo Pitti: Galleria Palatina e Appartamenti Reali, Rom 1999
Chokier 1624
Jean Chokier, Thesaurus Politicus, Nürnberg 1624
Cipriani 1993
Giovanni Cipriani, Gli Obelischi Egizi. Politica e cultura della Roma barocca, Florenz 1993 (= Accademia Toscana di Scienze e Lettere Studi CXXXI)
Clark 2000
J. C. D. Clark, Protestantism, Nationalism, and National Identity, 1660–1832, in: Historical Journal 43 (2000), S. 249–276
Classen 1991
Carl Joachim Classen, Lodovico Guicciardini's Descrittione and the Tradition of the Laudes and Descriptiones Urbium, in: Lodovico Guicciardini (1521-1589): Actes du Colloque international 28, 29 et 30 mars 1990, hrsg. v. Pierre Jodogne, Brüssel 1991, S. 99-117
Claydon/McBride 1998
Tony Claydon, Ian McBride, Protestantism and National Identity. Britain and Ireland c. 1650–c. 1850, Cambridge 1998
Cloulas 1984
Ivan Cloulas, Catherine de Médicis, Paris 1984
Cochrane 1973
Eric Cochrane, Florence in the Forgotten Centuries 1527–1800, Chicago 1973
Cogswell 1990
Thomas Cogswell, The Politics of Propaganda: Charles I and the People in the 1620's, in: Journal of British Studies 29 (1990), S. 187–215
Cohen 1994
H. Floris Cohen, The Scientific Revolution. A Historiographical Inquiry, Chicago 1994
Collinson 1988
Patrick Collinson, The Birthpangs of Protestant England, New York 1988
Collinson 1994
Patrick Collinson, England, in: The Reformation in National Context, hrsg. v. Bob Scribner, Roy Porter u.a., Cambridge 1994, S. 80–95
Cook 1652
John Cook, Monarchy No Creature of God's Making, Waterford (Irland) 1652
Corps Universel Diplomatique 1728 ff.
Corps Universel Diplomatique du Droit des Gens contenant un Recueil des Traitez, hrsg. v. Jean Dumont, 8 Bde. in je zwei Teilbänden und 3 Supplementen, Amsterdam 1728 ff.
Corpus Diplomaticum Neerlando-Indicum 1931
Corpus Diplomaticum Neerlando-Indicum, 1907 (1931) hrsg. v. J. E. Heeres, Teil I 1602 bis 1650 und Teil II 1650 – 1700
Cosandey 1997
Fanny Cosandey, De lance en quenouille. La place de la reine dans l'Etat moderne (XIVe-XVII siècle), in: Annales HSS, 1997, S. 799–820
Cosandey 2000
Fanny Cosandey, La reine de France, symbole et pouvoir, Paris 2000
Croft-Murray 1962
Edward Croft-Murray, Decorative Painting in England 1537–1837, London 1962, Bd. 1
Croxton 1999
Derek Croxton, The Peace of Westphalia of 1648 and the Origins of Sovereignty, in: The International History Review 21 (1999), S. 569–591

Cruyssee 1991
 Dirk Van der Cruyssee, Louis XIV et le Siam, Paris 1991
Dethlefs 1995
 Gerd Dethlefs, Friedensboten und Friedensfürsten. Porträtsammelwerke zum Westfälischen Frieden, in: Graphische Porträts in Büchern des 15. bis 19. Jahrhunderts. Wolfenbütteler Forschungen, Bd. 63, 1995
Dethlefs 1996
 Gerd Dethlefs, Die Friedensstifter der christlichen Welt, in: Heinz Duchhardt, Gerd Dethlefs u. a., „... zu einem stets währenden Gedächtnis". Die Friedenssäle in Münster und Osnabrück und ihre Gesandtenporträts, Bramsche 1996
Dethlefs 1997
 Gerd Dethlefs, Die Anfänge der Ereignismedaille. Zur Ikonographie von Krieg und Frieden im Medaillenschaffen, in: Medaillenkunst in Deutschland von der Renaissance bis zur Gegenwart. Vorträge zum Kolloquium im Schloßmuseum Gotha am 4. Mai 1996, Dresden 1997, S. 19–37
Dethlefs 1999
 Gerd Dethlefs, Kunst und Literatur während der Verhandlungen um den Westfälischen Frieden, in: Städte und Friedenskongresse, hrsg. v. Heinz Duchhardt, Köln, Weimar, Wien 1999, S. 33–67.
Deutsche illustrierte Flugblätter 1985–1997
 Deutsche illustrierte Flugblätter des 16. und 17. Jahrhunderts, hrsg. v. Wolfgang Harms, Bde. 1–4 und 7, Tübingen 1985–1997
Deutsche illustrierte Flugblätter 1989
 Deutsche illustrierte Flugblätter des 16 und 17. Jahrhunderts. Bd. 3: Die Sammlung der Herzog August Bibliothek in Wolfenbüttel. Kommentierte Ausgabe: Theologica, Quodlibetica [...], hrsg. v. Wolfgang Harms und Michael Schilling zusammen mit Albrecht Juergens und Waltraud Timmermann, Tübingen 1989
Deutsche illustrierte Flugblätter 1997
 Deutsche illustrierte Flugblätter des 16 und 17. Jahrhunderts. Bd. 2: Die Sammlung der Herzog August Bibliothek in Wolfenbüttel. Kommentierte Ausgabe: Historica, hrsg. v. Wolfgang Harms zusammen mit Michael Schilling und Andreas Wang. 2. erg. Auflage, Tübingen 1997
Dickmann 1972
 Fritz Dickmann, Der Westfälische Frieden, Münster 1972
Divo 1982
 Jean-Paul Divo, Catalogue des Médailles de Louis XIV, Zürich 1982
Dobai 1974–1984
 Johannes Dobai, Die Kunstliteratur des Klassizismus und der Romantik in England, 4 Bde., Bern 1974–1984
Döring 1992
 Detlef Döring, Pufendorf-Studien: Beiträge zur Biographie Samuel von Pufendorfs und zu seiner Entwicklung als Historiker und politischer Schriftsteller, Berlin 1992
Dotzauer 1974
 Winfried Dotzauer, Der publizistische Kampf zwischen Frankreich und Deutschland in der Zeit Ludwigs XIV., in: Zeitschrift für Geschichte des Oberrheins 122, NF 83 (1974), S. 99–123
Dreier 1982
 Franz Adrian Dreier, Die Weltallschale Kaiser Rudolfs II., in: Ausst.Kat. Berlin 1982, Mythen der Neuen Welt. Zur Entdeckungsgeschichte Lateinamerikas, hrsg. v. Karl-Heinz Kohl, Berlin 1982, S. 111–120
Dreier 1988
 Franz Adrian Dreier, Ein politischer Traum. Die Weltallschale im Berliner Kunstgewerbemuseum, in: Ausst.Kat. Die Verführung der Europa, Staatliche Museen Preußischer Kulturbesitz, Berlin 1988, S. 181–186

Dreitzel 1970
   Horst Dreitzel, Protestantischer Aristotelismus und absoluter Staat: Die „Politica" des Henning Arnisäus (ca. 1575–1636), Wiesbaden 1970
Dreitzel 2001
   Horst Dreitzel, Politische Philosophie, in: Grundriss der Geschichte der Philosophie. Die Philosophie des 17. Jahrhunderts. Bd. 4: Das Heilige Römische Reich Deutscher Nation. Nord- und Ostmitteleuropa, hrsg. v. Helmut Holzhey, Wilhelm Schmidt-Biggeman, Basel 2001, S. 609–866
Duchhardt 1985
   Heinz Duchhardt, Friedenswahrung im 18. Jahrhundert, in: Historische Zeitschrift 240 (1985), S. 274 f.
Duchhardt 1987
   Heinz Duchhardt, Krieg und Frieden im Zeitalter Ludwigs XIV., Düsseldorf 1987
Duchhardt 1989
   Heinz Duchhardt, Westfälischer Friede und internationales System im Ancien Régime, in: Historische Zeitschrift 249 (1989), S. 529–543
Duchhardt 1990
   Heinz Duchhardt, Altes Reich und europäische Staatenwelt 1648–1806, München 1990 (= Enzyklopädie deutscher Geschichte, Bd. 4)
Duchhardt 1995
   Heinz Duchhardt, Reich und europäisches Staatensystem seit dem Westfälischen Frieden, in: Alternativen zur Reichsverfassung in der Frühen Neuzeit?, hg. v. Volker Press (= Schriften des Historischen Kollegs, Kolloquien 23), München 1995, S. 179–187
Duchhardt 1998
   Heinz Duchhardt, Der Westfälische Friede als lieu de mémoire in Deutschland und Europa, in: Ausst.Kat. 1648 - Krieg und Frieden in Europa, Münster/Osnabrück 1998, hrsg. v. Klaus Bußmann und Heinz Schilling, Münster 1998, Bd. I, S. 41–47
Duffy 1997
   Eamon Duffy, Saints and Sinners. A History of the Popes, Yale University Press, 1997
Dulong 1986
   Claude Dulong, Le mariage du roi-soleil, Paris 1986
Durkheim 1960
   Emile Durkheim, Les formes élémentaires de la vie religieuse, 4. Aufl., Paris 1960
Eco 2001
   Umberto Eco, Baudolino, Frankfurt a. M. 2001
Ehrle/Egger 1935
   Franz Ehrle (S. J.) und Hermann Egger, Der vaticanische Palast in seiner Entwicklung bis zur Mitte des XV. Jahrhunderts, Città del Vaticano 1935, (Studi e Documenti per la Storia del Palazzo Apostolico Vaticano II)
Einem 1975
   Herbert von Einem, Die Folgen des Krieges. Ein Alterswerk von Peter Paul Rubens, Opladen 1975
Eliot 1879
   Sir John Eliot, The Monarchy of Man, hrsg. v. Alexander Balloch Grosart, London 1879
Eliot 1881
   Sir John Eliot, An Apology for Socrates, hrsg. v. Alexander Balloch Grosart, London 1881
Eliot 1882
   Sir John Eliot, De Iure Maiestatis: or Political Treatise of Government (1628–1630), hrsg. v. Alexander Balloch Grosart, London 1882
Elliott 1963
   John H. Elliott, Imperial Spain 1496–1716, London 1963
Elliott 1969
   John H. Elliott, Revolution and Continuity in Early Modern Europe, in: Past & Present XLII (1969), S. 48 f.

Elliott 1998
   John H. Elliott, Krieg und Frieden in Europa, 1618–1648, in: Ausst.Kat. 1648 – Krieg und Frieden in Europa, Münster/Osnabrück 1998, hrsg. v. Klaus Bußmann und Heinz Schilling, Münster 1998, Bd. I, S. 23–40
Elliott 1999
   John Elliott, Europe after the peace of Westphalia, in: „1648. Paix de Westphalie. L'art entre la guerre et la paix / Westfälischer Friede. Die Kunst zwischen Krieg und Frieden", hrsg. v. Jacques Thuillier und Klaus Bußmann, Paris 1999, S. 543–560
Elton 1968
   G. R. Elton, Reform by Statute: Thomas Starkey's dialogue and Thomas Cromwell's policy, in: Proceedings of the British Academy 54 (1968), S. 165–188
Emblemata 1967
   Emblemata. Handbuch zur Sinnbildkunst des XVI. und XVII. Jahrhunderts, hrsg. v. Arthur Henkel und Albrecht Schöne, Stuttgart 1967
Embree/Wilhelm 1967
   Ainslie T. Embree u. Friedrich Wilhelm, Indien, Fischer Weltgeschichte Bd. 17, Erstdruck Frankfurt a. M. 1967
Enß 1627
   Caspar Enß, Fama Austriaca, Köln 1627
Erasmus 1969
   Erasmus von Rotterdam, Utilissima consultatio de bello Turcis inferendo, in: Opera omnia Desiderii Erasmi Roterodami, hrsg. v. A. G. Weiler, Amsterdam, New York, Oxford und Tokio, 1969–, Bd. III, 1–8
Eubel 1935
   C. Eubel (Hg.), Hierarchia Catholica Medii et Recentioris Aevi, Bd. IV, Regensburg 1935
Europa – aber was ist es? 1994
   Europa – aber was ist es? Aspekte seiner Identität in interdisziplinärer Sicht, hrsg. v. Jörg A. Schlumberger und Peter Segl, Köln, Weimar, Wien 1994 (= Bayreuther historische Kolloquien, Bd. 8)
Europa – Begriff und Idee 1991
   Europa – Begriff und Idee. Historische Streiflichter, hrsg. von Hans Hecker, Bonn 1991 (= Kultur und Erkenntnis, Bd. 8)
Europabegriffe und Europavorstellungen
   Europabegriffe und Europavorstellungen im 17. Jahrhundert. Web-Projekt, Wolfgang Schmale (Dir.), http://www.univie.ac.at/igl.geschichte/europaquellen.htm
Europäischer Völkerspiegel 1999
   Europäischer Völkerspiegel. Imagologisch-ethnographische Studien zu den Völkertafeln des frühen 18. Jahrhunderts, hrsg. v. Franz K. Stanzel, Heidelberg 1999
Externbrink/Ulbert 2001
   Formen internationaler Beziehungen in der Frühen Neuzeit. Frankreich und das Alte Reich im europäischen Staatensystem. Festschrift für Klaus Malettke, hrsg. v. Sven Externbrink und Jörg Ulbert, Berlin 2001 (= Historische Forschungen, Bd. 71)
Fabri 1991
   Ria Fabri, De 17de eeuwse Antwerpse kunstkast. Typologische en historische aspecten (= Verhandelingen van de Koninklijke Academie voor Wetenschappen, Letteren en Schone Kunsten van Belgie, Klasse der Schone Kunsten, 53), Brüssel 1991
Fabricius 1631
   Jacob Fabricius, Ein und dreissig Kriegsfragen. Von dem itzigen erbaermlichen Kriege, Stettin 1631
Facciata della basilica di S. Pietro 1988
   Lavori sulla facciata della basilica di S. Pietro. Eseguiti nel biennio 1985–1986 dalla reverenda fabbrica di San Pietro per la munificenza dell'ordine dei cavalieri di Colombo. A cura degli architetti A. Sperandino, G. Zander, G. B. Zappa, Città del Vaticano 1988

Fagiolo dell'Arco 1997
    Maurizio Fagiolo dell'Arco, La festa barocca, Roma 1997
Falchetta 1987
    Piero Falchetta (Hrsg.), Anthology of Sixteenth-Century Texts, in: The Arcimboldo Effect. Transformations of the Face from the Sixteenth to the Twentieth Century, London 1987, S. 143–198
Falkenburg 1996
    Reindert Falkenburg, ‚Schilderachtig weer' bij van Goyen, in: Ausst.Kat. Jan van Goyen, Zwolle 1996, S. 59–69
Fermineau 1636
    François de Fermineau, Traicté des droicts de la monarchie, maison, Etat, et coronne de France. Discours 1. De l'autorité du Roi, de la famille royale, aux mariages des princes du sang, pouvoir de la coutume de l'Etat et interet du public sur ce sujet, Nismes 1636
Ferrarius 1553
    Johannes Ferrarius, De republica bene instituenda, Basel 1553
Fisch 1979
    Jörg Fisch, Krieg und Frieden im Friedensvertrag, Stuttgart 1979
Fisch 1984
    Jörg Fisch, Die europäische Expansion und das Völkerrecht (= Beiträge zur Kolonial- und Überseegeschichte, Bd. 26, hrsg. v. Rudolf von Albertini und Heinz Gollwitzer), Stuttgart 1984
Fischer 1957
    Jürgen Fischer, Oriens – Occidens – Europa. Begriff und Gedanke 'Europa' in der späten Antike und im frühen Mittelalter, Wiesbaden 1957 (= Veröffentlichungen des Instituts für Europäische Geschichte Mainz, Bd. 15)
Fleurimont 1749/50
    G. R. Fleurimont, Médailles du règne de Louis XV., 3. Aufl., o.O. um 1749/50
Föderative Nation 2000
    Föderative Nation. Deutschlandkonzepte von der Reformation bis zum Ersten Weltkrieg, hrsg. v. Dieter Langewiesche und Georg Schmidt, München 2000
Fonteo 1568
    S. Giovanni Battista Fonteo, Europalia …, ca. 1568 (ÖNB Handschriften- und Inkunabelsammlung Cod. 10206.)
Fontes Historiae Juris gentium 1995
    Fontes Historiae Juris gentium, hrsg. v. Wilhelm G. Grewe, Bd. 1, 1380 v. Chr./B.C. – 1493, Berlin 1995
Francia 1986
    Emilio Francia, Costruzione della Basilica di San Pietro. Il problema delle statue della Facciata, in: Strenna dei Romanisti 47 (1986), S. 181–188
François/Schulze 2001
    Etienne François und Hagen Schulze, Das emotionale Fundament der Nationen, in: Monika Flacke (Hg.), Mythen der Nationen. Ein europäisches Panorama, Berlin, München 2001, S. 17–32
Francus 1645
    Jacobus Francus, Relationis Historicae Semestralis continuatio … zwischen nechst verwichener Franckfurter Herbstmesz 1644 biß auff die Ostermesz des 1645. Jahrs …, Frankfurt: Latomus Erben, 1645
Frazee 1983
    Charles A. Frazee, Catholics and Sultans. The Church and the Ottoman Empire. 1453–1923, Bristol 1983
Frehers 1588/1591
    Marquard Frehers, „De Fama publica", Frankfurt a. M., Basel 1588/1591

Freitas 1625
   Seraphim de Freitas, De iusto Imperio Lusitanorum Asiatico 1625, dt. Übersetzung v. Jörg P. Hardegen, Über die rechtmäßige Herrschaft der Portugiesen in Asien, Kiel 1976
Frese 1989
   Annette Frese, Barocke Titelgraphik am Beispiel der Verlagsstadt Köln (1570–1700). Funktion, Sujet, Typologie, Köln/Wien 1989 (= Dissertationen zur Kunstgeschichte 31)
Friedeburg
   Robert v. Friedeburg, Widerstandsrecht und Landespatriotismus: Territorialstaatsbildung und Patriotenpflichten in den Auseinandersetzungen der niederhessischen Stände mit Landgräfin Amelie Elisabeth und Landgraf Wilhelm VI. von Hessen-Kassel 1647–1653, in: Widerstandsrecht. Beihefte der Zeitschrift Ius Commune, hrsg. v. Karl-Heinz Lingens, Angela de Benedictis (in Vorbereitung)
Friedeburg 1996
   Robert v. Friedeburg, Die „Ordnungsgesetzgebung" Englands im 16. und frühen 17. Jahrhundert, in: Policey im Europa der Frühen Neuzeit (= Sonderhefte der Studien zur Europäischen Rechtsgeschichte 83), hrsg. v. Michael Stolleis, Frankfurt 1996, S. 575–603
Friedeburg 1999
   Robert v. Friedeburg, Widerstandsrecht und Konfessionskonflikt. Notwehr und Gemeiner Mann im deutsch-britischen Vergleich 1530–1669, Berlin 1999
Friedeburg 2000
   Robert v. Friedeburg, In Defence of Nation and Country: Talking about the Defence of Religion, Law, Property in England and Scotland, 1630s to 1680s, in: Religious Thinking and National Identity, hrsg. v. Hans-Dieter Metzger, Bodenheim 2000, S. 90–107
Friedeburg 2000a
   Robert v. Friedeburg, Welche Wegscheide in die Neuzeit? Protestantisches Widerstandsrecht, ‚Gemeiner Mann' und konfessioneller Landespatriotismus zwischen „Münster" und „Magdeburg", in: Historische Zeitschrift 270 (2000), S. 561–616
Friedeburg 2001
   Robert v. Friedeburg, In Defence of Patria. Resisting Magistrates and the Duties of Patriots in the Empire 1530s-1640s, in: Sixteenth Century Journal 32.2 (2001)
Friedeburg 2002
   Robert v. Friedeburg, ‚Self-defence' and Sovereignty. The Reception and Application of German Political Thought in England and Scotland, 1628–1669, in: History of Political Thought 23 (2002), S. 238–265
Friedeburg 2002a
   Robert v. Friedeburg, Self Defence and Religious Strife in Early Modern Europe. England and Germany, 1530–1680, Aldershot 2002
Fritsch 1676
   Ahasver Fritsch und seine Streitschrift gegen die Zeitungs-Sucht seiner Zeit. Die lateinische Originalausgabe (Jena 1676) mit Übersetzung, Kommentaren und Erläuterungen v. Walter Barton, Jena 1999 (= Blätter des Vereins für Thüringische Geschichte 8)
Fritzemeyer 1931
   Werner Fritzemeyer, Christenheit und Europa. Zur Geschichte des europäischen Gemeinschaftsgefühls von Dante bis Leibniz, München, Berlin 1931 (= Historische Zeitschrift, Beiheft 23)
Friyhoff 2000
   Willem Friyhoff, in: Bijdragen en medelingen betreffende de geschiedenis der Niederlanden 115 (2000), S. 244–251
Frommel 1983
   Christoph Luitpold Frommel, Francesco del Borgo. Architekt Pius' II. und Pauls II. Teil 1: Der Petersplatz und weitere römische Bauten Pius' II. Piccolomini, in: Römisches Jahrbuch für Kunstgeschichte 20 (1983), S. 107–154

Fuchs 1998
   Thomas Fuchs, Protestantische Heiligen-Memoria im 16. Jahrhundert, in: Historische Zeitschrift 267 (1998), S. 587–614
Fürstenspiegel 1997
   Fürstenspiegel der frühen Neuzeit, hrsg. v. Hans-Otto Mühleisen, Theo Stammen, Michael Philipp, Frankfurt a. M., Leipzig 1997
Fuss 2000
   Ulrike Valeria Fuss, Matthaeus Merian der Ältere. Von der lieblichen Landschaft zum Kriegsschauplatz - Landschaft als Kulisse des 30jährigen Krieges, Frankfurt a. M. u.a. 2000
Gabel 1995
   Helmut Gabel, Wilhelm III. von Oranien, die Niederlande und das Reich – Beobachtungen zu den mentalen und verfassungspolitischen Voraussetzungen der Koalitionsbildung gegen Ludwig XIV., in: Oranien-Nassau, die Niederlande und das Reich. Beiträge zur Geschichte einer Dynastie, hrsg. v. Horst Lademacher, Münster 1995 (= Niederlande-Studien 13), S. 69–95
Gabel 1998
   Helmut Gabel, Altes Reich und europäische Friedensordnung. Aspekte der Friedenssicherung zwischen 1648 und dem Beginn des Holländischen Krieges, in: Krieg und Kultur. Die Rezeption von Krieg und Frieden in der Niederländischen Republik und im Deutschen Reich 1568–1648, hrsg. v. Horst Lademacher und Simon Groenveld, Münster 1998, S. 463–479
Gaci 1586
   Cosimo Gaci, Dialogo dell' Obelisco, Roma 1586
Galen/Dethlefs/Ordelheide 1987
   Hans Galen (Hg.), Gerd Dethlefs und Karl Ordelheide (Bearb.), Der Westfälische Frieden – Die Friedensfreude auf Münzen und Medaillen. Vollständiger beschreibender Katalog, Greven 1987
Gantet 1998
   Claire Gantet, La célébration de la paix de Westphalie, in: Ausst.Kat. 1648 - la paix de Westphalie. Vers l'Europe moderne, Paris 1998, S. 179 ff.
Gastelius 1675
   Christianus Gastelius, De statu publico Europae ... tractatus, Nürnberg 1675
Gellner 1983
   Ernest Gellner (Hg.), Nations and Nationalism, Oxford 1983
Gentilis 1598
   Albericus Gentilis, De iure belli libri tres, 1598, Neuausgabe 2 Bde. lat./engl. hrsg. v. Coleman Phillipson (= The Classics, Band 16), Oxford 1930
Gerhard 1610–1622
   Johann Gerhard, Loci Theologici (1610-22), hrsg. v. F. Frank, Leipzig 1885
Geschichte der europäischen Expansion 1984
   Dokumente zur Geschichte der europäischen Expansion, hrsg. v. Eberhard Schmitt, Bd. 1: Die mittelalterlichen Ursprünge, München 1986, Bd. 2: Die großen Entdeckungen, hrsg. v. Matthias Meyn u.a., München 1984
Gestrich 1994
   Andreas Gestrich, Absolutismus und Öffentlichkeit. Politische Kommunikation in Deutschland zu Beginn des 18. Jahrhunderts, Göttingen 1994 (= Kritische Studien zur Geschichtswissenschaft, Bd. 103)
Gestrich 2000
   Andreas Gestrich, Krieg und Öffentlichkeit in der zweiten Hälfte des 17. Jahrhunderts, in: „Das Wichtigste ist der Mensch", Festschrift für Klaus Gerteis zum 60. Geburtstag, hrsg. v. Angela Giebmeyer und Helga Schnabel-Schüle, Mainz 2000 (= Trierer historische Forschungen, Bd. 41), S. 21–36

Gewecke 1986
> Frauke Gewecke, Wie die neue Welt in die alte kam, Stuttgart 1986

Gibson 2000
> Walter S. Gibson, Pleasant Places. The Rustic Landscape from Bruegel to Ruisdael, Berkeley, Los Angeles, London 2000

Gilbert 1990
> Felix Gilbert, History: Politics or Culture. Reflections on Ranke and Burckhardt, Princeton 1990

Gines de Sepulveda 1533
> Juan Gines de Sepulveda, Démocrates Segundo o de las justas causas de la guerra contra los indios, 1533, Neuausgabe lat./span., hrsg. v. Angel Losada, Madrid 1984

Goldberg 1983
> Edward L. Goldberg, Patterns in Late Medici Art Patronage, Princeton 1983

Goldberg 1992
> Edward L. Goldberg, Velázquez in Italy: Painters, Spies, and Low Spaniards, in: Art Bulletin 74 (1992), S. 454

Gollwitzer 1951
> Heinz Gollwitzer, Europabild und Europagedanke. Beiträge zur deutschen Geistesgeschichte des 18. und 19. Jahrhunderts, München 1951

Göttler 1998
> Christine Göttler, „Barocke" Inszenierung eines Renaissance-Stücks: Peter Paul Rubens' Transfiguration für Santissima Trinità in Mantua, in: Diletto e Maraviglia: Ausdruck und Wirkung in der Kunst der Renaissance bis zum Barock. Rudolf Preimesberger zum 60. Geburtstag, hrsg. v. Christine Göttler, Ulrike Müller Hofstede u.a., Emsdetten 1998, S. 166–189

Graham/McAllister Johnson 1974
> Victor E. Graham und W. McAllister Johnson, The Paris Entries of Charles IX and Elisabeth of Austria 1571, Toronto 1974

Graus 1988
> Frantisek Graus, Böhmen und das Reich im Mittelalter, in: In Europas Mitte. Deutschland und seine Nachbarn, hrsg. v. Heinz Duchhardt, Bonn 1988, S. 71–75

Grewe 1988
> Wilhelm G. Grewe, Epochen der Völkerrechtsgeschichte, 2. Aufl. Baden-Baden 1988

Groenveld 1984
> Simon Groenveld, Verlopend Getij. De Nederlands Republiek en de Englese Burgeroorlog 1640–1646, Dieren 1984

Groenveld 1998
> Simon Groenveld, Nation und Patria. Begriff und Wirklichkeit des kollektiven Bewußtseins im Achtzigjährigen Krieg, in: Krieg und Kultur, hrsg. v. Horst Lademacher, Simon Groenveld, Münster 1998, S. 77–109

Groenveld 1999
> Simon Groenveld, ‚Natie' en ‚patria' bij zestiende-eeuwse Nederlanders, in: Vaderland. Een geschiedenis van de vijftiende eeuw tot 1940, hrsg. v. N. C. V. Sas, Amsterdam 1999, S. 55–82

Groenveld/Leeuwenberg 1985
> Simon Groenveld und G. L. Ph. Leeuwenberg, De bruid in de schuit. De consolidatie van de Republiek 1609–1650, Zutphen 1985

Grosjean/Kinauer 1970
> Georges Grosjean und Rudolf Kinauer, Kartenkunst und Kartentechnik, Bern, Stuttgart 1970

Gross 1984
> Sally Gross, A Second Look: Nationalism in Art Treatises from the Golden Age Spain, in: The Tutgers Art Review 5 (1984), S. 8–27

Grotius 1610
: Hugo Grotius, De Antiquitate et Statu Reipublicae Bataviae, 1610

Grotius 1610a
: Hugo Grotius, De mare libero, 1610, Neuausgabe lat./engl. v. James Brown Scott, Washington 1916

Grotius 1622
: Hugo Grotius, Apologeticus eorum qui Hollandiae Westfrisiaeque et vicinis quibusdam notionibus ex legibus praefuerunt ante mutationem quae evenit anno 1618, Paris 1622

Grotius 1625
: Hugo Grotius, De iure belli ac pacis, Paris 1625, dt.v. Walter Schätzel, Vom Recht des Krieges und des Friedens (= hrsg. v. Walter Schätzel, Die Klassiker des Völkerrechts, Band 1), Tübingen 1950

Grotius 1631
: Hugo Grotius, Inleidinge tot de Hollandsche Rechtsgeleerdheid (1631)

Gugler 2000
: Andreas Gugler, Feiern und feiern lassen, in: Frühneuzeit-Info 11 (2000), Heft 1, S. 68–176

Gunn 1987
: S. J. Gunn, The French Wars of Henry VIII, in: The Origin of War in Early Modern Europe, London 1987, S. 28–47

Gurlitt 1887
: Cornelius Gurlitt, Geschichte des Barockstils in Italien (= Geschichte der neueren Baukunst 5), Stuttgart 1887

Guy 1988
: John Guy, Tudor England, Oxford 1988

Gyllenhielm 1632
: C.C. Gyllenhielm, Schola captivitatis ... cujusdam herois, pro patria charissimâ, vi & jussu regis Poloniæ, in arctissimâ custodiâ partim Livonicâ, partim Borussiacâ detenti, Strengnäs 1632

Haak 1996
: Bob Haak, Das Goldene Zeitalter der holländischen Malerei, Köln 1996

Haase-Dubosc 1999
: Danielle Haase-Dubosc, Ravie et enlevée. De l'enlèvement des femmes comme stratégie matrimoniale au XVIIe siècle, Paris 1999

Habermas 1971/1974
: Jürgen Habermas, Strukturwandel der Öffentlichkeit. Untersuchungen zu einer Kategorie der bürgerlichen Gesellschaft, 5. Aufl., Neuwied, Berlin 1971 (6. Aufl. 1974)

Häfner 1994
: Ansgar Häfner, An Niemand, den Kundbaren. Bemerkungen zur Entstehung der Öffentlichkeit, in: Ausst.Kat. Deutsches Postmuseum. Als die Post noch Zeitung machte. Eine Pressegeschichte, Frankfurt a. M. 1994, S. 71–76

Hageneder 2001
: Othmar Hageneder, Christianitas (populus christianus, respublica christiana), in: Lexikon für Theologie und Kirche, 3. Aufl., Freiburg, Wien 2001, Bd. 11 (Nachträge)

Hahlweg 1959
: Werner Hahlweg, Barriere – Gleichgewicht – Sicherheit, in: Historische Zeitschrift 187 (1959), S. 54–89

Hale 1977
: John R. Hale, Die Medici und Florenz. Die Kunst der Macht, Stuttgart, Zürich 1977

Hall 1968
: John Whitney Hall, Das Japanische Kaiserreich, Fischer Weltgeschichte Bd. 20, Erstausgabe Frankfurt a. M. 1968

Haller 1892
: Johannes Haller, Die deutsche Publizistik in den Jahren 1668–1674. Ein Beitrag zur Geschichte der Raubkriege Ludwigs XIV., Heidelberg 1892

Hallyn 1991
   Fernand Hallyn, Guicciardini et la topique de la topographie, in: Lodovico Guicciardini (1521-1589): Actes du Colloque international 28, 29 et 30 mars 1990, hrsg. v. Pierre Jodogne, Brüssel 1991, S. 151–161

Hanke 1967
   Heinz R. Hanke, Die Entführung der Europa ... Die Fabel Ovids in der europäischen Kunst, Berlin 1967

Harley 1988
   J. B. Harley, Maps, Knowledge, and Power, in: The Iconography of Landscape: Essays on the Symbolic Representation, Design and Use of Past Environments, hrsg. v. Denis Cosgrove u. Stephen Daniels, Cambridge 1988 (= Cambridge Studies in Historical Geography, Bd. 9), S. 277-312

Harley 1989
   J. B. Harley, Deconstructing the Map, in: Cartographica 26 (1989), S. 1–20

Harley 2001
   J. B. Harley, The New Nature of Maps. Essays in the History of Cartography, hrsg. v. Paul Laxton, Baltimore, London 2001

Harms 1980
   Wolfgang Harms (Hg.), Deutsche Illustrierte Flugblätter des 16. und 17. Jahrhunderts, Tübingen 1980

Harprath 1978
   Richard Harprath, Papst Paul III. als Alexander der Große. Das Freskenprogramm der Sala Paolina in der Engelsburg, Berlin 1978

Hart 1994
   Vaughan Hart, Art and Magic in the Court of the Stuarts, London 1994

Hastings 1997
   Adrian Hastings, The Construction of Nationhood. Ethnicity, Religion and Nationalism, Cambridge 1997

Hauer 2001
   Kirsten Hauer, „Securitas Publica" und „Status Praesens". Das Sekuritätsgutachten von Gottfried Wilhelm Leibniz (1670), in: Formen internationaler Beziehungen in der Frühen Neuzeit. Frankreich und das Alte Reich im europäischen Staatensystem. Festschrift für Klaus Malettke, hrsg. v. Sven Externbrink und Jörg Ulbert, Berlin 2001, S. 441–466

Haug-Moritz 2001
   Gabriele Haug-Moritz, Widerstand als „Gegenwehr". Die schmalkaldische Konzeption der „Gegenwehr" und der „gegenwehrliche Krieg" des Jahres 1542, in: Widerstandsrecht in der frühen Neuzeit. Erträge und Perspektiven der Forschung im deutsch-britischen Vergleich, hrsg. v. Robert v. Friedeburg, Berlin 2001, S. 141–162

Haus 1970
   Andreas Haus, Der Petersplatz in Rom und sein Statuenschmuck – Neue Beiträge, Diss. Freiburg 1970

Heater 1992
   Derek Heater, The Idea of European Unity, Leicester, London 1992

Heckscher 1947
   William S. Heckscher, Bernini's Elephant and Obelisk, in: The Art Bulletin 29,2 (1947), S. 155–182

Hedinger 1986
   Bärbel Hedinger, Karten in Bildern: zur Ikonographie der Wandkarte in holländischen Interieurgemälden des 17. Jh., Hildesheim 1986

Heinen
   Ulrich Heinen, Peter Paul Rubens' Florentiner Kriegsbild und die Macht des Malers, in: Kunst und Politik, hrsg. v. Wilhelm Hofmann und Hans-Otto Mühleisen, Köln (im Druck)

Held 1980
  Julius Held, The Oil Sketches of Peter Paul Rubens: a Critical Catalogue, Princeton 1980
Helk 1987
  Vello Helk, Dansk-norske Studierejser 1536–1660, Odense 1987
Helk 1991
  Vello Helk, Dansk-norske studierejser 1661–1813, I-II, Odense 1991
Hellmuth 1995
  Eckhart Hellmuth, The Transformation of Political Culture: England and Germany, Oxford 1995
Hellwig 1994
  Karin Hellwig, Velázquez y los escritos sobre arte de Lázaro Díaz del Valle, in: Archivo Español de Arte 67 (1994), S. 27–41
Hellwig 1996
  Karin Hellwig, Die Kunstliteratur in Spanien im 17. Jahrhundert, Frankfurt a. M. 1996 (= Ars Iberica, Bd. 3)
Helsinger 1997
  Elizabeth Helsinger, Land and National Representation in Britain, in: Prospects for the Nation. Recent Essays in British Landscape, 1750–1880, hrsg. v. Michael Rosenthal, Christiana Paynde, Scott Wilcox, New Haven, London 1997, S. 13–35
Helwig 1641
  Nicolaus Helwig, Caesar Victoriosus sive Theatrum Historiae universalis Catholico-Protestantium, Frankfurt a. M.: Schönwetter, 1641
Herodot 1971
  Herodot: Historien. Dt. Gesamtausgabe. Übers. v. A. Horneffer. Neu hrsg. u. erl. v. W. Haussig. Mit einer Einl. v. W.F. Otto, Stuttgart 1971
Heyden 1990
  H. A. M. van der Heyden, Leo Belgicus. An Illustrated and Annotaded Cartobibliography, Alphen aan den Rhijn 1990
Hibbard 1971
  Howard Hibbard, Carlo Maderno and Roman Architecture 1580–1630, London 1971 (= Studies in Architecture X)
Hiestand 1991
  Rudolf Hiestand, ‚Europa' im Mittelalter – vom geographischen Begriff zur politischen Idee, in: Europa – Begriff und Idee. Historische Streiflichter, hrsg. v. Hans Hecker, Bonn 1991 (= Kultur und Erkenntnis, Bd. 8), S. 33–48
Hinrichs 1982
  Ernst Hinrichs, Lesen, Schulbesuch und Kirchenzucht im 17. Jahrhundert, in: Mentalitäten und Lebensverhältnisse, Rudolf Vierhaus zum 60. Geburtstag, Göttingen 1982, S. 15–33
Hobsbawm 1990
  Eric Hobsbawm, Nations and Nationalism since 1780, Cambridge 1990
Hofmann 2001
  Werner Hofmann, Gleichnis versus Ereignis. Krieg und Frieden in den Künsten, in: Erfahrung und Deutung von Krieg und Frieden. Religion – Geschlechter – Natur und Kultur, hrsg. v. Klaus Garber, Jutta Held, Friedhelm Jürgnesmeier, Friedhelm Krüger und Ute Széll, München 2001, S. 981–998
Hohenemser 1925
  Paul Hohenemser, Flugschriftensammlung Gustav Freytag, Frankfurt a. M. 1925
Holderness 1992
  Graham Holderness, Shakespeare Recycled. The Making of Historical Drama, Worcester 1992
Holland 1994
  Susan Holland, Archbishop Abbot and the Problem of ‚Puritanism', in: The Historical Journal 37 (1994), S. 23–43

Hollenbeck 1999
　　Meike Hollenbeck, Die Türkenpublizistik im 17. Jahrhundert – Spiegel der Verhältnisse im Reich? In: Mitteilungen des Instituts für österreichische Geschichtsforschung 107 (1999), S. 111–130

Hollenbeck 2001
　　Meike Hollenbeck, Und wo bleibt Europa? Kategorien politischen Handelns mindermächtiger Reichsstände am Beispiel der Braunschweiger Frankreichpolitik nach dem Westfälischen Frieden, in: Formen internationaler Beziehungen in der Frühen Neuzeit. Frankreich und das Alte Reich im europäischen Staatensystem. Festschrift für Klaus Malettke, hrsg. v. Sven Externbrink und Jörg Ulbert, Berlin 2001, S. 367–377

Hölscher 1997
　　Lucian Hölscher, Die Öffentlichkeit begegnet sich selbst. Zur Struktur öffentlichen Redens im 18. Jahrhundert zwischen Diskurs- und Sozialgeschichte, in: Öffentlichkeit im 18. Jahrhundert, hrsg. v. Hans-Wolf Jäger, Göttingen 1997 (= Das achtzehnte Jahrhundert. Supplementa, Bd. 4), S. 11–31

Honour 1975
　　Hugh Honour, The New Golden Land, London 1975

Housley 1992
　　Norman Housley, The Later Crusades. From Lyons to Alcazar. 1274–1580, Oxford 1992

Housley 1996
　　Norman Housley, (Hg. u. Übers.), Documents on the later crusades 1274–1580, London 1996

Howell 1642
　　James Howell, Instructions for Forreine Travell [London 1642], hrsg. v. Edward Arber, London 1869

Howell 1653
　　James Howell, A German Diet, or the Balance of Europe, London 1653

Hubala 1970
　　Erich Hubala, Peter Paul Rubens. Der Krieg, in: Argo. Festschrift für Kurt Badt, hrsg. v. Martin Gosebruch und Lorenz Dittmann, Köln 1970, S. 277–289

Hulme 1957
　　Harold Hulme, The Life of Sir John Eliot 1592–1632, London 1957

Hurter 1860
　　Friedrich von Hurter, Maria, Erzherzogin zu Österreich, Herzogin von Bayern, Schaffhausen 1860

Hutten 1859–1870
　　Ulrich von Hutten, Vorwort zu „De Donatione Constantini quid veri habeat...", in: Ulrich von Hutten, Schriften, hrsg. v. Eduard Böcking, 5 Bde., Leipzig, Bd. 1, 1859–1870

Iconologie 1644
　　Iconologie of Uytbeeldinghe des Verstandes, hrsg. v. Dirck Pieterszon Pers, Amsterdam 1644 (Reprint Doornspijk, Soest 1971)

Iggers 1990
　　Georg G. Iggers, The Crisis of the Rankean Paradigm in the Nineteenth Century, in: Leopold von Ranke and the Shaping of the Historical Discipline, hrsg. v. Georg G. Iggers, James M. Powell, Syracuse 1990, S. 170–180

Ilting 1978
　　Karl-Heinz Ilting, Art. Naturrecht in: Geschichtliche Grundbegriffe – Historisches Lexikon zur politisch-sozialen Sprache in Deutschland, hrsg. v. Otto Brunner, Werner Conze und Reinhart Koselleck, Bd. 4, Stuttgart 1978, S. 245–313

Imdahl 1996
　　Max Imdahl, Jacob van Ruisdaels ‚Die Mühle von Wijk', in: ders., Gesammelte Schriften. Bd. 2: Zur Kunst der Tradition, Frankfurt 1996, S. 345–384

Ingen 1989
    Ferdinand von Ingen, Die niederländische Nationalliteratur im Kontext der konfessions-
    politischen Auseinandersetzungen auf der Wende vom 16. zum 17. Jahrhundert, in: Nation
    und Literatur im Europa der Frühen Neuzeit. Akten des I. Internationalen Osnabrücker
    Kongresses zur Kulturgeschichte der Frühen Neuzeit, hrsg. v. Klaus Garber, Tübingen
    1989, S. 576–594
Israel 1995
    Jonathan Irvine Israel, The Dutch Republic, Oxford 1995
Israel 2001
    Jonathan Irvine Israel, Radical Enlightenment: Philosophy and the Making of Modernity
    1650–1750, Oxford 2001
Jacobäus 1693
    Holger Jacobäus, Compendium Geographicum, Kopenhagen 1693
Jacobs 1990
    Renate Jacobs, Das graphische Werk Bernhard Rodes (1725–1797), Münster 1990
Jakubov 1897
    K. I. Jakubov, Rossija i švecija v pervoj polovině XVII věka. Sbornik materialov,
    izvlečennych iz Moskovskago Glavnago Archiva Ministerstva Inostrannych Děl i Švedskago
    Gosudarstvennago Archiva i kasajuščichsja istorii vzaimnych otnošenij Rossii i švecii v
    1616–1651 godach, Moskva 1897
Jansonius 1596
    Martin Jansonius, Mercurii gallobelgici ... ab anno 1594 .. usque ad annum 1596 gestarum
    ..., Köln 1596
Joachimsen 1925–1926
    Paul Joachimsen, Vorrede, in: Leopold von Ranke, Deutsche Geschichte im Zeitalter der
    Reformation, hrsg. v. Paul Joachimsen, München 1925–1926, Bd. I
Jones 1979
    Mark Jones, Medals of the Sun King, London 1979
Jouin 1889
    H. Jouin, Charles Le Brun et les Arts sous Louis XIV, Paris 1889
Jouvin 1672
    Le Voyageur d'Europe [...]. Par Monsieur A. Jouvin [...], Paris 1672
Kaiser 1961
    G. Kaiser, Pietismus und Patriotismus im literarischen Deutschland, Wiesbaden 1961
Kaiser 2001
    Michael Kaiser, Der Prager Frieden von 1635. Anmerkungen zu einer Aktenedition, in:
    Zeitschrift für Historische Forschung 28 (2001), S. 277–297
Kamen 1988
    Henry Kamen, Golden Age Spain, Atlantic Highlands 1988
Kampmann 1994
    Christoph Kampmann, Universalismus und Staatenvielfalt: Zur europäischen Identität in
    der Frühen Neuzeit, in: Europa – aber was ist es? Aspekte seiner Identität in interdiszi-
    plinärer Sicht, hrsg. v. Jörg A. Schlumberger und Peter Segl, Köln, Weimar, Wien 1994
    (= Bayreuther historische Kolloquien, Bd. 8), S. 45–76
Kantorowicz 1965
    Ernst Kantorowicz, Pro Patria Mori in medieval political thought, in ders., Selected Studies,
    New York 1965, S. 308 ff.
Karageorgos 1992
    Basileios Karageorgos, Der Begriff Europa im Hoch- und Spätmittelalter, in: Deutsches
    Archiv für die Erforschung des Mittelalters 48 (1992), S. 137–164
Kat. Darmstadt 1992
    Kat. Landschaftszeichnungen der Niederländer. 16. und 17. Jahrhundert. Aus der Graphi-
    schen Sammlung des Hessischen Landesmuseums Darmstadt, bearb. v. Jan Simane und
    Peter Märker, Mainz 1992

Kat. London 1980
Kat. Dutch Landscape Prints of the 17th Century, British Museum London, hrsg. v. David Freedberg, London 1980

Kat. Madrid 1995
Kat. El Siglo de Rubens en el Museo del Prado, Cátalogo Razonado de Pintura Flamenca del Siglo XVII, 2 Bde., bearb. v. M. Díaz Padron u. A. Padrón Mérida, Barcelona 1995

Kat. Mainz 1997
Kat. Niederländische Gemälde des 16. und 17. Jahrhunderts (Landesmuseum Mainz), hrsg. v. Christiane Stukenbrock, Mainz 1997

Kat. München 1999
Kat. „Es muß nicht immer Rembrandt sein ..." . Die Druckgraphiksammlung des Kunsthistorischen Instituts der Universität München, hrsg. v. Robert Stalla, Haus der Kunst, München 1999

Kat. Padua 1989
Kat. Bronzi e placchette dei Musei civici di Padova, 1989

Kat. Paris 1980
Bibliothèque Nationale: Inventaire du fonds français. Graveurs du XVIIe siècle, Tome 9: Sèbastien Leclerc, bearb. v. Maxime Preaud, Paris 1980, Bd. II

Kat. Paris 1951
Bibliothèque Nationale, Inventaire du fonds français. Graveurs du dixhuitième siècle, Paris 1951, Bd. III

Kat. Versailles 1995
Kat. Musée du Château de Versailles. Les Peintures, bearb. v. Claire Constans und Jean-Pierre Babelon, 3 Bde., Paris 1995

Kaulbach 1991
Hans-Martin Kaulbach, Die Idee von Europa in den Allegorien des Friedens, in: Le cheminement de l'idée européenne dans les idéologies de la paix et de la guerre, hrsg. v. Marita Gilli, Paris 1991

Kaulbach 1992
Hans-Martin Kaulbach, «Schwerter zu Pflugscharen» - Abrüstung und Rüstungskonversion in der Kunst, in: Detlef Bald (Hg.), Rüstungsbestimmte Geschichte und das Problem der Konversion in Deutschland im 20. Jahrhundert, Jahrbuch für Historische Friedensforschung, 1. Jahrgang 1992, S.113-142

Kaulbach 1994
Hans-Martin Kaulbach, Weiblicher Friede - männlicher Krieg? Zur Personifikation des Friedens in der Kunst der Neuzeit, in: Allegorien und Geschlechterdifferenz, hrsg. v. Sigrid Schade, Monika Wagner und Sigrid Weigel, Köln, Weimar, Wien 1994, S. 27–49

Kaulbach 1997
Hans-Martin Kaulbach, Picasso und die Friedenstaube, in: Georges-Bloch-Jahrbuch des Kunstgeschichtlichen Seminars der Universität Zürich, Bd. 4, 1997, S. 175 f.

Kaulbach 1998
Hans-Martin Kaulbach, Das Bild des Friedens – vor und nach 1648, in: Ausst.Kat. 1648 – Krieg und Frieden in Europa, Münster/Osnabrück, hrsg. v. Klaus Bußmann und Heinz Schilling, Münster 1998, Bd. II, S. 593–604

Kaulbach 1998a
Hans-Martin Kaulbach, Peter Paul Rubens.: Diplomat und Maler der Friedens, in: Ausst.Kat. 1648 – Krieg und Frieden in Europa, Münster/Osnabrück 1998, hrsg. v. Klaus Bußmann und Heinz Schilling, Münster 1998, Bd. II, S. 565–574

Kaulbach 1999
Hans-Martin Kaulbach, „Pax fovet artes": Kunst als Thema in Allegorien auf den Westfälischen Frieden, in: 1648. Paix de Westphalie. L'art entre la guerre et la paix / Westfälischer Friede. Die Kunst zwischen Krieg und Frieden, hrsg. v. Jacques Thuillier und Klaus Bußmann, Paris 1999, S. 405–430

Kaulbach 1999/2000
    Hans-Martin Kaulbach, Der Friede auf dem Sockel. Öffentliche Friedensbilder seit 1648, in: Ausst.Kat. Friedensengel. Bausteine zum Verständnis eines Denkmals der Prinzregentenzeit, hrsg. v. Norbert Götz, Münchner Stadtmuseum, 1999/2000, S. 51–53
Kegelius 1617
    Philipp Kegelius, Tolf andelige betrachtelser (Zwölf geistliche Andachten), Stockholm 1617
Kent 1978
    J. P. C. Kent, Roman Coins, London 1978
King 1996
    Geoff King, Mapping Reality. An Exploration of Cultural Cartographies, Hampshire, London 1996
Klaits 1976
    Joseph Klaits, Printed Propaganda under Louis XIV. Absolute Monarchy and Public Opinion, Princeton (N.J.) 1976
Klein 1998
    Bernhard Klein, The ‚whole Empire of Great Britain'. Zur Konstruktion des nationalen Raums in der Kartographie und Geographie, in: Bilder der Nation, hrsg. v. Ulrich Bielefeld und Gisela Engel, Hamburg 1998, S. 40–75
Kleinman 1993
    Ruth Kleinman, Anne d'Autriche, Paris 1993
Klemm 1986
    Christian Klemm, Joachim von Sandrart, Berlin 1986
Klemm 1999
    Christian Klemm, L'itinéraire de Joachim von Sandrart, in: 1648. Paix de Westphalie. L'art entre la guerre et la paix / Westfälischer Friede. Die Kunst zwischen Krieg und Frieden, hrsg. v. Jacques Thuillier und Klaus Bußmann, Paris 1999, S. 335–366
Klinge 2001
    Margret Klinge, Porträtdarstellungen auf der Terrasse, im Hof und Garten. Südniederländische Bildnisse des 17. Jahrhunderts, in: Ausst.Kat. Gärten und Höfe der Rubenszeit, Hamm und Mainz 2001, hrsg. v. Ursula Härting, München 2001, S. 121–128
Klug 1987
    Ekkehard Klug, „Europa" und „europäisch" im russischen Denken vom 16. bis zum frühen 19. Jahrhundert, in: Saeculum 38 (1987), S. 193–224
Københavns Universitet 1979
    Københavns Universitet 1479–1979, Bd. I–XIV, hrsg. v. Svend Ellehøj u. a., Kopenhagen 1979– (unvollendet)
Köhler 1976
    Hans-Joachim Köhler, Die Flugschriften. Versuch der Präzisierung eines geläufigen Begriffs, in: Festgabe für Ernst Walter Zeeden zum 60. Geburtstag, hrsg. v. Horst Rabe u.a., Münster 1976 (= Reformationsgeschichtliche Studien und Texte, Supplementbd. 2), S. 36–61
Köllmann/Wirth 1967
    Erich Köllmann, Karl-August Wirth, Artikel „Erdteile", in: Reallexikon zur deutschen Kunstgeschichte, Bd. 5, Stuttgart 1967, Sp. 1107–1202
Königsberger 2001
    H. G. Königsberger, Monarchies, States Generals and Parliaments. The Netherlands in the Fifteenth and Sixteenth Centuries, Cambridge 2001
Kopper 1997
    Gerd G. Kopper (Hg.), Europäische Öffentlichkeit: Entwicklung von Strukturen und Theorie, Berlin 1997
Körber 1998
    Ester-Beate Körber, Öffentlichkeiten der Frühen Neuzeit. Teilnehmer, Formen, Institutionen und Entscheidungen öffentlicher Kommunikation im Herzogtum Preußen von 1525 bis 1618, Berlin, New York 1998 (= Beiträge zur Kommunikationsgeschichte, Bd. 7)

Kornexl 1967
> Dietrich Kornexl, Studien zu Marquard Freher (1565–1614). Leben, Werke und gelehrtengeschichtliche Bedeutung, Diss. (Freiburg) Bamberg 1967

Kraus 1998
> Thomas R. Kraus, „Europa sieht den Tag leuchten ...". Der Aachener Friede von 1748, Aachen 1998 (Beiheft der Zeitschrift des Aachener Geschichtsvereins, Band 5)

Krautheimer 1985
> Richard Krautheimer, The Rome of Alexander VII, 1655–1667, Princeton, New Jersey 1985

Krynen 1993
> Jacques Krynen, L'empire du roi, Paris 1993

Kunisch 1997
> Johannes Kunisch, Absolutismus und Öffentlichkeit, in: Öffentlichkeit im 18. Jahrhundert, hrsg. v. Hans-Wolf Jäger, Göttingen 1997 (= Das achtzehnte Jahrhundert. Supplementa, Bd. 4), S. 33–49

Kunst voor de markt 2000
> Kunst voor de markt. Art for the market 1500–1700, (Nederlands Kunsthistorisch Jaarboek 50 [1999]) hrsg. v. Reindert Falkenburg, Zwolle 2000

Kurze 1986
> Dietrich Kurze, Zeitgenossen über Krieg und Frieden anläßlich der Pax Paolina (röm. Frieden) von 1468, in: Krieg und Frieden im Horizont des Renaissancehumanismus, hrsg. v. Franz Josef Worstbrock, Weinheim 1986, S. 69–103

Lach 1965
> Donald F. Lach, Asia in the Making of Europe, Bd. 1, The Century of Discovery, 1. Teilbd., Chicago 1965

Lademann 1997
> Christoph Lademann, Agostino Mitelli 1609–1660. Die bolognesische Quadraturmalerei in der Sicht zeitgenössischer Autoren, Frankfurt a.M. u.a. 1997 (= Europäische Hochschulschriften, Reihe XXVIII Kunstgeschichte, Bd. 287)

Lagni 1679
> Fra Paolo Da Lagni, Memoriale di frà Paolo da Lagni cappuccino al pontefice Innocenzo XI nel quale si dimostra la necessità de' Principi Cristiani di prevenire il Turco col dichiarargli la guerra, 1679, Città del Vaticano: Biblioteca Apostolica Vaticana: Vat. Lat. 6926.

Lake 1996
> Peter Lake, Retrospective: Wentworth's Political World in Revisionist and Post-revisionist Perspective, in: The Political World of Thomas Wentworth, Earl of Strafford 1621–1641, hrsg. v. J.F. Merrit, Cambridge 1996, S. 252–83

Lamaison 1994
> Pierre Lamaison, Tous cousin? De l'héritage et des stratégies matrimoniales dans les monarchies européennes à l'age classiques, in: Epouser au plus proche. Inceste, prohibitions et stratégies matrimoniales autour de la Méditerranée, Paris 1994, S. 341–367

Langewiesche
> Dieter Langewiesche, Nation, Nationalismus, Nationalstaat in der europäischen Geschichte seit dem Mittelalter, in: Föderative Nation. Deutschlandkonzepte von der Reformation bis zum Ersten Weltkrieg, hrsg. v. Dieter Langewiesche, Georg Schmidt, München 2000, S. 9–32

Laufhütte 1998
> Hartmut Laufhütte, Das Friedensfest in Nürnberg 1650, in: Ausst.Kat. 1648 – Krieg und Frieden in Europa, Münster/Osnabrück 1998, hrsg. v. Klaus Bußmann u. Heinz Schilling, Münster 1998, S. 347–358

Leeflang 1998
> Huigen Leeflang, Dutch Landscape: The Urban View. Haarlem and its Environs in Literature and Art, 15th–17th century, in: Natuur en landschap, hrsg. v. Reindert Falkenburg (Nederlands Kunsthistorisch Jaarboek 48 [1998]), S. 53-115

Leibniz 1670
: Gottfried Wilhelm Leibniz, Bedenken, welcher Gestalt Securitas publica interna und externa im Reich auf festen Fuß zu stellen (1670), in: Staatslehre in der Frühen Neuzeit, hrsg. v. Notker Hammerstein, Frankfurt a. M. 1995, S. 933–983

Leibniz 1693
: Gottfried Wilhelm Leibniz, Codex Juris Gentium Diplomaticum, Hannover 1693

Lemarchand 1993
: Guy Lemarchand, Zur Untersuchung von Nation und Nationalstaat in Europa während der Periode des Übergangs zur Moderne, in: Die Nation. Möglichkeiten und Grenzen eines Konzepts der Neuzeit (= Comparativ. Leipziger Beiträge zur Universalgeschichte und vergleichenden Gesellschaftsforschung 3, 1993), S. 26–42

Lestringant 1991
: Frank Lestringant, Lodovico Guicciardini Chorographe: de la grande a la petite Belgique, in: Lodovico Guicciardini (1521-1589): Actes du Colloque international 28, 29 et 30 mars 1990, hrsg. v. Pierre Jodogne, Brüssel 1991, S. 119-134

Levesque 1994
: Catherine Levesque, Journey Through Landscape in 17th Century Holland: The Haarlem Print Series and Dutch Identity, University Park, Penn. 1994

Levesque 1998
: Catherine Levesque, Landscape, Politics and the Prosperous Peace, in: Natuur en landschap, hrsg.v. Reindert Falkenburg (Nederlands Kunsthistorisch Jaarboek 48 [1998]), S. 223–257

Lieder des Dreißigjährigen Krieges 1855
: Die Lieder des Dreißigjährigen Krieges nach den Originalen abgedruckt, hrsg. v. Emil Weller, Basel 1855

Liess 1979/80
: Reinhard Liess, Die kleinen Landschaften Pieter Bruegels d.Ä. im Lichte seines Gesamtwerkes, in: Kunsthistorisches Jahrbuch Graz 15–16 (1979/80)

Lindemann 1969
: Margot Lindemann, Geschichte der deutschen Presse, Bd. 1: Deutsche Presse bis 1815, Berlin 1969 (= Abhandlungen und Materialien zur Publizistik, Bd. 5)

Lipsius 1594
: Justus Lipsius, Sixe Bookes of Politickes or Civil Doctrine, London 1594

Livet 1998
: Georges Livet, La France, l'Alsace et les traités de Westphalie, in: Ausst.Kat. 1648 – la paix de Westphalie. Vers l'Europe moderne, Paris 1998

Lockyer 1989
: Roger Lockyer, The Early Stuarts. A Political History 1603–1642, London 1989

Londorp 1641
: Caspar Londorp, Actorum publicorum tomi IV, Frankfurt a. M.: Schönwetter, 1641

Lope de Vega Carpio 1865
: Félix Lope de Vega Carpio, Dicho y deposición, Beitrag zum Memorial informatorio por los pintores 1629, in: Vicente Carducho, Diálogos de la Pintura, hrsg. v. Gregorio Cruzada Villaamil, Madrid 1865, S. 371–378

Lundorp 1621
: Caspar Lundorp, Acta publica, Frankfurt a. M. 1621

Lutz 1979
: Robert H. Lutz, Wer war der gemeine Mann? Der dritte Stand in der Krise des Spätmittelalters, München, Wien 1979

Lynch 1969
: John Lynch, Spain under the Habsburgs, Bd. 2, New York 1969

Lynch 1994
: Michael Lynch, National Identity in Ireland and Scotland, 1500–1640, in: Nations, Nation-

alism and Patriotism in the European Past, hrsg. v. Claus Bjorn, Alexander Grant, Keith J. Stringer, Copenhagen 1994, S. 109–136

Mczak 1997
Antoni Mczak, The Traveller's View. Perceptions of Europe in the 16th and 17th Centuries, in: ‚Europäische Geschichte' als historiographisches Problem, hrsg. v. Heinz Duchhardt und Andreas Kunz, Mainz 1997 (= Veröffentlichungen des Instituts für Europäische Geschichte Mainz, Abteilung Universalgeschichte, Beiheft 42), S. 67–86

Mah 2000
Harold Mah, Phantasies of the Public Sphere. Rethinking the Habermas of Historians, in: The Journal of Modern History 72 (2000), S. 153–182

Malettke 1991
Klaus Malettke; Ludwigs XIV. Außenpolitik zwischen Staatsräson, ökonomischen Zwängen und Sozialkonflikten, in: Rahmenbedingungen und Handlungsspielräume europäischer Außenpolitik im Zeitalter Ludwigs XIV., hrsg. v. Heinz Duchhardt (= Zeitschrift für Historische Forschung, Beiheft 11), Berlin 1991, S. 43–72

Malettke 1992
Klaus Malettke, Konzeptionen kollektiver Sicherheit in Europa bei Sully und Richelieu, in: Der Europa-Gedanke, hrsg. v. August Buck, Tübingen 1992 (= Reihe der Villa Vigoni. Deutsch-italienische Studien, Bd. 7)

Malettke 1994
Klaus Malettke, Europabewußtsein und europäische Friedenspläne im 17. und 18. Jahrhundert, in: Francia 21/2 (1994), S. 63–93

Malettke 1998
Klaus Malettke, Frankreichs Reichspolitik zur Zeit des Dreißigjährigen Krieges und des Westfälischen Friedens, in: Ausst.Kat. 1648 – Krieg und Frieden in Europa, Münster/Osnabrück 1998, hrsg. v. Klaus Bußmann und Heinz Schilling, Münster 1998, Bd. I, S. 177–186

Malvezzi 1956
Aldobrandino Malvezzi, L'Islamismo e la Cultura Europea, Florenz 1956

Mamone 1990
Sara Mamone, Paris et Florence, deux capitales du spectacle pour une reine, Marie de Médicis, Paris 1990

Mangenot 1923
E. Mangenot, Bénédiction, in: Dictionnaire de Théologie catholique, Paris 1923, Bd. II,1, Sp. 629–639

Marchesi
Monsignor Marchello Marchesi, Fünf Abhandlungen über „Der Krieg gegen die Türken", 17. Jahrhundert: 1) Alla Santità di nostro Signore Papa Paolo Quinto Beatissimo Padre; 2) Alla Maestà del Re Catholico Filippo III. Sacra Catholica Maestà; 3) All'Illustrissimo et Eccellentissimo Signore Duca di Lerma; 4) Alla Maestà del Re d'Ungheria Mathia II. Sacra Maestà; 5) Del detto quinto trattato proemio, divisione, et ordine, Città del Vaticano: Biblioteca Apostolica Vaticana: Barb. Lat. 5366.

Mariani 1943
Valerio Mariani, Michelangelo e la facciata di San Pietro, Roma 1943

Martin 1992
Julian Martin, Francis Bacon, The State and the Reform of the Natural Philosophy, Cambridge 1992

Martínez 1988
Jusepe Martínez, Discursos practicables del nobilísimo Arte de la Pintura, hrsg. v. Julián Gállego, Madrid 1988

Martin-Ulrich 2002
Claudie Martin-Ulrich, La persona de la princesse, personnage litteraire et personnage politique, Paris 2002

Matthieu 1970
> Pierre Matthieu, L'entrée de tres grande, tres chrestienne et tres auguste princesse Marie de Medicis, reine de France et de Navarre, en ville de Lyon le 3 decembre 1600, Lyon, zitiert nach N. J. Martin, Entrées royales et fêtes populaires à Lyon du XVe au XVIIIe siècle, Lyon 1970

Maurer 1993
> Michael Maurer, ,Nationalcharakter' in der frühen Neuzeit. Ein mentalitätsgeschichtlicher Versuch, in: Transformationen des Wir-Gefühls. Studien zum nationalen Habitus, hrsg. v. Reinhard Blomert, Helmut Kuzmics u. Annette Treibel, Frankfurt a. M. 1993, S. 45–81

Maurer 2001
> Michael Maurer, Europäische Geschichte, in: Aufriß der Historischen Wissenschaften, Bd. 2: Räume, hrsg. v. Michael Maurer, Stuttgart 2001, S. 99–197

Mayer 1989
> Thomas F. Mayer, Thomas Starkey and the Commonwealth, Cambridge 1989

Mayhew 1967
> Edgar de N. Mayhew, Sketches by Thornhill in the Victoria and Albert Museum, London 1967

McLaren 1999
> A. N. McLaren, Political Culture in the Reign of Elizabeth I: Queen and Commonwealth 1558–1585, Cambridge 1999

Medienwissenschaft 1999
> Medienwissenschaft. Ein Handbuch zur Entwicklung der Medien und Kommunikationsformen, hrsg. v. Joachim-Felix Leonhard u.a., 1. Teilbd., Berlin, New York 1999 (= Handbücher zur Sprach- und Kommunikationswissenschaft, Bd. 15.1)

Melanchthon 1836
> Philip Melanchthon, Omnia Opera, in: Corpus Reformatorum (= CR) 3, hrsg. v. Karl Bretschneider, Halle 1836, S. 565 ff.

Menk
> Gerhard Menk, Die Chronistik als politisches Kampfinstrument – Wilhelm Dilich und Marqard Freher, in: ders. (Hrsg), Hessische Chroniken als Gegenstand und Mittel der Landes- und Stadtgeschichte, Marburg (im Druck)

Menk 2000
> Gerhard Menk, Recht und Raum in einem waldeckischen Reichskammergerichtsprozeß, in: Geschichtsblätter für Waldeck 88 (2000), S. 12–47

Menschen und Grenzen 1998
> Menschen und Grenzen in der Frühen Neuzeit, hrsg. v. Wolfgang Schmale u. Reinhard Stauber, Berlin 1998

Mentz 1897
> Georg Mentz, Die deutsche Publizistik im 17. Jahrhundert, Hamburg 1897

Mertens 1991
> Dieter Mertens, Europäischer Friede und Türkenkrieg im Spätmittelalter, in: Heinz Duchhardt (Hrsg.), Zwischenstaatliche Friedenswahrung in Mittelalter und Früher Neuzeit, Köln, Wien 1991, S. 45–90

Mertens 2000
> Dieter Mertens, Nation als Teilhabeverheissung: Reformation und Bauernkrieg, in: Föderative Nation. Deutschlandkonzepte von der Reformation bis zum Ersten Weltkrieg, hrsg. v. Dieter Langewiesche, Georg Schmidt, München 2000, S. 115–134

Mesnard/Mousnier 1985
> Jean Mesnard u. Roland Mousnier (Hg.), L'âge d'or du mécénat (1598–1661), Paris 1985

Meyer 1955
> Rudolf Meyer, Die Flugschriften der Epoche Ludwigs XIV. Eine Untersuchung der in Schweizerischen Bibliotheken enthaltenen Broschüren (1661–1679), Basel, Stuttgart 1955

Michalsky 2000
: Tanja Michalsky, Imitation und Imagination. Die Landschaft Pieter Bruegels im Blick der Humanisten, in: Künste und Natur in Diskursen der Frühen Neuzeit, hrsg. v. Hartmut Laufhütte, Wiesbaden 2000, S. 383–405

Michalsky 2000a
: Tanja Michalsky, L'atelier des songes. Die Landschaften Pieter Bruegels d. Ä. als Räume subjektiver Erfahrung, in: Imagination und Wirklichkeit. Zum Verhältnis von mentalen und realen Bildern in der Kunst der frühen Neuzeit, hrsg. v. Klaus Krüger und Alessandro Nova, Mainz 2000, S. 123–137

Michalsky 2002
: Tanja Michalsky, Hic est mundi punctus et materia gloriae nostrae. Der Blick auf die Landschaft als Komplement ihrer kartographischen Eroberung, in: Das Geheimnis am Beginn der europäischen Moderne, hrsg. v. Gisela Engel, Brita Rang, Klaus Reichert u. Heide Wunder, Frankfurt a. M. 2002, S. 436–453

Michalsky 2002a
: Tanja Michalsky, Zeit und Zeitlichkeit. Annäherungen an Jacob van Ruisdaels spätes Werk Der Sonnenstrahl, in: Die Methodik der Bildinterpretation, hrsg. v. Andrea von Huelsen-Esch u. Jean-Claude Schmitt (Göttinger Gespräche zur Geschichtswissenschaft, 16) Göttingen 2002, S. 117–154

Mielke 1986
: Hans Mielke, (L'epoque de Lucas de Leyde et Pieter Bruegel): Dessins des anciens Pays-Bas: Collection Frits Lugt, in: Master Drawings 23/24 (1986), S. 75–90

Mielke 1996
: Hans Mielke, Pieter Bruegel. Die Zeichnungen, Turnhout 1996

Mignanti 1867
: Filippo Maria Mignanti, Istoria della Sacrosanta Patriarcale Basilica Vaticana dalla sua Fondazione fino al presente del Sacerdote Filippo Maria Mignanti benefiziato nella Medesima, 2 Bde., Rom 1867

Mignot 1994
: Claude Mignot, Le Val de Grâce, l'hermitage d'une reine, Paris 1994

Mommsen 1990
: Wolfgang J. Mommsen, Ranke and the Neo-Rankean School in Imperial Germany, in: Leopold von Ranke and the Shaping of the Historical Discipline, hrsg. v. Georg G. Iggers, James M. Powell, Syracuse 1990, S. 124–140

Monarchs, ministers and maps 1992
: Monarchs, ministers and maps. The Emergence of Cartography as a Tool of Government in Early Modern Europe, hrsg. v. David Buisseret, Chicago, London 1992

Montesquieu 1749
: Charles de Montesquieu, L'esprit des Loix (1749), Paris 1853

Morel 1988
: Bernard Morel, Les joyaux de la couronne de France, Paris 1988

Mörke 1995
: Olaf Mörke, Pamphlet und Propaganda. Politische Kommunikation und technische Innovation in Westeuropa in der frühen Neuzeit, in: Kommunikationsrevolutionen. Die neuen Medien des 16. und 19. Jahrhunderts, hrsg. v. Michael North, Köln u.a. 1995 (= Wirtschafts- und sozialhistorische Studien, Bd. 3)

Moroni 1840–1861
: Gaetano Moroni, Benedizione: in: Dizionario di erudizione storico-ecclesiastica, 103 Vol. Venezia 1840–1861, Bd. V, S. 60–64

Morrill 1993
: John Morrill, Charles I., Tyranny and Civil War, in: ders., The Nature of the English Revolution, London 1993, S. 285–306

Motta 2000
    Giovanna Motta, Presenza ottomana tra Mediterraneo e centro-Europa: contrasti e reciproche influenze, in: L'Europa centro-orientale e il pericolo turco tra sei e settecento. Atti del convegno internazionale, Viterbo, Novembre 1998, hrsg. v. Gaetano Platania, Viterbo 2000, S. 21 f.

Muhlack 1991
    Ulrich Muhlack, Geschichtswissenschaft im Humanismus und in der Aufklärung, München 1991

Müller 1991
    Klaus Müller, Die Idee des europäischen Gleichgewichts in der Frühen Neuzeit, in: Europa – Begriff und Idee. Historische Streiflichter, hrsg. v. Hans Hecker, Bonn 1991, S. 60–74

Müller 1993
    Jürgen Müller, Concordia Pragensis. Karel van Manders Kunsttheorie im Schilder-Boeck, München 1993 (= Veröffentlichungen des Collegium Carolinum, Bd. 77)

Müller Hofstede 1979
    Justus Müller Hofstede, Zur Interpretation von Bruegels Landschaft. Ästhetischer Landschaftsbegriff und Stoische Weltbetrachtung, in: Pieter Bruegel und seine Welt. Ein Colloquium des Kunsthistorischen Instituts der Freien Universität Berlin und dem Kupferstichkabinett, hrsg. v. Otto von Simson und Matthias Winner, Berlin 1979, S. 73–142

Müller Hofstede 1984
    Justus Müller Hofstede, „Non Saturatur Oculus Visu" – Zur „Allegorie des Gesichts" von Peter Paul Rubens und Jan Brueghel d. Ä., in: Herman Vekeman und Justus Müller Hofstede, Wort und Bild in der niederländischen Kunst und Literatur des 16. und 17. Jahrhunderts, Erftstadt 1984

Münkler 1989
    Herfried Münkler, Nation als politische Idee im frühneuzeitlichen Europa, in: Nation und Literatur im Europa der Frühen Neuzeit. Akten des I. Internationalen Osnabrücker Kongresses zur Kulturgeschichte der Frühen Neuzeit, hrsg. v. Klaus Garber, Tübingen 1989, S. 56–86

Mythos Europa 1988
    Mythos Europa. Europa und der Stier im Zeitalter der industriellen Zivilisation, hrsg. v. Siegfried Salzmann, Hamburg 1988

Nation und Literatur 1989
    Nation und Literatur im Europa der Frühen Neuzeit. Akten des I. Internationalen Osnabrücker Kongresses zur Kulturgeschichte der Frühen Neuzeit, hrsg. v. Klaus Garber, Tübingen 1989

Nations, Nationalism and Patriotism 1994
    Nations, Nationalism and Patriotism in the European Past, hrsg. v. Claus Bjorn, Alexander Grant, Keith J. Stringer, Copenhagen 1994

Neher 1901
    Stephan Jakob Neher, Urbi et Orbi, in: Wetzer und Welte's Kirchenlexikon oder Encyklopädie der katholischen Theologie und ihrer Hilfswissenschaften. 2. Auflage, Freiburg im Breisgau 1901, Bd. XII, Sp. 452–453

Neue Ästhetik 2002
    Neue Ästhetik. Das Atmosphärische und die Kunst, hrsg. v. Ziad Mahayni, München 2002

Nicollier-Weck 1995
    Beatrice Nicollier-Weck, Hubert Languet (1518–1581). Un reseau politique internationale de Melanchthon á Guillaume d'Orange, Genf 1995

Nifterik/Vazquez 2000
    Gustaaf van Nifterik u. Fernando Vazquez, ‚Spaignaert', en de Nederlandse Opstand, in: Legal History Review 68 (2000)

Nippel 1995
    Wilfried Nippel, Public order in ancient Rome, Cambridge 1995

Nooteboom 2000
> Cees Nooteboom, Die Form des Zeichens, die Form der Stadt, in: Die Dame mit dem Einhorn. Europäische Reisen, Frankfurt 2000, S. 9–18

Nordman 1998
> Daniel Nordman, Frontières de France. De l'espace au territoire, XVIe-XIXe siècle, Paris 1998

North 1997
> Michael North, Geschichte der Niederlande, München 1997

North 2001
> Michael North, Das goldene Zeitalter. Kunst und Kommerz in der niederländischen Malerei des 17. Jahrhunderts, Köln, 2., erw. Auflage 2001

Norvin 1931–33
> William Norvin, Det ridderlige Akademi i København, in: Historiske Meddelelser om København, 2. rk., Bd. V (1931–33), S. 105–235

Olden-Jørgensen 2000
> Sebastian Olden-Jørgensen, Machtausübung und Machtinszenierung im dänischen Frühabsolutismus 1660–1730, in: Historisches Jahrbuch 120 (2000), S. 97–113

Oldridge 1998
> Darren Oldridge, Religion and Society in Early Stuart England, Aldershot 1998

Opmeer/Beyerlinck 1611
> Petrus Opmeer und Laurentius Beyerlinck, Opus chronographicum orbis universi a mundo exordio usque ad annum M.DC.XI., Antwerpen: Verdussen, 1611

Orbaan 1919
> Johannes Albertus Franciscus Orbaan, Der Abbruch von Alt-Sankt-Peter 1605–1615, in: Jahrbuch der preussischen Kunstsammlungen 39 (1919) Beiheft, S. 1–119

Osler 2000
> Margaret Osler, Rethinking the Scientific Revolution, Cambridge 2000

Oz-Salzberger 1995
> Fania Oz-Salzberger, Translating the Enlightenment: Scottish Civic Discourse in Eighteenth-Century Germany, Oxford 1995

Paas 1985–1998
> Roger L. Paas, The German Political Broadsheet 1600–1700, bisher 6 Bde. (1600–1632), Wiesbaden 1985–1998

Pacheco 1990
> Francisco Pacheco, El Arte de la Pintura, hrsg. v. Bonaventura Bassegoda i Hugas, Madrid 1990 (1. Ausg. Sevilla 1649)

Pagden 1998
> Anthony Pagden, Lords of all the World. Ideologies of Empire in Spain, Britain and France 1492–1830, New Haven, London 1998

Palomino 1988
> Antonio Palomino, El Museo Pictórico y Escala Òptica, Bd. 3: El Parnaso Español Pintoresco Laureado, Madrid 1988 (1. Ausg. Madrid 1724)

Panikkar 1955
> Kavalam Madhava Panikkar, Asien und die Herrschaft des Westens, Zürich 1955

Papenbrock 2001
> Martin Papenbrock, Landschaften des Exils. Gillis van Coninxloo und die Frankenthaler Maler, Köln 2001

Parker 1988
> Geoffrey Parker, The Military Revolution. Military Innovation and the Rise of the West 1500–1800, Cambridge 1988

Pastor 1928
> Ludwig von Pastor, Geschichte der Päpste seit dem Ausgang des Mittelalters, Freiburg 1928

Pastoureau/Schmitt 1990
: Michel Pastoureau und Jean-Claude Schmitt, Europe. Mémoire et emblèmes, Paris 1990

Patria 2003
: Patria, in theologischen, juristischen und philosophischen Texten und in politischen Konflikten im Europa des 17. Jahrhunderts, hrsg. v. Robert v. Friedeburg, Wiesbaden 2003

Pelikan 1990
: Jaroslav Pelikan, Leopold von Ranke as Historian of the Reformation, in: Leopold von Ranke and the Shaping of the Historical Discipline, hrsg. v. Georg G. Iggers, James M. Powell, Syracuse 1990, S. 89–98

Pelz 1993
: Annegret Pelz, Reisen durch die eigene Fremde: Reiseliteratur von Frauen als autogeographische Schriften, Köln u.a. 1993

Pérez Sánchez 1992
: Alonso E. Pérez Sánchez, Pintura barroca en España (1600–1750), Madrid 1992

Pettegree 1992
: Andrew Pettegree, Emden and the Dutch Revolt: Exile and the Development of Reformed Protestantism, Oxford 1992

Pettegree 1996
: Andrew Pettegree, Marian Protestantism: Six Studies, Aldershot 1996

Pfeiff 1990
: Ruprecht Pfeiff, Minerva in der Sphäre des Herrscherbildes, Münster 1990

Pieper 2000
: Renate Pieper, Die Vermittlung einer neuen Welt. Amerika im Nachrichtennetz des Habsburgischen Imperiums 1493–1598, Mainz 2000 (= Veröffentlichungen des Instituts für Europäische Geschichte Mainz, Bd. 163)

Pigler 1974
: A. Pigler, Barockthemen: eine Auswahl von Verzeichnissen zur Ikonographie des 17. und 18. Jahrhunderts, Budapest 1974

Pillinini 1964
: Giovanni Pillinini, Un discorso inedito di Paolo Paruta, in: Archivio Veneto LXXIV (1964), S. 7 f.

Pincus 1998
: Steven Pincus, To protect English liberties: the English Nationalist Revolution of 1688–1689, in: Protestantism and National Identity. Britain and Ireland c. 1650– c. 1850, hrsg. v. Tony Claydon, Ian McBride, Cambridge 1998, S. 75–104

Platania 1992
: Gaetano Platania, Venimus, vidimus et Deus vicit. Dai Sobieski ai Wettin. La diplomazia pontificia nella Polonia di fine seicento, Cozena 1992

Platania 1997
: Gaetano Platania, Santa Sede e sussidi per la guerra contro il turco nella seconda metà del XVII secolo, in: Il Buon Senso o la Ragione. L'Università degli Studi della Tuscia, Viterbo 1997

Platania 1998
: Gaetano Platania, Innocent XI Odescalchi et ‚esprit de croisade‘, in: XVIIe Siècle. La Reconquête Catholique en Europe Centrale, o. Ort, Société d'Etude du XVIIe Siècle, April – Juni 1998

Platania 1998a
: Gaetano Platania, Diplomazia e guerra turca nel XVII secolo. La politica diplomatica polacca e la ‚lunga guerra turca' (1673–1683), in: I Turchi, il Mediterraneo e l'Europa, hrsg. v. Giovanna Motta, Mailand 1998

Poeschel 1985
: Sabine Poeschel, Studien zur Ikonographie der Erdteile in der Kunst des 16.–18. Jahrhunderts, phil. Diss. Münster 1984 (Studien zur Kunstwissenschaft Bd. 3, München 1985)

Poeschel 1999
: Sabine Poeschel, Alexander Maximus. Das Bildprogramm des Appartamento Borgia im Vatikan, Weimar 1999

Politische Deutungskulturen 1999
: Politische Deutungskulturen. Festschrift für Karl Rohe, hrsg. v. Othmar Nikola Haberl u. Tobias Korenke, Baden-Baden 1999

Preimesberger 1974
: Rudolf Preimesberger, Obeliscus Pamphilius. Beiträge zur Vorgeschichte und Ikonographie des Vierströmebrunnens auf Piazza Navona, in: Münchner Jahrbuch der bildenden Künste 25 (1974), S. 77–162

Preimesberger 1987
: Rudolf Preimesberger, Tragische Motive in Raffaels Transfiguration, in: Zeitschrift für Kunstgeschichte 50 (1987), S. 89–115

Preimesberger 1998
: Rudolf Preimesberger, Bilder des Papsttums vor und nach 1648, in: Ausst.Kat 1648 – Krieg und Frieden in Europa, Münster/Osnabrück 1998, hrsg. v. Klaus Bußmann und Heinz Schilling, Münster 1998, Bd. 2, S. 619–628

Press 1982
: Volker Press, Zwischen Versailles und Wien. Die Pfälzer Kurfürsten in der deutschen Geschichte der Barockzeit, in: Zeitschrift für die Geschichte des Oberrheins 130 (1982), S. 207–262

Press 1989
: Volker Press, Die kaiserliche Stellung im Reich zwischen 1648 und 1740 – Versuch einer Neubewertung, in: Stände und Gesellschaft im Alten Reich, hrsg. v. Georg Schmidt, Stuttgart 1989 (= Veröffentlichungen des Instituts für Europäische Geschichte Mainz, Beiheft 29), S. 51–80

Press 1991
: Volker Press, Kriege und Krisen. Deutschland 1600–1715, München 1991 (= Neue Deutsche Geschichte, Bd. 5)

Pribram 1894
: Alfred F. Pribram, Franz Paul, Freiherr von Lisola und die Politik seiner Zeit 1613–1674, Leipzig 1894

Prignitz 1981
: C. Prignitz, Vaterlandsliebe und Freiheit: Deutscher Patriotismus 1750–1850, Wiesbaden 1981

Protestant History 1996
: Protestant History and Identity in Sixteenth Century Europe, hrsg. v. Bruce Gordon, Aldershot 1996

Pufendorf 1711
: Samuel Pufendorf, De iure naturae et gentium libri octo, 16, dt.: Acht Bücher vom Natur- und Völcker-Rechte, Frankfurt a. M. 1711, ND Hildesheim 1998, 2 Bde.

Pufendorf 1994
: Samuel von Pufendorf, Die Verfassung des Deutschen Reiches, hrsg. und übersetzt von Horst Denzer, Frankfurt a. M. 1994 (= Bibliothek des deutschen Staatsdenkens, Bd. 4)

Quartremère de Quincey 1831
: Antoine Chrysôstome Quartremère de Quincey, Geschichte der berühmtesten Architekten und ihrer Werke, vom XI. bis zum Ende des XVIII. Jahrhunderts, nebst der Ansicht des merkwürdigsten Gebäudes eines Jeden derselben, von Quartremère de Quincey. Aus dem Französischen übersetzt von Dr. Friedrich Seldmann, 2. Bd., Darmstadt und Leipzig 1831

Quevedo 1966
: Francisco de Quevedo, Obras completas, hrsg. v. Felicidad Buendia, Bd. 1, Madrid 1966

Ranke 1839
: Leopold Ranke, Die römischen Päpste, ihre Kirche und ihr Staat im sechzehnten und siebzehnten Jahrhundert, 2. Auflage, Berlin 1839

Ranke 1990
: Leopold von Ranke and the Shaping of the Historical Discipline, hrsg. v. Georg G. Iggers, James M. Powell, Syracuse 1990

Reese 1988
: Armin Reese, Pax sit Christiana. Die westfälischen Friedensverhandlungen als europäisches Ereignis, Düsseldorf 1988

Regionale Identität 1992
: Regionale Identität und soziale Gruppen im deutschen Mittelalter, hrsg. v. Peter Moraw, Berlin 1992

Reibstein 1957
: Ernst Reibstein, Völkerrecht, Bd. 1, Freiburg i. Br. 1957

Reinhard 1983
: Wolfgang Reinhard, Geschichte der europäischen Expansion, Bd. 1, Die Alte Welt bis 1818, Stuttgart u.a. 1983

Reinhard 1999
: Wolfgang Reinhard, Geschichte der Staatsgewalt. Eine vergleichende Verfassungsgeschichte Europas von den Anfängen bis zur Gegenwart, München 1999

Repgen 1985
: Konrad Repgen, Kriegslegitimationen in Alteuropa, in: Historische Zeitschrift 241 (1985), S. 27–49

Repgen 1988
: Konrad Repgen, Der Westfälische Friede und die Ursprünge des europäischen Gleichgewichts, in: ders., Von der Reformation zur Gegenwart: Beiträge zu Grundfragen der neuzeitlichen Geschichte, hrsg. v. Klaus Gotto und Hans-Günter Hockerts, Paderborn 1988 (zuerst 1986), S. 53–66

Repgen 1998
: Konrad Repgen, Krieg und Kriegstypen, in: ders., Dreißigjähriger Krieg und Westfälischer Friede. Studien und Quellen, hrsg. v. Franz Bosbach und Christoph Kampmann, Paderborn u.a. 1998, S. 3–20

Repgen 2001
: Konrad Repgen, Evangelisches Kirchenlied als Mittel zur Popularisierung des Friedensvertrags von Osnabrück im Sommer 1648, in: Formen internationaler Beziehungen in der Frühen Neuzeit. Frankreich und das Alte Reich im europäischen Staatensystem. Festschrift für Klaus Malettke, hrsg. v. Sven Externbrink und Jörg Ulbert, Berlin 2001 (= Historische Forschungen, Bd. 71), S. 431–439

Riccardi-Cubitt 1993
: Monique Riccardi-Cubitt, Un art européen. Le cabinet de la Renaissance à l'époque moderne, Paris 1993

Richter 1946
: Liselotte Richter, Leibniz und sein Russlandbild, Berlin 1946

Riegl 1923
: Alois Riegl, Die Entstehung der Barockkunst in Rom. Aus seinem Nachlaß herausgegeben von Max Dvorák, 2. Auflage, Wien 1923

Ripa 1603
: Cesare Ripa, Iconologia, Ausgabe Rom 1603, Reprint Hildesheim, New York 1970

Roeck 1983
: Bernd Roeck, Titelkupfer reichspublizistischer Werke der Barockzeit als historische Quellen, in: Archiv für Kulturgeschichte 65 (1983), S. 329–370

Roettig 2000
: Petra Roettig, ‚Bruegel invenit' – ‚Cock excudit'. Pieter Bruegel d. Ä. und sein Verleger Hieronymus Cock. in: Ausst.Kat. Bruegel, Hamburg 2000, S. 22–30

Roger Pratt 1928
: The Architecture of Sir Roger Pratt. Charles II's Commissioner for the Rebuilding of

London after the Great Fire: Now Printed for the First Time from his Note-Books, hrsg. v. R. T. Gunther, Oxford 1928

Rohe 1990
Karl Rohe, Politische Kultur und ihre Analyse, in: Historische Zeitschrift 250 (1990), S. 321–346

Rohe 1994
Karl Rohe, Politik. Begriffe und Wirklichkeiten, Stuttgart u.a.² 1994

Rommel 1839
Christoph v. Rommel, Neuere Geschichte von Hessen, Bd. 3 (= Geschichte von Hessen, Bd. 7), Cassel 1839

Rooses/Ruelens 1887–1909
Max Rooses und Charles Ruelens, Correspondance de Rubens et Documents épistolaires concernant sa vie et ses oeuvres publies, Codex Diplomaticus Rubenianus, 6 Bde., Antwerpen 1887–1909

Rosenthal 1989
Lisa Rosenthal, The parens patriae: Family Imagery in Rubens' Minerva protects Pax from Mars, in: Art History 12 (1989), S. 22–38

Rössing-Hager 1981
Monika Rössing-Hager, Wie stark findet der nicht-lesekundige Rezipient Berücksichtigung in den Flugschriften? in: Flugschriften als Massenmedium der Reformationszeit. Beiträge zum Tübinger Symposion 1980, hrsg. v. Hans-Joachim Köhler, Stuttgart 1981 (= Spätmittelalter und frühe Neuzeit, Bd. 13), S. 77–137

Rougemont 1961
Denis de Rougemont, Europa. Vom Mythos zur Wirklichkeit, München 1961

Rubis 1614
Claude de Rubis, Conference des prerogatives d'ancienneté et de noblesse de la monarchie, Lyon 1614

Runciman 1954
Stephen Runciman, A History of the Crusades, Bd. I-III, Oxford 1954

Russell 1986
Joycelyne G. Russell, Peacemaking in the Renaissance, Philadelphia, London 1986

Russell 1990
Conrad Russell, The Causes of the English Civil War, Oxford 1990

Russell 1993
Conrad Russell, Divine Rights in the Early Seventeenth Century, in: Public Duty and Private Conscience in Seventeenth Century England, hrsg. v. John Morrill, Paul Slack and Daniel Woolf, Oxford 1993

Sacchi Lodispoto 1985
Giuseppe Sacchi Lodispoto, Un „ardito" progetto d'intervento sulla facciata della Basilica Vaticana, in: Strenna dei Romanisti 46 (1985), S. 593–612

Salzmann 1988
Siegfried Salzmann, Mythos Europa, in: Ausst.Kat. Die Verführung der Europa, Staatliche Museen Preußischer Kulturbesitz, Berlin 1988

Sandrart 1675–1679
Joachim von Sandrart, Academie der Bau-, Bild und Mahlerey-Künste, hrsg. v. Rudolf Arthur Peltzer, München 1971 (1. Ausg. Nürnberg 1675–1679)

Sandrart 1680
Joachim von Sandrart, Iconologia Deorum, oder Abbildung der Götter, Nürnberg, Leipzig 1680

Scharloo 1998
Marjan Scharloo, Images of War and Peace 1621–1648. The Dutch Medals, in: The Medal 33 (Autumn 1998), S. 23–38

Scheidegger 1993
　Gabriele Scheidegger, Perverses Abendland – barbarisches Russland. Begegnungen des 16. und 17. Jahrhunderts im Schatten kultureller Missverständnisse, Zürich 1993
Scheidegger 1999
　Gabriele Scheidegger, Endzeit. Russland am Ende des 17. Jahrhunderts, Bern u.a. 1999 (= Slavica Helvetica, Bd. 63)
Schiavo 1990
　Armando Schiavo, Michelangelo nel complesso delle sue opere, 2 Bde., Rom 1990
Schilling 1972
　Heinz Schilling, Niederländische Exulanten im 16. Jahrhundert: ihre Stellung im Sozialgefüge und im religiösen Leben deutscher und englischer Städte, Gütersloh 1972
Schilling 1981
　Heinz Schilling, Konfessionskonflikt und Staatsbildung. Eine Fallstudie über das Verhältnis zwischen religiösem und sozialem Wandel in der Frühneuzeit am Beispiel der Grafschaft Lippe, Gütersloh 1981
Schilling 1990
　Michael Schilling, Bildpublizistik der frühen Neuzeit. Aufgaben und Leistungen des illustrierten Flugblatts in Deutschland bis um 1700, Tübingen 1990 (= Studien und Texte zur Sozialgeschichte der Literatur, Bd. 29)
Schilling 1991
　Heinz Schilling, Nationale Identität und Konfession in der europäischen Neuzeit, in: Nationale und kulturelle Identität. Studien zur Entwicklung des kollektiven Bewußtseins in der Neuzeit, hrsg. v. Bernd Giesen, Frankfurt 1991, S. 192–252
Schilling 1994
　Heinz Schilling, Höfe und Allianzen. Deutschland 1648–1763, 2. Aufl., Berlin 1994
Schilling 1996
　Heinz Schilling, Nochmals ‚Zweite Reformation' in Deutschland, in: Zeitschrift für historische Forschung 24 (1996), S. 1–24
Schilling 1996a
　Heinz Schilling, Protestant Confessionalization in Rural Parts of Northwestern and Northern Europe: General Considerations and some Remarks on the Results of Case Studies, in: Christianisation de campagnes, hrsg. v. J.-P. Massaut, M.-E. Henneau, Brüssel 1996, S. 249–269
Schilling 1998
　Heinz Schilling, Krieg und Frieden in der werdenden Neuzeit - Europa zwischen Staatenbellizität, Glaubenskrieg und Friedensbereitschaft, in: Ausst.Kat. 1648 - Krieg und Frieden in Europa, Münster/Osnabrück 1998/99, hrsg. v. Klaus Bußmann und Heinz Schilling, Münster 1998 Bd. 1, S.13–22
Schilling 1998a
　Heinz Schilling, Der Westfälische Friede und das neuzeitliche Profil Europas, in: Heinz Duchhardt (Hg.), Der Westfälische Friede. Historische Zeitschrift, Beiheft 26 (1998), S. 3–32
Schilling 1999
　Heinz Schilling, Höfe und Allianzen: Deutschland 1648–1763, 3. Aufl., Berlin 1999
Schilling 2000
　Heinz Schilling, Wider den Mythos vom Sonderweg – die Bedingungen des deutschen Weges in die Neuzeit, in: Reich, Regionen und Europa in Mittelalter und Neuzeit. Festschrift für Peter Moraw, hrsg. v. Paul-Joachim Heinig u.a., Berlin 2000
Schilling 2001
　Heinz Schilling, Confessionalisation and the Rise of Religious and Cultural Frontiers in Early Modern Europe, in: Frontiers of Faith. Religious Exchange and the Constitution of Religious Identities 1400–1750, hrsg. v. Eszter Andor und István György Tóth, Budapest 2001, S. 21–35

Schilling 2001a
: Heinz Schilling, Reichs-Staat und frühneuzeitliche Nation der Deutschen oder teilmodernisiertes Reichs-System. Überlegungen zu Charakter und Aktualität des Alten Reiches, in: Historische Zeitschrift 272 (2001), S. 377–395

Schillinger 1999
: Jean Schillinger, Les pamphlétaires allemands et la France de Louis XIV, Bern u.a. 1999 (= Collection contacts/2, Bd. 27)

Schindling 2001
: Anton Schindling, Das Strafgericht Gottes. Kriegserfahrung und Religion im Heiligen Römischen Reich deutscher Nation im Zeitalter des Dreißigjährigen Krieges. Erfahrungsgeschichte und Konfessionalisierung, in: Das Strafgericht Gottes. Kriegserfahrung und Religion im Heiligen Römischen Reich Deutscher Nation im Zeitalter des Dreißigjährigen Krieges. Beiträge aus dem Tübinger Sonderforschungsbereich „Kriegserfahrung, Krieg und Gesellschaft in der Neuzeit", hrsg. v. Anton Schindling u. Matthias Asche, Münster 2001, S. 11–51

Schlumberger 1994
: Jörg A. Schlumberger, Europas antikes Erbe, in: Europa – aber was ist es? Aspekte seiner Identität in interdisziplinärer Sicht, hrsg. v. Jörg A. Schlumberger und Peter Segl, Köln, Weimar und Wien 1994 (= Bayreuther historische Kolloquien, Bd. 8), S. 1–19

Schmale 1997
: Wolfgang Schmale, Scheitert Europa an seinem Mythendefizit?, Bochum 1997 (= Herausforderungen, Bd. 3)

Schmale 1997b
: Wolfgang Schmale, Das 17. Jahrhundert und die neuere europäische Geschichte, in: Historische Zeitschrift 264 (1997), S. 587–611

Schmale 2000
: Wolfgang Schmale, Europa – die weibliche Form, in: L'Homme, Zeitschrift für Feministische Geschichtswissenschaft 11,2 (2000), 211–233, Wien 2001

Schmale 2000a
: Wolfgang Schmale, Geschichte Europas, Wien, Köln, Weimar 2000

Schmidt 1907
: Paul Schmidt, Deutsche Publizistik in den Jahren 1667–1671, in: Mitteilungen des Instituts für österreichische Geschichtsforschung 28 (1907), S. 576–630

Schmidt 1971
: Bernhard Schmidt, Spanienbild und Nationalismus in Quevedos «España defendida», in: Iberoromania 3 (1971), Heft 1, S. 16–43

Schmidt 1993
: Georg Schmidt, Der Westfälische Frieden – eine neue Ordnung für das Alte Reich?, in: Wendemarken in der deutschen Verfassungsgeschichte, hrsg. v. Reinhard Mußgnug, Berlin 1993 (= „Der Staat", Beiheft 10), S. 45–83

Schmidt 1999
: Georg Schmidt, Geschichte des Alten Reiches. Staat und Nation in der Frühen Neuzeit 1495–1806, München 1999

Schmidt 1999a
: Georg Schmidt, Angst vor dem Kaiser? Die Habsburger, die Erblande und die deutsche Libertät im 17. Jahrhundert, in: Reichsständische Libertät und Habsburgisches Kaisertum, hrsg. v. Heinz Duchhardt und Matthias Schnettger, Mainz 1999 (= Veröffentlichungen des Instituts für Europäische Geschichte Mainz, Beiheft 48), S. 329–348

Schmidt 2000
: Georg Schmidt, Teutsche Kriege. Nationale Deutungsmuster und integrative Wertvorstellungen im frühneuzeitlichen Reich, in: Föderative Nation. Deutschlandkonzepte von der Reformation bis zum Ersten Weltkrieg, hrsg. v. Dieter Langewiesche, Georg Schmidt, München 2000, S. 33–61

Schmidt (Alexander) 2000
　　Alexander Schmidt, Die Intensivierung des nationalen Diskurses als politischer Reflex auf die Expansionskriege Ludwigs XIV. in deutschen Flugschriften der Jahre 1670–1697, Magisterarbeit Jena 2000
Schmidt 2001
　　Georg Schmidt, Der Dreißigjährige Krieg, 5. Aufl., München 2001
Schmidt (Peer) 2001
　　Peer Schmidt, Spanische Universalmonarchie oder „teutsche Libertet". Das spanische Imperium in der Propaganda des Dreißigjährigen Krieges, Stuttgart 2001 (= Studien zur modernen Geschichte, Bd. 54)
Schmidt 2001a
　　Georg Schmidt, „Absolutes Dominat" oder „deutsche Freiheit". Der Kampf um die Reichsverfassung zwischen Prager und Westfälischem Frieden, in: Widerstandsrecht in der frühen Neuzeit. Erträge und Perspektiven der Forschung im deutsch-britischen Vergleich, hrsg. v. Robert von Friedeburg, Berlin 2001 (= Zeitschrift für historische Forschung, Beiheft 26), S. 265–284
Schmidt 2001b
　　Georg Schmidt, Das frühneuzeitliche Reich – komplementärer Staat und föderative Nation, in: Historische Zeitschrift 273 (2001), S. 371–399
Schmidt 2001c
　　Georg Schmidt, Die „deutsche Freiheit" und der Westfälische Friede, in: Frieden und Krieg in der Frühen Neuzeit. Die europäische Staatenordnung und die außereuropäische Welt, hrsg. v. Roland G. Asch u. a., München 2001, S. 323–347
Schmidt 2002
　　Georg Schmidt, Das frühneuzeitliche Reich – Sonderweg und Modell für Europa oder Staat der deutschen Nation?, in: Imperium Romanum – Irregulare Corpus – Teutscher Reichs-Staat, Mainz 2002
Schneider 1989
　　Norbert Schneider, Stilleben, Realität und Symbolik der Dinge, Köln 1989
Schneidmüller 1995
　　Bernd Schneidmüller, Reich – Nation – Volk: Die Entstehung des Deutschen Reiches und der Deutschen Nation im Mittelalter, in: Mittelalterliche Nationes – neuzeitliche Nationen, hrsg. v. Almut Bues und Rex Rexhäuser, Wiesbaden 1995, S. 73–102
Schneidmüller 1997
　　Bernd Schneidmüller, Die mittelalterlichen Konstruktionen Europas. Konvergenz und Differenzierung, in: „Europäische Geschichte" als Historiographisches Problem, hrsg. v. Heinz Duchhardt und Andreas Kunz, Mainz 1997 (= Veröffentlichungen des Instituts für Europäische Geschichte Mainz, Beiheft 42), S. 5–24
Schulten 1999
　　Holger Schulten, Französische Deckenmalerei des 17. und 18. Jahrhunderts, Frankfurt a. M. u.a. 1999
Schulze 1997
　　Winfried Schulze, Europa in der Frühen Neuzeit – Begriffsgeschichtliche Befunde, in: „Europäische Geschichte" als Historiographisches Problem, hrsg. v. Heinz Duchhardt und Andreas Kunz, Mainz 1997 (= Veröffentlichungen des Instituts für Europäische Geschichte Mainz, Beiheft 42), S. 35–65
Schulze 1998
　　Winfried Schulze, Die Entstehung des nationalen Vorurteils. Zur Kultur der Wahrnehmung fremder Nationen in der europäischen Frühen Neuzeit, in: Menschen und Grenzen in der Frühen Neuzeit, hrsg. v. Wolfgang Schmale und Reinhard Stauber, Berlin 1998 (= Innovationen, Bd. 2)
Schumann 1998
　　Jutta Schumann, Das politisch-militärische Flugblatt in der zweiten Hälfte des 17. Jahrhun-

derts als Nachrichtenmedium und Propagandamittel, in: Das illustrierte Flugblatt in der Kultur der Frühen Neuzeit, hrsg. v. Wolfgang Harms und Michael Schilling, Frankfurt a. M. u.a. 1998 (= Mikrokosmos, Bd. 50), S. 227–258

Schwelling 2001
Birgit Schwelling, Politische Kulturforschung als kultureller Blick auf das Politische. Überlegungen zu einer Neuorientierung der politischen Kulturforschung nach dem «cultural turn», in: Zeitschrift für Politikwissenschaft 11 (2001), S. 601–629

Seelig 1973
Lorenz Seelig, Studien zu Martin van den Bogaert, gen. Desjardins (1637–1694), Diss. München 1973 (1980)

Setton 1978
Kenneth M. Setton, The Papacy and the Levant (1204–1571). Bd. II, Philadelphia: The American Philosophical Society, 1978

Setton 1992
Kenneth M. Setton, Western Hostility to Islam and Prophecies of Turkish Doom, o. Ort, American Philosophical Society, 1992

Shriver 1982
Frederick Shriver, Hampton Court Re-visited: James I and the Puritans, in: Journal of Ecclesiastical History 33 (1982)

Sieber-Lehmann 1991
Claudius Sieber-Lehmann, „Teutsche Nation" und Eidgenossenschaft. Der Zusammenhang zwischen Türken- und Burgunderkriegen, in: Historische Zeitschrift 253 (1991), S. 561–602

Sieber-Lehmann 1995
Claudius Sieber-Lehmann, Spätmittelalterlicher Nationalismus. Die Burgunderkriege am Oberrhein und in der Eidgenossenschaft, Göttingen 1995

Simon 1988
Erika Simon, Eirene und Pax. Friedensgöttinnen in der Antike, Stuttgart 1988

Simson 1996
Otto von Simson, Peter Paul Rubens (1577–1640), Mainz 1996

Slive 2001
Seymour Slive, Jacob van Ruisdael. A Complete Catalogue of His Paintings, Drawings and Etchings, New Haven 2001

Sluijter 1996
Eric J. Sluijter, Jan van Goyen als marktleider, virtuoos en vernieuwer, in: Ausst.Kat. Jan van Goyen, Stedelijk Museum Leiden, hrsg. v. Christiaan Vogelaar, Zwolle 1996, S. 38–59

Smith 1583
Sir Thomas Smith, De Republica Anglorum. A Discourse on the Commonwealth of England (1. Auflage London 1583), hrsg. v. L. Alston, Shannon 1906, Reprint 1972

Smith 1991
David L. Smith, The Fourth Earl of Dorset and the Personal Rule of Charles I, in: Journal of British Studies 30 (1991), S. 257–287

Sohm 1915
Walter Sohm, Territorium und Reformation in der hessischen Geschichte 1526–1555, Marburg 1915

Soiné 1988
Knut Soiné, Mythos als Karikatur. Europa und der Stier in der politischen Karikatur des 19. und 20. Jahrhunderts, in: Mythos Europa. Europa und der Stier im Zeitalter der industriellen Zivilisation, hrsg. v. Siegfried Salzmann, Hamburg 1988, S. 76–83

Soltek 1993
Stefan Soltek, Matthaeus Merian - Verleger seiner Zeit, in: Ausst.Kat. Unsterblich Ehren-Gedächtnis zum 400. Geburtstag des ... Matthaeus Merian des Aelteren ..., Museum für Kunsthandwerk Frankfurt am Main und Kunstmuseum Basel 1993/1994, Frankfurt a. M. 1993, S. 276–282

Sonnino 1640
: Angelo Petricca da Sonnino, Trattato del modo facile d'espugnare il Turco, e discacciarlo dalli molti Regni che possiede in Europa. Composto dal padre Maestro Angelo Petricca da Sonnino Min: Conven: [...] 10 Maggio 1640, Città del Vaticano: Biblioteca Apostolica Vaticana: Barb. lat. 5151

Spanien und Europa 1979
: Spanien und Europa. Texte zu ihrem Verhältnis von der Aufklärung bis zur Gegenwart, hrsg. v. Hans Hinterhäuser, München 1979

Spickernagel 1970
: Ellen Spickernagel, Die Descendenz der ‚Kleinen Landschaften'. Studien zur Entwicklung einer Form der niederländischen Landschaftsbilder vor Pieter Bruegel, Phil. Diss. Münster 1970

Spickernagel 1979
: Ellen Spickernagel, Holländische Dorflandschaften im frühen 17. Jahrhundert, in: Städel Jahrbuch N.S. 7 (1979), S. 133–148

State of the Nation 1998
: The State of the Nation. Ernest Gellner and the Theory of Nationalism, hrsg. v. John A. Hall, Cambridge 1998

Stauber 1996
: Reinhard Stauber, Nationalismus vor dem Nationalismus? Eine Bestandsaufnahme der Forschung zu ‚Nation' und ‚Nationalismus' in der Frühen Neuzeit, in: Geschichte in Wissenschaft und Unterricht 47 (1996), S. 139–165

Stechow 1960
: Wolfgang Stechow, Landscape Paintings in the Dutch Seventeenth-Century-Interiors, in: Nederlands Kunsthistorisch Jaarboek 11 (1960), S. 165–175

Stechow 1966
: Wolfgang Stechow, Dutch Landscape Painting of the Seventeenth Century, London 1966

Steiger 1992
: Heinhard Steiger, Art. Völkerrecht, in: Grundbegriffe, Bd. 7, Stuttgart 1992, S. 97–140

Steiger 1998
: Heinhard Steiger, Konkreter Friede und allgemeine Ordnung – Zur rechtlichen Bedeutung der Verträge vom 24. Oktober 1648, in: Ausst.Kat. 1648 – Krieg und Frieden in Europa, Münster/Osnabrück 1998, hrsg. v. Klaus Bußmann und Heinz Schilling, Münster 1998, Bd. 1, S. 437–446

Stieler 1695
: Kaspar Stieler, Zeitungs Lust und Nutz, ND Bremen 1969 (zuerst 1695)

Stolleis 1990
: Michael Stolleis, Arcana Imperii und Ratio Status. Bemerkungen zur politischen Theorie des frühen 17. Jahrhunderts, in: ders., Staat und Staatsräson in der Frühen Neuzeit, Frankfurt a. M. 1990, S. 37–72

Stolleis 1998
: Michael Stolleis, Public Law and Patriotism in the Holy Roman Empire, in: Infinite Boundaries, hrsg. v. Max Reinhart, Kirksville 1998, S. 11–34

Suarez 1612
: Franciscus Suarez, De legibus ac Deo legislatore, 1612, Neuausgabe hrsg. v. James Brown Scott, lat./engl. 2 Bde. (= The Classics of International Law hrsg. v. James Brown Scott, Band 20), Oxford 1944

Suarez 1621
: Franciscus Suarez, De triplici virtute theologica, fide, spe et charitate, 1621

Swan 1995
: Claudia Swan, Ad vivum, naer het leven, from the life: defining a mode of representation, in: word & image 11 (1995), S. 353–372

Tasso 1594
    Torquato Tasso, Il Conte o vero L'imprese (1594), in: Torquato Tasso, Dialoghi a cura di C. Guasti, Florenz 1859, III, S. 365–444
Taylor 1979
    René Taylor, Juan Bautista Crescencio y la arquitectura cortesana Española (1617–1635), in: Academia 48 (1979), S. 63–126
Thoenes 1963
    Christof Thoenes, Studien zur Geschichte des Petersplatzes, in: Zeitschrift für Kunstgeschichte 26 (1963), S. 97–145
Thoenes 1968
    Christof Thoenes, Bemerkungen zur St. Peter-Fassade Michelangelos, in: Munuscula Discipulorum. Kunsthistorische Studien. Hans Kauffmann zum 70. Geburtstag 1966. Herausgegeben von Tilmann Buddensieg und Matthias Winner, Berlin 1968, S. 331–341
Thomas[ius] 1690
    Christian Thomas[ius], Freymüthige und Ernsthaffte jedoch Vernunfft- und Gesetz-Mässige Gedancken oder Monats-Gespräche über allerhand/ furnehmliche aber Neue Bücher, Halle 1690
Thompson 1989
    Christopher Thompson, Court Politics and Parliamentary Conflict in 1625, in: Conflict in Early Stuart England. Studies in Religion and Politics 1603–1642, hrsg. v. Richard Cust, Ann Hughes, London 1989, S. 168–192
Thuille 1631
    Johann Thuille, Scena Europaea, personis suae instructa: praecipuas Regum, Principum, Rerum publicarum, virtutes, consilia et actiones, ac totius Europae praesentem et futuram statum repraesentans, Stralsund: Saxo 1631
Torke 1986
    Hans-Joachim Torke, Staat und Gesellschaft in Russland im 17. Jahrhundert als Problem der europäischen Geschichte, in: Handbuch der Geschichte Russlands, Stuttgart 1986, Bd. 2
Treu 1996
    Martin Treu, Hutten, Melanchthon und der nationale Humanismus, in: Humanismus und Wittenberger Reformation, hrsg. v. Michael Beyer, Günther Wartenberg, Leipzig 1996, S. 353–366
Tuck 1993
    Richard Tuck, Philosophy and Government 1572–1651, Cambridge 1993
Vaderland 1999
    Vaderland. Een geschiedenis van de vijftiende eeuw tot 1940, hrsg. v. N. C. V. Sas, Amsterdam 1999
Valckenier 1677–1681
    Petrus Valckenier, Das Verwirrte Europa. Oder Politische und Historische Beschreibung Der in Europa, fürnehmlich in dem Vereinigten Niederlande/ und in dessen Nachbarschafft seither dem Jahre 1664 entstandenen und durch die gesuchte allgemeine Monarchie der Frantzosen verursachten blutigen Kriege, 3 Bde., Amsterdam 1677–1681
Valtat 1953
    Monique Valtat, Les contrats de mariage dans la famille royale en France au XVIIe siècle, Paris 1953
Varia Velazqueña 1960
    Varia Velazqueña. Homenaje a Velázquez en el III centenario de su muerte 1660–1960, hrsg. v. Antonio Gallego Burín, Madrid 1960
Vasari 1832–1849
    Giorgio Vasari, Leben der ausgezeichnetsten Maler, Bildhauer und Baumeister. Übersetzt von Ludwig Schorn und Ernst Förster, Stuttgart und Tübingen 1832–1849 (Nachdruck Worms 1988), Bd. VI, S. 261

Vasari 1906
: Giorgio Vasari, Le vite de' piu eccellenti pittori, scultori e archittettori, hrsg. v. Gaetano Milanesi, Bd. 2, Florenz 1906

Vereno/Scharbert/Hänggi 1964
: M. Vereno, J. Scharbert, A. Hänggi, Segen, in: Lexikon für Theologie und Kirche, 2. Aufl., Freiburg 1964, Bd. IX, Sp. 589–596

Vierhaus 1987
: Rudolf Vierhaus, „Patriotismus". Begriff und Mentalität einer moralisch-politischen Haltung, in: ders., Deutschland im 18. Jahrhundert. Politische Verfassung, soziales Gefüge, geistige Bewegung. Ausgewählte Aufsätze, Göttingen 1987

Villiers 1967
: John Villiers, Südostasien vor der Kolonialzeit, Fischer Weltgeschichte Bd.18, Erstausgabe Frankfurt a. M. 1967

Vitoria
: Franciscus de Vitoria, Relectio de Indis, in: ders., Vorlesungen II, (Relectiones), Völkerrecht, Politik, Kirche, lat./dt., hrsg. v. Ulrich Horst, Heinz-Gerhard Justenhoven, Joachim Stüben (= Theologie und Frieden, Bd. 8)

Vocelka 1976
: Karl Vocelka, Habsburgische Hochzeiten 1550–1600. Kulturgeschichtliche Studien zum manieristischen Repräsentationsfest, Wien 1976

Vögtle 1959
: Anton Vögtle, Ekklesiologische Auftragsworte des Auferstandenen, in: Sacra Pagina. Miscellanea biblica Congressus internationales Catholici de re biblica. Ediderunt J. Coppens, A. Descamps, É. Massaux, Paris 1959 (Bibliotheca Ephemeridum Theologicarum Lovaniensium XII–XIII)

Volkslieder der Deutschen 1865–1869
: Die historischen Volkslieder der Deutschen vom 13. bis 16. Jahrhundert, Bde. 1–4, hrsg. v. Rochus von Liliencron, Leipzig 1865–1869

Wagner 1675
: Tobias Wagner, Limina genealogica in praecipuas magnatum Europae familiarum, Ulm 1675

Walter 1999
: John Walter, Understanding Popular Violence in the English Revolution. The Colchester Plunderers, Cambridge 1999

Wang 1977
: Andreas Wang, Illustrierte Flugblätter im 17. Jahrhundert, in: Philobiblon 21 (1977), S. 184–210

Ward 1992
: W. R. Ward, The Protestant Evangelical Awakening, Cambridge 1992

Warnke 1965
: Martin Warnke, Kommentare zu Rubens, Berlin 1965

Warnke 1977
: Martin Warnke, Peter Paul Rubens. Leben und Werk, Köln 1977

Warnke 1996
: Martin Warnke, Hofkünstler. Zur Vorgeschichte des modernen Künstlers, 2. überarb. Auflage, Köln 1996

Warschawer 1644
: Hasupha Warschawer, Des 1644sten Als Jahrs von sonder-wichtigen Veraenderungen An die gesampte Voelcker beruemtesten Erdtheils Europae ... nun zum drittenmahle abgefertigter Herold ..., Warburgk: Friedhoff, 1644

Watanabe-O'Kelly 1989
: Helen Watanabe-O'Kelly, The Iconography of German Protestants Tournaments in the Years Before the Thirty Years War, in: Chloe. Beihefte zum Daphnis, Bd. 15: Image et spectacle (Colloque Tours 1989), S. 47–64

Watanabe-O'Kelly/Simon 1998
: Helen Watanabe-O'Kelly und A. Simon, Bibliography of European Court Festivals 1500–1800, London 1998

Wazbinski 1992
: Zygmunt Wazbinski, Il cardinale Francesco Maria del Monte e la fortuna del progetto buonarrotiano per la basilica di San Pietro a Roma: 1604–1613, in: An Architectural Progress in the Renaissance and Baroque. Sojourns In and Out of Italy. Essays in Architectural History Presented to Hellmut Hager on his Sixty-sixth Birthday. Edited by Henry A. Millon and Susan Scott Munshower, 2 Bde., University Park, Penn. 1992 (= Papers in Art History form The Pennsylvania State University VIII, 1/2), Bd. 1, S. 147–164

Weber 1992
: Wolfgang Weber, Prudentia gubernatoria. Studien zur Herrschaftslehre in der deutschen politischen Wissenschaft des 17. Jahrhunderts, Tübingen 1992

Weber 1993
: Bruno Weber, Merians Topographia Germaniae als Manifestation „von der hiebevorigen Glückseligkeit", in: Ausst.Kat. Unsterblich Ehren-Gedächtnis zum 400. Geburtstag des ... Matthaeus Merian des Aelteren ..., Museum für Kunsthandwerk Frankfurt am Main und Kunstmuseum Basel 1993/1994, Frankfurt a. M. 1993, S. 202–207

Weber 1994
: Johannes Weber, Götter-Both Mercurius: die Urgeschichte der politischen Zeitschrift in Deutschland, Bremen 1994

Weber 1997
: Johannes Weber, Deutsche Presse im Zeitalter des Barock. Zur Vorgeschichte öffentlichen politischen Räsonnements, in: Öffentlichkeit im 18. Jahrhundert, hrsg. v. Hans-Wolf Jäger, Göttingen 1997 (= Das achtzehnte Jahrhundert. Supplementa, Bd. 4), S. 137–149

Weisbach 1928
: Werner Weisbach, Gegenreformation, Manierismus, Barock, in: Repertorium für Kunstwissenschaft 49 (1928), S. 16–28

Weissler 1998
: Ch. Weissler, Voices of the Matriachs: Listening to the Prayers of Early Modern Jewish Women, Boston 1998

Welke 1981
: Martin Welke, Gemeinsame Lektüre und frühe Formen von Gruppenbildungen im 17. und 18. Jahrhundert. Zeitungslesen in Deutschland, in: Lesegesellschaften und bürgerliche Emanzipation. Ein europäischer Vergleich, hrsg. v. Otto Dann, München 1981, S. 29–53

Welu 1978
: James A. Welu, The Map in Vermeer's Art of Painting, in: Imago Mundi, Journal of the International Society for the History of Cartography, 30 (1978), 9 ff.

Wendemarken 1993
: Wendemarken in der deutschen Verfassungsgeschichte, hrsg. v. R. Mußgnug, Berlin 1993

Werner 1988
: Karl Ferdinand Werner, Political and Social Structures in the West, in: Europe and the Rise of Capitalism, hrsg. v. J. Bächler, J. A. Hall, M. Mann, Oxford 1988

Werner 1997
: Karl Ferdinand Werner, Artikel ‚Volk, Nation', Abschnitt III: Mittelalter, in: Geschichtliche Grundbegriffe 7, Stuttgart 1997, S. 171–281

Widerstandsrecht 2001
: Widerstandsrecht in der frühen Neuzeit. Erträge und Perspektiven der Forschung im deutsch-britischen Vergleich, hrsg. v. Robert v. Friedeburg, Berlin 2001

Wildenstein 1965
: Daniel Wildenstein (Hrsg.), Les Oeuvres de Charles Le Brun d'apres les gravures de son temps, in: Gazette des Beaux-Arts 66 (1965), S. 1–58

Williams 1960
  Shelley Williams, Les ommegangs d'Anvers, in: Jacques Jaquot, Les fêtes de la Renaissance, Bd. II, Paris 1960, S. 52 f.
Willoweit 1975
  Dietmar Willoweit, Rechtsgrundlagen der Territorialgewalt, Köln 1975
Winner 1998
  Matthias Winner, Rubens' «Götterrat» als Friedensbild. Dichtung und Malerei von Peter Paul Rubens, in: Münchner Jahrbuch der Bildenden Kunst 48 (1998), S. 112–134
Wintle 1999
  Michael Wintle, Renaissance Maps and the Construction of the Idea of Europe, in: Journal of Historical Geography 25 (1999), S. 137–165
Wisemann 1858
  Nicolaus Wisemann, Erinnerungen an die letzten vier Päpste, Köln 1858
Wittkower 1984
  Rudolf Wittkower, Der Wandel des Minerva-Bildes in der Renaissance, in: Allegorie und der Wandel der Symbole in Antike und Renaissance, Köln 1984, S. 246–270
Wohlfeil 1987
  Rainer und Trudl Wohlfeil, Jan Brueghel d.Ä. und Hendrick van Balen d. Ä.: Die Weissagungen des Propheten Jesaias, in: Friedensgedanke und Friedensbewahrung am Beginn der Neuzeit. Wissenschaftliche Beiträge der Karl-Marx-Universität Leipzig, Reihe Gesellschaftswissenschaften, Leipzig 1987, S. 60–83
Wohlfeil 1991
  Rainer Wohlfeil, Pax antwerpiensis. Eine Fallstudie zu Verbildlichungen der Friedensidee im 16. Jahrhundert am Beispiel der Allegorie ‚Kuß von Gerechtigkeit und Friede', in: Historische Bildkunde. Probleme – Wege – Beispiele, hrsg. v. Brigitte Tolkemitt und Rainer Wohlfeil. Zeitschrift für Historische Forschung, Beiheft 12, Berlin 1991, S. 211–258
Wolf 1984
  E. Wolf u. a., Art. Naturrecht in: Historisches Wörterbuch der Philosophie, hrsg. v. Joachim Ritter u.a., Bd. 6, Basel 1984, Sp. 560 ff.
Wölfflin 1925
  Heinrich Wölfflin, Renaissance und Barock. Eine Untersuchung über Wesen und Entstehung des Barockstils in Italien, Bearbeitung und Kommentar von Hans Rose, 4. Auflage, München 1925
Wood 1992
  Neal Wood, Foundation of Political Economy: The New Moral Philosophy of Sir Thomas Smith, in: Political Thought and the Tudor Commonwealth, hrsg. v. Paul A. Fideler, Thomas F. Mayer, London 1992, S. 140–168
Worden 2001
  Blair Worden, Roundhead Reputations. The English Civil Wars and the Passions of Posterity, London 2001
Wrede 2001
  Martin Wrede, Der Kaiser, das Reich und der deutsche Norden: Die publizistische Auseinandersetzung mit Schweden im Ersten Nordischen und im Holländischen Krieg, in: Frieden und Krieg in der Frühen Neuzeit. Die europäische Staatenordnung und die außereuropäische Welt, hrsg. v. Roland G. Asch u. a. München 2001, S. 348–373
Wundt 1939
  M. Wundt, Die deutsche Schulmetaphysik des 17. Jahrhunderts, Tübingen 1939
Würtenberger 1993
  Thomas Würtenberger, Staatsverfassung an der Wende vom 18. zum 19. Jahrhundert, in: Wendemarken in der deutschen Verfassungsgeschichte, hrsg. v. R. Mußgnug, Berlin 1993, S. 85–121

Wüst 1998
> Wolfgang Wüst, Censur als Stütze von Staat und Kirche in der Frühmoderne. Augsburg, Bayern, Kurmainz und Württemberg im Vergleich, München 1998 (= Schriften der Philosophischen Fakultäten der Universität Augsburg, Bd. 57).

Wüthrich 1961
> Lucas Heinrich Wüthrich, Der Chronist Johann Ludwig Gottfried, in: Archiv für Kulturgeschichte 43 (1961), S. 188–216

Wüthrich 1972
> Lucas Heinrich Wüthrich, Das druckgraphische Werk von Matthaeus Merian d. Ä. Bd. 2: Die weniger bekannten Bücher und Buchillustrationen, Basel 1972

Wüthrich 1993
> Lucas Heinrich Wüthrich, Das druckgraphische Werk von Matthaeus Merian d. Ä. Bd. 3: Die großen Buchpublikationen I, Hamburg 1993

Wüthrich 1993a
> Lucas Heinrich Wüthrich, Matthaeus Merian d Ä. Biographie, in: Ausst.Kat. Unsterblich Ehren-Gedächtnis zum 400. Geburtstag des ... Matthaeus Merian des Aelteren ..., Museum für Kunsthandwerk Frankfurt am Main und Kunstmuseum Basel 1993/1994, Frankfurt a. M. 1993, S. 5–19

Wüthrich 1996
> Lucas Heinrich Wüthrich, Das druckgraphische Werk von Matthaeus Merian d. Ä. Bd. 4: Die großen Buchpublikationen II: Die Topographien, Hamburg 1996

Wyduckel 1991
> Dieter Wyduckel, Recht, Staat und Frieden im Ius Publicum Europaeum, in: Heinz Duchhardt (Hrsg.), Zwischenstaatliche Friedenswahrung in Mittelalter und Früher Neuzeit, Köln, Wien (= Münstersche Historische Forschungen 1) 1991, S. 185–204

Yasuaki 1993
> A Normative Approach to War. Peace, War and Justice in Hugo Grotius, hrsg. v. Onuma Yasuaki, Oxford 1993

Zahn 1983
> Eva Zahn, Europa und der Stier, Würzburg 1983

Zander 2000
> Maria Olimpia Zander, The Loggia of the Benedictions, in: The Basilica of St. Peter in the Vatican. Edited by Antonio Pinelli, Modena 2000, (Mirabilia Italiae), S. 307–319

Zanger 1997
> Abby E. Zanger, Scenes from the Marriage of Louis XIV. Nuptial Fictions and the Making of Absolutist Power, Stanford 1997

Zernack 1974
> Klaus Zernack, Das Zeitalter der Nordischen Kriege von 1558–1809 als frühneuzeitliche Geschichtsepoche, in: Zeitschrift für Historische Forschung 1 (1974), S. 55–79

Zorzi 1994
> Marino Zorzi, Cenni sulla vita e sulla figura di Bessarione, in: Bessarione e l'Umanesimo, hrsg. v. Gianfranco Fiaccadori, Neapel 1994

Zouche 1650
> Richard Zouche, Iuris Fecialis sive iuris inter gentes, Oxford 1650, Neuausgabe lat./engl,. 2 Bde. (= The Classics of International Law hrsg. v. James Brown Scott, Bd. 1) Washington 1911

Zweite Reformation 1986
> Die reformierte Konfessionalisierung in Deutschland – Das Problem der „Zweiten Reformation", hrsg. v. Heinz Schilling, Gütersloh 1986

Zwiedineck-Südenhorst 1888
> Hans von Zwiedineck-Südenhorst, Die öffentliche Meinung in Deutschland im Zeitalter Ludwigs XIV., 1650–1700, Stuttgart 1888

Abbildungsnachweis

Amsterdam, Rijksmuseum, S. 341
Berlin, Staatsbibliothek zu Berlin – Preußischer Kulturbesitz, Abteilung Historische Drucke, S. 255
Florenz, Palazzo Pitti, Sopraintendenza Beni Artistici e Storici di Firenze, S. 305
Innsbruck, Tiroler Landesmuseum Ferdinandeum, S. 245
Leiden, Stedelijk Museum De Lakental, S. 350
Linz, Nordico – Museum der Stadt Linz, S. 250
Mainz, Landesmuseum Mainz, S. 353
München, Bayerische Staatsgemäldesammlungen, S. 290, 291, 299, 300, 301
Münster, Stadtmuseum Münster (Tomasz Samek), S. 305
Münster, Westfälisches Landesmuseum für Kunst und Kulturgeschichte, S. 150, 155, 156, 165, 167, 168, 171, 172, 174, 176, 271, 276, 313
Paris, Bibliothèque nationale de France, S. 62
Wien, Österreichische Nationalbibliothek, S. 262
Worcester, Worcester Art Museum, S. 334

© Alle Rechte vorbehalten. Wenn hier – trotz Recherchen – nicht alle Copyrightangaben genannt sein sollten, bitten wir die betroffenen Rechtsträger, sich mit dem Verlag in Verbindung zu setzen.